同時にウクライナは、ICJ に対して、仮保全措置(暫定措置)の指示要請を行った。これに応じて ICJ は、2022 年 3 月 16 日、①ロシアはウクライナ領域における軍事作戦を即時停止すること(賛成 13 反対 2)、[illegible]は支援する部隊やその支配または指揮する組織[illegible]促進する措置をとらないよう確保すること(同上)などと[illegible]仮保全措置を命じた。

そもそもジェノサイド条約 9 条を援用する[illegible]被告の行為がジェノサイドに当たるとして提訴するのが通例であるが、本件は、被告の主張するジェノサイドが存在しないことを宣言するよう原告が求めたという点で異例である。しかし、一方はジェノサイドが行われているといい、他方はそれを否定しているのであるから、同条約上の紛争が存在するとはいえる。

本件における仮保全措置の検討手順に特に新しいところはないが、とりわけ ICJ が仮保全措置として軍事作戦の停止を命じた点には異論もある。ICJ の仮保全措置手続においては、一般に、①一応の管轄権、②保全すべき権利の見込み、③保全すべき権利と措置の連関性、④回復不能性、⑤緊急性が必要であるとされる(→ 17 章 3(3)(a)①)。このうち、②との関係で問題があるとされる。

ICJ は、ジェノサイドの防止のため、締約国は国際法の制限の範囲内でのみ措置をとりうるのであって、ジェノサイド条約はその趣旨・目的からして、ジェノサイドの防止・処罰のために他国の領域において一方的に武力を行使することを認めているとは思えないとし、「ウクライナはウクライナ領域におけるジェノサイドの防止と処罰のためとするロシアの軍事作戦の対象とならない権利」を有しているように思えると述べた。

しかし、ロシアがジェノサイドを武力行使の正当化主張の一部に含めたからといって、ジェノサイド条約が規律対象としていない武力行使にかかる法的評価が可能となる訳ではない。「軍事作戦の対象とならない権利」はジェノサイド条約から出てくるのではなく、武力行使禁止原則から出てくるのであり、仮保全措置においてなされた実際の法的評価の対象は、ジェノサイドではなく武力の行使であって、その点についての管轄権行使にロシアの同意がある訳ではない、といわれる。

3．国連の対応

武力行使の事態が発生した場合に、それに対応すべき国連の主要な機関は安全保障理事会(安保理)である。しかし、ウクライナ戦争は安保理の常任理事国であるロシアによる武力行使の事態であり、安保理は2022年2月25日、ロシアによる拒否権行使のため、ロシア非難決議案を採択することができなかった。

そこで安保理は、1950年の「平和のための結集」決議に基づいて緊急特別総会の開催を決定した(→18章3(5))。同総会は3月2日、安保理で否決されたものとほぼ同旨の決議ES-11/1を採択し(賛成141反対5棄権35)、①国連憲章2条4項に違反したロシアによるウクライナに対する「侵略」を最も強い表現で遺憾とし、②ロシアにウクライナに対する武力行使の即時停止を要求し、③ロシアに軍隊のウクライナ領域からの即時・完全・無条件撤退を要求した。

その後2022年9月23日～27日にロシアは、ドネツク・ルハンスク両「人民共和国」に加えて、ザポリージャおよびヘルソンの両州(独立宣言をしておらず、国家承認も受けていない)において「住民投票」を実施し、9月30日に4州を併合する「条約」に署名した。緊急特別総会は、10月12日、違法な「住民投票」にかかるロシアの違法な行動とその後の違法な併合は国際法上効力を有さず、当該地域の地位の変更の基礎とはならないとする決議ES-11/4を採択した(賛成143反対5棄権35)。

こうした経緯は、2014年のロシアによるクリミア併合の場合と酷似しているが(→4章4)、クリミアにおける住民投票の無効とクリミアの地位の不変更を定める総会決議68/262が賛成100反対11棄権58での採択であったのと比較すると、上の2つの決議の表決結果は、今回の事態に対する国際社会の反発がいかに強かったかを示している。

とりわけ注目すべきは、決議ES-11/1がロシアの行為を「侵略」と認定した点である。1974年の「侵略の定義」決議3条に照らせば(→18章3(4)(a))、ロシアの行為が侵略であることは明らかであるが、それが国際社会の「世論」を示す国連総会で認定されたことが重要である。この点は、次に述べる中立義務との関係でも重要である。

なお、安保理におけるロシアの拒否権行使は、拒否権との関係で重要な総会決議の採択につながった。2022年4月26日にコンセンサスで採択された決議76/262(リヒテンシュタイン決議)は、安保理において拒否権が行使された場合には、10日以内に総会を開催して拒否権行使について討議を行うというものであり、拒否権を行使した国は説明を求められることになる。

4．軍事支援と中立義務

ロシアとウクライナの軍事力の差からして、当初の段階では、ロシアが短期のうちに勝利するとの見方もあった。しかし、そうはならなかった。その主な原因は西側諸国、とりわけ米国を中心としたNATO諸国による対ウクライナ軍事支援にあった。

伝統的な国際法によれば、戦争が発生した場合には、他の国は共同交戦国として戦争に参加するのでない限り、中立の地位に立ち、中立義務(すなわち黙認義務、避止義務、防止義務。後2者を合わせて「公平義務」という)を負うことになる(→19章6(1))。

こうした中立義務を中核とする中立法は、第1次世界大戦後の戦争違法化や第2次世界大戦後の集団安全保障体制整備の動きの中で、大きく動揺した(→19章6(2))。侵略国とその犠牲国を公平に扱うことは、観念的に戦争違法化と両立しないだけでなく、結果として侵略国を利することにもなりかねないからである。その結果、中立義務からの逸脱も許されるとの議論が生じた。

中立義務からの逸脱可能性は、「限定中立」として議論された。それによると、不戦条約や国連憲章の採択によって、中立国は、中立の地位に留まったままで、侵略国に対する差別的な措置をとることもできるようになったという。限定中立は、「非交戦状態」とも呼ばれ、後者は第2次世界大戦に参戦する前の米国の地位を表わすものとして用いられることが多い(米国は英国を始めとする連合国に大量の軍需物資を供与した)。

問題は、国連の下においてこうした限定中立ないし非交戦状態の地位が認められるとして、それはいかなる場合に認められるのか、という点である。より具体的に軍事支援との関連でいえば、安保理が侵略国を認定する場合には、第3国が侵略の犠牲国を支援する形で限定中立の地位を選択することに大きな問題はなかろう。しかし、安保理がそうした認定を行わない場合に、個々の国が自己の判断で限定中立の地位を選択することができるかは、難しい問題である。

それを肯定する立場は、第3国は集団的自衛権の行使として、武力をもって犠牲国を支援することもできるのであるから、それに至らない軍事支援で限定中立の立場をとることは当然可能であるとする。他方で、国連憲章における集団安全保障の建前から、また国際紛争の拡大防止の観点からは、限定中立は安保理による侵略国の認定がある場合に限るべきだともいわれる。

いずれにせよ、ウクライナ戦争との関係では、国連が緊急特別総会においてロシアによる「侵略」を遺憾とする決議を採択しており、こうした総会による侵略の認定をもって(安保理による認定に代わるものとして)、一定の中立義務からの逸脱を正当化できるように思える。

5．武力紛争法の違反

今回のロシアによる対ウクライナ武力行使は、武力紛争法（交戦法規）の観点からも多くの重大な問題を惹起した（→19章1(1)）。この点に関する主な適用法は、両国が締約国である、① 1899年/1907年のハーグ陸戦規則、② 1949年のジュネーヴ諸条約（捕虜条約、文民条約など）、③ 1977年の第1追加議定書である。このうち①と②は、一般に慣習法を反映しているとされる。

連日の報道が事実であるとすれば、ロシアは、医療組織の保護（第1追加議定書12条）、文民・住民の保護（同51条）、住居・学校など民用物の保護（同52条）、原子力発電所（原発）などの保護（同56条）、略奪の禁止（ハーグ陸戦規則28条、47条）、移送の禁止（文民条約49条）など多くの交戦法規に違反した可能性がある。

もっとも、ロシアが実際にそれらの規則に違反したのかは、精査する必要がある。というのも、それらの規則は、必ずしもすべてにおいて絶対的な禁止を定めている訳ではないからである。実際、上に列記した諸規則のうち、真に絶対的な禁止は略奪の禁止のみである。

他方、例えば文民・住民の保護や民用物の保護に関していえば、武力紛争法においては、軍事目標への攻撃が文民や民用物に対して一定の付随的な損害を生ぜしめることはやむを得ないものとされており、予期される軍事的利益に比して過度の巻き添えによる文民の殺傷や民用物の損傷を引き起こす無差別攻撃が禁止されているにすぎない。

しかし、ロシアが文民および民用物の保護に関する国際人道法違反を犯しているとの認識は、国際社会によって共有されている。そのことは、国連緊急特別総会が2022年3月24日に採択した決議ES-11/2（賛成140反対5棄権38）で、「ロシアのウクライナに対する敵対行為、特に文民および民用物に対するあらゆる攻撃の即時停止を要求」したことに示されている。

6．戦争犯罪の処罰

武力紛争法に違反する行為が、すべて国際法上、戦争犯罪として処罰されることになっている訳ではない。いかなる行為が戦争犯罪として処罰対象とされるかは、関係条約に明記されている。それらは大きく、①ジュネーヴ諸条約および第1追加議定書に対する「重大な違反行為」と、② 1998年の国際刑事裁判所(ICC)規程(ローマ規程)に定める戦争犯罪とに分けることができ、両者はその性格を異にする。

①のジュネーヴ諸条約に対する「重大な違反行為」(→19章5(2))とは、例えば文民条約の場合、保護対象たる人・物に対する殺人、拷問、不法な追放・移送・拘禁、軍事的必要で正当化されない不法かつ恣意的な財産の広範な破壊・挑発などをいう(147条)。締約国は、これらの行為を行いまたは行うことを命じた者を処罰する立法の義務を負うほか、そうした被疑者を捜査し、その者の国籍を問わず自国の裁判所に公訴を提起する義務を負う(146条＝普遍的管轄権→13章2)。同様の「重大な違反行為」に関する制度は、第1追加議定書に対する「重大な違反行為」(故意の文民への攻撃や故意の無差別攻撃、一定の場合の故意の原発攻撃などが列挙されている)についても適用される(85条)。

以上は、国内裁判所における戦争犯罪の処罰であるが、ローマ規程は、「国際社会全体の関心事である最も重大な犯罪」である集団殺害(ジェノサイド)犯罪、人道に対する犯罪(人道犯罪)、戦争犯罪、侵略犯罪の4つの犯罪(5条1項)に管轄権を有する国際裁判所として、国際刑事裁判所(ICC)を創設した(→13章4)。

このうち上記②に当たる戦争犯罪は8条に規定されており、国際的武力紛争については、「ジュネーヴ諸条約に対する重大な違反行為」と「武力紛争の際に適用される法規及び慣例に対するその他の著しい違反」として34の行為が列挙されている(8条2項(a)(b))。それらは国内裁判所における処罰の対象となるものも含むが、ICCは「国家の刑事裁判権を補完する」(1条)ものと位置づけられていることから、国内における適正な捜査、訴追の対象となっていない重大な犯罪を扱うことになる(17条、53条→13章4(3))。

ICCは、犯罪行為地国と被疑者国籍国のいずれか一方が規程の締約国であれば管轄権を行使できる(12条2項)が、ロシアもウクライナもローマ規程の締約国ではない。しかし、そのような場合であっても、犯罪行為地国か被疑者国籍国のいずれか一方がICCの管轄権を受諾する「宣言」を行えば、裁判が可能となる(同条3項)(→13章4(2))。ウクライナは2014年4月に、2013年11月～2014年2月にウクライナ領域で行われた行為の正犯および共犯についてICCの管轄権を受諾する旨の宣言を行っていたが、2015年9月に、2014年2月以降(無期限)について同様にICCの管轄権を受諾する旨の宣言を行っており、ウクライナ戦争にかかるICCの対象犯罪の裁判が可能となっていた。

ただし、侵略犯罪については、2010年の規程改正で新設された15条の2の

5項において、ICCは規程非締約国の国民によるまたはその領域における侵略犯罪に管轄権を行使してはならない(つまり、侵略国と犠牲国の双方が締約国でなければ管轄権を行使できない)と規定されており、ロシアの侵略行為は管轄の対象外となる。安保理が特定の事態をICCに付託する場合は別であるとされるが(15条の3)、ロシアが安保理常任理事国であることから、その拒否権のゆえに、この方法も含めて本件では侵略犯罪のICCでの訴追は事実上不可能である。

ローマ規程には指揮官その他の上官の責任に関する規定があり、指揮官や上官は、部下による犯罪の事実を知りながら、その防止・抑止または捜査・訴追のため自己の権限内で必要かつ合理的な措置をとらなかった場合には、刑事責任を負うものとされている(28条)。また、ローマ規程は、元首であれ政府の長であれ、公的資格に基づくいかなる区別もなく、すべての者についてひとしく適用されるものとされており(27条)、したがってウクライナ戦争については、軍の幹部やプーチン大統領も訴追の例外ではないということになる。

これまでもICCは、スーダン(ローマ規程非締約国)のダルフール紛争に関連して、2009年と2010年に現職のアル・バシール大統領に対し集団殺害犯罪、人道犯罪、戦争犯罪にかかる逮捕状を発付している。もっとも、アル・バシール大統領はローマ規程締約国に何度も訪れているが、政治的な配慮などから、逮捕・引渡しは行われていない(ただし、それらの締約国は規程87条7項により規程違反が認定されている)。

ウクライナ戦争との関連では、ICCは、2023年3月17日、戦争犯罪(住民の不法移送)の容疑(直接関与および上官責任)で、プーチン大統領に対する逮捕状を発付した。ロシアはローマ規程の締約国ではないので、ICCへの協力義務(86条以下)はなく、プーチン大統領を逮捕してICCに引き渡す義務を負う訳ではない。しかし、将来のロシアにおける政治状況いかんでは、この点を予断することはできないし、少なくともプーチン大統領は、ローマ規程締約国に外遊することはリスクが高いとして躊躇することになるであろう。

(付記：本稿の意見に係る部分は本稿執筆者のものであって、本教科書の他の執筆者の見解を反映するものではない。)

International Law

国際法

【第5版】

浅田正彦 編著

Asasda Masahiko

東信堂

〔第５版〕はしがき

2011年4月に発刊された本書は、思いのほか多くの読者に恵まれ、10年余りで第5版を刊行する機会を与えられることになった。これは、編者はもちろんのこと、すべての執筆者の大いなる喜びとするところである。それぞれの分野の専門家による最新・最先端の内容を擁する国際法の教科書という本書のモットーが評価されたものと理解している。このような機会を与えられたことに感謝し、この新たな版で、いずれの章においても、また本全体としても、でき得る限りの改善と最新化を図ったことはいうまでもない。

まず、第20章「平和の回復」を新設した。近年、日本と近隣諸国との間で第2次世界大戦にかかる請求権の問題がさまざまな形で生起し注目されている。しかし、本書に限らず、およそいずれの国際法の教科書においても、その問題を理解する手掛かりとなるべき記述はこれまでほとんど見られなかった。主要な条約集には「平和の回復」に関する多くの条約その他の文書が収録されているにもかかわらず、である。これは明らかな欠落であり、以前より補充の必要性を感じていたが、この機会に新たな章としてこの問題を取り上げるにした。

次に、過去3年間の事例や事項であって、既存の章における新たな内容として第5版で取り入れた代表的なものを順不同で掲げれば、新型コロナ関連の問題、国連国際法委員会(ILC)の「後の合意および後の慣行に関する結論」および「慣習国際法の同定に関する結論」、国家承認撤回の実行、未承認国家の国際法上の扱いの整理、韓国国内裁判所の主権免除に関する複数の判決、国際海洋法裁判所(ITLOS)のノースター号事件判決、チモール海事件調停、政府職員の刑事管轄権免除に関するエンリカ・レキシエ号事件仲裁判断、ブルンジとフィリピンの国際刑事裁判所(ICC)規程からの脱退、世界貿易機関(WTO)のGATT安全保障例外に関するパネル報告(ロシア通過輸送事件)、WTOの東日本大震災関連パネル・上級委員会報告、国際司法裁判所(ICJ)のチャゴス諸島に関する勧告的意見、ICJの仮保全措置履行監視制度の創設とそのロヒンギャ事件への適用、イギリスの欧州連合(EU)からの脱退の発効、核兵器禁止条約(TPNW)の発効などである。いずれも重要な事例・事項であり、それらの最新の事例や事項を国際法の一般理論のなかに位置づけることによって、読者の国際法に対する関心がさらに高まるものと確信している。

さらに、統計をアップデートしたほか、判例や事例の概要を記載した注、各章の章末の「設問」や「参考文献」も新たなものを追加する形で加除を施した。

以上の結果、本文が第4版の517頁に比べて約30の増頁となった。この第5版が第4版以上に便利で有益な教科書となっているとすれば望外の喜びである。

第5版の刊行においても、東信堂の下田勝司社長、下田勝一郎氏に大変お世話になった。ここに謝意を表したい。

2022年3月

編者　浅田 正彦

〔初版〕はしがき

本書は、スタンダードで最新・最先端の内容を擁する国際法の教科書を目指したものである。国際法のすぐれた教科書はすでに数多く存在するが、そのような中で新たな教科書の出版が意味をもつためには、単にその内容が最新であるだけでなく、これまでにない特徴を有していなければならない。そこで本書では、具体的な事例および日本との係わりという2つの側面に力点を置いた。

国際法は対象範囲が極めて広い。その国際法を抽象的に説明するだけでは無味乾燥で興味も湧かない。それぞれの国際法規則がいかなる状況を背景に形成され、いかなる形で現実に適用されているのか。それを知ることによってはじめて、国際法の存在意義をより身近に感じることができる。しかし、既に存在する判例集の厚さを想起するまでもなく、詳細な事例の紹介を教科書で行うことには無理がある。そこで、最近の教科書ではほとんど使われなくなった脚注を利用して、本文において名称のみ言及されているに過ぎない事例については、直下の脚注においてその概要を簡単に紹介することにした。これによって、1つの事例の概要を知るだけのために、分厚い判例集を逐一参照する必要もなくなるし、事例のごく簡単な内容を知るだけでも、関連する規則の理解と関心が高まることになろう。同一の事例が別の章の脚注で扱われているという場合もあるが、各事例の参照すべき側面は章によって同じではないので、この点は、重複を厭うことなく各章の執筆者にゆだねた。脚注の短い説明よりもさらに詳しい内容を知りたいという読者には、[判例 100]の要領で、同じ東信堂から刊行されている『判例国際法(第2版)』の事件番号にリファーすることで同書との有機的な連関を作り、熱心な読者の便宜を図った。

日本と国際法の係わりとは、国際法の日本への適用にほかならない。国際法がどのように日本と係わっているのかを知れば、国際法をさらに身近に感じることができるであろう。そのような考えから、日本との係わりについての記述をできる限り盛り込むよう各執筆者にお願いした。もちろん、日本との係わりが希薄な分野もあるが、章によっては日本との係わりについて独立の節を設けているものもあり、読者の国際法への関心が高まることを期待したい。

今日、日進月歩する国際法のすべての分野について、各分野の専門家に匹敵する最新の知識を常に維持している人は存在しないといっても過言ではない。しかし、教科書は国際法のすべての分野をカバーしなければならない。したがって、最新・最先端かつ信頼のおける教科書の出版は、必然的に共著へと傾くことになる。しかし、共著が内容の体系性・一貫性の確保という点で困難を伴うことは否定できない。そのような中で本書は、最新・最先端で信頼できる教科書であることを選択した。各章の執筆は、いずれもそれぞれの分野の第一人者・新進気鋭の研究者にお願いした。執筆者の数が多いのはそのためである。そうすることによってはじめて、展開著しい国際法の各分野において、最先端の議論を正確に反映した教科書が生み出せると考えた。

同時に執筆者には、各種国家試験等の基本書としても使えるスタンダードな内容の教科書となるよう心がけて頂いた。自らの学説を展開する場合でも、必ず通説に触れた上でそうするようにお願いした。また、章横断的に学説の展開がある場合には、執筆者同士で(場合によってはかなり長期の)意見交換を行った。さらにすべての章が、編者のみならず他の執筆者の意見を取り入れて原稿の改善を繰り返した。そのようにして、共著のマイナス面が極小化されるよう努めた。幸い執筆者は、毎週京都大学で開かれている国際法研究会のメンバーであるか、他の形で親しい関係にある人ばかりである。率直な意見交換の結果として、全体として統一のとれた本にすることができたように思う。いずれも多忙な第一線の研究者であるにも拘らず、編者からの度重なる求めに応じて頂いたことに対して、ここに改めて感謝申し上げたい。もちろん、最終的には、各章はその執筆者の責任において書かれている。

章によって若干長さの長短がある。これは、大学によっては学部、大学院

（法学研究科のほか、法科大学院、公共政策大学院など）において、国際法以外に、国際機構法、国際人権法、国際経済法、国際環境法、国際安全保障法などの別科目が開講されているところもあり、それらの授業のためにも、基本となるべきあるいは前提となるべき知識が習得できるようにと考えたからである。このように、本書は、学部の専門課程のみならず、各種大学院においても基本書として利用できるよう配慮されている。

なお、本書の索引の作成については、青山学院大学の阿部達也准教授の手を煩わせた。また、校正と細目のチェックについては、日本学術振興会の加藤陽特別研究員と京都大学大学院法学研究科の川岸伸助教にお願いした。慌しい時期にも拘らず対応して頂いたことにお礼を申し上げたい。

本書の出版については、東信堂の下田勝司社長から熱心な勧めがあった。編者の長期外国出張などのために作業が遅れたが、辛抱強くお待ちいただいたことに感謝申し上げたい。原稿や図表の整理等については東信堂の松井哲郎氏に大変お世話になった。併せて謝意を表したい。

2011年4月1日

編者　浅田 正彦

凡　例

1．判例・事例の後に掲げられている［判例＊＊＊］は、薬師寺公夫・坂元茂樹・浅田正彦・酒井啓亘編集代表『判例国際法（第3版）』（東信堂、2019）の事件番号である。判例・事例の略称も、基本的に同書のものに準拠した。日本の判例で、同書に掲載されていないものについては、裁判所と判決日を括弧書きした。

2．条約その他の国際文書の名称は、平仮名交じりの正式名称の場合には、原則としてカギ括弧を付した。略称は、基本的に浅田正彦編集代表『ベーシック条約集』（東信堂、各年版）で使用されているものに準拠した。条約の年は、原則として署名年である。

3．章間の相互レファレンスは、例えば（→3章3(2)）であれば、第3章の3の(2) を参照という意味である。

4．「国際連合」および「安全保障理事会」は、最初からそれぞれ「国連」および「安保理」と記述した。‘international organization’の訳は、条約の正文・公定訳の場合を除き、基本的に「国際機構」で統一した。

5．章末の【設問】における「司試」は司法試験を、「新司試」は新司法試験を、「外Ⅰ」は外務公務員Ⅰ種試験を、「外専」は外務省専門職員試験を、「国総」は国家公務員総合職試験を意味する。

【目次／国際法〔第５版〕】

図表一覧

国際法

〔第５版〕

第 1 章　国際法の基本構造

目　次

1. 国際法の基本的性格

(1) 国際社会と国際法

国際法は、国家を主たる構成員とする国際社会の諸関係を規律する法である。国際法は、国内法と同様に法として認識されるが、国内法とは異なる点が少なくない。これは、国際法と国内法がその妥当基盤である社会の構造を異にするからである。**国内法**は、中央政府を中心に統一的な権力の下に組織化された国内社会において、一国の単独の意思によって成立し、主としてその内部関係を規律する法であるのに対して、**国際法**は、主権国家の並存する国際社会において、複数国家の共通意思を基礎として成立し、国際関係の規律を主たる目的とする。

国際社会を国内社会に対応させた場合、国際社会の主たる構成員である国家の相互関係を主として規律する国際法は、国内社会の主たる構成員である私人の相互関係を規律する国内私法に対応すると考えることができる。実際、国際法の規則には、**国内私法からのアナロジー**が可能なものも少なくなく、例えば条約法においては契約法に類似の規則を見出すことができる。

(2) 国際社会と国内社会の相違

国際社会と国内社会の最大の相違点は、国際社会には国内社会における中央政府に相当するものが存在しないというところにある。したがって、国内社会において国家(政府)と私人との権力関係を規律する公法に相当するものが、国際社会には存在しない。国際法のことを別に「国際公法」ということがあるが、これは「国際私法」に対する呼称であって、国内社会における公法に相当するものが国際社会に存在するという意味ではない。

国連は世界政府ではなく、国連においても各加盟国は自らの主権を何ら損なうことなく維持し続けている。15の理事国からなる安保理の決定が国連のすべての加盟国を拘束することになるとしても、それは国連に加盟する際にその旨に同意した(国連憲章25条)からであり、その意味では他の条約締結の場合と異ならない。国連は、国際平和などの目的を共有する諸国の集団であり、独自の国際法人格を有するものの(→本章3(2))、国際社会のすべての国を統括する統一的な権力であるわけではない。

このように、国際社会の最大の特徴は、その構成員たる国家の上に立つ統一的な権力(上部機関)が存在せず、**主権国家が並存**する**分権的な社会**であるというところにある。国際社会には、立法・司法・執行の各側面において、国内社会の諸機関に比類するような機関は存在せず、国際社会の諸問題は基本的に関係構成員の同意に基づいて処理されている。

すなわち、国内社会においては、法はその受範者である国民の代表からなる議会において統一的に定立され、そのようにして制定された法は原則としてすべての国民を自動的に拘束することになるが、国際社会にはそのような統一的な**立法機関**は存在しない。近年、多くの条約が、国連やその他の国際会議において採択されているが、この場合にも、条約がその受範者である国家を法として拘束するためには、当該国家の同意が必要であり、同意なくして条約が国家を自動的に拘束することはない(→3章2(3))。

国内社会においては、裁判所が整備され、裁判所は一切の法律上の訴訟を裁判する権限を有するものとされるが、国際社会においては、**国際裁判所**が国家間の裁判を行うためには、紛争当事国の双方が裁判を行うことに同意することが必要である。国連の主要な司法機関である国際司法裁判所(ICJ)も、紛争当事国の同意なくして裁判を行うことはできない。裁判条約やICJ規程36条に従ってなされる選択条項受諾宣言(→17章3(2)(c))などに基づくいわゆる**強制的管轄権**も、関係国があらかじめ条約や宣言によって与えた同意を基礎としており、「**同意なくして裁判なし**」という原則の例外ではない。

国内社会では、犯罪等の違法行為に対して警察等の行政機関が法の執行を行うが、国際社会では、そのような**執行機関**が整備されておらず、それゆえ伝統的には違法行為に対して個別国家による復仇や戦争などの**自助**(self-help)が行われてきた。20世紀以降は、国際連盟や国際連合が一定の**集団的措置**をもって違法行為その他の事態に対処するという制度が整備されてきているが、その機能は法的にも実践的にも限定的である。

(3) 国際法の法的性質

以上に見たように、国際社会は国内社会と比較してその組織化の程度が限定的であり、国際法もそれを反映して国内法ほど整備されてはいない。そのため、国際法の法的性質に対して懐疑的な見方がなされることがある。すなわち、①国家はほとんど国際法を遵守せず(**実効性の欠如**)、②国際社会は、国際法違反者に対して何らの制裁手段も有しておらず(**制裁の欠如**)、③そのため国家は国際法を遵守する動機をもたない(**遵守動機の欠如**)、したがって国際法は「真の法」ではない、というのである。しかし、このような見方は正しくない。ここでは①と②について検討し、③については節を改めて論じることにしたい。

(a) 国際法の実効性

国際法は守られないとの印象があるとすれば、それは1つには、国際法違反がしばしばメディア等でセンセーショナルに報道されるからである。そのような報道に接すると、人はそれが国際法の常態であると錯覚することにもなる。しかし現実には、「ほぼすべての国はほぼ常に、国際法上のほぼすべての義務を遵守している」といわれる。

もちろん、国際法の違反があるのは事実である。しかし、その事実のみをもって国際法は「法」ではないと結論づけるのは誤りである。法であることを疑われない国内法においても、違反は少なからず発生している(例えば道路交通法違反)。法が遵守されているか否か(**法の実効性**)と、法が拘束力をもって適用されているか否か(**法の妥当性**)とは別次元の問題であって、遵守されないことがあるからといって法ではないとの結論には至らない。

(b) 制裁の存否

国際法が「真の法」ではないとの指摘は、国際社会には国際法違反に対する制裁が存在しないとの指摘とともになされることがある。例えば、19世紀に**オースチン**は次のように述べた。実定法とは主権者の命令であり、命令は義務を定めるものであり、その違反に対しては制裁が予定されているはずであるが、国際法にはそうした条件が欠けており、国際法は実定法ではなく実定道徳に過ぎない。

このような主張に対しては、第1に、国際法においても制裁は存在するとの反論がなされる。すなわち、19世紀までの伝統的な国際法(近代国際法)の下においては、国際法違反に対しては、復仇や戦争などの**自助**によって、被害国に制裁の手段が認められていたと主張される（ケルゼン）。

このケルゼンの主張に対しては、戦争は常に違法行為への反撃として行われたわけではなく、その実態は自国の権利・権益の保護・拡大にあったともいえ、理由のいかんを問わずすべての戦争が合法であるということになれば、戦争は違法行為に対するものとして制度化された法的な制裁手段とはいえないとの批判がある。また、国連憲章の規定する強制措置も、「国際の平和及び安全を維持し又は回復する」ことを目的にとられるのであって（憲章39条）、国際違法行為に対するものとして制度化されているのではないと主張される。

しかし、だからといって国際法は法ではないということにはならないとして、第2に、以上とは全く別の観点から国際法の法的性質を肯定する主張がなされる。すなわち、ある規範が法であるか否かという問題にとって本質的に重要なのは、（制裁の有無ではなく）法に服するものの承認であり、法はその社会の構成員がそれを拘束力ある**法として認識し受容する**ところに本質がある、と指摘される（ブライアリー）。

以上のような議論展開をいかに評価すべきか。究極的には、ある規範が法であるか否かを決定する本質的要素は、当該社会の構成員がそれを法と認めるか否かであり、その点で国際法が法であることに異論はなかろう。実際、国家の実践においても、法である規範と法でない規範は明確に区別され、国際法は、政治的便宜や儀礼的考慮に基づく慣行であって法ではない**国際礼譲**（international comity）とは異なるもの、すなわち法規範として認識され、そのようなものとして扱われてきた。

また、制裁の存否についても、国際法に制裁は存在しないとはいえない。戦争や国連の強制措置が制度上違法行為以外の事態に対しても用いられてきたのは事実であり、その点を厳格にとらえれば、戦争や強制措置があらゆる観点から疑問なく違法行為に対する制裁の制度であるとはいえないかもしれない。しかし、それらが違法行為に対する制裁としての機能をも果たしてきたのは事実である。そして何よりも、少なくとも**復仇**が近代国際法以来国際違法行為の中止や救済を求める措置として一貫して認められてきたのは否定できない事実であって、その点は今日でも武力復仇等一部の例外を除いて変わらないのである。

以上のように、法の本質は、当該社会の構成員による法としての承認・受容にあるのであって、その点で国際法は法としての性質を有しているといえるし、また、国際法に制裁は存在しないというのも必ずしも正しくない。

(4) 国際法遵守の理由

国際社会においては、制裁は存在しないわけではないにしても、少なくとも国内社会におけるほど組織化されてはおらず効果的でないのも事実である。しかし、国際法は比較的よく遵守されている(**実効性**がある)。国際法が遵守される理由はどこにあるのか(ここでは限定的な制裁の存在も考慮に入れる)。

伝統的に国際法が遵守されてきた第1の理由として、**相互主義**を挙げることができる。相互主義には、権利に関する相互主義や義務に関する相互主義など様々なものがあるが、義務に関する相互主義とは、相手国が国際法を遵守することを条件に自国もこれを遵守し、逆に、相手国が国際法を遵守しなければ自国も義務履行を停止することが認められるという仕組みをいう。後者は、**復仇**の制度にほかならず、違反国に不利益を強いることによって国際法の遵守を確保しようとするものである。なお、人道法上の義務には相互主義が適用されないものもある(条約法条約60条5項参照。→3章7(2)(b))。

第2に、国際法の違反は、相互主義の下における相手国との関係のみならず、第3国との関係でも違反国の不利益に働きうる。これは特に**慣習法**との関係であてはまる。慣習法規則を破った国は、将来その規則を援用して利益を得ようとしても、過去にその規則を破ったことで、被害を受けた直接の被害国のみならず、第3国によっても自国に不利に援用されるような先例を作ったことになる。こうして国家は、長期的な観点から、また国際社会の他の多くの国との関係において、国際法を遵守することに利益を見出すことになる。

第3の理由は、**国際法の定立形式**に関連する。逆説的であるが、国際社会に立法機関が存在しないことが、国際法の遵守につながっている。国内社会では、法はその一部の構成員からなる議会によって集中的に制定されるので、ほとんどの人が好まないにもかかわらず、社会全体の秩序のために立法されるということも少なくない。しかし国際法は、基本的に国家の**意思を基礎**に定立されるという性格をもっており、そうであれば、国家が自己の利益に資するものとして同意した法を遵守するとしても何ら不思議ではない。

第4に、国際社会の特質のゆえに、国際法の違反はある意味で国内法の違反以上に長期的かつ広範な影響をもちうるという点がある。これは、**国際社会を構成する国家の数が比較的少数**であることと関係する。国家がそのような「狭い」社会において他国と日々つきあう上で重要なことは、その国が法を遵守する信頼できる国であるとの評価である。逆に、法を遵守しない国であるとの評価を与えられた国は、国際社会において「除け者」にされ、結果として常に不利益を被るということにもなりかねない。国際社会で一旦そのような評価を得ると、容易には信頼を回復できないし、国内社会における犯罪人のように見知らぬ土地へと逃亡することもできない。

以上は、主として国際法に違反した場合の短期的・長期的な不利益に関連するものであるが、国際法の遵守は、そのような消極的な動機のみによって実現しているわけではなく、国際法遵守の積極的な動機も存在する。すなわち第5に、今日のように国家間の関係が緊密化した国際社会では、一定のルールを守ることなくしては、国境を超えた諸活動を円滑に進めることも、国際社会の共通の利益を実現させることも困難である。そのような**国際協力**の観点からも国際法は必要とされているのであって、そのことが国際法の遵守につながっている。

(5) 国際法の拘束力の根拠

国際法は法であって、現に国家によってそのように認識されている。では、国際法がそのように諸国を法的に拘束する力をもつ理論的な根拠はどこにあるのか。この点は古くは問題とならなかった。かつて国際法を**自然法**に基礎づけていた時代には、神の意思とか人間の理性といった法を超越したところに拘束力の根拠を求めたため、それ以上の説明は必要とされなかった。しかし、19世紀以降の**実定法**の時代になってからは、なぜ特定の手続による産物が法的拘束力をもつことになるのかを説明する必要が生じた。

(a) 意思主義（合意理論）

第1の考え方は19世紀に主流であったもので、国際法の拘束力を「国家の意思」に基礎づけようとするものである。**トリーペル**によれば、国際法の拘束力は、諸国家の意思の合致（合意）によって作り出される「共同意思」によって生ずるという。この**意思主義（合意理論）**の考え方は、国家の意思の合致によって成立する条約については当てはまるものの、国家の意思とは独立にすべての国を拘束する一般国際法の存在を説明することができないとして批判されることがある。しかし、そのような一般国際法が存在するのかについては、**一貫した反対国**の法理（→2章3(1)(b)）などを含めた反論がありうるであろう。

(b) 規範主義（根本規範理論）

意思主義（合意理論）に対する批判の中から生まれたのが、20世紀前半の**規範主義（根本規範理論）**といわれる考え方である。国家の意思が国際法を定立するとしても、そのためには意思表明が拘束力をもつとする前提がなければならないと考え、そのような前提として、「合意は拘束する」という原則を掲げたのである。

例えば**ケルゼン**は、次のように説明する。国内法では、下位規範の拘束力は上位規範から引き出されるのであり、突き詰めれば歴史的に最初の憲法が今日の法秩序の拘束力の源ということになる。この最初の憲法の拘束力は、その憲法に従って行動すべきという「仮説（想定）」によって生じたと考えるほかないのであって、この仮説が法の拘束力の究極的な根拠たる**根本規範**であるという。国際法の場合には、条約の拘束力は慣習法から、慣習法の拘束力は「諸国は慣習的に行動しているように行動すべきである」との仮説（想定）から生ずるという。また**アンジロッティ**は、国際法における根本規範は条約の場合も慣習法の場合も「**合意は拘束する**（*pacta sunt servanda*）」という原則であると説いた。

このような考え方には、次のような批判がある。法の根拠をなぜ人間意思とは無関係な「仮説」から導くことになるのか。また、なぜその「仮説」が「合意は拘束する」という原則であるのか。さらに、なぜ「仮説」から具体的な規則の「拘束力」が引き出されることになるのか。こういった点に疑問が呈される。

(c) 客観主義(社会学的認識論)

こうして、法の拘束力の根拠を人間意思とは全く無関係なものではなく、法が存在するところ、すなわち社会関係の中に求めようとする考え方が生ずる。これが、20世紀初頭以来主張される**客観主義(社会学的認識論)**と呼ばれる学説である。**デュギー**によれば、法の基礎は社会連帯に求められるのであり、共同生活を不可避とする人々の必要性から、遵守される社会規範が生じ、それが制裁を伴って法規範になるという。この点を現実に即して国際法に当てはめるならば、国家が他の国家との間に意思関係を行う必要が生じ、この意思関係を行う際の基準の必要性、逆にいえば国際法がない場合の不便を除去するために生じたのが国際法であり、ここに国際法の拘束力の根拠があるということになるとされる。しかし、社会学的認識論も、なぜ社会的必要性や連帯から法的義務が生ずることになるのかを十分に説明しているとはいえないとして批判される。

このように見てくるならば、合意理論に対する批判として提示された根本規範理論も、それに対する批判である社会学的認識論の主張も、いずれも難点を含んでいるといわなければならない。ある法の拘束力の根拠を別の法に求めれば、当該別の法の拘束力の根拠が必要となるという形で「無限の遡及」に陥るため、法以外のものにそれを求めることになるが、法の拘束力の根拠を法以外のものに求めるならば、なぜ法以外のものから法的拘束力が生まれるのかという法を超えた分野の難問に直面することになるのであって、この問題を完璧に説明することは不可能に近いのかもしれない。国際法においても、その拘束力の根拠を、根本規範理論を含め基本的に意思に求めるのか(広義の意思主義)、それとも社会的必要に求めるのか(客観主義)という点における対立は、論者の世界観(現実主義と理想主義の対立ともいえる)の相違をも反映した根本的な対立として、今日なお克服されるには至っていない。

2. 国際法の歴史

国際社会が今日のような形態をとるようになったのは比較的最近のことで

あり、国際法は国際連盟や国連の創設のはるか前から発展を遂げてきた。今日の国際法をより良く理解するためには、国際社会と国際法の辿ってきた発展過程を振り返ることが有益である。

(1) 国際社会の成立と近代国際法

いわゆる国際社会の起源については、1648年の**ウェストファリア条約**の締結をもってその誕生とするのが一般的である。この条約の締結によって、今日まで続く主権国家を基本単位とする分権的な国際秩序が一応の成立を見たからである。30年戦争の講和条約であるウェストファリア条約によって、神聖ローマ帝国は事実上崩壊し、帝国内の各領邦は事実上独立国に近い主権を認められることになった。同時に、この条約に対してローマ教皇が申し立てた抗議も無視され、ローマ教皇の権威も失墜することになった。こうして、中世的な**神聖ローマ皇帝**(世俗的権威)と**ローマ教皇**(宗教的権威)という普遍的権威が否定されることで、近代的な意味での主権国家が並存する体制が成立した。

この時期の国際社会は、世界全体をカバーするものではなく、18世紀半ばまでは欧州に限られていたし、19世紀半ばまではキリスト教国に限られていた。この時期の国際法(**近代国際法**、**伝統的国際法**)の特徴は、第1に、その**主体**が、主として欧州のキリスト教国に限られていた点にある(それゆえ「**ヨーロッパ公法**」とも呼ばれる)。19世紀に至って相当の社会的発展を遂げていた日本・中国・トルコといった国でさえ、不平等条約によって半人前にしか扱われていなかった。それ以外の諸国(地域)は、アメリカのモンロー主義の保護下にあったラ米諸国を除き、国際法主体性を認められず、国際法上の**無主地**として文明国による領土獲得(植民地化)の対象とされていた。領域取得の方法としての**先占**(→8章2(1)(c))は、そうした植民地化の行動を正当化するとともに、欧州諸国間の植民地獲得競争を調整する法理として機能した。

近代国際法の第2の特徴は、**戦争の法的地位**にある。近代国際法が妥当した時期の国際社会では、国家は、植民地争奪戦において他国と競争するための手段としても、また植民地の維持のためにも軍事力の使用を必要と考えた。それゆえ、戦争を行うことは、国家の主権に固有の権利として認められ、国際法はこれを特に規制してはいなかった。不正な戦争と正当な戦争とを区別

表1-1　近代国際法と現代国際法

	近代国際法		現代国際法	
時期	17-18世紀	19世紀	第1次大戦後	第2次大戦後
主体	キリスト教国	文明国	文明国、国際機構	国家、国際機構など
	西欧・ロシア アメリカ	ヨーロッパ 米州 日本・中国・トルコ	ヨーロッパ 米州 一部アジア 一部アフリカ 一部オセアニア	ヨーロッパ 米州 アジア アフリカ オセアニア
特徴	正戦論→無差別戦争観 勢力均衡 征服・先占などによる植民地化	無差別戦争観 勢力均衡 国際行政連合 仲裁裁判	戦争違法化 集団安全保障 国際連盟 PCIJ・仲裁裁判 委任統治制度 少数者保護	武力行使禁止 集団安全保障 国際連合 ICJ・仲裁裁判 信託統治制度・自決権 国際人権保障

しない**無差別戦争観**が支配していたといわれる(→18章1(1))。しかし、それでも戦争の惨禍をできるだけ緩和しようとする努力は行われ、交戦行為を規制する**交戦法規**(→19章1(1))が19世紀の後半から20世紀初めにかけて多数の条約の締結をもって整備された。同時に、戦争中にも第3国の通商をできるだけ脅かさないことが要請され、また、それへの代償として第3国は交戦国に中立・公平の立場を維持することが求められ、18世紀から20世紀初めにかけて、交戦国と第3国との関係を規律する**中立法**が成立・発展することになる。こうして、近代国際法は**平時国際法と戦時国際法**(交戦法規・中立法)**の二元的な構成**をとることになった。

(2) 国際法の構造転換と現代国際法

このような近代国際法は、20世紀に入ってからの国際社会の変容と相俟って変化を遂げることになる(**現代国際法**という)。特に第1次大戦の勃発が、決定的な影響を与えた。この未曾有の世界戦争は、その舞台となった欧州諸国に重大な社会的混乱をもたらすとともに、植民地においては独立運動を刺激することとなった。こうして、戦争と植民地支配を容認していた近代国際法に対する変革が生ずることになる。

(a) 国際連盟期

第1次大戦後に創設された歴史上初めての国際平和機構である**国際連盟**においては、第1に、**戦争に対して制限**が加えられることになる。国交断絶に至るおそれのある紛争は、国際裁判に付託するか、連盟理事会の審査に付託することが義務づけられ、直ちに戦争に訴えることは禁止された。もっとも、それでも紛争が解決しない場合には、場合によっては戦争に訴えることが許容されていたのであって(連盟規約15条7項参照)、戦争には一定の制限が課されていたものの、戦争の違法化は達成されていなかった(→18章1)。

第2に、植民地との関係では、**委任統治**の制度が設けられ、それまでの自由な植民地化の方向に歯止めが掛けられた。委任統治とは、受任国が、自己に割り当てられた地域に対して連盟の監督の下に統治を行い、住民の福祉の向上や政治的・経済的自立を達成させようとする制度である。もっともこの制度は、そもそも第1次大戦中にドイツ植民地を占領した英・仏両国によるそれら植民地の併合の要求と、大戦に遅れて参加したためその機会をもてず併合に反対した米国による理想主義的な主張(「**ウィルソンの14ヵ条**」)との間の妥協の産物であって、植民地主義の完全な否定ではなかった。実際、敗戦国(ドイツ・トルコ)の植民地は、委任統治の対象とされたが、戦勝国の植民地は、そのままに残されていた(連盟規約22条冒頭参照)。また、委任統治の対象とされたものでも、旧トルコ植民地であるA式委任統治地域を除いて、すべて独立することなく国連の信託統治へと移行したし(しかも、A式でもパレスチナは例外)、特に南西アフリカや南太平洋諸島などのC式委任統治地域については、受任国は委任統治地域をその「領土ノ構成部分トシテ」統治することが認められていた(連盟規約22条6項)。

(b) 国際連合期

国際連盟においては、戦争の違法化も植民地主義の否定も完全なものではなかったが、第2次大戦を経た後の国際連合に至って、この両者につきさらに大きな変化がもたらされることになる。**戦争の違法化**(→18章1)については、1928年の「戦争抛棄ニ関スル条約」(**不戦条約**)において「戦争」が一般的に禁止されたが、「戦争」とは戦争宣言を伴う戦争を指し、戦争宣言を伴わない事実上の戦争は禁止されないとの解釈の余地を残していた。そこで**国連憲章2条4項**では、「戦争」という語を使わず、「武力行使」が禁止された。国連憲章において武力の行使が例外的に許容されるのは、実際上、①集団安全保障の一環としての軍事的強制措置と、②個別国家による自衛権の行使の場合に限られた(→18章2(1))。もっとも、戦争(武力紛争)が存在するという現実に変化はなく、戦時(武力紛争時)には平時とは異なるルールの適用があるという点にも根本的な変化はない。

他方、植民地主義に関しては、国連憲章は戦争の違法化ほど明確な規定を置かなかった。国連憲章は、1条2項で「人民の同権及び自決」に言及した上で、連盟の委任統治制度を引き継ぐものとして**信託統治制度**を設けるとともに、信託統治地域に含まれない従属地域(植民地)に対して**非自治地域**の制度を創設した。しかし、国連憲章において**自決権**が法的権利として認められたわけではなかった。憲章1条2項では、人民の自決の「原則」の「尊重」を諸国間の友好関係発展の「基礎」としているに過ぎない。また、「信託統治地域」については、「自治又は独立に向っての住民の漸進的発達」の促進がその基本目的の1つとして掲げられているが(76条b)、「非自治地域」との関連では独立への言及はなかった(73条b)。のみならず、いずれの地域が非自治地域であるかを決定するのは各国の自主的判断とされていたし、非自治地域について国連事務総長に送付される資料も、単なる「情報用」(73条e)であって審議の対象ではないと主張された。

これに対して国連総会は、1960年に「すべての人民は自決の権利を有する」と規定する**植民地独立付与宣言**を採択して植民地主義の早期の終結を求めた。翌61年に設置された**植民地独立付与宣言履行特別委員会**は、①同宣言の適用される地域を自ら列挙するとともに、②非自治地域について、現地住民からの請願を受理し、現地へ調査団を派遣するなど、信託統治理事会と同様の任務を果たすようになった。その結果として、多くの植民地は独立を達成した。

以上、近代国際法の下では植民地化の対象であった多くの非欧州地域の人民も、現代国際法においては自決権を認められ、一定の法主体性を獲得することとなった。また、近代国際法の下では国家の主権の属性として権利とさえされていた戦争も、現代国際法においては違法なものとして禁止されるに至った。こういった国際法の構造転換は、2度にわたる世界戦争を契機とする国際社会の法意識の変化によって達成されたということができる。

3. 国際法の主体

(1) 国際法主体の意義

国際法の主体(subjects of international law)は、国際法上の権利義務の帰属主体であって、国際場裏において自らが直接に国際法上の権利を行使し、国際法上の義務違反の責任を追及される能力を有するものをいう。類似の用語に**国際法人格**(international legal personality)があるが、両者は互換的に用いられることが多い。一般的には、国際法人格を有する実体を国際法主体といい、国際法主体としての地位を国際法人格ということができる。

国家(→4章1)が国際法主体であることに争いはない。それどころか、19世紀の伝統的な国際法においては、国家のみが国際法主体であるとされていた。もっともこの時期においても、**交戦団体承認**を受けた叛徒団体が、戦争法上の権利義務の帰属という限定された範囲ではあるが、国際法主体性を認められる制度が存在した。

20世紀に入ると、国際機構の出現や個人の権利義務を定める条約の締結などを反映して、国家以外の一定の実体を国際法主体として認識するのが一般的となった。ただし、国家と国家以外の国際法主体との間には質的な相違がある。国家は、国家性の要件(→4章1)を満たせば当然に国際法主体となるという意味で**生得的主体**であるのに対して、国家以外の実体は、基本的に国家によってそのような資格を付与されてはじめて国際法主体となるという意味で**派生的主体**とされる。また国家は、基本的に国際法上のすべての権利義務を包括的に有し(包括的主体)、基本的に他のあらゆる主体との関係で主体性を主張できるのに対して(絶対的主体)、国家以外の主体は、限定された分野においてのみ権利義務を有し(限定的主体)、基本的にその点に承認を与えた主体との関係でのみ主体性を主張できるにとどまる(相対的主体)。さらに、国家は他の国際法主体を創設することができるのに対して(主体創設的主体)、国家以外の主体は基本的に主体創設能力を有していない。なお、国家以外の実体相互間にも国際法主体性における濃淡があり、例えば多くの国際機構には条約締結能力が付与されているのに対して、個人にはそれがない。

ある種の実体が国際法の主体か否かは、国際法主体をいかに定義するかによるし、個別の文脈で具体的な権利義務の存否を論ずれば足りるともいえる。それゆえ、国家以外の実体の国際法主体性を論じることの固有の意義について疑問がないわけではないが、国際法上の権利義務の享有主体が拡大してきた事実や、その権利の実現および義務違反の責任追及の制度が国際社会において拡充してきた事実を把握できるという点では重要である。

(2) 国際機構

国際機構(政府間機構)とは、国家によって構成され、一般に条約に基礎を置き、特定の目的を追求し、任務遂行のための固有の機関を有しているものをいう(→7章1(1))。国際機構の法主体性については、ICJが1949年の「国連の職務中に被った損害の賠償事件」(**ベルナドッテ伯殺害事件**)勧告的意見[1][判例30]において、**国連**は国際法人格を有するとし、自己の被った損害については当然に、また被害者本人の損害については**黙示的権能の法理**(→7章2(2)(a))により導かれる機能的保護権の行使として、国際請求を行う能力を有すると判断した(→7章2(1))。同意見では、国連は国際法人格を有するというだけでなく、非加盟国(イスラエル)との関係においても認められる**客観的な国際法人格**を有するとされた。もっとも、非加盟国がこのような意見に従わない可能性は否定できない(イスラエルは従った)。

本勧告的意見は国連に限った判断であったが、ICJは1980年の「WHO・エジプト協定の解釈事件」勧告的意見[2]において、「国際機構は国際法主体(subjects of international law)であり、そのようなものとして、国際法の一般規則、その設立文書、または自らが当事者となっている国際協定に基づいて課され

1　**ベルナドッテ伯殺害事件**　パレスチナの国連調停官に任命されたスウェーデン人のベルナドッテ伯爵らが、1948年にエルサレムで国連の任務遂行中に殺害された事件で、国連の損害賠償請求能力が問題となり、国連総会がICJに勧告的意見を要請した。

2　**WHO・エジプト協定の解釈事件**　1979年のエジプト・イスラエル間の平和条約締結を背景に、エジプトにあるWHO地域事務局をヨルダンに移転する提案がなされた。エジプトがこれに強く反対したため、世界保健総会が、WHO・エジプト間の協定の解釈という形でこの問題についてICJに勧告的意見を求めた。裁判所は、WHOとエジプトは移転の条件・方法等について誠実に協議しなければならないなどと回答した。

たいかなる義務にも拘束される」と述べ、国際機構一般の国際法主体性を肯定する見解を示している。もっとも、ある実体が国際機構であるためのメルクマールは示されていないし、なぜ設立の基礎のいかんを問わず国際機構であれば国際法主体となるのかについての特段の説明もなされていない。

(3) 個　人

個人の国際法主体性は、国際法主体性をめぐる議論の中心をなしており、国際法主体の要件論も主としてその議論の中で展開されてきた。伝統的な国際法の下では、個人は国際法の主体ではなく、国際法の規律の客体(objects)にすぎないとされ、たとえ**通商条約**などにおいて個人にかかわる規定が置かれていても、それは関連する権利義務が直接に個人に帰属することを意味するのではなく、個人をいかに扱うかということについての国家の義務を定めたものにすぎないと解された(動物の虐待を禁止する国内法が動物に権利を与えるものでないのと同様)。したがって、そのような条約の違反によって個人が直接に被害を被った場合であっても、国籍国による**外交的保護権**が行使されうるにとどまった。しかし、こうした権利実現の方法は決定的な要素ではなく、国際法(例えば通商条約)が明示的に個人の権利義務を規定しているときには、その限りで個人の国際法主体性を広く認めるべきであるとする説が唱えられている(**実体法基準説**)。もっとも、こうした説はなお少数にとどまっている。

他方、とりわけ第2次大戦後に個人の人権を保障する条約が締結されるようになると、そのいくつかにおいて、個人の人権が侵害されたときに、当該個人が救済を求めて直接に国際的な機関(**人権裁判所**や**人権委員会**)に訴えるという制度が設けられるようになった(→12章3(2))。投資家を一方当事者とする投資協定仲裁の制度も同様である(→14章3(3))。これは、部分的には、かつて外交的保護の対象となっていたような事態を、被害者たる個人自らが直接に処理できるようになったことを意味した。このことを受けて、個人が直接に権利を実現することのできる国際的な手続が設けられている場合には、個人の国際法主体性が認められるとする説が唱えられるようになった(**国際的手続基準説**)。

この点は義務についても当てはまり、個人が国際的な手続によって直接にその国際法違反について責任を追及されうる場合（例えばジェノサイド条約6条）には、個人が直接に国際法上の義務を負うのであり、個人の国際法主体性が肯定されることになるとされる。

ところで、個人が直接に国際法を適用して権利を実現し、その義務違反の責任を追及されるのであれば、その手続を国際的な手続に限る必要はないとして、国内裁判所が国際法を直接に適用して同様のことが行える場合には、国際裁判所と同様の機能を果たしているとみるべきとする説もある（**手続基準説**）。この説によると、国内裁判所が国際裁判所と同様の機能を果たすことができるためには、その前提として、当該国において関連国内法を制定することなく国際法を**直接適用**できる（→本章4(4)(b)）ことが必要であるとされる。

以上によれば、当該個人がどの国の管轄権の下にあるかによって国際法主体性に関する評価は異なってくることになる。すなわち国際的手続基準説によれば、当該個人の所在国が国際的手続を定める条約の当事国であるか否かによってその評価は異なることになるし、手続基準説をとった場合には、さらに当該個人の所在国が国際法の直接適用の可能な国か否かによっても評価が異なることになる。

ところが、2002年に発効した国際刑事裁判所（ICC）規程の場合には、対象犯罪の被疑者国籍国も行為地国も共にICC規程の当事国でない場合であっても、ICCへの付託が国連安保理によって行われる場合には、国際社会のすべての個人が責任を追及される対象となる可能性があるのであって（→13章4(2)）、その限りで個人の国際法主体性が一般的に認められることになったといえよう。もっとも、ICC規程非当事国の国民の訴追可能性については、なお異論がある。

(4) 人　民

国連憲章1条2項は国連の目的との関連で「人民の同権及び自決の原則の尊重」に言及する。これをもって**人民の自決権**（→4章1(2)）が国際法上の権利として確立したとはいえなかったが、とりわけ非植民地化の文脈における国際社会の実践を通して、自決権の国際法上の地位が確立してきた（→本章2(2)

(b))。また、1966年の**国際人権規約**の共通1条は、自決権を「すべての人民」の権利として規定し、1977年のジュネーヴ諸条約**第1追加議定書**1条4項は、人民が植民地支配、外国による占領および人種差別体制に対して戦う武力紛争を国際的武力紛争と位置づけ、国家間の武力紛争と同様にジュネーヴ諸条約と第1追加議定書を適用することを規定した(ただし、実際の適用には人民を代表する当局によるそれらの適用を約束する一方的宣言が必要。→19章2(1))。ICJも、1971年のナミビア事件[3][判例75]や1975年の西サハラ事件[4][判例76]の勧告的意見などを通して自決権を国際法上の権利として認めていき、1995年の東チモール事件[5][判例142C]ではそれを**対世的権利**として性格づけた。

こうして自決権は国際法上の権利として確立し、その享有主体である人民の国際法主体性も同時に確立していくことになった。人民の国際法主体性との関係で注意すべきは、人民は人民であることによって当然に自決権を有するのであり、国際機構や個人の場合のように、国家が個別的に創設しまたは国家が個別的に取り極めることによって権利を取得するというのではない点である(その意味では生得的であるが、国家とは異なりその権利は限定的である)。もっとも、人民の定義が存在しないことから、非植民地化単位としての人民の場合を別として、いかなる集団をもって人民というのかが、明らかでないという問題がある。

---

3 **ナミビア事件** ナミビアは連盟期に南アを施政国とする委任統治地域であったが、第2次大戦後、国連の要請にもかかわらず、これを信託統治の下に置かず併合してアパルトヘイト政策を導入するなどしたため、国連総会は委任状を終了させ、安保理は委任状終了後の南アの行為を違法・無効とする決議276(1970)を採択するとともに、南アのナミビアへの居座りの法的帰結につきICJに勧告的意見を要請した。裁判所は、南アの居座りを違法と結論づける過程で、事実上自決権を国際法上の権利として認めたと解されている。

4 **西サハラ事件** 旧スペイン領西サハラの領有権を主張するモロッコ・モーリタニアと独立を主張するポリサリオ戦線との争いに関連して、国連総会がスペインによる植民地化当時における西サハラの国際的地位についてICJに勧告的意見を要請した。裁判所は、当時西サハラは無主地ではなく、そのモロッコ・モーリタニアとの結びつきは領域主権に関するものではなかったと結論したが、自決権については事実上それを国際法上の権利として認めたと解されている。

5 **東チモール事件** オーストラリアが東チモール(インドネシアの軍事占拠下)との間の海域の大陸棚開発協定をインドネシアとの間に結んだのに対して、ポルトガルが東チモールの施政国としての自国の権限および東チモールの人民の自決権を侵害する行為であるとしてオーストラリアを相手にICJに提訴した。裁判所は、自決権は対世的権利であるが、インドネシアの同意なしには本件を判断できないとして、ポルトガルの請求を退けた。

(5) NGO

非政府間機構(NGO)は、政府間国際機構と対比される民間団体で、多くは国内法人であって、基本的に国際法主体性を有しない。ただし、以下のようにNGOが条約等において一定の役割を与えられる場合には、その限りで国際法主体性を語ることができる。

国連憲章71条は、**経済社会理事会**がNGOと協議するために取極を行うことを認めており、現在2000以上のNGO(日本ではAMDAなど)が協議資格(経社理へのオブザーバー参加や書面・口頭発言の権利など具体的内容は経社理決議1996/31に規定)を与えられている。また、**赤十字国際委員会**(ICRC)はスイスの国内法人にすぎないが、武力紛争法である1949年のジュネーヴ諸条約(共通10条、文民条約のみ11条)および1977年の第1追加議定書(5条)において、**利益保護国**(→19章5(2))がない場合にその代理として行動することができる旨が規定されている。さらに環境分野では、1998年の**オーフス条約**(→16章7(2))15条に従って創設された遵守手続が、条約当事国の違反につき遵守委員会に付託する権限をNGOに対して認めており、実際NGOによって多くの付託が行われている。

なお、2017年**核兵器禁止条約**の交渉における**核兵器廃絶国際キャンペーン**(ICAN)のように、条約作成に当たって実質的に大きな役割を果たすNGOもある(同年ノーベル平和賞受賞)。しかし、それらのNGOが条約作成に当たって果たす役割は、実質的ではあっても、なお必ずしも公式な形とはなっていない点に注意しなければならない。

4. 国際法と国内法の関係

(1) 国際法と国内法の抵触

国際法と国内法は、成立の根拠、規律の目的、妥当する社会的基盤等を異にするが、両者は理論的にも実際的にも無関係ではない。理論的な観点からは、国内法の妥当範囲である国家管轄権の空間的限界は、国際法によって画されるし、条約の締結権能は、各国の憲法によって授権されるという理論的な連関が見られる。また、実際的な観点からも、両者の関係はますます緊密なものとなっている。一方で、従来はもっぱら国内法の規律対象とされていた事項が国際法の規律対象ともなるという現象が拡大している。人権条約の締結によって締約国は、人権を国内問題であると主張することができなくなったし、国連は、**国際関心事項**という概念を用いて、条約に基礎づけられていない場合にも一国の人権問題に介入するようになった。他方で、国内法も、条約や安保理決議などの国内実施や国際協力の一環として、国際法の規律対象である事項を多く規律するようになってきた。日本が北朝鮮制裁に関する安保理決議1874(2009)を受けて2010年に制定した北朝鮮貨物検査法などがその例である。

国際法と国内法が同一の事項を規律対象としているというだけでは何らの不都合もない。問題となるのは、同一の事項を規律する国際法規則と国内法規則、とりわけそれぞれの定める義務が相互に矛盾する場合である。矛盾が生ずる主要な原因の1つは、いわゆる権力分立の制度の下で、外交関係を処理する行政府と国内法を制定する立法府との間で意思の一致が常に得られるわけではないところにある。国際法と国内法の抵触には、2つの可能性があり、①国際法に違反する国内法の制定や、国内法と矛盾する内容の条約の締結などの**積極的抵触**と、②条約の実施に必要な国内法が制定されないなどの**消極的抵触**である。

国際法違反の国内法の例としては、国際法上の根拠なく公海上で他国の船舶の臨検・捜索を行うことを認める1970年の米国包括麻薬防止規制法などがある。この場合、当該措置が国内法上は適法であっても、国際法上は他国に対して対抗できず、場合によっては国家責任を問われることになる(→15章)。一般的には、国際法違反の国内法の制定のみでは国家責任は成立せず、当該法律に基づいて国際法違反の行為が実際になされた段階で国家責任が問題となりうるに留まる。

国内法と矛盾する内容の条約の締結が問題となった例として、**砂川事件**[6]がある。この事件は、直接的には日米安保条約行政協定刑事特別法の適用が問題となったものであるが、1959年の最高裁判決(最大判昭34・12・16)では、

6 **砂川事件** 東京都砂川町の米軍基地内に侵入したデモ隊が日米安保条約行政協定刑事特別法違反を理由に起訴された事件。

安保条約の違憲性に関しては、一見極めて明白に違憲無効と認められない限り司法審査権の範囲外のものであるとして判断が回避されている(統治行為論)。国際法の観点からは、内容的に憲法に違反する条約も(**内容違憲の条約**)、国際法上の効力を否定されない(条約法条約27条)。

条約が締約国に制定を義務づけているにもかかわらず国家が必要な立法を行わないという消極的抵触は、テロ関連条約との関係でよく見られるが、多くは国家の側における懈怠の問題であり、国際義務不履行の問題が生ずる。

(2) 国際法と国内法の関係に関する学説

国際法と国内法の関係に関しては、伝統的に、法秩序全体として両者がどのような関係にあるのか(**妥当性の連関**)が問題とされ、また、両者が矛盾抵触する場合にいずれが優位するのかが論じられてきた。この点については歴史的に大きく3つの学説が唱えられてきたが、それらは、国際法と国内法が同一の法秩序を構成するとみる一元論(monism)と、それぞれが別個の独立した法秩序をなすとする二元論(dualism)に大別される。一元論は、いずれが優位するかによって、さらに国際法優位論と国内法優位論に分けられる。歴史的には、国内法優位の一元論(19世紀)、二元論(19世紀末～20世紀初)、国際法優位の一元論(第1次大戦後)の順に展開したが、ここでは論理的な整理の観点から、まず二元論を取り上げ、その後に2つの一元論を取り上げることにする。

(a) 二元論

二元論は、国際法と国内法が、妥当根拠や規律の対象を異にする別個の法秩序を構成していると考える立場である(トリーペルやアンジロッティ)。すなわち、国内法は、国家の単独意思によって成立し、個人相互間または個人と国家との関係を規律するのに対して、国際法は、諸国家の共同意思に基づいて成立し、国家相互の関係を規律するのであり、国際法と国内法は、その法主体、法源、妥当基盤において全く異なり、それぞれ独立した無関係の法体系をなすという。このような二元論の考えによれば、国際法と国内法とは別個独立の法秩序であるから、両者の間に法的な意味での抵触は起こりえない。

この二元論の考え方は、国家主権の尊重を基本とする伝統的な国際法秩序に適合しているが、それが前提としている国際法と国内法の本質的な相違は今日では変容しており、例えば、国内の裁判所が国内法に変形されていない国際法規則を直接に適用したりする事象を説明することができないと指摘される。もっとも、このような国際法の「直接適用」も、それを認める憲法の介在によって可能となるのであって、その点に注目すれば、この批判は必ずしも当たらない。

(b) 一元論

一元論とは、国際法と国内法は法として単一の体系に属し、相互間の抵触は規範秩序(上位・下位の関係)によって解決されるのであって、上位法に抵触する下位法は当然に無効であるとする考え方である。

①国内法優位論　国内法優位論は、国際法の妥当根拠は国内法に求められると主張する(イェリネックやヴェンツェル)。その根拠とされるのが、条約締結手続であり、条約の締結は、国内の憲法によって条約締結権能を与えられた国家機関によってなされるのであって、国際法は国内法に従属すると主張される。そして、国内法に抵触する国際法は、国内においてだけでなく、国際関係においても無効であるとされる。

この国内法優位論は、国際法の否定につながりうるだけでなく、理論的にも経験的にも不当であるとして、今日ではほとんど支持されていない。理論的観点からは、国内憲法によって授権された者が条約を締結するという点は、単に誰が国家を代表して条約を締結するかという問題にすぎず、憲法が特定の者に条約を締結する権能を与えているから、条約が拘束力を持つというわけではない(妥当性の連関はない)と指摘される。また、経験的な観点からも、国際法の妥当性の根拠が国内法にあるとすれば、国際法も国の数ほどあるはずであるが、少なくとも慣習法は一般に統一的に把握されていることが指摘される。

②国際法優位論　国際法優位論は、逆に国内法の妥当根拠は国際法にあるとして、次のように主張する(ケルゼン)。国際法と国内法はともに「法」として同一の認識の対象となるが、現実の法経験、例えば革命によって憲法体制が変革しても国際的な法関係は変化しないといった経験や、国家が国際法に

よって認められた場所的・人的管轄の範囲内でのみ統治権を行使している現実からして、国際法が優位すると見るのが適当であるという。この学説によれば、国内法の妥当性は国際法から導かれ、国際法に抵触する国内法は国内においても当然に無効となるとされる(ただし、最後の点は後に放棄)。

しかし、この学説にも事実と理論の両面から批判がある。この学説は、国際法に違反する国内法は当然に無効であるとするが、そのような国際法規則は存在しない。それどころか、国内法秩序における国際法の序列は国によって異なっており、それぞれの憲法を中心とする国内法によって定められている。また歴史的な事実の観点からも、国内法は国際法に先行して存在しており、後者によって前者の拘束力が導かれたとはいえない。理論的にも、国際法が国家の統治権行使の外延を定めているからといって、国際法が国内法の妥当根拠を定めているとはいえない(妥当性の連関はない)。

(c) 調整理論

一元論と二元論は、法体系としての国際法と国内法の関係をいかに考えるかという点について理論的な体系化を図ったものであるが、いずれも現実との適合性の観点からの問題性を指摘されてきた。この現実との適合性に着目した主張として、**調整理論**が近時有力に主張されている(フィッツモーリスやルソー)。すなわち、国際法と国内法が同時に作動する共通分野は存在せず、それぞれは固有の分野において最高であって、「法体系」そのものとしては抵触しえない。しかし、国家が国内において国内法上の制約から国際法上の義務に適合する行動がとれないといった「義務の抵触」は生じうる。このような場合、国際平面においては、国際義務違反の結果として国家責任が追及されるといった形での調整が行われる、という。

このような考え方は、根本においては二元論と異なるところはない。二元論は、国際法が国内法とは異なる別個の法秩序であることを強調する理論的立場をとったため、現実と適合しないところがあると指摘された。これに対して調整理論は、逆に、現実の法経験を基礎として国際法と国内法の関係という問題に実証的にアプローチしたため、次第に有力となり、日本でも広く支持されている。しかし、一元論と二元論が妥当性の連関という理論的な観点から法体系全体としての国際法と国内法の関係を論じたのに対して、調整理論の二元論に対する付加価値的部分はいわば**現実の法現象の説明**にすぎず、調整理論を一元論・二元論の理論的立場と同列に扱うことができるか疑問がないわけではない。

以下では、国際法秩序における国内法の位置づけと、国内法秩序における国際法の位置づけを中心に、現実の法現象について見ることにしよう。

(3) 国際法秩序における国内法の位置づけ

国際関係において国際法と国内法の義務が相互に矛盾する場合には、国際法が優先し、国家は国内法の規定を理由に国際法上の義務を逃れることはできない。この点については、学説・判例も一致しており、条約に関しては条約法条約 27 条が「当事国は、条約の不履行を正当化する根拠として自国の国内法を援用することができない」と明確に規定している。同様に国家責任条文 3 条も、国際違法行為との性格づけは国内法上適法であることによって影響を受けないと定める。ただし、国際関係における国際法上の義務の優位によって、国際法に反する国内法が無効となるわけではなく、単に国際義務違反に対する国家責任が問われるに過ぎない。

(4) 国内法秩序における国際法の位置づけ

国内における国際法の扱いに関しては、次元の異なる 2 つの問題が存在する。第 1 は、国際法が国内的な効力を有するためには何が必要かという問題であり(**国際法の国内的編入**の問題)、第 2 は、国内法秩序に編入された国際法が、国内法秩序の階層においていかなる位置づけを与えられるかという問題である(**国際法の国内的効力順位**の問題)。これら次元の異なる 2 つの問題が、条約と慣習法のそれぞれについて存在する。なお、欧州連合(EU)諸国における EU 法の国内的効力については、第 7 章 5⑵参照。

(a) 条約の国内的編入

条約の本来の目的は、締約国間の権利義務関係を定めるところにあり、締約国の国内において当然に法的効力を有するというわけではない。それゆえ、条約が国内で効力を有する(さらに私人相互間や私人と国家との間で適用される)ためには、それぞれの国の憲法上の定めに従い、国内法秩序に編入される必要がある。このための方法としては、大別して**変形方式**と**一般的受容方式**の2つがある。

①変形方式　英国、英連邦諸国やスカンジナビア諸国においては、条約が発効して当該国家を拘束するようになっても、そのままの形では国内法としての効力を有さず、国内的には存在しないものとして扱われる。条約が国内法上の効力を有するためには、その内容が制定法その他の形で国内法に**変形**されなければならない。例えば英国では、国王が議会の承認を要せずして条約を締結しうるが、国民の権利義務、財政支出等に関連する条約については、それらの事項が議会の権限に属することから、議会による立法措置が求められる。制定法が成立しない場合には、英国は条約義務の不履行に問われることにもなりかねない。

②一般的受容方式　これに対して日本や米国などの諸国では、公布された条約の国内的効力を認めるとともに、一定の条件を満たす条約(後述)についてはそのままの形で(変形せずに)国内的に適用するという**一般的受容方式**をとっている。例えばアメリカ合衆国憲法(連邦憲法)6条2項は、連邦憲法、制定法(連邦法)、および「合衆国の権限に基づいて締結され、また将来締結されるすべての条約」は「国の最高法規」と規定しており、条約が連邦憲法、連邦法と同様に国内的に効力を有することを定めている。また、日本国憲法98条2項は、「日本国が締結した条約及び確立された国際法規は、これを誠実に遵守することを必要とする」と規定するが、これは、適正に締結された条約は、国内的な効力を有するとの趣旨であると解されている。このように、条約について一般的受容の方式が採用された背景には、①締結した条約の迅速な国内的実施という観点のほか、②(締結に議会の承認が必要とされる条約については)行政府の条約締結権に対する議会の民主的な統制の観点からも問題がない、との考慮があるものと思われる。

なお、議会による条約の承認を法律で行う国について、この承認法という方法をもって、条約が国内法秩序に編入される第3の方式(**承認法方式**)とする学説もある。

(b) 直接適用可能性

一般的受容方式を採用する国にあっても、すべての条約がそのままの形で(何らの国内的な措置なしで)国内において適用可能となるわけではない。条約がそのままの形で国内において適用される(＝**直接適用**される)ためには、当該条約がそのような内容と形式を備えていなければならない。そのような条約を「**自動執行条約**(self-executing treaty)」といい、そうでない条約を「**非自動執行条約**(non-self-executing treaty)」という。非自動執行条約については、そのままの形では国内で適用できないため、一般的受容方式をとる国においても、当該条約(の内容)を国内で実施するためには、多くの場合国内法を制定することが必要となる。非自動執行条約は、国内実施法が制定されていない場合であっても(一般的受容の国では)国内的効力は有するのであり、そのようなものとして、関連国内法令の解釈の一基準として参照されることがある。これを「**間接適用**」という。

条約が自動執行的な性格を有するためには、以下の2つの要件を満たすことが必要であるとされる。第1に**主観的要件**として、当該条約は直接に国内裁判所において適用可能であることを条約の締約国(the contracting Parties)が意図したことが必要である(1928年常設国際司法裁判所(PCIJ)「ダンチッヒ裁判所の管轄権事件」勧告的意見[7][判例35])。第2に**客観的要件**として、当該条約が、国内で適用される規範の内容を明確に規定し、かつその実現のための手続も完全・詳細に定めており、当該条約を実施するための法令の制定を行うまでもないことが必要である。ただ、当事国は条約の国内における適用の態様に関心を持たないことが少なくないため、主観的要件は緩やかに解されるべきであろう。

以上の要件を満たす条約としては、例えば国際機構の特権免除に関する条約や、労働者の労働時間の制限を具体的に規定する労働関係条約などが考えられる。他方、上記の条件を満たさない条約としては、国民の権利義務に関

---

7 **ダンチッヒ裁判所の管轄権事件** ダンチッヒ自由市の鉄道職員がポーランド鉄道局に移籍されたことに関して金銭賠償を求める訴訟をダンチッヒ裁判所に提起し、同裁判所の管轄権が争われた。管轄権を否認するポーランドに対して、ダンチッヒ自由市は連盟理事会に訴え、連盟理事会の諮問を受けたPCIJは、国際協定たる職員協定は一般的には私人に対して直接に権利義務を創設し得ないが、当該国家がそのように意図した場合は別であり、同協定はこれに該当するとの勧告的意見を出した。

係しない条約や、国民の権利義務の規律を目的としながらも、直接には国内立法による条約の実施を規定するような条約がある。条約(国連憲章)の自動執行性を否定した判例として、1952年のカリフォルニア州最高裁による**フジイ事件**判決[8]がある。

(c) 条約の国内的効力順位

国内における条約と国内法の関係に係わる第2の問題は、国内法秩序に編入された条約が、国内法秩序の階層(憲法、法律、命令など)の中でいかなる位置づけを与えられるかである。この国内的効力順位の問題は、特に、条約上の義務と国内法上の義務が矛盾する場合にいずれが優先するのかという問題と密接に関連する。

条約の国内における序列の問題は、その性質上、**一般的受容方式**を採用している国においてのみ、かつ自動執行条約についてのみ問題となる。変形方式の国の場合には、条約はそのままの形では国内において効力を有さないため、その国内における実施のためには制定法その他の形で国内法に変形する必要があるが、それらの国では、条約の規定内容の国内法上の位置づけはその変形の形態いかんによって定まるのであり(通常は制定法)、条約自体の国内における位置づけという問題は存在しない。同じことは、一般的受容方式の国における非自動執行条約についてもあてはまる。

国内において直接に適用可能な条約(**自動執行条約**)の国内的な効力順位は、各国の憲法体制に委ねられている(表1-2参照)。多くの国では、国内の法律(連邦法)と同位(米国)か、法律に優位する地位(日本(**憲法98条2項**の解釈)、フランス、ロシア、スペイン)を与えられている。オランダやオーストリアでは、条約が憲法と同等かそれに優位する地位を認められることがあるが、その場合には、憲法の改正に必要な手続(または類似の手続)を経ることとされる。なお、条約が法律と同等の地位に置かれる場合には、基本的に後法優位の原則が適用され、後の条約または法律が優位する。

8　**フジイ事件**　外国人の土地所有を制限する同州外国人土地法が国連憲章等に違反するとしてその違法・無効を主張する原告(フジイ・セイ)の請求に対して、裁判所は、国連憲章の人権関連規定(55条、56条)の自動執行性を否定しつつ、連邦憲法に反するとして同法の無効を判示した。

表 1-2　国際法の国内的効力順位

日本		米国		オランダ	
国内法	国際法	国内法	国際法	国内法	国際法
憲法		連邦憲法		憲法	条約＊
	条約・慣習法				
法律		連邦法	条約	法律	
			慣習法		慣習法
		州憲法・州法			

＊両院の3分の2の議決が必要。

(d) 慣習法の国内的編入と国内的効力順位

慣習法の国内的適用には多くの困難が伴う。それは第 1 に、慣習法規則はその成立時期の特定が容易でないだけでなく、その内容が一般に明晰さを欠いているし、第 2 に、とりわけ条約とは無関係に成立する慣習法の場合には、その成立に行政府や立法府が必ずしも明確な形では関与しないため、その解釈・適用の問題がほとんど専ら裁判所の判断に委ねられることになるからである。

慣習法の国内的編入と国内的効力順位の問題も、条約の場合と同様、基本的には当該国の憲法体制いかんによるが、条約の場合に比べて、慣習法の国内法上の地位について明確に規定する憲法は少ない。米国では、裁判所の判例によって慣習法についても一般的受容の方式が採用されているが、その国内的効力順位は、州法の上で連邦法の下(ないし同位)に位置づけられる。また英国では、条約の場合とは異なり、慣習法については**コモン・ロー**による**一般的受容**の立場がとられ、その国内的効力順位としては、制定法の下に位置するものとされる。日本の場合には、**憲法 98 条 2 項**にいう「確立された国際法規」とは慣習法を指すものと解されており、慣習法の扱いは、その国内的編入の方式と国内的効力順位の双方において、条約の場合と同様であると解されている。

慣習法について一般的受容方式を採用している国においては、条約の場合と同様、**自動執行**的な性格を有する慣習法規則は国内的に直接に適用可能である。慣習法は、一般にその内容が条約の場合ほど明確ではなく、かつ、基本的に国家自身による適用を前提に発展確立していくことから、国内における直接適用を意図して、私人の権利義務関係を明確かつ詳細に定める自動執行的な性格のものは少ない(例えば、主権免除や戦争犯罪に関する慣習法は自動執行的でありうる)。また、主観的「意図」は、条約の場合以上に不明である。慣習法の自動執行性の有無が問題となったのが、**シベリア抑留捕虜補償請求事件**[判例 166]である。第2次大戦後にシベリアに抑留された人々から提起された補償請求に関連して、1993年に東京高裁は、1949年捕虜条約の66条および68条に規定される「自国民捕虜補償原則」の慣習法規性を否定するとともに、(たとえ慣習法として成立していたとしても)同原則には自動執行性も認められないとして、原告の請求を退けた。他方、1980年の米国連邦控訴裁判所による**フィラルティーガ事件**判決[9][判例 84]は、拷問の禁止を慣習法上の規則とした上でその直接適用可能性を認める判決を下している。

設　問

1. 国内法との比較において、国際法の法的性質の特徴について論じなさい。
2. 国際法の拘束力の根拠について論じなさい。
3. 国際法は国家間の合意により定立されるというとらえ方が、現在においても妥当しているといえるかについて、条約と慣習国際法に分けて、論じなさい。(外専・平27)
4. 19世紀までの国際法と20世紀以降の国際法とを比較しつつ、それぞれの特徴について論じなさい。
5. 国家と国家以外とを比較しつつ、国際法の主体について論じなさい。(外専・平30)
6. 国家、国際機構、個人、人民の国際法主体性を比較しつつ論じなさい。(司試・平3改)
7. 国際法の国内的効力および直接適用可能性について論じなさい。(司試・昭61改)

9　**フィラルティーガ事件**　パラグアイにおいて父親の反政府活動への報復として警察官によって拷問され殺害された息子につき、渡米中の同警察官を相手に被害者の父親らが外国人不法行為法(諸国民の法または合衆国の条約に反する不法行為につき外国人の民事訴訟の管轄権を規定)に基づいて損害賠償を請求した事件。原判決が管轄権を否定したのに対して、本判決は国家機関が拘禁中の者に対して行う拷問行為は諸国民の法に反するとして原審に差し戻した。

8. 国際法と憲法、法律との効力関係。(司試・昭 41)
9. 憲法に違反する条約の国際法的効力。(司試・昭 49)

【参考文献】

高野雄一『憲法と条約』(東京大学出版会、1960)
田畑茂二郎『国際法 I(新版)』(有斐閣、1973)
岩沢雄司『条約の国内適用可能性』(有斐閣、1985)
藤田久一『国際法講義 I(第 2 版)』(東京大学出版会、2010)
酒井啓亘・寺谷広司・西村弓・濵本正太郎『国際法』(有斐閣、2011)
杉原高嶺『国際法学講義(第 2 版)』(有斐閣、2013)
小松一郎『実践国際法(第 2 版)』(信山社、2015)
岩沢雄司『国際法』(東京大学出版会、2020)
James Crawford (ed.), *Brownlie's Principles of Public International Law*, 9th ed.(Oxford UP, 2019)
Alexander Orakhelashvili (ed.), *Akehurst's Modern Introduction to International Law*, 8th ed. (Routledge, 2019)
Malcolm N. Shaw, *International Law*, 9th ed. (Cambridge UP, 2021)

第 2 章　法源・慣習法

目　次

1. 国際法の法源

(1) 法源論の意義と射程

法源論は、ある社会において法を創設する権力がどのように配分されているかという社会構造の基本的理解(→1章1)と密接に関わる。同時に、法源論は、社会規範の中から法的に拘束力ある規範を識別し、国際法主体の行動を規律し、国際裁判において適用されうる法規則(rules)や法原則(principles)がいかに成立するかを説明しその規範内容を提示するという、実践的な役割を担っている。このように法源論は国際法の識別・内容特定機能を担うのであるが、慣習法の成立要件論やソフトロー論を中心に、法源論が「動揺」ないし「混迷」しているといわれることがある。**ソフトロー**とは形式的には法的拘束力を有しない規範であるが、その法的効果につき議論がある(→本章5(2))。法源論の動揺・混迷は国際法システムに対する信頼低下を招き、国際社会における法の支配を揺るがしかねない。法源論にいかに安定性・確定性を付与できるかが問われているといえよう。

法源論の射程を明確にするためには、対象である「法源」をどのように理解するかが問われる。「法源」の理解は学者により、時代により異なっているが、①法の拘束力の根拠、②法の実体が引き出される源、③法が成立する形式、④法の存在を認定ないし確認する証拠、に整理することができる。これらは相互に連関しているが、現在の法源論の主要対象は③で**形式的法源**といい、本章の法源論はこれを対象にしている。なお、②ないし④を**実質的法源**ということもある。法源を積極ないし能動的に説明すると、国際法を創設する手段ないしプロセスとなり、消極ないし静態的に説明すると、国際法を見出す場ということになろう。いずれの視点においても、法源論の中心的課題は、ある形式で成立する**国際法の成立要件**をいかに理解するかである。国際社会全体を当然に拘束する国際法を定立する国際立法機関が不在の国際社会において、国際法の一般的妥当性を成立要件との関係でいかに根拠づけるかも、法源論の重要な課題である。

(2) 法源の種類

それでは、具体的に、国際法の法源、すなわち国際法が成立する形式にはいかなるものがあるか。法源論が社会構造の理解の仕方と不可分に結びついているということは、その対象たる法源の種類およびその内容も、国際社会の構造変化と共に変化しうる。1945年の国際司法裁判所(ICJ)規程38条1項は、裁判規範の種類を列挙したにすぎず、それ自体が国際社会における法源を法典化したものではないが、同項が「国際法に従って裁判する」と規定していることなどから、それを法源の種類に関する議論の少なくとも出発点として扱ってよいであろう。

ICJ規程38条1項は、a **国際条約**、b **国際慣習**、c 法の一般原則を挙げる。なお、d は法則決定の補助手段として判例と学説を挙げるが、これらは上記④の意味であり、国際法の成立形式を定めたものではない。a から c のうち、国際条約と国際慣習が国際法の法源であることにほぼ争いがない。なお、国際慣習という形式で存在する国際法が慣習法である。問題は、それぞれの法源の成立要件であり(→慣習法につき本章3)、また、その他の法源の可能性である(→本章5)。これに対して、**法の一般原則**は、同項が法の欠缺による裁判不能(*non liquet*)を回避するために主要文明国の国内法に共通する法原則に裁判所が依拠できるようにしたという起草経緯や、常設国際司法裁判所(PCIJ)およびICJが一般的な国際法の法源として明示的に法の一般原則に言及することにこれまで極めて慎重であったことなどより、その形式的法源としての地位はまだ確立していない。

学説上、**一方的行為**を法源に含めるものがある。「承認」や「抗議」などの一方的行為は、既存の国際法に従い特定の法的効果が付与されるものであり形式的法源ではないが、国家の言動の1つとして慣習法の成立や変更(→本章3(2))に寄与することはある。一方的宣言ないし約束(→本章5(3))も、国際法が定める要件に従って約束した内容に当該国家が拘束される場合があるものである。例えば、1974年のICJ核実験事件判決[1][判例5]は、大統領や国防大臣の公になされた宣言につき拘束力を認めた。なお、ILCも、「法的義務を

1　**核実験事件**　南太平洋フランス領ポリネシアで行われていたフランスによる大気圏内核実験が、国際法に違反するとしてオーストラリアとニュージーランドがICJに提訴した事件。裁判所は、フランス大統領や国防大臣による「1975年には大気圏核実験は行われないであろう」といったインタビュー発言などにつき、それが公になされ拘束される意図を有するならば、当該宣言は、他国の受諾なくとも拘束的であると判断した。

創設しうる国の一方的宣言に適用される指導原則」を、2006年に作成している。また国連総会決議(→7章4(2))もそれ自体形式的法源ではないが、慣習法との関係で国家実行の一部としてまたは国家の法的信念の証拠として扱われたり(→本章3(2))、1970年友好関係宣言のように国連憲章の有権的解釈を表したものとして扱われる場合もある。

2. 条　約

(1) 法源としての条約の意義

ICJ規程38条1項(a)は、「係争国が明らかに認めた規則を確立している」国際条約といい、これを裁判所は、義務的性格を有する国際的な合意と解している。このように解される**法源として認められる条約**に、1969年の条約法条約で定義されるところの条約、すなわち「国の間において文書の形式によ[る]国際的な合意」(2条1項(a))が含まれることに異論はない(**口頭の合意**につき→3章1(2))。法源としての条約は、それに拘束されることに同意した国にしか拘束力を及ぼさない。条約のようにその妥当範囲が特定的である国際法を、一般国際法と対比させて**特別国際法**ということがある。なお、国際法によって規律されることが意図されていない政治的合意は国際法の法源とはならない。

条約について、将来にわたって国家の行為規範を一般的に定める内容の「立法条約」と、領土割譲条約のように相互に利益を交換することを目的とする「契約条約」とに区別する説がある。法源としての地位の観点からは、この区別はあまり意味がないが、最近の国際立法に関する議論(→本章4(3)、5)は、主に前者の内容をもつ条約を対象になされている。

(2) 国際法の法典化

19世紀終わり頃から、不文の法源たる慣習を成文の法源たる条約にして規範内容を明確にし、体系的に提示する作業、すなわち**国際法の法典化**が国際社会の重要な課題となった。国際連盟は、1930年に国際法法典化会議を開催した。1949年には国連総会の下に、国際法の法典化とその**漸進的発達**を任務とする**国際法委員会**(ILC)が設置された(国連憲章13条参照)。ILCは、特に国際法の基本構造に関わる海洋法分野(1958年海洋法4条約)、外交・領事関係分野(1961年外交関係条約、1963年領事関係条約)、条約法分野(1969年条約法条約、1978年条約承継条約、1986年国際機構条約法条約)で成果を挙げた。冷戦終結後審議が進んだ2004年国連国家免除条約、条約ではないが2001年国家責任条文も、国際法の基本構造に関わるILCによる重要な成果である。もっとも、ILCの作業を踏まえて採択された条約の中には、必要な批准を得られず発効していないものや発効までにかなりの時間を要したものもあり、「条約化」がILCの成果として望ましいかにつき近年議論がある。国家責任条文などは意図的に条約にしない方策がとられた。

(3) 条約の時代における課題

20世紀後半に入ると、国際社会で対応すべき問題が人権や環境といった専門分野に広がり、原子力施設や化学物質の規制といった詳細かつ技術的な規範が必要になる。必要に応じて国家ないし国際機構がイニシアティブをとり、自覚的に国際法を成立させる手段である条約の需要と重要性が、この頃さらに高まった。これら分野の条約起草は、人権分野では国連人権委員会(現在の国連人権理事会)、環境分野では国連環境計画(UNEP)、海事分野では国際海事機関(IMO)などのように、それぞれの分野における専門的な機関が主導した。1990年代には、こうした各機関バラバラの条約起草・採択が「条約渋滞」とまでいわれる事態を招いた。化学物質規制関連条約のように対象とする事項やその規制の仕方につき複数の条約の間に重複が生じ類似の国内的な履行措置をそれぞれの条約機関に別々に報告しなければならなかったり、環境条約上の規制措置とWTO法上の義務(→16章7(1))が抵触するなどの問題が指摘され、**条約相互の関係調整**、**連携**(synergy)の必要性が唱えられた。

一方で、条約がそれに同意した国しか拘束しないため、1982年の国連海洋法条約に対する一部主要国による批准拒否に象徴されたように、条約による国際法秩序形成は1つの壁に突き当たった。1986年のICJニカラグア事件本案判決[2][判例157]も契機となり、この頃より、一般的妥当性を有する慣

2　**ニカラグア事件**　中米ニカラグアに誕生した左翼政権に対抗していた反政府武装組織に、1980年代、米国が軍事的に支援をしていたことに対し、武力不行使原則や内政不干渉原則違反

習法にその関心が再度集まり始める。他方で、地球環境保全の分野では(→16章)、条約への普遍的参加を重視して、当初は一般的な政策方針や手続的義務のみを定める**枠組条約**を採択しつつ、その後、条約締約国会議における決議などを利用して具体的な基準や規則を定立していく現象が見られる。こうした**条約制度の規範的発展現象**については、本来拘束力のない決議に示された規則や解釈がいかなる要件を満たせば締約国を拘束する法となり得るかなど、法源論的課題が残っている。

3. 慣習法

(1) 法源としての国際慣習

(a) 意　義

国際慣習として成立している法規範が慣習法である。19世紀に自然法主義が衰退し法実証主義が支配的となったことにより、それまで国際社会一般に妥当していた(もっともこの時代の国際社会は基本的にヨーロッパ社会であった)**不文法**の存在を説明する概念として、慣習法が提示された。1872年の米国連邦最高裁判所スコチア号事件判決[3][判例1]では、海洋航行に関する規則が主要海洋国の国内法において一般的に受諾されていることをもって、一般的に拘束力ある(慣習)国際法の成立が認められた。ICJは、1969年の**北海大陸棚事件**判決[4][判例46]において、慣習法を「特別利害関係国を含む広範かつ

等を理由として、ニカラグアが米国を相手取りICJに提訴した事件。米国の多数国間条約に関する留保(米国のICJ選択条項受諾宣言に付された条件の1つで多数国間条約から生じる紛争については判決に影響を受ける当該条約の締約国全てが訴訟当事国になっていない限り裁判所の管轄権は及ばないとするもの)のため、裁判所は、主に慣習法を適用して、米国による国際法違反を認定した。

3　**スコチア号事件**　英国汽船スコチア号と米国帆船の公海上での衝突事故につき、スコチア号に過失があったとして米国帆船の船主等が損害賠償を求めた事件。米国最高裁判所は、国際法たる海洋法を適用するとし、大西洋上で海運に従事しているほぼすべての国を含む30ヵ国以上の国家により義務的規則として受諾されている灯火規則に従っていたスコチア号に過失はなかったと判断した。

4　**北海大陸棚事件**　北海沿岸国の西ドイツとデンマークおよびオランダの間で大陸棚の境界画定をめぐって争われた事件。デンマークおよびオランダは、1958年大陸棚条約(西ドイツ未批准)6条に規定する等距離・特別事情原則が慣習法になっており西ドイツを拘束すると主張したが、ICJはこれを認めず、替わりにいわゆる合意・衡平原則が慣習法になっていると宣言した。慣習法の成立要件および慣習法と条約との関係などについて重要な判示があり、現在でも法源論をめぐるリーディング・ケースである。

ほぼ均一の国家慣行が法規則に関わるものとして一般的に承認されていること」と提示した。このように、本来の意味における慣習法は、国家間の具体的な言動の相互作用を通じて国際社会の利害関係が調整された結果生まれる法規範であり、そのような利害調整プロセスを経て成立することが、慣習法の一般的妥当性を支えているといえよう。

(b) 妥当範囲

成立した慣習法は、原則として、国際社会のすべての国家を拘束する**一般国際法**(general international law)である。確立した慣習法が一般的妥当性を有することは、国家実行およびICJの判例においても認められている。条約の承継(→4章6(2))と異なり、既に成立していた慣習法には、新独立国も自動的に拘束される。また、慣習法の成立にはすべての国家の個々具体的な参加や同意は必要ない。なお、**普遍国際法**(universal international law)という表現が使われることがあるが、その意味は論者により異なり、規範の実質的内容を理由に例外なく国際社会のすべての国家を当然に拘束する国際法を指すことがある。慣習法は、その内容が強行規範(→3章7(1))でない限り任意規範であり、国家間の合意や以下に述べる特定的慣習に基づきそれとは異なる内容の特別国際法が成立しうることを必ずしも否定しない。特別国際法の成立によらずして慣習法の一般的妥当性の例外として主張されているのが、**一貫した反対国の法理**である。この法理は、慣習法形成途上から一貫して当該慣習法規則に反対をしていた国家は、たとえその慣習法が成立したとしても、それに拘束されない特別の地位を享受すると主張する。しかし、この法理の理論的、実証的根拠については学説上争いがある。理論的には、同法理を基礎づけるとされる国際法における意思主義自体の問題(→1章1(5))や事後的反対国との区別の問題がある。実証的には、1951年のICJノルウェー漁業事件判決[5][判例43]の傍論が同法理を根拠づけているか、領海3海里を超える漁業水域制

5　**ノルウェー漁業事件**　ノルウェーがその領海を画定するために使用した基線につき、それが国際法上の低潮線規則に反しているとして英国がICJに訴えた事件。英国は直線基線を引くことができるのは湾口10海里までであると主張したが、裁判所は、その1951年の判決において、湾口10海里規則は慣習法にはなっていないが、いずれにせよ、その規則の適用に常に反対してきたノルウェーに対してはその規則は対抗できない、と述べた。

度に反対していた1960年代の日本や、国連海洋法条約に具体化された深海底制度に抵抗していた1980年代の米国が、同法理でいう一貫した反対国であったといえるか(有力国が反対を続けている間は慣習法がそもそも成立していなかったのではないか)、などで見解が分かれている。2018年にILCが作成した「慣習法の同定に関する結論」は、一貫した反対国の法理を肯定している。

なお、ICJは、1950年の庇護事件判決[判例3]において外交的庇護がラテンアメリカ諸国に特有の**地域的慣習**(regional custom)であるか、また1960年のインド領通行権事件本案判決[判例4]において飛び地への通行権がインドとポルトガルとの間に成立しうる**地方的慣習**(local custom)であるかにつき考察しており、特定の地域ないし関係国にのみ妥当する地域的ないし地方的慣習の概念を認めた。学説上は、地理的な要素に限定せず、妥当範囲が一般的でない不文国際法の総称として、これらを特定的慣習(particular custom)と呼ぶことがある。これら特定的慣習の国際法秩序における位置づけについては、それを一般国際法に逸脱する例外的な特別慣習と見なす立場と、未だ不完全な国際法秩序において広く許容される個別的法関係の創設の一種であると見なす立場がある。特定的慣習は、以下に述べる一般慣習と同様の成立要件を満たして成立する。

(2) 慣習法の成立要件

(a) 二要件論

ICJは、北海大陸棚事件判決の中で、慣習法成立には、「単に関連する行為が確立した慣行になっているだけではなく、その慣行がそれを要求する法規則の存在ゆえに義務的であるという信念の証拠となるような方法で、当該行為が行われていることが必要である」と述べて、**慣習法成立二要件論**を宣明した。これはICJ規程38条1項bが、第1に**一般慣行**(general practice)、第2にその慣行が「法として認められている」ことを要求しているのと一致する。後者の要件を、**法的信念**(*opinio juris*)という。すなわち、個別の国家の行為が積み重なり慣行となり、それに法的信念が備わり慣習になるというのが、典型的な慣習法の成立プロセスである。なお、ILCは慣習法規則の存在とその内容を認定するための実践的な指針として「慣習法の同定に関する結論」を作成し、2018年に国連総会においてテークノートされている。

ニカラグア事件本案判決においてICJは、一般論として、ある規則に対する法的信念の存在が慣行により確認されなければならないと述べた。実際、不干渉原則につきICJは、1970年国連総会友好関係宣言決議などを引用して諸国の法的信念が存在するとし、続けて近年の干渉事例は必ずしも干渉の権利があるという信念を示している実行ではないとして、不干渉原則の慣習法としての地位を認めた。また、同事件でICJは、武力不行使原則が慣習法としても成立しているかにつき検討する際に、国連総会決議に対する諸国の態度から法的信念が演繹できるとし、同決議採択により示される諸国の法的信念の存在をもって慣習法の成立を認めた。このICJの論理構成につき、本来生成しつつある慣行に後から法的信念が備わるという慣習の形成プロセスを逆さまにしたと批判されることがある。また慣習法成立に必要な2つの要件を区別せずに認定したとか、更には一般慣行を不要とみなしているなどと批判されることがある。もっとも、ニカラグア事件本案判決は、拘束力ある慣習は国家実行と法的信念より生じるという基本的要件から、原則的に逸脱しているわけではない。問題は、2つの要素とその相互関係をどのように理解するかである。

(b) 単一要件論の問題

1963年宇宙活動法原則宣言国連総会決議を題材に学説上唱えられた、いわゆる「**インスタント慣習法**」は、法的信念単一要件論である。これによれば、慣習法の成立に必要な要件は国家の法的信念のみであり、国家実行は慣習規則の内容を確定し法的信念が存在することを立証する証拠にすぎないという。さらに、その法的信念は、一定の条件を満たした国連総会決議の採択により、一夜にして即時に生成し得ると主張された。ただ、この主張は、国家実行を基礎とする慣習法の概念にはそぐわない。

学説上は、古くから一般慣行単一要件論も唱えられている。これは、法的信念の概念が不明確であり、その存在の証明方法も恣意的であるという批判から主張されるものである。しかし、**国際礼譲**、すなわち国際社会において儀礼的、便宜的または恩恵的考慮にもとづき一般的に遵守されている慣例であるが法規範ではないものとの区別ができないといった問題は、未だに解決されていない。慣習法成立に必要な慣行が何らかの形で法的意味合いを持ち、法的文脈の中で認定されなければならないことは、多くの一般慣行単一要件論者も認めている。

(3) 一般慣行

一般慣行は、国家の具体的な実行、すなわち行為や態度が一定の要件を備えて成立する。**国家実行**は、通常、国家機関により行われる。国家元首や政府の長、外務大臣などの言動はもちろんのこと、対外関係に責任を負う行政機関の行為(作為および不作為)はそれが国際的問題に関わる限りにおいて、一般慣行を構成しうる国家実行になる。国内立法機関や司法機関の行為(立法、判決)も、たとえば主権免除(→5章6)や外交官の特権免除(→6章4)の分野のように、国家実行となる。国家の物理的な行動、たとえば、自国の大陸棚(→10章6)において定着性生物の漁獲を許可なく行う他国漁船を拿捕する行動は、大陸棚に対する沿岸国の主権的権利を示す当該国の重みのある国家実行であることは疑いない。もっとも、1945年の大陸棚に関する米国トルーマン大統領宣言のように、国の元首や政府の長、外務大臣が行う声明も、それに従う当該国の行動が期待され、他国もそれを念頭に自国の行動を調整するという効果を持つ限りにおいて、国家実行を構成する。国連決議や国際会議で起草される規範的文書に関する発言や投票行動も、次に述べる法的信念との関係で慎重に検討する必要があるが、その規範にしたがう行動が期待される限りにおいて国家実行を構成する。

理論的には、すべての国家の国家実行が一般慣行を構成しうるが、北海大陸棚事件判決においてICJは、慣習法成立には当該問題に特別の利害関係を有する国、すなわち**特別利害関係国**の実行が含まれていなければならないとした。1996年のICJ核兵器使用の合法性に関する勧告的意見[判例163]においても、核兵器使用を禁止する慣習法が成立しているかにつき考察する際、核兵器保有国の実行が重視された。こうした大国主導の慣習法形成プロセスの現実に対し、それが非民主的であるといった批判がなされる。

一般慣行の要件としては、実行が広範かつ代表的(widespread and representative)

であること、そして一貫しているないし均一(consistent or uniform)であることが挙げられる。以上の要件が満たされる限りにおいて、一般慣行が短期間に成立することは排除されない。実行の一貫性につき、ICJは、ニカラグア事件本案判決において、「ある規則が慣習として確立するために実行が当該規則と完全に厳格に合致している必要はなく、国家の行動が一般的に当該規則と整合的であり、不整合な行動が新たな規則の承認としてではなく、一般的に当該規則の違反として扱われていれば足りる」と述べた。この言及は、実行の評価にあたってその法的文脈をも考慮すべきことを示唆しており、重要である。つまり、武力が行使されたという事実をその背景にある武力不行使規則に照らしつつ他国がそれをどのように評価していたかを全体として見て、国家実行を認定するという立場である。特に、禁止規範が慣習として確立するのに必要な不作為(たとえば地下核実験禁止規範の成否につき核実験が行われていないこと)などは、その法的意味合いを検討せずには、国家実行としての意義を確定できない。国家実行はそれに対する他国の反応(抗議、支持)などと共に評価される必要がある。

(4) 法的信念

慣習法の成立に法的信念が必要であることは広く認められているが、法的信念をいかに理解し、その存在をどのように証明するかについては論争が絶えない。先に引用した北海大陸棚事件においてICJは、法的信念を「その慣行がそれを要求する法規則の存在ゆえに義務的であるという信念」といい、また判決の別の箇所では、「関係国は、法的義務であるとされるものに適合しているという感覚(feel)をもっていなければならない」という。法人である国家に「感覚」を求めることはできないし、慣習法成立以前に当該行動が「法規則の存在ゆえに義務的である」というのも、論理矛盾であるとの批判がある。学説上は、慣行が法的義務ないし法的権利と対応していることがその文脈から明らかであれば、国家が実際に考えていたこと、感じていたことを別途論証する必要はないという。つまり、**法的義務ないし権利に関する国家の主張**(claim)が、関係する実行とは別に表明される場合にはもちろん、国家実行の中に内在しそこから推論できる場合にも、法的信念が認められるという。このような法的主張を伴う慣行が一般化して、慣習法が成立する。

規範を含む国連決議や国際会議文書への賛意表明が国家実行を構成しうることは上に述べたが、問題は、当該規範が法的なものであるとの主張をその賛意表明の中に見出すことができるかである。多くの場合、これら決議や文書は勧告的効果しかもたないという前提で採択されているからである。これに対して条約は、それが必要な批准等を得て発効すれば、法的拘束力ある規範となる。ICJ は、北海大陸棚事件判決において、条約にしたがう信念とは区別された慣習法成立のための信念を要求しているようであるが、学説上は、両法源とも成立後の国際法上の拘束力の質には違いはないとしてこの区別に異論を唱えるものもある。つまり、条約に示された一般的な法的信念が慣習法成立の要件を満たしうる、という主張である。武力不行使原則や不干渉原則のような国際法秩序の基本原理について、法的信念に関する明確な証拠がある場合、慣行は少なくてもまたは不統一であっても良いというのが、ニカラグア事件本案判決の 1 つの解釈である。ただ、管轄権、免除、国家責任、外交特権など国際法の多くの分野では、引き続き、国家の行動の意味ある変化は将来の行動に異なる期待を生じさせ、そしてそれは適用可能な法の法的信念を修正することになる。

4. 慣習法と条約の関係

(1) 法源としての並列関係

成文法たる条約が国際関係のあらゆる分野に遍在する現代国際社会において、慣習法と条約の関係はますます複雑かつダイナミックになってきている。まず、慣習法と条約との間に**法源としての優劣関係**ないし**適用における優先順位**はない。ただし、実際には、ある法的問題に適用できる法規範を探す時、当該問題に直接関わる関係国が締結し、効力を有している成文法たる条約の存否をまず確認するのが通例である。

ニカラグア事件本案判決において ICJ は、国際法上の自衛権(→ 18 章 2)について、国連憲章 51 条において規定される条約上の規範と慣習法上の規範との併存を認め、かつ、両規範の内容が同一ではない可能性を認めた。ただし、裁判所も認めているように、国連憲章のようにほぼすべての国家が締結している多数国間条約上の規範とそれと同じ分野を規律する慣習法規範とは、相互に影響しあって解釈され、実行が積み重なっていくものである。

(2) 抵触する場合の解決原則

他方で、同じ事項を規律する条約規則と慣習規則の内容が齟齬をきたしている場合、すなわち規範間の抵触がある場合は、一般的には、**特別法優位の原則**(*lex specialis*)を適用して、当該締約国間では条約規範が慣習規範を排除して適用される。同じく抵触する規範間の効力の優劣を決する原則である**後法優位の原則**(*lex posterior*)は、前法が条約、後法が国際慣習の場合には、条約規定が多くの場合特別法であることもあり、この原則がそのまま適用されるとはいい難い。後に成立した慣習法とは異なる内容をもつ条約が引き続き有効であると見なす締約国間においては、慣習法は適用されないことになろう。ただし、慣習規範が**強行規範**(*jus cogens*)である場合は、それに逸脱する条約は無効であるか効力を失い終了する(条約法条約53条、64条)。

(3) 相互作用

条約上の規則は、慣習法となることにより第3国をも拘束しうる(**条約法条約38条**)。北海大陸棚事件判決は、条約規則が慣習法を①**宣言する効果**(declaratory)、②**結晶化する効果**(crystallizing)、そして③**形成を促進する効果**(generating)を持ちうると述べた。そして、①と②の場合については条約審議過程を考察して、他方で③の場合については対象となる条約規定が規範創設的性質を有していること、条約の批准数、そして条約非締約国の国家実行と法的信念を考察して、その成否を判断した。国連を中心とした国際社会全体(国家のみならず多くの非政府団体も含む)による包括的かつ意識的な多数国間条約形成作業が、条約の慣習法化という概念装置の介在により、国際立法(→本章5)に類似する一般国際法の成立プロセスになり得るかが問われている。他方で、通商航海条約の最恵国待遇規定のように、類似の内容をもつ2国間条約が多く締結されても、それが当該関係国限りの特別法であるとの法的信念に基づくものである場合には、慣習法の成立は難しい。

条約に対する慣習法の作用も重要である。「条約渋滞」の時代にあっては、慣習法は、条約が規律していない分野をカバーするという従前の消極的・補完的作用に加えて、条約と重層的に同一事項を規律し条約の解釈・発展に影響を与えうる能動的作用を有することになる。条約が採用する法的概念の基礎を慣習法が提供し、当該慣習法上の概念が、その内容的発展をも含め、条約規定の中に取り込まれていることがある。例えば、国連海洋法条約192条でいう海洋環境を保護し保全する国家の義務について、南シナ海事件仲裁判決[判例60]は、慣習法を参照しつつ解釈すると、保護されるべき「海洋環境」には絶滅のおそれのある種が含まれると判断した。これは、条約解釈の一要素(→3章4(2))である「当事国の間の関係において適用される国際法の関連規則」(条約法条約31条3項(c))として、慣習法が考慮された事例である。

5. 新たな法源および国際立法の可能性

(1) 法源論の動態的側面

法源論の動態的側面、すなわち**国際法が形成されるプロセス**に注目すると、現代国際法は、ある国際法の成立形式に向けて単線的・直線的に法が創設されていくというよりも、多くの場合、拘束力のあるものないもの両方の規範的文書、国家や国際機構の実行、そして国際法秩序の基底をなすような一般原則(→本節(3))が複雑かつ動態的に相互に影響しあって作用した帰結である。このようにプロセスを重視して法源論を捉えることにより、慣習や条約以外の形式にて存在する規範が有する法形成機能が明らかになる。また、その法形成機能が独自の法成立形式として、その成立要件と共に国際社会の承認を得ることにより、新たな法源の成立、さらには国際立法の可能性が生まれる。なお、ここでいう**国際立法**とは、国際社会全体を当然に拘束することを意図した一般法を意識的に形成する営為をいう。

(2) 国連総会決議、国際会議採択文書

(a) フォーラムとしての国連の特徴

国連総会は、国際社会のほぼすべての国家が参加して国際社会の重要問題を審議し、その結果を一国一票に基づく表決制度にて決議という形で意思決定を行う。国連が主催する国際会議も、ほぼ同様の態様にて開催され、加え

て最近では関係する非政府団体(NGO)にも広くオブザーバー資格を与えて討議をし、その結果を参加国が合意する文書という形で採択する。国連総会決議も国際会議合意文書も、それ自体としては法的拘束力を有するものではないが、国家の行動を指し示すような規範を含む国連総会決議や国際会議合意文書の法源性が、特に参加の普遍性、法形成過程の透明性、コンセンサスによる採択などその**規範形成プロセスの正当性**を根拠に、これまでも議論の対象となってきた。

(b) 国連総会決議の法形成機能

1946年ジェノサイド決議や1948年世界人権宣言決議などは、その後条約の形で結実する**国際法の前哨的な文書**と位置づけられる。1960年代以降、国連において途上国が多数を占めるようになると、国連総会決議は、西欧先進国が中心に作りあげてきた既存の慣習法ないし条約を修正、改廃することを意図して、より政治的に利用されるようになった。1962年天然資源に対する永久的主権宣言決議、1970年深海底原則宣言決議、1974年国家の経済的権利義務憲章決議などがその典型である。この頃より、形式的には法的拘束力がないこれら決議に反映された規範をソフトローと呼んで、そこに何らかの法的効果ないし**法形成・法改変機能**があるかが盛んに議論された。しかし、深海底原則宣言の内容が国連海洋法条約に結実したものの、日本を含む主要先進国の批准拒否のため1994年に深海底制度実施協定を締結して先進国を取り込むことによってのみ(→10章8(2))、一般法を標榜する海洋法条約が発効したという事実は、国連総会決議の法形成機能の可能性と限界を示唆する。

(c) 国際会議合意文書

1972年国連人間環境会議においてコンセンサスで採択されたストックホルム人間環境宣言のように、国際社会が直面する地球環境問題を具体的に提示し、その対応策の必要性につき政治的に合意するに留める文書がある。この場合、同時に環境分野で権限を有する専門的機関(UNEP)を国連総会決議で設立し、その専門的機関による調査・啓蒙活動を通じて機が熟した問題から、順次国際条約を締結して国際法を形成していくという穏便なプロセスが、比較的成功した。国際会議合意文書が、条約形成に必要な**政治的機運づくり**と、それを継続的に推進する国際的な機関の設立に貢献した例である。

1990年代以降は国連主導の**国際会議の時代**であった。1992年「環境と発展に関するリオ・デ・ジャネイロ宣言」に宣明された「共通に有しているが差異のある責任」原則(→16章4(3))などは、一定の規範的内容をもっており、気候変動枠組条約と京都議定書などに一部取り入れられ、具体化された。他方で、その後の合意文書、例えば1993年世界人権会議ウィーン宣言、1995年世界女性会議北京宣言、2000年ミレニアム開発目標、2015年持続可能な開発目標(SDGs)などは、合意が困難であったこともあり意図的に規範的内容を回避し、既にある法的枠組を前提としつつその内容を具体化し実効的にするために、政府、自治体、非政府団体等が適宜実施する活動プログラムやそのための政策方針を列挙するに留めている。最近の国連主催国際会議が、国際立法よりもグローバル・ガバナンス、すなわち国際社会が抱える問題領域を横断して、各国政府や国際機構、企業や非政府団体などがつくる包括的な問題解決のための手続や制度づくりを指向しているといわれる所以である。グローバル・ガバナンスにおいては、**ソフトローの機能的、実際的意義**が重視される。

(3) 一般原則

学説および判例において、その国際法秩序における機能に着目した一般法として、「基本原則」「憲法的原則」「自明の原則」などが主張されてきた。これら**一般原則**(general principles)には、その機能に応じて以下の4種類があるといわれる。①**合意は拘束する**(*pacta sunt servanda*)や主権平等原則のように、その起源において慣習に前置する国際法秩序の前提的原則。②ジェノサイド禁止原則のように人間の価値にとって極めて重要であり、たとえそれに反する国家実行が存在しても変更しえないと認められるに至る原則。これらの2種類の一般原則は、その存立基盤が慣習法とは異なると主張され、一貫した反対国の法理も適用されないとされる。

加えて、③ 国際環境法における予防原則(→16章4(4))のように、その慣習法上の地位は不確定であるが、関連条約規定の解釈や適用の際に指針を提供するなど、一定の法的効果を有する一般原則。さらに④**信義誠実原則**のように、他の国際法規則の存在を基礎づけ、その解釈、適用および発展を枠づけるような原則。前述の核実験事件判決は、**一方的宣言の法的拘束力**の根拠として信義誠実原則を挙げ、また北海大陸棚事件判決は、大陸棚の境界画定に関し、当初から法的信念を反映している原則として**衡平原則**を挙げた。この第4の種類の一般原則は、これまで国内法に共通する法の一般原則としてその法源性が議論されてきたものであるが、ここでは国際法の形成過程における機能に着目した国際法レベルの原則として提示される。これら4種類の機能を有するとされる一般原則は、「**衡平及び善**(*ex aequo et bono*)」(→17章2(5))とは異なり、一定の実定的内容をもつ国際法レベルで機能する原則であると同時に、法外のものを法制度に変換する機能を有するとも主張される。

(4) 国連安保理決議による国際立法？

国連安保理の決定には、国連憲章25条により、法的拘束力が付与される。ただ、当初国連憲章が想定していた安保理の機能は、国際の平和と安全を維持・回復するために必要な措置をとるという警察機能であり、立法機能ではなかった。ところが、2001年9月11日の米国同時多発テロ以降、安保理は、憲章7章の下で、国際テロリストの規制・抑圧をすべての国家に義務づける決定(安保理決議1373(2001))、そしてテロ組織を念頭に非国家主体への大量破壊兵器拡散を防止するようすべての国家に義務づける決定(安保理決議1540(2004))をした。さらに「イスラム国」(IS、ISIS、ISIL)への対処を念頭におきつつも、一般的にテロ行為の実行、計画、準備またはそれへの参加を目的として出国しようとする自国民を処罰することを義務づける安保理決議2178(2014)も採択されている。これら決議は、特定事態に限定されない一般的な行為規範を、すべての国家を名宛人にして義務づけるものであり、実質的な国際立法であると評されている。ただ、**安保理の国際立法権限**は、その憲章上の位置づけより、国際の平和と安全に関わる重大な利益を保護するために、条約等では対処できない緊急性が認められる場合にのみ発動されうる、限定的なものとしてみるべきであろう。

仮に安保理決議が一般国際法の新たな法源として認められるとしても、その成立要件として、安保理決議が有効となる憲章上および強行規範を含む一般国際法上の実質的および手続的要件(→7章4、18章3)を満たすだけで良いかが課題である。たとえば、安保理決議1540採択の過程では、非理事国との協議の場を設け国際社会の一般的な意見を取り入れる努力がなされた。また、上記3つの決議はいずれも、安保理事国15ヵ国の全会一致で採択されている。これら**正当性の要素**を、安保理決議による立法過程においていかにして制度的に確保していくかが問われている。

設　問

1. 国際法は国家間の合意により定立されるというとらえ方が、現在においても妥当しているといえるかについて、条約と慣習国際法に分けて、論じなさい。(外専・平27)
2. 国際法における法の欠缺はどのような場合に生じるか、また、そうした状況に対処するためにこれまでに考案されてきた理論としてはどのようなものがあるか、について論じなさい。(外専・平25)
3. 衡平が国際法の法源と認められるかについて、「衡平及び善」についても触れつつ、論じなさい。(外専・平28)
4. 国際連合総会決議の規範的意義について、論じなさい。(外専・令2)
5. 慣習国際法は一般国際法(普遍国際法)とみなすことができるかについて、論じなさい。(外専・平29)
6. 国家による武力の行使・威嚇の事例が多数発生している現代国際社会において、武力不行使原則が慣習法として確立しているといえるか、論じなさい。
7. 「特別法は一般法を破る」という原則は例外なく適用されるかについて論じなさい。(外専・平21)
8. 条約と慣習法の相互作用につき、海洋法を例に論じなさい。
9. 国連安全保障理事会の法的拘束力のある決議が既存の国際法(条約および慣習法)に抵触しても一般的に違法とならないのはなぜか、説明しなさい。(外専・平29)
10. 現代国際法における規範形成のあり方について、伝統的国際法の場合と比較しながら、論じなさい。(外専・平22)

【参考文献】

村瀬信也『国際立法』(東信堂、2002)
坂元茂樹編『国際立法の最前線』(有信堂高文社、2009)
藤田久一「現代国際法の法源」長尾龍一・田中成明編『現代法哲学3 実定法の基礎理論』(東京大学出版会、1983)
中村道「国際法の淵源」藤田久一他著『国際法1(第2版)』(蒼林社、1985)
奥脇直也「国連システムと国際法」『岩波講座 社会科学の方法VI 社会変動のなかの法』(岩波書店、1993)
柴田明穂「『一貫した反対国』の法理再考」『岡山大学法学会雑誌』46巻2号(1997)
藤田久一「国際法の法源論の新展開」山手治之・香西茂編集代表『国際社会の法構造』(東信堂、2003)
浅田正彦「安保理決議一五四〇と国際立法」『国際問題』547号(2005)
柴田明穂「締約国会議における国際法定立活動」『世界法年報』25号(2006)
小寺彰「現代国際法学と『ソフトロー』」小寺彰・道垣内正人編『国際社会とソフトロー』(有斐閣、2008)
江藤淳一「国際裁判における原則の意義」『国際法学の諸相』(信山社、2015)
松井芳郎「慣習国際法論は社会進歩のプロジェクトに貢献できるか？」松井芳郎ほか編『21世紀の国際法と海洋法の課題』(東信堂、2016)
中谷和弘『国家による一方的意思表明と国際法』(信山社、2021年)
Alan Boyle and Christine Chinkin, *The Making of International Law* (Oxford UP, 2007)
Hugh Thirlway, *The Sources of International Law* 2nd ed.(Oxford UP, 2019)

第3章　条約法

目　次

1. 条約法に関するウィーン条約

条約は、国際関係を規律する手段の1つである。国際法の多くの領域は、主として条約で規律されている。したがって、国際関係において国際法がいかに機能しているかを理解するには、条約に関する国際法すなわち条約法の知識が不可欠である。

条約法は、19世紀から20世紀にかけて慣習法上の規則として発展した。1969年の「条約法に関するウィーン条約」(**条約法条約**。以下、この条約の規定を引用する場合は条約名を省略する)は、こうした慣習法上の規則を**法典化**しただけでなく、**漸進的発達**の要素も随所に取り入れ、現在では条約法の基本法と称されるまでの地位を得ている。

(1) 意　義

条約法条約は、1969年5月22日、ウィーンで開催された条約法会議で採択された。2022年の時点で、条約法条約の当事国は116ヵ国であり、国連加盟国193ヵ国に比べれば遠く及ばない。また、後述するように、条約法のすべての分野を扱っているわけでもない。それでも、この条約は絶大な信頼を得ている。それは、多くの点で、既存の慣習法を法典化したと考えられていることにもよるが、その柔軟性が幅広い支持を集めたからである。

条約法条約の規定の多くは、**残余規定**である。それゆえ、「国が合意する」(例えば10条(a))または「条約に別段の定め」がある場合(例えば20条1項)には、条約法条約の規定からの逸脱が認められている。だからこそ、国際関係の発展に適応するに足る柔軟な枠組みを提供するものと評価されたのである。

もっとも、条約法条約の適用範囲には、いくつかの制限がある。まずこの条約は、国の間の条約について適用される(1条)。国以外の国際法上の主体が関わる条約には適用されない(3条)。国以外の代表的な国際法上の主体である国際機構については、1986年に国際機構条約法条約が採択されている(未発効)。また、この条約は、**遡及的効果**を有さず、発効前(1980年1月27日より前)に締結された条約には適用されない。ただし、条約法条約の規定のうち、慣習法を法典化した規則を、慣習法として条約法条約発効前の条約に適用することはできる(4条)。さらに、この条約は、**国家承継**、**国の国際責任**または**国の間の敵対行為の発生**により条約に関連して生ずる問題を扱っていない(73条)。国家承継については、1978年に**条約承継条約**(→4章6(2))が採択され、国の国際責任については、2001年に国家責任条文(→15章1(5))が採択されている。敵対行為の発生に関連する問題については、2005年から、国連国際法委員会(ILC)で法典化作業が開始され、2011年に18の条文と附属書が採択された。同年には、留保に関する規定(2条1項(d)、19条〜23条)の曖昧な点を明らかにするとともに、欠缺を補充するために、**条約の留保に関する実行ガイド**も採択されている(実行ガイド)。実行ガイドについては、当初、法的拘束力を有する文書として採択することも検討されていた。しかし、この作業の目的が上記の点にあり、留保に関する規定の改正ではないとされたことから、法的拘束力を有さないガイドという形式で採択されることになった。

(2) 条約の定義

2条1項(a)は、「条約」を、「国の間において文書の形式により締結され、国際法によって規律される国際的な合意(単一の文書によるものであるか関連する2以上の文書によるものであるかを問わず、また、名称のいかんを問わない。)をいう」と定義している。

ここにはいくつかの要素が含まれている。まず、条約は**国の間**において締結された国際的な合意でなければならない。したがって、例えば、国と会社との間で結ばれた合意は条約ではない(1952年の国際司法裁判所(ICJ)アングロ・イラニアン石油会社事件管轄権判決[1][判例71A]、1953の年アングロ・イラニアン石油会社対出光興産事件判決[判例71B])。

次に、条約は**文書の形式**でなければならない。もっとも、これは**口頭の合意**の法的効力を否定するものではない(3条(a))。口頭の合意に法的効力があ

1　**アングロ・イラニアン石油会社事件**　イランによる英国系石油会社の資産接収に対し、英国が、両国の選択条項受諾宣言を根拠として、ICJへ一方的に付託した事案。英国は、1933年にイラン政府とアングロ・ペルシャ石油会社との間に締結された契約は、イランと英国との間の国際取極たる性格をも併せ持つので、イランの受諾宣言にいう「条約」にあたると主張した。しかし、ICJは、この契約は、1国の政府と1外国会社との間の契約にすぎず、イラン政府と英国政府との間にいかなる契約関係も発生させるものではないとした。そのうえで、イランの受諾宣言が本件のような紛争をICJの管轄権から排除しているなどとし、本件に関する管轄権を否認した。

ることを示唆した裁判例として、1933年の東部グリーンランド事件判決[2][判例37A]がある。

さらに、条約は、**「国際法によって規律される国際的な合意」**でなければならない。それゆえ、国の間で締結されたものであっても、当事国の国内法によって規律される国際的な合意は、条約ではない。また、条約は、法的拘束力のある国際法上の権利義務を創設する手段なので、**法的関係を創設する意図**が伴うものでなければならない。「国際法によって規律される」との文言には、この意味も含意されている。ICJは、1978年のエーゲ海大陸棚事件判決[3]や1994年の「カタールとバーレーン間の海洋境界画定および領土問題事件」管轄権・受理可能性判決[4][判例53]で、文書の文言および締結の際の事情から、この意図の存否を審査した。

これらの要素を備えていれば、必ずしも単一の文書によるものである必要はない。1981年のアルジェ協定は、2以上の文書による条約の例である。交換公文(または交換書簡)(→本章2(3)(b))は、通常2つの文書による(例えば、日米安保条約6条の実施に関する交換公文)。また、「名称のいかんを問わない」ので、条約、協定、議定書、憲章、規約、規程、宣言、取極など様々の名称がつけられている。

ICJは、2002年の「カメルーンとナイジェリアの領土および海洋境界事件」本案判決[5][判例150]および2017年の「インド洋における海洋境界画定事件」

---

2 **東部グリーンランド事件** 東部グリーンランドの領有をめぐるデンマークとノルウェーとの間の紛争。ノルウェーのイーレン外務大臣は、デンマークの要請に応えて、東部グリーンランドに対するデンマークの主権を肯定する趣旨の声明を口頭で発した。常設国際司法裁判所(PCIJ)は、この口頭での声明がノルウェーを拘束すると判断した。

3 **エーゲ海大陸棚事件** ギリシャがトルコとの間の大陸棚境界画定問題を、ICJに付託した事案。ICJは、ギリシャが管轄権の根拠の1つとして援用した共同コミュニケは、文言(「エーゲ海の大陸棚に関する諸問題については、ハーグの国際司法裁判所によって解決されるべきである(doivent être résolus)。」)および交渉の経緯から、ICJに付託する特別の合意ではないとして、本件に関する管轄権を否認した。

4 **カタールとバーレーン間の海洋境界画定および領土問題事件** カタールが、島の帰属などをめぐるバーレーンとの紛争を、両国の交換書簡およびドーハ議事録を管轄権の根拠として、ICJに付託した事案。ICJは、文書の文言および締結の際の事情から、いずれも法的権利義務を創設する国際的な合意であるとした。

5 **カメルーンとナイジェリアの領土および海洋境界事件** ナイジェリアとの国境・海洋境界紛争を、カメルーンがICJに付託した事案。ICJは、両国間の海の境界画定の範囲を定めたマルア宣言が条約であると認定した際に、2条1項(a)はこの点での慣習法を反映する規定であると述べ先決的抗弁判決[6]で、2条1項(a)は慣習法を反映していると認定した。

(3) 条約の分類

条約法条約は、「条約」を総称として用いているので、普遍的または地域的、2国間または多数国間と称されるものをすべて含む。**普遍的条約**は、すべての国に適用することが意図されている条約である。**地域的条約**は、一定の地域に限定して適用することが意図されている条約である。**2国間条約**とは2国間の条約をいい、**多数国間条約**とは3以上の国の間の条約をいう。いずれも条約としての効力に差異はない。

また、学説上、相当数の国家間に一般的な行為規則を定めることを目的として締結された**立法条約**(例えば、国連憲章、国連海洋法条約など)と、当事国間で相互に利益を交換することを目的とする**契約条約**(例えば、領土割譲条約、同盟条約など)との区別が唱えられたこともある。この分類は、当該条約がすべての国を拘束する国際法規範になりうる性質を備えているか否かという観点からは、一定の意味を有する。しかし、条約はすべて、当事国が法として遵守することを義務付けられる行為規範を規定する限りにおいて立法なので、これも便宜上の区別にすぎない(→2章2(1))。

他方、条約の規律内容による分類は、一定の重要性を有する。条約法条約は、「条約違反の結果としての条約の終了又は運用停止」について、性質上、当事国の義務の履行が他の当事国の対応する義務の履行に依存する義務を定める条約(軍縮条約など)と、人道的性格を有する条約(1949年のジュネーヴ諸条約など)のなかの特定の規定については、特別の取り扱いをしている(60条2項(c)、60条5項)(→本章7(2)(b))。また、境界を確定している条約については、条

た。

6 **「インド洋における海洋境界画定事件」先決的抗弁判決**　ソマリアが、海洋の境界画定をめぐるケニアとの紛争を、両国の選択条項受諾宣言に基づきICJに付託した事案。ケニアは、両国が締結した「了解覚書」(The Memorandum of Understanding: MOU)により、両国は裁判以外の手段で本件紛争を解決することに合意しているので、ICJに管轄権はないとの先決的抗弁を提起した。これに対し、ソマリアは、議会がこのMOUの批准を拒否し、効力が発生していないので、MOUはICJの管轄権に影響を及ぼさないと主張した。ICJは、ケニアがMOUの締結に関するソマリアの国内法を知っていたとみなすに足る根拠はないこと、MOUが「署名の時に効力を生ずる」と規定していることに加えて、議会に拒否されてからも、ソマリアはMOUの有効性を否認せず、黙認するかのような行動をとっていたことに留意し、ソマリアの主張をしりぞけた。

約を終了するまたは条約から脱退する根拠として、事情の根本的な変化を援用できないとしている(62条2項(a))(→本章7(2)(d))。

さらに近年では、実体義務に相互性が欠けていたり、条約の解釈および適用について見解を表明する権限を持つ機関を備えるなどの「特殊性」を有する人権諸条約に付された留保については、特別の制度が適用されるとの見解が一部でとなえられている(→本章3(3))。

2. 条約の締結

(1) 条約締結能力

条約が有効に締結されるには、まず当事者が条約締結能力を有するものでなければならない。国はいずれも条約締結能力を有する(6条)。国際機構も、一定の範囲内で、条約締結能力を有する(国際機構条約法条約6条)。

次に、条約締結交渉を行う代表者が正式にその国を代表し、条約を締結する権限を有していることが必要である。かつては、**全権委任状**の提示をもって、当該交渉者がこうした権限を有する国の代表であることを確認するのが通常だった。全権委任状とは、国の権限のある当局の発給する文書であって、条約締結交渉などを行うために、または条約に拘束されることについての国の同意を表明するなどのために、国を代表する者を指名しているものである(2条1項(c))。しかし、**簡略形式**の条約が増大したことなどから、その重要性は低下した。こうした傾向を踏まえて、条約法条約は、条約締結交渉などを行うために国を代表する資格のある者として、全権委任状の提示者とならんで、職務の性質により、全権委任状の提示を要求されない者(例えば、**元首**、**政府の長**および**外務大臣**)を規定している(7条)。ICJによれば、この規定は慣習法の法典化である(2017年の「インド洋における海洋境界画定事件」先決的抗弁判決)。

(2) 採択および確定

条約締結交渉が完了すれば、条約作成に参加した諸国は、条約文を採択する必要がある。採択後、条約文は確定されなければならない。

条約文は、その作成に参加したすべての国の同意により採択される。ただし、国際会議においては、原則として出席しかつ投票する国の3分の2以上の多数による議決で採択される(9条)。第2次大戦以降は、多数決により採択されることが多くなり、すべての国の同意を要するのは、2国間条約または少数国間の条約の場合に限られている。また、多数国間条約については**コンセンサス方式**(→7章4(1)(c))、すなわち、国際会議や国際機構の審議において、明確に反対する国が現れなくなるまで参加国の意見を調整し、投票を行うことなく議決を行う方式がしばしば用いられるようになっている。この方式は、「投票しない」ことに意義があり、議決の採択そのものを優先させる方式であるため、合意の内容につき、必ずしも全員の積極的賛成が得られたことを意味しない。それゆえ、投票による全会一致とは異なる。

こうして採択された条約文は、条約文に定められている手続によりまたは条約文の作成に参加した国が合意する手続により、真正かつ最終的なものとして確定される。こうした手続がない場合、条約文の作成に参加した国の代表者による条約文への署名などにより、確定される(10条)。多数国間条約の場合、これ以降条約文を修正することはできなくなる。

(3) 同意の表明方法

通常、条約文の採択および確定は、条約に拘束されることについての国の同意にはならない。条約に拘束されることについての国の同意は、署名、条約を構成する文書の交換、批准、受諾、承認もしくは加入により表明することができるほか、合意がある場合にはこれら以外の方法によることもできる(11条)。

(a) 署　名

次のいずれかに該当する場合、署名により、条約に拘束されることについての同意が表明される。①条約が定めている、②交渉国が合意したことが他の方法により認められる、③全権委任状から明らかである、④交渉の過程において表明された(12条)。なお、条約文への仮署名は、交渉国の合意があると認められる場合には、条約への署名とされる(同2項(a))。例として、1995年のデイトン合意がある。デイトン合意は、米国の仲介により、旧ユーゴ紛争の当事者であるボスニア・ヘルツェゴビナ、クロアチアおよびセルビアにより、米国のオハイオ州デイトンで仮署名され、パリで署名された。仮署名に関する合意によれば、当事国の仮署名は、この合意に拘束されることについての同意の表明とみなされ、また仮署名された合意は、署名時に効力を発生すると規定されている(2条、4条)。

批准等を条件として条約に署名した場合、その署名の時から条約の当事国とならない意図を明らかにする時までの間、**条約の趣旨および目的**を失わせることとなるような行為を行ってはならない(18条)。すなわち、条約の存在自体を無意味にするような行為は禁止される。この点に関して、包括的核実験禁止条約の「趣旨、目的を失わせるという行為は、……核実験を行うということ」という答弁が、日本の国会でなされたことがある。また、同条は「当事国とならない意図を明らかにする」方法を規定していないが、米国は、2002年、国際刑事裁判所規程の寄託者である国連事務総長への書簡で、この意図を示した。イスラエル(2002年)、スーダン(2008年)およびロシア(2016年)も、同じ方法で同規程の当事国にならない意図を通知している。

(b) 条約を構成する文書の交換

この形式は、**交換公文**または**交換書簡**と呼ばれている。毎年国連に登録されている条約の約3分の1が、この形式であるとされる。この種の条約で、文書の交換が拘束されることについての同意となるのは、そのことを当該文書が定めている場合、または国の間で合意したことが他の方法により認められる場合である(13条)。

(c) 批准、受諾、承認および加入

批准、受諾、承認および加入により、条約に拘束されることについての国の同意は、国際的に確定的なものとされる(2条1項(b))。受諾または承認の法的効果は、少なくとも国際的平面では、批准と同じである(国内的平面の法的効果については、後述(4)参照)。加入は、主として条約交渉に参加しなかった国および何らかの理由で条約に署名しなかった国が、署名を行うことなく条約の当事国となるための方法である。条約が署名の権利を一定の国に制限している場合、または、署名に期限を設定している場合(例えば、条約法条約81条)、この方法により同意を表明することになる。

条約に拘束されることについての同意を表明した国は、必ずしもそのときから当事国になるわけではない(2条1項(g)参照)。当事国になるのは、当該条約が効力を発生しているときだけであり、条約に拘束されるのはそれ以降である。ただし、条約文の確定等、条約の効力発生前に生ずる問題について規律する規定は、条約文の採択のときから適用される(24条4項)。効力発生条件は、原則として当該条約の規定による(同1項)。

(4) 日本における条約締結手続

かつては、多くの国で、条約の締結権は元首や行政権の専権に属するとされていた。しかし、**外交に対する民主的コントロール**の要請が高まるとともに、条約締結に対して議会が何らかの形で関与するようになった。今日の民主主義国家は、条約の締結権限は政府に属するとした上で、憲法上または慣行上、議会が条約の締結に関与する制度を採用していることが多い。

日本国憲法の規定もこうした流れに沿ったものであり、条約の締結権限は内閣に属するとしつつ、その締結にあたっては、「事前に、時宜によっては事後に、国会の承認を経ること」を要求している(憲法73条3号)。1974年2月20日に、大平正芳外務大臣(肩書は当時)が衆議院外務委員会で行った答弁によれば、国会の承認を経なければならない条約(**国会承認条約**)は、①法律事項を含むもの、②財政事項を含むもの、③政治的に重要であり、批准を発効要件としているものに限られる(**大平3原則**)。これら以外のものは、同条2号にいう外交関係の処理の一環として、行政府限りで締結しうる(**行政取極**)。

また、憲法7条8号は、「批准書及び法律の定めるその他の外交文書を認証すること」を天皇の国事行為としているので、条約を「批准」する場合には、条約の本体を添付した批准書が作成され、閣議決定により天皇の認証の下に行われる。「受諾」は、批准と異なり、天皇の名の下の行為ではなく、外務大臣の署名のみで行われ、また国会の承認も必須というわけではない。「承認」に係る手続も、受諾と同様である。

3. 留　保

留保とは、国が、条約の特定の規定の自国への適用上その**法的効果を排除しまたは変更する**ことを意図して、条約への署名等の際に単独に行う声明をいう(2条1項(d))。

留保は、相互依存の進展に伴い、多数国間条約が著しく増加した19世紀後半に国際法上の制度として確立したとされる。条約交渉に参加する国が増加するにつれて、国内法上の制約などの事情により、一部の規定にどうしても同意できない国がでてくるようになった。そうした国を参加させることで、条約の**普遍性**を確保するために編み出された手段が留保だった。

(1) 留保と解釈宣言

多数国間条約の交渉中、特定の規定の意味に関して見解の相違が生じ、それを解決できない場合、国は、条約への署名等の際に、当該規定に対する自国の解釈を表明する宣言を付すことがある。これは、一般に**解釈宣言**と呼ばれている。条約法条約に定義はないが、実行ガイド1.2によれば、「国または国際機関が、条約または条約の一定の規定の意味もしくは範囲を特定しまたは明確化することを意図して、単独に行う声明(用いられる文言および名称のいかんを問わない)をいう(国連海洋法条約310条も参照)。解釈宣言は国家実行上頻繁に用いられており、日本も、社会権規約8条2項、児童の権利条約9条1項などに対して付している。

解釈宣言と留保は、時に区別しがたい場合がある。留保が禁止されている国際刑事裁判所規程に対して、ウルグアイは、「憲法の諸規定に合致する場合に限り」、第9部の諸規定を遵守する旨の解釈宣言を付していた。これについて、複数の締約国が、この解釈宣言は同規程の適用を国内法の範囲内に制限することを意図した留保であるとして、異議を申し立てた。結局、宣言は撤回された。

(2) 条約法条約の留保制度

留保は、条約の規定を一方的に排除しまたは変更する効果を有するため、かつては他のすべての締約国が同意しない限り、留保を付した国は条約の当事国になれないとする慣行が一般的だった。これは、国際連盟が、条約の寄託者としての役割を遂行する際に採用していたことから、**連盟慣行**と呼ばれていた。他方、ほぼ同時期には、留保を付した国とその留保を受諾した国との間においては、条約の効力が発生するが、留保を受諾しなかった国との間においては、条約の効力は発生しないとする実行もあった。こちらは、1932年に汎米連合理事会が採択した決議により確立されたことから、**汎米慣行**と呼ばれていた。その名の通り、米州諸国間で妥当していた慣行である。

このように異なる慣行が並存していた中で、ICJは、1951年の「ジェノサイド条約に対する留保事件」勧告的意見[7][判例107]で、他の締約国の一部が同意していない場合でも、「その留保が**条約の趣旨および目的**と両立している場合には」、当該留保を付した国を条約の当事国とみなすことができる、という**両立性の基準**(compatibility test)を提示した。

両立性の基準は、条約への普遍的な参加を可能にする一方で、条約の存在理由を損なわない程度の**一体性**を確保しようとするものであり、条約法条約もこれを採用した。すなわち、国は、次のいずれかに該当しない限り、留保を付することができる(19条)。(a)条約が留保を禁止している場合(国連海洋法条約309条、国際刑事裁判所規程120条、京都議定書26条など)、(b)条約が特定の留保のみを認めている場合で(大陸棚条約12条、ワシントン野生動植物取引規制条約23条、自由権規約第2選択議定書2条など)、留保がそれに含まれないとき、(c)(a)(b)以外の場合で、留保が条約の趣旨および目的と両立しないものであるとき。

条約が明示的に認めている留保(20条1項)については、原則として他の締約国による受諾を要しない。他方、交渉国数が限定されている条約に対する留保については、すべての当事国による受諾を要する(同2項)。また条約が国際機関の設立文書である場合、原則としてその国際機関の権限のある内部機関による受諾を要する(同3項)。これら以外の場合、留保を付した国は、

7　**ジェノサイド条約に対する留保事件**　旧ソ連などが、ジェノサイド条約9条に対して留保を付し、一部の署名国がこれに異議を申し立てたので、国連総会は、このような場合の留保の効果などについて、ICJに勧告的意見を求めた。ICJは、できるだけ多数の国を参加させることが同条約の趣旨および目的であるとして、これらと両立する留保を付している国を締約国とみなすことができるとした。

留保を受諾する他の締約国との間において、条約の当事国関係に入る。留保に対し異議を申し立てた他の締約国との間においても、当該他の締約国が別段の意図を明確に表明しない限り、条約の効力発生は妨げられない(同4項)。留保の通告を受けてから12ヵ月の期間が経過するまでに異議が申し立てられなかった場合、その留保は受諾されたものとみなされる(同5項)。なお、異議はいかなる理由であっても申し立てることができ、理由を示す必要もない(実際には、条約の趣旨および目的と両立しないことを理由とする異議が多い)。

こうして他の当事国との関係において成立した留保は、留保を付した国と留保を受諾した他の当事国との関係において、留保に係る条約の規定を留保の限度において変更する(21条1項)。留保に対し異議を申し立てた国との間においては、留保に係る規定は、留保の限度において適用がない(同3項)。これらの規定によれば、「……条を……のように修正して適用する」といったいわゆる**修正型の留保**(例えば、日本が1971年の食糧援助規約に対して表明した留保)の場合、当該留保を受諾する他の当事国との関係では、修正された規定が適用される一方、異議を申し立てた国との間では、留保された規定が適用されないことになる。しかし、「……条の適用を排除する」といったいわゆる**排除型の留保**(例えば、日本が社会権規約7条(d)に対して表明した留保)の場合、受諾する国との間および異議を申し立てる国との間において、いずれも留保された規定が適用されないことになるので、受諾と異議の効果が同じという不可解な結果が生じる。

条約法条約が構築した留保制度は、今のところ大きな混乱を引き起こすこともなく、総じて順調に機能している。ICJが、2006年の「コンゴ領域における軍事活動事件」(コンゴ・ルワンダ事件、2002年新提訴)管轄権・受理可能性判決[8]で、ルワンダがジェノサイド条約9条に付した留保は条約の趣旨および目的と両立すると判定するなど、適用事例も徐々に出てきた。それでも、なお解決されなかった問題がいくつかある。そのひとつが、19条と20条および21条と

---

8 **コンゴ・ルワンダ事件** コンゴが、ルワンダなどがコンゴ領域で行った武力行動は国連憲章などに違反するとして、ICJに提訴した事案。コンゴは、ジェノサイド条約9条に対するルワンダの留保は同条約の趣旨および目的と両立しないと主張したが、ICJは、9条は裁判管轄権に関する規定であり、ジェノサイド行為そのものに関する実体義務に影響を及ぼさないので、同条に対する留保を条約の趣旨および目的と両立しないとみなすことはできないとした。

の関係をどのように理解するべきであるかという点である。この問題については、**許容性学派**と**対抗力学派**と呼ばれる見解の対立が生じることになった。

許容性学派によれば、19条により許容されない留保は無効であり、このような留保に対し20条および21条は適用されない。条約法条約は、許容されない留保が無効とされることから生ずる結果を規定していない。この点は、留保を表明した国の意思により決定され、留保がなかったものとして当事国にとどまるか、あるいは当事国でなくなるかという結果が生じる。他方、対抗力学派によれば、とりわけ19条(c)が定める留保の両立性は、他の締約国が20条および21条によって個別的に判断するので、ある国が両立しないとみなして異議を申し立てている留保であっても、他の国は両立するとみなして受諾するという事態が生じうる。その結果、許容されない留保が、あたかも他の締約国による受諾により有効になっているかのようにみえる。

この学派対立は、人権諸条約の実施機関や履行監視機関による留保への対応との関係で、さらに注目を集めるようになった。

(3) 人権諸条約に対する留保

1989年、欧州人権裁判所は、ベリロス事件[9][判例108]で、スイスが欧州人権条約6条に対して付した解釈宣言の有効性を、留保の場合と同様に、留保に関する規定(64条(現57条))に照らして判断するとしたうえで、この解釈宣言を無効とする判決を下した。そして、スイスは、かかる宣言がなかったものとして、引き続き同条約に拘束されるとした。宣言に対して、他の締約国のいずれも異議を申し立てていなかった。したがって、この判決は、他のすべての締約国が留保を受諾していようとも、留保が許容されるか否かは

9　**ベリロス事件**　欧州人権条約6条1項は、「すべての者は、その民事上の権利及び義務の決定又は刑事上の罪の決定のため、法律で設置された、独立の、かつ、公平な裁判所による妥当な期間内の公正な公開審理を受ける権利を有する。」と定めている。この規定に対して、スイスは、次のような解釈宣言を付していた。「スイス連邦評議会は、……条約6条1項にいう公正な裁判の保障とは、……該当者の刑事上の罪の決定に関する公の当局の行為または決定に対する司法機関による最終的統制を確保することをもっぱら意図したものと考える」。欧州人権裁判所は、この宣言が、一般的性格の留保を禁止している64条(現57条)1項に反し、かつ、関係する法律の簡潔な記述も含まれていないことから、同2項にも反するので、無効であるとした。

別途審査を要する問題であること、また、無効な留保の効果は、条約法条約には規定されていないことを示唆したのである。これらはまさに許容性学派の主張するところである。もっとも、裁判所が、**欧州人権条約の特殊性**(ヨーロッパ公序、拘束力ある決定を下す権限を持つ実施機関の存在)を強調していたこと、同条約は条約法条約の効力発生前に締結され、かつ留保に関する独自の規定を備えていることから、この判決の論法を一般化するのは難しいと考えられていた。

しかし、自由権規約委員会が、**一般的意見 24** で、これと同様の見解を示すにいたったことから、少なくとも人権諸条約については、許容性学派の見解が妥当するとの立場が有力になった。自由権規約も条約法条約が効力を発生する前に締結された条約であるが、留保に関する規定はない。一般的意見は、条約法条約の留保に関する規定のうち、2 条 1 項(d)および 19 条(c)が、慣習法上の規則として自由権規約に適用されることは認めている。しかし、実体義務に相互性が欠けているという**人権諸条約の特殊性**と、自由権規約 40 条および同第 1 選択議定書(以下、議定書)に基づく任務を遂行する必要上、たとえ他の締約国から異議がまったく提起されていなかったとしても、委員会が、留保と自由権規約の趣旨および目的との両立性を判定する権限を有するとした。さらに、委員会により留保が無効と判定されても、自由権規約や議定書に拘束されることについての同意の有効性には影響を及ぼさず、かかる留保を表明した国は、留保がなかったものとして引き続き同規約に拘束されるとした。「留保の限度において適用がない」のは、異議の効果であり、無効の効果ではないからである。そして実際、委員会は、1999 年のロウル・ケネディー事件[10][判例 109]で、この基準に従って、トリニダード・トバゴが議定書に対して表明した留保の両立性を検討し、その留保は、議定書の趣旨および目的と両立しないので無効との判断を下した。しかし、トリニダード・トバゴはこれに反発し、議定書から脱退した。これに先立ち、米国、英国、フランスおよび中国も、一般的意見 24 に対して、批判的な意見を表明

10 **ロウル・ケネディー事件** トリニダード・トバゴは、議定書へ加入する際に、「自由権規約委員会は、死刑囚に関わる通報を受理しおよび審査する権限を有さない」という留保を表明した。本件は、この留保の有効性が問題となった事案である。自由権規約委員会は、この留保は自由権規約および議定書に反する差別にあたるので、議定書の趣旨および目的と両立しないとした。

していた。

こうした動向を受けて、ILCは、この問題に関して、いくつかの実行ガイドを採択した(3.2～3.2.4、4.5.1～4.5.3)。おおむね欧州人権裁判所や自由権規約委員会などが展開してきた実行に沿うものであり、ILCは許容性学派の見解を支持したと解しうる内容になっている。

4. 条約の解釈

(1) 一般原則

条約の解釈とは、条約文の意味を認識し、確定することであるが、条約の適用という実践の予備的作業でもあり、単なる意味の認識につきない要素をそなえている。条約は、相対立する利害を調整した結果として、妥協の産物になることが多い。したがって、不明確なまたは曖昧な条約文が作成されることも少なくない。解釈の問題を一切生じさせない条約は存在しないし、国際裁判等に付託された紛争のほとんどは、条約の解釈をめぐる問題を含むものである。

条約の解釈をめぐっては、伝統的に**文言主義解釈**、**意思主義解釈**および**目的論的解釈**という3つの学説が主張されてきた。もっとも、これらの解釈学説は相互に排他的なものではない。条約法条約は、文言主義解釈を原則としながら、目的論的解釈の立場もとりいれた解釈に関する一般的な規則を定めている(31条1項)。なお、条約法条約の草案を作成したILCは、「条約の規定は、効果が生じるように解釈されなければならない」という意味での実効性原則は、この一般的な規則に含まれているとの立場をとり、独立の規則をもうけなかった。

(2) 条約法条約の解釈規則

条約は、「文脈によりかつその趣旨及び目的に照らして与えられる用語の通常の意味に従い、誠実に解釈」されなければならない(31条1項)。文脈には、条約文のほか、条約の締結に関連してすべての当事国の間でされた条約の関係合意などが含まれる(31条2項)。また、文脈とともに、(a)当事国の間で後にされた合意、(b)後に生じた慣行であって、条約の解釈についての当事国の合意を確立するもの、(c)当事国の間の関係において適用される国際法の関連規則、も考慮される(31条3項)。(a)の例としては、ラムサール条約10条の2の6項にいう「締約国の3分の2」は改正採択時の数を指すとした締約国会議の決議(4.1)、欧州通貨単位の名称をECUからEUROへ変更することについての合意を記録したマドリード会合の「結論」、南極条約9条1項および4項にいう措置(→9章1(4)(d))は法的拘束力をもつことが意図されている文書であることを確認したDecision 1(1995)などがある。(b)が考慮された例として、2011年のICJ「1995年9月13日の暫定協定の適用事件」判決[11]や、条約法条約効力発生前の事例であるが、安保理常任理国の棄権は国連憲章27条3項に基づく決議の採択を妨げないとした1971年のICJナミビア事件勧告的意見[12][判例75]がある。

国際捕鯨委員会(IWC)により採択された決議が(a)および(b)にあたるかどうかにつき、ICJは、2014年の南極海捕鯨事件[13][判例59]で、決議の多くがすべての条約当事国の支持を得られることなく採択されていること、また特

11　**1995年9月13日の暫定協定の適用事件**　マケドニア旧ユーゴスラビアによるNATO加盟申請にギリシャが反対したことは、暫定協定11条に違反するとして、マケドニア旧ユーゴスラビアがICJに提訴した事案。同条後段は、「マケドニア旧ユーゴスラビア」以外の国名で国際組織などに加盟しようとする場合、ギリシャが加盟に反対する権利を留保している。ギリシャは、この規定により、マケドニア旧ユーゴスラビアが「マケドニア」という国名を将来用いる可能性がある場合にも、加盟に反対することが認められていると主張した。ICJは、条約法条約31条3項(b)に明示的に言及し、暫定協定の適用につき後に生じた慣行に照らして、ギリシャの主張をしりぞけた。また、本件で、ギリシャは、同国による反対が同協定11条に違反するとしても、それは先にマケドニア旧ユーゴスラビアが同協定の重大な違反をおかしたことへの対応なので、条約法条約60条に基づき正当化されると主張した。ICJは、マケドニア旧ユーゴスラビア軍が協定7条2項により禁止されていた標章を使用していたと認定したが、それは同協定の重大な違反とまでは言えず、また、ギリシャの行為とこの違反との因果関係も立証されていないとして、ギリシャの主張をしりぞけた。

12　**ナミビア事件**　安保理決議などに従わず、南アフリカがナミビアに居座っていることの法的効果について、ICJの勧告的意見が求められた事案。南アフリカは、勧告的意見を要請した安保理決議を採択する際に、2常任理事国が棄権したことから、この決議は無効であると主張した。しかし、ICJは、国連の一般慣行として、常任理事国が棄権しても、決議の採択は妨げられないとして、これをしりぞけた。ICJによれば、一貫してかつ一様に、棄権は決議の採択を妨げないと解釈され、加盟国も総じてかかる解釈を受け入れているからである。

13　**南極海捕鯨事件**　日本が特別許可書を発給して南極海で実施していたいわゆる調査捕鯨(第2期南極捕鯨類調査計画(JARPA II))が国際捕鯨取締条約の関連規定に違反するとして、オーストラリアがICJに提訴した事件(ニュージーランドが訴訟参加)。ICJは、JARPAIIが科学的目的のための鯨類捕獲を認める条約8条1項の範囲を逸脱し、商業捕鯨モラトリアムなどを定める条約の関連義務に違反すると認定し、JARPAII特別許可書の取消を日本に命じた。

に、本件紛争当事国の日本が賛成票を投じていないことを指摘し、かかる決議を、国際捕鯨取締条約8条の解釈につき**後にされた合意**および条約解釈についての当事国の合意を確立するに足る**後に生じた慣行**とみなすことはできないとした。

この点に関連して、ILCは、条約を解釈する者または適用する者に一定の方向性を与えることを目的として、「条約の解釈につき後にされた合意および後に生じた慣行に関する結論案」を採択した(2018年)。それによれば、専門家で構成される条約の機関(自由権規約委員会など)が表明する見解は、31条3項にいう後にされた合意または後に生じた慣行を生み出す可能性がある。しかし、かかる見解に当事国が沈黙を保っていても、それは当該機関が示した条約解釈を受諾したことにはならず、したがって31条3項(b)にいう後に生じた慣行にあたるものと推定されてはならないとされる(13の3項)。

(c)は、ILCが「国際法の断片化」に関する報告書で、「体系的統合」(systemic integration)と呼びうる条約解釈の一般原則を表すものとして、この規定の有用性を説いたことから、にわかに注目されている。例えばICJは、2003年のオイル・プラットフォーム事件本案判決[14][判例158]で、国連憲章と慣習法を、「**国際法の関連規則**」であると認定し、関係条約の規定を解釈した。

上記ILCの報告書は、(c)にいう「当事国」を「すべての当事国」ではなく「紛争当事国」と解すべきであるとし、学説上もこれを支持する見解が示されている。WTO諸協定のように、加盟国数の多い多数国間条約を解釈する場合、本項に基づき参照できる条約が非常に限定されてしまうからである。「すべての当事国」と解すべきであるとの立場を採ったものとして、バイテク産品事件(2006年パネル報告)[15]がある。今のところ、「紛争当事国」と解すべきであると

14　**オイル・プラットフォーム事件**　米国海軍によるイラン石油生産施設の攻撃・破壊が、両国間の友好・経済関係および領事条約(1955年条約)に違反するとして、イランがICJに提訴した事案。米国は、1955年条約10条1項(「両当事国の領域の間で、通商および航行の自由を認めるものとする。」)の例外として、20条1項(d)(「本条約は、締約国が……安全保障上の不可欠の利益を保護するために必要な措置をとることを妨げるものではない。」)を援用した。ICJは、「国際法の関連規則」に照らしてこの規定を解釈した結果、米国の行為は自衛権により正当化されないが、通商の自由を侵害するものではないとの結論にいたった。

15　**ECバイテク産品事件**　米国、カナダおよびアルゼンチンが、ECによるGMO(遺伝子組換え体)の市場流通等を規制する措置およびEC加盟国によるセーフガード措置は、衛生植物検疫措置の適用に関する協定(SPS協定)などに違反すると申し立てた事案。この件に関して、ECは、

の立場を明確に採った先例はない。

31条の適用により得られた意味を確認するため、または(a)意味があいまいもしくは不明確である場合、(b)明らかに常識に反したもしくは不合理な結果がもたらされる場合、**解釈の補足的な手段**、特に**条約の準備作業**および**条約の締結の際の事情**に依拠することができる(32条)。

準備作業には、条約草案およびそれに付された注釈、条約を採択した会議の議事録などが含まれる。その他、日本の裁判例の中には、自由権規約委員会の一般的意見を、解釈の補足的な手段としたものがある(恩給請求棄却処分取消請求事件(東京地判平10・7・31))。また、国連総会決議(「被拘禁者保護原則」)を、解釈の補足的な手段に「準ずるもの」とした裁判例もある(損害賠償請求事件(大阪地判平16・3・9))。

条約の多くは、複数の言語で作成されている。このような場合、それぞれの言語による条約文がひとしく権威を有し、用語は各正文において同一の意味を有すると推定される(33条1項、3項)。各正文の比較により、31条および32条の規定を適用しても解消されない意味の相違がある場合、条約の趣旨および目的を考慮した上、すべての正文について最大の調和が図られる意味を採用する(33条4項)。ICJは、この規則を適用して、仮保全措置の法的拘束力を認めた(2001年のラグラン事件判決[16][判例148])。

ICJは、多くの事件で、条約法条約の解釈規則は「慣習法を反映するもの」と認定している(例えば、31条につき、1994年のリビア・チャド領土紛争事件判決[17][判例111]、31条から33条までの規定につき、2016年の「ニカラグアの海岸線から200海里を超える区域の大陸棚境界画定事件」先決的抗弁判決[18])。そうして、紛争当事

生物多様性条約およびカルタヘナ議定書が、31条3項(c)にいう「国際法の関連規則」に該当すると主張した。パネルは、本文記載の立場をとり、ECの主張をしりぞけた。

16　**ラグラン事件**　本件で、ドイツは、米国の仮保全措置命令違反を主張したが、米国は、規程41条の仏語正文では 'doivent être prises' と表現されているが、英語正文の同じ個所では 'ought' が用いられていることなどから、仮保全措置命令には拘束力がないと反論した。ICJは、このような場合、条約法条約33条を参照するのが適切であるとし、本文記載の結論にいたった。

17　**リビア・チャド領土紛争事件**　「アウズー地帯」と呼ばれる地域の帰属をめぐるリビアとチャドとの間の紛争に関する事案。ICJは、境界は1955年条約などによって決まるとし、境界画定が行われたことはないとのリビアの主張をしりぞけ、当該地域はチャドに帰属するとした。

18　**ニカラグアの海岸線から200海里を超える区域の大陸棚境界画定事件**　ニカラグアの基線から200海里を超えるニカラグアの大陸棚とコロンビアの大陸棚の境界画定に関する紛争について、

国が条約法条約の非当事国であっても、かかる規則に依拠しながら、関係条約の解釈を行ってきた。条約法条約が効力を発生する前の条約についても、同様の取り扱いをしている。

5. 条約の遵守と適用

(1) 条約の遵守

「**合意は拘束する**(*pacta sunt servanda*)」という法原理により、本章2記載の手続を経て成立した条約は当事国を拘束し、当事国はこれらの条約を誠実に履行しなければならない(前文、26条)。

(2) 条約の適用

条約は、別段の意図(例えば、日米犯罪人引渡条約16条2項)がなければ、条約の効力が当事国について生ずる日より前に行われた行為などについて、当事国を拘束しない(28条)。ICJは、2015年のジェノサイド条約適用事件(クロアチア対セルビア)本案判決[19]で、ジェノサイド条約について別段の意図は認められないので、同条約を遡及的に適用することはできない、とした。また、条約は、通常当事国の領域全体に適用される(29条)。

同一事項に関して時間的に相前後する条約が存在し、しかもその内容が抵触する場合の適用関係について、条約法条約は次のように規定している。まず、国連海洋法条約311条のように、条約自体が優先関係を規定している場合、その規定に従う(30条2項)。次に、新旧条約の当事国が同一の場合、**後法優位の原則**が妥当し、旧条約は新条約と両立する範囲で適用される(同条3項)(→2章4(2))。旧条約の一部の当事国が内容的に矛盾する新条約を第3国

ニカラグアがICJに提訴した事案。ニカラグアは、管轄権の根拠としてボゴタ条約を援用した。ニカラグアは条約法条約の非当事国で、ボゴタ条約も条約法条約が効力を発生する前に締結された条約だった。しかし、ICJは、条約法条約31条から33条までの規則は慣習法を反映するものであるとして、これらの規定にそくして、ボゴタ条約の関連規定を解釈した。

19　**ジェノサイド条約適用事件(クロアチア対セルビア)**　クロアチアが、ICJに対し、ユーゴスラビア連邦共和国(現セルビア)によるジェノサイド条約違反とされる行為について、同国は賠償義務を負うと宣言するよう求めた事案。クロアチアは、セルビアがジェノサイド条約の当事国になる前に行った行為も対象にするべきであると主張したので、ジェノサイド条約を遡及適用できるか否かが争点の一つとなった。ICJは、条約本文や交渉過程から、別段の意図を導き出すことはできないとして、この点に関するクロアチアの主張をしりぞけた。

と締結する場合、新旧いずれか一方の条約の当事国間では、ともに当事国となっている条約が適用される(同条4項)。なお、条約上の義務が国連憲章上の義務と抵触する場合、憲章上の義務の優先を国連加盟国に義務づける国連憲章103条が適用される(30条1項)。

6. 条約と第3国

条約の効力は、原則として当事国のみに及ぶ。したがって、条約は、**第3国**、すなわち**条約の当事国でない国**(2条1項(h))に対して、その第3国が同意しない限り、義務または権利を創設することはできない(34条)。これは、「合意は第3者を害しも益しもせず」というローマ法の格言に由来するものであるが、国家の主権と独立から導かれるものでもあり、国際法上確立した原則となっている。

このように、条約が第3国に対して義務または権利を創設するには、第3国の同意が必要である。もっとも、義務の場合と権利の場合とでは、同意の表明方法が異なっている。

(1) 第3国の義務について規定している条約

第3国に対して義務を創設するには、2つの要件を満たさなければならない。第1に、条約の当事国が条約のいずれかの規定により第3国に義務を課することを意図していること、第2に、第3国が書面により義務を明示的に受け入れること、である(35条)。すなわち、第3国に義務を課すという条約当事国の意図と、義務を受諾する第3国の明示的な同意によって、両者の間に「**付随的合意**」が成立し、それが第3国に対して義務を創設するに足る法的根拠になる。

日本が第3国として義務を明示的に受け入れたものとして、太平洋における旧日本委任統治諸島に関する米国信託統治協定がある。同協定は、日本が旧日本委任統治地域において委任統治条項に基づき有していた受任国としての権利を一方的に剥奪することとなる内容を含んでいた。また、日露戦争の結果締結された日露講和条約(ポーツマス条約)の5条および6条は、ロシアが清国に有していた租借権等を日本に移転譲渡することを定めた規定で、第

3国である清国に対し、権利の享有主体がロシアから日本に変更されることを受け入れなければならないとの義務を創設したものである。

なお、第3国が**侵略国**の場合、本条に定める規則は適用されない(75条)。第2次世界大戦の敗戦国であるドイツの同意を得ずに、米国・英国・旧ソ連が締結したポツダム協定の効力を念頭におかれた規定である。75条によれば、国連憲章に基づいてとられる措置の結果であれば、侵略国の同意を得ずに、その侵略国に対して一定の義務を創設する条約を締結することができる。

(2) 第3国の権利について規定している条約

第3国に対して権利を創設するには、同じく2つの要件を満たさなければならない。第1に、条約の当事国が条約のいずれかの規定により第3国に対し権利を与えることを意図していること、第2に、第3国が同意すること、である(36条1項)。一見すると、義務の場合と同じであるが、権利の場合には、同意しない旨の意思表示がない限り、第3国の同意は存在するものと推定される(同2項)。書面により同意を明示的に表明する必要はない。

日本が当事国として第3国に権利を創設したものとして、対日平和条約がある。この条約の21条により、第3国たる中国と朝鮮に対して、いくつかの権利が創設された。

(3) 客観的制度を創設する条約

特定の地域に関する権利および義務を創設する意図をもって、その地域全体の利益のために締結され、そこに対し領域管轄権を有する国が当事国になっている条約は、**客観的制度**を創設し、非当事国も拘束すると主張されることがある。国際連盟が任命した法律家委員会により、「ヨーロッパの利益」に基づくものなので、非当事国であるスウェーデンおよびフィンランドも拘束するとみなされたオーランド島の非軍事化に関する条約は、その代表例としてしばしば指摘されてきた。また、国際河川・運河の自由航行を定める条約や、南極の法的地位を定める条約など(→9章1(4)(b))も、この種の条約の例としてあげられることがある。

ILCは、条約法条約の起草に際して、客観的制度を創設する条約を条約と第3国に関する規則の枠内で扱うことは難しいと考え、条文草案を作成しなかった。現在では、オーランド島の非軍事化に関する条約規定の効果は、周辺国の同意または慣習法にもとづくものと説明されることが多い。また、国際運河の自由航行を定める条約は、第3国に権利を与える条約と考える説が有力になっている(→9章1(2)(c))。したがって、理論上はともかく、客観的制度を創設する条約を独自に論ずる実際上の意義はほぼなくなっている。

7. 条約の無効・終了・運用停止

条約は当事国間の合意に基づいて成立するが、その合意に瑕疵がある場合、または内容が適法でない場合、条約は無効とされうる。

条約法条約は、**条約関係の安定性**を確保するため、「条約の有効性及び条約に拘束されることについての国の同意の有効性は、この条約の適用によってのみ否認することができる」(42条1項)として、条約の無効原因と考えられるものをすべて列挙する**網羅主義**を採用した。同様の理由から、終了原因についても網羅主義を採用しただけでなく(同2項)、条約の無効または終了等の主張およびこれらに関する紛争の処理は、条約法条約に定める手続によらなければならない(→本章7(3))。

(1) 無効原因

条約法条約は、8つの無効原因を規定している。46条から50条までに列挙されているものは、無効原因として「援用することができる」とされ、51条から53条までに規定されている原因にあたる場合、「法的効果を有しない」または「無効」となる(→表3-1)。

無効とされた条約は、法的効力を有しない(69条1項)。このような条約に依拠して既に行為が行われていた場合、いずれの当事国も、他の当事国に対し、当該行為が行われなかったとしたならば存在していたであろう状態を相互の関係においてできる限り確立するよう要求することができる(同2項(a))。

条約が強行規範の規定により無効であるとされた場合、当事国は、強行規範に抵触する規定に依拠して行った行為によりもたらされた結果をできる限り除去し、当事国相互の関係を強行規範に適合したものにしなければならな

表 3-1　条約法条約が定める無効原因

条文番号	原　因	帰　結	可分性(44条)	追認(45条)
46	条約締結権能に関する国内法の違反	(要件をみたす場合) 援用することができる	○	○
47	代表者の権限踰越	(事前に他の交渉国に通告されていた場合) 援用することができる	○	○
48	錯誤	(要件をみたす場合) 援用することができる	○	○
49	詐欺	援用することができる	○	○
50	国の代表者の買収	援用することができる	○	○
51	国の代表者の強制	法的効果を有しない	×	×
52	武力による威嚇または行使による国に対する強制	無効	×	×
53	強行規範との抵触	無効	×	×

い(71条1項)。

以下では、特に重要な無効原因について説明することにしよう。

(a) 条約締結権限に関する国内法違反

当事国は、条約の不履行を正当化する根拠として自国の国内法を援用することができない(27条)。したがって、内容的に憲法に違反する条約(内容違憲の条約)も、国際法上は有効である(→1章4(3))。これに対し、条約締結権限を有する者が、国内法上要求されている手続に反して、条約に拘束されることについての同意を表明した場合、「違反が明白でありかつ基本的な重要性を有する国内法の規則に係るものである場合」は、手続違反を無効原因として援用することができる(46条1項)。「**違反が明白**」な場合とは、「条約の締結に関し通常の慣行に従いかつ誠実に行動するいずれの国にとっても客観的に明らかであるような場合」である(同2項)。2002年のICJ「カメルーンとナイジェリアの領土および海洋境界事件」本案で、ナイジェリアは、憲法上の規則が遵守されなかったことを理由に、カメルーンとの間で締結されたマルア宣言の無効を主張した。ICJは、条約の署名権限に関する規則は、「基本的な重要性を有する憲法上の規則」であるとしたものの、国家元首の条約締結権限に課されている制限は、少なくともしかるべき形式で公表されていない限り、

「明白」な違反ではないとした。国家元首は、7条2項により、「職務の性質により、全権委任状の提示を要求されることなく」、国家を代表するものと認められているからである。上述(→本章2(1))のように、ICJは、2017年の「インド洋における海洋境界画定事件」先決的抗弁判決で、この規定を慣習法の法典化であると認定している。

(b) 強　制

国の代表者に対する強制の結果表明された同意は、いかなる法的効果も有しない(51条)。1939年に、ナチス・ドイツが、チェコスロバキア(当時)の首相と外務大臣に対して圧力をかけ署名させた、「ボヘミアとモラビアに対してドイツの保護権を創設する条約」がしばしば引用される例である。

また、国連憲章に規定する国際法の諸原則に違反する**武力による威嚇**または**武力の行使**により、国に対して強制が加えられた結果締結された条約は、無効である(52条)。武力による威嚇または武力の行使が合法だった頃は当然のこととして、これらが違法化されてからも、戦争を終結するために締結される**平和条約**の多くが無効になってしまう可能性があることから、国に対する強制の結果締結された条約は有効と考えられていた。52条も、「国連憲章に規定する国際法の諸原則」のなかでも、とりわけ重要な**武力行使禁止原則**に違反することから無効という効果が導かれるとしている。それゆえ、ただちに平和条約の効力に影響が及ぶわけではないことに注意しなければならない。

上述のように、条約法条約は、原則としてその効力発生後に締結される条約についてのみ適用される(4条)(→本章1(1))。しかし、本条は「国連憲章に規定する国際法の諸原則」と規定していることから、少なくとも憲章の効力発生後に締結された条約については、本条を適用することができると解されてきた。もっとも、日本の裁判例には、48条、49条および52条を根拠に1965年の日韓請求権協定の無効を主張することは、4条によりできないとしたものがある(損害賠償等請求事件(東京地判平18・5・25))。

また、「武力」の原語は 'force' であるが、条約法条約の起草過程において、特に発展途上国および旧社会主義国は、ここに**政治的または経済的な強制**を含めるべきであると主張した。結局、条約本文の 'force' は「武力」を意味するとしながら、「条約の締結における軍事的、政治的または経済的強制の禁止に関する宣言」を採択することで妥協が成立した。それでも、シリアは、'force' には政治的または経済的な強制も含まれるとの解釈宣言を付したが、日本政府などは、これに対して異議を申し立てている。日本の裁判所も「武力」のみを意味すると解している（供託金還付請求却下処分取消等請求事件[20]（東京地判平16・10・15））。

(c) 強行規範との抵触

締結の時に一般国際法の**強行規範**に抵触する条約は、無効である（53条）。国際法上、強行規範の存否については議論があった。しかし、国際関係が緊密になるにつれ、国際社会の一般利益という観念が登場したことにより、一般利益の保護を目的とする強行規範の存在を認めようとする機運が高まってきた。条約法条約は、そうした傾向を踏まえ、強行規範に関する規定を設けた。これは歴史上はじめてのことであり、画期的なことであった。

もっとも、一般国際法のどの規範が、強行規範としての性質を有するかを特定する方法は規定されなかったので、何が強行規範であるかについては、未だに一致した見解がない。強行規範の例としてしばしば挙げられるのは、**国連憲章に違反する武力行使**、**ジェノサイド**、**奴隷貿易**および**拷問の禁止**などである。ICJは、コンゴ・ルワンダ事件（2002年新提訴）判決で、ジェノサイドの禁止を強行規範と認定した。これは、2007年の「ジェノサイド条約適用事件」本案判決でも踏襲されている。また、2012年の「訴追か引渡しかの義務事件」判決[判例128]では、拷問の禁止が強行規範と認定された。ただし、強行規範に抵触するという理由で、条約が無効とされたことは未だかつてない。

(2) 終了および運用停止原因

条約の**終了**とは、有効に締結され効力を発生した条約がなんらかの原因により効力を失い、条約として存在しなくなることをいう。また、条約の**廃棄**

20　**供託金還付請求却下処分取消等請求事件**　大韓民国の国籍を有する原告らが、供託金還付請求を却下した処分は違法であるとし、損害賠償を求めた事案。原告らは、日本の経済的圧力によって締結せしめられた日韓請求権協定は、無効であるなどと主張したが、裁判所は、本文のような前提に立ったうえで、このような事実を認めるに足りる証拠はないとした。

とは、当事国が条約への参加を終了することを求めて行う単独行為であり、2国間条約の場合、合法的に廃棄がなされれば、当該条約は終了する。廃棄は多数国間条約についても用いられることがあるが、多数国間条約の場合には廃棄が認められたとしても、通常条約自体は終了しない。したがって、**脱退**という用語が用いられることもある(京都議定書27条、国際刑事裁判所規程127条、化学兵器禁止条約16条など)。**運用停止**とは、条約自体は終了せず、その効力を一時的に停止することである。

終了により、当事国は、条約を引き続き履行する義務を免除される(70条1項(a))。運用停止により、運用が停止されている関係にある当事国は、運用停止の間、相互の関係において条約を履行する義務を免除される(72条1項(a))。当事国は、運用停止の間、条約の運用の再開を妨げるおそれのある行為を行わないようにしなければならない(同2項)。

(a) 条約に基づく場合またはすべての当事国の同意がある場合

条約に基づきまたはすべての当事国の同意がある場合、条約を終了するまたは条約から脱退することができる(54条)。運用停止も同様である(57条)。終了、廃棄または脱退に関する規定を含まない条約は、当事国が廃棄または脱退の可能性を許容する意図を有していたと認められる場合、または条約の性質上廃棄または脱退の権利があると考えられる場合に廃棄などを行うことができる(56条)。前者の例として、同盟条約や通商条約などがあげられている。これらの条約は、性質上、廃棄または脱退の権利が認められることに当事国が同意していると解されるからである。後者の例として、自由権規約委員会は、一般的意見26(1997年)で、自由権規約は性質上廃棄または脱退の権利があると考えられる条約ではないとの見解を示している。

(b) 重大な違反

当事国は、他の当事国による違反を理由に、終了または運用停止を要求することができる。しかし、どのような義務に違反した場合に、かかる対応が認められるのかについては争いがあった。条約法条約は、条約の重大な違反があった場合に限り、2国間条約と多数国間条約とに分けて、とることのできる措置を規定した。**重大な違反**とは、条約の否定であってこの条約により認められないものまたは**条約の趣旨および目的**の実現に不可欠な規定についての違反、をいう(60条3項)。

2国間条約の場合、条約の重大な違反を終了または運用停止の根拠として援用することができる(同1項)。「1995年9月13日の暫定協定の適用事件」で、ギリシャはこの規定に基づき自身の行為を正当化しようとした。

多数国間条約の場合、①他の当事国は、一致して合意することにより、条約の運用を停止しまたは条約を終了させることができる、②違反により特に影響を受けた当事国は、違反を行った国との関係において、その違反を運用停止の根拠として援用することができる、③軍縮条約などのように、一当事国による違反が条約全体の制度を損なう可能性のある場合には、違反を行った国以外の当事国は、その違反を運用停止の根拠として援用することができる(同2項)。このように、条約の違反は、重大なものであっても、それにより当然に条約が終了するわけではない。なお、以上の規定は、**人道的性格を有する条約**に定める身体の保護に関する規定、特にこのような条約により保護される者に対する報復(＝復仇)を禁止する規定については、適用されない(同5項)。ICJは、ナミビア事件勧告的意見[21]で、60条の規定は、多くの点で、慣習法を反映したものであると述べた。この見解は、1997年のガブチコボ・ナジマロシュ計画事件判決[22][判例112]でも踏襲されている。

なお、条約の当事国が、終了原因として依拠しうるのは、他の当事国による当該条約の重大な違反だけである。他の条約上の規則または慣習法上の規則の違反は、対抗措置を含めて、被害国が一定の措置をとることを正当化しうるが、条約法上の終了原因ではない(ガブチコボ・ナジマロシュ計画事件判決)。

21　**ナミビア事件**　南アフリカは、国連に委任状を終了させる権限はなく、南アフリカが委任統治領の施政に関する義務を怠ったことなどを理由として、委任状の終了を決定した総会決議は無効であると主張した。ICJは、条約違反による条約の終了に関する条約法条約の規則、とくにその60条3項は本文記載の性格のものであると認定したうえで、南アフリカによる一連の行為は重大な違反にあたるので、総会が委任状を終了させることは許されるとした。

22　**ガブチコボ・ナジマロシュ計画事件**　スロバキア・ハンガリー間の紛争。ICJは、条約法条約60条から62条までの規定が本文記載の性格のものであると認定したが、本件にはいずれも適用されないとして、ハンガリーには、ダムの共同建設などを定めた1977年条約を終了する権限はないとした。

(c) 後発的履行不能

条約の実施に不可欠の対象が永久に消滅しまたは破壊された結果、条約が履行不能となった場合、当事国は、そのことを条約の終了または条約からの脱退の根拠として援用することができる(61条1項)。例えば、島の浸水、干ばつによる河川の枯渇または地震によるダムの破壊などによって、これらを規律対象とする条約が履行不能となる場合である。条約法条約を採択した外交会議で、深刻な財政難により支払い不能となるような事態を、61条の適用範囲に含めようとする案が提起されたものの、多数の支持を集められなかった。ガブチコボ・ナジマロシュ計画事件で、ハンガリーは深刻な財政難による履行不能を主張した。しかし、ICJは、外交会議でこうしたやりとりがあったことに留意し、履行不能を認定しなかった。なお、一時的に履行不能となる場合には、条約の運用停止の根拠としてのみ援用することができる(61条1項)。また、自国の義務違反により履行不能となった場合、終了などの根拠として援用することはできない。(同2項)

(d) 事情の根本的な変化

国内私法上認められている**事情変更の原則**は、条約にも適用されると考えられてきた。しかし、国際法秩序には、一般的な強制的管轄権を有する裁判所が存在しない(→1章1(2))ことから、濫用の危険性が常に指摘されてきた。そこで、条約法条約は、次の条件が満たされない限り、事情の根本的な変化を条約の終了、条約からの脱退または条約の運用停止の根拠として援用することができないとした(62条1項)。①条約の締結の時に存在していた事情につき生じた変化であること、②「根本的な」変化であること、③当事国の予見しなかった変化であること、④事情の存在が条約に拘束されることについての当事国の同意の不可欠の基礎を成していたこと、⑤その変化が、条約に基づき引き続き履行しなければならない義務の範囲を根本的に変更する効果を有するものであること。ただし、条約が境界を確定している場合や、事情の根本的な変化が、これを援用する当事国の責めに帰すべき事由により生じたものである場合は、条約の終了などの根拠として援用できない(同2項)。ICJ

は、1973年のアイスランド漁業管轄権事件管轄権判決[23]［判例110］およびガブチコボ・ナジマロシュ計画事件判決で、これらの規定は多くの点で慣習法を反映したものであると認定している。

なお、ガブチコボ・ナジマロシュ計画事件で、ハンガリーは、計画の実行可能性を減少させる激しい政治的変化、国際環境法の規則の発展などが、事情の根本的変化にあたると主張した。しかし、ICJは、**条約関係の安定性**を確保するため、本条は例外的な場合にのみ適用されることを強調し、この主張を認めなかった。

(e) 外交関係または領事関係の断絶

外交関係または領事関係が断絶しても、条約に基づき確立されている当事国間の法的関係に影響は及ばない。もっとも、外交関係や領事関係の存在が、条約の適用に不可欠な場合は、この限りでない(63条)。例えば、外交関係条約や領事関係条約などが、これにあたる。

(3) 手　続

条約法条約に基づき、条約に拘束されることについての同意の瑕疵を援用する場合または条約の有効性の否認・条約の終了等の根拠を援用する場合、自国の主張を他の当事国に通告しなければならない(65条1項)。他のいずれかの当事国が異議を申し立てた場合、通告を行った当事国および他のいずれかの当事国は、国連憲章33条に定める手段により解決を求めなければならない(同3項)。ただし、紛争が、**強行規範**に関する規定(53条および64条)の適用または解釈に関するものである場合、紛争の当事国のいずれも、ICJに対し、紛争を付託することができる(66条(a))。これ以外の規定の適用また

23　**アイスランド漁業管轄権事件**　アイスランドによる漁業水域の一方的拡張は、国際法上の根拠を欠き、無効であるなどとして、英国および旧西ドイツがICJに提訴した事案。アイスランドは、「周辺海域における漁業資源の開発により、事情が変化したために」、漁業管轄権の拡大に際し紛争が生じた場合、いずれか一方の当事国の要請により、ICJに問題を付託することを定めた交換公文はもはや適用されないと主張した。ICJは、条約法条約62条が本文記載の性格のものであると認定したが、アイスランドが主張する事情の変化は、同交換公文で課せられている裁判付託義務の範囲を根本的に変えたとまではいえないとして、アイスランドの主張をしりぞけた。

は解釈に関する紛争については、いずれかの当事国が国連事務総長に対して要請することにより、附属書に定められている**調停手続**を開始させることができる(同(b))。

設　問

1. 条約との比較において、非法律的合意の特色を論じなさい。(外専・平20)
2. ある文書が国際法上の条約とされるための要件について論じなさい。(外専・令1)
3. 未発効条約に署名している国や同条約に署名しかつこれを批准している国と、これに署名もしていない国との間に、国際法上の義務の点でいかなる相違があるか。未発効条約の署名国及び批准国の義務を中心に論じなさい。(国総・平30改)
4. 多数国間条約の署名や批准等に際して行われるいわゆる解釈宣言の法的効果について、留保の場合と比較しながら論じなさい。(外専・平30)
5. 一国が締結している複数の条約上の義務が相互に抵触する場合の国際法上の処理について、考えうる様々な場合を想定して論じなさい。(外専・平24)
6. 国際法に反する行為を行って国内法を正当化根拠とする主張を行った場合に、その主張は、国際法上どのように位置づけられるかについて論じなさい。(外専・平19)
7. 条約法における事情変更の原則について論ぜよ。(外専・平9)
8. 当事国は、他の当事国による条約違反を理由に、当該条約の終了を国際法上正当化し得るか。理由を付して論じなさい。(司試・平30改)

【参考文献】

国際法事例研究会『日本の国際法事例研究(5)条約法』(慶應義塾大学出版会、2001)
坂元茂樹『条約法の理論と実際』(東信堂、2004)
松井芳郎「条約解釈における統合の原理」坂元茂樹編『国際立法の最前線』(有信堂、2009)
中内康夫「条約の国会承認に関する制度・運用と国会における議論」『立法と調査』330巻(2012)
中野徹也「人権概念と条約の留保規則」『国際法外交雑誌』111巻4号(2013)

堀見裕樹「条約解釈における『国際法の関連規則』に関する一考察(1)(2・完)」『法学』77巻2号・3号(2013)
長谷川正国「1969年ウィーン条約における条約の定義の明確化と発展」岩沢雄司・岡野正敏編『国際関係と法の支配』(信山社、2021)
中野徹也「条約の留保の意義」『法学教室』491号(2021)
Anthony Aust, *Modern Treaty Law and Practice*, 3rd ed.(Cambridge UP, 2013)
Oliver Dörr, Kirsten Schmalenbach (eds.), *Vienna Convention on the Law of Treaties : A Commentary*, 2nd ed. (Springer, 2018)

第4章 国　家

目　次

1. 国家と国際法

国家は、国際社会における主たる行為主体である(→1章3)。いかなる領域的実体が国家となれるかという**国家の資格要件**あるいは**国家性の要件**の問題や国際社会への新国家の受入れにかかわる**国家承認**の問題は、古くから議論されてきた。伝統的国際法において、国家の成立は国際法にかかわらない事実または政治的出来事として捉えられていた。それは、領域に対する実効的支配の確立に至る過程で、国際法上の制約はほとんど存在しないことを意味した。例えば、国家の成立にかかわる重要な政治的過程としての独立宣言について、2010年のコソボ独立宣言事件勧告的意見[1][判例10]で、ICJは、次のような見解を示した。「18、19および20世紀の初期において、数多くの独立宣言の事例があり、そうした独立宣言に対しては、それが発せられた国家が常に強く反対する立場を採っていた。独立宣言が新国家の創設をもたらす場合もあるが、そうではない場合もある。しかし、いずれにしても、国家実行は全体として、そうした宣言発布の行為が国際法に反するということを示唆しているわけではない。むしろ、逆にこの時代の国家実行は、国際法は独立宣言の禁止規則を含めていないという結論を明確に示していた」。このように、一方的独立宣言は国家の成立にとって重要な政治的意味をもつが、国際法上は適法性の判断を受けないものである。

国家承認は、新国家の誕生を確認するための制度であった。同時に、自決権をはじめ、今日の国際法は国家の成立の過程に一定の役割を演じている。こうして、**国家の成立**は、依然として基本的に政治的プロセスによるものであるが、その過程において、武力行使の禁止、人権、人道といった国際法規範による制約を受けながら、確定した領域に対する**実効的支配**をもって完成されるものである。実際、2014年のクリミアの独立宣言やそのロシアへの編入について、違法な武力行使によるものという理由で、国際社会からの承認が基本的に拒否された。

1　**コソボ独立宣言事件**　2008年10月、国連総会は、コソボ暫定政府が一方的な独立宣言を出したことを踏まえ、当該宣言は一般国際法とりわけコソボ問題を取り扱っている国連安保理決議に違反するかどうかについてICJに勧告的意見を求めた。

(1) 国家性の要件と存在態様

(a) 国家性の要件

国家は国際法の主たる行為主体である以上、国家となるための資格要件を法的に確認する必要がある。多くの民族集団が国家としての地位を追求しているという政治的現実もあって、国家性の要件を国際法上明らかにすることは、国家を中心とする国際社会体制の維持や国際関係の安定にとって重要である。

国家性の要件に関して、1933年に米州諸国が採択した「国家の権利義務に関する条約」(モンテビデオ条約)の1条は①永続的住民、②確定した領域、③政府、および④他国と関係を取り結ぶ能力(外交能力)という4つの要件を定めている。学説上、これは国家性の要件を適切に表現したものとして広く受けとめられている。実際、旧ユーゴの崩壊に伴う新国家の誕生に関連して、ユーゴ平和会議の仲裁委員会は、国家は通常領域および組織された政治的権力に服従する住民によって構成されるものとして定義され、このような国家は主権をもつという特徴を有するとの判断を示した(意見1)。

第1に、**永続的住民**である。国家はそれに属する人間の集合体であり、国籍という国家と個人の法的紐帯(ちゅうたい)がその表徴である。なお、国家に必要最小限の人口について基準が存在するわけではない。国連加盟国の中でも、例えばリヒテンシュタインやサンマリノなどのように、10万人以下の人口しかもたない「ミニ国家」も少なくない。

第2に、確定した領域である。これは、**領域的実体**としての国家のもっとも本質的な要素であり、国家の主権的活動の空間でもある。もっとも、領域の大きさや周辺諸国との国境が厳密に画定されているかどうかは、国家性の要件とは無関係である。実際、第1次大戦後誕生した新国家の多くは、条約に基づき国境を画定する前にすでに事実上または法律上承認されていた。今日でも、多くの国が依然として領土紛争や国境紛争を抱えている。

第3に、政府である。これは、国内社会を自主的に統治し、国内秩序維持のための国家管轄権を行使できる統治機構が事実として確立されていることを意味する。国家は組織化された権力であり、政府を持たなければ国家としての機能を遂行できない。ただし、ソマリアなど「破綻国家」の現象で見られるように、国家の領域を支配する実効的な中央政府をもたない国家が、当然に国家として消滅するというわけではないが、国連などによる関与や領域に対する国際的管理の対象となる場合がある。

第4に、外交能力である。これは、自国の対外関係を自主的に処理することができる能力、言い換えれば国家の独立を意味する。ある実体が法的に他国に完全に従属すれば、国家として承認を得られないし、国家として存続しえず、一国に従属する行政的単位か植民地であるにすぎなくなる。歴史上「満州国」のような**傀儡（かいらい）国家**が国家となれなかったことが例として挙げられる。

(b) 国家の特殊な存在態様

国家はその成り立ちの歴史、国際社会における位置づけなどにより、国家性の要件に照らしてみれば特殊な態様で存在する場合がある。こうした特殊態様の国家は通常の国家と異なる国際法関係をもち、多くの場合その国家としての主権が一定の制約を受ける。国際法上の国家は、対内的に最高の統治権を有し、対外的には独立していることが求められるが、現実には多様な態様の国家が存在し、国家の国際法上の権利・義務の相違をもたらしている。

まず、歴史上、**附庸国（ふようこく）**と**被保護国**という**従属国家**があった。附庸国は、歴史的には独立国家として存立していた経験を有さず、他国(**宗主国**)において対内的には自主性をもつが、外交、軍事などの権限が独立・主権国としての宗主国によって支配されるものである。19世紀中葉、オスマン帝国の衰退に伴って、帝国から自治権を勝ち取る領域的実体(附庸国)が出現するようになった。1856年から1878年のルーマニアとセルビアがこれに該当する。被保護国は、附庸国とは事情が異なり、独立した国家として存在してきたが、ある時期に弱小となり、弱小国が、経済的・政治的に強い大国の圧力の前に、大国(**保護国**)との間に保護条約を締結し、自らの外交関係を中心とする主権の主要部分の行使を保護国に委任することによって創り出されるものである。19世紀末から20世紀初期にかけて、フランスや英国などの保護国を中心に、多くの保護条約が締結された。例えば、1914年の英国とエジプトの保護条約がそうである。

また、一定の領域において実効的支配を確立し事実上国家的地位を有する領域的実体も存在する。トルコの軍事的支援の下、キプロスの領域の一部に対する実効的支配を確立した末、1983年北キプロス・トルコ共和国が樹立され、国家として国際的承認を得ていないが、今日に至るまでキプロスから独立した支配を維持している。1949年内戦に敗れた中華民国政府が台湾に逃れ、1990年初期まで中国を代表する政府と主張してきたが、実質的には台湾を支配する政権であるにすぎなかった。国際法における台湾の法的地位は、国連における中国代表権問題(→7章3)をはじめ、米中や日中関係、国際機構や多数国間条約への参加といった様々な場面で問題となっている。対内的には国家的権限が完全に遂行できるが、対外的には様々な制約を受けているのが現状である。そのほか、領域に対する国際的施政管理の制度として、委任統治地域(→1章3)のほか、国連憲章上の信託統治地域や非自治地域が挙げられる。これらの地域は、国連の積極的な関与や施政の下、自決権を行使して自らの独立または他の国家との提携やその領域の一部となることを決定してきた。その過程で、例えばナミビアのように、一時国連(ナミビア理事会)による直接の施政を経て独立を達成したケースもある。冷戦終結後、国家または領域的実体に対する国連の施政が、1992年のカンボジアに対する国連の暫定統治(安保理決議745)や1999年コソボに対する暫定統治(安保理決議1244)という形で展開されている。

さらに、国家間の連合が国家の特殊形態を作り出すことがある。歴史上、**物上連合**(real union)や**身上連合**(personal union)という特殊な国家結合があった。前者は、2つの主権国家が条約によって同一の君主の下に結合する場合に成立し、新国家の誕生を意味する。例えば、1814年から1905年までのスウェーデンとノルウェーの連合がそうである。後者は、2つの国家が王位承継法の規定によるなど偶然の理由で同一の君主を戴くに至った場合に成立するが、新国家の樹立を意味せず、構成国が依然として法主体性を維持する。1815年から1890年までのオランダとルクセンブルクの連合が例である。また、歴史的経緯こそ異なるが、新国家の成立という意味で物上連合と同様な法的性格をもつ**国家連合**(confederation)もある。

今日、現実的な意味をもつ国家結合として、国家連合と**連邦国家**があげられる。国家連合は、複数の国家または政治共同体がそれぞれの国際法人格または独立的な地位を維持しつつ、安全保障や独立といった共通の目的を実現するために、条約を基礎に連合を結成し、新たな独自の国家機関を設け、それに一定の主権的権限を委譲する形で構成されるものである。法的に連合自体は、その構成単位の法的人格または一方的分離権が認められている関係で、主権国家としては不安定な存在である。実行上も、1958年から1961年までのアラブ連合共和国、1982年から1989年までのセネガルとガンビアの西アフリカ連合など近代以後の国家連合はほとんど数年のうちに解消された。なお、やや特殊な例としてセルビア・モンテネグロがある。旧ユーゴスラビア解体後、2003年4月、セルビアとモンテネグロが平等な地位を前提に、国家連合憲章を採択し、緩やかな政治的連合体をもつ新国家を樹立した。しかも、同憲章には、一方的分離独立を選択できる条項が定められていた(60条)。その後、モンテネグロが当該条項に従い、独立に関する住民投票の結果を踏まえ独立を宣言したことにより、2006年6月に国家連合が解体され、モンテネグロ、セルビアはともに独立国となった。また今日のEUは、その構成国から主権の一部を移譲され、それらの構成国に対して拘束力をもつ一定の立法、行政、司法の権限を有するようになっており、その意味で、超国家的国際機構の側面を有する。しかも、そうした権限の範囲は、経済、貿易、関税などに限られず、次第に安全保障や共通の外交政策までに拡大されつつある(→7章5)。

連邦国家は、自治または独立した複数の領域的実体または国家が自らの国際法人格を維持せず新たな主権国家を作り出す国家結合の一形態である。多様な連邦国家が存在する。その憲法における権限の配分によっては、連邦構成単位に限定的な条約締結権限が認められる場合もあれば、連邦によって締結された条約が一定の国内法上の措置を通してはじめてその構成単位に適用される場合もある。単一国家と比べ、やや複雑な国際法上の関係が見られる。

ちなみに、**英連邦**(Commonwealth)という40数ヵ国の自由結合の形態もあるが、これは基本的に大英帝国の解体過程で、英国とその自治領や植民地・従属地域との間に歴史上あった特殊な関係を限定的側面において維持しようとするものである。英国の女王を国家元首に据えるような国家的外観をもつこともあるが、特殊な国際的会議体として捉えるのが妥当である。これとほぼ同様な性格をもつものとして、旧ソビエト連邦の解体後、1993年に結成された独立国家共同体(CIS)がある。CISは、バルト三国を除き、旧ソビエト連邦の解体から独立したすべての国家が参加したものであり、新国家を構成するものではなく、経済、人権、外交といった分野での緊密な協力を協議し遂行するためのある種の国際機構といえる。

(2) 自決権

(a) 自決権と国家成立

自決権は実定国際法上の人民の権利である。社会権規約と自由権規約の共通1条1項によれば、「すべての人民は、自決の権利を有する。この権利に基づき、すべての人民は、その政治的地位を自由に決定し並びにその経済的、社会的及び文化的発展を自由に追求する」。1995年の東チモール事件判決[2][判例142C]で、ICJは、**人民の自決権**は国連憲章およびICJの判例法によって承認され、現代国際法の本質的な原則の1つであるとしている。しかしながら、「人民」の権利と定められているがゆえに、人民とは何かを中心に、権利の享受主体をめぐる争いは絶えない。また、これに関連して、権利の内容についての見解の対立も存在する。人民の自決権は、国内管轄事項に対する不干渉の原則を確認するものであるか、それとも民族や部族などの非国家主体が主権国家に対抗し自らの国際法上の地位・権利を追求することを容認するものであるかについて、学説上の一致は見られない。

国連を中心とした実行は、第2次大戦後の**非植民地化**の文脈における自決権の行使主体、形式および内容については明確な回答を出したといえる。実際、国連の下で植民地の独立が自決権行使の一形態として認められている一方、独立の権利を行使できる領域的実体の認定に関しては、ウティ・ポシデティス(*uti possidetis*)の原則(**現状承認原則**→8章3(4))が厳格に適用されている。これは、つまり植民地時代に分割された領域現状を尊重し受け入れるという

2　**東チモール事件**　東チモールに関連する大陸棚開発協定が1989年にオーストラリアとインドネシアの間で締結されたことで、かつての施政国ポルトガルが、東チモール人民の自決権侵害などを理由にオーストラリアを相手取りICJに訴えた。ICJは、訴訟非当事国のインドネシアの法益に影響を及ぼすものとして管轄権を有しないと判示した。

ことであり、これに反する分離独立の要求は拒絶された。コンゴからのカタンガ(1960年)やナイジェリアからのビアフラ(1967年)の分離独立要求に対する国連やアフリカ統一機構(OAU)の不承認がその例として挙げられる。このように、まず、自決権は国家以外の主体、とりわけ植民地人民の権利として存在しうることが確認された。次に、自決権は独立や領域の最終的地位の選択を内包する権利として適用されてきた。これらの点は、国際法の発展にとって大きな意義をもつ。他方で国連の実行は、非植民地化後またはその文脈以外の自決権に関しては不明確で、多くの問題を残している。2011年南スーダンは非植民地化過程から独立したスーダンから分離して独立国家として成立し、国連加盟を果たすことを通して国際的承認を得た。この独立達成は、激しい内戦を終結させるため締結された2005年の和平協定に基づいて行われた住民投票の結果を踏まえたものであるとはいえ、これまで厳格に守られてきた植民地時代の領域現状承認の原則に例外を作り出し、自決権に基づいて独立を達成した国家においても、分離独立が一定の状況の下国際的承認を得ることが可能であることを強く示唆している。

その他、民族解放団体を政治的実体として承認する国家実行もある。例えば、1976年、モロッコの支配から西サハラ領域を解放するために闘っているポリサリオ解放運動は、サハラ・アラブ民主共和国(SADR)の独立を宣言した。多くのアフリカ諸国がこの新しい領域的実体に承認を与えた。また、国連には、民族解放団体の法人格を確認する多くの事例がある。例えば国連総会は、1974年に南西アフリカ人民機構(SWAPO)をナミビア人民の真の代表として承認した(総会決議3295 (XXIX))。また、民族解放団体に国連総会におけるオブザーバーの地位が認められた例としては、パレスチナ解放機構(PLO)が挙げられる(総会決議3210 (XXIX))。ちなみに、**パレスチナ**は、2012年、国連総会においてパレスチナ国を「オブザーバー組織」から「**オブザーバー国家**」に格上げする決議(67/19)が採択された(→7章2(2))。これらの動きは、自決権を根拠にした独立国家の成立を支持する一環として理解される。

(b) 自決権の今日的意義

非植民地化の文脈以外において自決権はどのような意義をもつであろうか。

これについては、**分離独立**をめぐる国際社会の対応と内的自決理論の展開という2つの側面から捉える必要がある。

まず、分離要求と自決権の関係である。非植民地化の過程で自決権に基づく国家の成立が認められたことの影響で、分離独立は広く自決権の実現として主張されるようになった。しかし、国際社会はこの主張に対して分離権としての自決権を認めたことはない。チェチェン、コソボ、ソマリランド、クルド族地域、アブハジア、南オセチア、ナゴルノ・カラバフなどの例があげられる。前に触れたコソボ独立宣言事件で、ICJは、一般国際法上、独立宣言を禁止する原則・規範は存在しないが、非植民地化以外の文脈で、国家樹立の権利を内包する自決権の主張に関しては、激しい対立が存在することを指摘することにとどまり、独立宣言と自決権の関係の判断を回避した(→8章3)。バングラデシュ、スロベニアやクロアチアなど旧ユーゴから独立した諸国、エリトリア、南スーダンなどは非植民地化の文脈以外で分離独立に成功し誕生した国家である。これらの事例は基本的に、武力闘争ないし国際的干渉を通して実効的支配を確立することによって達成されたものである。

他方で、分離独立は自決権とまったく無関係というわけではない。旧ユーゴの崩壊やコソボの分離独立の要求が国際社会の干渉につながり、最終的に国際社会によって受け入れられた過程を分析すると、自決権の原則の果たした役割が確認できる。いわゆる内的自決理論の意義である。学説上、**内的自決**とは、人民が代表性のある民主政府を求める権利とその国内の少数者団体が自治権または自主権を求める権利を意味する。1970年の友好関係宣言では、自決権原則は国家の領土保全または政治的統一を分割・棄損する行動を承認するものと解釈されてはならないとされているが、その際、国家は「人種、信条または皮膚の色による差別なくその領域に属する人民全体を代表する政府を有する」ものであると条件付けられていると解することができる。こうして、政府の正当性とその人民全体の代表性とを結びつけることにより、少数者団体の文化・アイデンティティ・宗教などを維持するための自治権が完全に拒絶された場合、その分離の要求が国際法上正当性のある要求として認められることになる[3]。これは**自決権原則の反対解釈**とされている。

3 **オーランド諸島事件** 歴史上、1917年にロシアからのフィンランドの独立に伴い、オーランなお、**ケベック分離事件**[4][判例 77]において、カナダ連邦最高裁判所は、まず、そうした自決権原則の反対解釈をある程度支持する見解を示した。つまり、人民の自決権に従って許容される分離独立については例外的事情が必要とされるとして、①植民地支配下の人民、②外国の支配や搾取の下にある人民がこうした例外的事情に当たるとした上で、③国内において意味のある内的自決の行使を否定された人民も「おそらく」そうであると述べた。また、内的自決としての自決権がどのような状況の下で分離独立を求める外的自決に転化してゆくのか、また国内の少数者集団が**住民投票**などで分離独立の意向を表明した場合、国家は政治的・法的にどのように対応すべきかについて、裁判所は、つぎのような有益な示唆を与えている。住民投票による分離独立の意思表明により、憲法改正の要求が正当化されると共に、連邦政府は憲法改正についての政治交渉に応じる義務を負うこととなり、しかも、交渉義務の違反は、当事者の行動の国際的な正当性を損なうことになるとされている。

2. 国家承認

(1) 国家承認の性格

国家承認とは、国家性の要件を中心とした判断に基づき、既存国家が新たに成立した領域的・政治的実体を国家として認める行為である。承認は承認された対象に根本的な変化がない限り撤回できない行為である。ただ、国家実行上、サハラ・アラブ民主共和国とコソボについて承認の撤回が行われている。もっとも、これらの**国家承認の撤回**は、主に政治的な判断からなされた特殊な事例として解されている。

承認の効果には政治と法の2つの側面がある。承認によって、政治的に

ド諸島がフィンランドに編入されたが、スウェーデンは、住民の多くがスウェーデン系であることから、人民投票によって領域の帰属を決めるべきだと主張した。この事件(1921年)で「オーランド諸島の法的地位に関する調査委員会の報告」[判例15]は、民族集団に対する極端な抑圧は分離または独立を正当化するという見解を示した。法律家委員会への諮問をへて連盟理事会はフィンランドの領有を認めた。

4 **ケベック分離事件** カナダ連邦を構成するケベック州の分離独立の動きに関連して、1998年にカナダ政府が国際法上および憲法上、一方的分離独立が認められるかどうかについて連邦最高裁判所に諮問した事件である。裁判所は憲法上も国際法上も一方的分離は認められていないとの意見を出した。

承認国と被承認国の国家関係の正常な展開が可能となり、多くの場合外交関係の樹立につながる。法的には、両国間に国際法上の国家間関係が開始する。また、国家承認は個々の国家によって個別的に行われるため、国際社会への新国家の受入れの法制度としての機能を果たしながらも、裁量性・相対性を内包する。ただし、一般国際法における国家の存在の確認はすべての国家の承認を必要とするわけではなく、大国を含む大多数の国家の承認によって承認をめぐる争いが事実上解消されるならば、国家としての国際関係に参加する法的地位が一般的に確立されることになる。

理論上、一見して矛盾するようなこの認識の背後には、客観的基準たる国家性の要件と主観的行為たる個別国家の承認(間主観性)を調和させる可能性がほとんど存在しないという課題が見え隠れする。つまり、一方でモンテビデオ条約が国家承認の客観的規準を示すことで、国家を評価するための静的要件を提供しており、また、承認を行うのが個別の国家であるという認識も定着している。他方で、国家が国際システムに加わることに関しては、相対的意味で理解されるべきとする見解が存在しており、このシステムにおける新国家の存在は、それを受け入れる用意を持つ諸国に関してのみ、現実的意義を有するとされる。このように**客観主義**と**間主観主義**の間には根本的対立が存在しており、客観主義は、国家存在の確認に関して国際社会の安定性を基本としているのに対して、間主観主義は、国家性の観念は、たとえ法システムにおいても、依然として間主観的であって、相対性を基本とするものであるとしている。

国家の成立は、領域の変更を伴う。その過程としては、関係国の合意によるものもあれば、領域主権をめぐる闘争によるものもある。この過程の相違によって、承認行為の重要性および意義が異なってくる。合意による国家の成立の場合は、国家承認は国際法上の複雑な問題を何ら引き起こさずになされる。これと異なり、武力紛争による国家の成立の場合、国家承認は国際法上の要請や政策上の考慮から慎重に行われるのが一般的である。前者に関しては、平和的な**権限委譲**による植民地の独立やチェコスロバキアの分裂に伴う新国家の承認がその例としてあげられる。後者に関しては、米国の独立や旧ユーゴスラビアの崩壊にかかわる国家承認がその例である。その意味で、母国との戦いを通して実現される分離独立と国家承認が密接に関連する。国家承認は、制度として確立されてからその200年あまりの歴史において、分離独立を求める実体に国家性の要件具備の証拠を提供するものとして機能してきた。

承認の事例は、17世紀におけるオランダのスペインからの独立に際してすでに見られたが、承認制度は、米国の英国からの独立に対するフランスの承認をめぐる承認の実行を通して次第に確立されたものである。この時から、承認行為がはじめて国際法と関連して認識されるようになった。国家承認は新国家にとってどのような意義を有するかという問題が提出される一方、承認行為は**母国の領域主権**に対する侵害に当たるかどうか、あるいは新国家の国家性を肯定するために母国の承認は法的に必要であるかどうか、という問題も生じた。この問題は、尚早の承認の禁止という原則につながった。

尚早の承認(premature recognition)とは、実効的支配という国家承認や政府承認(→本章3)の要件がまだ整わないうちに行われる承認のことである。1778年、英国軍の抵抗が継続されている最中に、フランスは米国を国家として承認した。英国は、これを尚早の承認とし、宣戦布告で対抗した。法的には、尚早の承認の禁止原則は、内政不干渉原則を根拠とするものである。

(2) 国家承認の効果

それでは、国家の成立にとって、国家承認はどのような意義をもつか。これには3つの理論的な問題が存在する。第1に、承認は創設的効果と宣言的効果のいずれを有するか。第2に、承認は法的行為であるか政治的行為であるか。第3に、新国家は承認を受ける権利をもつか、逆にいえば既存国家は承認の義務を有するか。これらの問題について、学説上の対立が存在し、その根底には承認の創設的効果説と宣言的効果説の対立がある。

創設的効果説とは、国家承認によって国家ははじめて国際法上の存在・法主体となるとするものである。逆にいえば、承認前の国家は事実上の存在を超えるものではない。オッペンハイムによれば、承認は、国際社会の一員となるための条件であり、国家性の要件は当然に国際社会の一員の資格を内包するものではない。国家は、承認を通してのみ、国際人格を有するものとなる(**法律主義**)。こうした性格を承認に持たせるために、承認行為の法的性格やときにはその義務性が主張された。創設的効果説は、19世紀の末までは支配的地位を占めていた。

これと異なり、**宣言的効果説**によれば、国家は、事実として存在するならば、承認される前でもすでに国家としての国際法主体性を備えており、承認は単にそれを確認し宣言するだけのものだとされる。つまり、承認は、もともと存在しない国家を法律上の存在に変身させるものではなく、1つの事実に対する確認を通してこの事実に伴う通常の効果を受け入れるための意思表示であるにすぎない(**事実主義**)。その意味で、承認行為は、政治的性格を有し、義務的なものではない。今日では、宣言的効果説が有力である。

他方、近年承認の要件に関して大きな論争が生じており、それが承認の効果に対する捉え方にも影響を及ぼしている。伝統的国際法において、承認の要件は国家性の要件と同一とされ、実効的支配という客観的事実にかぎるものであった。しかし、非植民地化の過程で自決権に基づく国家の成立が認められ、自決権の主体であることは国家性の要件とされた。また、非植民地以外の事情の下では、国家の成立と国際法の関係が強く意識されている。実際、**ボスニア・ヘルツェゴビナの独立**に関しては、一部の国は、国家の伝統的な資格要件が満たされていないため尚早の承認にあたると認識しながらも、国際法規範や国際秩序の維持の要請からあえて承認に踏み切った。このような現実は、国家の新たな資格要件すなわち承認の新たな要件の創設につながり、実効的支配を基礎にした宣言的効果説では捉えきれない一面をもつ。

理論上、このような事実主義と法律主義の間の論争は今日ではほぼ終息しており、ほぼ一致した認識が国際法学者の間に共有されているといわれる。今日の主流の学説は、両者を調和的に捉える形で、両者の主張を同時に支持していると思われる。すなわち、承認の宣言的効果説が基本とされる一方、新国家としての権利の享受は個別的な承認行為によって具体化される。その限度内で、承認は創設的効果をも有することになるが、国家性の要件の具備がなければ、そうした創設的効果を伴う承認も適法には行われない。

この点に関連して、いわゆる未承認国家をめぐる国家実行が参考になる。今日の国際社会において、一定の領域に対する実効的支配を確立し、多くの国から国家承認を得ていても、国連加盟を果たしていない場合や、主要な大国を含む大多数の国から承認を得ていない場合には、そうした領域的実体は現実には国家性に内在する法的地位をすべて具現化することはできず、その国際社会における法的地位は事実上制限されることとなる(表 4-1 参照)。例えば、140 ヵ国から国家承認を得ているパレスチナ国は、安保理における米国の拒否権行使によって国連への加盟を阻止されているが、2011 年にはユネスコに加盟し、2015 年には国際刑事裁判所規程の当事国となった。またコソボは、2008 年の独立宣言以来、約 100 ヵ国から承認を得ているが、セルビアの反対や安保理におけるロシアと中国の拒否権行使への懸念から、国連加盟は難題となっている。それでも、IMF や世界銀行などの国連の専門機構をはじめとして多くの国際機構への加盟を果たしている。そして台湾は、20 ヵ国程度の国としか外交関係を持たないが、WTO には独立した関税区域としての加盟を認められた。ただ、2007 年から試みてきた国連への加盟申請は成功していない。このほか、国際法に違反した形で成立した国家は、たとえ一定の領域に対する実効的支配を確立したとしても、国際法上の地位が制限されることがある。1983 年に独立宣言を行った北キプロスはこれに該当し、今日に至るまで、トルコを除き、他のいずれの国からも国家承認を得

表4-1　主要な未承認国家の現状

未承認国家	独立宣言・国連加盟申請	承認国数*
パレスチナ国	1988年11月15日　独立宣言 2011年9月23日　国連加盟申請	138
コソボ共和国	2008年2月17日　独立宣言 2015年7月UNESCO加盟申請、投票で否決	97
台湾(中華民国)	1949年以後領域的実効支配・独立宣言なし 2007年7月20日　初の国連加盟申請	14
サハラ・アラブ民主共和国	1976年2月27日　独立宣言	84
アブハジア共和国	1992年7月23日　独立宣言	5
南オセチア共和国	1993年11月2日　独立宣言	5
ソマリランド共和国	1991年5月18日　独立宣言	0
北キプロス・トルコ共和国	1983年11月15日　独立宣言 安保理決議541(1983)で独立宣言は違法とされた	1

＊国連加盟国たる承認国の数に限る。2021年末現在。

ておらず、イギリス国内裁判における訴訟資格が認められる程度の国際的地位しか与えられていない。

(3) 国家承認の形式

国家の成立は領域の変更を伴う関係で、多くの場合複雑で微妙な法的問題を引き起こす。既存国家は国家性の要件にのみ従って機械的に新国家を受け入れるのではなく、自国の利益、関係国や国際社会の関心に気を配りながら、多様な形で承認を行ってきた。

(a) 法律上の承認と事実上の承認

事実上の承認は、公式の承認行為ではあるが、撤回が可能という暫定的性格をもち、法律上の承認と区別される。例えばフランスは、1918年1月にフィンランドに与えた事実上の承認を同年10月に撤回した。また、1940年バルト三国に対するソビエト連邦の併合は多くの西側諸国から**法律上の承認**を得ておらず、1990年代の独立に至るまで、これらの国に対するソビエトの支配は事実上認められていたものであるに過ぎなかった。国家承認は通常法律上の承認を意味するものとして理解されるが、承認を行う際、既存国家は法律上の承認を与えるような表現を一般的に使うわけではない。多くの国の実行において、法律上の承認であるか事実上の承認であるかという区別はなされない。

事実上の承認は、あくまでも特殊な事情に対応するための例外的な承認形式の1つにすぎない。19世紀のはじめに、ラテン・アメリカで生じた分離独立の過程で、自国民の安全や投資利益の保護などから新国家の実効的支配を認める必要があるにもかかわらず、その母国の法的立場への配慮から、既存国家が便宜的に事実上の承認という形式を用いた。そのほか、違法な行為や法的正当性に疑問のある行為に伴う国家の創設や政府の樹立に関連して、現実的な対応の必要性から、「事実上の国家(政府)」と「法律上の国家(政府)」の承認の実行もみられる。例えば、1936年に英国は、エチオピアを占領したイタリア政府を事実上の政府として承認したが、2年後に法律上の政府に切り替えた。

(b) 明示の承認と黙示の承認

通常、承認は公式の外交書簡を通じて明示の形で行われる。例えば、日本の場合は、新国家の独立を承認するという日本政府の意思が、通常、相手国の国家元首や外務大臣宛の書簡または独立に対する祝電の形で伝えられる。こうした「**明示の承認**」形式のほか、明示的に承認を行わないが、外交関係の開設、平和条約の締結や国連加盟決議への賛成などを通して新国家の独立を承認する形式も存在する。これらは「**黙示の承認**」と呼ばれる。

(c) 集合的承認

承認は、通常、国家によって個別的に行われるが、複数の国が共同して承認を行うという集合的承認の実行も存在する。1991年にECおよびその加盟国は東欧・ソ連にかかわる新国家の承認に関する指針を宣言し、国連憲章の遵守、人権や少数者の保護を強く求め、スロベニア、クロアチア、ボスニアなどの独立に対して**集合的承認**を行った。個別的承認の共同の実施であるが、新国家の独立を強く支持する政策的意義が認められる。

学説上、国連への加盟承認をもっとも妥当な集合的承認として理解する考え方が存在する。加盟承認は国家を対象とし、集合的な手続によってなされる(国連憲章4条2項)。それゆえ、加盟承認は国家承認にとってかわって国家の存在を法的に確認できるだけでなく、その裁量性・相対性を克服することもできる。ただ、現実には、国連加盟国に承認を与えない国家実行もある。例えば、日本は、北朝鮮が国連に加盟している現在でも北朝鮮を国家として承認していない。北朝鮮が国際法を遵守する意思と能力を有しているかについての考慮が関係しているといわれる。こうした実行に関連して、**国家承認の裁量性・相対性**を強調して、国家承認と国連への加盟承認は別行為であるとする考え方もある。

(d) 条件付きの承認

国家承認は、一定の条件を付けて行われることもある。1878年のベルリン会議におけるブルガリア、モンテネグロ、セルビア、ルーマニアに対する承認は、その国民の信教の自由を保障するという条件を付けて行われた。国際連盟の時代においては、ポーランドなどに関して、少数者の権利の保護が新国家の承認や連盟への加入の条件として付された。ただ、**条件付きの承認**とはいえ、付けられた条件に対する違反は、承認の無効または撤回をもたらすものではない。

3. 政府承認

(1) 政府承認の意義

国際法上、国内憲法に基づく政府の変更はまったく問題とならないが、**革命**や**クーデター**などの**違憲の政府変更**は問題となる。国家を代表する資格をもつ政府の確認という国際的関心事を取り扱う必要性が生じるからである。これまで諸国は、まず政府承認をもって新政府の誕生に伴う問題の処理に着手するという方法をとってきた。政府承認は、革命やクーデターにより違憲的に誕生したある国家の新政府を、既存国家がその国を代表する資格を有するものとして認め、それとの公式の関係を開始しあるいは回復させる意向を示す行為である。

政府の違憲的な変更の結果、一般に、旧政府にとってかわって一国全体を治める新政府が誕生する。この場合、政府承認は明確な法的効果をもたらし、承認を与えた国家と与えられた国家との間に一般国際法上の権利義務関係のみならず、個別の法的関係をも回復させる。そもそも、国際法上、政府の変更に関しては**国家の継続性・同一性の原則**が適用される。違憲の政府変更があっても、国家の法的地位は影響されない。1923年のティノコ事件仲裁判決[5][判例11]が認めたように、旧政府によって締結されていた条約は新政府によってすべて当然に承継されなければならない。

また、違憲的な変更により一国の政府の存在形式が多様で複雑になる場合もある。実効的支配を行う政府と亡命政府の対立、大部分の領域を実効的に支配した中央政府と地方的政府または交戦団体の対抗、かつての東西ドイツ

5　**ティノコ事件**　コスタリカのティノコ政権が英国の会社と締結した石油開発の利権契約を、後継政府が廃棄した。これをめぐって生じた英国との紛争が合意で仲裁に付託された。英国が政府承認をしていなかったティノコ政権の行為の法的効力が焦点となったが、裁判官は、英国は自ら承認していなかった事実上の政府の行為について請求を提起しうると判断した。

や南北ベトナムのような分裂国家に見られる政府の対峙などがこれまでの国家実行において見られた。こうした状況の下では、既存国家は政府承認するかどうか、あるいはいずれの政府を承認するかという政策的な選択に迫られ、しかも承認を行ったとしても政府の変更に伴う法的問題を十分に処理しきれるとはかぎらない。例えば**光華寮事件**[6]（京都地裁昭52・9・16、大阪高裁昭57・4・14、京都地裁差戻し後1審昭61・2・4、大阪高裁差戻し後控訴審昭62・2・26、最高裁平19・3・27）［判例16］では、日本による中華民国政府から中華人民共和国政府への**政府承認の切替え**に関連して、承認の法的意味、承認に伴う政府承継の取り扱いなど多くの複雑な法的問題が生じた。

(2) 政府承認の基準と事実主義

新政府が当該国家の領域全般に対して実効的な支配を行っている場合、政府承認の必要かつ十分な条件が備えられることとなる。これは、実効的支配を基準とする**事実主義**に基づく考えである。領域的支配があるからこそ、政府は国際法上の責任を果たすことができる。この考えは、国家実行において広く受け入れられている。

実効的支配は文字通り領域全部を完全に支配しているということを意味するものではない。領域の大部分を支配下に治めた政権は事実主義の下では政府承認を与えられる資格要件をもつこととなる。そのほか、革命やクーデターで成立した政府が国の一部の領域しか支配できていない場合、伝統的な国際法の下では、**交戦団体の承認**を行う事例が見られた（→1章3(1)）。

もっとも、この実効的支配の承認基準は広く受け入れられてはいるが、否定されたり無視されたりする事例、例えば実効的支配を明らかに確立した政府であっても承認されない事例が多く見られる。その原因は、後に触れる不承認政策のほか、**政府承認の政策性・裁量性**にある。実効的支配を確立した新政府に政府承認を与えることは、国際法上義務ではない。それを行

6　**光華寮事件**　光華寮は、1950年に中華民国が留学生のために購入した学生寮である。1960年代から学生の一部は中華人民共和国政府支持に転向したため、学生に対する明け渡し訴訟が中華民国によって提起された。日本の承認切替えにより中華民国の訴訟資格や政府承継などが問題となった。係争から40年たった2007年3月27日、最高裁は中華民国政府の当事者適格を否定し、大阪高裁判決を破棄した。

うかどうか、どのような基準で行うかはすべて既存国家の個別的な政策判断に委ねられている。これは、結果として政府承認の要件に関してだけでなく、政府承認の意義そのものに関しても理論および実行における対立をもたらした。

(3) 正統主義と政府承認廃止論の展開

事実主義に対抗して、正統性を承認の要件とする**正統主義**は、政府承認制度の形成段階においてすでに示されていた。19世紀のはじめ、フランス革命の影響を受けて、ヨーロッパ各地に民主主義的な革命の機運が広がった。これに対抗して、神聖同盟に参加した諸国家は君主主義的正統性の原則を承認の要件として持ち出し、そうした正統性をもたない革命による政府への承認を拒否する態度をとった。20世紀に入ってからは、革命の頻発する中米諸国において、立憲主義的正統性の原則が主張された。これは、1907年にエクアドル前外相トバールによって提唱されたため、**トバール主義**(Tobar doctrine)とも呼ばれ、立憲主義に反する政権の樹立に対する承認の拒否を呼びかけるものであった。こうした発想は結果的に、米州地域を中心に、**代議制民主主義**に反して誕生した政権を不承認の対象とする、広く認められた実行へとつながった。

また、政府承認の政策性・裁量性や正統主義の影響で、実効的支配を確立した新政府であっても国際的な承認を得ない事態が発生する。承認を得ていないことは、条約の締結、国際機構や公式の外交活動への参加などの面で、国際社会において国家の権限が大きく制約を受けることを意味する。しかも、正統主義は、一定の価値観やイデオロギーを背景にした干渉主義の強い表れでもある。こうした現実は、実行上強い反発を招いた。1930年、メキシコのエストラーダ外相は、**エストラーダ主義**(Estrada doctrine)と呼ばれる政策を公表した。すなわち、政府承認は他国の内政に対する干渉に当たるので、メキシコ政府は今後、政府承認という形を採らず、外交使節の交換という形で政府の変更により生じた問題に対応するというものである。メキシコのほか、承認を明確に行わず外交関係の樹立で新政府の誕生に対応するやり方は、フランス、ベルギーなどの実行においてもみられる。

また、1970年代後半以降、英国は事実主義を基礎とした政府承認政策の変更を表明し、政府承認についての宣言を公式的には行わない立場を明らかにした。また、米国も、正統主義に基づいた承認実行が多くの「承認していない」政府をもたらしたことで、「承認していない」と「是認していない」の混同は国益にとって好ましくない影響があるとして政府承認を公式に行わない政策を打ち出した。ここでの是認は、国際法における政府の代表性に対する承認の意味を有するだけでなく、その国内政策への賛同をも含意するものとして理解されている。こうした政策変更は、国によってその理由が多少異なるが、基本的には2つの考慮に由来する。1つは、エストラーダ主義やそれと共通する諸国の実行から、政府承認を行わなくても外交関係の展開をもって新政府の誕生に伴う法的問題に十分対応できるという実用的な考えが広く認められた結果である。もう1つは、事実主義の行き過ぎに対する反省である。これは、英国の政策変更の最大の理由でもある。英国はそれまで比較的徹底した事実主義の承認政策を採り、実効的支配を確立した政府に承認を与えることをほぼ一貫して実施してきた。こうした承認政策はカンボジアのポル・ポト政権にも適用された。しかし、この承認行為は、ジェノサイドなど国際法の重大な違法行為を犯した当該政府の政策を是認するものではないか、と厳しく批判された。これをきっかけに、1981年、英国政府は政府承認政策の変更に踏み切った。現在、政府承認の宣言を公式に行わないやり方は、多くの国の実行となっている。

政府承認の明示的な宣言を行わない実行は、政府承認制度の終焉を意味しうるが、それによって、かなり硬直的なものになった承認という枠組みを切り捨て、そのかわりに外交関係の展開という柔軟性のある新しい枠組みで新政府の誕生に伴う法的処理を行うこととなる。しかし、今日でも政府承認の存在意義が完全に否定されているわけではない。2011年のリビアにおける政権変更に関しては、フランスをはじめ、多くの国が人権・人道・民主主義といった価値を実現するため、リビアの領域に対する実効的支配をほとんど有していないリビア暫定国民協議会をリビア人民の正当な代表(legitimate representative)として承認し、既存のリビア政府をもはやリビア人民の正当政府として認めない立場を鮮明にした。この承認は人権・人道・民主主義を支えるための法的枠組みの構築に用いられる一方、不承認もまたこれらの法規範に対する重大な違反を犯した政府に向けられたのである。興味深いことに、政府承認を公に宣言しないとしている英国政府も、リビア暫定国民協議会に同様の承認を与えた。同じ文脈で、2012年12月現在内戦が続いているシリアに関しても、英国、フランスおよび中東諸国が、反政府派有力組織のシリア国民評議会に対して同様の承認を与えた。

4. 不承認原則

不承認政策は、1930年代の**満州事変**への対応の過程で生まれたものである。満州への日本の侵攻に対して、米国国務省は、不戦条約の違反を根拠に、そうした違法な侵攻から作り出されたいかなる事態も承認しないという政策を明らかにした。当時の米国の国務長官の名をとって**スチムソン・ドクトリン**と呼ばれる。国際連盟もこれを是認した。このように、不承認政策は、一定の条件の下、ある事態を作り出した行為の合法性に強い懸念がある場合、当該事態は承認されるべきではないとする考えである。「**違法から権利は生まれない**」(*ex injuria jus non oritur*)という法格言にも一定の根拠をもつものである。

不承認は、連盟時代においては、政策性・裁量性をもつものであった。実際、1935年のエチオピアに対するイタリアの占領、1938年のチェコスロバキアに対するドイツの占領、1940年代のフィンランドに対するソ連の違法な併合や領域取得などについては、不承認政策に基づいた対応は有効になされていなかった。

国連の下で、不承認は政策から法的原則に変化した。まず、国連憲章は国家の領土保全に対する武力の行使または威嚇を明確に禁じた。また、不承認は、個別の国家によってなされるのではなく、一定の集権的権限をもつ国際機構によって決定されるものとなった。これによって、不承認は、集権的な法の執行あるいは違法行為への制裁の一環となり、機構の加盟国にとって法的義務を伴うものとなった。国連の場合、不承認は、ほとんどの場合、拘束力のある安保理決議によって決定され、加盟国に対して法的義務を負わせる。この点に関して、1971年のナミビア事件勧告的意見[7][判例75]で、ICJは次

7　**ナミビア事件**　南西アフリカ(後にナミビア)は、第1次大戦後南アを施政国とする国際連盟の

のような見解を示した。ナミビアにおける南アの居座りが違法であると安保理が認定した以上、国連加盟国は、ナミビアにかかわる南アの行為の違法性と無効性を認め、その行為の合法性を含意するようないかなる行動も慎まなければならない義務を負う。

国連憲章その他の国際法に違反する国家の成立と領域の取得に関して、国連の実行上、不承認原則は一貫性をもって適用されてきた(表4-2参照)。例えば、2014年2月の**クリミア**の独立宣言に関して、国連安保理決議をもってクリミアの住民投票を国際法違反と認定する試みはロシアによる拒否権の発動で失敗に終わったことを受け、国連総会は、クリミアの住民投票は無効であり、クリミアのロシアへの編入は違法であるとして、すべての国家および国際機構にクリミアの法的地位の変更を承認しないよう求める決議68/262を採択した。欧米諸国は、力による領域的現状の変更を認めることができないとして、ロシアに対する経済制裁を行った。このように、クリミア問題をめぐる国際社会の対応は、武力行使禁止原則の違反といった重大な違法行為を伴う領域的状態の変更に対抗する法的措置としての不承認原則の存在と適用を確認する重要な事例であるといえる。

また、不承認原則は、国際法に違反しまたは国際法上正当性を欠くような新政府の樹立に関しても適用される。一般国際法上の原則とまではいえないが、地域的レベルでは、代議制民主主義に反したクーデター政権が承認されてはならないという原則が存在する。1991年のハイチや1997年のシエラレオネのクーデターに対する米州機構(OAS)や**西アフリカ経済共同体**(ECOWAS)の対応がその例である。こうした地域機構による不承認の展開は国連にも強く支持され、ハイチに関して国連総会は米州機構の対応を踏まえ、不承認決議を出した(国連総会決議47/20)。シエラレオネに関しては、OAUやECOWASの要請に応じて、国連安保理が軍事政権の政権放棄と民主的に選ばれた政府の復帰を求めた制裁決議を採択した(安保理決議1132(1997))。2021年**ミャンマーの軍事クーデター**に関して、国連は、明確な不承認の呼び

委任統治地域であった。1966年、国連総会が委任統治の終了を決定し、国連に施政権返還を求めたが、南アはこれを無視し続けた。本件は、ナミビアにおける南アの居座りの法的帰結について安保理が勧告的意見をICJに要請したものである。ICJは、南アの居座りは違法であると結論づけた。

表4-2 違法な国家成立等に対する国連安保理の不承認決議

事案	決議	不承認の内容
南ローデシア	216（1965）	違法な少数者政権の不承認要請
	217（1965）	違法な当局の不承認と外交関係の抑制の要請
	277（1970）	違法な政権の不承認と援助提供の抑制の決定 違法な政権のすべての行為の不承認要請
	288（1970）	違法な政権の不承認要請
ナミビア	269（1969）	この領土の代表と称する南アとの関係の抑制の要請
	283（1970）	ナミビア領域に対する南アの権限の不承認要請
南アの バンツースタン	402（1976）	独立トランスカイへの承認の拒否要請の総会決議（31/6A（1975））に賛同
北キプロス	541（1983）	キプロス共和国以外のキプロス人国家の不承認要請
	550（1984）	北キプロス・トルコ共和国の不承認要請
イラクによる クウェート併合	661（1990）	占領国が創設した政権の不承認要請
	662（1990）	併合の不承認と間接承認に当たる行動の抑制の要請

かけは行っていないが、総会決議で総選挙の結果を尊重し、民主化プロセスを回復するよう求め、また総会における加盟国の代表を審査する信任状委員会でクーデター政権側の代表の認証を先延ばししている。また、2021年に米軍の撤退に伴ってアフガニスタンの統治を開始した**タリバン政権**に対して、領域の実効的支配の安定性や人権保護を始めとする国際義務を履行する意思と能力に対する懸念から、ほとんどの国は政府承認を控えている。

これまで不承認は、主に国際法上違法な国家の成立や領域の取得、また政府の違憲的な変更に関連して法的原則として展開されてきたが、今日では一般国際法上の強行規範(→3章7(1)、15章1)との関連で制裁・遵守メカニズムとしての不承認義務の発展にもつながっている。**不承認義務**は、2001年の国家責任条文(→15章1(4))41条において明確に規定されている。

5. 国内裁判における未承認の効果

国内法上、外国やその政府は一定の法的地位をもつ。承認は、2国間関係においてそのような法的地位を新国家・新政府に付与することを意味する。具体的には、裁判所への出訴権、裁判権免除、領域内にある財産に対する所有権、新国家や新政府の法令やその執行行為の効力の承認などがあげられる。

他方で、このような出訴権、裁判権免除、法律の適用などの地位と権利が、**未承認国家・政府**にも認められるかどうかに関しては、諸国の実行は一致しない。かつて、多くの国の国内裁判において、未承認政府は法的に存在しないものとされ、それにかかわるすべての権利、地位が否定されていた。その主たる理由としては、外交の一環としての承認行為について裁判所が自らの判断を示すべきではないという自己抑制の発想があげられる。国家は対外関係に関して統一的な行動をとるべきという考慮である。しかし、未承認国家・未承認政府の法的地位を一切否定するような対応は、現実の問題を処理し切れるものではなかった。

例えば、客観的に事実として存在する新国家・新政府と自国民が取引やその他の民事関係に入っている場合、これらの法律関係を処理する現実的必要が生じる。また、たとえ未承認国家・政府であっても、その国内社会の立法・司法・行政の営みが厳然たる事実として存在し、国際的に影響を及ぼすことがありうる。現実の必要性は事実主義の対応を生み出した。国内裁判所の多くは、行政府の立場を十分に配慮しながらも、次第に、裁判所への出訴権を除き、承認された政府とほぼ同様の地位を未承認政府に与えるようになった。日本においては、**未承認政府の法律の適用**を認めた王京香事件[8]（京都地判昭31・7・7。ただし大阪高判昭37・11・6）や旧特許法にいう外国人の「属スル国」に未承認国家を含めた事例[9]（東京高判昭48・6・5）などがある。

ただし、北朝鮮の著作物に対するベルヌ条約上の保護が問題となったベル

8　**王京香事件**　中国人男性と結婚し、中国国籍を取得し日本国籍を失った王京香の離婚事件。離婚の準拠法はその原因事実の発生当時の夫の本国法（当時の法例16条）である。1956年事件当時、日本は被告の本籍地を支配下に治めた中華人民共和国政府を承認していなかったが、京都地裁は、中華人民共和国の法律の適用を認めた。

9　**東ドイツ商標事件**　東ドイツ法人である原告は、日本のある法人の商標登録の無効を特許庁審判に申請したが、東ドイツが日本に国家として承認されていないことを理由に、商標権保護に関する国家間の相互主義を条件とする旧商標法の適用が否定された。裁判所は、当該法律上の国が外交上承認された国家だけを指すものではないと判断し、日本国民の商標権に対する東ドイツの保護の現実を根拠に、相互主義の要件が満たされたとし、旧商標法の適用を認めた。

ヌ条約事件[10][判例14]（東京地判平19・12・14、知財高判平20・12・24、最判平23・12・8）では、未承認国家の北朝鮮に関して、「文学的及び美術的著作物の保護に関するベルヌ条約」の適用が否定された。この事件に関しては、未承認国との間における多数国間条約上の権利義務関係の発生につき、普遍的な価値を有する一般国際法上の義務でなければ適用しないことが可能とされたが、そうした取り扱いをした理由は、十分に説明されていないとする批判がある。

政府承認を明示的に宣言しない今日、裁判所は、行政府が未承認政府との間にどのような性格の関係をもっているかを自らの権限で判断した上で、未承認政府の裁判上の法的地位を確定することとなる。しかし、国内裁判における未承認の問題には、裁判所の権限の範囲内では処理しきれない側面があり、行政府の対外的立場、特に国家としての国際的義務に適切な配慮を払う必要がある。これに関して、承認の切替えにより、中華民国政府は日本における中国の代表権を失ったため、中華民国の名義で開始された訴訟はもはや維持できないと判示した光華寮事件の最高裁判決は一定の示唆を与えるものである。

6. 国家承継

(1) 領域変更と国家承継

領域の変更によって生じるもう1つの法的な問題は、**国家承継**である。国家承継とは、領域の国際関係についての責任の一国から他国への引継ぎであり、領域主権の変更に伴って、かつて当該領域に適用されていた**先行国**の国際法上の権利義務が、領域を取得した国家あるいは新国家（**承継国**）に移転されるかどうかに関する法的処理を意味する。国家承継に関する法は、こういった法的処理の原則、規則および手続を定め、**領域変更の類型**と承継の対象事

10　**ベルヌ条約事件**　北朝鮮の映画作品が事前の許諾なく日本のテレビ放送によって一部放送されたことで、作品の著作権をもつ北朝鮮の行政機関と日本の配給会社から提起された訴訟である。東京地裁は、未承認国家との間においては、普遍的な国際公益の実現を目的とする条約を除き、多数国間条約に基づく権利義務関係が生じないと判断した。控訴審の知財高裁は同様な結論をだす一方、民法の不法行為に基づく損害賠償を認めた。最高裁は、未承認により我が国は、ベルヌ条約3条1項(a)に基づき北朝鮮の国民の著作物を保護する義務を負うものではないとして、一審原告の上告を棄却するとともに、損害賠償を認めた原審判決を破棄した。

項に対応して展開される。領域変更の類型には国家の合併・併合、分離独立、分裂、**領域割譲**があり、対象事項としては、条約、国家財産、公文書、国の債務などがあげられる。最近では、国家承継と関連する自然人の国籍の問題に人権保護の視点からどのように対応すべきかや、先行国によって犯された国際法上の違法行為責任(→15章2)がどのように受け継がれるべきかという問題も国家承継の課題として意識されるようになっている。

国家承継の法規則に関しては、国連国際法委員会(ILC)の法典化作業を通して1978年に「条約についての国家承継に関するウィーン条約」(**条約承継条約**)、1983年に「国の財産、公文書および債務についての国家承継に関するウィーン条約」(**国家財産等承継条約**)が採択されている。ただし、これらの条約は、非植民地化の過程で生じた国家承継の問題を処理してきた国家実行に偏りすぎる一面をもち、国家承継の一般的な原則、規範を適切に取り入れているとはいえない。条約承継条約は、1996年に発効したものの、締約国数は依然として少数にとどまり、また国家財産等承継条約は未発効である。そのほか、ILCは1999年に「国家承継との関連における自然人の国籍に関する条文草案」を作成し、また、欧州評議会も2006年に「国家承継に関連する無国籍者の防止に関する条約」を採択した。

なお、領域変更を伴う国際機構の加盟国の地位の問題は、国際機構の設立条約の承継に関連するが、一般には加盟申請手続を通して処理される。加盟国としての地位の取得が問題となる場合には、単純な承継としては取り扱われない(条約承継条約4条(a))。これに関連して、国家承継と国家の同一性・継続性の関係を理解する必要がある。国際機構の**加盟国としての地位の引継ぎ**は、国家の法人格にかかわり、その同一性・継続性を前提とするものである。旧ソ連崩壊後、ロシアが国連安保理常任理事国の地位をはじめ、多くの国際機構における加盟国の地位を維持できたのは、ソ連の崩壊は国家の分裂としてではなく、ソ連の国家としての同一性・継続性が維持されている事例あるいは政府の変更として処理されたからである。

(2) 条約の承継

条約は国家間関係を規律する最も重要な国際法の法源の1つであり、批准等によって締約国を拘束する。領域主権の変更に伴って、このような法的関係がどのように処理されるべきかが条約の承継問題である。条約の承継は常に国家承継の中心課題であり、領域の変更に関連する国家にとってだけでなく、国際社会全体にとっての大きな関心事となることも少なくない。条約という国際関係上の責任が承継国に引き継がれるべきかどうかに関しては、承継国と先行国・国際社会は必ずしも同様な立場をとるわけではない。承継国は自国の利益を中心に、条約承継については裁量的・選択的姿勢をとるのが一般的である。これに対して、先行国と国際社会は条約に基づいた国際関係の安定性を強調し、条約の引継ぎに関心をもつ。条約承継の法規範はこのような緊張関係を適切に反映しなければならない。この視点は、条約承継条約に対する評価においても重要な意義をもつ。

条約承継条約は、領域変更の状況に応じて条約の承継に関する次のような規則を設けているが、実行上、これらの規則は規範的役割を果たしたとはいえない。

第1に、領域の一部が他の国に**割譲**されるとき、その領域に適用されていた先行国の条約は、当該領域について効力を失い、かわって領域取得国の諸条約が自動的に拡張適用される(15条)。これは、**条約国境移動の原則**(moving treaty-frontiers rule)と呼ばれ、かかる領域が先行国の条約レジームから離れ、承継国の条約レジームに入ることを意味する。領域の統合を果たした国の法秩序の一体性を維持できることは、この原則の最大の長所である。ドイツの統合においては、領域の一部の割譲ではないにもかかわらず、すぐ後で説明する国家の結合の場合に適用される**継続性の原則**ではなく、この原則が適用された。その結果、東ドイツによって締結された条約は基本的にすべて効力を失うものとされ、連邦ドイツの条約はドイツ全域に拡張適用された。このことは、法秩序の一体性の維持という視点からは理解しやすい。実際、ドイツの統合は、ドイツ連邦による東ドイツの吸収という性格をもつ。

第2に、**国家の結合**(**併合**および**合併**)の場合には、先行国の条約が承継国によって引き継がれるべきであり、いわば**継続性の原則**が適用される(31条)。ただし、条約の適用範囲は制限される。つまり、複数の国が結合して1つの承継国を構成するときは、条約はかつてその条約が効力を有していた先行国の領域に対応する承継国の領域部分についてのみ引き続き効力を有する。承継される条約を承継国の全領域に拡張適用するには、多数国間条約についてはその旨の通告、2国間条約については相手当事国の同意が必要である。ここでは、国家領域全体の法体系の一体性よりも、国際的関心から法関係の安定性・継続性が強調されている。

第3に、**国家の分裂**または**分離独立**の場合にも**継続性の原則**が適用され、基本的に条約の効力の継続が要求される(34条)。つまり、国家の1または2以上の部分が分離して新国家を構成するとき、先行国が引き続き存在するか否かにかかわらず、先行国の全領域について効力を有していた条約は各承継国にも引き続き効力を有する。また、先行国の領域の一部であって承継国となった領域について効力を有していた条約は、その承継国のみについて引き続き効力を有する。ここでは、条約関係の継続が重要な意義をもつ。新国家の誕生であるので、かつての領域に設けられた法的関係がすべて無視されると、既存の国際関係にとって大きな緊張が生じる。

旧ユーゴに関して、条約の承継は、条約承継条約に従って行われるべきであるとされた(旧ユーゴ諸共和国における国家承継に関する仲裁委員会の判断[判例18])。実際、先行国の条約については、承継国の判断に委ねられているものもあるが、基本的に引き続き有効なものとされている(継続性の原則)。しかし、この原則の適用が実際に確保されているというわけではない。人権・人道条約に関してさえ、この規則が機能していないのである。人権条約関連の国際機関および条約実施機関が人権・人道条約の承継を確認するよう繰り返し求めたにもかかわらず、旧ソビエト連邦のすべての承継国は選択的に承継した人道条約のリストを公式に提示した。また、いくつかの条約に関しては、承継国が承継に際して留保を付している。例えば、児童の権利条約に対するスロベニアとボスニアの承継がそうである。そのほか、条約承継条約上、継続性の原則の二国間条約への適用は明確には排除されていないが、実行上は、その適用の確保が困難である。

第4に、いわゆる**新独立国**の場合である。条約承継条約において、「新独立国」とは、かつて従属状態、例えば植民地支配に置かれてきた地域から独立した国を意味する。この場合、条約の継続的な有効性は要求されず、基本的に自決権に対する配慮から、いわゆる「**クリーン・スレートの原則**」が適用される。この原則によれば、新独立国は、先行国の条約についていかなる条約の効力を維持する義務も、またはいかなる条約の当事国になる義務も負わない(16条)。ただ、この原則は、先行国の条約の承継を新独立国が受け入れる実行を決して否定するものではなく、あくまでも従属的関係から独立した国家の基本的権利、すなわち従属的関係の歴史的正当性を否定しそれを断ち切る選択的自由を認めたものに過ぎない。歴史的文脈におけるその機能と限界が適切に評価されるべきである。実行上、**承継協定**を締結し、特定国家との条約関係の原則的承継を定める事例がある(ただし、8条参照)。

第5に、**領域制度に密接に関連する条約**、例えば国境制度にかかわる条約、国際河川の利用に関する条約、越境道路交通に関する条約、中立化地域や非軍事化地域に関する条約などが承継されるべき対象となる。この規則は条約承継条約に反映され(12条)、慣習法の規則の1つともされている。植民地の独立過程で、ウティ・ポシデティスの基本政策を遂行する必要もあって、植民地支配国同士が締結した国境・境界画定条約が一般に承継されている。実際、1985年ギニアビサオとギニアの海洋境界画定事件仲裁判決[11]では、植民地時代に締結された海洋境界画定に関する協定が「ウティ・ポシデティスの原則により両承継国を拘束するものである」と判断された。1990年代初頭に旧東欧諸国で生じた領域変更の際は、国境画定、国境制度、国境地域の開発などに関する条約が承継されるべきとされた。例えば、1992年にオーストリアとスロベニアは交換公文を通して既存の国境条約の有効性を確認した。ドイツの統合の際は、旧東ドイツとポーランドの国境条約によって画定されていた国境線が新たな合意で確認された。チェコスロバキアの分裂に関連した1997年のガブチコボ・ナジマロシュ計画事件判決[12] [判例112]で、ICJは、

11 **海洋境界画定事件** 1886年、フランスとポルトガルは、西アフリカにおけるフランスとポルトガルの属地の境界画定に関する条約を締結した。フランスとポルトガルの植民地支配からそれぞれ独立したギニアとギニア・ビサオとの間で、1980年代、近海における石油開発の必要性から海洋境界画定が課題となった。その過程で、1886年条約が両国間の海洋境界を定めていたかどうかを巡って解釈上の対立が生じた。両国は合意により、当該条約の解釈と海洋境界画定を求めて仲裁裁判に付託した。仲裁判決は当該条約が海洋境界を定めていないとした上で、境界画定を行った。

12 **ガブチコボ・ナジマロシュ計画事件** 1977年にチェコスロバキアとハンガリーが国境沿いの

条約承継条約12条が慣習国際法を反映したものであると確認した上で、国境沿いの河川に発電、洪水対策、航行の改善を目的とするダムの建設・運用に関する条約を、領域的制度を確立したものとみなし、国家承継によって影響を受けないとした。

(3) 財産、公文書、債務の承継

前にも述べたように、国家財産等承継条約はいまだに発効しておらず、とりわけ先進国には不評である。その原因の一つは、新独立国(従属状態から独立した国)の国家財産(15条4項)と債務の承継(38条)に関して**人民の永久的主権原則**の導入をめぐる途上国と先進国の対立に見出される。他方、条約規定の多くは、慣習法の地位を得ているわけではないが、これまでの国家実行を踏まえて作られたものであり、**旧ユーゴの崩壊**や**旧ソビエト連邦の解体**における国家財産等の承継実行に見られるように、具体的な承継事案を検討する際に妥当な規範的基準を提供しており、現段階でも国家財産等の承継に関する適切な規範的表現と解される。

(a) 国家財産の承継

国家財産の承継とは、先行国が所有していた国家財産が承継国に移転されるかどうかに関する問題である。ここでの**国家財産**は、国家承継が行われた時点で先行国がその国内法に従って所有していた財産、権利および利益を意味する(1983年国家財産等承継条約8条)。

承継の基準として、移転すべき国家財産と承継地域との関連性や承継地域の存続可能性があげられる。財産の承継は、一般的に**不動産と動産の承継**が区別される。不動産は領土の一種の附属物であることから、承継国の領域内にあるすべての不動産は、領有権の変更に伴って当然に承継国の所有に帰する。具体的には、病院、学校その他の国有施設などが含まれる。動産の承継は、その流動的性格から財産の所在地を基準にすることが困難であるが、対

河川を共同開発するための協定を締結した。ハンガリーは環境意識の高まりから協定義務を履行しなくなった。条約義務の履行停止や終了が事件の焦点であったが、条約のチェコスロバキアからスロバキアへの承継も問題となった。ICJは、領域的制度にかかわる条約の承継を確認し、環境意識の変化は条約の終了を正当化できるような事情変更ではないと判断した(→3章6(3))。

象となる財産が承継地域における活動に関連しているかどうか、あるいは衡平の原則を基準にして処理される。

国家財産等承継条約においては、領域変更の類型に応じて国家財産の承継に関する規則が定められている。まず、先行国の領域の一部が移転する場合には、先行国の国家財産のうち、承継地域に所在する不動産と、その地域について行われた先行国の活動と関連する動産は承継国に移転する(14条)。分離独立や分裂の場合も基本的にこうした規則が適用されるが、領域との関連性が明らかでない動産の承継は衡平な割合で行われることが要求される(17、18条)。また、承継国が新独立国である場合には、国家財産の所在地いかんにより細かくその扱いが区別される。つまり、承継国に移転される先行国の国家財産としては、承継地域に所在する不動産、承継地域について行われた先行国の活動と関連する動産がまず含まれる。そして、もともと承継地域に所属していて、国家承継が行われた時点でその地域に所在し、かつ従属状態の期間中に先行国の国家財産となった不動産と動産、またそれ以外で財産の形成に従属地域が寄与した不動産と動産も寄与度に応じて承継国に承継される(15条)。そのほか、国家結合の場合、国家財産が新国家に移転される(16条)。

(b) 国の公文書の承継

国の公文書とは、国家承継の日に、先行国の国内法上その国家に属し、かつ公文書として先行国が直接保存しまたはその管理下においたすべての文書である。国の公文書の国家承継についても、別段の合意のないかぎり、国家財産の扱いに準じて承継国への移転が認められる(20条)。

国の公文書は、動産の性格をもつものであるが、図書館や官庁などに保存されている関係で、領域の変更とともに実際の管理・保持者が変更する可能性が大きい。民族の歴史・文化・アイデンティティや国家の政治・外交・政治・文芸などの記録であるため、先行国にとっても承継国にとっても大切な財産であり、承継をめぐる対立も生じやすい。旧ユーゴの崩壊に伴って生じた国の公文書の承継に関しては、ECの資金支援で公文書を複製して配分するという方法で、承継をめぐる対立の解消が図られた。

(c) 国の債務の承継

国の債務とは、先行国が国際法に従って他の国家、国際機構またはその他の国際法主体に対して負っている財政上の義務をいう(33条)。先行国の対外債務が承継国に承継されるかどうかについて、国家財産等承継条約は、主に次のような規則を設けている。

まず、国家の領域の一部が他国へ割譲される場合は、両国間に別段の合意がないかぎり、国の債務はそれに関連して移転する財産、権利および利益を考慮に入れて、衡平な割合で承継国に移転する(37条)。また、いわゆる新独立国の場合、合意による別段の定めによるものを除き、先行国のいかなる国の債務も新独立国に移転するものではない(38条)。さらに、先行国の一部が分離して承継国を構成する場合、および先行国の領土がいくつかの承継国に分裂する場合には、先行国と承継国の間または承継国相互間に別段の合意がないかぎり、先行国の債務はそれに関連して移転する財産、権利および利益を考慮に入れて、衡平な割合で承継国に移転する(40、41条)。ここでいう衡平の原則は承継国の負担能力などを含めて考慮することを要求する。さらに、国家の結合の場合、国の債務は、債務が財産と同時に移転するという規則に従い承継国に移転する(39条)。

設 問

1. 1933年のモンテビデオ条約第1条を踏まえたうえで、国際法上の国家としての資格要件は現在どのように捉えられているかについて、最近の国家承認事例を勘案しつつ論じなさい。(外専・平23)
2. 現代における新国家の分離独立の条件について論じなさい。(外専・平17)
3. 国家の成立に関して自決権原則がどのような機能をもつかについて論じなさい。
4. 住民の多数意思を反映した領域的実体の分離独立は，人民の自決権の観点からはどのように評価されるか，「内的自決権」と「外的自決権」との区別に触れながら説明しなさい。(国総・平27年、外専・令元改)
5. 国際テロリスト集団が一定の地域を支配するに至った場合、国家として認められるか。国際法上の国家の資格要件に照らして論じなさい。(外専・

平27)

6. 第3国たる既存国家が分離独立を求める領域的実体に国家承認を与えない適法な理由としてどのようなことが考えられるか。国家承認の法的効果に関する学説の対立を踏まえつつ説明しなさい。(国総・平27)
7. クーデターや内戦のような違憲の政府変更に関連して政府承認がどういった要素を考慮に入れて行われているかについて論じなさい。例えば、治安や防衛を外国の軍隊に頼り、国家の領域の一部を支配した政権を政府として承認できるか(新司試・平26改)。
8. 不承認原則について論じなさい。
9. 未承認の外国や外国政府について、国内裁判所はどのような基準に基づいてその法的地位を認定しているかについて論じなさい。
10. 条約の国家承継について論じなさい。(外専・平5)

【参考文献】

田畑茂二郎『国際法における承認の理論』(日本評論新社、1955)

国際法事例研究会『国家承認』(日本国際問題研究所、1983)

同『国交再開・政府承認』(慶應通信、1988)

王志安『国際法における承認』(東信堂、1999)

小川芳彦「条約に関する国家承継条約」『国際法外交雑誌』81巻1号(1982)

森川俊孝「国家の継続性と国家承継」『横浜国際経済法学』4巻2号(1986)

濵本正太郎「武力併合の事実上の承認(1)、(2・完)」『法学論叢』147巻4号(2000)、149巻3号(2001)

酒井啓亘「最近の国家実行における国家承認の撤回について」芹田健太郎ほか編『実証の国際法学の継承――安藤仁介先生追悼』(信山社、2020年)

王志安「分離独立紛争についての思考」『論究ジュリスト』11号(2014)

James Crawford, *The Creation of States in International Law*, 2nd ed. (Oxford UP, 2006)

Mikulas Fabry, *Recognizing States* (Oxford UP, 2010)

John Dugard, *The Secession of States and Their Recognition in the Wake of Kosovo* (Hague Academy of International Law, 2013)

Jean d'Aspremont, "The International Law of Statehood," *Connecticut Journal of International Law*, Vol.29 (2014)

Arman Sarvaria, "Codifying the Law of State Succession: A Futile Endeavour?," *European Journal of International Law*, Vol.27 (2016)

Gëzim Visoka, John Doyle and Edward Newman (eds.), *Routledge Handbook of State Recognition* (Routledge, 2020)

第5章　国家の主権と管轄権

目　次

1. 国家の権利義務

国際法において国家がどのような権利義務をもっているかは、それぞれの国家がどのような条約を結んでいるかによっても違ってくるため、すべての国家について一律に答えることはできない。歴史的には、**啓蒙期自然法思想**に基づいて、自然状態において人間が一定の自然権をもつのと同様に、国家も生来的に一定の基本的権利をもつとして、例えば、独立権、平等権、自己保存権等が挙げられることもあった。

国連ができてまもなく、国連国際法委員会(ILC)が、国連総会決議に基づいて1949年に「国家の権利義務に関する宣言案」を作成し、独立権や不干渉義務等を14ヵ条にまとめたが、国連総会がそれを検討することはなかった。その後、1970年に友好関係宣言が採択され、そこに列挙された7つの原則を、今日的な国家の基本的権利義務を表わすものと見ることもできる。これらの原則のうち、いくつかは別の章で取り上げるため(例えば、武力行使の禁止(→18章1)、紛争の平和的解決原則(→17章1)、自決権(→4章1(2))等)、本章では、国際法上の国家の権利義務の中で、今日においても最も中心的なものであるといわれる**国家の主権**を出発点とし、主権から派生すると見られる国際法上のいくつかの権利義務について、国家の管轄権を中心に取り上げることとする。

表5-1　友好関係宣言と「国家の権利義務に関する宣言案」との比較

友好関係宣言	国家の権利義務に関する宣言案
第1：武力行使禁止原則	1条：独立権
第2：国際紛争の平和的解決原則	2条：管轄権(属地主義)
第3：不干渉原則	3条：不干渉義務
第4：相互協力義務	4条：他国内の内紛扇動禁止義務
第5：人民の同権と自決の原則	5条：平等権
第6：国家の主権平等原則	6条：人権尊重義務
第7：国際義務の誠実履行義務	7条：国際の平和と秩序を脅かさない義務
	8条：国際紛争の平和的解決義務
	9条：武力行使禁止義務
	10条：9条違反国に対する支援禁止義務
	11条：9条違反国による領域取得の不承認義務
	12条：個別的・集団的自衛権
	13条：国際義務の誠実履行義務
	14条：国際法に従った国際関係遂行義務

2. 主　権

(1) 対外主権と対内主権

近代的な主権の概念は、主権を**国家の絶対的かつ永久的な権力**であると主張した16世紀のジャン・ボダンに始まるといわれる。もともとは歴史的、政治的なものである国家の主権概念は、国際法の観点からは、一般に対外主権と対内主権に区別される。

対外主権とは、国家が他の国家や権力主体に服さないという消極的な側面を指し、**国家の独立**といい換えることもできる。これは、**国家平等原則**につながるとともに(→本章3)、他の国家に干渉されず、逆に、干渉してはならないという**不干渉原則**につながるものである(→本章4)。他方で、**対内主権**とは、その領域内の人や物に対して排他的な統治を行うことができるという積極的な側面を指しており、**国家による管轄権の行使**に関わる(→本章5、6)。対内主権には、その領域を使用し、処分する権限も含まれるが、領域使用の管理責任については、8章1(4)を参照。

(2) 条約の締結と主権との関係

国家は主権を有するといっても、そのことは、国家が国際法に服さないということまで意味するものではない。むしろ、常設国際司法裁判所(PCIJ)が1923年のウィンブルドン号事件判決[1][判例20]で述べたように、「国際協定を締結する権利は、国家主権の属性の1つである」。つまり、国家は主権をもつからこそ他の国家と条約を結ぶことができるのであり、それを通じて、その国家の国際法上の権利義務を形作っていくのである。義務を負う条約を結ぶ場合であっても、それが他の国家の意思に服して結ばされたものでなければ(→3章7(1))、**主権をもつ国家の意思に基づく結果**であると考えられる。

もちろん、条約の内容によっては、国家の主権に影響が及ぶ。例えば、外交関係に関する決定を他の国家に委ねる保護条約を結ぶ場合には(→4章1(1)(b))、対外主権が制限されることになり、領域の一部を他の国家に割譲する

1　**ウィンブルドン号事件**　キール運河の自由航行を定めるヴェルサイユ条約を結んだにもかかわらず、ドイツが、中立国としての権利等を理由に、ウィンブルドン号の航行を認めなかったことが争われた事件である。PCIJは、ヴェルサイユ条約の解釈から、ドイツの行為は違法であると判断した。

条約を結ぶ場合には(→8章2(1)(a))、対内主権を行使する領域的範囲が狭くなることになる。併合条約であれば、一方の国家の存在自体がなくなるのであるから、その主権も存在しなくなることはいうまでもない。また、1931年のPCIJドイツ・オーストリア関税同盟事件勧告的意見[2]で問題となったように、経済等の特定の分野における主権(独立)を制限する条約もありうる。

国際法における国家の主権の重要性に照らして、**主権を制限する条約**については、その解釈において特別な考慮が求められるとも考えられる(→3章4)。例えば、ウィンブルドン号事件判決[判例20]でPCIJは、主権を制限する規定は、その文言上の意味を否定することまではできないとしても、疑わしい場合には限定的に解釈すべきであると述べている。

(3) 国際機構の権限と加盟国の主権との関係

主権の制限という観点から注目されてきたのは、国際機構における**多数決での決定**に国家が服するという場合である。典型的には、国連加盟国が安保理の決定に従わなければならないという問題である(国連憲章25条)。この場合、拒否権をもつ常任理事国を別とすれば、国連加盟国は自らの意思に反しても安保理の決定に服することになり、国家の主権と両立するのかどうかが問題になる。

もっとも、このような安全保障分野における主権の制限も、その国際機構の任務や権限を定める条約(国連憲章)を締結するという**国家の意思に基づく結果**であり、その他の条約の場合と本質的な違いはないともいえる。そのような国際機構からの脱退が認められていれば、脱退することによってそのような主権の制限がない状態に戻ることができるが、この点についても一般の条約の場合と同様である。欧州連合と加盟国の主権との関係についても議論があるところである(→7章5)。

---

2 **ドイツ・オーストリア関税同盟事件**　オーストリアがドイツと関税同盟を結成し、共通関税制度を採用することが、自らの独立を害さないという第1次大戦後の条約と両立するかどうかが争われ、PCIJは、オーストリアの独立を害すると判断した。

3. 国家平等原則

(1) 国家平等の意味

国家間には、面積、人口、経済力、軍事力等の面で非常に大きな差がある。他方で、いずれの国家も**対外主権**をもつということは、国家Aは国家Bに服さないことと同時に、国家Bは国家Aに服さないことをも意味することから、国際法上は国家は平等であるという**国家平等原則**が導き出される。友好関係宣言は、「すべての国は主権平等を享受する。すべての国は、経済的、社会的、政治的またはその他の性質の相違にかかわりなく、平等の権利および義務を有し、国際社会の平等の構成員である」としている。国際法における国家平等原則は、3つの意味内容に区別することができる。**国際法の創設における平等、国際法の内容における平等、国際法の適用における平等**である。

(2) 国際法の創設における平等

国家は国際法の創設、とりわけ条約による権利義務の形成において、従来、平等に扱われてきた。例えば、一般に、条約の締結に向けた交渉において、提案や発言の機会が平等に確保されており、条約が多数決によって採択されるときは、1国1票制がとられる。また、主権をもつ国家は、他の国家や権力主体に服さないので、採択された**条約を締結するかどうかを自らの意思で決める自由**も平等に確保されている。

他方で、慣習法を成立させる一般慣行には特別利害関係国の実行が含まれていなければならないとされ(→2章3(3))、すべての国家の実行が平等な重みをもたされているわけではない。また、近年、国連の安保理の決定による国際法の創設(**安保理による国際立法**)とも見られる事態も生じている(→2章5(4))。安保理の構成、意思決定方式、決定の法的効力に照らせば(→7章4)、その場合には、国際法の創設における従来のような意味での国家の平等は当てはまらないことになる。

(3) 国際法の内容における平等

国際法の内容における平等が、国際法上の権利義務がすべての国家について同一であることを意味するとすれば、そのような平等は存在しない。慣習法についてはともかく、条約の場合には、それぞれの国家がどのような条約を締結しているか、あるいは締結していないかによって、国家のもつ権利義務が違ってくるからである。

特定の条約に議論を限定するとしても、必ずしもすべての条約において締約国の権利義務が同一になっているわけではない。外国の領事裁判権を認めたかつての日米修好通商条約は、そのことを確認するための格好の素材であった。今日においても、**締約国の権利義務の内容が異なる条約**は、さまざまな分野において存在する。例えば、国連海洋法条約(→10章8(1))、世界貿易機関(WTO)協定(→14章2(1) (a))、多数国間環境条約(→16章4(3))等において、**途上国について特別な考慮**を払い、異なる扱いを認める規定が置かれているほか、核不拡散条約において核兵器国と非核兵器国とで異なる権利義務が定められている(→18章5(2))。

このように、国際法の内容における国家の平等は、形式的には必ずしも確保されていない。しかし、これらは国家間の実際上の違いや国際社会のさまざまな必要性を条約に反映させたものである。途上国の事情を考慮した条約は、実際上の不平等を解消するために途上国に有利な法的不平等を認めることによって(補償的不平等)、**実質的な意味での国家の平等**を実現しようとするものともいえる。したがって、締約国の権利義務の内容が異なる条約であっても、強制による条約のようなものを別とすれば、上で述べたように(→本章2(2))、主権をもつ複数の国家の意思に基づく結果であると考えられる。

(4) 国際法の適用における平等

国際法が平等に適用されるべきこと、すなわち**法の下における平等**は、国際法が法として妥当している限り、当然に認められるべきものであり、自明の理であるようにも思われる。しかしながら、近代国際法の下では、この意味での平等を享有するのはキリスト教国や**文明国**に限られていた(→1章2(1))。また、かつて、外国人に与えるべき保護(→12章1、15章1(1))の水準について、一定の国際的な標準があるとする国際標準主義と自国民と同等の保護で足りるとする国内標準主義との対立があったが、前者を内容とする国際法が確立していたとして、そのような国際法を平等に適用することは、実際には先進国に有利な結果をもたらすということも確認しておく必要がある。

4. 不干渉原則

(1) 不干渉の義務

国家が主権をもち、他の国家に服さないということは、いい換えれば、国家は他の国家に干渉されないということである。そこから、国家は他の国家に干渉してはならないという不干渉の義務が導き出される。このような不干渉原則の存在自体については争いはないが、問題は、他の国家の「何」に干渉してはならないのか、また、そこでの「干渉」とはどのようなものかである。

(2) 国内管轄事項の範囲

国際司法裁判所(ICJ)は1986年のニカラグア事件本案判決[3][判例157]において、国家は他の国家の**国内または対外の事項**に干渉することが禁止されるとし、「禁止される干渉は、国家主権の原則によりそれぞれの国家が自由に決定することが認められている事項に関連するものでなければならない」と述べた。これは、主権の消極的な側面(**対外主権**)から導き出される不干渉原則が、主権の積極的な側面(**対内主権**)とも密接な関連をもっていることを示している。このような不干渉原則の対象となり、干渉が禁止される「国内または対外の事項」は、一般に**国内管轄事項**と呼ばれてきた。「対外」事項といっても、例えば出入国管理や関税の問題は、それを規律する国際法が存在しない限り、それぞれの国家が自由に決定できるものであり、そのような国内管轄事項への干渉が禁止されるのである。

主権に関わる国内管轄事項の典型例としては、国家の領域内の人や物に対してどのような統治を及ぼすか、すなわち、国家の政治的、経済的、文化的、社会的制度の決定を挙げることができる。もっとも、国内管轄事項の具体的な範囲については不明確な部分もあり、また、PCIJが1923年のチュニス・モロッコ国籍法事件勧告的意見[4][判例19]において述べたように、「ある

3　**ニカラグア事件**　ニカラグアが周辺諸国の反政府勢力を軍事的に支援しているとして、米国が、ニカラグアへの経済援助を停止したり、ニカラグアの反政府組織にさまざまな支援を与えたりしたことが争われ、ICJは米国の行為の一部について不干渉原則の違反を認定した。

4　**チュニス・モロッコ国籍法事件**　チュニスとモロッコにおける国籍法(当時これらの保護国で

事項が専ら国家の管轄に属するか否かの問題は、本質的に相対的な問題であり、国際関係の発展に依存する」。これは、直接的には国家間の関係における国内管轄事項ではなく、国際連盟規約における「国際法上専ラ該当事国ノ管轄ニ属スル事項」(→本章4(4))の解釈の文脈でPCIJが述べたことであるが、国家間の不干渉原則の文脈でも当てはまる。

国際関係や国際法の発展に伴って国内管轄事項の範囲が変化する例として挙げられるのが、国籍の問題である(→11章1)。誰にどのような条件で自国の国籍を与えるかは、原則としてそれぞれの国家が自由に決定することが認められているため、基本的には国内管轄事項であり、例えば父系血統主義を採用することには何ら問題がない。他方で、ある国家が、例えば子の国籍に関する男女の平等を定める女子差別撤廃条約を締結するという場合には、少なくとも他の締約国との関係において、国籍の決定についての自由(父系血統主義を採用する自由)が制約され、その限りで国内管轄事項とはいえなくなる。

(3) 干渉となる行為

例えば国内統治に関する国家の政策が国内管轄事項であるといっても、他の国家がその政策を批判するにとどまるような場合には、一般に干渉とはみなされない。干渉となるのは、国家が、ある状態を維持ないし変更するために、その意思を他の国家に対して強制的に押しつけること、すなわち、強制またはその威嚇を背景とした命令的な介入(**命令的干与**)である。

(a) 軍事的行為

今日の国際法によって禁止されている**武力の行使**や**武力による威嚇**(→18章1(4))が干渉に当たることはいうまでもない。その他にも、軍事的な行為は、その強制的な性格から干渉と結びつきやすい。例えば、英国艦隊によるアルバニア領海内での機雷の回収が問題となった1949年のコルフ海峡事件[判例42]において、英国は、裁判上の証拠を確保するための干渉権を主張して

あったフランスが公布)の英国国民への適用をめぐってフランスと英国との間で生じた紛争との関係で、国内管轄事項の範囲が問題となった事件である。PCIJは、国籍の問題は原則として各国の国内管轄事項であるとしつつ、英国がモロッコおよびチュニスと締結した条約の存在等を根拠として、本紛争は国際法上専ら国内管轄事項に属する紛争ではないと判断した。

その行為を正当化しようとしたが、ICJはその主張を斥け、英国によるアルバニアの主権の侵害を認定した。また、ICJは、ニカラグア事件本案判決[判例157]では、他国の政府を転覆する目的をもった武装集団を支援することは他国の国内事項への干渉に当たるとし、米国が資金供与や武器の提供等によってニカラグアの反政府組織の軍事的活動に与えた支援を、不干渉原則の明白な違反であるとした。なお、人道的干渉については18章2(6)を参照。

(b) 非軍事的行為

他方で、非軍事的な行為は、どちらかといえば干渉と結びつきにくい。**外交的庇護**を与えることが領域国の国内管轄事項への干渉に当たるとした1950年のICJ庇護事件判決[判例3A]はあるが(→11章5(3))、他方、ニカラグア事件本案判決でICJは、米国によるニカラグアへの**経済援助の停止**や**禁輸措置**については不干渉原則の違反を認定しなかった。もっとも、とりわけ国家間の経済的、政治的な力の差が大きい国際社会においては、経済的、政治的な行為が強制の要素をもつ場合があることは否定できない。友好関係宣言は経済的、政治的な行為を不干渉原則の中に位置づけ、「いかなる国も、他の国の主権的権利の行使を自国に従属させ、またその国から何らかの利益を得るために、経済的、政治的もしくはその他いかなる形であれ他国を強制する措置を用い、または用いることを奨励してはならない」としている。

また、1989年の万国国際法学会決議「人権の保護と国家の国内事項への不干渉原則」において、国家が、住民の生命や健康が深刻な脅威にさらされている別の国家に対して食糧や医療品の供給を申し出ることは、当該国家の国内事項への違法な干渉とみなされないとされている。同様に、ILCも、災害時において国家が被災国に支援を申し出ることは、被災国の国内事項への干渉とみなされないとしている(2016年「災害時における人の保護に関する条文草案」12条1項のコメンタリー)。

(4) 国連による干渉

干渉は、国家間だけではなく、国家と国際機構との関係においても問題となりうる。この点に関連してしばしば取り上げられるのが国連の場合であり、国連憲章2条7項は、「この憲章のいかなる規定も、本質上いずれかの国の国内管轄権内にある事項に干渉する権限を国際連合に与えるものではな」いと定めている。ただし、「この原則は、7章に基く強制措置の適用を妨げるものではない」ため(2条7項但書き)、ここでの「干渉」を、国家間の不干渉原則におけるように強制またはその威嚇を背景とした命令的干与という意味に解釈するのは適切ではない。「干渉」をそのように解釈した場合、それは憲章7章に基づく強制措置(→18章3(4))として許容されているため、2条7項の存在意義がなくなるからである。したがって、国連が行う討議や勧告も、その対象事項によっては、2条7項で禁止される可能性があることになる。

この点に関して、国連憲章2条7項の前身といえる**国際連盟規約**15条8項では、紛争が「**国際法上専ラ該当事国ノ管轄ニ属スル事項**」について生じたことを当事国が主張し、連盟理事会がこれを是認したときは、連盟理事会はその紛争の解決に関して何らの勧告もしないことが規定されていた。これに対し、**国連憲章**では、「国際法上専ラ」国内管轄に属する事項という表現ではなく、「**本質上」国内管轄権内にある事項**という表現が使われている。したがって、国際法がある程度の規律をしている事項であっても「本質上」は国内管轄権内にあると加盟国が主張することで、国連の不干渉義務の対象が広くなるような規定であった。また、国際連盟規約とは異なり、国連憲章では国内管轄事項について決定する主体が明示されていないため、加盟国自身が決定するという解釈の余地があり、その意味でも、国内管轄事項の範囲は広く理解される可能性があった。

しかし、国連の実行においては、そのようには理解されてきていない。一方で、国内管轄事項であるかどうかは、加盟国ではなく国連の機関が決定するものとされてきた。他方で、例えば植民地問題や基本的人権の大規模な侵害といった問題は、国内統治に関わるものであり、本質上は国内管轄事項と見る余地があるが、関連する一般的規定が国連憲章に存在することや国際の平和と安全を脅かすおそれがあること等を理由に、**国際関心事項**として、憲章2条7項の適用対象に含まれないとする実行が積み重ねられてきた。また、いずれにせよ、国連は最終的には但書きに基づいて強制措置を適用することができることも確認しておく必要がある。

5. 管轄権

(1) 国家の管轄権とその分類

1928年のパルマス島事件仲裁判断[5]［判例36］においてフーバー裁判官は、「国家間の関係においては、主権とは独立を意味する。地球の一部分に関する独立とは、他のいかなる国家をも排除して、そこにおいて国家の機能を行使する権利である」と述べている。ここにも示されているように、国家が**対内主権**をもち、その領域内の人や物に対して排他的な統治を行うことができるということは、ここまで見てきた対外主権(独立)の延長線上にあるものと見ることもできる。そのように国家が人や物に対して**統治を行う権限**を国家の管轄権という。

国家の管轄権は、一般には、法令を制定する**立法管轄権**(規律管轄権)、裁判所が法令を適用する**裁判管轄権**、法令や裁判所の判決を執行する**執行管轄権**に分類される。もっとも、後の2つを執行管轄権としてまとめる分類の仕方もあるほか、前の2つの区別も、とらえ方によっては必ずしも明らかではない。すなわち、一方で、刑法や独占禁止法のような公法の分野で国家が立法管轄権を行使して法令を制定し、特定の行為を規律することと、他方で、私法の分野で国家の裁判所が裁判管轄権を行使して判決を下し、損害賠償の支払等の特定の行為を命ずることとを比べた場合、そこには、国家による管轄権行使の効果という点で質的な違いはないのである。したがって、以下では、国家が執行管轄権を行使する際の前提となる立法管轄権と裁判管轄権をひとまとめにして見ることにする。

(2) 立法管轄権と裁判管轄権

(a) 立法管轄権と裁判管轄権の行使の根拠

国際法が領域性原理を基礎としていることを反映して(→8章1(1))、国家の管轄権は、自国領域内の人や物に対して自国領域で行使されるのが原則である(**属地主義**)。しかしながら、そのことは、国際法上、自国領域外の人や行為を規律する法令を制定し(立法管轄権の行使)、裁判所がそのような法令

5　**パルマス島事件**　当時の米国領フィリピンとオランダ領東インドとの間にあるパルマス島の領有権を両国が争ったもので、仲裁判断でパルマス島はオランダ領の一部であると決定された。

を適用すること（裁判管轄権の行使）は認められないということを意味するものではない。ロチュース号事件[6][判例 2]における PCIJ 判決によれば、自国領域外の人や財産や行為について法を適用し、裁判所が管轄権を行使することは、それを禁止する規則が存在しない限りにおいて、**国家の裁量**に委ねられており、実際、国家はさまざまな根拠に基づいてそのような管轄権を行使している。**国内法の域外適用**とも呼ばれる問題である。

そのような根拠としては、例えば、自国の船舶や航空機内での行為であることを理由とする**旗国主義・登録国主義**、自国の利益を侵害したことを理由とする**保護主義**、自国民による行為であることを理由とする**能動的属人主義**、自国民に対して被害を及ぼしたことを理由とする**受動的属人主義**が挙げられる。自国領域外での行為の効果が自国に及んだことを理由とする**効果主義**は、米国の独占禁止法の域外適用を認めた 1945 年の米国連邦控訴裁アルコア事件判決[7]をきっかけとして議論されてきた。また、このような自国 との関連性がない状況において、国際社会の一般利益がを侵害されしたことを理由として国家が管轄権を行使することもある。**普遍主義**と呼ばれるこの考え方によれば、国際社会を構成するすべての国家に普遍的に管轄権の行使が認められることになる。もっとも、普遍主義に基づくといっても、裁判管轄権を行使することができるのは、欠席裁判をする場合を別とすれば、国際社会の一般利益を侵害したとされる人が自国領域内にいる国家のみである。テロ犯罪についての管轄権の重層化や、普遍主義に基づく管轄権の拡大傾向については、13 章 2 を参照。

近年、よく議論されるのは、サイバー攻撃に対する管轄権行使である。

6 **ロチュース号事件** 公海上でフランス船ロチュース号がトルコ船と衝突し、トルコ人を死亡させたことに関して、トルコがロチュース号の当直士官と船長を逮捕し、刑事裁判にかけたことが国際法に違反するかどうかが争われた事件である。PCIJは、公海上での船舶の衝突事故に関して加害船の旗国にのみ刑事裁判権を認める慣習法は存在しないとして、被害船の旗国（トルコ）にも刑事裁判権を認めた。ただし、その後の公海条約や国連海洋法条約では、PCIJのような立場は否定されている（→10章4（2））。

7 **アルコア事件** アルミの生産を制限するカルテル協定を、カナダやヨーロッパの会社が米国国外において結んだことが、それによって米国へのアルミの輸入が抑制され、米国の独占禁止法に違反するかどうかが争われた事件である。 米国連邦控訴裁は、自国領域外における外国の人や会社の行為であっても、法令が禁じているような効果が自国領域内に及んだ場合には、国家は法令違反の責任を問うことができるとして、独占禁止法の域外適用を認めた。

2001年の「サイバー犯罪に関する条約」では、締約国に対して、コンピューターシステムの妨害等を自国の国内法上の犯罪とするために必要な立法を行うとともに、属地主義や旗国主義・登録国主義、能動的属人主義に基づく裁判管轄権を設定することを義務づけている(22条1項。ただし、一部留保が可能)。もっとも、サイバー犯罪は、伝統的な領域性原理ではとらえにくく、むしろ効果主義や保護主義、普遍主義に基づく国家の管轄権行使によって対応することが必要となろう(サイバー犯罪条約も、締約国が自国の国内法に従って行使する裁判管轄権を排除していない(22条4項))。

ロチュース号事件でPCIJが示唆したような、国家による立法管轄権や裁判管轄権の行使を禁止する規則については、外国やその国家機関に対する管轄権行使の問題を別とすれば(→本章6)、あまり議論されていない。ありうる議論の1つは、独占禁止法等を他国領域で活動する人や会社に適用することが、そのような他国に対する干渉や主権侵害となるかどうかという観点からのものである。例えば、ある行為が国家Aでは合法なものとして認められているが、国家Bでは違法とされる場合に(Yahoo! オークション事件[8][判例28])、国家Bが、その行為を実際上国家Aにおいても行えないように管轄権を行使した結果として、自国の法制度を決定する国家Aの自由を制約することになれば、それは、国際法によって禁止されている国家の管轄権行使に当たる可能性がある。

(b) 日本の法令の域外適用

日本の刑法は、1条1項で「この法律は、日本国内において罪を犯したすべての者に適用する」と定め、属地主義を基本原則としつつ、旗国主義・登録国主義(1条2項)、保護主義(2条)、能動的属人主義(3条)等を通して、日本国外で罪を犯した者にも適用される。**受動的属人主義**については、1907年

8 **Yahoo!オークション事件**　米国にサーバーのあるYahoo!オークションに、ナチ関連物品が出品され、それがフランスにおいてもインターネットを経由してコンピューターの画面上に表示されることに関して、米国ではそのような言論・表現活動が人権として保護を受けるのに対し、フランスではナチ関連物品の陳列が刑法によって禁じられていることが発端となり、フランスとアメリカの裁判所で争われた事件であるが、Yahoo!社がナチ関連物品の出品を受け付けないようにしたことで収束した。

に制定された現行刑法において当初は能動的属人主義と並べて規定されていたが、第2次大戦後の1947年の改正で、**国家主義的性格**が強いという理由で国際協調主義の観点から削除されていた。ところが、公海上のパナマ船内でフィリピン人が日本人を殺害したとされる2002年のタジマ号事件[9]で、当時の日本の刑法を適用して日本で裁判することができなかったことが1つのきっかけとなり、2003年の改正で、**自国民保護**の観点から、3条の2(「この法律は、日本国外において日本国民に対して次に掲げる罪[殺人罪等]を犯した日本国民以外の者に適用する」)が追加され、受動的属人主義に基づく刑法の規定が、対象犯罪を限定した上で復活することになった。

また、従来は、条約が定める自国領域外での犯罪については、**罪刑法定主義**の観点から、条約を締結するたびに新しい法律を制定したり刑法を改正したりする必要があった。1970年の航空機不法奪取防止条約(日本は1971年に批准)と「航空機の強取等の処罰に関する法律」との関係が、その1例である。そのような実務上の煩瑣を解消するために1987年に追加されたのが、刑法4条の2(「この法律は、日本国外において、第2編の罪であって条約により日本国外において犯したときであっても罰すべきものとされているものを犯したすべての者に適用する」)であり、国際テロリズム関係諸条約等がこの規定の対象となっている。ただし、条約が定める犯罪であっても、管轄権の行使が国家の裁量に委ねられている場合には、この規定の対象とはならない。海賊船舶の「拿捕を行った国の裁判所は、科すべき刑罰を決定することができる」と定める国連海洋法条約105条は(→10章4(3))、その1例であり、海賊行為の処罰のために2009年の海賊行為対処法の制定が必要であったのはそのためである。

日本の独占禁止法の域外適用に関する裁判例としては、ブラウン管カルテル事件における最高裁2017(平成29)年12月12日判決がある。最高裁は、「国

9 **タジマ号事件** ペルシャ湾から日本に向かって公海上を航行していたパナマ国籍のタンカー(タジマ号)内において、フィリピン人船員が日本人船員を海に投げ込んで殺害したとされる事件である。タジマ号が日本に入港した後、フィリピン人船員はパナマに引き渡されたが、パナマの裁判所では証拠不十分により無罪となった。パナマへの引渡しの相当性を判断する段階で、タジマ号の実質的な所有者が日本の会社であることを理由として日本の刑法の適用可能性も主張されたが、東京高裁は、タジマ号が便宜置籍船(→10章4(2))であるとしても、それを「日本船舶」(刑法1条2項)に含まれるものと解することはできず、日本では処罰することができないとした(東京高決平14・8・15)。

外で合意されたカルテルであっても、それが我が国の自由競争経済秩序を侵害する場合には、同法の……規定の適用を認めていると解するのが相当である」として、独占禁止法の域外適用を認めた。これは、効果主義に基づく法令の域外適用と捉えることができる。

(3) 執行管轄権

このように、国内法の域外適用が一定の場合に認められている(義務づけられていることもある)とはいっても、そのような法令や裁判所の判決を執行すること(執行管轄権の行使)が、自国領域外でも当然に認められるということにはならない。1927年のロチュース号事件判決[判例2]においてPCIJは、「国際法が国家に課す最も重要な制約は、それと反対の許容規則がない場合には、他の国家の領域におけるあらゆる権限行使を排除するというものである」と述べ、慣習法や条約に基づいて許容される場合を除いて、管轄権を自国領域外で行使することはできないとしている。例えば、アルゼンチンにいた者をイスラエルがアルゼンチンの許可なく自国に連れ去るような行為は、執行管轄権を他国の領域で行使したものであり、明らかに国際法に違反するといえる(1962年イスラエル最高裁アイヒマン裁判判決[判例96])。アイヒマン裁判ほど明白な事例ではないが、日本の裁判例でも、国際法上、駐日ソ連領事官が日本で在日ソ連人に対して禁治産宣告を行う権限は認められていないとしたものがある(ソ連領事官による禁治産宣告事件(東京地判昭63・4・25))。

6. 主権免除(国家免除)

(1) 主権免除の基礎

国家による管轄権行使には、その領域内の人や物に対する場合であっても、国際法上の一定の制約がある。例えば、外交官が接受国において**特権免除**を享有し、その1つとして接受国の裁判管轄権からの免除があることは古くから認められてきた(→6章4)。**外国自身およびその財産**が民事事件において法廷地国の裁判管轄権や執行管轄権から免除されるという主権免除(国家免除)の起源は、それよりも時代が下って、1812年の米国連邦最高裁スクーナー船エクスチェンジ号事件判決[判例22]に求められる。フランスによって公海上で拿捕され、フランス海軍に編入されたという船の返還を原告が求めた民事裁判において、米国連邦最高裁は、**主権者の完全な平等と絶対的な独立の原則**等から外国軍艦の免除を導き出した。

その後、さまざまな国家の国内裁判を通じて、原則として外国やその財産に主権免除を与える実行が積み重ねられてきた。その際、「**人は対等な者に対して支配権をもたない**」という法格言がしばしば援用された。これは、国家平等原則から主権免除を導き出そうとするものである。しかし、国家平等原則は、国家が相互に管轄権を行使し合うという主権免除の否定とも結びつけることができるため、この原則が主権免除の理論的な基礎となりうるかどうかについては、学説上は否定的な立場も見られる。

なお、主権免除と関連はするが区別されるものとして、米国や英国の裁判例で認められてきた**国家行為理論**がある。これは、私人間の裁判において外国の行為の効力が問題となった場合に、裁判所はそれについて判断しないとするものである。国家行為理論は、国際法上の原則とは言えないが、日本の裁判例でも、イランの石油国有化法の効力について日本の裁判所は審理できないとしたものがある(アングロ・イラニアン石油会社対出光興産事件(東京高判昭28・9・11)[判例 71B])。

(2) 絶対免除主義と制限免除主義

主権免除についての議論の中心は、どのような場合に外国に裁判管轄権からの免除が与えられるか、あるいは与えられないかという点にある。かつては、例えば米国や英国において、外国が主権免除を放棄した場合や法廷地国にある不動産に関する裁判の場合のみを主権免除の例外とする**絶対免除主義**の立場が採られることもあった。他方で、既に 19 世紀からイタリアやベルギーでは、外国のさまざまな行為のうち、**主権行為**(*acta jure imperii*)についてのみ主権免除を与え、**業務管理行為**(*acta jure gestionis*)については主権免除を与えない**制限免除主義**(相対免除主義)の立場が採られていた。20 世紀に入って、国家の活動範囲が広がり、国家自身が私人や私企業と同様に経済活動を行うことが増え、そのような行為についてまで主権免除を与えることは私人と比べて不公平であり、取引の安全を害するとして、制限免除主義を採る国家が増えることとなった。米国や英国が1970年代に制定したような主権免除に関する国内法(これらはいずれも制限免除主義を採用している)をもつかどうかにかかわらず、今日においてなお絶対免除主義を採用する国家はほとんど見られない。

制限免除主義を採用する場合には、主権行為と業務管理行為とを区別する必要があり、裁判で問題となっている外国の行為の目的を基準とする**行為目的説**や行為の性質を基準とする**行為性質説**等が主張されてきた。国家が軍隊のために靴を購入するという行為を例にとれば、行為目的説に従えば主権行為とみなされ、行為性質説に従えば業務管理行為とみなされるという違いがある。ここからも窺えるように、国家の行為は究極的にはすべて主権的な目的で行われるともいえるため、行為目的説に対しては、絶対免除主義と変わらない結果になりかねないとして批判が強い。もっとも、行為性質説に従えば一義的に答えが導き出せるというわけでもない。

いずれにせよ、外国に裁判管轄権からの免除が与えられない場合には、法廷地国の裁判所が裁判管轄権を行使して下した判決の執行という問題が生ずることになる。外国のどのような財産が執行管轄権から免除されるかという**執行免除**の問題についても、諸国が採る立場には違いがあるが、今日においては、裁判権免除の場合と同様に、外国が主権行為のために使用している財産についてのみ執行免除を与える立場が一般的になっている。もっとも、法廷地国にある外国名義の銀行預金のように、それが主権行為のために使用されているかどうかの判断が難しい場合もある。このように客観的な評価が困難ないし不可能な場合には、当該外国による評価を尊重せざるをえないであろう。

(3) 国連国家免除条約

主権免除について、これまで諸国の国内裁判所は、主に慣習法あるいはそれを背景に制定された国内法に照らして判断をしてきた。他方で、ILCの作業に基づいて、2004年に国連国家免除条約が採択されている。制限免除主義に基づくこの条約は未発効であるが、慣習法の認定についての近年の傾向からすれば、この条約の内容が慣習法を反映したものとみなされていく可能性もある。

この条約では、一方で原則としての主権免除を規定し、他方で**主権免除を援用できない場合**を列挙する方式が採用されている。裁判権免除を援用できない場合として挙げられているのは、免除を放棄した場合(7条)の他、例えば、**商業的取引**(10条)、**雇用契約**(11条)、法廷地国における**身体の傷害**および財産の損傷(12条)、知的財産(14条)に関する裁判である。商業的取引かどうかを判断する基準としては、**行為性質説を原則**としつつ、一定の場合には目的も考慮すべきであるとしている(2条2項)。また、執行免除については、商業目的のために使用されている財産等を除いて外国の財産は判決後の強制措置から免除されることを定めるとともに(19条)、商業目的の財産とはみなさない特定の部類の財産を列挙している(21条1項。例えば、外交使節団の任務の遂行に当たって使用されている銀行預金や軍事的性質の財産)。

(4) 主権免除の今日的争点

私人が国内裁判所で外国に対する訴えを取り上げてもらうことができないことを意味する主権免除に対しては批判も強く、原則として主権免除の廃止を唱える学説もかつて存在した。近年では、他の国際法規則との関係で主権免除に疑問が出されることもある。国際法における**強行規範**概念(→3章7(1)(c))が広まるとともに、例えば1994年の米国連邦控訴裁プリンツ事件判決[10][判例27]や2000年および2002年のギリシャの裁判所によるギリシャ国民の対独損害賠償請求事件判決(ディストモ村事件ほか)[11][判例170]において、強行規範に違反するような行為についても主権免除が与えられるかどうかが争われた。また、2001年の欧州人権裁判所判決のように、人権条約が保障する**公正な裁判を受ける権利**と主権免除は両立するのかどうかが問題となった事件もある(アル・アドサニ事件[12])。

10 **プリンツ事件** ユダヤ人であるプリンツが、第2次大戦中に強制収容所で受けた損害の賠償を求めて米国の裁判所でドイツを訴えた事件である。米国連邦控訴裁は主権免除を与えた。

11 **ギリシャ国民の対独損害賠償請求事件** 第2次大戦中のドイツ占領軍によるギリシャ国民の殺害について、被害者の遺族が賠償を求めてギリシャの裁判所でドイツを訴えた一連の事件である。2000年の最高裁判決は主権免除を否定したが(ディストモ村事件)、2002年の特別最高裁判決は主権免除を与えた(リドリキ村事件)。

12 **アル・アドサニ事件** クウェートに対して拷問による損害の賠償を求めたアル・アドサニの訴えを、英国の裁判所が主権免除を理由に斥けたことが問題となった事件である。欧州人権裁

2004年のイタリア破毀院フェッリーニ事件判決が、第2次大戦中のドイツ軍によるイタリアからドイツへの追放やドイツでの強制労働に関する裁判において、強行規範概念等を援用してドイツの主権免除を否定したことが、ICJで争われることになった。2012年の**国家の裁判権免除事件**判決[判例26]において、ICJは、国連国家免除条約12条が定めるような法廷地国での不法行為に関する主権免除の例外が、外国の主権行為にも適用されるかどうかについては答えを留保しつつ、武力紛争時の**外国軍隊による行為**に関しては現在も慣習法上は主権免除を与えなければならないとした。ドイツによる国際人権法等の違反が重大であることや強行規範違反であること、また、被害者にとって他に救済手段がないことを理由として主権免除の否定を正当化しようとするイタリアの主張もICJは斥け、イタリアの裁判所によるドイツの主権免除の否定を慣習法違反であると認定した。

(5) 日本と主権免除の関わり

主権免除に関する日本の裁判例の出発点となったのが、中華民国に対する約束手形金請求為替訴訟事件における大審院1928(昭和3)年12月28日決定[判例23]である。この事件で大審院は、**絶対免除主義**を採用しただけでなく、外国が主権免除を放棄するためには国家間の合意が必要であり、私人と外国との間の協定による放棄は認めないとして、原告の訴えを斥けた。この決定は、長きにわたって日本のリーディング・ケースとしての地位を占めることとなったが、多くの国家で制限免除主義が採用されていく中で、判例変更の機会が待たれていた。

そのきっかけを与えたのが、米国を被告とする横田基地夜間飛行差止請求事件[判例(第2版)22]である。この事件は、在日米軍の地位協定の問題と見ることもできたが(→6章7)、最高裁2002(平成14)年4月12日判決は慣習法の問題として扱った。結論として最高裁は、米軍機の離発着は主権行為であるとして主権免除を与えたが、制限免除主義を採る諸外国の国家実行にあえて言及したことから、この判決は大審院決定を実質的に変更したものと理解すべきであるともいわれた。

判所は、公正な裁判を受ける権利の侵害を認めなかった。

その後、明示的な判例変更を行ったのが、**パキスタン貸金請求事件**における最高裁2006(平成18)年7月21日判決[判例25]である。原告が契約に基づいてパキスタンに売り渡したコンピューター代金の支払いが問題となったこの事件で最高裁は、「外国国家は、その私法的ないし業務管理的な行為については、我が国による民事裁判権の行使が当該外国国家の主権を侵害するおそれがあるなど特段の事情がない限り、我が国の民事裁判権から免除されないと解するのが相当である」として、**制限免除主義**を採用した。主権行為と業務管理行為との区別の基準については、問題の行為が、「その性質上、私人でも行うことが可能な商業取引であるから、その目的のいかんにかかわらず、私法的ないし業務管理的な行為に当たるというべきである」として、特段の事情の考慮を別とすれば、基本的には**行為性質説**の立場を採った。また、外国は私人との間の書面による契約で主権免除を放棄できるとしたことも、大審院決定からの変更点である。

この最高裁判決後、国連国家免除条約に準拠した**対外国民事裁判権法**が2009年に公布され、2010年4月から施行されている。この法律の下、日本の裁判所における主権免除の問題は、国連国家免除条約の発効を待たずに(日本は2010年5月に受諾)、また、当該外国が締約国であるかどうかにかかわらず、おおむねこの条約の内容に則した判断がなされることになる(対外国民事裁判権法には、「商業的取引」の判断基準について特段の規定は置かれていない)。この法律を適用した裁判例として、対中国新型コロナ損害賠償請求事件(東京地判令2・9・11)[13]がある。

また、外国の裁判所で日本を被告とする民事裁判が起こされ、日本に主権免除が与えられるかどうかが争われた事例もある。やや古いものでは、第2次大戦中に上海で日本軍によって財産が奪われたと主張するイタリア人が賠償を求めたフェデリチ事件において、1968年のローマ裁判所判決が、日本

---

13 **対中国新型コロナ損害賠償請求事件** 2020年7月の東京都知事選挙に立候補した者が、中国が新型コロナ発生についての発表等を怠ったとして、感染拡大に伴う政治活動への制約によって被った精神的損害の賠償を求めて中国を訴えた事件である。対外国民事裁判権法は、日本国内で行われた外国の行為による人の傷害等について賠償を求める裁判において外国に主権免除が与えられないと定めているが(10条)、東京地裁は、精神的苦痛は同条にいう「傷害」には当たらず、中国の行為が日本国内で行われたわけでもないとして、主権免除を与えた。

軍の行為が主権的行為であることを理由として日本に主権免除を与えている。より最近では、韓国人による戦後補償裁判（→20章5(2)）の一環として、元慰安婦によって韓国の裁判所で日本を被告とする民事裁判が起こされているが、第1審であるソウル中央地方法院の主権免除に関する判断は分かれている（なお、日本は韓国での裁判手続には出廷していない）。2021年1月8日の判決は、朝鮮半島が戦場ではなかったこと等を理由として、2012年のICJ国家の裁判権免除事件判決[判例26]とは異なり、日本に主権免除は与えられないとしたが、同年4月21日の判決は（原告および裁判官の構成は異なる）、一転して、問題とされている行為はICJがいう「武力紛争時の外国軍隊による行為」に当たるとして、国際法上、日本に主権免除が与えられると判断した（原告は上訴している）。

設　問

1. 国家平等原則について、国家の主権との関係を踏まえて、論じなさい。
2. 現代国際法における国家間の不干渉原則について論じなさい。
3. 国連による国内管轄事項への干渉について、国際連盟の場合と比較して論じなさい。
4. 在外自国民に対する国家管轄権の国際法上の限界について論じなさい。（外専・平16）
5. 国家による刑事管轄権行使の根拠について論じなさい。（国総・平29改）
6. 日本の法令の域外適用について、国際法の観点から論じなさい。
7. 主権免除に関する国際法上の規則の歴史的展開について論じなさい。（外専・平24）
8. 外国が主権免除を放棄する方法および執行免除が与えられる外国の財産について論じなさい。（新司試・令2改）
9. 主権免除と国家行為理論との異同について論じなさい。

【参考文献】

田畑茂二郎『国家平等思想の史的系譜』（同文書院、1958）
村瀬信也・奥脇直也編集代表『国家管轄権』（勁草書房、1998）
水島朋則『主権免除の国際法』（名古屋大学出版会、2012）
松田竹男「現代国際法と内政不干渉の原則（上）（下）」『科学と思想』53号、54号（1984）
位田隆一「開発の国際法における発展途上国の法的地位」『法学論叢』116巻1～6号

（1985）
田畑茂二郎「国家主権観念の現代的意義」『現代国際法の課題』（東信堂、1991）
藤田久一「主権的自由の圧縮」『岩波講座 現代の法 2　国際社会と法』（岩波書店、1997）
小寺彰「独禁法の域外適用・域外執行をめぐる最近の動向」『ジュリスト』1254 号（2003）
Hazel Fox and Philippa Webb, *The Law of State Immunity*, Revised and updated 3rd ed. (Oxford UP, 2015)
Stephen Allen et al. (eds.), *The Oxford Handbook of Jurisdiction in International Law* (Oxford UP, 2019)

第6章　国家機関

目　次

1. 特権免除の対象となる国家機関とそれを規律する国際法

一般に、外国人は滞在先の外国においてその国の領域主権に服し、その国の法令の適用を受ける。しかし、一国の国内法によって国家機関の地位が付与されている者のなかには、その者が外国に滞在中に、滞在国から特別の保護(**特権**)を与えられたり、当該外国の管轄権の行使を免除(**免除**)されることがある。外交官や領事官といった人々である。最初に、このような人々の種別と、**特権免除**の根拠などについてまとめておこう。

なお、他章で取り扱われている問題との関係で、つぎの2点について触れておく。第1に、理論的にいえば、国家機関の行為は国の行為として、また、国家機関の財産は国の財産として、**主権免除**(→5章6)に関する国際法の規律を受けるといえる。ただ、本章で取り扱う種々の国家機関については、その地位が、慣習法で確立していたり、2国間条約や多数国間条約で定められたりしているものがある。そのような場合には、特別法としての当該条約や、適用範囲がより特定されているそれらの者についての慣習法が優先的に適用される。第2に、本章で取り扱う国家機関の特権免除は、国家機関の滞在先である外国(接受国など)の行政機関や司法機関などの管轄権に服することはないということであり、当該国家機関の自国がその法令に基づいて裁判権を行使することなどを妨げるものではない。また、当該国家機関の行為が、国際刑事裁判所(ICC)が裁判管轄権を有する犯罪を構成する場合には、当該行為に関する刑事責任から免除されることはなく(ICC規程27条)、同裁判所により有罪判決を受け、その判決が執行されることがあり得る(→13章4)。

(1) 外交使節団・国家代表

国は、外交関係の処理のため、従来から**外交使節**を派遣し、これを受け入れてきた。大使などとよばれる人々である。外交使節には、外国に常駐し、日常的に外交関係を処理する**常置使節**と、特定の目的をもって一時的に外国に派遣される**特別使節**がある。

常置使節の相互派遣の歴史は、13世紀のイタリアの都市国家間にはじまり、その後、欧州各国に広まった。情報や人の往来が容易となった今日でも、国家間関係は常駐使節を抜きにして考えられない。常置使節は、外国に常駐してその任務を遂行するため、古くからその地位に関する慣習法が形成されてきた。1961年の「外交関係に関するウィーン条約」(外交関係条約。以下、外交)は、主にそのような慣習法を法典化したものである。同条約では、常置使節は「(外交)**使節団の長**」とよばれる。

特別使節には、条約の締結などの政治的任務を帯びて外国に派遣されるもの(**事務使節**)と、祝典や葬儀などの儀礼の目的のために外国に派遣されるもの(**儀礼使節**)がある。特別使節は外国に常駐するものではないため、その地位は必ずしも明らかではなかった。しかし、1969年に「特別使節団に関する条約」(特別使節団条約)が採択されている。同条約にいう「**特別使節団**」とは、特定の問題を処理し、またはそれとの関係で特定の任務を遂行する目的をもって派遣される一時的な使節団とされる。特別使節団は、派遣先の外国の同意を得て派遣され、一国を代表する資格を有する(1条(a))。

今日では国際機構も多数国間の外交の場として重要である。国は、国際機構において自国を代表するために当該機構の所在地などに常駐する使節団を派遣し、また、当該機構の内部機関やそれが開催する会議に代表団を派遣している。**国際機構に派遣される国家代表**などの地位を定めるものとして、1975年に採択された「普遍的な性格をもつ国際機構との関係における国家代表に関するウィーン条約」(普遍的国際機構国家代表条約)がある(未発効)。この条約にいう「普遍的な性格をもつ国際機構」とは、国連やその専門機関、国際原子力機関などの世界的規模をもつ国際機構である(1条1項(2))。また、この条約が適用されるものは、普遍的国際機構と当該機構が開催する国際会議に派遣される国家代表である(2条1項)。特別使節団条約と普遍的国際機構国家代表条約は、いずれも外交関係条約をモデルとして作成されたものであり、その内容も外交関係条約と類似している。

(2) 領事機関

総領事や**領事**などとよばれる人々は、外交使節と同様に外国に常駐し、その任務を遂行する。領事制度の歴史も古く、十字軍の時代にその原型がみられる。当時の領事の任務は、外国に所在する自国民相互間の商業上の紛争を裁判することであった(**領事裁判制度**)。しかし、領事裁判は、領域主権が確立するとともに認められなくなり、現在では、その主たる任務は、自国民の商業上の利益の保護と自国民のための行政事務の遂行である。

今日においてその地位を広く規律しているのは1963年の「領事関係に関するウィーン条約」(領事関係条約。以下、領事)である。そこでは、総領事や領事などは「**領事機関の長**」と称されている。

(3) 国家元首・政府の長・外務大臣

国家元首や**政府の長**、**外務大臣**は、自国を代表する資格をもち、かつ、国内における職務上の地位は外交官や領事官よりも上位にある。したがって、これらの者は、少なくとも外交官や領事官が享有する特権免除を享有すると考えることが合理的である。もっとも、これらの者の国際法上の地位は明らかではない。それが特別使節に該当する場合には特別使節団条約が、普遍的な国際機構に派遣される場合には普遍的国際機構国家代表条約が関係する。なお、2002年の国際司法裁判所(ICJ)逮捕状事件判決[1][判例104]は、外務大臣の不可侵権および刑事裁判権からの免除について検討している(→本章6(1))。

(4) 外国の軍艦・軍用航空機・軍隊

外国の**軍艦**、**軍用航空機**および**軍隊**も特権免除を有するとされる。**軍艦**については慣習法がある程度形成されているとされるが、**軍用航空機**については必ずしも明確ではない。**外国の軍隊**の慣習法上の地位は不明確であるが、その地位は、軍隊の派遣国・国際機構(NATOなど)と、軍隊受入国との間の協定によるのが通常である。日本には、**日米安全保障条約**に基づいて米軍が駐留しているが、その地位を定めるのは、**日米地位協定**である。

2. 外交関係と領事関係

(1) 外交関係および領事関係の開設

国家間の関係の設定は、**国家承認**、**外交関係の開設**および**常駐の使節団の設置**というように進行する。通常はこれら3つの行為が同時か短期間のうちに

1　注6参照。

行われるが、法的には、これらは別個の行為である。国家承認は、国家の一方的行為であるのに対して、外交関係の開設と使節団の設置は、それぞれ関係国間の合意による。つまり、国家承認は、外交関係の開設の同意を意味せず、また、外交関係の開設の合意は、使節団の設置の同意を意味しない(外交3条)。

領事関係の開設も相互の同意による(領事2条1項)。ただし、外交関係の開設の同意は、別段の意思表示がない限り、領事関係の開設の同意をも意味する(領事2条2項)。他方、外交関係の断絶は、領事関係の断絶をもたらすものではなく(領事2条3項)、領事関係のみが存続する場合もある。

(2) 外交使節団および領事機関の構成

(a) 外交使節団の構成

接受国政府との交渉などの外交上の任務を遂行するのが**外交使節団**である。「**使節団の構成員**」は、派遣国が雇用する者であり、「**使節団の長**」と「**使節団の職員**」からなる。また、使節団の職員は、「**外交職員**」、「**事務及び技術職員**」(事務技術職員)および「**役務職員**」からなる。使節団の長と外交職員が「**外交官**」の身分をもつ。事務技術職員は、「使節団の事務的業務又は技術的業務」を遂行する者であり(文書・会計・庶務の担当者や通訳、タイピストなど)、役務職員は、「使節団の役務」を遂行する者である(受付係や運転手など)。その他、使節団の構成員が個人的に雇用する者として「**個人的使用人**」があり、これは、「使節団の構成員の家事に従事する者」(家事従事者や家庭教師など)である(外交1条(a)～(h)、図6-1参照)。

使節団の長には3種の階級がある。①大使(またはローマ法王の大使)、②公使(およびローマ法王の公使)および③代理公使である。これらの階級は、その

図6-1　外交使節団の構成

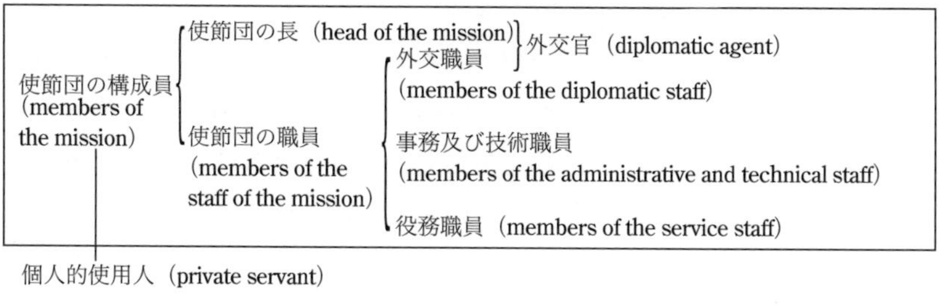

派遣先(大使および公使は接受国の元首に、代理公使は接受国の外務大臣にそれぞれ派遣)と、席次・儀礼を除いて、それが享有する地位に影響はない(外交14条1項、2項)。使節団の長をいかなる階級の者とするかは、関係国の同意による(外交15条)。

(b) 領事機関の構成

領事任務を遂行する領事機関も、ほぼ同様に構成される(領事1条(c)～(i))。事務技術職員と役務職員を除く領事機関の職員である領事官には、「**本務領事官**」と「**名誉領事官**」という2種類の者がある。本務領事官は、領事任務の遂行を本務として、それを遂行するために派遣国から派遣される者である。名誉領事官は、領事任務の遂行が本務ではなく、派遣国から領事任務の遂行を委嘱される者である(一種の名誉職として、接受国の有力な商工業者が就任する場合が多い)。両者は、その特権免除の範囲が異なる。外交使節団の外交官に相当するのは、本務領事官である。

領事機関の長の階級には、①総領事、②領事、③副領事および④代理領事の4種がある(領事9条1項)。

(c) 使節団の長の派遣、任務の開始および終了

使節団の長の派遣に際しては**アグレマン**の制度がある。派遣国は、使節団の長として派遣しようとする者について接受国のアグレマンが与えられていることを確認しなければならず、接受国は、アグレマンの拒否の理由を示す必要はない(外交4条)。使節団の長は、使節団を統括して外交上の任務を遂行するから、その者に接受国が不信感をもつなどする場合には、派遣国と接受国の2国間関係に影響を及ぼしかねない。そのため、使節団の長については、接受国の受け入れの「同意」を必要とすることとした。

使節団の長は、「自己の信任状を提出した時」または「自己の到着を接受国の外務省に通告し、かつ、自己の信任状の真正な写しを外務省に提出した時」から、接受国における自己の任務を開始することになる(外交13条1項)。

他方、使節団の長の任務の終了は、通常は、本国からの召還によるが、派遣国または接受国の元首の死亡や退位などによる場合もある。接受国の側か

ら使節団の構成員の任務を強制的に終了させる方法として、使節団の長と外交職員(外交官)に対して行われる「**ペルソナ・ノン・グラータ**」と、使節団のその他の職員(事務技術職員と役務職員)に対して行われる「**受け入れ難い者**」の制度がある。両者の手続や効果は同じであるため、「ペルソナ・ノン・グラータ」について説明する。「接受国は、いつでも、理由を示さないで、派遣国に対し、使節団の長若しくは使節団の外交職員である者がペルソナ・ノン・グラータであること……を通告することができる」。この通告を受けた派遣国は、通告対象者を召還するか、その者の任務を終了させる義務がある。この義務が履行されない場合には、「接受国は、その者を使節団の構成員と認めることを拒否することができる」(外交9条)。この通告の結果、その対象者は出国し、または任務が終了し、その者の特権免除も消滅する。そのため、構成員が接受国の刑罰法規に違反する行為をなし、なお接受国に残留するときには、通常の外国人と同様に訴追や追放が可能となる。また、本国への召還後に、外務省を退職するなどして民間人となった者が、当該接受国に入国するようなことがあれば、接受国の法令に従い当該者の訴追や追放ができる。ただし、使節団の構成員の任務遂行行為については、その者の任務が終了し、接受国において享有していた特権免除が消滅した後も、裁判権免除は存続する(外交39条2項)。

(d) 領事機関の長の派遣、任務の開始および終了

領事機関の長は、派遣国が任命し、接受国が任務の遂行を承認する(領事10条1項)。任命と派遣の手続は、各国の国内法令・慣行による(領事10条2項)。長の任務の遂行の承認は、接受国の**認可状**による。接受国は認可状の付与を拒否することもでき、その際、その理由を示す必要はない(領事12条1項、2項)。領事機関の長にはアグレマンの制度はないが、認可状が付与されるまで任務の遂行を開始することができないから(領事12条3項)、長の職務開始を阻止する制度は存在することになる。

領事機関の構成員の任務は、派遣国による任務終了の通告や認可状の撤回などにより終了する(領事25条)が、外交使節団の場合と同様に、領事官について「ペルソナ・ノン・グラータ」の制度が、領事機関の他の職員について「受

け入れ難い者」の制度がある。その手続と効果は外交使節団の場合と同様である（領事23条1項、2項）。

3. 外交使節団と領事機関の任務

(1) 任　務

外交関係条約があげる外交使節団の主な任務は、接受国において派遣国を代表し、接受国政府と交渉することである（外交3条1項。41条2項も参照）。また、外交官は領事機関の任務を遂行することもできる（外交3条2項。領事3条および70条1項も参照）。

他方、領事関係条約があげる領事機関の任務（領事任務）を要約すると、①派遣国およびその国民の利益保護・援助、②派遣国と接受国との友好関係の促進、および③派遣国の行政事務の遂行である（領事5条）。領事機関は外交使節団と異なり、国家を代表する資格はない。また、領事機関は、領事任務を遂行する管轄区域（領事管轄区域）が定められており、接受国当局と交渉する場合でも、当該区域の地方当局に限られるのが原則である（領事38条）。なお、領事官は、一定の条件を満たす場合には、外交活動を遂行することができる（領事17条1項）。

(2) 義　務

外交使節団の構成員は、①**接受国の法令を尊重する義務**、②**国内問題に介入しない義務**（外交41条1項）、③**使節団の公館を、使節団の任務と両立しない方法で使用しない義務**（外交41条1項、3項）を負う。くわえて、外交官は**個人的利得を目的とする職業活動・商業活動を行わない義務**（外交42条）を負う。領事機関の構成員も同様の義務を負う（領事55条、56条、57条1項）

4. 外交特権

(1) 外交特権の意義と分類

外交使節団およびその構成員、個人的使用人は、一般の外国人とは異なる特別の取扱いがなされ、接受国から特別の保護を与えられ（特権）、また、接受国の管轄権行使を免除される（免除）。これらの特権や免除を総称して**外交**

特権という。

外交特権は、外交使節団の特権免除と、外交官その他の職員らの特権免除に大別することができる。また、後者は、不可侵権や裁判権からの免除、行政権からの免除などに分けることができる。

(a) 外交使節団の特権免除

外交関係条約が掲げる外交使節団の特権免除は表6-1の通りである。ここでは、公館の不可侵と通信の自由についていくらかの説明を加えておこう。

第1に**公館の不可侵と特別の保護**について、使節団の公館は不可侵とされるが、その具体的な意味は、使節団の長の同意なしに、接受国の公務員が公館に立ち入ることができないということである。ここに公館とは、「使節団のために使用されている建物又はその一部及びこれに附属する土地(使節団の長の住居であるこれらのものを含む。)をいう」(外交1条(i))。また、接受国は、使節団の公館を侵入・損壊から保護するため、公館の安寧の妨害または公館の威厳の侵害を防止するため適当なすべての措置をとる特別の責務がある。したがって、公館周辺で派遣国に対する抗議デモがある場合には、通常の警備を超える警備が必要となる。

公館の不可侵については、外交的庇護と緊急の必要性がある場合の公館内への立ち入りの可否が問題となる。公館の不可侵の結果、接受国で犯罪行為を行った者が公館に逃げ込んだ場合には、長の同意がない限りその逮捕・連行のために公館内に立ち入ることができず、結果的に公館内でその者が保護されることになる(**外交的庇護**。→11章5)。しかし1950年のICJ庇護事件判決[2][判例3A]によれば、外交的庇護は、一般国際法上認められるものではなく、条約や地域的慣習法に基づく根拠がない限り、違法となる。そうであれば、外交的庇護は、使節団の任務と両立しない公館の使用にあたり、外交関係条約違反となる(外交41条3項)。ただし、実際には、外交公館や領事公館

2　**庇護事件**　ペルーで1948年に発生した軍事反乱(即日鎮圧)の指導者のアヤ・デ・ラ・トーレは、国内に潜伏後、翌年1月にリマのコロンビア大使館に庇護を求め、同大使館はペルー政府に対し同人の安全な出国を求めたが、ペルー政府はこれを拒否し、同人の引渡しを求めた。ICJは、コロンビアが本件庇護付与行為を正当化する国際法の存在を立証していないなどとして、同国の国際法違反を認めた。

において個人が「保護」される事例は稀ではなく、最終的には政治的解決がはかられることも多い(→本章5(1)(a)注5)。

次に、火災や伝染病の発生、公館内部からの銃撃など、**緊急の必要性**のある場合に、使節団の長の同意が得られず、または、これを求める時間的余裕がないときに、接受国の公務員が、長の同意なしに公館内に立ち入ることができるか。外交関係条約には公館の不可侵を制限する規定はないことや、緊急時の例外を明記する領事機関の公館の不可侵の規定(領事31条2項)との対比から、このような場合でも公館内に立ち入ることはできないとする考え方もある。他方、条約の起草過程では、このような場合には長の同意なしに公館への立ち入りも可能とする主張があり、それが否定された事実もないことから、例外規定を置いていないことが、一切の例外を認めない趣旨ではないとする考え方もある[3]。

第2に、公の目的のためにする使節団の通信は自由である。使節団は、本国である派遣国や、派遣国の他の在外公館(使節団・領事機関)との通信手段として**外交封印袋**を用いることがある。外交封印袋とは、簡単にいえば、外交封印袋であることが外部から識別可能な記号を付された、物品運搬・移動用のバッグなどである。外交封印袋には、外交上の書類や公の使用のための物品のみを収めることができるが、そこには外交上の機密書類なども含まれるから、外交封印袋の開封や留置は禁止される(外交27条3項、4項)。ただ、外交封印袋の開封・留置が禁止されることから、接受国で禁止されている薬物を持ち込んだり、持ち出したりする例もある。そのような濫用の場合に接受国がとり得る措置については条約には規定はない。しかし、開封要求と発送地への返送が認められる**領事封印袋**の場合(領事35条3)と異なった取扱いをする理由はない。なお、外交封印袋を運搬する者を**外交伝書使**(いわゆるクーリエ)といい、身体の不可侵(抑留・拘禁の禁止)を享有する(外交27条7項)。

---

3 **在英リビア人民代表部銃撃事件** 1984年、ロンドンのリビア人民代表部(リビア大使館)付近で行われていた、反カダフィ派リビア人(当時のカダフィ政権に反対する立場をとる人々)による平和的デモに際して、代表部の窓から同デモ隊に向けて銃撃があり、10数名が死傷した事件。英国はこの行為を非難し、後日リビアとの外交関係を断絶した。英国の警察官が代表部の敷地内に立ち入ったのは外交関係断絶後であったが、英国外務省の法律顧問は、英国議会において、銃撃が継続し、他の手段による阻止の試みも尽きた場合には、同意なしに代表部公館に立ち入り、銃撃を抑止することもできたかもしれないという趣旨のことを述べている。

(b) 外交使節団の構成員等の特権免除

外交関係条約は、まず、外交官の身分をもつ者について表6-1の特権免除を認める。このうち特に重要な、身体の不可侵と裁判権からの免除についてみておこう。

まず、外交関係条約29条は、外交官の**身体の不可侵**と特別の保護を規定する。第1に、外交官の身体は不可侵であり、これは長期にわたって確立した外交関係法という制度の基盤となるものとされる(1980年のICJ在テヘラン米国大使館事件判決[判例114])。不可侵とは、いかなる方法によっても抑留・

表6-1　外交関係条約における外交特権

	条文	内　容	備　考
外交使節団の特権・免除	20条	国旗及び国章の使用権	
	21条	公館・施設の入手の援助	
	22条	使節団の公館の不可侵と特別の保護	①火災や伝染病の発生などの緊急時に、例外的に長の同意なしに公館に立入ることも認められるかどうかについては、学説上争いがある ②公館の庇護権(外交的庇護権)は認められない(通説。ICJ庇護事件判決)
	23条	公館と長に対する賦課金・租税の免除	特定役務に対する給付などの場所は例外
	24条	使節団の公文書・書類の不可侵	公文書・書類は、公館内の内外を問わず不可侵
	25条	任務遂行のための便宜供与	
	26条	移動・旅行の自由	安全を理由とした法令による立入禁止・規制は可能
	27条	通信の自由	①無線送信機の設置・使用は接受国の同意が必要 ②外交封印袋・伝書使は不可侵
	28条	手数料・料金に対する賦課金・租税の免除	
外交官の特権・免除	29条	身体の不可侵と保護	①外交官による犯罪や不法行為の防止のための一時的拘束や外交官に対する正当防衛は認められる ②外交官等保護条約も参照
	30条	個人的住居・個人的書類・通信・財産の不可侵	
	31条	裁判権からの免除 証人としての証言の免除	①刑事裁判権は絶対的な免除、民事・行政裁判権は接受国領域内の不動産に関する訴訟などを除き免除 ②派遣国による裁判権免除の明示的放棄は可能。ただし、判決の執行のためには執行免除の放棄が必要(32条)
	33条	社会保障規程の適用の免除	
	34条	賦課金・租税の免除	
	35条	役務・徴発・軍事的義務の免除	
	36条	税関・手荷物検査の免除	

拘禁することができないことを意味する(29条1文)。その結果、例えば、外交官を犯罪の容疑で逮捕することはできない。条約には例外規定はない。しかし、例えば、泥酔状態にある外交官を保護するために留置することや、自己および他人に危害を加えることを抑止するために外交官の身体の自由を奪うことは可能である。しかし、抑留・拘禁の理由や必要性がなくなった場合には、ただちに身体の拘束を解かなければならない。第2に、外交官には、その地位に相応する取扱いをする必要があり、その身体・自由・尊厳の侵害を防止する措置がとられなければならない。なお、外交官をはじめ、国家元首・政府の長・外務大臣などの生命・身体の保護のための条約として、1973年の「国際的に保護されるもの(外交官を含む。)に対する犯罪の防止及び処罰に関する条約」(外交官等保護条約)がある。

次に、外交官に対する**裁判権免除**についてである。外交官は、接受国の刑事裁判権、民事裁判権および行政裁判権から免除される。刑事裁判権免除はいかなる例外もない絶対的な免除であるが、民事・行政裁判権免除には一定の例外が認められる。個人として所有する不動産や遺言関係者としての地位に基づく訴訟や、公務範囲外で行う職業活動・商業活動に関する訴訟がそれである。もっとも、このうち職業活動・商業活動に関する訴訟については、外交官はもともと職業活動・商業活動を行うことを禁止されている(外交42条)から、この種の訴訟は本来あり得ないはずである。

条約起草過程では、**外交官による交通事故**が問題とされた。このような事案が稀ではないからである。外交官が過失によって交通事故を起こした場合、外交官が損害賠償請求訴訟に服することはない。民事裁判権免除の例外にあたらないからである。その結果、被害者本人やその遺族は、裁判上の救済は得られない。そこで、外交関係条約を採択した外交会議は、外交官が起こした交通事故の場合に限定したものではないものの、派遣国が、次に述べる裁判権免除の放棄を行うことを奨励する決議(法的拘束力はない)を採択している。

裁判権免除は放棄することができる(外交32条1項)。免除が放棄されれば、外交官は、接受国の裁判権に服することになるが、そのハードルは高い。第1に、免除の放棄は明示的になされる必要がある(外交32条2項)。外交官に対する訴訟が開始され、派遣国がそれに異議を唱えなかったとしても、それは免除の放棄を意味しない。第2に、免除の放棄は派遣国が行う必要がある。外交官本人が裁判に服することを認めても、放棄があったとはされない。第3に、裁判権免除の放棄は、判決が下されるまでのことであって、判決の執行からの免除の放棄を意味しない。この点について、条約は、民事・行政裁判権からの免除の放棄についてのみこの趣旨の規定を置くが、刑事裁判権の場合についても同様に扱わない理由はない。また、いずれにせよ、外交官の身体の不可侵(外交29条)の結果、有罪判決に基づく外交官の収監は不可能である。このように、裁判権免除の放棄の制度的なハードルは高く、また、実際にも、放棄がなされることは稀である。

(c) 外交特権の適用範囲

①人的適用範囲　外交関係条約が定める特権免除の主な人的適用範囲を示せば、次のようになる。まず、外交官であって接受国の国民・通常居住者でない場合には、条約が定めるすべての特権免除を享有する。外交官の家族も同様の取扱いを受ける。他方、外交官が接受国国民・通常居住者の場合には、公務遂行過程で行った行為の裁判権免除と、身体の不可侵のみが保障される。

事務技術職員であって、接受国国民・通常居住者でないものは、条約29条〜36条が規定する特権免除を享有する。外交官とほぼ同様に取り扱われるが、一部制限もある。事務技術職員の家族も同様の特権免除を享有する。他方、当該職員が接受国の国民・通常居住者である場合には、接受国が認める特権免除のみを享有する(外交37条、38条)。

②時間的適用範囲　外交官らは、赴任のため接受国領域に入った時、または、すでに接受国領域内にある場合には、自己の任命が外務省に通告された時から、特権免除を享有する。また、任務終了後は、その者が接受国を去る時に、または、接受国を去るために要する相当な期間が経過した時に、外交官らの特権免除は消滅する。ただし、その者の任務遂行行為の裁判権免除は、接受国において享有していた特権免除の消滅後も存続する(外交39条1項、2項)。

使節団の構成員が死亡した場合、その家族は、接受国を去るために要する相当な期間が経過する時まで、特権免除を享有する(外交39条3項)。

③場所的適用範囲　外交官が、赴任・帰任・帰国のために第3国の領域を通過

中またはその領域内にある場合には、その第3国は、当該外交官に、不可侵と、その通過・帰還を確実にするために必要な他の免除を与えなければならない。同行する家族も同様である。事務技術職員や役務職員、その家族が第3国の領域を通過する場合、当該第3国はこれを妨げてはならない(40条1項、2項)。

(2) 外交特権の根拠

外交特権が認められる根拠として、①治外法権(extraterritoriality)説、②代表説(威厳説)および③機能説(職務説)がある。**治外法権説**は、使節団の公館が派遣国の領土であり、外交官らが接受国の領域外的存在であるから、接受国の法令の適用がないとする。しかし、公館は派遣国の領域内にあり、派遣国による土地取得行為が領域取得権原と認められているわけでもない。また、外交官らに接受国の法令が及ばないのであれば、裁判権免除の放棄によっても外交官らが裁判に服することはあり得ず、放棄の制度の存在理由がなくなる。今日では、治外法権説はフィクションにすぎないとして退けられている。

代表説は、外交官、特に使節団の長が派遣国の威厳を体現しており、それ相応の取扱いを受ける必要があるとする。それに理由がないわけではない。また、宮廷外交の時代には、大使が国王の親族であることもあり、君主と同一視されたことも理解しうる。しかし、今日、大使らがそのような存在であるとはいえない。また、代表説では、外交官以外の者や、その家族にまで特権免除が認められることを説明できない。

今日一般に認められているのは**機能説**であり、使節団の職務の重要性のゆえに、その職務を十分に果たすためには接受国の管轄権のもとにおかれることのないようにする必要があるとする。機能説は、外交官以外の者や家族の特権免除も説明しうる。例えば、事務技術職員は文書や通信を担当し、国家機密にかかわることも多く、接受国の不当な権力行使から保護する必要がある。また、家族に圧力をかけることによって、外交官らから機密情報を入手しようとすることもありうるため、家族にも特権免除を認める必要がある。

このようにして、今日では、機能説を主とし、代表説を加味した形で外交特権の根拠を説明することが適当である。外交関係条約も、外交特権の目的が「国を代表する外交使節団の任務の能率的な遂行を確保することにある」

(外交前文4項)とする。

(3) 外交特権の濫用に対する対抗手段

外交特権に存在理由があるとしても、その濫用の可能性は常にある。しかし、その濫用により外交特権が消滅することはない。それでは、外交特権の濫用があった場合、接受国はどのようにすればよいのか。この点に関し、ICJは、在テヘラン米国大使館事件判決[4][判例114]において、外交関係法が「**自己完結的制度**(a self-contained régime)」であるという。外交関係法が、接受国側に特権免除を付与するべき義務を課すとともに、その濫用に対して対抗する手段を接受国に認めているというのである。その対抗手段とは、外交官らの国内法令の尊重義務や、ペルソナ・ノン・グラータまたは受け入れ難い者の制度、派遣国との外交関係の断絶などである。逆に、外交特権の濫用に対してとりうる措置は、これらのものに限られ、一般国際法上の対抗措置をとることはできないとされる。

5. 領事特権

(1) 領事特権の意義と分類

領事機関およびその構成員、個人的使用人は、一般の外国人とは異なる特別の取扱いがなされ、接受国から特別の保護を与えられ(特権)、また、接受国の管轄権行使を免除される(免除)。これらの特権や免除を総称して**領事特権**という。領事特権は、外交特権の場合と同様に分類することができる。ここでは、外交使節団・外交官に相当する本務領事官を長とする領事機関・本務領事官の特権免除について、両者の相違点を中心に説明する(表6-2参照)。

4　**在テヘラン米国大使館事件**　イランでは、1979年のイラン革命後、米国が、国外に脱出していた前国王の入国を認めたことから反米感情が高まり、首都テヘランの米国大使館周辺で大規模な反米デモが発生した。その際、一部のデモ参加者が米国大使館に侵入し、大使館員などを人質にとって立てこもった。米国は、同年、人質の解放などを求めてICJに提訴した。裁判所は、イランによる国際法違反行為の存在を認め、損害賠償の支払いと、人質の解放などを命じた。なお、イランは、米国が長年にわたってスパイ活動や内政干渉を行ってきたと主張したが、裁判所は、仮にこれが立証されたとしても、外交関係法が自己完結的制度であり、外交関係法が定める対抗措置のみをとりうるとして、イランの主張を認めなかった。

表6-2　領事機関・領事官の特権免除（外交関係条約との比較）

	領事関係条約		外交関係条約との比較	
	条文	内　容	条文	比　較
領事機関の特権・免除	28条	任務遂行のための便宜供与	25条	同旨
	29条	国家・紋章の使用権	20条	同旨
	30条	公館・施設の入手の援助	21条	同旨
	31条	領事機関の公館の不可侵と特別の保護	22条	①迅速な保護措置を要する場合の長の同意のみなし規定あり（例外の場合の明記） ②公館やその財産などの捜索・差押・強制執行が可能で、一定の場合には収用も可能 ③領事機関の長の住居は不可侵とされず
	32条	公館と長の住居への賦課金・租税の免除	23条	同旨
	33条	公文書・書類の不可侵	24条	同旨
	34条	移動・旅行の自由	26条	同旨
	35条	通信の自由	27条	領事封印袋の濫用に対する措置を規定（3項）
	36条 37条	自国民との通信及び接触 自国民の死亡などの通報	—	
	39条	手数料などに対する賦課金・租税の免除	28条	同旨
領事官の特権・免除	40条 41条 42条	身体などの保護 身体の不可侵 抑留・拘禁・刑事訴訟手続の開始の通報	29条	①重大な犯罪で権限ある司法当局の決定による抑留または裁判のための拘禁は可能 ②確定判決・決定の執行のための拘禁は可能 ③刑事訴訟の場合に当局への出頭義務あり
	43条 44条	裁判権からの免除 証人としての出頭と証言の義務	31条	①免除は職務遂行に当たって行った行為に関してのみ ②一定の民事訴訟では職務遂行上の行為でも免除なし ③証人としての出頭と証言の要請が可能
	46条 47条	外国人登録・在留許可・就労許可に関する義務の免除	—	
	48条	社会保障規定の適用免除	33条	同旨
	49条	賦課金・租税の免除	34条	同旨
	50条	関税・手荷物検査の免除	36条	同旨
	51条	遺産などに関する免除	39条4項	同旨
	52条	役務・徴発などの免除	36条	同旨

＊領事官の個人的住居・書類・通信などの不可侵は認められていない（外交30条参照）。

(a) 本務領事官を長とする領事機関の特権免除

領事関係条約が領事機関に認める特権免除のうち、派遣国の国民との通信・接触（領事36条）や、派遣国の国民の死亡などの通報（領事37条）、領事管轄区域内の接受国の地方当局との通信の権利（領事38条）は外交関係条約には規定はない。これは、外交使節団と領事機関の性格および任務の相違によるものである。

領事機関の**公館の不可侵**と特別の保護は、外交使節団のそれに比して次の3点で制限的である。①領事機関の公館にはその長の住居は含まれない(1条(j))。②公館の不可侵の例外として、「迅速な保護措置を必要とする災害の場合には」、長の同意があったものとみなされる(領事31条2項但書き)。③領事機関の公館・財産・輸送手段の捜索・差押・強制執行は可能で、一定の場合には収用も可能である(領事31項4項)。2002年に発生した在瀋陽日本総領事館事件では、領事公館の不可侵をめぐって日中両国間の外交問題に発展した。[5]

派遣国の国民との通信・接触に関する36条の解釈は、2001年のICJラグラン事件判決[判例148]と2004年のアヴェナ等メキシコ国民事件判決[判例119]で取り扱われた。前者は、米国において強盗殺人容疑で逮捕され、その後に死刑判決を受けたラグラン兄弟(ドイツ国籍)が、36条1項(b)にいう援助を受ける権利を告知されず、また、米国関係当局も逮捕などの事実を領事機関に通告しなかったことなどが問題となった事案である。アヴェナ事件は、死刑判決の対象となったのがメキシコ国民であったことを除けば、ほぼ同様の事案である。

両判決を通じてICJは、条約36条について次のような解釈を示した。36条1項(b)は、①個人の権利(領事機関への通報を求める権利を告知される権利)、②領事機関の権利(当該個人の要請のある場合には、逮捕などの事実を通報される権利)および③接受国の義務(個人からの通信を領事機関に送付する義務)からなる。この場合、36条1項(b)が個人の権利を規定しているとの解釈の根拠は、

5　**在瀋陽日本総領事館事件**　2002年、中国の在瀋陽日本総領事館に5名の「脱北者」が保護を求めて駆け込んだ事件。そのうち3名は総領事館の入口を入ったところで、2名は総領事館内で、それぞれ総領事館の警備にあたっていた中国の武装警察により身柄を拘束され、総領事館の敷地外に連れ出された後、瀋陽市公安当局に連行された。

日本は、これが領事公館の不可侵(領事31条2項)の侵害であるとして、5名の引渡しなどを求めた。中国は、当初、これが公館の緊急保護措置として正当化されるとしたが(領事31条2項、3項)、後に、総領事館への侵入と領事館外への連行について総領事館側の同意があったとする主張に転じた。中国政府は、結局、この5名が第3国に出国することを認め、当該者らは、当該第3国を経由して韓国に入国した。

(b)が「その者が……有する権利」と規定していることにある。また、派遣国の国民の逮捕・拘禁の事実を知ることができなければ、領事機関・領事官による国民への援助ができないから、36条1項(b)の違反が、同時に同条1項(a)および(c)の違反となる場合もある。逮捕・拘禁から訴訟過程までの間に36条違反があった場合、当該訴訟の有罪判決を再検討しなければならない。

(b) 本務領事官の特権免除

領事官の特権免除の内容と範囲は、外交官のそれとほぼ同様であるが、主な例外は、身体の不可侵・保護と裁判権免除である(表6-2参照)。

なお、裁判権免除の放棄の制度は、外交関係条約の場合と同様である。

(c) 領事特権の適用範囲

本務領事官に認められる特権免除の一部は、領事機関のその他の構成員および個人的使用人にも認められ、特権免除を規定する各条文のなかで示されている(領事42条〜52条)。なお、領事関係条約が規定する特権免除は、名誉領事官の家族や、名誉領事官を長とする領事機関に雇用される事務技術職員の家族には適用されない(領事58条3項)。領事機関の構成員や個人的使用人、それらの者の家族に認められる特権免除の時間的適用範囲および場所的適用範囲は、外交官の場合と同様である。

(2) 領事特権の根拠および領事特権の濫用に対する対抗手段

外交使節団と異なり、領事機関は派遣国を代表する資格をもたないから、領事特権の根拠は**機能説**を用いて説明することになる。領事関係条約も、領事特権の目的が、「個人に利益を与えることにあるのではなく、領事機関が自国のために行う任務の能率的な遂行を確保することにある」とする(領事前文6項)。また、1980年のICJ在テヘラン米国大使館事件判決は、領事関係法についても述べたものであり、領事特権の濫用にもあてはまる(→本章4(3))。

6. 国家元首・政府の長・外務大臣

国家元首や政府の長、外務大臣の特権免除は、国家実行が乏しくその内容は明確ではない。しかし、これらの者は、国内の職務上の地位において外交官や領事官の上位に位置するし、国際関係上も、その職責上当然に自国を代表する資格を有する(条約法条約7条2項(a)参照)。したがって、これらの者は少なくとも外交官や領事官が享有する特権免除を享有すると考えることには合理性がある。

この点に関し、2002年の逮捕状事件[6][判例104]において、ICJは、国際法上、国家元首・政府の長・外務大臣が他国において民事・刑事管轄権免除を享有することは確立しているという。特に、この事件で問題となった外務大臣の不可侵と刑事裁判権免除に関し、おおむね次のようにいう。①外務大臣の免除の享有根拠は、自国を代表して職務を効果的に遂行することにある。②外務大臣は、その在任期間中は外国において刑事管轄権からの免除と不可侵を享有する。③この免除と不可侵は、外務大臣の公私のいずれの資格で行われたものでも、また、外務大臣への就任前および在任中の行為について認められる。④戦争犯罪や人道に対する罪の容疑のある外務大臣に対して刑事管轄権の免除と不可侵が認められないとする慣習法は存在しない。⑤刑事管轄権免除と刑事免責とは異なる。自国での訴追は可能であり、また、自国による免除放棄があった場合や、在職期間の前後の行為、在職期間中の私的行為については、外国の裁判手続に服する。また、国際的な刑事裁判所の審理の対象となり得る。⑥本件逮捕状の発付とその諸外国への送付は、それによりいずれかの国で逮捕される可能性を生じさせるから、外務大臣の職務の遂行を妨害し、外務大臣の刑事管轄権免除・不可侵を侵害する。

ICJが述べるこのような特権免除は、外交官のそれと同様であり、合理的なものといえる。ただ、同裁判所は、これを慣習法としているが、この点に関する論証は十分ではないとして、これを疑問視する見解もある。

国家元首の刑事管轄権の免除については、英国の貴族院(最高裁に相当)に

6　**逮捕状事件**　ベルギーは、1993年に、1949年のジュネーヴ諸条約等の重大な違反行為を、その実行場所にかかわらず、ベルギーの裁判管轄権が及ぶとする法律を制定し、1999年の改正により対象行為にジェノサイドおよび人道に対する罪をくわえ、あわせて公的地位に基づく免除を否定した。2000年、ベルギーの裁判官は、コンゴの外務大臣が就任前に行った行為がジュネーヴ諸条約の重大な違反行為および人道に対する罪にあたるとして、逮捕状を発付した。これに対して、同年、コンゴは逮捕状の破棄を求めてICJに提訴した。

よる1999年のピノチェト仮拘禁事件判決[判例103]がある。この事件は、チリでクーデターにより軍事政権を樹立し、大統領となったピノチェトが、その辞任後に英国に滞在していたところ、大統領在任中に行ったとされる拷問などの非人道的行為についてスペインで訴訟手続が開始され、英国に対して同人の引渡請求が行われたものである。英国は、ピノチェトを仮拘禁したが、その合法性が争われた。貴族院は、国家元首は、その在任中は刑事管轄権の免除を享有し、国家元首を辞した後は、公的行為についての免除は存続するが、私的行為については免除されないとした。その上で、拷問等禁止条約が定める拷問行為は国家元首の職務内の行為とはいえず、免除は認められないと判断した。

他の政府職員の刑事管轄権からの免除について**エンリカ・レクシエ号(Enrica Lexie)事件**がある。これは、2012年にインド近海で、２名のインド人漁師が銃撃により殺害されたとされるものである。銃撃を加えたのは、イタリア籍船のタンカー(エンリカ・レクシエ号)に乗船していた２名のイタリア海兵隊員とされた。インドは当該者を拘束し、後にインドとイタリア間の国際紛争に発展した。この事件について、イタリアは、海洋法条約附属書Ⅶに基づきインドを相手とした仲裁手続を開始した。イタリアは、両名についてインドによる管轄権行使の違法性を主張し、仲裁裁判所は、2020年の仲裁判断において、当該海兵隊員の行為については刑事管轄権からの免除を享有し、インドが当該者に対して管轄権を行使することは認められないと判示した。

7. 軍艦・軍用航空機・軍隊

(1) 軍艦・軍用航空機

軍艦は、無害通航権を行使して他国の領海を通航することも多く(→10章2(2))、また、外国を訪問し、その港に滞在する機会も多い。そのため、軍艦およびその乗組員の地位は比較的早い時期から慣習法が形成されてきた。軍艦は、他国の領海において沿岸国の管轄権から免除され、軍艦が沿岸国の法令に違反した場合であっても、沿岸国は領海からの即時退去の要求ができるにとどまる(国連海洋法条約32条、30条)。軍艦による沿岸国の法令違反などの結果として沿岸国に損害を与えた場合には、当該軍艦の旗国に国際責任が発生し(同31条)、沿岸国と旗国との国際請求の問題となる。

次に、外国の同意を得て内水内にある軍艦は不可侵であり、また、沿岸国の裁判権その他の管轄権の行使から免除される。当該軍艦から上陸した乗組員が犯罪を行った場合には、それが公務のためかどうかで異なる。公務を遂行するために上陸した場合は、沿岸国の裁判権から免除される。公務外の場合については、1952年の神戸英水兵事件判決[7][判例100]があり、裁判所は有罪判決を下した。

軍用航空機が、外国の許可を得て当該外国に着陸した場合、当該航空機とその乗員は、軍艦とその乗員と同様の特権免除を享有するとされる。

(2) 軍　隊

軍隊が外国領域内を通過するためには当該外国の許可が必要であり、また、第2次大戦前に平時に外国軍隊が他国に駐留することは稀であった。そのため、**軍隊や軍事基地の地位**に関する慣習法は明確ではなかった。しかし、第2次大戦後は、冷戦という国際情勢を反映して、米国やソ連、北大西洋条約機構(NATO)やワルシャワ条約機構(WPO/WTO)などの国際機構の軍隊が他国に駐留する例が増加した。それらの軍隊の構成員や軍事基地の地位は、軍隊の派遣国・機構と駐留国との間の条約によって定められるのが通例である。

日本には、日米安全保障条約に基づく米軍基地があるが、米国軍隊の構成員や米軍基地などの地位を定めているのは日米地位協定である。旧安保条約下では、同条約2条に基づく日米行政協定(1952年)および同協定17条改正議定書(1953年)があったが、現行のそれは新安保条約6条に基づく**日米地位協定**(1960年)である。

米軍人・軍属等による犯罪に対する刑事管轄権について、日米行政協定は、米軍・軍属およびその家族につき米軍の排他的管轄権を認めていた。しかし、これは、NATO軍地位協定発効(1953年)後に同協定の線に沿って改められ(17条改正議定書)、それが現日米地位協定に受け継がれている。それによ

7　**神戸英水兵事件**　1952年6月、神戸港に入港していた英軍艦の乗組員2名が、休養のための上陸中にタクシー強盗をはたらいた。同年8月、神戸地裁は両名に対し強盗罪により有罪判決(実刑判決)を下し、また、控訴審である大阪高裁も執行猶予付きの有罪判決を下した。

図6-2　日米地位協定における刑事管轄権の配分（17条）

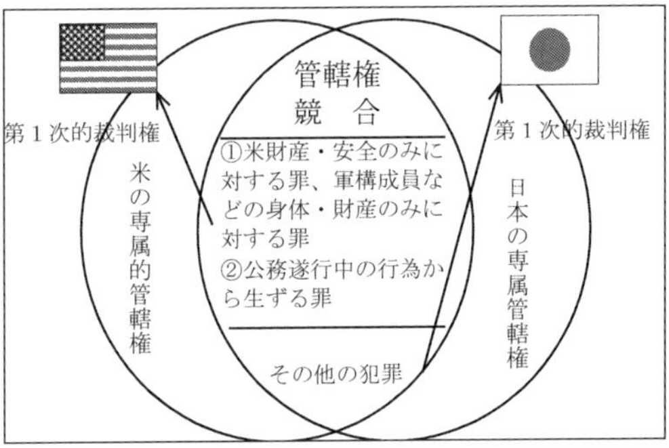

れば、日本または米国のいずれか一方の法令のみが犯罪とする行為については、それを犯罪とする国が裁判権を有する。両者の法令が犯罪とする行為については、①米国の財産・安全のみに対する罪、または米軍の構成員などの身体・財産のみに対する罪、②公務執行中の行為から生ずる罪は、いずれも米軍当局が第１次的裁判権を有し、③それ以外の犯罪は日本が第１次的裁判権を有する（17条）（図6-2参照）。**民事裁判権**については、米軍の構成員・被用者が日本国民たる私人に損害を与えた場合の民事請求権の処理は協定18条の定めによる。特徴的なことは、特に、公務執行中の行為に関し、迅速な被害者救済のために、米軍の構成員・被用者の行為であっても、日本を相手方とした訴訟を認めていることである。

設　問

1. 外交使節団の公館および領事機関の公館が不可侵であることについて、最近の事例を挙げつつ、また、外交的庇護権との関連にも触れながら、説明しなさい。（外専・平27）
2. 外交使節団が亡命を求められたときにとりうべき措置について論じなさい。（外専・平18）
3. 外交官が過失により交通事故を起こし、通行人に負傷を負わせた。外交官に認められる身体の不可侵と裁判権免除との関係で、接受国はこの外交官に対していかなる措置をとることができるか。また、運転者が本務領事官であった場合にはどうか。
4. 外交特権および領事特権が認められる根拠について述べなさい。

5. A国に派遣されているB国外交官乙が、A国内でA国軍人甲から、金銭と交換に極秘軍事文書を受け取った。A国政府は、これを現認したが、乙をその場で逮捕しなかった場合、B国及び乙に対して国際法上どのような措置を採り得るかについて、あらゆる可能性を考えて説明しなさい。(新司試・平20改)
6. 世界のいくつかの国において、A国の大使館に対する自爆攻撃が発生しているなか、B国に所在するA国大使館を警備するB国警察当局者が、大使館の敷地内に不審な人物が侵入しようとしているところを発見し、大使館側の同意を得ることなく大使館の敷地内に侵入し、当該者を取り押さえて、敷地外に連れ出した。警察当局者のこの行為は、外交関係条約上合法か。
7. 外交関係条約に違反する行為に対して、国家責任の一般理論に従い、その責任を追及することは可能か。
8. 外国の外務大臣に対する刑事管轄権の行使について述べなさい。

【参考文献】

横田喜三郎『外交関係の国際法』(有斐閣、1963)
横田喜三郎『領事関係の国際法』(有斐閣、1974)
国際法事例研究会『外交・領事関係』(慶應義塾大学出版会、1996)
高野雄一「軍事基地協定」『国際法外交雑誌』51巻1号(1952)
波多野里望「交通事故と外交特権」『ジュリスト』381号(1965)
月川倉夫「外国軍隊の刑事裁判権」『産大法学』創刊号(1967)
阿部浩己「瀋陽総領事館事件と国際法」『法律時報』74巻8号(2002)
和仁健太郎「判例研究 エンリカ・レクシエ号事件」『阪大法学』71巻1号(2021)
Eileen Denza, *Diplomatic Law*, 4th ed. (Oxford UP, 2016)
Ramona Pedretti, *Immunity of Heads of State and State Officials for International Crimes* (Brill, 2014)

第7章　国際機構

目　次

1. 国際機構の概念と歴史

(1) 定義と分類

(a) 定　義

国際機構(International Organization, International Institution)とは何か。国際機構の定義に関して、学説上一致した見解はない。しかし、学説を検討してみると、国際機構の概念として、少なくとも次の4つの共通要素を見出すことができる。

①国家の結合体であること　国際的な組織体は、政府間のものか否かを基準として、「**政府間機構**(Inter-Governmental Organization)」と「**非政府間機構**(Non-Governmental Organization. 非政府団体ともいう)」に分類される。国際機構とは、一般に国際連合(国連)や国際労働機関(ILO)などに代表されるように、前者の政府間機構のみを指す。したがって、本書でも、国際機構とは政府間機構のみを指すものとして説明を行う。ちなみに、後者は、NGOの名で知られている(例、赤十字国際委員会(ICRC)、アムネスティ・インターナショナルなど。なお、国連憲章71条に基づいて、国連(経済社会理事会)との間で協議資格を持つNGOは、特に「**国連NGO**」と呼ばれることがある)。

②国家間の合意に基礎を置くものであること　国連には国連憲章、国連教育科学文化機関(UNESCO)にはUNESCO憲章というように、一般には、国家間で合意された**設立文書**が存在する。通常、設立文書は条約であるが、欧州安全保障協力機構(OSCE)や東南アジア諸国連合(ASEAN)のように、条約によって設立されていない国際機構もある(なお、ASEANは、1967年のASEAN宣言に基づいて設立されたが、その後、設立条約となるASEAN憲章(2007年署名、2008年発効)に合意した)。

③固有の常設的機関を保持していること　一般に、国際機構は、後で見るように総会的機関、理事会的機関、事務局のような常設の**機関**(organ)を基本として構成されている。常設的機関を備えていない組織体は、主要国首脳会議(サミット)のように、通常は「会議」と呼ばれる。

④特定の目的を有するものであること　国際機構は、特定の目的遂行のために活動を行うものと考えられる。例えば、国連の場合、国連憲章の前文および1条にその目的が明記されている。

今日、国際機構は、少なくとも以上の要素を備えている。これら以外にも、国際機構が加盟国の意思とは異なる「固有の意思」を持つことが挙げられることもある。なお、用語については、「国際機構」または「国際組織」が広く用いられ、日本政府の公定訳には「国際機関」が用いられる。ここでは、用語を「国際機構」に統一して説明を進める。

(b) 分　類

国際機構の分類に関して、一般には、構成国の範囲(普遍的／地域的)と、機構の目的や機能による分類(一般的／専門的)がある。これらをそれぞれ縦軸と横軸にし、国際機構を例示すると表のようになる。これによれば、例えば、国連は、普遍的かつ一般的な国際機構であり、アジア開発銀行は、地域的かつ専門的な国際機構といえる。

表7-1　国際機構の分類例

	一般的機構	専門的機構
普遍的機構	国　連	国連専門機関 (ILO、UNESCO、世銀、IMF など)
地域的機構	欧州連合（EU)、米州機構（OAS)、アフリカ連合（AU)、東南アジア諸国連合（ASEAN）など	欧州安全保障協力機構（OSCE)、アジア開発銀行（ADB)、西アフリカ諸国経済共同体（ECOWAS）など

(2) 歴　史

(a) 近現代国際社会における主要な会議と国際機構の萌芽

30年戦争を収拾した1648年のウェストファリア会議の後、ヨーロッパでは、今日のような国家主権が認識され、その後、**勢力均衡**(balance of power)が平和維持の指導原理となった(→18章3(1))。19世紀に入り、ウィーン会議(1814-15年)を契機に成立した協力体制は、英国、オーストリア、ロシア、プロシアの4ヵ国同盟として発足し、その後フランスを加えた。これら大国の主導で、勢力均衡に支えられた平和維持の体制は**ヨーロッパ協調**(Concert of Europe, European Concert)と呼ばれる。この体制の下で、第1次大戦までの約

1世紀間に30回ほどの会合(1856年のパリ会議、1878年のベルリン会議、1906年のアルヘシラス会議など)が持たれた。これらは国家間の会議であったものの、今日の国際機構の萌芽の1つとされる。というのも、2国間外交が主流であった国際社会において、国際会議を通じた多数国間外交が導入されたこと、および大国が指導的立場に立っていたこと、という2つの特徴を有していたからである。

19世紀から20世紀にかけて、ハーグにおいて2度の平和会議が開かれた(1899年および1907年)。この会議は、紛争の平和的解決、軍縮、交戦法規の整備などを目指した。この**ハーグ会議**における協力体制の方式もまた、今日の国際機構を考える上で重要な特徴を有していた。まず、ハーグ会議に見られた方式は、特に第2回会議に象徴されるように、当時存在したほとんどの国家が集まったという点で、普遍的な協議のモデルを作った。また、ハーグ会議は、ヨーロッパ協調と異なって、平時に開催され、事前に問題をどう処理するかに力点を置いた。

(b) 国際河川委員会と国際行政連合

19世紀に入り、人やもの、サービスが国境を越えるようになると、まずヨーロッパを貫流する河川を中心に協力が始まった。数ヵ国を貫く国際河川の航行を自由化し、それを管理するための責任を負ったのは、**国際河川委員会**と総称される組織であった。国際河川委員会は、1815年にライン河に設けられたのをはじめ、エルベ(1821年)、ドウロ(1835年)、ポー(1949年)、ダニューブ(1856年)、プルト(1866年)のような河川に設けられた。委員会の機能は、概して、航行・警察規則の制定、航行の自由や安全の監視、事故や航行規則違反に対する裁判所としての役割など立法・行政・司法に関わるものであった。

以上の国際河川委員会の発展と並行して、**国際行政連合**の発展も顕著であった。国際行政連合とは、運輸・通信、保健・衛生、産業・文化などの専門的かつ技術的な諸問題に関して、行政および立法面での国際協力を目的とした組織体の総称である。19世紀から20世紀にかけて50ほど作られたといわれる。

表7-2　主な国際行政連合

分　野	主な国際行政連合
運輸・通信	国際電信連合(1865年) 一般郵便連合(1874年のち1978年に「万国郵便連合」と改称) 国際鉄道貨物輸送連合(1890年) 国際無線通信連合(1906年)
保健・衛生	国際公衆衛生事務所(1903年協定に基づき1907年協定で設置)
産業・文化	国際度量衡事務所(1875年) 国際工業所有権保護連合(1883年) 著作権保護連合(1886年) 国際農業協会(1905年) 国際商業統計事務所(1913年)

＊カッコ内の数字は国際行政連合の設置を定めた条約が署名された年。

(c) 国際連盟の盛衰と国際連合の成立

20世紀に入り、第1次大戦の反省から、史上初めての常設の国際的平和機構である**国際連盟**(League of Nations)が設立された。設立文書である国際連盟規約は、戦勝国が敗戦国と結んだヴェルサイユ条約(対ドイツ)をはじめ、すべての平和条約の第1編に挿入された(連盟の発足は、ヴェルサイユ条約が効力を発生した1920年1月10日)。連盟は、平和維持のために、新たに**集団安全保障体制**(→18章3)を導入した。しかし、その体制も期待通りには機能せず、第2次大戦が勃発した。連盟の反省を踏まえ、1944年の**ダンバートン・オークス会議**において国連憲章が起草され、1945年に**サンフランシスコ会議**で**国連憲章**が採択された(1945年6月26日署名、同年10月24日発効。本部ニューヨーク)。ここに**国際連合**(United Nations)が成立したのである。

20世紀に入り、国連をはじめ、多くの国際機構が設立された。今日その数は、およそ300に上るといわれている。

2. 国際機構の法人格

(1) 国内法人格と国際法人格

国家は、それ自体存立している事実を根拠に生得的ないし本来的主体とされるのに対し、国際機構は、国家間の合意に基づいて設立されるため、**派生的主体**とされる(→1章3(1))。この国際機構が権利義務の担い手となりうる地位を、国際機構の「**法人格**」または「**法主体性**」という(一般的な用語としては、前者は団体の地位のみを指すのに対して、後者は団体のみならず自然人を含む広い概念である点で、両者は厳密には異なるが、国際機構に関しては、両者が区別なく用いられることが多い)。国際機構は、国内法上の法主体としての地位(国内法人格)と国際法上の法主体としての地位(国際法人格)を有することが認められている。

国際機構の国内法人格については、設立文書に規定のある場合がある。例えば、国連憲章では、「この機構は、その任務の遂行及びその目的の達成のために必要な法律上の能力を各加盟国の領域において享有する」(104条)と定め、国連の国内法人格を確認している。さらに、この規定と関連して、1946年の「国際連合の特権及び免除に関する条約」(**国連特権免除条約**)1条1項では、「国際連合は、法人格を有し、次の能力を有する」とし、「(a)契約すること、(b)不動産及び動産を取得し、及び処分すること、(c)訴えを提起すること」を列挙している。ところで、かつて国連大学事件[1](東京地判昭52・9・21)[判例32]とEC委員会代表部事件[2](東京地判昭57・5・31)において、日本の裁判所は、前者において、国連の補助機関である国連大学の、また、後者において、ECの主要機関である委員会の国内法人格を認めたことがある。しかし、これらの判断では、国際機構自体の国内法人格ではなく、その一部を構成する補助機関や主要機関が独立した法人格を有すると考えられた点で、問題がないわけではない。

国際機構の国際法人格については、1949年に国際司法裁判所(ICJ)が下した「国連の職務中に被った損害の賠償事件」(**ベルナドッテ伯殺害事件**)勧告的意見[判例30]が契機となった。1948年の第1次中東戦争に際して、国連からイスラエル支配下のエルサレムに派遣されたスウェーデン人の調停官ベルナドッテ伯らが殺害された事件で、国連が当時加盟国ではなかったイスラエルに対して、国連自体に生じた損害と、被害者(またはその被害者を通じて権利を

1　**国連大学事件**　東京の国連大学本部に勤務する日本人職員が任用契約更新の拒否を不服として地位保全仮処分を申請したが、国連大学自体が裁判権免除を享有することを理由に請求が却下された事件。

2　**EC委員会代表部事件**　EC委員会駐日代表部に勤務する日本人現地職員が解任を不服として地位保全等仮処分を申請したが、同職員が適格性を欠くため不採用とした代表部の判断が相当とされ、請求が却下された事件。

有する者(遺族等))に生じた損害について賠償請求権を有するか否かが問題となった。

この点につき、国連総会は、ICJに勧告的意見を要請した。ICJは、まず国連の機能を効果的に遂行するために加盟国が国連に必要な権能を与えたことを確認し、国連の国際法人格を認めた。次に、ICJは、国連の権利義務の範囲が国連憲章に明示または黙示されかつ実行上発展してきた目的と機能によるとし、国連には国際請求を行う権能があるとした。このことから、ICJは、国連がそれ自体に生じた損害に対する請求権を有することは疑いえないとした。さらにICJは、被害者(またはその被害者を通じて権利を有する者(遺族等))に生じた損害に対する請求権について、憲章上明文規定はないものの、国際法上、国連は当然その任務遂行に不可欠なものとしてそのような請求権を有しているものと解さなければならないとした。また、国連に委託された任務の特徴とその職員の使命の性質から、国連にその職員の機能的保護を行う権能があることが憲章の当然の真意であるとした。この勧告的意見を契機として、今日では一般に、国際機構が国際法人格を有することに関して争いはない。

(2) 国際法人格をめぐる学説と諸権能

(a) 学説上の対立

国際機構が国際法人格を有することに関して学説上異論はないが、その根拠と範囲に関しては、従来から大きく**主観説**と**客観説**に基づいて対立がある。主観説(設立文書根拠説)とは、国際機構の設立文書における加盟国の意思に基づいて、法人格を認める立場である。これに対して、客観説は、機構が備えている客観的な要素(内部機関が備わっているかなど)に鑑み、国際機構も国家同様に国際法人格を有するという一般国際法が確立しているとし、法人格を認める立場である。後者の立場によれば、法人格の要件と国際機構の定義(あるいは要素)が密接に関わることになる。

法人格の範囲に関しては、主観説では、設立文書に明示規定があれば機構の有する権能に関して問題はないが、明示規定がない場合でも、設立文書上の機構の趣旨および目的に照らして、**黙示的権能**が認められうる。他方で、客観説によれば、客観的に国際機構であると認められれば、究極には国家と同等の法人格を有するということにもなりうる。もっとも、客観説においても、その有力な説に従えば、あくまでも国際機構の目的の範囲内で権能が認められると考えられているため、結局のところ、主観説と客観説の主張する権限の範囲に関しては、さほど大きな隔たりはない。

一般に、国際機構の権能の代表的なものとして、条約締結権、特権免除の享有権、責任能力および使節の派遣・接受の権利が認められてきた。以下にそれぞれについて見ていくことにする。

(b) 国際機構の諸権能

①条約締結権　例えば、国連憲章43条は、国連(安保理)と加盟国が42条下での軍事的強制措置の前提となる特別協定を締結しなければならないことを定めている。また、国連(経社理)は、憲章63条1項に従って各**専門機関**と連携協定を結んでいるし、国連は、本部のある米国と本部協定(後述)を締結している。平和維持活動(PKO)に関して、国連とその部隊を受け入れる国との間で諸条件を定めた駐留協定も多く締結されている。これらに代表されるように、今日、国際機構には条約締結権が認められることが多い。

なお、1986年の「国と国際機構との間または国際機構相互の間の条約についての法に関するウィーン条約」(国際機構条約法条約、未発効)を起草した国連国際法委員会(ILC)では、国際機構の条約締結権の根拠について意見の対立があり、同条約6条では、「国際機構が条約を締結する能力は、当該国際機構の規則によるものとする」と定めるにとどまった。

②特権免除の享有権　国際機構が国際法主体として活動するために、しばしば特権免除が付与される。例えば、国連憲章105条1項は、「この機構は、その目的の達成に必要な特権及び免除を各加盟国の領域において享有する」として、国連自体の特権免除を認めるとともに、同2項で、「これと同様に、国際連合加盟国の代表者及びこの機構の職員は、この機構に関連する自己の任務を独立に遂行するために必要な特権及び免除を享有する」と定め、加盟国の代表や国連職員にもそれを認めている。これを受けて締結された国連特権免除条約では、具体的に、国連自体に対して、国連財産および資産の訴訟手続からの免除(2条2項)、国連構内の不可侵(同3項)、文書の不可侵(同4項)、

国連財産に対する課税免除(同7項)、通信に関する便益(3条)などが定められ、また、加盟国の代表者(4条)、国連職員(5条)および国連の任務を行う専門家(6条)に対しても特権免除が認められている。さらに、国連の場合、国連が米国と締結した1947年の「国連本部に関する国連と米国との間の協定」(国連本部協定)においても、特権免除に関して規定がある。ただし、ここで見た特権免除は、国家間の外交上の特権免除に類するものであるが、国際機構の受入国から一方的に付与される点で、相互に付与される国家間のそれとは異なる点に注意しなければならない。

なお、上に述べた国連の任務を行う専門家(国連特権免除条約6条22項)の範囲をどこまで認めるかについては、ときに問題となりうる。ICJは、その勧告的意見において、国連経済社会理事会の補助機関である人権委員会下の小委員会の特別報告者(1989年マジル事件[3][判例34])や、人権委員会の特別報告者(1999年クマラスワミ事件[4])への同条項の適用を認めている。

③責任能力　責任能力に関しては、他の法主体との関係で能動的な(責任を追及する)側面と受動的な(責任を追及される)側面が存在する。まず、責任を追及する能力、例えば、**請求権**に関しては、先に見たように、1949年の「国連の職務中に被った損害の賠償事件」(ベルナドッテ伯殺害事件)勧告的意見において、国連が、権利侵害国(イスラエル)に対して「機能的保護」権を行使し、国連自身および殺害された職員(ベルナドッテ伯)個人に関する損害賠償請求権を有することが認められた。また、この機能的保護権と、職員の本国(スウェーデン)の有する外交的保護権(→15章6(2))の競合の危険は、一般条約や各特定の場合に締結される協定によって減じられたり除去されたりすることも確認された。この意見を契機として、一般に、国際機構は国際請求を行いうることが認められてきたといえる。

3　**マジル事件**　国連人権委員会の下にある国連差別防止および少数者保護小委員会の特別報告者であったルーマニア国籍のマジル氏は、本国から強い圧力を受け、同委員会の作業に参加できなかった。国連特権免除条約6条22項(専門家の特権免除)の適用をめぐり国連とルーマニア政府間で対立があったが、意見を要請されたICJは、同条項が同氏に適用可能であるとした。

4　**クマラスワミ事件**　国連人権委員会の特別報告者であったクマラスワミ氏は、1995年に受けたインタビューの雑誌記事がもとで、自国(マレーシア)の裁判所において複数の損害賠償訴訟を提起された。国連特権免除条約6条22項の解釈をめぐり国連とマレーシア政府間で対立があったが、意見を要請されたICJは、同条項が同氏に適用可能であるとした。

他方、国際機構が国際違法行為を行うことにより、**国際責任**を追及されることもありうる。例えば、国連は、PKOの実施に伴い、同部隊の違法行為について責任を負う。この国際機構の責任を条約に明記する例がある。例えば、宇宙物体によって発生した損害に関して国際機構の責任を定めた1972年の「宇宙物体により引き起こされる損害についての国際的責任に関する条約」(宇宙損害責任条約)22条3項や、国際海底機構がその違法行為から生じる損害に対して責任を負うことを定めた国連海洋法条約附属書Ⅲの22条が挙げられる。

これと関連して、国際機構の負った責任を個々の加盟国が分担するかどうかという問題がある。1985年に負債を残して破産した国際すず理事会に関して、債権者が負債の回収を求めて国際すず理事会や各加盟国を相手取り、本部の所在する英国の国内裁判所をはじめ各地で複数の訴訟を提起した。しかし、英国の最高裁に当たる貴族院は、国際すず理事会が加盟国とは異なる法人格を有しているため、原告らとの契約の当事者は国際すず理事会であること、また、加盟国は国際すず理事会の負った責任を連帯して負うことはないことなどを理由に請求を退けた(1989年**国際すず理事会事件**)。これと異なり、上に見た宇宙損害責任条約では、国際機構は1次的に責任を負うものの(22条3項(a))、2次的には各加盟国が連帯責任を負うものとされている(同(b))。

なお、国際機構の責任に関する一定の規則を示したものとして、2011年にILCが採択した「国際機構の責任に関する条文」がある。これは、2001年にILCの採択した「国家責任条文草案」(→15章1(5))が「国際機構が有する又は国際機構の行為につき国が有する国際法上の責任の問題に影響を及ぼすものではない」(57条)と規定したことを受けて、特に、国際機構に関する責任に関する諸規則を定めたものである。これによれば、国際機構と国家の責任の調整について、加盟国が、被害者に対して国際機構が行った国際違法行為の責任を受諾するか、または加盟国が自ら責任を負うことを被害者に信用させるに至った場合、加盟国が国際機構の国際責任を負うこと、およびこの責任は2次的であることが規定された(62条)。

④使節の派遣および接受の権利　国家同様、国際機構が国家や他の国際機構に代表を派遣することがある。例えば、EUは、EU加盟国内のみならず

それ以外の多くの国(や地域)に常駐代表部を置いているし、国際機構や国際会議にしばしば代表を送っている。

他方で、一般に、国際機構は、本部所在地国を通じ、加盟国政府や他の国際機構の使節団を受け入れている。日本政府の場合、一部を例にとれば、ニューヨーク(国連)、パリ(UNESCOおよび経済協力開発機構(OECD))、モントリオール(国際民間航空機関(ICAO))、ジュネーヴ(世界保健機関(WHO)や世界貿易機関(WTO)など)、ウィーン(国際原子力機関(IAEA)など)に、それぞれ政府代表部が設置されている。国連では、加盟国政府のみならず、オブザーバーの地位にあるパレスチナの使節団も、1974年に総会でオブザーバーの地位を認められて以来、一時は国連と米国間で紛争があったものの(1988年ICJ国連本部協定事件勧告的意見[5][判例6B])、受け入れられている(なお、2012年11月、パレスチナは、国連総会で「非加盟オブザーバー国家資格」を認められた。それ以来、この資格を利用して、パレスチナは、国連事務総長に加入書を寄託することになっている多くの国際条約への加入を進めている)。加盟国が国際機構に派遣した常駐使節団や国家代表に関しては、「普遍的性格を有する国際機構との関係における国家代表に関するウィーン条約」が1975年に採択されたが、派遣国側と本部所在地国側で意見の対立があり、同条約は未だ発効していない。

3. 国際機構の組織構造

(1) 加盟国の地位

(a) 加　盟

国際機構への加盟に関しては、一般に設立文書に**加盟条件**が定められている。例えば、国連憲章4条1項は、①国家、②平和愛好的、③憲章義務の受諾、④憲章義務の履行能力および⑤憲章義務の履行意思という実体的要件を課している。これにさらなる要件を読み込むことができるか否かが問題となったことがあるが、ICJはそれを否定した(1948年「国連加盟承認の条件(憲

5　**国連本部協定事件**　1988年に米国政府は、ニューヨークのパレスチナ民族解放機構(PLO)事務所の閉鎖を目的とするいわゆる「反テロリズム法案」の実施を決定した。この法案の施行により米国が本部協定上負った義務に違反するか否かという問題につき、ICJは、同協定上の紛争の存在を認め、米国は協定に従って国連との仲裁に応じる義務があると判断した。

章第4条)事件」勧告的意見[6]［判例29A］)。さらに、4条2項では、加盟の承認が、安保理の勧告に基づき、総会の決定によってなされるという手続的要件が定められている。冷戦時代、安保理の勧告が得られない場合であっても、総会の決定のみで新加盟国の承認が可能か否かが問題とされたが、これに対しても、ICJは否定的見解を示した(1950年「国連加盟承認のための総会の権限事件」勧告的意見［判例29B］)。

なお、加盟資格と関連して、加盟国のいずれの政府が国際機構を代表する権利を有するかという**代表権**の問題がある(代表例として、1949年に中華人民共和国政府が成立して以来、国連で従来の国民政府(台湾政府)と人民政府(北京政府)との間で22年間にわたり争われた中国代表権問題がある)。この代表権の問題は、政府代表から提出される**信任状**(credentials)の審査(総会手続規則27-29参照)の問題として処理されたこともある(例えば、1979年にカンボジアでベトナムに支援され成立したヘン・サムリン政府に対して、ポルポト派の民主カンボジア政府の信任状が認められた事例など)。

(b) 脱　退

国際機構には、設立文書に脱退規定を設けるものと、設けないものとが存在する。前者は、さらに、世界銀行(世銀協定6条1項)や国際通貨基金(IMF)(IMF協定26条1項)のように脱退通告後即時に効力が認められるものと、国連食料農業機関(FAO)(FAO憲章19条、通告後1年)やILO(ILO憲章1条5項、通告後2年)のように、脱退通告後一定期間の後にその効力が認められるものとに分かれる。

連盟時代、大国が連盟規約上の脱退規定を利用して相次いで脱退した反省から、国連憲章には脱退に関する規定はない。しかし、サンフランシスコ会議では、一定の条件下において脱退が許容されるとの解釈宣言が採択されて

6　**国連加盟承認の条件(憲章第4条)事件**　1947年に、安保理でソ連とポーランドが、ハンガリー、イタリア、ルーマニア、ブルガリア、フィンランドの加盟につき一括承認することを主張した。申請国に対する賛成投票を、その国と同時に他の国も国連加盟国として承認するという4条1項以外の条件に従わせることができるか否かにつき諮問されたICJは、ある申請国の加盟に対する同意を他の申請国の同時加盟にかからせることは、4条1項が定める要件とは異なるものであると同諮問に否定的な回答を与えた。

おり、国連加盟国に脱退する権利が認められていないわけではない。しかし、いまだ脱退の例はない。1965年にインドネシアが脱退通告を行ったが、翌年同国は国連での活動の再開を申し入れた。総会議長は、同国の不在が国連からの脱退ではなく協力の停止に基づくものであったとし、同国の国連復帰が容易に実現された(これに伴い、同国は不在の間の分担金を一定額引き受けた)。

なお、脱退規定を持たない国際機構からの脱退の可否に関する1つの指標として、条約法条約56条は、当事国が脱退の可能性を許容する意図を有していたか、または条約の性質上その権利があると認められる場合には、12ヵ月前までの通告を条件として脱退を認めている。

(c) 権利の停止

加盟国は、一定の義務を果たさない場合に、加盟国としての権利および特権を停止されることがある。例えば、国連では、安保理の防止行動または強制行動の対象となった加盟国に対して権利および特権が停止されうる(憲章5条)。また、加盟国の投票権が停止される場合もある(例えば、国際民間航空条約88条)。さらに、国連憲章19条のように、財政上の義務不履行による加盟国の権利停止を定める例もある。

なお、1990年代初頭に始まったユーゴスラビア社会主義連邦共和国(旧ユーゴ)での内乱を契機として旧ユーゴは解体した。1992年に国連安保理と総会はいずれも、セルビア・モンテネグロから成るユーゴスラビア連邦共和国(新ユーゴ)が旧ユーゴの国連加盟資格を承継することを認めず、新規加盟を求めた。この間新ユーゴは権利を停止されたと解されることもあったが、結局、新ユーゴは、2000年10月27日に新規に加盟申請を行い、同年11月1日に加盟を認められた(その後、2006年6月3日に新ユーゴを構成していたモンテネグロは独立を宣言し、同28日国連に新規加盟した)。

(d) 除　名

除名は、自己の意思に反して国際機構から放出されることを意味する点で、加盟国自らの意思で機構を去る脱退とは区別される。国際連盟では規約16条に基づいて1939年にソ連が除名された。国連では憲章6条を設けているもののまだ例はない。

(2) 機　関

(a) 機関とその権能

国際機構は、一般に加盟国から付与された権限の範囲で活動する。具体的には、**主要機関**にそれぞれの権能を配分した形で活動を行う。とりわけ、全加盟国から構成される**総会的機関**、加盟国の一部から成る**理事会的機関**、および加盟国から独立した地位にある職員やその長(事務総(局)長、総裁など)、すなわち**国際公務員**から成る**事務局**は、機構の根幹を成し、「国際機構の３本柱」と呼ばれることがある。

主要機関はさらにその**補助機関**に権能を委譲して活動を行う。ここでは、特に主要機関の補助機関設置権限やいかなる権能が下位の機関に委譲されるかが問題となりうる。1954年の「**国連行政裁判所**の補償裁定の効果事件[7]」において、上位の国連総会が下位の行政裁判所の判断に拘束されるか、また、司法的機関ではない総会が行政裁判所を設置する権能を有するか、といった問題が提起されたが、ICJは、たとえ総会であれ、司法的機関である行政裁判所の判断に拘束されること、また、総会の裁判所設置権限につき明示規定はないものの、事務局の能率性確保の必要からそれを推定することができるとの勧告的意見を下した。これを先例として、旧ユーゴ国際刑事裁判所を設置した安保理の権限も正当化されている(1995年旧ユーゴ国際刑事裁判所(ICTY)タジッチ事件上訴裁判部中間判決[8] [判例97])。

機関が与えられた権限を越えて活動したか否か、また、そもそも権限があったか否かが問題とされることがある。例えば、1962年のICJ「国連のある種の経費事件」勧告的意見[9][判例156]では、国連総会が国連緊急軍(UNEF)とコ

7　**国連行政裁判所の補償裁定の効果事件**　1950年代初頭に、反共政策をとる米国の圧力を受けた国連事務総長は、多くの米国人職員を解任した。解任された職員の一部は、国連行政裁判所に提訴し勝訴した。しかし、これら職員に裁定された金銭賠償額の支出をめぐり総会で議論は紛糾した。意見を求められたICJは、行政裁判所の判断を総会は拒否できないと結論づけた。

8　**タジッチ事件**　本件では、裁判管轄権に関連して、安保理のICTY設置権限が争われた。裁判所は、同裁判所の設置はまさに国連憲章41条に基づく安保理の権限の範囲内に属し、同裁判所が憲章7章に基づく措置として合法的に設置されたと判断した。

9　**国連のある種の経費事件**　UNEFとONUCの経費が、国連憲章17条2項にいう国連の経費に該当

ンゴ国連軍(ONUC)の予算に関する決議を採択したことが**権限踰越**(*ultra vires*)に当たるか否かが問題とされ、また、1971年のICJナミビア事件勧告的意見[10][判例75]では、南アのナミビアに対する委任状を終了させた国連総会決議が、総会の無権限によるものであったか否かが争点となった。

(b) 機関相互の権限関係

それぞれの機関の権限が明確であればよいが、国際連盟の総会(規約3条3項)と理事会(同4条4項)の権限のように、それがあいまいな場合には、権限の競合が生じたり、責任の所在が不分明となる。国連憲章は、国際の平和および安全の維持に関する主要な責任を安保理に負わせ、特に安全保障に関して、総会に対する安保理の優位(憲章11条2項、12条)を定めて機関相互間の権限を明確にした。とはいえ、朝鮮戦争の際に、1950年11月3日に総会が採択した「**平和のための結集決議**」は、安保理が機能麻痺した場合、総会が軍隊使用も含む集団的措置について加盟国に勧告できることを主たる内容としたため、総会の権限踰越が問題とされた(→18章3(5))。

上のように政治的な審議機関間での権限関係に加え、政治的機関と司法的機関との権限関係もときに問題となりうる。例えば、1992年のロッカビー事件仮保全措置命令[判例146](→9章2(4))を契機として、リビアに対する被疑者の引渡しに関する安保理決議に対して、ICJがどこまで審査を行いうるか、つまり国連安保理に対するICJによる司法的統制という問題が提起されることとなった。この事件では、結局リビアが被疑者を第3国(オランダ)

するかどうかがICJに諮問され、同裁判所はそれを肯定した。その際、ある加盟国からは、それら平和維持活動に関する決議とその予算方法を総会が採択したことが、権限踰越に当たると主張された。

10　**ナミビア事件**　1966年に総会は、南アが南西アフリカ(ナミビア)に対して負っている義務を履行していないことを宣言し、委任状(南アの委任統治)が終了したことと、その後は国連が南西アフリカに対して直接責任を負うこととする決議2145(XXI)を採択した。1970年には、安保理も南アの行為を非難する決議276(1970)を採択した。こうした事態を受けて、南アがナミビアに引き続き存在することの法的効果につき諮問を受けたICJは、南アの行為を違法と判断した。この際、南アは、総会が委任状を終了させる権限を有さず、総会決議2145は無効であると主張したが、ICJは、連盟を承継した国連の総会に対してそのような権限を否定することは一貫性がないだけでなく、南アが犯した国際約束の根本的な違反に対する有用な救済の完全な否定につながるとし、総会の権限を認めた。

で裁判することに同意し訴えを取り下げたので、ICJは安保理決議の有効性まで踏み込んで審査を行うことはなかった。憲章を起草したサンフランシスコ会議での合意により、国連機関の行動が憲章に合致するかどうかの判断は第1次的にその機関が行うこととされており、国連機関の行動は有効なものであると推定される(**有効性の推定**)。したがって、ICJによる国連機関への司法的統制の判断は、これを踏まえて慎重になされてきたといえる。

4. 国際機構の意思決定

(1) 意思決定方式

(a) 史的展開

伝統的国際社会において、基本原則の1つは国家の主権平等(→5章3)であり、意思決定の方式は**全会一致制**であった。ところが、国際社会の主権国家の数が増えかつ関係が緊密になってくると、多くの国際行政連合において**多数決制度**が採用された。もっとも、政治的に重要な事項を扱う国際連盟においては、原則として、全会一致制が採用された(規約5条1項)。しかし、第2次大戦後、連盟の失敗も踏まえ、国連では原則として多数決制が採られることとなった。

今日、多くの国際機構で多数決制—**単純多数**と**特別多数**—が採られている。例えば、国連総会では重要事項とそれ以外の事項に分けて、前者には3分の2の特別多数決、後者には単純多数決を採用している(憲章18条)。また、世界知的所有権機関(WIPO)では、一般総会において3分の2、4分の3および10分の9と3種類の特別多数決が事項に応じて使い分けられている(WIPO条約6条3項)。

(b) 平等原則の修正

多数決制度の進展において、決議を実施する能力のある大国の意思が反映されないことが実際に生じうる。そこで、大国の意思を実質的に決議に反映させるという観点から、さまざまな工夫、すなわち平等原則の修正がなされている。例えば、票の配分に関しては、量的および質的な是正がなされうる。前者の例としては、世銀やIMFに見られるように、一定の基準(機構への貢献度など）に従って投票権数に差異を設ける**加重投票制**がある（→表7-3）。また、後者の例としては、同じ1票でも質的に異なるという点で、国連安保理において実質事項の審議の際常任理事国に与えられる、いわゆる**拒否権**（veto）が挙げられる。（憲章27条2項によれば、手続事項の決定に関しては、単に15理事国のうち9理事国の賛成投票でよいのに対し、同3項によれば、その他のいわゆる実質事項の決定については、常任理事国の同意投票を含む9理事国の賛成投票を要する。つまり、常任理事国には、反対票を投じることにより決定をさせない特権が与えられており、これを「拒否権」と呼ぶ）。このように、国際機構の意思決定方式には、伝統的な主権平等原則に基づく形式的平等ではなく、それぞれの加盟国の能力に応じた実質的平等を追求する傾向が見受けられる。

表7-3　IMFにおける投票権数

	割当額（出資額）〔単位100万SDR〕	全体に占める割合（%）	投票権数	全体に占める割合（%）
米国	82,994.2	17.43	831,401	16.50
日本	30,820.5	6.47	309,664	6.14
中国	30,482.9	6.40	306,288	6.08
ドイツ	26,634.4	5.59	267,803	5.31
英国	20,155.1	4.23	203,010	4.03
フランス	20,155.1	4.23	203,010	4.03
イタリア	15,070.0	3.16	152,159	3.02
インド	13,114.4	2.75	132,603	2.63
ロシア	12,903.7	2.71	130,496	2.59
ブラジル	11,042.0	2.32	111,879	2.22
ツバル	2.5	0.001	1,484	0.03

IMFのウェブサイトより作成（2022年1月現在）

＊特別引出権（SDR）とは、加盟国の既存の準備資産を補完するために1969年にIMFが創設した国際準備資産のこと。IMFで通用している通貨単位を指す。

(c) コンセンサス方式

決議に実効性を持たせるという観点からは、昨今、多くの国際機構において、**コンセンサス方式**が採られている。これは、明確に反対する国が現れなくなる段階まで加盟国の意見を調整し、実際の投票を行うことなく議決を行う方式である（→3章2(2)）。今日では、設立文書や内部手続規則にこの方式を採り入れている国際機構もあるが(WTO協定9条1項、化学兵器禁止条約8条18項、UPU大会議手続規則20条1項など)、むしろ実行上、この方式が用いられる場合がしばしばあり、例えば、近年国連総会では、年間採択される決議のうち3分の2以上が投票なしで採択されている。この方式は、加盟国間の対立を回避できる反面、意見の調整に時間がかかることがあり、また、妥協の末に内容が希薄化しうるという欠点も指摘される。

(2) 決議の法的拘束力

国際機構の決定は、加盟国に対して拘束力のある決定と拘束力のない決定に大別される。拘束力のある決定としては、まず、機構の組織運営に関する決議がある。例えば、国連憲章では、加盟承認(4条)、権利停止(5条)・除名(6条)、予算の承認(17条)、補助機関の設置(22条、29条、68条)、事務総長の任命(97条)、職員規則の採択(101条)などが挙げられる。これらは、「**国際機構内部法**」と呼ばれることがある。これ以外に、直接加盟国(場合によってはその構成員たる私人も含む)を名宛人とする規範も法的拘束力を有する。国連憲章25条に基づく安保理の決定、いくつかの国連の専門機関が行う決定、ICAO理事会が採択する民間航空の安全等に関する「国際標準」(ICAO条約37条)や、WHO総会が採択する「国際保健規則」(WHO憲章21条)、後述するEU法がこの例として挙げられる。

他方、上に述べた例を除き、一般に、国際機構の決議には法的拘束力がない。例えば、国連総会決議について見ると、国連憲章上、総会は「討議」、「勧告」する権能を有するに過ぎず(10条)、その決議には一般に法的拘束力はないとされる(→2章5(2))。

5. 欧州連合(EU)

(1) 概　説

(a) 歴　史

第2次大戦後、1946年のチューリヒ大学におけるチャーチルの演説は、ヨーロッパの分断を懸念し、フランスとドイツの協力を強調した。その後、1950年にフランス外相の「シューマン・プラン」により、フランスと西ドイツの石炭と鉄鋼の全生産を合同の最高機関の下に置くことが提案された。これに基づき、フランス、西ドイツ、イタリア、ベルギー、オランダおよびルクセンブルクの計6ヵ国による**欧州石炭鉄鋼共同体**(ECSC)(ECSC(設立)条約(パリ条約)、1951年署名、52年発効)が成立した。これに続いて、経済統合を目指す**欧州経済共同体**(EEC)と、原子力産業の育成・原子力利用技術の共同開発を目指す**欧州原子力共同体**(EURATOM. EAECとも呼ばれる)が発足した(1957年のEEC(設立)条約およびEURATOM(設立)条約(ローマ条約)。1958年発効)。

これら3つの国際機構はそれぞれ別個の組織を有していたが、1958年に議会と裁判所を、1967年には理事会と委員会を共通の機関とした。統合は進み、1973年にデンマーク、アイルランドおよび英国が加盟し、1981年にはギリシャ、1986年にポルトガルとスペインが加盟した。1986年には、**単一欧州議定書**(SEA)が署名された(1987年発効)。これにより、1992年中に域内市場を完成させること(SEA13条)や、経済・通貨の統合が明記された(SEA20条)。

1980年代後半になると、政治情勢に変化が見られ、ヨーロッパの安定を求める動きが強まった。その結果、1992年に**マーストリヒト条約**(正式名称は、欧州連合条約(TEU: Treaty on European Union))が採択され(1993年発効)、**欧州連合**(EU：European Union)が成立した。この条約により、EUは、従来から存在していた第1の柱である欧州諸共同体に、第2の柱となる**共通外交・安全保障政策**(CFSP)と第3の柱となる**司法・内務協力**(JHA)を加えた3本柱構造をとることとなった。

1997年には、マーストリヒト条約およびEC(設立)諸条約を改正する**アムステルダム条約**が署名された(1999年発効)。この条約で、第3の柱に含まれていた「人の自由移動」に関する政策が第1の柱に移行したことに伴い、第3の柱であった司法・内務協力は、「**警察・刑事司法協力**」(PJCC)となった。その後、拡大に備えた機構改革の必要性から、2001年に、アムステルダム条約とEC(設立)諸条約を改正する**ニース条約**が署名された(2003年発効)。この条約で、欧州議会の最大定員数は原則として従来の626から732とされ、後述するように、理事会の特定多数に関わる議決方式に、議決には従来の加重投票に加えて、加盟国のうち過半数の賛成と賛成国の総人口がEU全人口の62%を満たさなければならないという条件が新たに課されることになった。

2002年には、共通通貨ユーロも導入された。これらの流れと並行して、EU関連文書を整理統合する動きが活発化し、2004年には、**欧州憲法**が署名された。しかし、特にフランスとオランダで国内の支持が得られず、欧州憲法の実施は暗礁に乗り上げた。これに伴い、2007年に、ニース条約とEC(設立)諸条約を改正する**リスボン条約**が署名され、2009年に発効した。リスボン条約は、従来の3本柱構造を解消してEUの下に組織を統合し、EUに単一の法人格を付与した。

マーストリヒト条約発効後の拡大状況としては、1995年にオーストリア、フィンランドおよびスウェーデンが加盟。2004年には中東欧および地中海10ヵ国(チェコ、キプロス、エストニア、ハンガリー、ラトビア、リトアニア、マルタ、ポーランド、スロバキアおよびスロベニア)、また、2007年には、ブルガリアとルーマニア、2013年にはクロアチアが加盟した。

2017年3月29日に、イギリスはEU条約50条2項に従い、欧州理事会

表7-4　欧州統合の変遷

条約発効年	条約	機構および制度の変遷					加盟国の推移
1952年	パリ条約					欧州石炭鉄鋼共同体(ECSC)	1952年　フランス、ドイツ、イタリア、ベネルクス
1958年	ローマ条約			欧州経済共同体(EEC)	欧州原子力共同体(EURATOM)		
1967年	ブリュッセル条約			欧州諸共同体(ECs)			1973年　デンマーク、アイルランド、イギリス
1987年	単一欧州議定書(SEA)	欧州連合(EU)〈3本柱構造〉					1981年　ギリシャ 1986年　ポルトガル、スペイン
1993年	マーストリヒト条約	司法・内務協力(JHA)	共通外交・安全保障政策(CFSP)	欧州共同体(EC)			1995年　オーストリア、フィンランド、スウェーデン
1999年	アムステルダム条約	警察・刑事司法協力(PJCC)				2002年廃止	
2003年	ニース条約						2004年　東欧、地中海10ヵ国
2009年	リスボン条約	欧州連合(EU)					2007年　ブルガリア、ルーマニア 2013年　クロアチア 2020年　イギリス脱退

に対して脱退通告を行った(いわゆる**Brexit**)。その後、イギリスとEUとの間で脱退に関する協定が2020年2月1日に発効した(脱退後の移行期間中の12月24日に両者の関係に関する貿易協力協定が合意に至った(同協定は2021年1月1日に発効))。このイギリスの脱退により、EUは27ヵ国体制となった(2022年1月現在)。

(b) 制度枠組み

ECSC、EECおよびEURATOMは、1967年より単一の機関を共有し、(複数形の)ECs(European Communities)と総称されるようになった(もっとも、ECSCは2002年7月に廃止され、ECsは2つの共同体となった)。その後マーストリヒト条約により、EUの制度枠組みは、前述のように3本柱構造(EU＝ECs＋CFSP＋JHA)となった(EUが従来のECに取って代わったわけではなかった)。また、従来のEECは、(単数形の)EC(European Community)と呼ばれるようになった。したがって、かつてのEEC条約もEC条約と呼ばれた。

その後、リスボン条約は、制度を大きく変えた。まず、EUが従来のECに取って代わってそれを承継し(TEU 1条)、EUは、**EU条約**と**EU運営条約**(TFEU: Treaty on the Functioning of the European Union)に基づいて設立されることになった。また、制度であったEU自体に法人格が付与された(TEU 47条)。EUは、加盟国との関係において、加盟国が付与した権限内でしか行動してはならず(**権限付与の原則**)、その権限行使は、**補完性原則**(principle of subsidiarity)(EUの排他的権限に当たらない分野で、EUレベルでの方がより目的を達成できる場合に限りEUが行動する)および比例性原則(EUの行動の内容と形式は、EU条約およびEU運営条約の目的達成に必要な限度を超えてはならない)によって規律される(TEU 5条)。

(c) 組織構造

EUへの加盟については、加盟国に共通の価値を尊重しかつ促進する欧州の国であることが要件とされる(TEU 2、49条)。また、リスボン条約により脱退規定が新設された(TEU 50条)。EUの主な機関は、欧州議会、欧州理事会、理事会、欧州委員会、EU司法裁判所、欧州中央銀行および会計検査院である(TEU 13条1項)。なお、**EU外務安全保障政策上級代表**(以下、EU上級代表)が設置され、その下に各国や国際機構においてEUを代表するEU代表部が置かれる(TFEU 221条)。

欧州議会は、EU市民の代表として選ばれた定員751名(議長を含む)の議員から成る(TEU 14条2項)。議員は、直接選挙され、任期は5年である(TEU 14条3項)。欧州議会は、理事会と共同して立法および予算上の任務を果たし(TEU 14条1項)、理事会に対して、法案の否認や修正の権利を有する(TFEU 294条)。また、欧州委員会に対しては、委員長の選出(TEU 17条7項)、委員長、EU上級代表および委員の承認(同)、委員会の総辞職およびEU上級代表の解任(TFEU 234条)ならびに委員会への質問(TFEU 230条)を行う。その他に、EU市民からの請願の受理(TFEU 227条)およびオンブズマンの選出(TFEU 228条)も行う。

欧州理事会(「EU首脳会議」、「EUサミット」とも呼ばれる)は、事実上の最高意思決定機関で、加盟国首脳、欧州理事会議長および委員会委員長から構成され、EUの発展のために原動力を与える機関とされる。ただし、立法権限はない(TEU 15条)。

理事会(「欧州連合理事会」または「閣僚理事会」とも呼ばれる)は、加盟国政府の閣僚級の代表によって構成される(TEU 16条2項)。理事会は主たる立法機関である。議決に関しては、特定多数(qualified majority)が原則である(TEU 16条3項)。この原則によれば、議決の成立には、各国1票の投票に基づき、加盟国数の55%およびEU人口の65%が要件とされる(TEU 16条4)(ただし、委員会または外務安全保障政策上級代表からの提案に基づかない議決の場合には、加盟国数の72%およびEU人口の65%が要件とされる(TFEU238条2))。

欧州委員会は、各加盟国から1名ずつ選出され、独立した地位にある任期5年の委員によって構成される(TEU 17条3、4項)。ただし、2014年11月1日以降、委員の数は加盟国数の3分の2に減員される(TEU 17条5項)。なお、EU上級代表は、副委員長を務める(TEU 17条4項)。委員会は、基本条約適用の確保と、EU司法裁判所の下でなされるEU法適用の監視、予算執行および計画の管理を任務とする(TEU 17条1項)。

EU司法裁判所は、司法裁判所、一般裁判所および専門裁判所から構成される(TEU 19条1項)。EU司法裁判所は、各加盟国から1名ずつ選ばれた裁判官によって構成され、11名(従前は8名)の法務官により補佐を受ける(TEU 19条2項、TFEU 252条および「司法裁判所における法務官の数に関わるTFEU 252条に関する宣言」)。裁判官と法務官の任期は6年(再選可)である(TFEU 253条)。司法裁判所で扱われうる訴訟は、主に、義務不履行訴訟(TFEU 258-260条)、取消訴訟(TFEU 263条)、違法性の抗弁(TFEU 277条)、不作為訴訟(TFEU 265-266条)および損害賠償請求訴訟(TFEU 268条)である。原則として法的争点につき、一般裁判所判決に対し司法裁判所へ、また、専門裁判所判決に対し一般裁判所へ、それぞれ上訴が可能である(TFEU 256、257条)。

一般裁判所は、理事会と委員会の議決の審査権(TFEU 263条)、理事会と委員会の不作為に対する訴訟(TFEU 265条)、非契約上の損害賠償に関する訴訟(TFEU 268条)、共同体と職員の間の紛争に関する訴訟(TFEU 270条)および仲裁条項に基づく訴訟(TFEU 272条)に関して、専門裁判所に割り当てられたものおよび司法裁判所規程によって留保されたものを除くほか、第1審として判決を下し、その判決は司法裁判所への上訴の対象となる(TFEU 256条1項)。この場合、2審制が実施されることになる。

また、専門裁判所判決に対して一般裁判所が下した判決は、EU法の統一性または一貫性に影響を及ぼす重大な危険がある場合には、司法裁判所規程に定める条件および制限の範囲内で例外的に司法裁判所による再審査に服する。この場合には、3審制が実施されうる(TFEU 256条2項)。

加盟国内で提起されるEU条約およびEU運営条約の解釈とEU諸機関の行為の効力および解釈について、国内裁判所がEU司法裁判所に裁定を求めることがある。この場合、EU司法裁判所は**先行判決**を下すことができる(TFEU 256条3項、TFEU 267条)。この先行判決の制度は、EU司法裁判所と各加盟国の国内裁判所との連携により、EU法が各国内裁判所において統一的に適用されるのを確保することを目的としている。

欧州中央銀行の運営評議会は、執行理事会(総裁、副総裁および4名の理事。任期8年)とユーロ導入各国中央銀行の総裁から成る(TFEU 283条)。欧州中央銀行は、各国の中央銀行とともに欧州中央銀行制度を構成して通貨政策を司り、安定した物価の維持をその第1の目的とする(TFEU 282条1、2項)。

会計検査院は、各加盟国から1名ずつ選出され、独立した地位を有する検査官(任期は6年)により構成される。会計検査院は、EUのすべての収入および支出について会計検査する任務を負う(TFEU 285-287条)。

(2) EU法

(a) EUの法秩序

EU法の法源には、成文法として、①1次法であるEU条約およびEU運営条約、②EUが他の国際法主体と締結した条約、ならびに③2次法(派生法)である**規則**、**指令**、**決定**、**勧告**および**意見**がある。これら法源間の効力の順位としては、①が最上位にあり、次に②、③と続く。③の規則、指令および決定の間に効力の順位は存在しない。

規則は、一般的効力を有し、加盟国内において直接適用される。指令は、加盟国に宛てられるが、実施の形式および手段については、加盟国に委ねられる。決定は、名宛人が特定されている場合、名宛人のみを拘束する。勧告および意見は拘束力を有さない(TFEU 288条)。規則、指令または決定については、通常の立法手続においては、委員会の提案に基づいて、理事会と欧州議会が共同で採択する(TFEU 289条)。勧告は、理事会によって採択され、また、委員会および特定の場合には欧州中央銀行によっても採択される(TFEU 292条)。なお、不文法として、法の一般原則や判例法(先例拘束性はない)がある。

(b) 直接効果と優位性

EU法の特徴として、まず、国内法における**直接効果**(direct effect)が挙げられる。直接効果とは、加盟国内の法秩序において、EU法が法主体に対して直接権利・義務を付与することを意味する。ECJは、リーディング・ケースとなった1963年のヴァン・ゲント・エン・ロース対オランダ国税庁事件[11][判例9A]をはじめとして、一定の要件を備えるEC法規定については、直接効果を認めてきた。

11 **ヴァン・ゲント・エン・ロース事件**　オランダのヴァン・ゲント・エン・ロース社がドイツからの輸入品への課税を国内で争った際、先行判決を求められたECJは、関税の引上げや新設を加盟国に禁止するEEC条約12条が加盟国とその国民の間の法的関係に直接効果を生じることを認めた。

また、EU法は、加盟国の国内法と抵触する場合には、国内法に対する**優位性**が認められうる。1964年のコスタ対ENEL事件[12]［判例9B］において、ECJは、憲法を含むすべての国内法に対して、EEC条約成立以前の国内法のみならず、事後の加盟国の立法に対してもEEC条約規定が優位することを認めた。また、その後1970年のインテルナツィオナーレ・ハンデルスゲゼルシャフト社対穀物飼料輸入貯蔵所事件[13]により、EC法の1次法のみならず2次法も国内法に優位することが確立された。

設　問

1. 国際連合の法人格。(司試・昭58)
2. 国際連合の国際法上の諸権能について論ぜよ。(外Ⅰ・平2)
3. 設立文書に脱退規定のない国際機構から脱退はできるか。
4. 国連の総会と安保理との権限関係について論じなさい。
5. 国際機構における表決権の平等性。(司試・昭55)
6. 国際連合安全保障理事会の決議の実施について、加盟国の主権との関係で、論じなさい。(外専・平22)。
7. EU法の構造とその特徴について論じなさい。

【参考文献】

藤田久一『国連法』(東京大学出版会、1998)
佐藤哲夫『国際組織法』(有斐閣、2005)
家正治・小畑郁・桐山孝信編『国際機構(第4版)』(世界思想社、2009)
中村道『国際機構法の研究』(東信堂、2009)
最上敏樹『国際機構論講義』(岩波書店、2016)
山田哲也『国際機構論入門』(東京大学出版会、2018)

12　**コスタ事件**　イタリアが電力事業国有化により設置した公社ENELを相手取り、コスタ氏が国有化法の憲法およびEEC条約違反を国内において争った。先行判決を求められたECJは、EC法の優位を明らかにし、EEC条約の問題が生じる場合には、先行判決に関するEEC条約177条が適用されなければならないとした。

13　**インテルナツィオナーレ・ハンデルスゲゼルシャフト社事件**　ドイツの貿易会社であったインテルナツィナオーレ・ハンデルスゲゼルシャフト社は、トウモロコシ粉の輸出について、その許可期限内にすべての輸出を行わなかったため、理事会規則120/67号の規定に基づいて預託金が没収された。同社が没収額の返還を求め預託金制度の効力をドイツ国内裁判所において争った際、先行判決を求められたECJは、EC条約に由来する法が、その性質ゆえに、いかなる国内法規則によっても覆されることはないと判断した。

植木俊哉「国際組織の概念と『国際法人格』」柳原正治編『国際社会の組織化と法』（信山社、1996）

Philippe Sands and Pierre Klein, *Bowett's Law of International Institutions*, 6th ed. (Sweet & Maxwell, 2009)

H. G. Schermers and N. M. Blokker, *International Institutional Law*, 6th revised ed. (Brill, 2018)

第 8 章　国家領域

目　次

1. 国家領域の構造

(1) 国際法における空間的管轄

国際法の観点から地球を眺めると、各国が主権を行使している**国家領域**とそれ以外の空間に分かれていることが見て取れる。国境によって囲い込まれた**主権国家**は、その領域内のあらゆる事項について排他的な権限を行使することを認められている。またそれ以外の空間は、宇宙空間も含めて、特定国家の管轄権が全面的には及ばず、その利用については国際協力が必要とされる区域である。1928年のパルマス島事件判決[1][判例36]は、今日でも領土問題を考える際の重要な判例であるが、それによれば、国際法は自国領域において国家が排他的権限を行使することを認める原則を確立しており、この原則は多くの国際問題の解決の出発点になっているという。これは、国家がどの範囲まで権限を行使できるかは国際法の運用にとって重要な事項であるということを示すとともに、国際法が**領域性原理**(principle of territoriality)を基礎としていることをあらわしている。領域性原理とは、どのような領域で問題が発生したかによって、適用される国際法規則が異なるという意味で、国際問題を解決する出発点として領域の地位が考慮されることをいう。

したがって、**領域主権**の法的性格をどう捉えるかについては、古くから考察されてきた。ひとつは、自国が有する領域に対して国家が処分権を持つことに着目して、国内法上の土地に対する所有権(*dominium*)の考え方から類推した**所有権説**である。もうひとつは、領域に居住する人に対する支配権(*imperium*)をその本質と考える**支配権説**である。しかし現実には、国家が領土の処分権を持つと同時に、領域内では排他的な統治を行っていることから、領域主権はこの両方の性格を兼ね備えていると見るのが通説である。

(2) 国家領域の構成

国家領域は、**領土**、**領水**(内水と領海)とそれらの上部にある**領空**という立体的構成をしており、領土と領水では法的地位に違いはあるものの、主権国家の権限行使を全般的に認めている区域をさす。**内水**は、領海と合わせて「領水」を構成するが、内水では原則として領土と同じ排他的権限が認められている(国連海洋法条約8条)。ここで内水とは湖や河川、内海、運河、港、湾な

1 **パルマス島事件** フィリピンのミンダナオ島とインドネシアのナヌーサ群島の中間に位置する孤島で、20世紀初頭にそれぞれを植民地として保有していた米国とオランダとの間で帰属が争われた事件。1928年に常設仲裁裁判所の仲裁判決は同島のオランダへの帰属を認定した(→本章3(1))。

どをさす。そのうち領海との区分が難しいのが湾であり、国連海洋法条約は湾が国際法上内水として扱われるための条件を規定している(同10条)。

一方、**領海**は沿岸国の主権が及ぶ範囲として認められるものの、国際交通の利益という観点から他国船舶に無害通航権が認められるなど、主権行使に一定の制約が課されている区域である(→10章2(2))。

また、**領空**という考え方は20世紀の初頭に航空機の発達に伴って登場した。当初は領海の無害通航権を類推した領空における無害飛行権も主張されていたが、1919年の国際航空条約は、締約国の領域上の空間に対して国家の**排他的主権**を認め、1944年の国際民間航空条約(シカゴ条約)も1条で「各国がその領域上の空間において完全且つ排他的な主権を有する」ことを承認した。現在では飛行目的にかかわらず、すべての外国航空機の無害飛行権は認められないことが慣習法上確立している(→9章2)。

(3) 国家領域と国際公域

国家領域に対して、領海を越えた海洋部分(公海)や南極、さらには領空を越えた宇宙空間など、特定国家の管轄権が原則として及ばない空間は非国家領域と呼ばれることもあるが、その空間の公共性を強調して**国際公域**ないし共通区域と呼ぶことが多い。海洋法上は、**国家管轄権外の区域**と呼ぶこともある。また、スエズ運河やパナマ運河のように、特定国家の領域内にありながら、その利用について国際的に開放することが約束されている領域を、特に**国際化地域**と呼ぶこともある。もっとも今日では、排他的経済水域のように、沿岸国の経済活動の主権的権利が認められながらも(国連海洋法条約56条1項(a))、他国船舶の自由航行や上空飛行の自由が認められる(同58条1項)区域も出現しており、伝統的な分類に当てはまらない事例がある。また、東チモールやコソボなどの領土に対して、国連のような国際機構が国家に代わって暫定的に統治を行う事例も出ている。これらの地域については、第9章等で取り扱うことにして、以下では、国家の領土について国際法とのかかわりをみることとする。

(4) 領域使用の管理責任

主権国家は自国領域に対して**排他的な権限**を有するとはいうものの、主権の行使については、領海制度にも見られるように国際法上一定の制約が課せられてきた。また領域の使用に関しても、一般的には他国に損害を与えるような仕方で領域を使用したり、私人にそのような使用を許可したりしてはならないとされている。伝統的国際法では、他国の損害というのは、在留外国人の身体や財産への侵害など、自国領域内にある他国の権利侵害が想定されていた。先に言及したパルマス島事件判決[判例36]でも、領域に対する国家の排他的権限を認める一方で、領域主権はその結果として、自国領域内において他国の権利と他国がもつ在留国領域にある自国民の権利を保護する義務を伴う、と述べていた。この判決でいわれた、他国に対する義務をさらに推し進めて、自国の領域を使用することによって領域外へ損害が及ぶような事態に対しても適切な管理が必要であるという考え方が出てきた。これは、1941年のトレイル熔鉱所事件仲裁判決[判例129](→16章1(2))に示され、今日では「**領域使用の管理責任**」という形で、領域主権制限の根拠とされている。この事件では他国への具体的な越境汚染損害にかかわる責任が問われたが、1972年に採択された**人間環境宣言**(ストックホルム宣言)の原則21は、「国は、……自国の管轄または管理下の活動が他の国の環境または国の管轄権の範囲外の区域の環境に損害を及ぼさないように確保する責任を有する」と規定し、他国の領域内だけでなく、公海などの国家管轄権外の区域への「環境」保護義務を課した。これは海洋環境の汚染防止義務を課す国連海洋法条約(12部)や、1992年の「環境および発展に関するリオ・デ・ジャネイロ宣言」の原則2に引き継がれ、今日では慣習法上の義務となっていると理解されている。

2. 領域の取得

(1) 伝統的な領域権原

国際法が領域性原理を基礎としていることから、**国家領域の取得方式**は重要な問題となっている。一般に「**権原**(title)」とは、そこから権利が発生すると認められる事実をいい、特定の領域を取得することが正当と認められる原因となる事実を「領域権原」という。伝統的国際法は、そのような領域権原として、**割譲**、**併合**、**征服**、**先占**、**時効**、**添付**を認めていた。これらの取得方式を、どの国家にも帰属していない領域を取得する「原始取得」(先占、添付)と、他の国家から領域が移転される「承継取得」(割譲、併合、征服および時効)に分類して説明することもある。

(a) 割譲と併合

割譲は、2つの国家の合意に基づいて、領土の一部を一方から他方に譲り渡す(譲り受ける)方式である。**併合**も国家間の合意に基づくものであるが、一方の領土の全部を他方に譲り渡す(譲り受ける)方式であるから、併合は1つの国家が消滅することを意味する。合意という点に着目して、割譲と併合をあわせて「**譲渡**」と呼ぶこともある。1895年の日清媾和条約により日本が清国から台湾とその周辺地域を譲り受けたのは割譲であり、1910年に日本と韓国との間で締結された「韓国併合に関する条約」により、韓国が日本に併合され消滅したのは、併合の事例といえる。

(b) 征 服

征服は、武力によって相手国領土の全部を制圧し、領有の意思を持って支配することによって領土を取得する方式である。したがって、領土の全部を譲り渡す併合は、それによって国家が消滅することを意味することから、征服と併合を合わせて広義の併合という場合もあるが、あとで述べる理由(→本章2(2)(b))から、少なくとも現在では適切な分類ではない。

(c) 先 占

先占とは、国際法上いずれの国家の領域にも属さない地域(**無主地**)について、国家が領有の意思を有し、それに支配権を及ぼして取得する方式である。これについては、メキシコの沖合にある太平洋上の無人島の帰属をめぐって争われたメキシコ＝フランス仲裁判決で明確にされた(1931年クリッパートン島事件)。先占は民法でいう無主物の占有から類推されたものであるが、伝統的国際法では欧州諸国が**植民地**を獲得する際の法的テクニックとして用いられた点が注目に値する。「無主地」とは「いずれの国家にも属さない」、つまり実効的な支配が及んでいない地域であり、そこに住民が住んでいようが、国家による領土取得の対象になるという点が重要なのである。この場合の国家とは**文明国**(欧州諸国)をさし、無主地とは、アメリカ大陸をはじめ、アジア、アフリカ等の非文明地域をさした。また、領有の意思は、**実効的占有**によって裏づけられていることが必要であるとされた。これは、欧州諸国間の植民地獲得競争の下で、植民地獲得についての先発国であったスペイン、ポルトガルが主張していた「**発見優先**」原則を否定し、後発国である英仏やドイツ、ベルギーなどによる植民地獲得を正当化するものであった。

ところが、実際には植民地諸国は現地の首長らと「条約」を結ぶことで領土拡大を図ってきた。当時の国際法では、法主体でない「政治組織体」との条約は無効であるとされ、植民地獲得の根拠を先占とみなすのが一般的理解であった。パルマス島事件判決[判例 36]でも、国際社会の構成員とは認められていない先住の首長と国との間の契約は、国際法上の条約ではなく、条約から生じるような権利義務を創設することはできないと述べていた。これに対して国際司法裁判所(ICJ)は、1975 年の西サハラ事件勧告的意見[2][判例 76]で、スペインが現地の政治組織と結んだ保護条約を有効なものとし、スペインが当該地域を植民地にした時期は、当該条約が締結された以後であると認定し、現地組織の国際法主体性を認めるかのような意見を出したことは興味深い。2008 年の ICJ ペドラ・ブランカ事件判決[判例 41]でも、ジョホール国が 1512 年の成立以降、一定の領域範囲をもつ主権国家として確立したとし、現地政治組織の領有権を肯定した。もっとも、係争地域のうちペドラ・ブランカは、1980 年までに黙認によりマレーシアからシンガポールへ主権が移転されたと判断した。

2　**西サハラ事件**　アフリカ大陸の北西部大西洋岸に位置する西サハラをめぐって、スペインとモロッコ、モーリタニアが争った事件。ICJは国連総会の決議に応じて、西サハラがスペインにより植民地とされたときは無主地ではなく、現地の政治組織とスペインとの間の条約によって植民地となったこと、またモロッコなどとの法的結びつきは一定程度あるものの、領土主権の結びつきを証明するものはないという勧告的意見を出した。ICJは西サハラ人民の自決権を認める国連総会決議を肯定的に引用し、自決権による領域の地位の確定を是認していたが、モロッコが当該地域を占領するなどして紛争が悪化した。現在もなお西サハラ人民による自決権の行使がなされず、未解決である。

(d) 時 効

先占のような無主地に対する領有ではなく、他の国家の領土に対して、長期間、平穏かつ実効的に支配を続けた結果として、当該国家に帰属を認めようとするのが、**時効**である。英国によるフォークランド諸島の取得が、20世紀前半の学説では時効の事例とされたことがある。1833年に英国がアルゼンチン軍隊を退去させ、実効的に占有して以来100年間ほどは平穏に英国が占有していたからである。もっとも学説の中には時効を有効な取得方式として認めないものもあるが、それは時効完成の期間について明確な定めがないことによる。島の地位とその周辺の境界線の決定についてICJの判断を求めた1999年のICJカシキリ・セドゥドゥ島事件では、ナミビア・ボツワナの両当事者が時効の成立要件について合意していたため、ICJは時効が権原として有効かどうかを議論しないまま、当該事例が時効の要件を満たしていないとして棄却した。

(e) 添 付

添付は、海底の隆起や土砂の堆積などによって、新しく土地が形成されることによって国家の領土が増加することである。小笠原諸島にある西之島周辺の海底火山が噴火したことで新島が出現し後に旧島と合体した珍しい事例がある。なお国連海洋法条約上、外洋に向けて埋め立て地を作れば領土だけでなく領海も沖合に拡大する可能性があるが(同11条)、排他的経済水域での**人工島**や**海洋構築物**などは、島としての地位を与えられないので(同60条8項)領海はそもそも生じない。

(2) 領域権原の再検討

(a) 先占の限定

以上のような**領域権原**がすべて今日もそのまま妥当するかどうかについては、若干の吟味が必要である。植民地支配の違法性が明らかになり(植民地独立付与宣言を参照)、南極の領有権問題を除けば、地球上のすべての領土の分割が終了した現在、先占は基本的に領土の新たな取得原因とならないであろう。海底が隆起して新島が出現する場合には先占もありうるが、新島の地理的位置やその経済的価値なども考慮したうえで、関係各国や国際機構での協議を通じて、法的地位を決定することが望ましいだけでなく、のちの領土紛争を引き起こさないためにも必要となるであろう。その意味でも、先占は主としてのちに見るような領土紛争解決の際の法的基準としてその役割が残されているということになろう。

(b) 武力行使禁止原則との関係

征服は権原として認められなくなっている。現代国際法は、国連憲章によって明らかにされているとおり、いかなる国の領土保全や政治的独立に対しても、個別国家が武力行使を行うことを禁止している(2条4項。→18章1(4))。したがって征服につながる侵略的行動は今日では禁止されている。1970年に国連総会が採択した**友好関係宣言**は、「国の領域は、武力による威嚇又は武力の行使の結果生ずる他の国による取得の対象とされてはならない」と規定し、そうした領土の取得を合法的なものとして承認してはならないと述べ、征服という権原を否認した。友好関係宣言は総会決議であり、それ自体には法的拘束力はないが、この部分については、諸国の法的信念も、その後の実行も慣習法としてこれを支持しているように思える。近年の例では、1990年にイラクがクウェートに侵略し**併合宣言**を行った際、国連安全保障理事会は、その併合宣言を直ちに無効と宣言し、イラク軍の無条件撤退を要請した(安保理決議662(1990))。

また、1975年から1999年まで続けられてきたインドネシアによる東チモールの実効的支配についても、国連は権原として認めなかった。東チモールは、将来の自決権行使を保障する植民地独立付与宣言が適用される地域について国連の非植民地化委員会が作成していたリストに掲載され続け、1999年8月の東チモール住民による独立の可否をめぐる投票を経て、インドネシア軍の撤退と1999年10月から2002年5月までの国連**東チモール暫定統治機構**(UNTAET)による統治の後、独立を達成した。また、しばしば征服の前提となる**占領**や**入植**の行為も、権原につながるものとしての法的効果を認めないという慣行が定着している。例えば、イスラエルは**パレスチナ占領地**に入植地を建設し、多くのユダヤ人が移住することを禁止しなかったが、国連はこうしたイスラエルの政策および実行がいかなる法的効果も有しないことを決定している(安保理決議446(1979))。さらにイスラエルは、2002年から、ヨルダン川西岸地区に「テロリスト」からの攻撃を防止すると称して、平均の高さ7メートルで、総延長は700キロメートルを超えるような規模を予定した壁を建設しはじめた。ICJは、2004年の「パレスチナ占領地における壁構築の法的効果」に関する勧告的意見[判例165]で、壁の建設は**パレスチナ人民の自決権**を侵害していると述べるとともに、これが事実上の併合に相当すると考えた。これらのことは、長期にわたる軍事占領の結果として、当該占領地を自国領土に事実上編入しようとするいかなる試みも、領域取得の権原とはならないことを裏書している。

(c) 強制と強行規範

さらに、併合や割譲についても、その合意が何らかの強制によって結ばれた場合には、無効となりうることに注意しなければならない(条約法条約51、52条)。また、領土の変更が当該地域人民の意思に反して合意され、自決権侵害と認定できるならば、**人民の自決権**が**強行規範**であると主張する立場からは無効となりうる(同53条)。特定の事例において誰が国際法違反であると判断するのか、という困難な問題が付きまとっていることは確かであるが、征服以外の権原についても、国際法の発展に照らして再検討される必要があろう(→3章7)。

以上の傾向から読み取れることは、伝統的国際法が**領域支配の実効性**を何よりも重視したのに対して、武力行使の禁止や自決権の尊重が確立している現代国際法では、誰が、どのような形で当該領域を支配しているかという、**領域支配の正統性**にも重きが置かれるようになっているということであろう。

3. 領域紛争の解決基準

以上のような領域権原の分類は、国際法を体系的に整理して知識を提供する場合には有効であるが、実際の紛争では一方が歴史的な根拠を持ち出し、他方が条約上の規定を援用するなど、論点が複数にわたり、いずれかの権原のみを適用して解決するということは難しい。ここでは実際に国際裁判などで参考にされた解決基準について要点を整理する。近年、領域紛争を国際裁判(特にICJ)に付託する事例が多く見られるが、それらは島や岩、国境のわずかな部分など、主権問題に大きな影響が認められない領域の紛争であるうえに、合意付託によるものであることにも留意したい。裁判では、①紛争を時間的に特定し、②適用すべき国際法を明確にするだけでなく、③当事国が援用する証拠の価値を判断しなければならない。さらに最近の国際法の発展に照らして考慮すべき問題、④特に植民地独立との関係で登場したウティ・ポシデティス原則や、⑤その背後にある人民の自決権の適用が及ぼす問題がある。以下ではこの順番で説明を加える。また法的観点からの解決だけでなく、紛争当事国間の関係や地域の状況なども考慮して外交交渉など法以外の手段で解決するほうが有益である場合も多いことも念頭に置くべきである。

(1) 決定的期日と時際法

領土紛争の場合、一方が事実上当該領域を占有していることが一般的であるので、どの時点での帰属を争うかが重要な争点となる。したがって領土紛争を法的に解決するためには、紛争が発生した時点を**決定的期日**として特定し、それ以後の事実については考慮しないのが通常である。そして、一般に領土が有効に取得されたかどうかは、**時際法**の原則に基づいて、取得当時に有効であった国際法に照らして判断される。もっとも、1953年のICJマンキエ・エクレオ事件[判例37B]では、当事国の法的立場を改善する意図でなされたものでないと判断した紛争発生後の事実も考慮した点で決定的期日は明確にしなかったし、1966年のアルゼンチン・チリ境界事件の仲裁判決は、決定的期日という観念がかたまっていないことを両当事国が合意していることを理由に、本件では決定的期日の観念がほとんど価値を有しないとして、提出されたすべての証拠を検討した。決定的期日や時際法は、法的安定性の観点から重要とされているが、他方で、国際法の発展を考慮した判断(時際法のもう1つの側面)も重要である。パルマス島事件判決[判例36]で、フーバー裁判官は、**権利の創設**と**権利の存続**を区別し、それぞれについてその時期の国際法に照らして判断した。その結果、権利の創設についてはスペインの発見による原始的権原を認める。その上で当時の実定法が発見による領域主権を認めたという見解をとるとしても、スペインの権利を継承した米国に主権が決定的期日まで存続していたかどうかという問題は残っており、19世紀以降に発展した先占の法理によって、実効的占有を続けたオランダに最終的な領有権原があると判断した。

(2) 条約等の合意文書

一般的にみて、領土紛争を解決するにあたって最も重要な役割を果たすのは条約である。明文の規定によって当事国が合意をしたものだからである。例えば、アウズー地帯をめぐる領土紛争として知られる1994年のリビア・チャド領土紛争事件判決でICJは、境界画定は1955年条約と関連の国際文書によって定められ、時際法やウティ・ポシデティス原則(後述)、リビアによる実効的支配などは考慮する必要がないとした。しかし、条約やその他の国際文書が必ずしも決め手にならない場合もある。タイとカンボジアの国境に存する寺院の帰属をめぐって争われた1962年のICJプレア・ビヘア寺院事件本案判決[判例38]では、国境条約の規定と、条約に基づくものではないがタイ政府の要請で作成され広く交付された地図との「不一致」があっても、それを黙認してきた利益があるとして、タイの錯誤の主張を退けて、カンボジアへの帰属が認められた。

(3) 実効性原則への配慮

国際文書や国際法原則に依拠できない場合には、上の事例からもうかがえるように、いずれの国が係争地域に継続的で平和的な統治権を行使してきたかが重視されてきた。またインドネシアとマレーシアの間の島の帰属について、両国ともいくつもの国際文書を援用したが決定的とはみられなかったので、両国が判断の基準として認めていた**実効性の原則**によって、ICJがマレーシアへの帰属を認めた事例もある(2002年ICJ「リギタン島およびシパダン島に対する主権事件」本案判決[判例40])。もっとも、統治権の行使の程度は、**近接性**などの地理的状況や住民がいるかどうか、相手側が競合する主張をしていないかどうかによって、さまざまである。英仏が争った1953年のICJマンキエ・

エクレオ事件[3] [判例 37B]で、裁判所は「対抗する主張の相対的強さ」、つまり当事国が提出した証拠のいずれがより価値が高いか、**実効的支配**の要素を満たしているかなどを判断基準とした。

(4) ウティ・ポシデティス(現状承認)原則

国境を画定する際に重要な原則になったのが**ウティ・ポシデティス**(*uti possidetis*)と呼ばれる原則である。19 世紀には**ラテン・アメリカ**で、また 20 世紀後半にはアフリカで植民地が続々と独立する状況が生じた。ラテン・アメリカは、ほとんどがスペインの植民地であり、行政区が設定されそれを基礎に植民地経営がなされていた関係で、独立にあたってはそうした行政区が「単位」となって国家が成立した。もちろん民族的あるいは地理的に見て、不自然な事例が見られたものの、国境を画定し直すことはかえって紛争を引き起こす原因となるので、各独立国は独立達成時の行政区画を国境として承認することを了解した。これがウティ・ポシデティスと呼ばれる原則で、ラテン・アメリカで尊重される原則となった。

ウティ・ポシデティス原則は、その適用がラテン・アメリカに限定されたものと考えられてきたが、**アフリカ**でも植民地独立にあたって一般的に尊重された。特に 1963 年の**アフリカ統一機構**(OAU)の設立の際にこの原則が承認された。OAU 憲章が加盟国の領土保全原則を確認した(3 条)のをはじめ、1964 年にカイロで開催された OAU 元首首長会議が「すべての加盟国は、国の独立達成時において存在する国境を尊重することを厳粛に宣言する」決議を採択した。さらに ICJ も、1986 年のブルキナファソ・マリ国境紛争事件[判例 39]で、この原則が地域の慣行を越えて、国際法の基本原則となったことを認め、また後の 2002 年の ICJ ベナン・ニジェール国境紛争事件でもそのことを確認している。さらに、海の境界画定にあたってもこの原則が適用されている(2007 年 ICJ「カリブ海における海洋画定事件」判決)。しかし、現実に国境紛争が生じる場合には、いずれの紛争当事国もこの原則を適用することを

---

3 **マンキエ・エクレオ事件** フランス本土と英領チャンネル諸島の間にある小諸島であり、両国間で19世紀末以来帰属が争われていた事件。両国が裁判で解決することに合意し、1953年にICJは、実効的支配などを根拠に諸島が英国に帰属することを認めた。この問題の状況は、竹島問題に類似しているといわれることもある。

認めたうえで国境線の画定などを争っていることからすれば、この原則以外の要件が紛争解決基準として重要になる(1992年ICJ領土・島・海洋境界紛争事件判決[4][判例145])。

旧ユーゴスラビア連邦が解体し、各共和国として独立した際にも、このウティ・ポシデティス原則が考慮された。EC諸国は、1991年12月に「東欧およびソ連における新国家の承認に関するガイドライン」の1つとして「すべての境界線の不可侵の尊重」を定め、「ユーゴに関する宣言」では、EC諸国は境界線不可侵が旧ユーゴ地域での諸国の独立を承認する条件とした。さらに、1992年には、ECが主催するユーゴ和平会議が設立した仲裁委員会も、意見の中で非植民地化の文脈で適用されたウティ・ポシデティス原則が、今日では一般的な原則と認められていると述べた。この背景には境界線の固定が民族紛争激化を防ぐという考え方がある。

(5) 人民の自決権に対する考慮と具体的適用の困難

人民の自決権(→4章1(2))が承認されている現在では、係争地住民の意思が尊重されるべきだという主張もある。モロッコが領有権を主張し続けていた**西サハラ**は、当該地域の人民の自決権が認められているものの、遊牧民や長年にわたる紛争で難民になった者も多く、係争地住民がどの範囲まで認められるのかについて、モロッコと現地の民族解放団体の間で争いがあり、未解決である。一方、アルゼンチンと英国が争っている**フォークランド諸島**やスペインと英国が争っている**ジブラルタル**をめぐって、英国は自国系住民が居住するそれらの地域について住民の意思を尊重すべきだと主張するが、アルゼンチンやスペインは、それらの地域がいわば植民地の遺産であり、植民地の解放の具体的実現形式、つまり本国への返還がなされるべきだとして譲り合わないでいる。ここには、どの範囲の住民を自決権行使の主体たる「人民」

4　**領土・島・海洋境界紛争事件**　エル・サルバドルとホンジュラスとの間の陸地および海の境界が争われていた事件に、フォンセカ湾の地位をめぐってニカラグアの訴訟参加が認められ、3国間の境界紛争解決を求められた事件である。エル・サルバドルとホンジュラスはウティ・ポシデティス原則を採用することに合意していたが、エル・サルバドルはこれに加えて、実効性についても考慮すべきだと主張していた。裁判所は、陸地部分については地形を考慮することを宣言し、独立以前の証拠が不明瞭な場合には、独立後の実効性に関する証拠をも検討対象とした。

とみるかという問題がある。つまり、アルゼンチンやスペインは植民地とされている地域の住民も含んだ国家全体が「人民」の単位であると考え、国民全体の意思が人民の自決権実現の尊重であるとしているが、英国は当該領域の住民を「人民」の単位と考えるべきであり、彼らの意思を尊重することが人民の自決権を尊重することになるという立場である。2019年にICJは「1965年にモーリシャスからチャゴス諸島を分離したことの法的帰結」の勧告的意見で、1968年にモーリシャスが独立した時点では非植民地化は適法に完了されなかったとし、イギリスに対してチャゴス諸島の施政を可能な限り速やかに終了させる義務があるとして、一体としての非植民地化を自決権の実現とみた。

また、2014年にウクライナ領であるクリミア自治共和国とセバストポリ地区で住民投票が行われ、多数派住民である親ロシア系住民の圧倒的多数による賛成を得て独立宣言を行い、その後直ちにロシアと間にロシア連邦への加入に関する条約が締結されてロシアに編入されるという事件が起こった。これに対してウクライナはもとより、欧米諸国もこの編入措置を承認していない。国連安保理ではロシアの拒否権により決議は採択されなかったが、国連総会は決議68/262でウクライナの領土保全を確認し、この住民投票が無効であること、すべての国と国際機構等がこの地位の変更を承認しないことを求めた(→4章1(2))。

先にも述べた旧ユーゴスラビア連邦の解体も、「人民」と「民族」との異同は別として、**自決権**に対する考慮と領土確定との関係を再検討せざるを得なかった事例である。1991年にはスロベニアとクロアチア、マケドニアが独立を宣言していたが、**ウティ・ポシデティス原則**に枠付けられてはいるものの、それぞれの民族の自決権実現をその根拠にしていた。これに続いて、ボスニア・ヘルツェゴビナが独立し、さらに新ユーゴスラビア連邦はセルビアとモンテネグロに分離したが、その際も民族の自決に基づくものだとされた。ところが、クロアチア人、セルビア人、ムスリムの3者が混住する**ボスニア・ヘルツェゴビナ**では、ウティ・ポシデティス原則が優先され、それぞれの民族・宗教集団ごとの独立が認められなかったこともあって、住民相互の対立が煽られて「**民族浄化**」と呼ばれるような殺戮が繰り返されることになった。2008

年のセルビアからの**コソボ**独立をめぐる問題でも、独立支持派はコソボを自治州という単位を維持したものとして、ウティ・ポシデティス原則を遵守したうえでの民族自決の実現であるといい、セルビアは独立が領土保全原則に違反し、国際法上認められない**分離権**の行使であるとして反対している。もっとも、民族構成別の独立国家の形成は事実上困難であり、新国家は必ずマイノリティを生み出すのであって、「民族」の独立だけを選択肢とする解決は、必ずといってよいほど民族の抑圧を繰り返す。コソボもアルバニア系住民が多数を占めるものの、現実には6つの主要民族から構成される多民族国家であり、これら多民族から構成される住民間の共生をどのように確保していくのか、つまり自治や人権の保障をどのように図っていくのかが「領土」紛争の背後に隠れている。

なお、「コソボ暫定自治政府による一方的独立宣言の国際法適合性」について諮問がなされた2010年のICJコソボ独立宣言事件勧告的意見[判例10]は、独立宣言を出すこと自体は一般に国際法で禁止されているわけではないとしながらも(→4章1)、独立宣言の背景にある自決権の範囲や、抑圧された人民に対する「救済的分離(remedial secession)」の権利が存在するかどうかについての議論は、諮問の範囲を超えるとして判断しなかった。

4. 日本の領土問題

日本もまた周辺国との間で領土問題を抱えている。ロシアとの間の**北方領土問題**であり、韓国との間の**竹島問題**、中国との**尖閣諸島問題**が、それである(図8-1、2、3参照)。いずれの問題も歴史的事実や法的論点がさまざまに錯綜しているので、早急に結論を出すことは控え、主な対立点だけ言及しておきたい。こうした問題では法的側面だけに注目するのではなく、地理的状況や領土周辺の資源の共同開発を含む相手国との経済協力など、総合的に考慮した解決策が求められることにも留意しておきたい。

(1) 北方領土

北方領土問題は、**条約の解釈**や**領域支配の正統性**が絡んだ問題といえる。日本とロシア(ソビエト連邦時代を含む)との間には、領土問題をめぐってさまざ

図8-1　北方領土

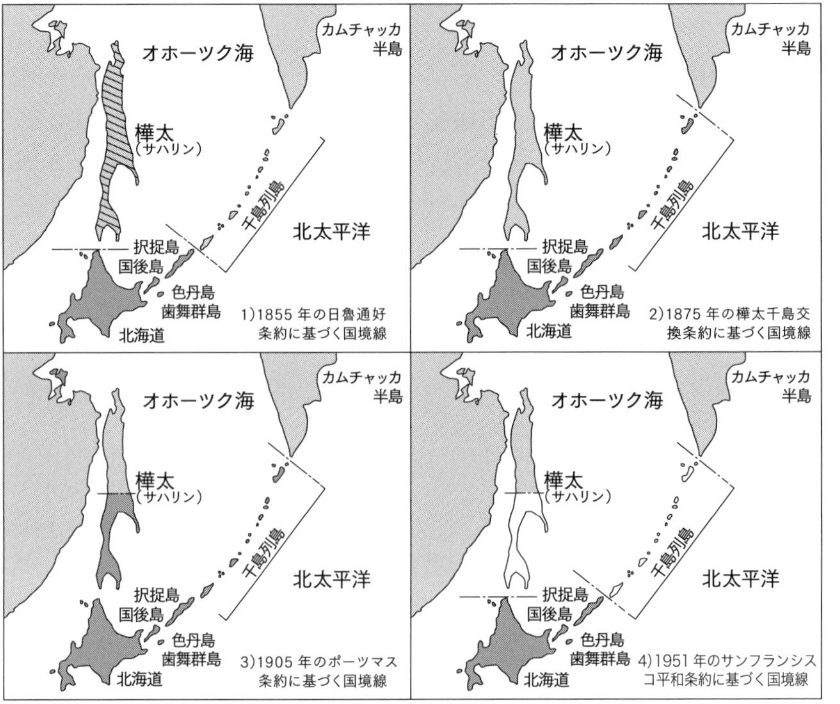

出典：外務省『われらの北方領土 2017年版』より
http://www.mofa.go.jp/mofaj/files/000035454.pdf

まな条約が締結されてきた。主なものでは、日露通好条約、樺太千島交換条約、日露講和条約(ポーツマス条約)、日ソ共同宣言がある。また関連する国際文書としては、ヤルタ協定、カイロ宣言、ポツダム宣言、対日平和条約なども参照する必要がある。

ソ連政府は、第2次大戦の結果、領土問題は解決済みとしてきた経緯がある。次のような理由があげられる。日本はポツダム宣言受諾によって連合国による日本の領土確定に従わなければならない。そしてその前提である1945年2月のソ米英3国首脳が署名したヤルタ協定があり、そこでは**千島**がソ連に引き渡されることが決定されているから米英はその約束を守らなければならない。そして実際に対日平和条約2条c項では日本が千島を放棄することを確認した。さらに1956年の日ソ共同宣言で、日ソ間で平和条約が締結された後に、「日本国の要望にこたえかつ日本国の利益を考慮して、歯舞群島及び色丹島を日本国に引き渡すことに同意」した(9項)。

これに対して日本政府は、**歯舞**、**色丹**、**国後**、**択捉**のいわゆる「**北方 4 島**」が日本固有の領土であって日本に返還されるべきだと主張している。確かに、日本は対日平和条約で千島列島を放棄したが、歯舞と色丹は元来が北海道の行政区画にあること、また国後と択捉は、放棄した千島列島には含まれないと主張する。国後・択捉両島は1855年に日魯通好条約で初めて国境を画定して以来、他国の領土になったことはなく、1875年の日露間の樺太千島交換条約でいう「**クリル諸島**」に入らない。つまりクリル諸島はウルップ島以北の島々をさしているという。さらにソ連は、ポツダム宣言に参加することによって、1943年のカイロ宣言にいう「領土不拡大の原則」を承認しているのだから、ポーツマス条約で「強制的に」割譲された南樺太はともかく、千島を領有し続けるのは、この原則に反するものであると日本側は批判する。

1991年4月の日ソ共同声明では、領土画定の問題を含む平和条約の作成と締結に関する話し合いを行ったことが明記され、領土問題は再度協議の対象となった。その後ソ連に代わってロシアが領土交渉の相手方となり、1993年10月には法と正義の原則を基礎として解決するとした東京宣言に合意した。さらに2001年3月のイルクーツク声明は、この東京宣言に基づき、4島の帰属に関する問題を解決することにより、平和条約を締結し、もって両国間の関係を完全に正常化するため、今後の交渉を促進することを文書で合意した。しかしその後交渉は続けられているものの、解決には至っていない。

(2) 竹　島

竹島は韓国では**独島**(ドクト)と呼ばれ、東西2つの島を中心とし数十の岩礁から構成されている。総面積は0.21km^{2}で、阪神甲子園球場の敷地面積の5倍ほどである。

竹島が日韓両国の間で紛争になったのは、1952年に韓国の李承晩大統領が、日本漁船の立ち入りを禁止する水域(**李承晩ライン**)を設定した中に、竹島が含まれていたことによる。日本政府は竹島が日本領であるとしてこの措置に抗議したが、韓国も独島が自国領であると反論し、その後同島に官憲を

図8-2　竹　島

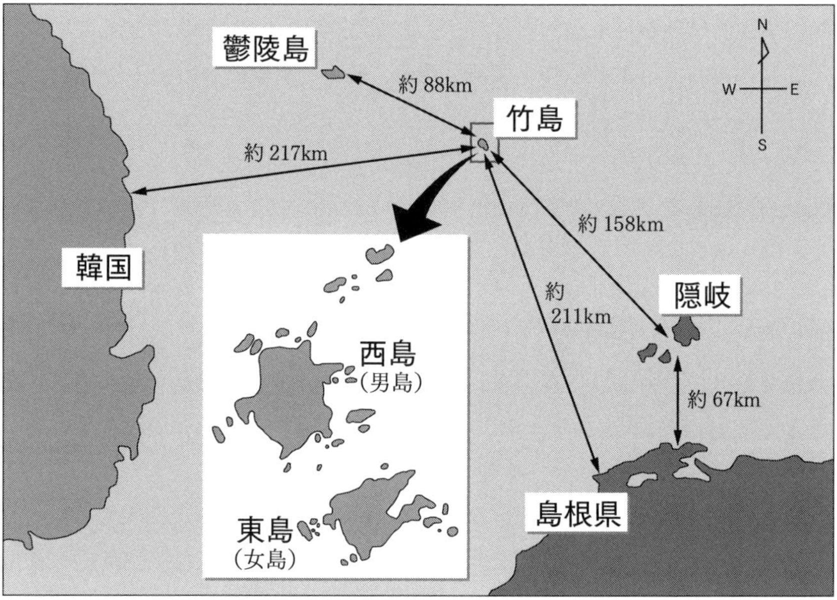

出典：外務省ホームページより
http://www.mofa.go.jp/mofaj/area/takeshima/index.html

派遣、常駐させるなどして韓国が実効的支配を始め、今日に至っている。

韓国側は、独島を最初に発見したのは朝鮮人であること、独島を鬱陵(ウルルン)島(日本での旧名称は竹島)に付属する島として領有してきたことを、古地図などを援用して主張するとともに、1696年に安竜福が独島の日本人を退去させ、伯耆(ほうき)藩と交渉して朝鮮の領有権を認めさせたと主張する。

日本は、江戸時代に幕府の許可を得て**鬱陵島**の経営を行っていたときに竹島(当時の名前は**松島**)を中継点として利用していただけでなく、朝鮮側の鬱陵島領有の主張を認めて経営を放棄して以降も、漁業地として利用していた。その後、1905年1月の閣議で、竹島を島根県の所管に入れることを決定し、2月に告示を出したことで、竹島を領有する意志を確認し、その後も第2次大戦終了時まで、実効的に支配していたと主張する。

なお1954年、1962年、そして2012年と3度にわたり日本政府は韓国政府に対して竹島問題を国際司法裁判所に付託することを提案してきたが、韓

図8-3　尖閣諸島

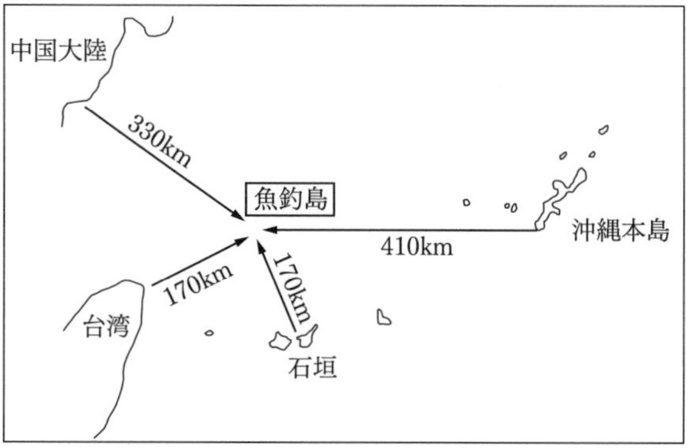

出典：外務省ホームページより
http://www.mofa.go.jp/mofaj/area/senkaku/index.html

国側は、領土問題は存在しないとしてこれに応じていない。

(3) 尖閣諸島

尖閣諸島は魚釣島を最大の島としていくつかの島々からなる無人島で、台湾と石垣島の中間の北方にあり、中国大陸まではやや離れている。島の周囲には海底資源があると見られており、1968年に国連アジア・極東経済委員会(ECAFE)の協力によって学術調査が行われ、東シナ海の大陸棚に莫大な石油資源が埋蔵されている可能性があることが報告された。

中国が尖閣諸島の領有権について発言し始めたのは1970年以降であり、明らかに海底資源への関心が領土問題を引き起こしたように見える。しかし中国は、先占による取得を主張する日本と対照的にもっぱら歴史的根拠に基づいて領有権を主張している。中国によれば、14世紀以来、歴代の中華帝国が琉球王国と朝貢関係を続けており、双方から派遣される使節が利用した航路の線上に尖閣諸島が位置し、古くから地図にも記載されていることなどを根拠に中国領であったとする。

日本政府の公式的態度は尖閣諸島が歴史的にも国際法上も「日本固有の領土」であって、解決すべき領土問題は存在しないというものである。歴史的主張としては中国の主張を批判して、使節の派遣は琉球からの方がはるかに多く、中国側は航路の目標とするだけで積極的に自国領としたことはないとする。これに対して日本は、1885年以来明治政府が現地調査を始め、清国の実効的支配がないのを確かめた後、1895年に沖縄県の所管に置く措置をとって、**先占**による領有権を確立したこと、その後も日本政府は民間人に島の利用許可を出すなどして、平穏かつ安定的に実効的支配を続けてきたことなどを挙げる。

なおこの問題は、日本政府が2012年9月になって魚釣島、北小島、南小島の3島に対する国有化措置をとったことにより中国側の反発を買い、両国間の外交問題として深刻化している。

設　問

1. 先占という権原の国際法上の意義について歴史的観点を踏まえて述べよ。
2. 伝統的国際法が認めてきた領域権原のうち、現在においては適法とみなしがたい権原はどのようなものであるかについて論じなさい。(外専21)
3. ウティ・ポシデティス原則が認められる根拠について述べよ。
4. 領土紛争解決には法だけでなく正義も必要であるとの主張を論評せよ。
5. 領土紛争解決にあたって実効性の原則が果たす役割について論ぜよ。
6. 領土紛争解決にあたって「人民の自決権」を適用することが、どのような問題を引き起こすか、検討しなさい。
7. 北方領土問題の国際法上の論点は何か。
8. 竹島や尖閣列島をめぐる紛争に関して国際法上の論点は何か。

【参考文献】

高野雄一『日本の領土』(東京大学出版会、1962)
波多野里望・筒井若水編著『国際判例研究　領土・国境紛争』(東京大学出版会、1979)
国際法事例研究会『日本の国際法事例研究(3)領土』(慶應通信、1990)
太壽堂鼎『領土帰属の国際法』(東信堂、1998)
芹田健太郎『日本の領土』(中央公論新社・中公文庫、2010)
許淑娟『領域権原論』(東京大学出版会、2012)
松井芳郎『国際法学者がよむ尖閣問題』(日本評論社、2014)
桐山孝信「自決権行使と領有権問題(1)(2・完)」『法学論叢』117巻1号、3号(1985)
奥脇直也「日本の国際法学における領域性原理の展開」『国際法外交雑誌』96巻4･5号(1997)
M. G. Kohen (ed.), *Territoriality and International Law* (Edward Elgar Publishing, 2016)

第 9 章　国際化地域・空域・宇宙空間

目　次

1. 国際化地域

(1) 国際化地域の概念

本節であつかう空間は、前章で扱われた国家領域ないしそれが主張されている空間において、さまざまな理由および歴史的経緯から、特別に条約により広く国際社会のためにその利用やアクセスが認められている場所である。これは**狭義の国際化地域**である。国際運河と国際河川がその代表例である。南極では、そこにおける領有権が未確定であるが、南極条約により国際公域に近い国際化地域のモデルケースが確立している。

広義の国際化地域には、国際機構が領域施政の全部または一部を行使しているような地域、他国の施政権下にある租借地、複数国間で共有が認められた湖沼や湾(ICJ 領土・島・海洋境界紛争事件本案判決[1][判例 145])などを含めることがある。他国の利益のために、ある国家の領域に課された特定の制限を国際地役と呼ぶことがあるが、領土的制限一般に適用可能なものではない。

(2) 国際運河

公海と公海をむすぶ人工的水路で、条約によって国際的な航行に開放されているものを**国際運河**という。現在では、スエズ運河とパナマ運河がこの意味における国際運河である。キール運河については、1936 年にヴェルサイユ条約の関連規定をドイツが破棄し、その法的帰結につき他国も実効的に争わなかったことから、もはや条約により国際化された国際運河とはいえない。

(a) スエズ運河

スエズ運河は、1869 年に紅海と地中海をむすぶ人工的水路として開通し、当初は英国とフランスが支配する万国スエズ運河会社によって運営されていた。1888 年当時の宗主国トルコと英国、フランスなど欧州 8ヵ国との間で締結された**コンスタンチノープル条約**は、スエズ運河が平時戦時を問わず、国旗の区別なく、すべての商船及び軍艦に対して自由であり、開放されてい

---

1 **領土・島・海洋境界紛争事件** エルサルバドルとホンジュラスが、両国の陸地の境界の一部、フォンセカ湾内の島の帰属、フォンセカ湾の法的地位等に関する紛争をICJによる解決に付託した事件で、フォンセカ湾の法的地位については法的利害を有するニカラグアが訴訟参加した。裁判所は、フォンセカ湾が歴史的湾であり沿岸3ヵ国の共有水域であると判断した。

ると規定する(1条)。1956年の国有化以降は領域国であるエジプトの管理下にあるが、1957年にエジプトもコンスタンチノープル条約を遵守する旨宣言し、これを国連に登録した。

(b) パナマ運河

パナマ運河は、太平洋側のパナマ湾と大西洋側のカリブ海をむすぶ1914年に開通した人工的水路である。パナマ運河の自由航行は、現在、1977年の米国とパナマの2国間条約である「**パナマ運河の永久中立と運営に関する条約**」(パナマ運河永久中立条約)と、すべての国の加入のために開放されている同条約附属議定書によって確保される(日本未加入)。すなわち、パナマ共和国は、パナマ運河永久中立条約2条において、パナマ運河が平時戦時を問わず、すべての国の船舶の平和的通航に対して開放されることを宣言している。附属議定書に加入する国は、この中立制度を遵守し尊重する義務を負うことになる(2条)。パナマ運河の発着国別通貨貨物量で常に上位にある日本にとっても、同運河の自由航行と合理的な料金設定は重大な関心事である。

(c) 条約非締約国の問題

国際運河について国際法上問題となるのは、運河を国際化する条約の非締約国(日本を含む)が自由航行の権利を享受し関連する義務を負うかどうかと、その法的根拠である。これら条約制度が各運河に固有であることから、国際運河一般に適用可能な慣習法の成立を主張するのは難しい。また、各運河についても、条約を離れて当該運河を国際化しなければならないという運河領域国の法的信念を見いだすことは困難であろう。学説上は、運河を国際化した条約が**領域的な客観的制度**を創設し第3国も権利を取得するという見解(→3章6(3))や、ウィンブルドン号事件[2][判例20]を引いて「世界の利用に恒久的に供されて」おりかつ国際海運業界全般がそれを信頼している場合には、すべての(潜在的)利用国が自由航行の権利を享受するとする見解などがある。

2　**ウィンブルドン号事件**　日本も原告の一に名を連ねた1923年のウィンブルドン号事件判決で、常設国際司法裁判所は、2つの公海をむすぶ人工的水路であるキール運河が、ヴェルサイユ条約380条に基づき、いかなる時にもあらゆる種類の外国船舶に開放されていることは明らかであり、領域国であるドイツはキール運河の自由通航を認める義務があると判示した。

これに対して、現在の有力説は、**条約法条約 36 条**(→3 章 6)を援用し、各運河条約の解釈と関係国の言動を検討して、第 3 国に権利が付与されたかどうか、そしてその権利の行使につきいかなる条件があるかを考察するという考え方である。

(3) 国際河川

(a) 航行の自由化

複数国を貫流するもしくは複数国の国境をなす河川のうち、その航行を条約により自由化したものを**国際河川**という。国家は、内水の一部である河川につき外国船舶の通航を禁止できる。他方で、自国の船舶も含め河川の自由航行を認めることは沿河国相互の利益になる。こうして**沿河国の利益共同体**思想に基づき、ヨーロッパにおいては、1815 年のウィーン会議最終議定書が国際河川の自由航行の原則を宣言し、これを具体化する条約において順次航行の自由が認められていった。例えば、**ライン河**については、沿河 6 ヵ国政府がマンハイム条約(1868 年)を締結し、すべての船舶に商業目的の航行の自由を認め(1 条)、検疫上の措置を除き商品の通過を自由化し課税を禁止した(7 条)。さらに、航行関係の刑事および民事裁判を扱う裁判所や、条約実施に関する問題やライン河航行の発展のために必要な措置を検討・決定するライン河中央委員会が設置された。後者は一般に**国際河川委員会**と呼ばれ、**ダニューブ河**などではより強力な権限をもつ委員会が設置された。1919 年のヴェルサイユ条約によって中央委員会の構成国に非沿河国も加わることになり、ライン河は名実共に国際化することになった。しかし、国際河川の国際化を一般化しようとする 1921 年の「国際関係を有する可航水路の制度に関する条約及び同規程」(**バルセロナ条約**)は、ごく一部の国の批准しか得られなかった。つまり、現在でも、国際河川の自由通航を保障する一般国際法規則は存在せず、国際化の程度は各河川条約の規定と運用に依存している。

(b) 非航行的利用に関する国際法の展開

河川は航行に限らず、飲料水、排水、灌漑、漁業、工業用水、発電などの非航行的利用にも供されてきた。河川利用の負の側面、すなわち水質汚染や水量減少、さらには景観悪化といった問題が生じえることは日本の水俣病公害の経験からも明らかである。複数国が同一河川を共有している場合、こうした問題が国境を越えて、すなわち越境的問題として国際化する。国際法は、国際河川の航行の自由化と共に、その非航行的利用に伴う越境的問題の対処と防止のための実体的および手続的規則を発展させてきた。この分野の国際法は、現在では、共有水資源の利用に関する国際法として、国際環境法(→16章)の一分野として論じられることが多い。

(4) 南　極

(a) 南極の地理的範囲

国際法上、南極とは、その法的地位を決定した**南極条約**の適用範囲、すなわち南緯60度以南の地域を指す(6条)。南極条約は、1957-58年地球観測年に南極に基地を設置するなどして科学観測活動に参加した、日本を含む12ヵ国により1959年に締結され、南極の平和利用の原則や科学活動の自由を定める。南極条約で使用される「南極地域(Antarctica)」は、南極大陸とその周辺諸島、そして氷だなを意味していると解されるが、その後の条約締約国の実行において、特に科学活動、資源活動および環境保護の観点からの条約の具体的規制は、南極条約地域全体をカバーするに至っている。1991年の**南極環境保護議定書**は、この範囲を**南極条約地域**(Antarctic Treaty area)と表現した。なお、生態系アプローチを採用する1980年の**南極海洋生物資源保存条約**の適用範囲は南極収束線(冷たい南極海水と亜南極の比較的温かい海水が混ざる潮境)まで広がり、一部、南緯60度以北の海域を含んでいる。

(b) 南極の法的地位：南極条約による国際化の意義

南極大陸およびその周辺諸島は、19世紀初めから発見・探検の対象となり、1940年頃までに、英国、ニュージーランド、オーストラリア、フランス、ノルウェー、チリ、アルゼンチンの計7ヵ国が自国民による発見や探検活動、地理的近接などを根拠に領有権を主張した。それらはいずれも南極点を頂点とする2つの子午線に挟まれた扇形区域、いわゆる**セクター主義**を採用し、一部を除いた南極地域のほぼ全域が領有主張の対象になった。これら領

図9-1　南極条約地域と領有主張区域

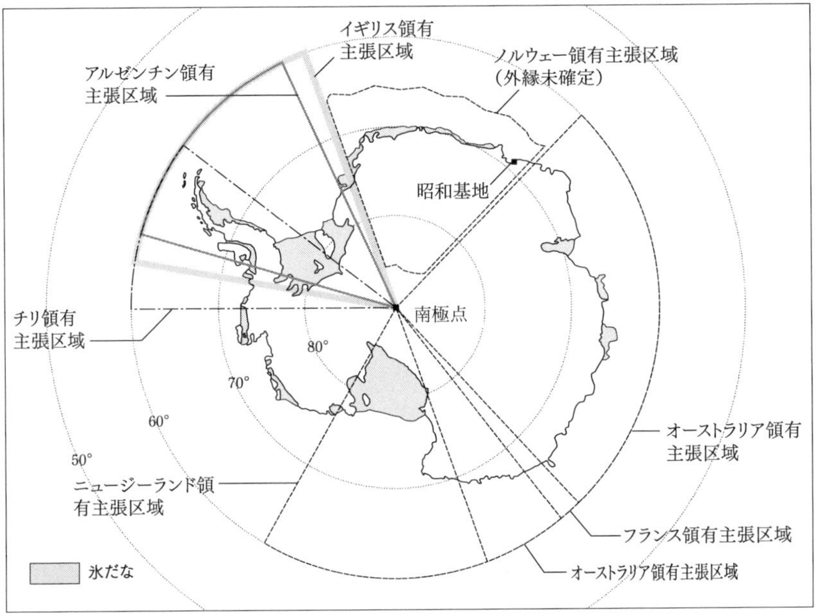

有主張は従前の国際法上の権原取得の要件(→8章2)を満たしておらず、また当時最大の南極活動国であった米国によって否認されていた。なお日本も、1912年の白瀬中尉の南極探検の事実に基づき南極に対する領土権につき発言権を留保したことがあるが、1951年の対日平和条約2条e項において南極に対する一切の請求権を放棄した。

南極条約4条1項は、7つの領有主張国(**クレイマント**)の過去の領土主権ないし請求権は放棄されないこと(a項)、米ソが主張する領土請求権の基礎も放棄されないこと(b項)、そしてこれら領土主権もしくはその基礎について承認または否認する締約国の立場も害されないこと(c項)を定める。南極地域に対する領有を主張せず、他国による領有主張も否認する立場の国を**ノン・クレイマント**という。4条2項は、条約有効期間中のいかなる行為や活動も領土請求権の基礎もしくはそれを否認することの基礎とはなりえず、また、新たな領土請求権もしくは既存の請求権の拡大も主張できないと規定する。4条の規定につき、南極に対する領土権を凍結したといわれるが、実質は領土問題の棚上げに過ぎない。4条でいう領土主権が、排他的経済水域や大陸棚における主権的権利の主張にも及ぶかについても争いがある。この問題は、オーストラリアが2004年に大陸棚限界委員会(→10章6(1))に対して①南極大陸から延びる大陸棚、②基点となる島自体は南緯60度以北にあるがその限界が南極条約地域にまで延びる大陸棚を含めて情報を提出したことから議論となり、日本などは①に対して抗議を行った。2008年委員会は、①②が重なることもありこの地域について勧告を行わなかった。

南極条約は、他方で、南極地域が平和的目的のみに利用され(1条)、南極地域における科学的調査の自由を認め(2条)、そして南極地域におけるすべての核爆発および放射性廃棄物の処分を禁止する(5条)と規定する。これら規定の遵守を確認する厳格な**査察制度**が設けられ、指名された監視員は南極地域のすべての地域にいつでも出入りする完全な自由を有し、南極地域にあるすべての基地、施設および備品ならびに同地域における貨物または積み込み地点にあるすべての船舶・航空機が監視員による査察のために開放される(7条。南極環境保護議定書14条)。加えて、6条によりすべての国の公海自由が保障されているため、南極条約海域での航行・上空飛行の自由、漁業の自由なども認められる。これにより、南極条約および関連条約で特に禁止されていない限り、南極条約地域にアクセスする自由が原則として認められており、南極は国際公域に近い国際化地域ということができる。現在、南極条約地域において事前の許可がなければ立ち入れないのは、南極環境保護議定書附属書Vに基づき指定された**特別保護区域**だけである(同附属書3条4項、7条)。

南極条約により国際化された南極の法的地位の第3者効ないし対世効の問題がある。**領域的な客観的制度**の概念を援用して、4条の規定、特に新たな領土請求権の主張を禁止する規定の対世的効果を説く学説もあるが、南極条約10条の運用を含め条約締約国の実行はそれを支持していない。南極の平和的利用の原則、科学活動自由の原則等については、南極条約非締約国ないしその国民による南極観測活動の実行もあり、慣習法化したとの議論もあり得よう。その他、資源開発活動や環境保護関連の条約上の権利義務については、条約法の一般原則に従い第3国への法的効力が判断されることになろう。

(c) 管轄権・責任

南極条約地域における領域的管轄権の行使が、南極条約 4 条により微妙な地位に置かれていることもあり、同地域における一般的な**管轄権配分の原理**は未確定である。南極条約 9 条 1 項(e)は南極における「裁判権(jurisdiction)」問題を協議国会議の議題とすることを予定しているが、審議はほとんど進んでいない。南極条約 8 条 1 項は、条約上規定のある査察要員と交換科学者については属人主義を採用し、国籍国の排他的管轄権を認める。それ以外の者については、同条 2 項が紛争解決のための協議義務を定めるに留まる。南極海洋生物資源保存条約などに基づく南極海における漁業活動については、旗国主義に基づく管轄権が認められる。また、南極環境保護議定書においては、**南極条約 7 条 5 項**が特に私人の南極活動と協議国とを繋ぐ管轄権のリンクとして重要な機能を果たしている(3 条 4、8 条)。同議定書「**環境上の緊急事態から生じる責任に関する附属書 VI**」(未発効)により、自国の領域内で南極活動を組織する事業者につきその活動を許可ないし規制する締約国は、当該事業者が南極環境に重大な悪影響を与えうる緊急事態を防止し対応措置を取るよう義務づけなければならない(→ 16 章 5(3))。

(d) 南極条約体制

科学技術の進展、船舶および航空機による輸送能力の向上、そして積極果敢な人間活動により、南極は、条約が採択された 60 年前とは比較にならないほど容易にアクセス可能な場となっている。それに伴う課題も山積しており、そうした南極に関する共通の利害関係事項につき条約締約国が協議し、そして措置を立案してきた場が、**南極条約協議国会議**(ATCM)(条約 9 条 1 項)である。ATCM では協議国の全会一致により意思決定が行われる。**協議国**とは、日本を含む 12 の南極条約原署名国と、南極条約締約国のうち科学的探検隊の派遣など南極地域に対する実質的な利益を証明して協議国の資格(9 条 2 項)を得た国(現在の条約締約国 53 ヵ国のうち 29 ヵ国)である。南極条約事務局設置に関する措置 1(2003)が 2009 年に発効した後も、ATCM は、国際機構ではなく、引き続き協議国の合意形成の場として機能している。

南極条約、南極条約に関連する別個の条約、ATCM で採択された措置のうち全協議国の承認を得て効力を生じたもの(条約9条4項)の総体を**南極条約体制**という(南極環境保護議定書1条(e))。

1980年代、マレーシアが中心となって、南極を人類の共同財産と位置づけ、南極における資源活動規制・利益分配の議論は国連の下で行うべきであると主張し、協議国と激しく対立した。協議国は、ATCMの正当性を高める制度改革を実施し、1991年に南極環境議定書を採択して鉱物資源活動を禁止した。2011年にはマレーシアが南極条約に加入するなど締約国は漸増しており、南極条約体制の正当性は一段と高まったが、中国などの台頭を前に、2048年に可能となる鉱物資源活動禁止規定の検討(議定書25条5項)の行方に注目が集まっている。

(5) 北　極

北極は、南極と異なり、主に大陸に囲まれた海洋で多年性の海氷に覆われているが、現在、温暖化の結果とされる海氷の減少に伴う北極海航路の開通および資源利用をめぐり注目が集まっている。地域としての北極は北緯66度33分以北とされる。この北極域には、グリーンランドなどの大小多くの島の他に、ユーラシア大陸や北米大陸の北端を含み、古くから定住民がいる。20世紀初頭には、カナダとソ連が**セクター主義**を援用してこの地域に領土主張をしたこともあるが、現在では、北極域にある陸地に対する領域主権は関係国の実効的支配によりほぼ確定している。北極域には海洋法や環境法などの一般的な条約が適用され、特に海洋法については、2008年北極海沿岸5ヵ国がイルリサット宣言を採択し、氷に覆われた水域(国連海洋法条約234条)に関する規定を含め、関係国の権利義務が定められていることを確認している。加えて、この地域に適用がある地域的条約、例えば1973年ホッキョクグマ保全条約などがあるが、いずれも北極域を国際化するものではない。

(a) スヴァールバル諸島の国際化

北極域にあって例外的に国際化されているのが、**スヴァールバル諸島**である。1920年の**スピッツベルゲン条約**は、経緯度で示された区域内にあるすべての島および岩で構成される「群島」(スヴァールバル諸島のすべてを含む)に対するノルウェーの完全な主権を認めつつ(1条)、条約締約国の船舶および国民に対し、同諸島およびその領海における漁業や狩猟をする権利を認め(2条)、同区域内の海域や港への自由で平等なアクセス、さらには、同諸島での鉱物資源活動を含む経済活動の自由を保障する(3条)。また、ノルウェーは、同区域の**非軍事化**を約している(9条)。同条約にはスヴァールバル諸島における科学活動の自由を定める規定はないが、1990年以降、ノルウェー政府の政策により、日本を含む各国が同諸島に観測基地を設置して北極科学協力が推進されている。

(b) 北極域における国際協力

北極域の特殊性、特に、その生態系の脆弱さおよびそれに依存する先住民の生活の保護が、北極における特別な協力制度構築の原動力になっている。1991年の北極環境保護戦略を経て、1996年に北極域に領土をもつ8ヵ国は、先住民団体との協議を経て、北極評議会設立宣言を採択した。**北極評議会**(Arctic Council)は、共通の北極問題、特に、北極における持続可能な発展と環境保護の問題につき、北極先住民等の関与を得て、北極域国間の協力、調整および相互作用を促進する手段を提供する場である。日本は、2013年に中国などと共に正式なオブザーバー国となった。北極評議会は、軍事安全保障に関する事項を扱わず(設立宣言1項の脚注)、法的拘束力のない文書により設置された協議フォーラムであるが、最近では北極域国際法形成フォーラムとしての機能を持ち始めている。2011年北極捜索救助協力協定、2013年北極海油濁対応協定に続き、北極域で科学活動を行う日本を含む非北極国にも関心が高い北極科学協力促進協定が2017年に採択され、2018年5月に発効している。

北極評議会の外でも、北極海航路の利用に関しては、2014年に国際海事機関において義務的な極域コード(polar code)が採択された。2018年10月には、北極海沿岸5ヶ国と日本を含む遠洋漁業国4ヶ国およびEUの間で、中央北極海における規制されていない公海漁業を防止するための協定が署名され、2021年6月に発効した。2015年ロシアは大陸棚限界委員会(→10章6(1))に対し追加情報を提出し、北極海における大陸棚延伸申請を行った。今後は同委員会による審査と、その結果を踏まえて国連海洋法条約の諸規定に従った関係国による大陸棚の境界画定交渉(→10章6(2))が注目される。

2. 空　域

(1) 空の国際法

空にまつわる国際法は、気球(1783年)や飛行機(1903年)の飛翔、人工衛星の打ち上げ(1957年)など航空・宇宙技術の発展、冷戦やテロをはじめとする国際安全保障環境の変化、さらには巨大航空産業をめぐる企業および国家間の競争と協力関係の進展などと共に、課題対応的に発展してきた比較的新しく、そして今なお発展しつつある法分野である。対象となる「空」の範囲については、**空域**(airspace)と**宇宙空間**(outer space)とを分けて論じるのが通例だが、両空間の境目は未だに国際法上定められていない。空域に関する現代国際法上の課題は、航空機による大量物流時代における国際航空の効率的発展とそれを阻害する犯罪行為の取締(→13章)であるが、本節では、空間的秩序を構成する国際法の基本構造を論じるに留める。

(2) 空域の法的地位

空域は、国の領土・領水の上空たる**領空**とそれ以外の**公空**に区別される(→8章1)。公空は、国際法上、すべての国の利用、特に飛行の自由が認められる空域である(その確認規定として国連海洋法条約58, 78, 87条参照)。もっとも、軍事安全保障上の理由から、日本を含むいくつかの国が公海上空に**防空識別圏**を設定し、飛行計画の提出等を要求し、その違反に対する国内法上の罰則を科す場合もある。防空識別圏設定は、公海上空の飛行の自由との関係で、これを認めない国には対抗しえないと考えられる。なお、2013年に中国が東シナ海に設定した防空識別圏は、尖閣諸島(→8章4(3))が含まれていることに加え、圏内を飛行する航空機に対し中国の指示に従うことを要求し、それに従わない場合には緊急措置を講じるとしているところに問題がある。

(a) 領　空

領空については、20世紀初頭まで空域自由説もあったが、第1次大戦における航空機の活躍とその上空飛行を嫌う中立国の実行を経て、1919年の国際航空条約(パリ条約)1条では、領域国はその「領域上の空間において完全且つ排他的な主権を有する」ことが承認された。領海における船舶の無害通航権同様、外国の航空機、特に平時における民間航空機の領空における無害飛行権の存否については、1944年の**国際民間航空条約**(シカゴ条約)が、1条で**領空主権**を確認しつつ、5条で民間航空機の**不定期飛行の権利**を認めていたため、若干議論となった。もっとも、5条では不定期飛行に一定の規制をかけることができ、その後増大したチャーター便飛行についても、5条第2文の但書きにある制限権を行使して、事前許可を要求する領域国の実行が積み重なり、現在では、民間の航空機か国の航空機か、またその飛行目的にかかわらず、外国航空機は他国領空での**無害飛行権**を行使しえないことが慣習法上確立しているといえる。その意味で、領空は、国際運河や国際河川のように国際社会の利用に開かれ「国際化」しているとはいえない(ただし、国際海峡および群島航路帯→10章3)。

(b) 領空侵犯

領空主権の確立と無害飛行権の否定は、一般的であれ個別的であれ、領域国の許可なく外国航空機が領空に立ち入ることを**領空侵犯**とみなし、これを国際違法行為として構成することを意味する。ニカラグア事件判決でICJは、米国機によるニカラグア領空での偵察飛行につき、「他国政府に所属し又はその管理下にある航空機による領域国の許可のない上空飛行は、領域主権尊重の原則に対する直接的な違反になる」と述べた。領空侵犯した航空機に対する領域国による対応、特に武器の使用に関する国際法の不明確さは、これまでいくつかの悲惨な事件を生み出した。日本人を含む乗客乗員269名全員が死亡した1983年**大韓航空機撃墜事件**もその1つである。この事件を契機として、**シカゴ条約3条の2**が追加され、領域国に対し、その自衛権を留保しつつ、民間航空機による領空侵犯に対し武器の使用を差し控えるよう規定した。また、航空機の登録国ないしその運航者の主たる営業所所在地国に対しても、その航空機が領域国による着陸命令等に従うよう義務づける国内法を制定し、航空機が条約と両立しない目的のために使用されることを禁止する適当な措置をとることを義務づけた。ただし、この改正が発効したのは、冷戦終結後の1998年であった(米国は未批准)。

(3) 空の自由化

領空主権は、航空機を利用した国際交通には極めて不便な法制度であり、その確立と同時に、国家は、条約によって限定的にではあるが飛行を認める体制を確立していった。ここでいう**空の自由化**とは、外国の領空を自由に飛行できることを意味するのではなく、基本的には条約に基づいて、相手国の領空を飛行したりそこで離着陸したりする特権が認められることを意味する。

第1に、空の自由化は民間航空機(civil aircraft)にほぼ限定されている。国の航空機(state aircraft)、すなわちその所有や運行主体に関わりなく軍、税関または警察の業務のために用いられる航空機は、特別協定その他の方法による領域国の許可なくして他国領空を飛行することはできない(シカゴ条約3条(c))。第2に、民間航空機の不定期飛行は、シカゴ条約の締約国相互においては、個別の許可なく条約締約国領空において認められる。ただし、国内営業(**カボタージュ**)は自由化されていない(同7条)。第3に、定期国際航空業務については、シカゴ条約では自由化されず(6条)、同条約の附属協定である**国際航空業務通過協定**(「2つの自由」協定)と**国際航空運送協定**(「5つの自由」協定)に委ねられた。「2つの自由」協定は、無着陸通過飛行の自由と、運輸以外の給油や機体整備、乗員交代といった技術的着陸の自由を定め、133ヵ国と多くの締約国がある。「5つの自由」協定は、上記2つの自由に加えて、貨客を他国で積卸す自由、自国宛て航空機に他国で貨客を積込む自由、そして第3国と相手国との間の貨客の積込みと積卸しの自由を定めているが、締約国が11ヵ国と限られている。

このように空の自由化は、シカゴ条約のような一般的な多数国間条約ではなく、2国間の航空協定において個別に実現されることとなった。**2国間航空協定**には、締結国の航空運輸政策や自国航空産業力を反映して3つほどのパターンがあるが、規制緩和という意味での自由化を体現した**オープンスカイ協定**が、特に米国によって推進されてきた。バミューダ1方式(輸送力や路線などを航空企業が決定しつつ協定国政府が事後に審査するもの)や、日本がこれまで多く締結してきたバミューダ2方式(輸送力等を政府間で事前に決定しておくもの)と異なり、オープンスカイ方式は、協定国間では地点や路線、便数などの制限を設けず、輸送力を自由化するものである。日本も、2010年の日米間での合意を皮切りに、27ヶ国以上の国・地域との間でオープンスカイ協定を締結するに至っている。

(4) 航空犯罪への国際法的対応

航空機は、一度飛び発つと地上の警察・軍事力から隔離され、その運行を支配すれば高速かつ自由に移動が可能となり、少人数で比較的容易に機内から多くの死傷者を出す行為に及びうるという意味で、**テロ行為**に極めて脆弱である。こうして1960年代以降に民族解放運動の一環として航空機ハイジャック・爆破事件が多発し、2001年には9.11同時多発テロが発生し、日本人を含む3000人近い死者が出た。そうした航空犯罪に対処するための多数国間条約を中心とした国際法制度については、国際刑事法の章で論じる(→13章)。関連する国際判例としては、ICJロッカビー事件がある[3]。

3. 宇宙空間

(1) 宇宙空間の法的地位

1957年にソ連がスプートニック1号を宇宙に打ち上げたのを皮切りに、宇宙空間の利用とそれを規律する国際法が進展してきた。宇宙空間と空域との境界は未だに国際法上画定していないが、科学界ではおおよそ地上100キロメートルあたりから宇宙空間とされている。1967年の「月その他の天体を含む宇宙空間の探査及び利用における国家活動を律する原則に関する条約」(**宇宙条約**)2条は、月その他の天体を含む宇宙空間は国家による取得の対象とはならないと規定し、領空とは異なり、国家による領域権原設定を禁止し

---

3 **ロッカビー事件** 1988年に発生した英国ロッカビー上空でのパン・アメリカン航空機爆破事件に関し、その被疑者とされるリビア人2名の引渡しを米国と英国が求めたのに対し、リビアがそのような要求はモントリオール条約上の義務に違反しているとして、米国および英国を被告としてICJに訴えたのがロッカビー事件である。1992年のICJロッカビー事件仮保全措置命令[判例146]では、本件に関する国連安全保障理事会決議748が被疑者の米国・英国への引渡しを求めていることを根拠に、モントリオール条約上のリビアの権利、すなわち被疑者を自国内で訴追してもよい権利は、仮保全措置指示による保護の対象とはならない、と判断された。

ている。同条は「国家による取得(national appropriation)」と規定しているが、天体については私人による所有も認められないと解される。他方で、宇宙空間で採掘された資源について、宇宙条約上は、属地的な管轄権の主張をしなければ、私人による宇宙資源の所有は許されると解される。しかし、1979年の「月その他の天体における国家活動を律する協定」(**月協定**)11条1項は、月(月を周回する軌道や月に到達するための飛行経路を含む)およびその天然資源を**人類の共同財産**であると宣言し、同2項で月に賦存する(in place)天然資源はいかなる者の所有にも帰属しないと規定した。もっとも、月協定6条は、科学的調査活動の一環として月の鉱物その他の物を標本として持ち去る権利を認めており、その処分も当事国にゆだねている。この協定の月に関する規定は、特別の他の法規範がない限り、地球以外の太陽系の他の天体にも適用される(1条1項)。ただ、月協定には、日本を含め、主要宇宙活動国が批准・加入していない。

宇宙条約1条1項は、宇宙空間における探査と利用を「全人類に認められる活動分野(province of all mankind)」と宣言し、2項で「いかなる種類の差別もなく、平等の基礎に立ち、かつ、国際法に従って、」すべての国が**宇宙空間を探査し利用する自由**と天体のすべての地域への出入りの自由を有すると規定する。月協定でも、探査・利用の自由の原則は踏襲されているが、「現在および将来世代の利益」「一層高度な生活水準および経済的社会的進歩発展の条件を促進する必要性」に妥当な考慮を払うよう規定が加えられている(4条)。赤道直下の国々が1976年に**ボゴタ宣言**を採択し、宇宙空間の一部である**静止軌道**を彼らの領域の一部であると主張したこともあるが、この主張は現在では維持されていないと考えられる。こうして、月その他の天体を含む宇宙空間は、公海同様、**国際公域**としての地位を確立したといえよう。

(2) 宇宙活動を律する国際法

宇宙空間においては、科学的な研究調査や関連情報の取得などの**探査**(exploration)、特定の実用目的にそれら知見・情報を応用するために宇宙物体等を打ち上げ運用するなどの**利用**(use)、そして月その他の天体の**資源開発**(exploitation)が行われうる。そのうち、探査と利用についてはその自由が認められているが、月協定は、月および地球以外の太陽系の天体の資源開発につき、人類共同財産概念を具現化する国際制度設立まで、モラトリアムを課していると解される(1条、11条3項、5項)。

(a) 平和利用

宇宙条約4条は、核兵器およびその他の大量破壊兵器を運ぶ物体を軌道に乗せないこと、これらの兵器を天体に設置しないこと、そしてこれら兵器を宇宙空間に配置しないことを規定する。これに加えて月その他の天体については、これを「もっぱら平和的目的のために……利用する」と規定し、具体的に、軍事基地、軍事・防衛施設の設置、あらゆる型の兵器の実験や軍事演習を禁止している。当初、米ソの間で宇宙空間全体につきこれを非軍事化するかで対立があったが、宇宙条約は、軍事偵察衛星等の利用が既に開始されていた現実を直視して、大量破壊兵器を運ぶ物体を除き軍事目的の物体を軌道に乗せることまでは否定しないなど宇宙空間全体については**限定的な平和利用の原則**を確立するにとどまった。この原則の履行を検証する手段として、宇宙条約12条は、月その他の天体上の基地や施設、宇宙船に対する事実上の査察制度を導入している。

(b) 管轄権・責任

宇宙条約8条は、宇宙物体の登録国がその物体およびその乗員に対し管轄権および管理の権限があると規定する。宇宙条約では、船舶や航空機の場合と異なり、宇宙物体の「国籍」概念を欠く。1974年の**宇宙物体登録条約**では、「打上げ国」が物体打上げ後に、自国が保管する登録簿にそれを記載し、国連事務総長にその旨を通報すると定めた(2条)。条約1条によれば、**打上げ国**とは、宇宙物体の打上げを行った国、宇宙物体の打上げを行わせた国、自国領域または施設から宇宙物体が打上げられた国であり、したがって、「打上げ国」が複数ある場合は、関係国で協議して1の国を決定し、その国が登録国になる。

宇宙条約6条は、国が、宇宙空間における「自国の活動」について、それが政府機関によって行われるか非政府団体によって行われるかを問わず、国際的責任を有し、その活動が条約の規定にしたがって行われることを確保する国際的責任を有すると規定する。特に、非政府団体の活動については、条約の「関係当事国」の許可および継続的監督を必要とするとも規定している。私企業の宇宙活動に関する許可・監督に関わる**関係当事国**の解釈実行は統一していないが、7条でいう「打上げ国」、8条でいう「登録国」、そして9条でいう宇宙活動計画者の国籍国が含まれうる。宇宙物体による損害賠償責任については、宇宙条約8条を具体化した1972年の**宇宙損害責任条約**により、「打上げ国」に責任を集中し、かつ、地表における損害と飛行中の航空機に対する損害については無過失責任を導入した。1978年に発生したソ連原子力衛星**コスモス954号**のカナダ領内での落下、放射能汚染事故では、カナダは同条約を適用してソ連に賠償を求めたが、「損害」の定義につき争われ、結局、条約を適用せずにソ連が300万カナダ・ドルを支払い解決された。また、2009年に起きた米国企業の通信衛星と使用済みロシア軍用通信衛星の衝突事故は、民間主導の宇宙活動が増大する現実に、1970年代にその骨格が確立した国際宇宙法が対応しきれているのか、課題を提起した。

(c) 今後の課題

宇宙利用をめぐっては、これまでも静止軌道の利用、放送衛星によるテレビ番組の送出、地球探査衛星によるデータ取得と解析情報の利用などについて議論がなされてきたが、いずれも関連国際機構の非拘束的な決議等があるだけで、条約作成には至っていない。今後は、**スペースデブリ問題**や宇宙観光活動などが議論されていくであろう。スペースデブリとは、地球の衛星軌道上を周回している機能停止した人工衛星、ロケット本体やその一部、多段ロケットの切り離しやデブリ同士の衝突によって生じた破片などで宇宙ゴミともいう。微小なものを含めると1億個以上あるといわれる宇宙ゴミは、宇宙活動の安全性の観点から、対応が急がれる問題である。1996年に国際法協会(ILA)がスペースデブリにより生じる損害から環境を保護するための国際文書を採択し、デブリ低減策をとる義務、デブリを生じさせる活動につき協議を開始する義務などを規定した。各国宇宙機関で構成される「デブリ調整委員会」も技術的なデブリ低減策を提言しており、2007年には国連宇宙平和利用委員会の報告書に附録されたスペースデブリ低減ガイドラインが承認されている。

(3) 日本と宇宙開発

日本は、1970年に世界で4番目に国産ロケットにて国産衛星を打上げ宇宙開発先進国の1つに名を連ね、**国連宇宙平和利用委員会**における宇宙関連国際法の制定にも当初から積極的に関与してきた。しかし、最近では2003年に中国が世界第3番目の有人宇宙飛行を実現し、商業打上げなどでも日本は遅れをとっている。こうした状況を打開するため、日本は、2008年**宇宙基本法**を成立させ、日本の宇宙産業の振興や安全保障をも含めたより積極的な宇宙空間の利用を促進していく計画である。2015年に策定された新たな宇宙基本計画では、宇宙空間の国家安全保障上の利用価値が強調されている。さらに、2016年には、民間の人工衛星等の打上げやその許可に関する制度と損害賠償制度を設ける宇宙活動法と、高解析度の衛星データの適正な扱いを確保するための衛星リモートセンシング法が成立している。また、日本は1998年に締結された新たな**国際宇宙基地協定**の参加国であり、2010年に完成した日本の実験棟「きぼう」の利用とその成果が期待される一方で、国際宇宙基地の運用期限となる2024年以降の取り組みが課題である。

設　問

1. パナマ運河を国際化したとされる関連条約の非締約国である日本の船舶が、パナマ運河を自由に航行できる国際法上の根拠を述べなさい。
2. 南極地域に適用される平和利用の原則と宇宙空間に適用される平和利用の原則の異同につき、論じなさい。
3. 南極の領土権は凍結されたという主張の適否につき、南極条約4条に照らして論じなさい。
4. 北極地域と南極地域を規律する国際法制度の異同について論じなさい。
5. 公海上空に各国が設定している防空識別圏につき、国際法上の論点を整理して論じなさい。
6. 宇宙空間の自由を公海の自由と比較しながら論じなさい。(外専・平15)
7. 私人による宇宙活動を律する国際法について論じなさい。

【参考文献】

太壽堂鼎『領土帰属の国際法』(東信堂、1998)2章、6章

国際法学会編『日本と国際法の100年(2巻)陸・空・宇宙』(三省堂、2001)3章、5章、6章、7章

青木節子『日本の宇宙戦略』(慶應義塾大学出版会、2006)

稲垣治・柴田明穂編著『北極国際法秩序の展望』(東信堂、2018)

中谷和弘「空域、国際民間航空と国際法」藤田勝利編『新航空法講義』(信山社、2007)

青木節子「宇宙基本法」『ジュリスト』1363号(2008)

柴田明穂「南極条約体制の基盤と展開」『ジュリスト』1409号(2010)

青木節子「宇宙の探査・利用をめぐる『国家責任』の課題」『国際法外交雑誌』110巻2号(2011)

Rüdiger Wolfrum and Jakob Pichon, "Internationalization," *Max Planck Encyclopedia of Public International Law* (Oxford Online Version, 2010)

Akiho Shibata, "Japan and 100 Years of Antarctic Legal Order," *Yearbook of Polar Law*, Vol.7 (2015)

第10章　海洋法

目　次

1. 海洋法の歴史

(1) 伝統的な海洋法の二元的構造

伝統的な海洋法は、世界の海を沿岸国の主権の及ぶ領海と、それ以遠の自由な空間とされる公海とに分け、それぞれに異なる制度(領海制度と公海制度)を適用するという二元的構造をもっていた。こうした構造が確立したのは、18世紀の半ば頃である。そこに至るプロセスでは、15世紀の末、「地理上の発見」の時代をリードしたスペイン、ポルトガルの両国が、世界の海洋の分割・領有を宣言し、海上通商の独占を図ろうとしたことに対抗して、オランダ、英国、フランスといった当時の新興勢力が、**海洋の自由**を主張して、実力で海に乗りだしていった経緯が重要である。

資本主義が芽生え、国境を越えた人間、商品および資本の移動が不可避的とされる方向にあった時代に、特定国が世界の海洋をその支配下におきうる条件はなかった。オランダのグロチウスによる**『自由海論』**(1609年)は、海洋自由の思想に理論的基礎を与えたものとして有名である。もっとも、海洋の自由といっても、海のすべての部分が自由なところとされたわけではない。沿岸沖の近海に限って沿岸国の領有権を認めることは、諸国の利益に反するものではなく、そうした慣行もあった。イギリスのセルデンは、自由海論に対抗する**『閉鎖海論』**(1635年)を刊行した。こうして、沿岸近海は沿岸国の領海とするが、それ以遠の広大な海域は公海とし、すべての国の自由な使用のために開放されるべきであるという考え方が、広範な諸国の支持を得て、慣習法として確立した。

(2) 国連海洋法条約の採択まで

1958年の**第1次海洋法会議**は、国連国際法委員会(ILC)が準備した草案を基礎に、領海条約、公海条約、漁業資源保存条約、大陸棚条約(以上、海洋法4条約)の採択に成功した。前の2つは、海洋法の二元的構造の下で慣習法として妥当してきた規則を法典化したものである。これに対して、後の2つは、第2次大戦後になって新しく生起した、漁業資源の保存および海底石油資源開発の問題を解決しようとしたものである。もっとも、第1次海洋法会議では、領海の幅の統一について諸国の合意が得られなかったので、1960年に

第2次海洋法会議が開催された。同会議では、領海の限界を6海里とし、さらにその外側に最大限6海里までの漁業水域の設定を沿岸国に認める案が提示されたが、しかし、この提案も表決の結果1票差で否決され、領海の幅を確定しようとする試みは再び失敗に終わった。

その後、わずかの期間しか経過しないにもかかわらず、1970年の国連総会は、海洋法の全面的再検討を任務とする**第3次海洋法会議**の開催を決定した。伝統的な海洋法を支えてきたのは、海の大部分を自由な空間としておくことが万人の利益に合致するという考えであった。しかし、この考えは、現実には海洋利用能力に優れた諸国に有利に機能しても、その能力に乏しい諸国の利益を十分保護するものではなかった。例えば、漁業についていえば、優れた遠洋漁業能力をもつ国は、自由な活動が保障される公海が広いことが利益となるが、沿岸漁業に頼る国にとっては、他国の漁業活動が認められない領海が広いことが利益になった。

海洋法の変革が20世紀の後半になって急速に促されたのは、基本的には、**国際社会の構造変化**に伴い、発展途上諸国が世界の多数派となり、**海洋自由の思想に対する批判**が強められたことによる。また、**海洋開発技術の急速な進歩**によって、大陸棚や深海底の資源開発のあり方が議論されるようになり、さらに、大型タンカーの就航に伴う海洋汚染の深刻化などにより、海洋環境保護に関する議論が活発化するなど、新たに法規制の対象とすべき問題が増大したという事情も重要である。

第3次海洋法会議(1973年～1982年)は、上記の1958年の4つの条約にとって代わる**国連海洋法条約**の採択に成功した。この条約により、**領海**の幅が12海里までで統一されることになり(3条)、沿岸国は領海の外側に距岸200海里までの**排他的経済水域**を設定することを認められ(57条)、**公海**はさらにその外側とされることになった(86条)。海底についてみると沿岸国に属する大陸棚の範囲が定義し直され(76条)、大陸棚の外縁を超える海底は**深海底**として、全く新しい制度の下におかれることになった(133条～155条)。そして国連海洋法条約が海洋法4条約に「優先する」ことも明記された(311条)。

2. 領　海

(1) 領海の基線

基線とは、領海の幅を測定するための起算点になる線をいう。**通常の基線**は、沿岸国が公認する大縮尺海図に記載されている海岸の低潮線とする(5条)。もっとも、海岸線の曲折や陸地に沿った一連の島の存在などにより海岸の地形が複雑なところでは、適当な地点を結ぶ**直線基線**の方法を用いることができる(7条)。この方法は、国際司法裁判所(ICJ)が1951年のノルウェー漁業事件判決[1][判例43]において適法と認めて以来、広く採用されるようになったものである(なお、群島基線については後述)。

国際法上の**湾**は、奥行きが湾口の幅との対比において十分深い湾入のことであって、湾入の面積は湾口を横切って引いた線を直径とする半円の面積よりも広くなければならない。湾においては、湾口の両側の低潮線上の点を結ぶ線を基線とするが、その長さは24海里を超えてはならない。それを超える場合には、24海里の直線基線を湾内に引く(10条)。なお、河口についても特別な基線の引き方が認められており(9条)、港や停泊地、低潮高地に関する規定も定められている(11条～13条)。

基線の陸地側の水域は、のちに説明する群島水域を除けば、沿岸国の**内水**とされる(8条1項)。外国船舶は、沿岸国の同意なしに内水に入ることはできず、この点で、後述する無害通航権が認められる領海とは異なる。

日本は、1870年以来領海の幅を3海里としてきたが、1977年に**領海法**を制定してその幅を12海里に拡張した。ただし、宗谷、津軽、対馬東水道、対馬西水道および大隅の5つの海峡(特定海域)においては、領海の幅を3海里にとどめて、海峡の中央部分に公海を残し、外国の船舶と航空機に通過の自由を認めている。なお、日本は、1996年に国連海洋法条約を批准した際、領海法を改正し(**領海接続水域法**)、基線から24海里までの接続水域(後述)を

1　**ノルウェー漁業事件**　ノルウェーは、1935年の勅令にもとづき「本土、島および岩の上の基点を結ぶ直線基線」を引き、領海や漁業水域を設定する基線としていたが、これに対して英国が異議を唱え提訴した事件。ICJは、海岸の一般的方向と離れておらず、陸地と密接な関連があるならば、直線基線を引くことができると判示するとともに、英国が主張した直線基線の長さは10海里までに限定されるとした主張もしりぞけ、ノルウェーの直線基線の国際法上の有効性を認めた。

設定し、領海基線として直線基線を併用することを明確にしたが、特定海域の領海を3海里にとどめる規定は変更しなかった。

(2) 無害通航権

領海は、国家領域の一部として、沿岸国の主権に服するところであるが(2条)、海上交通の便宜を図るために、一般国際法上、かかる主権に制限が課されている。すなわち、すべての国の船舶は、他国の領海において**無害通航権**を有する(17条)。無害通航とは、沿岸国の**平和、秩序または安全を害さない通航**をいう(19条1項)。領海条約もこれと同じ規定をもっていたが、これだけでは無害性の判断基準としてはやや抽象的であった。そこで、国連海洋法条約は、その基準をより明確にする観点から、外国船舶が領海において行えば無害とはみなされなくなる行為を、12項目にわたって詳しく列挙した(19条2項)。通航は、継続的かつ迅速でなければならない(18条2項)。なお、無害通航権は船舶について認められる権利であるから、潜水船は海面上を航行し、その旗を掲げなければならず(20条)、領海上空を外国航空機が自由に飛行することはできない。

沿岸国は、領海における無害通航に関して一定の法令を制定する権限をもつ(21条1項)。また、沿岸国は、航行の安全のために必要と認めるときは、航路帯を指定しまたは分離通航方式を設定することができる(22条1、2項)。さらに、無害でない通航については、それを防止するため必要な措置をとる権利をもち、自国の安全のため不可欠である場合には、領海内の特定区域において、外国船舶の無害通航を一時的に停止することができる(25条1、3項)。他方、沿岸国は、無害通航を妨害してはならず、領海内における航行上の危険を適当に公表しなければならない(24条)。また、領海の通航のみを理由とするいかなる課徴金を課すこともできない(26条1項)。なお、領海を航行中の外国船舶による沿岸国の法令の違反と航行の無害性との関係については、沿岸国の法令に違反すれば無害ではなくなるとする**接合説**と、法令違反と航行の無害性は直結しないとする**分離説**が対立してきた。無害性の基準を定める19条では一部の規定を除き基本的に分離説がとられていると解される。

無害通航権に基づき、外国船舶は無害な通航を保障されているが、沿岸国は、その外国船舶に対して刑事・民事の裁判権を行使することができるか。領海を航行中の外国船舶内で行われた犯罪に対して、沿岸国が**刑事裁判権**を行使しうるのは、次の場合に限られる。(a) 犯罪の結果が当該沿岸国に及ぶ場合、(b) 犯罪が当該沿岸国の安寧または領海の秩序を乱す性質のものである場合、(c) 当該外国船舶の船長または旗国の外交官もしくは領事官が当該沿岸国の当局に対して援助を要請する場合、(d) 麻薬または向精神薬の不正取引を防止するために必要である場合(27条1項)。他方、沿岸国は、領海を航行中の外国船舶内にある人に関して**民事裁判権**を行使するために、当該船舶を停止させまたはその航路を変更させてはならない(28条1)。

無害通航権に関しては、**軍艦**にも商船と同様の通航権が認められるかどうか。諸国の見解と実行は一致していない。無害性の基準について、通航の態様・方法に照らして判断するか(**通航の態様別規制**)、通航の目的や船舶の種類に照らして判断するか(**船舶の船種別規制**)で、諸国の対応は異なっている。外国軍艦の領海通航は沿岸国にとって脅威になるとの認識に基づき、外国軍艦が領海に入る場合には、事前の許可を求めさせたり、あるいは、事前の通告を行わせたりする沿岸国は少なくない。これらの国は、国連海洋法条約19条1項に基づき、船舶の船種別規制を行いうるとの見解をとる。これに対して、欧米の海洋先進国は、無害性の基準は19条2項が定める通航の態様・方法に照らして判断すべきで、国連海洋法条約の下では、軍艦であるとの理由だけで無害通航権が否定されることはないとの見解をとる。例えば、1989年、当時の米国とソ連は、無害通航を規律する国際法規則に関する統一解釈を採択し、①軍艦を含むすべての船舶は領海において事前の通報や許可なくして無害通航権を有する、②国連海洋法条約19条2項は無害でない活動の網羅的リストを示している、との見解を表明した。日本は、軍艦の無害通航権は認めつつ、核兵器搭載艦の通航については無害通航とは認めていない。

(3) 接続水域

沿岸国は、自国領域内への密輸入、密入国あるいは伝染病の侵入などを防ぐために、領海の外側に一定範囲の水域を設けて、必要な管轄権を行使することを認められてきた。この水域を**接続水域**という。沿岸国は、基線から24

海里までの範囲でこれを設定して、自国領域内における通関上、財政上、出入国管理上または衛生上の法令の違反を防止し、これらの法令の違反を処罰するために必要な規制を行うことができる(33条)。

3. 国際海峡と群島水域

(1) 国際海峡

国連海洋法条約の起草過程では、領海の幅が12海里になると、それまで公海部分を残していた**国際海峡**の多くが、海峡沿岸国の領海でおおわれることが明らかとなった。そうすると、かかる海峡では、公海の自由の原則に基づいて認められる自由な航行や上空飛行の自由が認められなくなるため、そこを頻繁に利用してきた国、とりわけ、軍艦や潜水船、軍用航空機を自由に通過させてきた諸国は、深刻な影響を受けることになる。無害通航権の制度の下でさえ、軍艦の無害通航権の有無が問題とされ、また、潜水船の潜水航行の自由や軍用航空機の上空飛行の自由は認められていないからである。そのため、第3次海洋法会議では、国際海峡の通航権をどのように定めるかが、重要な問題となった。国連海洋法条約は、結局、公海または排他的経済水域の一部分と公海または排他的経済水域の他の部分との間にあって、国際航行に使用される海峡においては、すべての国の船舶と航空機に対して、妨げられない**通過通航権**を行使できることを認めた(37条、38条1項)。

通過通航とは、国際海峡の継続的かつ迅速な通過のためのみに、航行および上空飛行の自由を行使することをいい(38条2項)、一般に、航空機の上空飛行のみならず、潜水船の潜水航行も認められると解されている。海峡沿岸国は、船舶の通航の安全に必要な場合、航路帯を指定しまたは分離通航方式を設定できるが(41条1項)、しかし、通過通航を妨害することも、停止することもできない(44条)。他方、公海または排他的経済水域の一部分と外国の領海との間の海峡においては、通過通航制度は適用されず、無害通航の制度が適用される(45条1項)。ただし、沿岸国は、このような海峡における無害通航を停止することはできない(45条2項。「強化された無害通航権」とよばれる)。

なお、前述のように日本は、1977年の領海法で領海の幅を12海里と定めたが、その附則2項において宗谷、津軽、対馬東水道、対馬西水道、大隅の

5海峡については、当分の間3海里にとどめるものとされた。その結果、これらの海峡には中央部分に航行に便利な公海部分が残り、通過通航や強化された無害通航の制度は適用されない(36条)。

(2) 群島水域

全体が1または2以上の群島から成る国を**群島国**とよぶ。このような国について、従来、特別の制度が用意されていたわけではなかったが、国連海洋法条約においては、群島全体が固有の地理的、経済的および政治的単位を構成するものとみなされ、群島国の領海その他は、群島の最も外側の島の外端を結ぶ**群島基線**を引いて、これより外側に向かって測られることになった(47条1項、48条)。**群島水域**とは、この基線の内側の水域をいう(49条1項)。ただし、基線内の水域と陸地の面積の比率が1対1から9対1の間であることなどが条件である(47条1項)。

群島水域は、群島国の主権の下におかれる(49条1、2項)。群島国は、この水域内において、領海の基線に関する規則に従って閉鎖線を引き、その内側の水域を内水とすることができる(50条)。それゆえ、群島水域は、群島国の主権下にある水域であるけれども、領海とも内水とも異なる新しいタイプの領水である。

群島水域が設定されると、これまで国際交通の要路になっていた海域が群島国の領水になるため、船舶や航空機の通航に関して国際海峡におけるのと同じ問題が発生した。そこで、国連海洋法条約は、まず、外国船舶は、群島水域において、無害通航権を認められるとし(52条1項)、加えて、外国の船舶と航空機は、継続的かつ迅速にこの水域および隣接する領海またはそれらの上空を通過するのに適した航路が群島国によって指定されれば、そこにおいて**群島航路帯通航権**を有することとした(53条1、2項)。この通航権は、国際海峡における通過通航権と同種の権利であるが、群島国がそのような航路を指定しない場合には、国際航行のために通常使用される航路において行使できるものとされた(53条3、12項)。

4. 公　海

(1) 公海の自由

公海はすべての国に開放され、いずれの国も、公海において、航行の自由、上空飛行の自由、海底電線および海底パイプライン敷設の自由、人工島その他の施設の建設の自由、漁獲の自由、科学的調査の自由などを認められる。**公海の自由**は、公海の自由を行使する他の国の利益に妥当な考慮を払って行使されなければならない(87条)。いかなる国も、公海のいずれかの部分をその主権の下に置くことを有効に主張することができない(89条)。

(2) 旗国主義

すべての国は、自国の旗を掲げる船舶を公海において航行させる権利を有する(90条)。船舶は、その旗を掲げる国の国籍を有し(91条1項)、公海においては、原則として**旗国**の排他的管轄権に服する(92条1項)。旗国の排他的管轄権が及ぶ範囲については、2019年のノースター号事件[2]判決において、国連海洋法条約の設立した国際海洋法裁判所(ITLOS)が、旗国の排他的管轄権は、旗国以外の国による公海上での執行管轄権の行使のみならず、**規律管轄権**(→5章5(1))の行使も禁止するとして、旗国主義の対象を広範に認めた。

船舶が国籍をもつ理由は、公海の秩序を維持するために、船舶をいずれかの国の管轄下におく必要があるためである。いずれの国も、自国籍の船舶に対して有効に管轄権を行使し、海上での安全の確保、海難救助、さらに海底電線や海底パイプラインの保護などのために、必要かつ適切な措置をとらなければならない(94条、98条、113～115条)。各国は船舶に対する国籍許与の条件を定めるが、船舶と旗国との間には**真正な関係**が存在しなければならない(91条1項)。現実には、**便宜置籍船**といって、税金が安いとか船舶管理の条件が厳しくないといった理由で、実質的関係のない国の国籍を得ている船舶がある。そうした船舶が増加すると、旗国による管轄権の有効な行使が難

2　**ノースター号事件**　イタリアがパナマ船籍のノースター号による公海上の給油活動(イタリア保税地域等において免税購入した軽油を、その後イタリア港内に申告なしに持ち込まれて使用されることを了知して販売したとされる)につき、刑事管轄権を行使し関税法を適用したことに対して、パナマが海洋法条約87条違反であるとして提訴した。ITLOSは旗国主義の広範な適用によってイタリアの同条違反を認定した。

しくなるため、船舶・旗国間には真正な関係の存在が求められるのである。

このように、公海においては、まず何よりも、各国が自国を旗国とする船舶の運航管理に責任を負う体制がとられている。船舶が公海上で衝突し、乗組員の刑事責任が問われる場合でも、刑事裁判権を行使できるのは、当該船舶の旗国またはその乗組員の本国に限られる(97条)。

(3) 公海上の警察権

旗国主義は絶対的な原則ではない。公海の秩序維持のために、公海上の船舶に対して、例外的に当該船舶の旗国以外の国によって、いわば**警察権の行使**が認められる場合がある。例えば、いずれの国の軍艦も、**海賊行為**、**奴隷取引**、**無免許放送**のいずれかを行っているとの疑いのある外国船舶、ならびに、**無国籍**であるかまたは**国旗の濫用**を行っているとの疑いのある船舶については、**臨検**を行うことができる(110条1項)。臨検の権利を行使することができるのは、軍艦のほかに、軍用航空機または政府の公務に使用されている船舶もしくは航空機に限られる(110条2、4、5項)。公海上で旗国以外のいずれの国の管轄権からも完全に免除されている軍艦および非商業用の政府船舶は、臨検の対象とはされない(95条、96条)。

臨検の対象となる行為のうち、**海賊行為**は、古くから「人類一般の敵」(*hostis humani generis*)とされ、取締りの対象とされてきた。国連海洋法条約によれば、海賊行為とは、私有の船舶または航空機の乗組員または旅客が、私的目的のために公海上の他の船舶または航空機に対して行う不法な暴力行為、抑留または略奪行為をいう(101条)。いずれの国も、海賊船舶・海賊航空機を拿捕して、自国の裁判所で処罰することができる(105条、107条。普遍主義。→13章2(2))。最近では、海賊の定義には該当しないが、領水や国際海峡において外国の船舶を標的にする**武装強盗**が頻発しており、その抑止・処罰のための国際協力が不可欠となっている。いわゆるソマリアの海賊は、上記の海賊と武装強盗の双方を含んでいる。国連はそれらへの対応として、2008年に国連憲章7章の下で安保理決議1816(2008)を採択し、それらと戦う国に対して、ソマリアの領海に入り、海賊行為について公海上で許容される方法によって、海賊行為・武装強盗を抑止するため必要なあらゆる手段をとることを授権した。

国連海洋法条約は、**麻薬や向精神薬の不正取引の取締り**に関して、臨検を行うことは認めていないが、不正取引を防止するために、各国に協力することを求めている(108条)。麻薬や向精神薬の不正取引を規制するための条約としては、1961年の「麻薬に関する単一条約」、1971年の「向精神薬に関する条約」および1988年の「麻薬及び向精神薬の不正取引の防止に関する国際連合条約」があり、これらを総称して国連麻薬条約と呼んでいる。1988年条約によれば、締約国は、航行の自由を行使する船舶であって他の締約国の旗を掲げるものが不正取引に関与していると疑うに足りる合理的な理由を有する場合には、その旨を旗国に通報し、登録の確認を要請することができるものとされ、これが確認されたときは、当該船舶について適当な措置をとることの許可を旗国に要請することができる。旗国は、かかる要請を行った締約国に対し、(a)当該船舶に乗船すること、(b)当該船舶を捜索すること、(c)不正取引にかかわっていることの証拠が発見された場合には、当該船舶並びにその乗船者および積荷について適当な措置をとることについて、許可を与えることができる(同条約17条3～4項)。

なお、国際テロの防止に関する条約の1つとして採択された1988年の海洋航行不法行為防止条約(SUA条約)は、船舶の不法奪取、破壊行為などを犯罪とし、その犯人の処罰、引渡しなどについて定めている(1992年発効)。その後、2005年に採択され2010年に発効した同条約の改正議定書(SUA条約改正議定書)は、海上での取締りの対象となる犯罪行為をテロ行為に利用されうる有害危険物質や大量破壊兵器の輸送などにまで拡げるとともに、旗国以外の国による臨検を可能にする新たな手続を定めている。例えば、臨検を望む国は旗国による船籍の確認と臨検の許可を要請し、許可が与えられれば、その許可に基づき臨検を行うことができる(同議定書8条の2)。

さて、国連海洋法条約によれば、上記の臨検のほかに、沿岸国は、自国の法令に違反した外国船舶を公海上まで追跡して拿捕することができる。この権利を**追跡権**(**継続追跡権**)という。公海上の警察権と追跡権は、いずれも、旗国主義の例外として旗国以外の国の船舶に管轄権の行使を認めるものであるが、公海上の警察権が公海の秩序維持のために認められる制度であるのに対して、追跡権はもっぱら沿岸国の秩序維持のために認められる制度である。

追跡は、被疑船舶が追跡国の内水、群島水域、領海、接続水域、排他的経済水域または大陸棚上にある時に開始され、かつ継続して行われる場合に認められる。ただし、被疑船舶が接続水域にある時には同水域の設定によって保護しようとする権利の侵害があった場合に、また、排他的経済水域もしくは大陸棚上にある時は、それらの区域に適用される沿岸国の法令違反があった場合に限り、追跡を行うことができる。追跡権は、被疑船舶が旗国または第3国の領海に入った時に消滅する(111条)。

5. 排他的経済水域

(1) 排他的経済水域の主張

200海里**排他的経済水域**(EEZ)は、1972年以降、アフリカ諸国を皮切りに、発展途上沿岸諸国によって次々に一方的に設定され、瞬く間に新しい制度として受け入れられたものである。ICJは、1985年のリビア・マルタ大陸棚事件判決[判例50]で、EEZの制度は**慣習法化**していると述べた。EEZの主張は、歴史的にみれば、広大な海(公海)は自由な空間としておくことが万人の利益につながるという、伝統的な海洋自由の思想に対する批判を象徴するものであった。海洋法の二元的構造の下で、沿岸沖合の漁業資源が外国漁船によって自由に漁獲され続ける事態に抗するために、200海里水域にある天然資源に対しては、沿岸国が**主権的権利**をもつことを認めさせようとしたのが、EEZの主張にほかならない。もっとも、国連海洋法条約は、沿岸国の権利だけを定めたわけではなく、海洋生物資源の有効利用を確保するための規定を整備している。

(2) 排他的経済水域の制度

沿岸国は、EEZにおいて、(a) 海底の上部水域ならびに海底およびその下の天然資源(生物であるか非生物であるかを問わない)の探査、開発、保存および管理のための主権的権利、ならびに、この水域の経済的な探査、開発のための他の活動に関する主権的権利、(b) (i)人工島、施設および構築物の設置と利用、(ii)海洋の科学調査、(iii)海洋環境の保護および保全に関する管轄権、(c)

この条約に定める他の権利および義務を有する(56条1項)。

一方、沿岸国は、排他的経済水域内の**生物資源を保存するための措置**をとり、その**最適利用を促進する義務**を負う。そのために、沿岸国は、この水域内における生物資源の漁獲可能量を決定し、自国がそのすべてを漁獲する能力を有しない場合には、余剰分については他の国の入漁を認めなければならない(62条)。内陸国や地理的不利国は、同一地域の沿岸国のEEZにおける生物資源の余剰分の開発に、衡平の基礎の下で参加することができる(69条、70条)。

EEZにおいては、**漁獲の規制**は魚の種類に応じて行われる。まぐろやかつおなどの**高度回遊性魚種**については、沿岸国およびその魚種を漁獲している他の国は、200海里水域の内外を問わず、当該海域においてその魚種の保存を確保し、最適利用を促進するために協力する(64条)。**海産哺乳動物**については、沿岸国や国際機関が開発を禁止または制限することができる(65条)。さけやますなどの**溯河性資源**については、その資源の母川国は、当該資源について第一義的利益と責任を有するとともに、資源保存のための措置をとる(66条1、2項)。溯河性資源およびうなぎなどの**降河性魚種**の漁獲は、基本的にはEEZの外側の限界よりも陸地側の水域においてのみ行われる(66条3項、67条2項)。なお、海産哺乳動物に関しては、国際捕鯨取締条約に関する事件であるが、ICJにおいて日本が当事者となった南極海捕鯨事件がある(→3章4(2)、17章4(2))。

すべての国は、EEZにおいて、航行の自由、上空飛行の自由、海底電線および海底パイプラインの敷設の自由を有する(58条1項)。この水域は公海とも領海とも異なり、国連海洋法条約に定める特別の法制度に従うものであるが(55条)、その制度と矛盾しない限り、公海制度に関する規則がEEZでも適用される(58条2項)。ただし、EEZで**海洋の科学調査**を実施しようとする国は、沿岸国の同意を得なければならないが、その調査計画がもっぱら平和的目的のために、かつ、海洋環境の科学的知識の増進のために行われるものである場合、沿岸国は、通常、同意を与えなければならない(246条2、3項)。

(3) 漁業資源の保存・管理

近年、EEZだけでなく、公海においても、漁業資源の保存・管理のための措置をとることが強く求められるようになっている。かつて、公海では漁獲の自由が認められており、公海でとられる漁業資源の保存・管理措置については、当該の措置に合意する国だけが拘束されると考えられてきた。しかし、いまや、そうした考え方を維持しうる基盤は、崩れつつあるといわなければならない。

公海をも含めた漁業資源の保存・管理措置は、地域別または魚種別に締結される条約に基づいてとられるが、かかる条約の下で設置される**地域的漁業管理機関**は、非締約国漁船の公海上での活動であっても、その活動が当該条約が適用される海域で行われる場合には、規制の対象にする傾向が顕著である。第3国たる非締約国は、特に公海では、地域的機関の定める規制措置に拘束される直接の根拠はないが、しかし、仮に非締約国の漁船が規制措置に違反する操業を行った場合には、締約国が非締約国との間の貿易関係をストップするなどの対応をとることにより、事実上、非締約国にも漁業規制の

図10-1　海洋秩序断面図

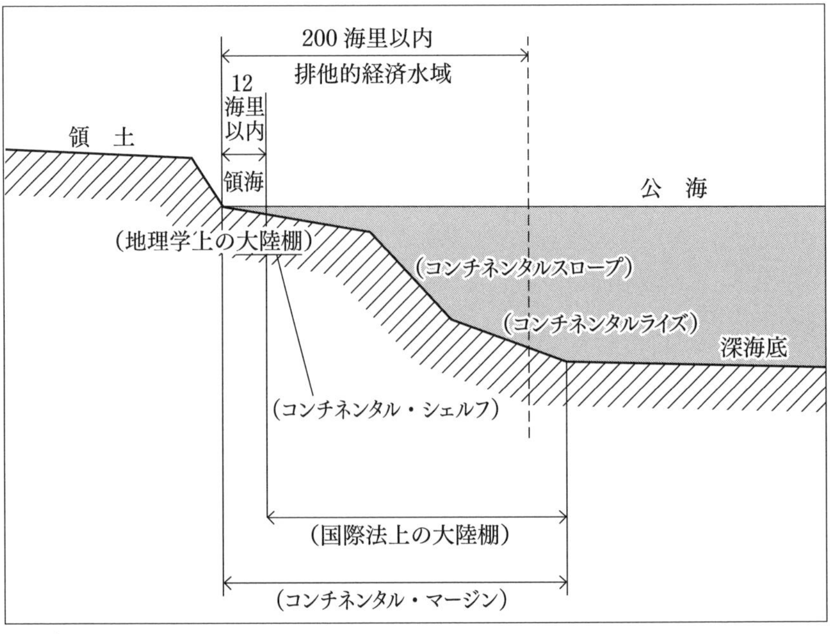

措置の遵守を求める方策がとられている。地域別・魚種別の漁業条約としては、例えば、1966年の大西洋まぐろ類保存条約、1978年の北西大西洋漁業の今後の多数国間協力に関する条約、1993年のみなみまぐろ保存条約、あるいは、2000年の中西部太平洋まぐろ類条約などがある。一方、流し網漁業に関しては、南太平洋諸国が、1989年に南太平洋流し網漁業禁止条約を採択した。**底引き網漁業**に関する規制も強められつつあり、国連総会は、近年毎年採択している持続可能な漁業に関する決議(決議61/105など)の中で、底引き網漁業を禁止することを求めている。

国連海洋法条約64条の規定を実施するために採択された、1995年の**国連公海漁業実施協定**は、より一般性を有する条約として重要である。この協定は、EEZの内外に存在する**ストラドリング魚種**と**高度回遊性魚種**の保存と持続可能な利用を確保するために採択されたものである(2001年発効)。ストラドリング魚種とは、ある国のEEZと公海にまたがって生息している魚種(例、ひらめ)をいい、高度回遊性魚種とは、各国のEEZや公海を回遊している魚種(例、まぐろ)をいう。この協定の締約国は、ストラドリング魚種と高度回遊性魚種の保存・管理のため、直接にまたは地域的漁業管理機関を通じて協力するものとされ、具体的には、地域的漁業管理機関に加盟しまたはその保存・管理措置に同意することによって協力するものとされた(8条)。地域的漁業管理機関の非加盟国であってその保存・管理措置に同意しない国であっても、この協定の締約国であれば協力の義務を免れず、自国漁船に地域的漁業管理機関の保存・管理措置の対象である魚種の漁獲を許可しないものとされる(17条)。また、地域的漁業管理機関の非加盟国であってもこの協定の締約国であれば、自国の漁船が地域的漁業管理機関加盟国たる協定締約国の検査官による乗船検査を受けうることを定めている(21条)。このように公海漁業実施協定は、パッチワーク的に存在する地域的漁業管理機関の保存・管理措置を、非加盟国を含めて拡大・統合する役割を果たしている。

寄港国措置との関係では、公海漁業実施協定は、寄港国がそうした保存・管理措置の実効性を促進する措置をとる権利と義務(duty)を有すると規定しつつ、具体的には、船舶検査や一定の漁獲物につき陸揚げ・転載禁止の措置をとることが「できる」とするにとどまっていた(23条)。2009年の寄港国措置協定(2016年6月発効)は、その点をさらに進めて、IUU漁業(後述)従事疑惑のすべての船舶(非締約国の船舶を含む)との関係で、入港拒否、港の使用拒否、船舶検査などの措置をとることを締約国たる寄港国に義務づけた(3、9、11、12条)。

今日、地域的漁業管理機関による保存・管理の試みに参加せず、また参加してもそれに違反して行われる漁業等、いわゆる「違法・無報告・無規制(illegal, unreported and unregulated)漁業」(IUU漁業)の取り締まりが喫緊の課題となっている。この問題については、小地域漁業委員会の諮問に対して、ITLOSが2015年に勧告的意見を出し、同委員会加盟国のEEZにおける第3国漁船のIUU漁業について、海洋法条約上、IUU漁業防止の主要な責任は沿岸国にあるとしつつも、旗国にも自国漁船がIUU漁業を行わないように確保する義務があるとし、後者の義務は結果の義務ではなく「相当な注意」を払う義務であると述べた。

6. 大陸棚

(1) 大陸棚制度

第2次大戦後、沿岸沖の海底にある石油や天然ガスの開発が本格的に進められるようになった。1945年9月の**トルーマン宣言**(米国沿岸の大陸棚の資源を自国管轄下に置く)の発出は、そのことを象徴的に示す出来事であった。その後1958年の大陸棚条約は、国際法上の大陸棚を、水深200メートルまでの海底、またはそれを超える場合には開発が可能なところまでの海底と定義し、沿岸国に対して、大陸棚の天然資源を開発するための**主権的権利**を付与した(1条、2条)。

しかし、1960年代の半ば頃になると、水深数千メートルの深海底にマンガン団塊資源が大量にあることが判明し、しかもその採掘技術も進化しつつあった。そのため、1967年にマルタの国連大使は、開発可能性の基準によると世界中の海底が特定の国の大陸棚とされるおそれが出てきたので、**大陸棚の範囲**を定義し直すとともに、それ以遠の深海底には、大陸棚制度とは異なる深海底制度を樹立すべきであると提案した。

1969年の北海大陸棚事件[判例46]に関するICJの判決は、大陸棚に対して沿岸国が権利をもつのは、大陸棚が**陸地領土の海中への自然の延長**をなす事実によると述べていた。国連海洋法条約は、この考え方を踏襲し、かつ、200 海里 EEZ が設定されることに留意し、沿岸国の大陸棚の範囲を次のように定義した。すなわち、大陸棚とは、沿岸国の領海を越えてその領土の自然の延長の及ぶ**大陸縁辺部（コンチネンタル・マージン）**の外側の限界までの海底およびその地下（ただし、領海の幅を測る基線から 350 海里または 2500 メートル等深線から 100 海里を超えることはできない）、もしくはその外側の限界線が 200 海里以内で終わっている場合には、200 海里までの海底区域をいう（76 条 1 〜 7 項）。沿岸国は、大陸縁辺部が 200 海里を超えて拡がっている場合には、その限界に関する情報を条約の附属書 II により設置される**大陸棚限界委員会**に提出し、この委員会によって行われる勧告に基づき、大陸棚の限界を画定する（同条 8）。そうした 200 海里以遠に大陸棚の限界が拡がっている国は、40 ヵ国ほどあるといわれている。日本は、2008 年 11 月、200 海里を超える大陸棚に関する情報を大陸棚限界委員会に提出し、同委員会における審査の後、2012 年 4 月、大陸棚延長申請に関する大陸棚限界委員会の勧告（申請 7 海域中 4 海域について延長を認める勧告）を受領した。沿岸国は、大陸棚を探査し、その天然資源を開発するため、大陸棚に対して主権的権利を行使できる（77 条 1）。

なお、大陸棚において沿岸国が有する主権的権利は、大陸棚の設定行為に依存するものではなく、また、沿岸国が探査・開発をしない場合でも沿岸国の明示の同意なしに天然資源を探査・開発することができない（77 条 2、3）という意味で排他性が強く、漁獲可能量を超える余剰分を他国に開放するものとされる排他的経済水域における主権的権利とは、その性格を異にしている。

(2) 大陸棚の境界画定

前にあげた北海大陸棚事件判決は、**大陸棚の境界画定**は**衡平の原則**に従い、すべての**関連事情**を考慮に入れて、合意に基づいて行わなければならないと判示していた。国連海洋法条約では、大陸棚の境界画定は、**衡平な解決**を達成するために、国際法に基づき**合意**により行うこととされた（83 条。EEZ の境界画定についても同じである（74 条））。

北海大陸棚事件以後、ICJに付託されたケースについてみると、まず、1982年の**チュニジア・リビア**大陸棚事件判決[判例48]では、同じ大陸棚上で隣接している国の場合には、領土の自然の延長という概念は境界画定の基準にはならないとされ、海岸線の方向や形状、島の存在などを考慮した境界線が示された。1984年のカナダ・米国間の**メイン湾**海洋画定事件では、大陸棚と漁業水域の双方に共通の境界画定が問われた。判決は、境界画定に関する衡平の基準の具体的内容は、係争区域の特徴との関連でしか明らかにならず、境界線は事例ごとに個別に決定されるとしたうえで、大陸棚と漁業水域の双方に共通の単一境界線を判示した。1985年の**リビア・マルタ**大陸棚事件判決[判例50]は、大陸棚とEEZの双方が200海里という距離基準を権原の根拠としていることを重視し、衡平な解決を達成するためには、関連事情を個別的に考慮する必要があると指摘し、本件では両国間の中間線をベースに、海岸の長さとの均衡性など関連事情を考慮して、その線を修正する判断を示したのである。

1993年の**ヤン・マイエン**海域境界画定事件判決[判例51]は、350海里を隔てて向かい合っているデンマークに帰属するグリーンランドとノルウェーのヤン・マイエン島の間の、大陸棚とEEZの境界画定を扱ったものであるが、中間線を暫定線とした上で、衡平な解決を達成するために、海岸の長さ、漁業資源の分布状況、海上の氷の存在などの関連事情を考慮に入れて、中間線を修正し、大陸棚とEEZに共通する境界線を示した。2001年の**カタールとバーレーン**間の海洋境界画定および領土問題事件[判例53]は、等距離・中間線を暫定的に引いた上で、考慮すべき特別の事情の有無を検討することが、これまでの境界画定事件で採用されてきた方法であると指摘し、その方法により境界線を画定した。2002年の**カメルーンとナイジェリア**の領土・海洋境界事件判決は、隣国間の境界を等距離線に基づいて引き、その線を修正する事情は存在しないことを確認した。

2007年の**ニカラグアとホンジュラス**の間でのカリブ海における海洋画定事件判決は、隣国同士ではあるが、両国を隔てる岬や河口の地形が複雑であることから、等距離・中間線の方法を用いることができないと判断し、両国海岸線の平均的な形状を考慮し、二等分線方式に基づき境界を画定した。2009

年の**ルーマニアとウクライナ**との間の黒海海洋境界画定事件判決[判例54]は、第1に、暫定的な**等距離・中間線**を引き、第2に、衡平な結果を達成するために**関連事情**を考慮し、中間線を調整する必要があるかどうかを検討し、第3に、最終的に引かれた境界線の結果、**海岸の長さの比率**と**関連区域の比率**の明らかな不均衡のため、不衡平を招いていないかどうかについて、裁判所の裁量によって検証すると判示した。

以上はICJの判例であるが、最後の2009年の判決は、個別意見・反対意見が1つも無いICJ史上初めての判決であって、しかも、海洋境界画定の方法をほぼ確定づけたと考えてよいものといえる。同判決に先立ち、国連海洋法条約の紛争解決手続に従い設置された仲裁裁判所が出した**バルバドスとトリニダード・トバゴ**の海域画定事件判決は、向かい合う島国の間のEEZと大陸棚の境界を扱い、第1に、暫定的に両国の間に等距離線を引き、その上で、第2に、衡平な結果を達成するために関連事情を考慮し、等距離線を調整する必要があるかを検討し、検討の結果、等距離線を一部修正する判断を示していた。また、ITLOSが海洋境界画定の問題を初めて扱ったベンガル湾における**バングラデシュとミャンマー**の海洋境界画定紛争における判決は2012年に出されたが、ITLOSは、ICJの黒海海洋境界画定事件判決にならい、3つの段階を経て境界線を引くことが適切だと判示した。すなわち、第1に、両国の海岸線の長さを考慮した等距離線を暫定的な線とし、第2に、関連事情を考慮した結果、バングラデシュのセント・マーチン島の位置を考慮し、等距離線を修正する判断を示し、第3に、この判断が不均衡を招いていないかどうかの検証を行い、検証の結果、再度是正すべき不均衡はないと判示した。なお、本判決の境界画定によって、200海里以遠のバングラデシュ大陸棚の上部水域がミャンマーのEEZとなる「**グレー・エリア**」と呼ばれる水域が出現することとなった。

7. 島

国連海洋法条約によれば、島とは「自然に形成された陸地」であって、水に囲まれ、「高潮時においても水面上にある」ものをいい(121条1項)、それ自身の領海、接続水域、EEZおよび大陸棚を持つ(同条2項)。このように、①陸地形成の自然性と②高潮時の露出性が島であるための条件とされる。①との関係では、**南シナ海**において中国が建設している**人工島**のように、人工的に形成された島は、海洋法条約上は島としては扱われず、また②との関係では、低潮時には干出するが高潮時には水没する**低潮高地**も、島としては扱われず、したがっていずれも独自の領海、接続水域、EEZ、大陸棚を有さず、その沿岸海は基本的に公海としての扱いを受けることになる(13条2項、60条8項、80条、89条)。ただし、低潮高地がその一部でも本土ないし島の領海内にあるときは、それ自身の領海を持つ(13条1項)。

日本の**沖ノ鳥島**が海洋法条約でいう島であるのかについては、争いがある。大陸棚の200海里以遠への延長との関係で、日本政府は2008年に同島を基点とする大陸棚の延長を大陸棚限界委員会に申請した(→本章6(1))。これに対して中国と韓国は、沖ノ鳥島がEEZや大陸棚を有するか否かについては争いがあるとしたため、委員会は2012年の勧告において、当該部分については問題が解決するまで勧告できないとした。日本政府の立場は、沖ノ鳥島は121条1項にいう島であるから、EEZ・大陸棚を持つというものである。この点については、「人間の居住又は独自の経済的生活を維持することのできない岩」はEEZ・大陸棚を有さない、と規定する121条3項との関係が問題となる。日本政府のいうように、1項を満たせば自動的に3項の岩には該当しないことになるのか(分離説)、それとも3項の岩に関する条件は1項の島にも適用され、1項と3項の双方を満たす場合にのみ「島」となるのか(結合説)、3項が岩に言及しつつその定義を行っていないだけでなく、諸国の実行も一定していないため、解釈上の争いがある。

この点に関連して、フィリピンが南シナ海における中国の権利主張と行動について国連海洋法条約附属書Ⅶに基づく仲裁を提起し、その本案判決が2016年7月に下された(**南シナ海事件**[判例60])。それによれば、国連海洋法条約は海域・海底に関する権利配分を包括的に行っており、同条約と両立しない歴史的な権利はすべて同条約の制度に取って代わられたのであり、中国のいう「九段線」内の資源に対する歴史的権利の主張は同条約に反する限りで法的な効果を有しない。同条約121条3項によれば、高潮時に海面上にある地形(高潮地形)が排他的経済水域と大陸棚を有するには、人の手が加わっていない自然の状態において、安定した人の集団による居住を維持し(人間の居住要件)、または外部の資源に完全には依存せず住民が関与し受益する経済活動を当該地形自体において維持する(独自の経済的生活要件)客観的な能力を有することが必要であるが、南沙諸島のいずれの高潮地形も、この基準を満たさないため排他的経済水域・大陸棚を有さない。低潮高地であるミスチーフ礁は、フィリピンの排他的経済水域内・大陸棚上にあり、中国によるミスチーフ礁上の人工島建設はフィリピンの主権的権利を侵害している。以上のように判示した。なお、海洋法条約121条に関しては、ICJが2012年のニカラグアとコロンビアとの間の領土および海洋紛争事件判決において、同条は全体として慣習法の地位を有すると判示している。

島は大陸棚の境界画定(→本章6(2))にも関連し、島の存在が等距離原則を修正する特別な事情を構成することがある(大陸棚条約6条)が、島の位置などによってその効果は一定しない。1977年の英仏大陸棚事件仲裁判決[判例47]は、フランス本土に近接して存在するイギリスのチャネル諸島につき、諸島の存在を無視して中間線で両国の大陸棚を画定した上で、フランス側の大陸棚の中の飛び地のような形で、同諸島の周囲に12海里の大陸棚を部分的に(海側のみ)認めた。また前出のICJチュニジア・リビア大陸棚事件判決は、チュニジアの沖合にあるケルケナ諸島を基点とする場合とそれを無視する場合の角度の二等分線を利用することによって、同諸島に「半分効果」を与えた。**半分効果**に合理的な説明はないが、多くの判例で利用されている。

8. 深海底

(1) 深海底制度

深海底制度の根幹をなす原則は、深海底とその資源が**人類の共同の財産**とされることである(136条)。国は、深海底またはその資源のいかなる部分についても、主権または主権的権利を主張してはならず、深海底の資源に関するすべての権利は、人類全体に付与されるものとし、**国際海底機構**(以下、機構)が、人類全体のために行動する(137条)。深海底活動は、発展途上国の利益と必要に特別の考慮を払って、人類全体の利益のために行われなければならない。深海底活動から生じる財政的および他の経済的利益の衡平な配分は、機構を通じて行うものとされる(140条)。

機構は、深海底制度の樹立に伴い新しく設立されるものであって、すべての締約国をその構成国とし、深海底活動を組織し管理するための機関である(156条、157条)。この機構は、すべての構成国で構成される総会、36の構成国で構成される理事会、および事務局の各主要機関、ならびに深海底活動実施機関である事業体(エンタープライズ)で構成される(158条、159条、161条、170条)。

深海底資源の探査・開発は、機構の事業体が自ら行うほか、機構の認可を得て、締約国または締約国の保証する企業によっても行われる(バンキング方式。153条2項)。事業体と締約国・企業は、合弁事業を行うことができる。他方、これらのものが開発を行う場合、深海底から得られる資源と同種の資源を陸上で生産している国の経済を保護するために、機構が定める年間生産上限枠を遵守すること(生産制限。151条)、また、収益の一定割合を機構に拠出することが求められた(附属書Ⅲ 13条)。さらに、締約国・企業に対しては、事業体の行う開発を容易にする観点から、いわば強制的な技術移転の義務が課され(同5条など)、機構の認可を得て深海底活動を続ける場合には、機構に対して高額の支払義務を課されることになっていた(同13条)。

(2) 深海底制度実施協定の採択

しかしながら、米国をはじめとする先進諸国は、国連海洋法条約の採択後、深海底制度の規定に対する不満を理由に、条約には参加しない態度をとりつづけた。米国などは、条約の締約国にはならず、公海自由の原則に基づいて、一方的な開発に乗り出す準備を整えたほどである。そこで、先進国の条約への参加を実現するため、1990年代に入り、当時の国連事務総長の呼びかけに応じて、**深海底制度の見直し作業**が非公式に開始された。国連海洋法条約の効力が発生したのは、1994年11月であるが、その直前の7月に、非公式作業の積み重ねの結果、条約に定める深海底制度(11部)を実質的に改正する**深海底制度実施協定**が採択されたのである。

実施協定の締約国は、実施協定に従って海洋法条約11部の規定を実施する(実施協定1条1項)。実施協定と条約11部は単一の文書として一括して解釈・適用され、両者に抵触がある場合には、**実施協定が優先**する(同2条1項)。実施協定の採択後は、国連海洋法条約の批准書、正式確認書または加入書は、実施協定に拘束されることについての同意も表すものとされ、いずれの国も、条約に拘束されることについての同意を確定しない限り、実施協定の締約国になることはできない(同4条1、2項)。実施協定には詳細な附属書がついているが、この附属書により、例えば、機構との契約者となる締約国・企業に対して条約で課されていた、強制的な技術移転の義務や生産制限に関する条約規定は適用されないことになり(附属書5節、6節)、深海底活動を続けるうえでの機構に対する高額の支払義務も、大幅に緩和されることになった(同8節)。また、事業体の初期の操業はもっぱら合弁事業により行うものとされ、締約国の事業体への資金提供義務を定めた条約規定も適用しないものとされた(同1節)。

こうして、先進国が国連海洋法条約に反対する理由が消滅することになり、以後、条約への先進国の参加が一気にすすみ、その普遍性が急速に高まった。実施協定は、国連海洋法条約とは形式的には一応別個の文書であって、国連海洋法条約の既存の締約国は当然に、実施協定の締約国になる義務を負っているわけではない。しかし、実施協定の採択手続やその内容に異議を唱える国は出ておらず、1996年7月には、実施協定も効力を発生した。

9. 海洋環境

(1) 海洋環境を保護する国の義務と責任

いずれの国も、海洋環境を保護し保全する義務を有し(192条)、すべての汚染源からの海洋汚染を防止、減少および規制するため、自国のとりうる最善の手段を用いて、あらゆる必要な措置をとらなければならない(194条1項)。いずれの国も、海洋環境の保護に関する国際的な義務の不履行については賠償責任を負い、その管轄のもとにある自然人および法人による海洋汚染から生じる損害に関し、補償その他の救済のための手段が利用しうることを確保する(235条1、2項)。こうした義務や責任は、なお一般的な規定にとどまっているが、従来、こうした規定自体を設けた条約がなかったことには、留意しておく必要がある。

国連海洋法条約は、海洋汚染の種類について、汚染源との関係で次の6つを定めている。①陸起因汚染(207条)、②大陸棚開発起因汚染(208条)、③深海底開発起因汚染(209条)、④海洋投棄起因汚染(210条)、⑤船舶起因汚染(211条)、⑥大気起因汚染(212条)である。これらの汚染を防止するための規則や基準は様々であるが、条約は、各国に対して、それぞれの汚染を防止するために必要な国内法令の整備を求めている。

(2) 船舶起因汚染の防止

旗国主義の下では、船舶が公海において国際法に違反する汚染行為を行った場合でも、当該船舶を処罰できるのは旗国に限られる。しかし、この**旗国主義**だけでは、海洋汚染の防止に十分対応できないことを示したのが、1967年にリベリア船籍の大型タンカー、トリー・キャニオン号が英国沖合の公海上で座礁し、流れ出た大量の油によって英国とフランスが甚大な被害を受けた**トリー・キャニオン号事件**であった。この事件では、座礁事故の原因がもっぱら船長の過失によるものとされたことなどから、リベリアの責任を問うことは困難と判断され、両国政府は船主側との示談で事件の決着をつけたが、本件がきっかけとなり、海洋汚染の防止に関する国際条約の整備が急速にすすむことになる。

国連海洋法条約は、船舶に起因する海洋汚染の防止のために、一方で、**旗国の義務**を強化するとともに、他方で、船舶の寄港国や沿岸国にも一定の管轄権を行使する権限を認めた。まず、**旗国**は、海洋汚染の防止に関する国際的な規則や基準を実施するために必要な法令を制定し、それらの規則、基準および法令を効果的に執行しなければならない。さらに、自国の船舶の違反(他国から書面により申し立てられた自国の船舶の違反を含む)について調査を行い、必要な手続を開始すべきものとされた(217条)。次に、**寄港国**は、外国船舶がその国の内水、領海またはEEZの外側において国際的な規則や基準に違反した排出を行った後に入港した時、その船舶を調査して、違反が証拠によって確かめられれば、必要な手続を開始することができる(218条)。さらに、**沿岸国**は、その領海またはEEZを航行中の外国船舶が行う自国法令の違反について、手続を開始することを認められた(220条)。

他方、条約では、寄港国や沿岸国による手続の開始が国際航行への不当な干渉にならないことを保障するための措置(**保障措置**)も定められている。例えば、外国船舶の違反が明らかにされても、海洋環境に対する不当な損害のおそれがない場合には、**金銭上の保証**に従うことを条件に、**釈放**の措置がとられなければならない(226条1項)。締約国の領海外での外国船舶の違反については、その違反が沿岸国に重大な損害を与えるものでない限り、6ヵ月が経過するまでは、旗国が手続を開始する優先権をもつ(228条1項)。また、領海の内外を問わず、外国船舶の違反については、領海における故意の重大な汚染行為を除いて、金銭上の刑罰のみを科すことができる(230条1、2項)。

10. 紛争解決

(1) 紛争解決手続の構造

国連海洋法条約の定める紛争解決手続は**3層構造**になっている。第1に、条約の解釈・適用に関する紛争は、何よりもまず、紛争当事者が**合意に基づいて選択する平和的手段**で解決することが求められる(279条以下)。第2に、しかし、そうした任意的な手続で解決に至らない場合には、拘束力を有する決定を伴う**義務的な手続**を用いることができる。すなわち、当該紛争はいずれかの紛争当事者の要請により、前出のITLOSのほか、ICJ、仲裁裁判所もしくは特別仲裁裁判所のいずれかに付託することができる(286条以下)。ITLOSは、条約に基づいて新しく設置された常設の裁判所であって、ドイツのハンブルグに置かれている。

この義務的な手続の適用に関して、条約の締約国は、あらかじめ上記の4つの裁判所のいずれを選択するかを宣言することができるが、宣言をしていない締約国の場合には、仲裁手続を受け入れているとみなされ、また、紛争当事者が同一の手続を受け入れていない場合には、当該紛争については、紛争当事者が別段の合意をしない限り、仲裁にのみ付することができる(287条3、5項)。

第3に、ただし、一定の種類の紛争については、義務的な手続の適用に関して制限もしくは除外が定められている。すなわち、海洋の科学的調査に関して沿岸国に認められている権利の行使から生じる紛争や、EEZでの沿岸国の主権的権利の行使に関する紛争などについては、義務的な手続は適用されない(**適用制限**＝297条)。また、海洋の境界画定に関する紛争や歴史的湾・歴史的権原に関する紛争、軍事的活動に関する紛争などについては、義務的な手続を除外することを事前に宣言しておくことも認められている(**選択的除外**＝298条)。日本は特段の宣言は行っていないが、中国、韓国、ロシアなどは、かかる紛争を義務的な手続から除外する宣言を行っている。中国は歴史的権原に関する紛争を含む除外宣言を行っていたが、2016年の南シナ海事件仲裁判断[判例60]では、中国の主張は歴史的「権原」に関するものではなく、歴史的「権利」に関するものであるとして、管轄権が認容された。

裁判所の定める**暫定措置**については、それぞれの紛争当事者の権利を保全するためだけでなく、海洋環境に対して生ずる重大な害を防止するためにも認められており(290条)、この点は、ICJの場合とは異なる特徴である。

海洋法条約には紛争解決の手段として2種類の調停手続が規定されている。任意的調停(284条)と義務的調停(297条1項、2項および298条1項)である。一般に、調停の結果としての解決案は法的拘束力を持たないが、友誼的な解決に資することがある(→17章2(4))。海洋法条約に基づく最初の**義務的調停**(多数国間条約に基づく最初の義務的調停でもある)は、東チモールとオーストラリアとの間で行われ、2018年、長期にわたる紛争をおおむね解決に導いた(チモール海事件[3])。

(2) みなみまぐろ事件

みなみまぐろ保存条約の下で設置されている委員会において、日本が漁獲割当量を増やすよう求めたのに対して、オーストラリアとニュージーランドは同意しなかった。そこで、日本は**調査漁獲**を実施したのであるが、これに対して、上の両国は、日本が自国の漁獲割当量を超えて一方的に調査漁獲を実施したことは、国連海洋法条約に定める漁業資源の保存に関する義務に

3 **チモール海事件** 2002年5月に独立した東チモールは、独立2ヵ月前にオーストラリアが行った選択的除外(海洋境界画定に関する紛争などを除外)の宣言のため、両国間の海洋境界紛争を法的拘束力のある紛争解決に付託する道を閉ざされた。そこで義務的調停を選択して一方的な付託を行った。調停の進行中に両国は合意に達し、その内容を含む条約が締結された後、その事実を含む調停の報告書が作成された。

違反しているとして、国連海洋法条約の下で設置される仲裁裁判所に紛争を付託するとともに、ITLOSに対しては、調査漁獲の中止を命じる**暫定措置**を要請した(**みなみまぐろ事件**[判例155])。日本は、本件は国連海洋法条約の下での紛争ではなく、みなみまぐろ保存条約の下での紛争であると主張したが、ITLOSは、1999年8月、みなみまぐろ保存条約が当事国間で適用されている事実は、国連海洋法条約15部2節の手続の利用を排除しないと述べて、原告国の主張を反映した暫定措置を命じた。

しかし、日本は、その後仲裁裁判所においても、先決的抗弁を提起して裁判所の管轄権を争った。その結果、2000年8月、仲裁裁判所は、紛争を強制手続ではなく任意手続で解決することを定めるみなみまぐろ保存条約を締結している国の意図は、国連海洋法条約15部2節の適用を排除することにあると判示し、裁判所の管轄権を否認し、暫定措置命令も取り消す判決を下した。この判断を支える理由の一つとして、判決は、国連海洋法条約の15部は真に包括的な強制的管轄権の制度を定めるものではないという点を指摘し、その証拠として281条を挙げた。すなわち、本件はみなみまぐろ保存条約上の紛争であると同時に、国連海洋法条約上の紛争でもある。そうした紛争を国連海洋法条約の強制的手続に一方的に付託できるのは、海洋法条約281条によれば、みなみまぐろ保存条約が「他の手続の可能性を排除していない」場合に限られる。みなみまぐろ保存条約16条は、同意を基礎とした手続(任意手続)を規定していることから、(明示的にではないが)強制的紛争解決の手続を排除していると解され、かつ、281条1項は必ずしも排除を明示的に行っていることまでは求めてはいないと解されるとして、上記結論に至った。もっとも、2016年の**南シナ海事件仲裁**では、281条にいう排除は明示的であることが必要であるとして、この点における解釈を変更した。

(3) 船舶・乗組員の速やかな釈放

国連海洋法条約では、沿岸国に拿捕された船舶と乗組員は、**合理的な保証金の支払い**または他の保証の提供の後に、**速やかに釈放**されると規定されている(73条2項、226条1項)。この規定の不履行があると判断される場合には、拿捕された船舶の旗国は、抑留国が受諾する裁判所またはITLOSに提訴することができる(292条)。これまでにITLOSが扱った事件でもっとも多いのは、この種のケースである。

日本も、ロシアによって拿捕された2隻の日本漁船の速やかな釈放を求めて、2007年7月、ロシアをITLOSに提訴した(豊進丸事件・富丸事件[判例56])。日本が原告として国際裁判所へ一方的提訴を行ったのは、これが初めてのケースである。ITLOSは、同年8月の判決で、同年6月に拿捕された豊進丸に関しては、合理的な保証金の支払いに基づく船体の早期釈放、および、船長と乗組員の無条件の帰国をロシアに命じたが、2006年11月に拿捕された富丸に関しては、船体没収に関するロシアの国内裁判手続が終了しているため、日本の請求目的は失われているとして、早期釈放の決定は下せないと判示した。

11. 海洋秩序の再編・強化の方向

国連海洋法条約は、海の諸制度を扱う単一の条約として採択されたもので、海洋秩序の根幹を定めるいわば基本法である。もっとも、その採択から、すでに4半世紀以上が経過した。この間、国連公海漁業実施協定のように、条約の特定の規定を実施したり、あるいは、補ったりするための協定が、いくつか別個に採択されており、全体として、国連海洋法条約を基軸にした海洋秩序の維持・形成に貢献している。

しかし、他方で、国連海洋法条約の採択時には想定されていなかった問題もいくつか生じており、それらの問題に適切に対処するためには、海洋秩序の一定の再編・強化が不可避であると考えられるようにもなっている。例えば、2004年、国連総会は、「国家管轄権の区域を超える海洋生物多様性の保全および持続可能な利用に関する問題を研究する非公式作業グループ」を設置することを決定した。この作業グループに与えられた任務は、国家管轄権外の海洋生物多様性の保全および持続可能な利用に関する、国連諸機関の過去・現在の活動を調査し、この問題の科学的、技術的、経済的、法的、環境的、社会経済的な側面を検討すること、そして、適切な場合には、この問題に関する国際協力を促進するため、考えられうる選択肢や方法を示すことであった。

なぜ海洋の生物多様性なのか。また、なぜ国家管轄権の限界を超える海洋なのか。その理由は、地球表面のおよそ70％を占める海洋、とりわけ、その海洋の64％ほどを占める国家管轄権の区域外の海洋の生態系と生物多様性が、種々の活動の影響を受け危機に瀕しており、その保全および持続可能な利用について対処する必要が生じているとの認識が、国際社会で広まりつつあるからである。現在すでに、一定の魚類や哺乳類、珊瑚礁、海山、海底熱水鉱床あるいは海洋遺伝資源など、その保全策を講じるべきだと判断されている生物多様性があることは、国際社会の共通認識になりつつある。

そのため、脆弱な海洋の生物多様性を保全すべく、例えば、世界の各地で**海洋保護区**を設定する動きが活発になっている。もっとも、海洋保護区は海洋での人間の活動を様々に規制するためのものであるから、国連海洋法条約との抵触問題(例えば、公海の自由として認められている諸活動に対する制約が加えられた場合に生じ得る問題など)を惹起する可能性を常にはらんでいる。

また、**海洋遺伝資源**に関する認識は、国連海洋法条約の制定過程では生まれていなかったが、いまや、その扱いをめぐり、法的な調整が不可欠になっている。海洋遺伝資源の調査・研究は、生物多様性に関する知見の増大につながる科学的な調査活動であるが、同時に、商業的な利用に結びつく可能性も考えられるからである。

関連する現行法についていえば、国連海洋法条約は、一方において「公海の自由」を規定し、公海はすべての国の自由な利用に開放されるとする(87条)が、他方において深海底とその資源は「人類の共同の財産」と規定している(136条)。しかし、深海底の「資源」とは鉱物資源をいうと定義されており(133条)、鉱物ではない海洋遺伝資源は人類共同財産の対象外ということになる。他方で、生物多様性に関しては、生物多様性条約名古屋議定書が遺伝資源の利用から生ずる利益の公正・衡平な配分に関して定めているが、国家管轄権を超える区域は基本的にその適用範囲に含まれていない。こうして国連総会は、2015年の決議において、国連海洋法条約の下で「**国家管轄権を超える区域の海洋生物多様性の保全および持続可能な利用**に関する国際的な法的拘束力のある文書」を作成することを決定し、2018年より政府間会議が開始されている。

設　問

1. 無害通航権について、その沿革、目的等につき、一般国際法上、「領海及び接続水域に関する条約」、「海洋法に関する国際連合条約」等に言及しつつ概説した上で沿岸国の管轄権について論ぜよ。(外専・平8、類題外専・令2、類題国総・令3)
2. 排他的経済水域の法的地位を、領海及び公海と比較して論ぜよ。(司試・昭61)
3. 「便宜置籍船」とは何かについて説明しなさい。(国総・平29)
4. 公海上の漁業資源の保存・管理について、国連海洋法条約上の規定とその他の条約による規制に分けて、論じなさい。(外専・平26、類題外専・令3)
5. 公海上の自国籍船以外の船舶に対して、どのような場合であれば臨検、拿捕、逮捕、押収などの措置が採れるかについて説明しなさい。(国総・平29改、類題外専・昭60)
6. 定義と歴史的経緯を含め、海賊に関する国際法上の制度について論じなさい。(外専・平21、類題新司試・令元)
7. 大陸棚制度に関して、多数国間条約、国際判例及び慣習国際法の関係について論じなさい。(外専・平18)
8. 大陸棚と排他的経済水域の境界画定について、国際判例の変遷を踏まえつつ、論じなさい。(外専・平24)
9. 海洋に人工島を建設する場合に国際法上どのような点が問題となるかについて、領海、排他的経済水域、公海のそれぞれについて、論じなさい。(外専・平30)
10. 深海底の制度について論じなさい。(外専・昭60改)
11. 海洋汚染の防止と国家の管轄権。(司試・平4)
12. 国連海洋法条約に基づく紛争解決手続の特徴と限界について論じなさい。(外専・平28、類題新司試・令和3)

【参考文献】

小田滋『注解国連海洋法条約 上巻』(有斐閣、1985)
高林秀雄『領海制度の研究(第3版)』(有信堂高文社、1987)
山本草二『海洋法』(三省堂、1992)
栗林忠男『注解国連海洋法条約 下巻』(有斐閣、1994)
高林秀雄『国連海洋法条約の成果と課題』(東信堂、1996)
栗林忠男・杉原高嶺編『海洋法の歴史的展開』(有信堂高文社、2004)

栗林忠男・杉原高嶺編『海洋法の主要事例とその影響』(有信堂高文社、2007)
栗林忠男・杉原高嶺編『日本における海洋法の主要課題』(有信堂高文社、2010)
田中則夫『国際海洋法の現代的形成』(東信堂、2015)
坂元茂樹『日本の海洋政策と海洋法(第2版)』(信山社、2019)
R. R. Churchill and A. V. Lowe, *The Law of the Sea*, 3rd ed. (Manchester UP, 1999)
Alexander Proelss (ed.), *United Nations Convention on the Law of the Sea* (C. H. Beck, 2017)

第11章　外国人の法的地位

目　次

1. 国　籍

(1) 国籍の意義と効果

国籍とは、個人が特定の国家に所属するための法的資格であり、ある特定の国家の国籍をもつ者が、その国の国民である。人の移動がかつてないほど大規模なものとなっている現在でも、国籍は個人の生活にとって重要な意味をもつ。まず、国内法上の効果として、ある国家の国内法上の権利や義務の享有については、国籍をもつ者とそうでない者との間に区別が設けられるのが普通であり、国際法もそれを認めている。また、国際法上の効果としては、国家は、一定の場合に外国に滞在する自国民に対して保護を与えることができる(**外交的保護**(→ 15 章 6(2)))が、この保護の根拠は、個人が当該国の国籍を保持していることにある。

(2) 国籍の決定

いかなる者に自国の国籍を付与し、自国民とするかは、原則として各国の自由な決定に委ねられている(**国内管轄事項**)。このことは、例えば、1930 年の国籍法抵触条約 1 条と 2 条のなかにみられる。

もっとも、国籍に関する特別の条約がある場合には、その限りで国際的規律を受ける(例えば、1923 年の常設国際司法裁判所(PCIJ)チュニス・モロッコ国籍法事件勧告的意見[1][判例 19]を参照)。国籍に関する条約としては、国籍法抵触条約の他、1930 年の「重国籍のある場合における軍事的義務に関する議定書」(重国籍者軍事的義務議定書)や 1954 年の「無国籍者の地位に関する条約」(無国籍者条約)、1961 年の「無国籍者の削減に関する条約」(無国籍者削減条約)などがある。

(3) 国籍の取得

1 **チュニス・モロッコ国籍法事件勧告的意見**　1921年、仏は、保護国であったチュニス(現チュニジア)とモロッコに適用される国籍立法を公布し、一定の要件に該当する者に仏国籍を付与した。英国は、これが自国民に適用されることを懸念してこれに反対した。英国は、連盟規約15条1項に基づき、両国間の紛争を連盟理事会に付託したが、仏は、本件が規約15条8項にいう国内管轄事項から生じた紛争であると主張したため、理事会は、PCIJに対して両国間の紛争がそれにあたるかどうかについて勧告的意見を求めた。裁判所は、規約にいう「国内管轄事項」の定義を示した後、英仏間の紛争は国内管轄事項から生じた紛争ではないとする意見を表明した。

ある国の国籍を取得する方法は、先天的に取得する方法と、後天的に取得する方法に大別される。後者の典型例は帰化であるが、多くの人は出生時に国籍を取得し、それを生涯変えることがない。ここでは、先天的な国籍の取得、すなわち、出生による国籍の取得について説明する。

国籍の決定が各国の国内管轄事項とされている結果、**出生による国籍の取得**の方法も各国によって異なる。大別すると、子どもが生まれた場所を基準とする**出生地主義**(*jus soli*)と、子どもの両親の国籍を基準とする**血統主義**(*jus sanguinis*)がある。前者は、自国の領域内で子どもが出生したときに、その両親の国籍いかんにかかわらず、自国籍を付与するものである。後者は、子どもの出生地のいかんにかかわらず、自国民から生まれた子どもに自国籍を付与するものである。この場合、両親のいずれの国籍を主たる基準とするのかによって、父の国籍を優先する**父系(優先)血統主義**と、両親の国籍の双方を等しく基準とする**父母両系血統主義**がある。各国の国籍立法では、出生地主義または血統主義のいずれかの主義を主たる基準とし、他方の主義を補充的な基準として用いるのが普通である。

日本の国籍法は、その制定当初から血統主義を原則とし、出生地主義を補充的に用いていた。また、国籍法は1984年に改正されたが、改正前の国籍法2条は父系優先血統主義を採用し、改正後の現行国籍法2条は、父母両系血統主義を採用している。この改正は、女子差別撤廃条約(→12章5(2))批准時の国内法整備の一部としてなされたものである。その理由は、政府が、当時の国籍法の父系優先血統主義の規定が同条約9条2項に反すると判断したことによる。

(4) 国籍の抵触

各国の国籍法が異なる結果、個人が2以上の国籍をもつ場合(**重国籍**・国籍の積極的抵触)や、いずれの国の国籍をももたない場合(**無国籍**・国籍の消極的抵触)が生ずる。国際社会では、個人が1つの国籍をもち、1つのみの国籍をもつことが望ましいとされている(**国籍唯一の原則**)。それは、重国籍も無国籍もいずれも不都合が生ずるおそれがあるからである(ノッテボーム事件判決を含めて、外交的保護権の行使要件としての国籍について→15章6(2))。

このような不都合を回避するための条約もある。例えば、重国籍者の兵役について、重国籍軍事的義務議定書は、個人がより密接な関係をもつ国家の国籍(**実効的国籍**)国の義務に従えば足りるとする。また、無国籍者については、いずれの国からも外交的保護を受けることができないため、無国籍者条約は、無国籍者に対して、滞在国において保障されるべき権利・利益を詳細に規定し、無国籍者削減条約は、ある国家の領域内で出生した無国籍者に当該国の国籍を付与するよう求める趣旨の規定をおく。

しかし、このような条約はその当事国が少なく、また、そこに規定されている内容が慣習法となっているともいい難い。各国の国籍法を統一し、国籍の抵触が生じないようにすることが解決策となるが、これも難しい。国籍の付与は、各国の歴史や伝統に根ざし、その経済政策や社会政策などとも密接な関係をもつからである。結局、国際社会や各国が、重国籍者や無国籍者に不利益な事態をできる限り回避し、軽減する努力を続けるほかはない。

2. 外国人の一般的法的地位

(1) 外国人の意義

外国人とは、狭義においては、滞在国において当該国の国籍をもたず、他のいずれかの国籍をもつ者をいい、広義においては、そのような者と無国籍をいう。日本の法令を例にとると、出入国管理及び難民認定法２条２号は「外国人」を「日本の国籍を有しない者」と定義し、また、国籍法４条１項は「日本国民でない者(以下「外国人」という。)は、帰化によつて、日本の国籍を取得することができる」と規定する。いずれも広義の外国人の定義を採用するものであるが、これは日本への出入国の場面では日本国籍の有無が決定的ともいえる判断要素となること、また、帰化は日本国籍を有しない者に対して日本国籍を付与するものであることによる。このように、外国人の定義は、広狭いずれが適切かというものではなく、同じ国の法令でも、その目的に応じて異なる定義が採用されることもある。

(2) 外国人の出入国

一般国際法上、国家は外国人の入国を認めるべき義務を負わない(マクリーン事件[2]［判例62］)。実際には、外国人の入国を認めることが国の利益にもなるため、条約や国内法に基づいて外国人の入国を認めるのが通常である。ただ、外国人の入国を認める場合でも、いかなる条件でこれを認めるのかは当該国が原則として自由に決定することができる。

国家は、また、一般国際法上、特定の外国人の入国を拒否する義務もない。特定の外国人の入国を認め、その領域内で保護することも可能である(**領域内庇護**)。

外国人の出国には、**自発的出国**と**強制的出国**とがある。自発的出国とは、外国人が自らの自由意思で滞在国を出国する場合である。外国人の出国の多くがこれによるものであり、外国人の任意の出国は原則として妨げてはならない。例えば、自由権規約12条2項は、「すべての者は、いずれの国(自国を含む。)からも自由に離れることができる」と規定する。しかし、犯罪の容疑で逮捕状が発せられている者や、受刑者などの場合には、出国を認める必要はない。

他方、強制的出国とは、外国人が滞在の継続を希望したとしても、これを認めず、出国を強制する場合である。**追放**(日本の法令用語では**退去強制**)と**犯罪人引渡し**の場合が代表例である。一般国際法上、国家は、外国人の追放理由を自由に決定することができる。不法入国や不法滞在などの出入国管理法令に違反した場合や、犯罪を行った場合には、多くの国家で追放の対象となるのが通常である。

(3) 滞在国における外国人の権利・義務

外国人は、滞在国において当該国の領域主権に服するのが原則であるから、当該国の法令に基づく権利・義務をもつ。しかし、国際法は、主に3つの側面から外国人の権利・義務について規律する。慣習法規則によるもの、2国間で締結される友好通商航海条約によるもの、そして人権条約によるもので

2　**マクリーン事件**　米国籍のマクリーンは、日本に入国を認められた後に英語教師として稼働していたが、その間、ベトナム反戦運動等に従事してきた。その後、同人は、在留期間の更新を申請したが、入管当局はこれを認めなかった。同人は、この不許可処分を違法として提訴した。最高裁は、日本国憲法上、外国人には日本への入国や、引き続き滞在する権利は認められておらず、このことは、慣習国際法の立場に一致するとした。

ある。

19世紀後半以降、外国人の保護に関する慣習法が形成されてきた。慣習法上、外国人は、滞在国において行為能力や権利能力、人格的権利などが保障される。それがなければ生活ができないし、人間としての尊厳が害されるからである。また、一定の権利が保障される以上、その権利が侵害された場合には救済を受けることができるよう裁判を受ける権利も保障される。

他方、義務については、納税義務をはじめ、滞在国の国民と同様の義務を負うというのが原則である。ただし、兵役義務や義務教育など、国家との結びつきが強い義務については免除されるのが普通である。

2国間の条約によって、締約国相互の国民に対して一定の処遇を認めることが従来よりあった。日米通商航海条約がその一例である。このような条約では、**内国民待遇**や**最恵国待遇**を相互の国民に保障するのが通常である。内国民待遇とは、自国民と同一の待遇をすることである。最恵国待遇とは、滞在国で最も有利な取扱いを受けている外国人と同様の待遇をすることである。これらの待遇は、条約が対象とするそれぞれの権利・自由ごとにいずれの待遇とするのかが定められる。

人権条約は内外人平等を基本理念とするものであるから、現在の国際社会においても国民に留保されているとみなされている権利(参政権など)を除いて、外国人にも適用される。人権条約の締約国は、滞在中の外国人に対して条約上の義務に従い、条約所定の権利・自由を保障しなければならない(→12章)。

3. 犯罪人引渡し

(1) 犯罪人引渡しの意義

犯罪人引渡しとは、A国の法令によって犯罪とされる行為を犯した容疑者または当該行為により有罪判決を受けた者(x)がB国内に逃亡してきた場合において、A国の請求に応じて、B国がその者(x＝**逃亡犯罪人**)をA国に引き渡すことをいう。この場合、引渡請求を行う国家(＝A国)を**請求国**、引渡請求を受けた国家(＝B国)を**被請求国**という。

犯罪人引渡しは、もともと政治犯や脱走兵などの引渡しという形で始まった。しかし、1789年のフランス革命以降、欧州各国の政治体制が不安定になると、他国の政治状況に深入りすることは政治的に得策ではないと考えられたこと、フランス革命の基本理念である政治的自由の風潮が各国に広まったことなどから、政治犯は引き渡すことがなくなった。

他方、産業革命以降の大量輸送手段の発達から、犯罪者を含む人の移動が容易となった。自国の法令に違反し、国境を超えて逃亡した犯罪人を処罰することは、いずれの国家にとっても利益になるから、19世紀を通じて、犯罪人の引渡しをするための条約や国内法が整備されてきた。

(2) 引渡しの根拠

一般国際法上、逃亡犯罪人について外国の引渡請求があっても、滞在先の国家はこれを引き渡す義務はない。2国間条約や多数国間条約において一定の犯罪について引渡義務を課す場合には、もちろん当該条約に基づき引渡義務が生ずる。また、犯罪人引渡しは、その引渡しを認める国内法に基づき、または国際礼譲として行われることもある。日本の場合には、条約として1978年の日米犯罪人引渡条約(以下、日米条約)と2002年の日韓犯罪人引渡条約(以下、日韓条約)とがあり、国内法として1953年の逃亡犯罪人引渡法(以下、引渡法)がある。

(3) 犯罪人引渡しに関する諸原則

現在、国際社会には多数の犯罪人引渡条約や国内法があり、そこでは、引渡犯罪や引渡対象者、引渡後の当該者の取扱いに関して概ね共通して採用されている「原則」がある。ただし、これらの「原則」のすべてが慣習法となっているわけではなく、犯罪人引渡しの「要件」であるわけではない。

(a) 引渡犯罪に関するもの

第1に、引渡しの対象となる犯罪は、相当重大な犯罪に限定され、軽微な犯罪は除外される(引渡法2条3号・4号、日米条約2条1項、日韓条約2条1項)。これは、犯罪人引渡しが、国家間の外交交渉を含む「重い」手続であるため、すべての犯罪行為についてこれを行うことはできないことも一因であるように思われる。第2に、引渡しの対象となる犯罪は、ある行為が請求国と被請求国の双方の国内法上処罰される犯罪に該当する場合に限るのが通常である。これを**双方可罰の原則**(principle of double criminality)という(引渡法2条5号、日米条約2条、4条1項3号・4号、日韓条約2条3項〜5項)。第3に、引渡し犯罪には政治犯を含まないとする原則がある(**政治犯罪人不引渡の原則**。→本章3(4))。

(b) 引渡対象となる人に関するもの(自国民不引渡しの原則)

逃亡犯罪人が自国民である場合には、これを引き渡さないとすることがある(**自国民不引渡の原則**)。ただし、英米法系諸国では自国民も引渡しの対象とされており、国際法上の確立した原則とはいえない。

日本は、自国民不引渡しの原則を採用している(引渡法2条9号)が、国家間の条約がある場合には、例外を認めている(同法2条柱書)。日米犯罪人引渡条約および日韓犯罪人引渡条約は、日本に自国民の引渡義務はないとしつつ、裁量による引渡しを認めることによって解決を図っている(日米条約5条、日韓条約6条)。

自国民不引渡しの原則は、もともと自国民を他国で処罰させることは忍びないという感情的な理由と、引渡先の国家における裁判手続の公正性に対する不信があるといわれる。前者については、犯罪の嫌疑のある者に正当な手続のもとに裁判を受けさせることには問題はなく、また、後者については、人権条約により公正な裁判に関する一定の基準が定められている以上(自由権規約14条など)、それに従う国家への引渡しを拒む理由は乏しい。実際に、日米条約に基づくアメリカの引渡請求があった場合、日本は、ほとんどの場合に日本国籍を有する者を引き渡している。

(c) 引渡後の取扱いに関するもの

引渡請求に応じて引き渡された者については、引渡請求の対象となった犯罪以外のものを理由として当該者を処罰しないことが求められる。このようなことは国家間の信義に反するからである。これを**特定性の原則**(**特定主義**、principle of specialty)という(日米条約7条、日韓条約8条)。

(4) 政治犯罪人不引渡しの原則

(a) 意　義

政治犯不引渡しの原則とは、引渡請求の対象となる犯罪が「政治犯罪」に該当する場合には、その者を引き渡さないとする原則である（引渡法2条1号、2号、日米条約4条1項1号、日韓条約3条(c)）。この原則については、「政治犯罪」の意義と、この原則が慣習法となっているか否かの2点が問題となる。

(b)「政治犯罪」の概念

学説でもおおむね一般的に認められている**政治犯罪**の概念について、張振海事件[3]［判例68］において東京高等裁判所は次のように述べている。すなわち、政治犯罪とは、一般に一国の政治体制の変革やその国家の内外政策に影響を与えることを目的とする行為であって、その国の刑罰法規に触れるものをいい、**純粋政治犯罪**と**相対的政治犯罪**に区別される。純粋政治犯罪とは、もっぱら政治的秩序を侵害する行為をいい、構成要件それ自体が政治的な意味をもち犯罪とされている場合（例えば、反逆の企図、革命やクーデターの陰謀、禁止された政治結社の結成など）であり、相対的政治犯罪とは、政治的秩序の侵害に関連して、道義的または社会的に非難されるべき普通犯罪が行われる場合である。相対的政治犯罪は、さらに、政治的目的のために例えば君主を殺害する場合のように、単一の行動が政治犯罪と普通犯罪の両者を同時に構成する**複合犯罪**の場合と、政治的目的のために例えば放火や略奪をする場合のように、2つ以上の犯罪があって、政治犯罪と普通犯罪とが結合している**結合犯罪**（**牽連犯罪**）の場合がある、と。

裁判所によれば、純粋政治犯罪は、不引渡しの対象とするのが各国の慣行であるが、相対的政治犯罪の引渡しの可否を決定する基準は確立していない。

3　**張振海事件**　張振海は、1989年に北京発ニューヨーク行きの航空機に搭乗し、飛行中に同機をハイジャックした。当初、韓国へ向かうよう要求したが、同国が着陸を拒否したため、福岡空港に着陸した。張は、着陸後に同機から突き落とされ病院に収容された。その後、中国では、張に対する逮捕状が発付され、中国から日本に対して張の仮拘禁請求と引渡請求があった。これを受けて、東京高検検事長から東京高裁に本件引渡審査請求がなされ、東京高裁は逃亡犯罪人引渡法上、引渡しができるとする判断を示し、最終的に法務大臣が本件引渡しを決定した。

裁判所は、相対的政治犯罪が不引渡しの対象となるかどうかの判断に際して、「その行為は真に政治目的によるものであった否か、その行為は客観的に見て政治目的を達成するのに直接的で有用な関連性を持っているか否か、行為の内容、性質、結果の重大性等は、意図された目的と対比して均衡を失っておらず、犯罪が行われたにもかかわらず、なお全体としてみれば保護に値すると見られるか否か」などが考慮されるとする。

このように、相対的政治犯罪の概念は明確には確立していないが、条約や国内法のなかで一定の犯罪を不引渡しの対象から除外することを明記することがある。第1に、19世紀の段階からみられたものとしては、「外国元首またはその家族に危害を加える行為」を除外するもの（**ベルギー条項**または**加害条項**。日韓条約3条(c)(i)）や、**無政府主義者**を除外するものがある。第2に、第2次大戦後に認められるようになったものとして、「著しく人道にもとりまたは国際関係に重大な影響を及ぼすと認められる犯罪」を除外するものである。例えば、「集団殺害」や「アパルトヘイト」、一定のテロ行為が政治犯罪から除外されている（ジェノサイド条約7条やアパルトヘイト条約7条、爆弾テロ防止条約11条、テロ資金供与防止条約14条、核テロ防止条約13条など）。

(c) 政治犯罪人不引渡しの原則の法的性格

政治犯罪人不引渡しの原則については、個別条約を根拠として認められる原則とみる見解と、慣習法上の原則とみる見解がある。後者は、さらに、「引渡さないことができる」とする内容をもつもの（許容）とする見解と、「引渡してはならない」とする内容をもつもの（禁止）とする見解がある。日本の裁判例では、慣習法性を否定する尹秀吉（ユンスウギル）事件[4][判例65]東京高裁および最高裁判決と、禁止を内容とする慣習法が成立しているとする同事件東京地裁判決がある。

政治犯罪の概念については不確定な部分が残るものの、この原則が条約や国内法のほとんどすべてにおいて採用されており、また、それが引渡しを禁

4　**尹秀吉事件**　韓国籍をもつ尹は、日本に密入国後、韓国の現政権に反対する活動を行ってきたが、1961年に密入国が発覚し、1963年に韓国を送還先とする退去強制令書が発付された。尹は、同処分などが違法であるとして、その取消を求めて本件訴訟に及んだ。

止する旨の規定であることからみて、禁止を内容とする慣習法が成立しているとみるのが自然である。

(5) 送還先における人権侵害を理由とする引渡しの禁止

拷問などの禁止を定める欧州人権条約3条に関して、欧州人権裁判所は、1989年のゼーリング事件判決[5][判例69A]以降、外国人の犯罪人引渡しの決定およびその執行において、条約3条の遵守を求めている。裁判所は、国家には外国人の出入国を管理する権利があるとしつつ、当該外国人の引渡しや追放に際して、民主的社会の基本的な価値の1つを規定する条約3条を考慮しなければならないという。その上で、裁判所は、外国人の送還先において3条に反する取扱いに服する真の危険に直面するおそれがあると信じる実質的な理由がある場合には、3条に基づき、当該個人を送還しない義務があるという。

同様の先例は、自由権規約委員会においてもみられる。委員会は、1986年の一般的意見(→12章4(3))15において、外国人が特定国に入国し、滞在する権利を認めていないものの、ある事情の下では、外国人は入国または居住に関しても規約の保護を享有することがありうるとする。委員会は、その例として、「非差別、非人道的取扱いの禁止および家族生活の尊重の考慮が生ずる場合」をあげている。また、委員会は、規約7条に関する1992年の一般的意見20のなかで、欧州人権裁判所と同様の解釈を示している。このような委員会解釈は、個人通報制度のもとで表明した「見解」(→12章4(3))において確認されており、その最初のものは1993年のキンドラー事件[6][判例69B]に関する「見解」である。なお、犯罪人引渡しに関して以上に述べたことは、欧州人権裁判所の先例でも、自由権規約委員会の先例でも、追放につ

5　**ゼーリング事件**　西独国民であるゼーリングは、米国でヴァージニア州で殺人事件をおこし、逃亡先の英国で別件で逮捕された。米国は、英国に対し同人の引渡しを請求し、英国もこれに応じたため、欧州人権委員会(当時)に申立てを行った。

6　**キンドラー事件**　米国民であるキンドラーは、米国ペンシルバニア州で殺人事件をおこし、陪審員により死刑判決相当の勧告を受けたが、裁判所による判決の前にカナダに逃亡した(不法入国)。同人はカナダで不法入国を理由に身柄を拘束された後、米国は同人の引渡しを請求し、カナダもそれに応じたため、同人は自由権規約委員会に通報を行った。委員会は、カナダが引渡しの可否について慎重な判断を行っていたとして、規約違反を認めなかった。

いてもあてはまるとされている。

日韓条約3条(b)および(f)（絶対的引渡拒否事由）ならびに4条(c)（裁量的引渡拒否事由）は、引渡後の人権侵害を考慮した規定をおいている。例えば、同条(f)は、「引渡しを求められている者を人種、宗教、国籍、民族的出身、政治的意見若しくは性を理由に訴追し若しくは刑罰を科する目的で引渡しの請求がなされていると、又はその者の地位がそれらの理由により害されるおそれがあると被請求国が認めるに足る十分な理由がある場合」には、引渡しを当然に拒否するべきことを定めている。これは、従来型の引渡条約である日米条約にはみられない規定であり、犯罪人引渡しに関する国際法規則の現状を踏まえた規定であるとみることができる。

4. 難民の保護

(1) 難民の国際的保護の展開

(a) 第1次大戦後の状況

難民の保護が国際社会の課題とされるに至ったのは、それほど古いことではない。ロシア革命を契機として第1次大戦中から発生したロシア難民について、1921年に国際連盟のもとに設置された「ヨーロッパにいるロシア難民の問題に関して国際連盟を代理する高等弁務官」による保護が最初のものである（F. ナンセンが高等弁務官に指名されたことから、**ナンセン機関**とも呼ばれる）。

それまでにも迫害や戦乱を逃れて他の国家・地域に助けを求めた者はいた。しかし、この時期にはじめて国際社会が難民の保護に乗り出したのは、その時期の特有の事情による。第1次大戦は、欧州全体が戦場となった初めての大戦であり、戦争後は、いずれの国もその復興が最大の課題であり、ロシア難民に対する保護を行う余裕はなかった。そのため、ロシア難民は悲惨な状況の下で放置されることも稀ではなかった。そこで、多数の国家が協力することによって難民を保護する必要があるとの認識が広がり、これが、国際社会における難民保護の端緒となった。

国際社会では、その後もアルメニア難民や、アシリアおよびアシリア・カルデア難民、シリアおよびクルド難民、トルコ難民、スペイン難民、ドイツ難民、オーストリア難民などが発生したが、第2次大戦前には、これらの難民が発生するたびに、その現象に即して、難民の救済や保護を行うという形で難民の保護がはかられてきた。

(b) 第2次大戦後の状況

難民の保護は、第2次大戦後の国際社会においても重要な課題であった。1945年に国連が発足すると、そのもとに「国際難民機関(IRO)」が設置された(発足は1948年)。これは、主として第2次大戦により生じた難民に対処するためのものであったが、西側諸国とソ連との対立のなかで十分な役割を果たすことができず、難民の保護は、1950年に設置された、「**国連難民高等弁務官事務所**(UNHCR)」に託されることになった。

また、1951年には「難民の地位に関する条約」(難民条約)が、1966年には「難民の地位に関する議定書」(難民議定書)がそれぞれ採択されている。第2次大戦後の難民保護の両輪となったのは、UNHCRと難民条約・議定書である。

ここでは、主に難民条約・議定書による難民保護をとりあげるが、その前にUNHCRによる難民保護と難民条約・議定書による保護の特徴をみておくことにより、この両者が車の両輪であることを確認しておきたい。

(c) 国連難民高等弁務官事務所(UNHCR)と難民条約・議定書

UNHCRは、難民条約・議定書との比較でいえば、その保護する個人の範囲が広いこと(戦争や内乱などにより発生した難民や、国内避難民なども保護対象とする)や難民問題の解決に向けた措置(国籍国への自発的帰還、第1次庇護国での定住または第3国定住)を推進したりすることなどがその大きなメリットである。それが国家ではないことからする限界もある。第1に、難民を保護するためには、難民が滞在するための一定の土地が必要であるが、UNHCRは独自の領域をもたないから、自ら難民保護に乗り出すことはできない。第2に、そのため、実際に難民を保護することができるのは国家であるが、国家は主権をもつことから、当該国に滞在する難民に援助の供与などの保護を及ぼそうとしても、当該国が国内でUNHCRが活動を行うことを許可しなければ、その活動を行うことはできない。第3に、UNHCRは国連総会の一機関であり、その決定は勧告たる性質しかもたない。そのため、その役割は各国の難民保護法制や政策の調整にとどまる。

これに対して、難民条約・議定書の締約国は難民保護のための土地をもつ国家であり、実際に難民保護を行うことができる立場にある。また、難民条約・議定書はその締約国を法的に拘束するから、難民条約・議定書の規定の内容は、国家はこれを遵守しなければならない。しかし他方、次にみるように難民条約・議定書の保護の対象はかなり狭い。したがって、難民条約・議定書の保護対象とならない者については、UNHCR による保護が期待されることになる。

(2) 難民条約・議定書における難民の定義

(a) 難民条約における難民の定義

難民条約が保護の対象とする難民は、主に難民条約 1 条 A(2)が定めている。難民の定義の要点は、次の 4 点にまとめることができる。第 1 に、難民とは、その本国政府による「**迫害**を受けるおそれがある」者であり、その迫害の理由は「人種、宗教、国籍若しくは特定の社会的集団の構成員であること又は政治的意見」のいずれかによる。迫害の形態は、典型的には生命・身体の自由に対する侵害であるが、その他にもある種の経済的措置を含むとされている。例えば、一切の職業に就かせないといったことである。

第 2 に、そのような迫害を受ける恐怖は、「迫害を受けるおそれがあるという十分に理由のある恐怖」でなければならない。難民と認められるための「恐怖」は、個人の主観的恐怖では足りず、その恐怖が「十分に理由のある」ことが必要とされる。恐怖とは人の内心の状態であるから、客観的にみてそのような恐怖をいだく理由がない場合も、このような恐怖をいだくことがありうる。難民としての保護を受けるためには、そのような恐怖を感じることに客観的にみて無理もないという事情が必要である。典型的な判断の仕方は、そのような恐怖をいだいている個人がもつ属性（人種・宗教・国籍・特定の社会的集団の構成性・政治的意見）を共有している者が、その本国でどのような取扱いを受けているかである。なお、「恐怖」の存否の立証に際して、迫害の経験や逮捕状の発付などの事実は有利な事情として働く。ただ、難民該当性の判断は、現在において送還先で迫害を受けるおそれがあるかどうかである。それは将来予測の問題であり、過去の事情はそれを証明するための一材料であることに注意が必要である。

第3に、難民とされるのは、「**国籍国の外にいる**」者である必要がある。国は、それぞれ主権を有し、他国の領域に所在する個人については、当該国の同意を得ることなしに保護の手を伸ばすことができない。したがって、保護の対象は、当該国の国境を超えてきた者に限られる。ただし、「本国から逃れてきたこと」は必要ではなく、迫害のおそれがない状態で出国し、その後に本国政府による迫害を受けるおそれが生じた場合でもよい（「後発難民」）。

第4に、「国籍国の保護を受けることができないもの」または「国籍国の保護を受けることを望まないもの」という要素は、自国政府による迫害を受けるおそれがあるが故に保護を受けることができず、また、自国の当局と接触することを恐れるが故に保護を受けることを望まないことをいう。通常、国民は自国政府からの保護を期待することができる。しかし、難民の場合には、これを期待することができないから、難民の国際的保護が必要となる。

なお、このような定義にあたる者であっても、次のいずれかに該当する相当な理由があるものは難民とはされない。①平和に対する犯罪・戦争犯罪・人道に対する犯罪に関して規定する国際文書の定めるこれらの犯罪を行ったこと、②難民として避難国に入国することが許可される前に避難国の外で重大な犯罪（政治犯罪を除く）を行ったこと、③国際連合の目的および原則に反する行為を行ったこと、である（難民条約1条F）。

(b) 難民議定書による時間的・場所的制限の撤廃

難民条約1条A⑵には、「1951年1月1日前に生じた事件の結果として、」という文言があり、また、同条B⑴は、「1951年1月1日前に生じた事件」とは、「⒜1951年1月1日前に欧州において生じた事件」または「⒝1951年1月1日前に欧州又は他の地域において生じた事件」をいうとして、締約国に署名批准時に⒜または⒝のいずれかを選択するよう求める。このように、難民条約にいう難民の定義には、発生の時期および場所に関して限定があるのである。そうであれば、例えば、現在、難民条約を批准する意味はほとんどない。なぜなら難民の発生原因となる事態が半世紀以上前に生じていなければならないからである。この問題を解決するべく採択されたのが難民議定書であり、議定書1条2項によって難民条約における難民の定義から、地理的・時間的制限が取り払われることになった。

(c) 難民の定義の問題点

難民条約・議定書による難民の定義の問題点は、保護されるべき人的範囲がきわめて狭いということである。現在、一般に難民と呼ばれる人々には、戦乱や内乱、重大な政治的混乱、自然災害などによって国外に流出する人々などが含まれるが、難民条約においてはこれらの者の多くは保護の対象とはならない。「迫害」の存在が要件となっているからである。また、生活の場が危険となったために国内各地を転々としている「**国内避難民**(internally displaced persons)」も多い。しかし、難民条約は「国籍国の外」にいることを要求するから、これも難民条約の保護の対象とはならない。ましてや、生活苦などの原因によって国外に出る人々には保護は及ばない。

実際には、これらの人々はきわめて多く、UNHCRが保護の対象としているものも多い。このことから、難民条約が保護する者を「**条約難民**」や「**狭い意味での難民**」、それ以外の者で保護が必要な者を「**流民**」や「**避難民**」、「**広い意味での難民**」と呼び、両者を区別することもある。

他方、国際社会では、難民条約以上の保護を行うものもある。例えば、1969年のアフリカ難民条約の保護対象には、戦争や内乱、重大な政治的混乱などを理由とする難民も含まれうる(1条2項)。難民条約も、このような者をも含むよう修正するべきであるという指摘は多い。しかし、難民条約の修正は行われていない。その背景には、出入国管理においてできる限りフリーハンドを維持しておきたいという国家の側の希望がある。

(3) 難民条約における難民の保護措置

(a) 難民の出入国

難民は、その国籍国において迫害を受けるおそれのある者である。したがって、難民にとって最も重要なことは、その者が他国に保護を求めた場合に入国することができ、そこで引き続き生活を送ることができるということである。

入国の側面では、難民条約は、締約国は、生命・自由が脅威にさらされていた領域から直接来た難民であって、許可なく当該締約国の領域に入国し、滞在するものに対し、不法入国や不法滞在を理由として刑罰を科すことを禁止している(31条1項)。しかし、これは、すでに締約国の領域にある者に関するものであり、難民認定を求める者に入国を保障するものではない。難民にとっては、**入国の保障**が生死にかわる重要な問題となるが、難民条約は、入国の保障に関する規定を欠いているのである。

他方、難民の追放・送還について、難民条約32条1項は、「国の安全又は公の秩序を理由とする場合を除くほか、合法的にその領域内にいる難民を追放してはならない」として、追放そのものを制限する。また、33条1項は、追放などの場合の追放・送還先について、「人種、宗教、国籍若しくは特定の社会的集団の構成員であること又は政治的意見のためにその生命又は自由が脅威にさらされるおそれのある領域の国境へ追放し又は送還してはならない」とする。「**ノン・ルフールマン原則**」といわれるものである。

しかし、これらの規定には例外がある。まず、難民条約32条1項によれば、「締約国は、国の安全又は公の秩序を理由とする場合」には、難民を追放することができる。また、条約33条2項によれば、「締約国にいる難民であって、当該締約国の安全にとって危険であると認めるに足りる相当な理由がある者又は特に重大な犯罪について有罪の判決が確定し当該締約国の社会にとって危険な存在となった者」には、ノン・ルフールマン原則が適用されない。

難民にとって、追放や送還は、これまで受けてきた保護の喪失をも意味する重大な事態である。特に、33条2項の場合は、迫害を受けるおそれのある場所を追放・送還先とするため、難民にとってはより深刻である。その例外の場合について、32条2項は、「国の安全又は公の秩序を理由とする場合」とし、33条2項は、「国の安全にとって危険」であるとき、または、その国の「社会にとって危険」となったときとする。問題は、例外となる事由がいずれも抽象的であり、締約国がこれを広く解釈すると、追放の制限やノン・ルフールマン原則の意味が大きく損なわれるということである。両条の例外事由は類似しているが、32条1項よりも33条1項の例外の場合の方が難民に対する不利益が大きいことからすると、33条2項の例外事由の方がより厳格に解釈されるべきであろう。

(b) 滞在中の難民に対する権利・利益の保障

難民が、入国を認められ、そこでの滞在の継続を保障された場合、次に必要となるのは、難民が、人間としての尊厳を保つに足りる生活をおくることができることである。

この点、難民条約は、権利・自由ごとに難民に対して付与するべき基準を定めている。それを大別すると、①滞在国の国民と同じ待遇(**内国民待遇**)を与えるべきもの、②同一事情の下で他国の国民に与える待遇のうちで最も有利な待遇(**最恵国待遇**)を与えるべきもの、③できるだけ有利な待遇で、いかなる場合にも同一事情の下で一般の外国人に対して与える待遇よりも不利でない待遇(外国人一般と同等またはそれ以上の取扱い)に分けることができる。①には、裁判を受ける権利に関連する事項に関する権利・利益(16条2項および3項)や労働条件に関する権利(24条1項)などがある。②には、結社の権利(15条)や賃金が支払われる職業に従事する権利(17条1項)がある。③には、自営業に従事する権利(18条)や住居に対する権利(21条)などがある。

難民条約による保障を総じてみれば、難民が人間として生活をおくることができる最低限度の保障を十分に満たしていると評価することができる。また、難民に対しては、その滞在国の憲法その他の法令による保護がありうるほか、後に述べる人権保護のための条約も原則的に適用されるから、これらの条約の締約国の場合には、国際社会で最低限保障されるべき人権の基準を満たすことになる。以上のことから、滞在中の難民の権利・利益の保障の側面では、難民条約や人権条約、国内法令などを通じて、ひとまず満足のゆく保障がなされていると考えることができる。

5. 庇護権

(1) 庇護の意義

庇護とは、自国領域や在外外交公館、自国軍艦などに逃れてきた者またはそこに所在する者を、他国などに追放・送還・引渡しをしないことによって、その者を保護することをいう。自国領域内で個人を保護する場合(「**領域内庇**

護」）と、自国領域外（在外公館や外国滞在中の軍艦など）で保護する場合（「**領域外庇護**」）があり、「領域外庇護」のうち、特に在外公館（大使館など）で保護する場合を「**外交的庇護**（diplomatic asylum）」という。先にみた政治犯罪人や難民の保護は、領域内庇護の例である。

(2) 領域内庇護の性格

国家は、外国人の自国領域への入国・滞在の認否について広範な裁量を有するから、ある外国人に入国を認め、またその滞在の継続を認めることができる。これにより、国家は、その外国人を自由に保護することができる。これは、国家に領域主権が認められていることの効果であり、慣習法上の国家の権利である（**国家の権利としての庇護権**）。

他方、1948年の世界人権宣言14条や、若干の国家の憲法は、個人が国家に対して庇護を求める権利を定めている（**個人の権利としての庇護権**）。しかし、世界人権宣言14条や各国の国内法上の権利が慣習法化しているとはいえず、個人の権利としての庇護権、またはこれに対応する、庇護を与えるべき国家の義務は、慣習上、認められていない。

(3) 領域外庇護の性格

国家領域内に所在する大使館などの公館は、不可侵を保障されているため、領域国の公務員は公館の長の承諾を得ることなく、公館の土地・建物に入構することはできない（外交関係条約22条。(→6章4)）。そのため、公館長の許可を得て公館内に所在する者は、結果的に、領域国による逮捕などを免れるなどして、当該公館で保護されることになる。

国家の権利としての領域内庇護は一般国際法として確立している。しかし、外交的庇護は、一般国際法上、認められた権利ではないといわれる。この点について、国際司法裁判所は、1950年の庇護事件判決[7]［判例3A］において次

7　**庇護事件**　ペルーで1948年に発生した軍事反乱（即日鎮圧）の指導者のアヤ・デ・ラ・トーレは、国内に潜伏後、翌年1月にリマのコロンビア大使館に庇護を求め、同大使館はペルー政府に対し同人の安全な出国を求めたが、ペルー政府はこれを拒否し、同人の引渡しを求めた。ICJは、コロンビアが本件庇護付与行為を正当化する国際法の存在を立証していないなどとして、同国の国際法違反を認めた。

のようにいう。犯罪人引渡しの場合には、亡命者は犯罪実行地国外におり、避難先の国家による庇護の付与は当該国の領域主権の正常な行使の結果であり、犯罪実行地国の主権を害するものではない。これに対して、外交的庇護の場合には、亡命者は、犯罪実行地国におり、外交的庇護の付与は、当該国の主権を害する。それは、犯罪実行地国の国内管轄事項に干渉することになり、このような領域主権の減損は、その法的基礎を欠く場合には容認することができない、と。

裁判所がいう「法的基礎」とは、関係国間または関係国を含む条約や地域的慣習法をいい、外交的庇護は、このような国際法上の根拠がなければ、認められないということである。もっとも、逮捕・訴追をおそれて自国に所在する外国公館に保護を求め、そこで滞在を認められる例は少なくなく、接受国(公館が所在する国)と派遣国(公館の本国)の外交交渉によって解決が図られているのが現実である。

設　問

1. 国籍の抵触が生ずる原因と国籍の抵触から個人に生ずる不都合について述べなさい。
2. 外国人の出入国に関する国際法規則について述べなさい。
3. 犯罪人引渡しについて、犯罪人引渡条約が存在する場合と存在しない場合に分けて、論じなさい。(外専・平22)
4. 犯罪人引渡しに関して次の設問に答えよ。
   (1) 国際法上の犯罪人引渡し制度を説明した上で、同制度について多くの国で成立している原則を三つ挙げ、それぞれの内容について説明せよ。ただし、設問(2)で挙げる原則はこの三つには含まれないものとする。
   (2) 政治犯不引渡しの原則について説明せよ。なお、説明に際しては、政治犯であるかどうかを判断する人的基準の説明を含めなさい。(国総・平24改)
5. 難民条約および難民議定書に定める難民保護の内容とその限界について、最近の動向を踏まえつつ、述べなさい。(外専・平29)
6. UNHCRによる難民保護と難民条約・議定書による難民保護の、それぞれのメリットとデメリットを述べなさい。
7. 庇護権について述べなさい。

【参考文献】

近藤敦『外国人の人権と市民権』(明石書店、2001)

宮川成雄編『外国人法とローヤリング』(学陽書房、2005)

薬師寺公夫・小畑郁・村上正直・坂元茂樹『ケースブック国際人権法』(日本評論社、2006)

畑博行・水上千之編『国際人権法概論(第 4 版)』(有信堂高文社、2006)

芹田健太郎「政治犯不引渡原則の確立」『国際法外交雑誌』71 巻 4 号(1972)

川島慶雄「庇護権の性質と内容」『阪大法学』97・98 号(1976)

川島慶雄「国際難民法の発展と課題」『法と政治の現代的課題』(有斐閣、1982)

第12章　人権の国際的保障

目　次

1. 人権の国際的保障の前史

個人の取扱いの問題は、第2次大戦前後で大きく変化した。第2次大戦前の国際法は、**外国人の保護**に関心をもち、外国人の保護のための規則を設ける一方で、自国民の取扱いについてはこれを国内管轄事項としていた。この状況を変化させたのが、第2次大戦の経験である。第2次大戦は、現象的にみると、ナチズムやファシズムを体制としてとる国家が、国内で人権を侵害しながら、これを引き起こしたものであった。このことから、欧米諸国は、人権の尊重と平和の維持との間に密接な関係があることを認識したのである。

このようにして、第2次大戦後の国際社会は、人権の保障をこれまでのように一国の手にのみに委ねることなく、それに積極的に関与することになった。ただ、その先駆的な現象は第1次大戦後にもみられた。国際連盟の少数者保護と国際労働機関(ILO)における国際労働条約の作成がそれである。第2次大戦後の**人権の国際的保障**の特徴は、この戦間期の状況との対比で明らかにすることができるから、まず、これをみておこう。

(1) 国際連盟の少数者保護制度

国際連盟の**少数者保護制度**とは、条約または一方的宣言に基づいて、第1次大戦の敗戦国や新たに独立した国家、領域を拡大した国家に対し、国内の人種的・宗教的・言語的少数者やそれに属する者に一定の権利を認めるべき国際法上の義務を課し、その義務の履行確保を国際連盟の保障に委ねた制度をいう。

その背景には、第1次大戦後の領域変動がある。領域変動のあった国家のなかに多くの人種的・言語的・宗教的少数者集団が編入され、そのため、当該国内における少数者の取扱いによっては、民族紛争が国家間紛争に転化し、欧州の平和と安定を撹乱する危険があった。そのため、少数者の取扱いに関して一定の保障措置を設けることによって、この撹乱要因を除去しようとしたのが、第1次大戦後の少数者保護制度である。

この制度は次の2点で第2次大戦後の人権の国際的保障の萌芽的現象と評価しうる。①自国民である少数者の保護(国民一般をも保護の対象としたものもある)のために国際法上の義務が設定されたこと、②国際連盟がその義務の履行監視の役割を担ったことである。しかし、この制度の問題点は、少数者保護義務を負った国家が限定的で局地的であったことにある。そのため、敗戦国や東欧諸国などでは、自国に限って課せられた義務であり、特別の負担と理解し、この制度に対する反感と不満が生じた。

(2) 国際労働機関による国際労働条約

国際連盟の創設と同時期に設立された**国際労働機関**は、労働者の保護を主たる任務とし、そのために、戦間期において最低労働年齢、労働補償や強制労働の禁止などの各種条約を採択した。これらの条約は、人権保護の側面をもつ。**国際労働条約**は、世界のすべての国家に開かれ、それを批准することが奨励されるものであるから、少数者保護制度のような地域的な限定はない。ただ、労働者の保護の側面に限定されるものであるから、事項的な限定があるといえる。

2. 国連憲章から国際人権規約へ

(1) 国連憲章

人権の尊重と平和の維持との間に密接な関係があるとの認識は、第 2 次大戦後の国際秩序の再構築のために策定された国連憲章のなかにみられる。特に、憲章 55 条は、「人民の同権及び自決の原則の尊重に基礎をおく諸国間の平和的且つ友好的関係に必要な安定及び福祉の条件を創造するために」、国連は特に「人種、性、言語又は宗教による差別のないすべての者のための人権及び基本的自由の普遍的な尊重及び遵守」を促進することとされた。国際社会の一般的な課題としての人権問題を提示したのは、この憲章が最初であり、人権を国際的に保障するための活動の出発点となった。言い換えれば、憲章は、地域的・事項的に限定があった戦間期の権利の保障にあり方から、このような限定のない人権の保障へと発展していく基盤を提供した文書であった。

しかし、憲章には次の 3 点で問題があった。①憲章が加盟国に対して人権保障義務を課したのかどうかが不明確であったこと（少なくとも憲章起草時においてはそのような義務を課す意図はなかったというのが通説的な見解）、②憲章上保護されるべき人権が不明確であったこと(憲章は「人権」や「基本的自由」と規定するのみ)、③人権の履行確保に関する詳細な手続の規定を欠いていること、である。もっとも、憲章起草時にもこのような欠点は意識されていた。そのため、国連憲章は、人権保障のための今後の活動を主導する機関として、特に「人権の伸長に関する委員会」を経済社会理事会のなかに設置することを明記した(68条)。国連発足後に設置された「**人権委員会**(Commission on Human Rights)」(国連人権委員会)がそれである。

国連人権委員会は、国連憲章の上記の欠点を解消するべく、「**国際人権章典**(International Bill of Human Rights)」という単一の国際文書の作成をめざした。しかし、冷戦状況の下で、このような文書を早期に作成することが難しいことが判明した。国際社会において保障されるべき人権や、その保障方式、国際的実施措置などをめぐって東西両陣営は鋭く対立した。例えば、西側諸国にとって人権の中核は自由権であるが、東側諸国にとっては社会権であった。このような状況の下で、国連人権委員会は、「国際人権章典」を、国際社会において保障されるべき人権の内容を明らかにする「宣言」と、人権の保障を法的義務とする「規約」、人権の保障を確保するための手続を定める「実施措置」の3つの文書に分けて作成する方針に転換した。

(2) 世界人権宣言

この方針に従って最初に採択されたのが、1948年の「**世界人権宣言**」である。世界人権宣言は、人間は生まれながらに自由かつ平等であるという理念のもとに、その3条から21条までにおいて自由権を定め、22条から27条までにおいて社会権を定める。

世界人権宣言は、国際社会において保障されるべき人権の内容を明らかにし、また、その後の国際社会の活動や国家の国内法の制定などに大きな影響を及ぼした。ただ、それは、もともと「すべての人民とすべての国とが**達成すべき共通の基準**」(前文)として作成されたものであり、法的拘束力をもたなかった。

(3) 国際人権規約

次いで、国連人権委員会は、世界人権宣言を条約化するとともに、人権保障手続を定める実施措置の作成作業に移った。この作業が完成したのは、1966 年のことであり、①「経済的、社会的及び文化的権利に関する国際規約」(**社会権規約**)、②「市民的及び政治的権利に関する国際規約」(**自由権規約**)および③「市民的及び政治的権利に関する国際規約の選択議定書」(**第 1 選択議定書**)が採択された。世界人権宣言の採択から 20 年弱の時が費やされたことは、冷戦状況のもとで人権保障の問題について合意をみることがいかに困難であったのかを示している。

国際社会は、国際人権規約を採択することによって、法的拘束力のある規約のなかで、国際社会において保障されるべき人権を一般的に規定し、それらの人権の履行確保のための手続を設けた。このようにして、国際人権規約は、国連憲章の問題点をすべて解消した。**人権の国際的保障の「金字塔」**とされる理由がここにある。

3. 人権条約の種別と構造

(1) 人権条約の種別

国際社会は多種多様な人権を保護するために多数の条約を採択してきた。その一端をみるために、①保護する人権・人的適用範囲の一般性と個別性という基準で、**一般的人権条約**と**個別的人権条約**とを、②条約の地理的適用範囲という基準で、**世界的人権条約**と**地域的人権条約**とに分けて、人権条約の広がりを概観しておこう。

まず、世界的人権条約は、世界のすべての国が参加することが望ましいとされている条約であり、そのうち、人権を網羅的に保障する条約として国際人権規約がある。これに対して、人権や保護対象者の範囲において特定的な条約には、ジェノサイド条約や難民条約、人種差別撤廃条約、女子差別撤廃条約、拷問等禁止条約などがある。

次に、特定の国家のみが参加することができる地域的人権条約には、一般的人権条約として欧州人権条約や米州人権条約、バンジュール憲章があり、個別的人権条約として拷問等防止欧州条約や拷問防止・処罰米州条約、アフリカ難民条約などがある。

(2) 人権条約の構造

個々の人権条約は、大別して「実体規定」と「実施措置」とからなる場合が多い。**実体規定**とは、人権条約において保護される人権を列挙し、それを保障する国家の義務を課す部分であり、**実施措置**(＝**国際的実施措置**)とは、そのような人権の履行確保のための国際的な監視手続を設ける部分である。

実施措置には次のような類型がある。第1は**報告制度**である。これは、締約国が国内における条約上の義務の実施のためにとった措置(＝**国内的実施措置**)について報告書を提出することによる方法である。国際人権規約をはじめとする近年の条約の場合には、この報告書を、各条約が設けまたは指定する国際的な履行監視機関が審議し、条約違反がある場合には、勧告などの何らかの措置をとることを認めることが多い。

第2は**国家通報制度**である。これは、ある締約国(A)が、条約上の義務を他の締約国(B)が履行していないと考える場合、AがBを相手方として、条約の履行監視にあたる履行監視機関に申立てを行い、履行監視機関の手続により解決を図ろうとする制度である。

第3は**個人通報制度**である。これは、条約上の権利を侵害されたと考える個人が、締約国を相手方として、履行監視機関に申立てを行い、履行監視機関の手続により解決を図ろうとする制度である。

第4は**裁判制度**である。これは、法的拘束力のある判決を通じて締約国の義務違反の有無を決定し、それにより条約の履行確保を図る制度である。

注意すべきは、国際社会には、国内社会とは異なり統一的な履行監視機関があるわけではなく、その履行監視機関は、原則として、それぞれの人権条約が独自のものを設けていること、また、実施措置についても、それぞれの条約がどのような実施措置を採用するかを定めていることである。また、裁判制度は、現在のところ欧州人権条約、米州人権条約とバンジュール憲章体制においてのみ認められている。以上の点を、日本が締約国である主要人権条約の実施措置とその運用にあたる履行監視機関を示せば表12-1のようになる。

表12-1　日本が当事国である人権条約の実施措置と履行監視機関

条約名	報告制度	国家通報制度	個人通報制度	履行監視機関名の略称の例
自由権規約	○	○（選択条項）	○（選択議定書）	自由権規約委員会
社会権規約	○	○（選択議定書）	○（選択議定書）	社会権規約委員会
女子差別撤廃条約	○	×	○（選択議定書）	女子差別撤廃委員会
人種差別撤廃条約	○	○	○（選択条項）	人種差別撤廃委員会
児童の権利条約	○	○（選択議定書）	○（選択議定書）	児童の権利委員会
拷問等禁止条約	○	○（選択条項）	○（選択条項）	拷問禁止委員会
強制失踪保護条約	○	○（選択条項）	○（選択条項）	強制失踪委員会
障害者権利条約	○	×	○（選択議定書）	障害者権利委員会

4. 国際人権規約

(1) 構　成

国際人権規約は、先にみた社会権規約と自由権規約、第1選択議定書に加え、1989年には「死刑の廃止をめざす、市民的及び政治的権利に関する国際規約の第2選択議定書」（**第2選択議定書**）が、2008年には「経済的、社会的及び文化的権利に関する国際規約の選択議定書」が採択されており、現在ではこの5文書の総称である。日本は、1979年に自由権規約と社会権規約を批准したが、それ以外の3つの文書は未批准である。

世界人権宣言は、社会権と自由権の双方を規定しているが、国際人権規約では別文書とされた。理論的には、自由権と社会権の性質が異なることを反映した実施措置の相違と説明することもできるが、実際には、それはむしろ、冷戦を背景とした、いずれの種類の人権が真の人権といえるか、どちらが優先されるべきなのかという政治的理由によるものといえる。

(2) 実体規定

(a) 義務の性格

社会権規約と自由権規約とでは、**国家の義務の性格**が異なる。社会権規約が定める義務は、規約が認める権利の「完全な実現を漸進的に達成する」義務である（2条2項）。規約が自国について発効した時点で各権利が実現されている必要はなく、その実現を漸進的に達成することで足りるということである(**漸進的実施義務**)。これに対して、自由権規約は、締約国に対して「この規約において認められる権利を尊重し及び確保する」ことを求めており(2条1項)、これは、締約国についてこの規約が発効した時点で権利が実現されていなければならない趣旨である(**即時的実施義務**)。

両規約の義務の相違は、社会権が国家に作為を要求しうる権利であり、自由権が不作為を要求しうる権利であるということに由来する。自由権は、国家が何もしなければよいのであるから、即時に実現可能である。これに対して、社会権は、国家の作為が要求されるから、直ちに実現できないこともある。例えば、社会保障を行うためには財源の裏付けが必要であるが、多くの発展途上国は財源に余裕がなく、社会保障制度の充実のためには時間を要する。

以上が原則であるが、注意されるべきことは、両規約のすべての規定についてそれがあてはまるわけではないということである。特に社会権規約が問題となる。社会権規約が定める権利のなかには、即時的実施義務を定めるものと解釈される規定もある。たとえば、社会権規約委員会は、差別の禁止義務(2条2項、3条、7条(a)(i)、10条(3))や、同規約2条1項にいう「行動をとる」義務、「少なくとも、諸権利のそれぞれの不可欠の最低限のレベルを満たすことを確保する、最小限の核心的な義務」は即時的実施義務であるとする(社会権規約委員会一般的意見3)。その他、社会権規約のなかにも国家の干渉を排除する趣旨の規定もある(13条3項・4項など)。

(b) 外国人への適用

自由権規約が外国人にも適用されることは一般に異論はない。次の理由があげられている。①権利主体を示す文言が、「何人も」や「すべての者」のように一般的であり、しかもそれが意図的なものと考えることができること(規約25条は「市民」の権利であり、「自国の」公務に参加する権利である)、②2条1項が列挙する差別禁止事由のなかに「国籍」は含まれていないものの、同項の差別禁止事由の最後には「等」(英語正文は“such as”)という文言があることから、例示的列挙とみなされること、および③人権とは国籍の別を問わずに保障されるものというのが規約の精神・理念であること、である。自由権規約委員会も早くから規約の外国人への適用を認めている。

社会権規約については、2条2項が列挙する差別禁止事由のなかに「国籍」は含まれず、かつ、自由権規約ではみられる「等」という文言がないことから、差別禁止事由が限定的列挙と解釈されるとして、外国人には適用されないとする学説もある。しかし、社会権規約も外国人に適用されるというのが一般的である。解釈上の根拠としては次のことをあげることができる。①差別禁止事由の列挙を限定的列挙と解したとしても、そこには「他の地位」という包括的な事由があるため、国籍をそこに含めるよう解釈しうる。②規約2条3項は、発展途上国について「経済的権利」の外国人への適用の有無を決定しうるとするが、外国人に規約の適用がないのであれば、このような規定は不要である。③規約の起草過程では、規約上の権利の享有を国民に限定しようとする提案があったものの、それに反対する国家が多数であった。

(3) 実施措置

社会権規約が定める実施措置は報告制度である(16条)。しかし、その規定内容は不明確で、報告書の提出間隔や、その審議機関やその権限などが明記されていない。この点、規約発効後、紆余曲折を経て、1985年に、国連の経済社会理事会内に「経済的、社会的及び文化的権利に関する委員会」(**社会権規約委員会**)が設置された。現在、同委員会による履行監視がなされているが、報告審議の方法などは、後述する自由権規約委員会の場合と基本的に同様である。また、2008年に国連総会は、「**経済的、社会的及び文化的権利に関する選択議定書**」を採択した(2013年に発効)。同議定書は、個人通報制度を導入するとともに、同議定書の締約国が任意に宣言することにより、社会権規約委員会が国家通報を審査することも認めている。

日本は、社会権規約委員会に対して3度にわたって報告書を提出し、委員会の最終所見(後述)は、2001年(第2定期報告書について)および2013年(第3定期報告書について)に採択されている。日本は、社会権規約の選択議定書には批准をしていない。もともと日本は、個人通報制度に消極的であり、他の主要人権条約の個人通報制度も認めていない(理由は後述)。

自由権規約は報告制度と国家通報制度を、第1選択議定書は個人通報制度を定め、その運用を「**人権委員会**(Human Rights Committee)」(自由権規約委員会)

に委ねる。同委員会は**個人的資格**で勤務する18名の委員からなる(28条)。

報告制度はすべての締約国が服する手続であり、締約国は定期的に報告書を提出することが求められる(最初の報告書は規約発効後1年以内、その後はおおむね5年間隔)(40条1項)。自由権規約委員会は、この報告書を検討し、検討後に「**一般的な性格を有する意見**(general comments)」(**一般的意見**)を採択することができる(40条4項)。「一般的意見」は、すべての締約国に宛てられたものであり、報告制度の運用や規約の特定の規定の解釈などが示される。また、委員会は、1990年代から、報告審議の後に、審議対象となった締約国に宛てられた「**最終所見**(concluding observations)」(最終見解や総括所見などの訳語もある)を採択するようになった。そのなかでは、締約国による規約の国内での実施について積極的要素と消極的要素などが示される。

委員会の「最終所見」には**フォローアップ制度**がある。これは、「最終所見」のうち、個人の生命・身体にかかわるような緊急性を要する事項について、委員会が次回の定期報告書の審査をまつことなく、1年以内に回答を求め、それを審議する制度である。

日本は、これまで6度にわたって報告書を提出し、委員会の審議を受けている。このうち、最終所見は、1993年(第3定期報告書について)、1998年(第4定期報告書について)、2008年(第5定期報告書について)および2014年(第6定期報告書について)にそれぞれ委員会により採択されている。

国家通報制度は、他の締約国からの通報を検討する委員会の権限を承認する宣言を行った国家間においてのみ適用される(41条1項)。この通報がなされた場合、委員会は、まず関係締約国間で問題の解決のための調整を促すが、そこで解決されない場合には、関係締約国の申立てにより委員会が調整することになる(41条、42条を参照)。日本は、第41条1項に基づく、国家通報の委員会による処理権限を認める宣言を行っていない。なお、現在まで、この制度が利用されたことはない。

個人通報制度は、第1選択議定書の締約国の管轄の下にある個人が、規約が保障する権利を侵害された旨を委員会に通報することによってその手続が開始される。委員会の手続は2段階に分かれる。第1は、委員会が**通報の受理要件**(議定書1条〜3条、5条など参照)を検討する**許容性段階**である。委員会は、国内的救済手続を尽くしていないことなどの受理要件を満たさない通報については、その非許容を決定し(国内裁判の却下に相当する判断)、通報の審議を終了する。

この受理要件を満たした通報は、その請求の内容にいう締約国の措置が規約の規定に一致するかどうかを検討する第2段階、すなわち、**本案審査**に移行する。本案審査の結果は、規約違反の有無を示す「**見解**(views)」として示される。「見解」では、①事実の認定、②関係する規定の解釈、③当該規定の当該事実への適用、④規約違反の有無、および⑤違反がある場合には締約国に対する勧告が示される。

自由権規約委員会は、1990年代から「見解」の**フォローアップ制度**を設けた。これは、「見解」採択後3ヵ月以内に、「見解」が勧告した事項に対する締約国の回答を求めるものである。「見解」には法的拘束力はないが、「見解」採択後も、委員会がその勧告の実現を継続的に監視する制度が設けられたことになる。実際、満足のゆく結果が得られたとして、委員会が監視を解く場合もみられる。

日本は、第1選択議定書を批准していない。その理由として、日本は、委員会に対して、司法権の独立を含め、日本の司法制度との関連で問題が生じるおそれがあるとしている。

5. その他の主要人権条約

(1) 人種差別撤廃条約

人種差別撤廃条約の目的は人種差別の撤廃であり、その基本的な立脚点は、人種差別を正当化する**人種主義理論**(ある人種が他の人種よりも知的能力や文化的能力などが優越するという考え方)の否定である(前文7項を参照)。条約が撤廃すべき人種差別とは、①「人種、皮膚の色、世系又は民族的若しくは種族的出身」に基づく、②区別・排除・制限・優先であって、③政治的・経済的・社会的・文化的その他の公的生活分野における平等の立場での人権・基本的自由の享有などを害する、④「目的又は効果を有するもの」である(1条1項)。

条約は、人種差別を撤廃するため次の4つの法的・政策的措置をとることを求める。①人種差別を禁止することであり、そこには国家が直接・間接に人種差別を行うことを禁止するとともに、私人間における人種差別を禁止する措置をとることが含まれる(2条1項(a)〜(d))。②人種差別の犠牲者の救済である(6条)。③人種差別の予防であり、その措置として、人種主義理論の否認と人種主義的活動の刑罰規制(前文7項、4条(a) (b))と、人種間の理解の促進と偏見の除去(2条1項(e)、7条)がある。④実質的平等の促進であり(2条2項、1条4項)、典型的にはアファーマティブ・アクションとよばれる措置(「積極的差別是正措置」ともいわれ、過去の差別の結果として、劣悪な生活環境にある集団・個人に対して、他の集団・個人には認められない優遇措置をとることをいう。)がこれにあたる。

(2) 女子差別撤廃条約

女子差別撤廃条約の目的は、性に基づく差別のない社会の実現である。条約は、女子差別の原因が、**両性のいずれかの劣等性・優越性の観念**や、**男女の定型化された役割に基づく偏見・慣習・慣行**にあるとする(5条1項)。性別に基づく優越論や役割論の否定であり、条約は、男女差別のこの根源的な原因を否定することを立脚点とする。

条約が撤廃しようとする「女子に対する差別」は、差別禁止理由が性別であるほかは、人種差別撤廃条約における人種差別の定義とほぼ同じである(1条)。そのため、条約2条は、国の基本的義務を定め、人種差別撤廃条約と同様に、国家による差別の禁止とともに、私人による差別の禁止のための措置をとる義務をも定める。6条以下では個別の分野における差別の撤廃のための規定をおく。たとえば、国籍に関する男女平等(9条)や、教育や雇用における男女差別の禁止(10条・11条)などである。

(3) 拷問等禁止条約

拷問等禁止条約は、1985年の国連総会によって採択された。拷問などの非人道的行為の禁止は、世界人権宣言5条や自由権規約7条をはじめ、多くの人権条約においてみられる。しかし、1970年代の中南米の軍事政権では、拷問を統治手段の1つとして広く用いるようになった。それがこの条約が採択される契機の1つとなった。条約の目的は、「拷問及び他の残虐な、非人道的な又は品位を傷つける取扱い又は刑罰を無くすための世界各地における努力を一層効果的なものとすること」である(前文7項)。
条約にいう拷問とは、①情報や自白の取得などの一定の目的をもって、②公務員その他の公的資格で行動する者か、それらの者の扇動・同意・黙認により行われる、③身体的・精神的に重い苦痛を故意に与える行為をいう。ただし、④「拷問」には、合法的制裁措置は含まれない(1条1項)。

条約の主な適用対象は拷問である。締約国は、拷問を防止する義務(2条)や、拷問を受けるおそれのある国・地域への追放・送還・引渡しの禁止(3条)、拷問行為の実行者などを自国の刑法上の犯罪とする義務(4条)、拷問行為の実行者などを処罰するための管轄権を設定する義務、および、自国で当該行為の実行者が発見された場合であって、外国からのその者の引渡請求に応じないときには、その者を自国で訴追するために権限ある当局に付託する義務(5条～8条)などを負う。この条約の特徴の1つは、1970年代からハイジャックなどのテロ行為の根絶のための条約のなかで導入された**「引き渡すか訴追するか」の義務**を人権条約のなかに初めて取り入れたことである。

拷問等禁止条約は、国際社会における拷問禁止規範の強化に貢献した。たとえば、1999年の英国貴族院ピノチェト仮拘禁事件判決[1][判例103]では、拷問を行うことが国家元首の職務行為ではありえず、拷問行為を理由としてこれを処罰することを妨げられないとする判断の重要な根拠となった。なお、日本は条約21条に従い、拷問禁止委員会による国家通報の受理・審議権限を認める宣言を行っている。

(4) 児童の権利条約

児童の権利条約は、18歳未満の者を「児童」とし(1条)、これを保護するための条約である。

1　**ピノチェト仮拘禁事件**　チリでクーデターにより軍事政権を樹立し、大統領となったピノチェトが、その辞任後に英国に滞在していたところ、大統領在任中に行ったとされる拷問などの非人道的行為についてスペインで訴訟手続が開始され、英国に対して同人の引渡請求が行われた。英国は、ピノチェトを仮拘禁したが、その合法性が争われた。英国の貴族院(最高裁に相当)は、国家元首は、その在任中は刑事管轄権の免除を享有し、元首辞職後は、公的行為について免除が存続するが、私的行為については免除されないとし、拷問等禁止条約が定める拷問行為は元首の職務内の行為とはいえず、免除は認められないと判断した。

児童に関する従来の国際文書では、児童は未成熟な存在として保護の対象とされることが強調されてきた。しかし、この条約の特徴は、児童を単なる保護対象や親の従属物としてみるのではなく、**児童が権利の主体**であるとする立場を前面に出したことである。たとえば、児童には**意見表明権**が認められ、それが相応に考慮されるとされる(12条1項)。児童を1人の人間として、その意向を最大限に尊重しようとするのである。

児童の権利条約の基本的な立脚点の1つは、**児童の最善利益原則**である。条約は、児童に関する措置をとる公的・私的機関が児童の最善の利益を主として考慮することを求める(3条1項)。その他、条約は、市民的・政治的権利や経済的・社会的・文化的権利、特別な保護措置など様々な権利を保障する。その内容は、国際人権規約の実体規定を児童の特性に応じて修正して規定するものである。

条約の実体規定に関し、2002年には2つの選択議定書が採択されている。第1は、「児童の売買、児童の売春及び児童のポルノグラフィーに関する児童の権利に関する条約の選択議定書」である。条約が規定する児童の売買、児童売春および児童ポルノの規制を強化するために採択されたものであり、この議定書では、児童の売買などを自国の刑法上の犯罪とし(3条)、その処罰の確保のために「引き渡すか訴追するか」の義務が定められている。

第2は、「武力紛争への児童の関与に関する児童の権利に関する条約の選択議定書」であり、児童兵士などの規制の強化を目的とし、敵対行為への直接的参加、および自国の軍隊への採用の最低年齢を18歳に、自発的入隊の最低年齢を16歳に引き上げるものである(2条、3条)。

(5) 強制失踪保護条約

強制失踪保護条約は、2006年に採択され、2010年に発効した。この条約上、**強制失踪**とは、「国の機関又は国の許可、支援若しくは黙認を得て行動する個人若しくは集団が、逮捕、拘禁、拉致その他のあらゆる形態の自由の剥奪を行う行為であって、その自由の剥奪を認めず、又はそれによる失踪者の消息若しくは所在を隠蔽することを伴い、かつ、当該失踪者を法の保護の外に置くもの」をいい(2条)、強制失踪を受けることがない権利は、いかなる場合にも制約が認められない絶対的な権利とされる(1条)。また、条約は、国の許可・支援・黙認を得ることなく行われる個人・集団の行為であっても、それを調査し、裁判に付すための措置をとる義務を課している(3条)。

強制失踪は、拷問とともに、抑圧的政権の統治の手段として用いられてきた。その特徴は、人が拉致・拘禁され、拷問などの過酷な取扱いがなされ、秘密裏に処刑されたりするものの、拉致や拘禁などの事実が秘匿されることにある。ただ、失踪者には、反政府団体の構成員といった共通の属性があるために、失踪者と同一団体に属したり、同一の思想傾向をもつ者などに恐怖心を呼び起こし、その行動を抑制する効果がある。

強制失踪は、生命・身体の自由や、拷問その他の非人道的取扱いを受けない権利、公正な裁判を受ける権利など、多くの人権を複合的に侵害する行為であり、条約もその重大性の故に、それが犯罪を構成すること、また、人道に対する犯罪となることを認める(前文2項)。そのため、条約は、強制失踪行為を防止し、強制失踪行為の実行者などの処罰を確保するための措置をとることを国に求めている。このうち、処罰の確保については、拷問等禁止条約の場合と同様に、強制失踪行為の実行者等を処罰するために、これを刑法上の犯罪とし、処罰するための裁判権を設定すること(4条〜9条)、犯罪容疑者が自国に所在する場合には、その者を訴追するための措置をとるか、その者を処罰するための措置をとるかという**「引き渡すか訴追するか」の義務**を課す(11条〜13条)。なお、日本は条約32条に従い、強制失踪委員会による国家通報の受理・審議権限を認める宣言を行っている。

(6) 障害者権利条約

障害者権利条約は、2006年に国連総会により採択され、2008年に発効した。この条約にいう「**障害者**」には、「長期的な身体的、精神的、知的又は感覚的な機能障害であって、様々な障壁との相互作用により他の者との平等を基礎として社会に完全かつ効果的に参加することを妨げ得るものを有する者を含む」ものとされ、こういった障害者による「あらゆる人権及び基本的自由の完全かつ平等な享有を促進し、保護し、及び確保すること並びに障害者の固有の尊厳の尊重を促進することを目的とする」(1条)。その背景には、もちろん、障害者が、世界のすべての地域において、「社会の平等な構成員としての参加を妨げる障壁及び人権侵害に依然として直面している」という現実を受けたものである（前文(k)）。

条約は、障害者の固有の尊厳や個人の自律・自立、無差別、完全な社会参加などを一般原則として規定する(3条)。また、条約は、締約国の義務として、条約上の権利の実現のための措置をとり、条約と両立しない行為を差し控える義務とともに、個人・団体・民間企業による障害者差別を撤廃するための措置をとる義務、すなわち、私人間の差別を撤廃する義務をも課す(4条参照)。条約は、障害者のさまざまな権利を詳細に規定するが、それは、自由権規約や社会権規約が定める権利の内容を、障害者の状況に適合的な形で修正したり、詳細化したりするものである。

6. 地域的人権条約

欧州には、まず、1950年の**欧州人権条約**と1961年の**欧州社会憲章**がある。前者は自由権を、後者は社会権を中心として規定し、両者で人権を総合的に規定する。また、欧州人権条約には、今日まで14の追加議定書が採択されている。欧州社会憲章には、追加議定書と憲章を改正する議定書が採択されている。

欧州人権条約の実施措置としては、もともと欧州人権委員会と**欧州人権裁判所**という2つの機関が存在していた。欧州人権委員会は、個人からの申立てに関してまず判断し、そのなかの一定のものが欧州人権裁判所に付託されるという構造をとっていたが、裁判所に事件を付託することができるのは締約国と委員会のみであったため、裁判所の役割は限定的であった。1998年に欧州人権条約第11議定書が発効し、これにより、委員会は廃止され、人権裁判所に一本化された。

欧州人権裁判所は、法的拘束力のある判決という形式で、締約国の国内的実施を監視している。同裁判所は、今日まで多数の判決を下しており、そこで示された条約解釈は、国際的な先例として、大きな影響力をもっている。

米州では、まず、1948年の米州機構憲章が**米州人権委員会**を設置し、同委員会が「人権の遵守及び保護」の促進のための活動を開始した。その後、1969

年に**米州人権条約**が採択された。同条約の履行監視機関は、**米州人権裁判所**であり、締約国と米州人権委員会が出訴権を有する。また、同裁判所は、欧州人権裁判所よりも広範な範囲で勧告的意見を表明することができ、実際、これまでに多くの意見を示している。なお、同条約には、1988年の「経済的、社会的及び文化的権利の分野における米州人権条約に対する追加議定書」と1990年の「死刑の廃止のための米州人権条約追加議定書」がある。

アフリカ地域には、1981年の「人および人民の権利に関するアフリカ憲章」(**バンジュール憲章**)があり、同憲章には3つの議定書がある。履行確保のための機関として「人および人民の権利に関するアフリカ委員会」があり、報告制度と国家通報制度、個人通報制度を運用している。また、1998年の議定書において、「人および人民の権利に関するアフリカ裁判所」の設置が決定され、同議定書の発効(2004年)にともない、裁判所が発足した(2006年)(→17章4(3))。

アジア地域には、欧州や米州、アフリカ地域に存在するような地域的な人権条約はない。これまで、幾度かの機会にその作成が試みられてきたが、成功はしなかった。そのなかにあって、2012年に、東南アジア諸国連合(ASEAN)はASEAN人権宣言を採択している。同宣言は、ASEANにおける最初の人権宣言であり、その意味で注目されるが、法的拘束力はない。同宣言が列挙する権利は、世界人権宣言や自由権規約・社会権規約などの世界的人権条約が定めるそれとおおむね同じであるが、同宣言に特徴的なこととして、以下の点をあげることができる。①人の権利とともに、それに対応する義務の履行との均衡が強調されること、②人権の促進・保護の責任は、第1義的にASEAN加盟国にあるとされること、③人権の普遍性が規定される一方で、人権の実現が地域・国家の具体的な状況に依存する旨の規定を置くことなどである。これらのことは、同宣言の問題点や人権保護のために不充分な点として指摘され、批判されている。

7. 国連による人権保障活動

国連発足以来、継続的に人権問題を処理してきた中心的な機関は、経済社会理事会の下部機関として設置された人権委員会(国連人権委員会)と、同委員会内の下部機関として設置された人権小委員会である。

(1) 国連人権委員会

(a) 国連人権委員会の設置と構成

憲章68条に従い設置された**国連人権委員会**は、各種人権条約の作成にあたるとともに、人権の保障のために多岐にわたる活動を行った。

国連人権委員会は、2006年の総会決議60/251より**人権理事会**(Human Rights Council)が設置されたことにより、同年の会期の冒頭に解散決議を採択し、その歴史を閉じた。その解散時の委員国数は53ヵ国であり、経済社会理事会の構成国54ヵ国に匹敵する規模であった。委員は、国家代表としての資格で活動した。

(b) 委員会の活動

委員会の活動の主なものは、①国際人権基準の設定や、②各国の人権状況の監視(国別手続)、③特定の人権問題のための手続(テーマ別手続)、④各国の人権問題の解決などのための専門的・技術的支援である。

①人権基準の設定　国連人権委員会の主たる設置目的は、「国際人権章典」を起草することであったが、委員会は、人種差別撤廃条約などのその他の人権条約の作成に関与した。委員会は、また、法的拘束力を有しない国際人権文書の起草にも関与した。1980年の宗教的不寛容撤廃宣言や1992年の少数者の権利宣言などがその例である。

②特定国の人権状況の監視　特定国家人権状況の監視のためには主に2つの方法があった。「**通報処理手続**」と、委員会による特定国の人権問題の審議である。いずれも検討の対象が国家であるため、**国別手続**と呼ばれた。

「通報処理手続」は、1970年の経済社会理事会決議1503(XLVIII)(2000年の決議2000/3により改正)に基づくものであり、個人や集団から寄せられる通報を契機として特定国の人権問題を審議する手続である。これは、被害者個人の救済のためのものではなく、通報を契機として、当該国の人権状況を審議するものである。この点で、人権条約の個人通報制度とは異なる。また、この手続で取り扱われる人権侵害は、いわゆる「**大規模人権侵害**」(侵害法益の重大性や侵害行為の組織性・時間的継続性などの点で通常の個別的人権侵害と区別される人権侵害をいい、アパルトヘイトやジェノサイドが典型例である）であり、人権条約の履行監視機関が個人通報制度で取り扱う個々の人権侵害とは異なる。この手続は非公開で行われたが、その後、審議対象国は公開されるようになった。

特定国の人権状況の審査は、主として経済社会理事会決議1235（XLII）に基づくものであり、委員会の公開審議において各国の人権問題が審議される。委員国は、懸念される人権状況について国名をあげて発言し、その後、当該国の人権状況を調査する特別報告者が任命されたり（例えば、ハイチやミャンマーについて）、委員会による非難決議が採択されたりした（例えば、南アフリカ共和国やチリについて）。ここでも対象となる人権侵害は大規模人権侵害である。

③特定の人権問題のための手続　この手続は、特定の種類の人権問題を調査し、審議するものであり、「**テーマ別手続**」と呼ばれた。この手続では、特定の人権問題を調査し、審議するため、独立専門家や特別報告者などが任命され、設置される。当初問題とされたのは、拷問や強制失踪などの重大かつ深刻な人権侵害であったが、その後、その数は増大し、取り扱う問題も社会権を含む、ほぼすべての人権問題に及んだ。この手続の特徴の1つは、法的拘束力のない宣言の履行確保に類似した活動をしていることである。たとえば、少数者保護宣言にかかわる「少数者問題に関する独立専門家」や宗教的不寛容撤廃宣言にかかわる「宗教又は信念の自由に関する特別報告者」がそれである。

(c) 人権小委員会

国連人権委員会には、「**差別防止および少数者保護に関する小委員会**」が設置された。この小委員会は、その後、人権問題全般を取り扱うことになったことから、その名称も「**人権の促進および保護に関する小委員会**」（**人権小委員会**）に改称された。

人権小委員会は、26名の委員によって構成され、委員は個人資格で活動する。小委員会の主たる任務は人権問題の調査・研究であり、この面で多大の貢献を行った。また、小委員会は、国際人権基準の作成に関与し（人種差別撤廃条約の起草など)、経済社会理事会決議1503に基づく「通報処理手続」の運用にもあたった。

2006年の人権理事会の設置後、小委員会も消滅し、人権理事会の専門家諮問機関として組み入れられた。

(d) 人権委員会に対する批判

人権委員会には、その委員国の資格への疑義と**二重基準(ダブル・スタンダード)**などに対する批判がつきまとった。大規模人権侵害国として委員会が非難する国家が委員国となっていることがあったこと、同じ人権侵害を行いながら、特定の国家が委員会で非難の対象となり、その他の国はその非難を免れているという批判である。このような問題点を解消し、あわせて国連の活動の全般において人権を考慮する「**人権の主流化**」の主張を受けて、人権理事会が設置された。

(2) 人権理事会

(a) 人権理事会の設置と特徴

人権理事会は、国連人権委員会と人権小委員会の活動を継承するものとして、2006年に設置された。国連人権委員会と比較した人権理事会の主な特徴は、①構成国の選出が経済社会理事会から総会に移されたこと、②開催機会が増加することによって、人権問題により迅速に対応することができること、③委員国の資格に疑義が生じた場合には、総会の決定により理事国としての資格を停止する道が開かれたことである。

(b) 人権理事会の任務

人権理事会は、人権委員会と人権小委員会とを継承するものとして設置されたものであり、この両委員会の活動を引き継いだ上で、2007年までにその組織と活動の見直しを行うものとされた。人権理事会は、2008年に「人権理事会の制度構築に関する決定」を採択し、理事会の活動を特定した。それによる同理事会の任務は、次の通りである。

①普遍的定期的レビュー(UPR: Universal Periodic Review)　**普遍的定期的レビュー**

とは、すべての国連加盟国の人権状況を審査する手続であり、人権委員会に対してなされた批判であるダブル・スタンダードを解消するものとして設けられた。この手続に基づき、すべての国連加盟国は、その人権状況について4年に1度の頻度で人権理事会の審議に服する。また、従来の委員資格に対する批判に対応するため、人権理事会の委員国は、その任期中にこの審査を受ける。現在、3回目の審査が進行中である。

②特別手続(Special Procedures)　**特別手続**とは、国連人権委員会においてみられた国別手続およびテーマ別手続に相当するものである。国別手続は、「普遍的定期的レビュー」が行われれば、それを廃止することも考えられるが、結局、理事会もこれを維持している。

③通報処理手続　通報処理手続とは、経済社会理事会決議1503を作業の基礎として行われる手続であり、かつての国連人権委員会の作業と基本的に異なるところはない。

設　問

1. 人権の国際的保障の歴史のなかで国際人権規約がもつ意義を述べなさい。
2. 人権条約の各種実施措置について、それぞれの実施措置の概要と特徴について述べなさい。
3. 人権条約において、なぜ国際的な履行確保メカニズムが必要か。その理由を法的観点から論じなさい。(外専・平19)
4. 人権条約の当事国による違反の責任を他の当事国が追及することは可能か、人権条約の履行確保制度および国家責任の一般理論を含めて論じなさい。(外専・平26)
5. A国は自由権規約及びその第1選択議定書の当事国である。B国籍を有するXは、A国に長期にわたって滞在しているが、あるとき自宅に警察官らが訪れ、理由を告げることなく逮捕され、その後裁判を受けることなく拘禁され続けている。この事例について、次の設問に回答しなさい
   (1)Xの代理人は、A国の裁判所にXの釈放を求めることを考えた。そこで、国際法上の主張をするためにはどのような議論をする必要があるかについて説明しなさい。なお、従来A国国内裁判所において自由権規約が援用されたことはない。
   (2)Xの家族は、個人として利用できる国際法上の手続によってXの救

済を求めようと考えた。X の家族が、X を救済するために個人として利用可能な国際法上の手続は何か。当該手続によってどのようなことが可能になるか、またどのような限界があるかを含めて説明しなさい。（新司試・平 23 改 ）

6. 国連人権理事会が設置された理由およびその任務について述べなさい。
7. 留保の有効性に関する自由権規約委員会の権限の有無とその判断の法的性質（国総・平 28 改）

【参考文献】

村上正直『人種差別撤廃条約と日本』（日本評論社、2005）
薬師寺公夫・小畑郁・村上正直・坂元茂樹『ケースブック国際人権法』（日本評論社、2006）
畑博行・水上千之編『国際人権法概論（第 4 版）』（有信堂高文社、2006）
阿部浩己・今井直・藤本俊明『テキストブック 国際人権法（第 3 版）』（日本評論社、2009）
国際女性の地位協会編『コメンタール女性差別撤廃条約』（尚学社、2010）
申 惠丰『国際人権法（第 2 版）』（信山社、2016 年）
芹田健太郎・薬師寺公夫・坂元茂樹『ブリッジブック国際人権法（第 2 版）』（信山社、2018）
Y. Iwasawa, *International Law, Human Rights, and Japanese Law* (Oxford UP, 1998)
S. Joseph and M. Castan, *The International Covenant on Civil and Political Rights*, 3rd ed. (Oxford UP, 2013)

第13章　国際刑事法

目　次

1. 国際刑事法の概念

(1) 国際犯罪の類型

国際刑事法とは、**国際犯罪**を規律する国際法規範を意味する。しかし、具体的な規範の内容は国際犯罪の性格によって異なる。では、国際犯罪とは何だろうか。

たとえば、日本人が外国人によって日本国内で殺害された場合(事例1)、これは国際犯罪だろうか。また、日本人が外国において第3国の国籍を持つ者を殺害した場合(事例2)はどうだろうか。さらに、ある者が外国の都市に爆弾を設置し、その爆発によって当該国の国民はもとより、他の多くの国家の国民が犠牲になり、犯人が第3国に逃走した場合(事例3)はどうか。いずれも純粋に国内的な犯罪とはいえない側面を持つ。事例1では犯人が外国人であり、事例2では犯人と被害者の本国、犯行地がそれぞれ異なる国家である。さらに事例3では、被害者の国籍は多岐にわたり、犯人はまったく別の国家に逃走している。これらは、犯罪の犯人・被害者が複数の国家にまたがる人的な国際性、犯行地や犯人の逃走地が異なる国家となる地理的な国際性を帯びており、その点でこれらの事例はいずれも国際犯罪といえなくもない。

では、次の事例はどうだろうか。国民の一部である少数民族を完全に抹殺するという政府の政策に基づいて、当該国の兵士が同民族の数百名をガス室に入れて殺害した(事例4)。犯人も被害者も同じ国家の国民であり、犯行地も同国内である点で、この犯罪は国際性をまったく持っていない。しかし、後に詳しく説明するように、事例4は**集団殺害犯罪**(**ジェノサイド**)を構成するものとして、国際刑事法の重要な対象となる。集団殺害犯罪は、国際法が直接に構成要件を定め、国際法の下で刑事責任が発生する**国際法上の犯罪**とされているからである(ジェノサイド条約1条)。この点で、事例1、2、3の犯罪は人的・地理的国際性を帯びているとはいえ、あくまで関係する国家の国内刑法に基づく国内法上の犯罪であることに留意する必要がある。

このように、国際犯罪はその性質において、国際性を帯びた国内法上の犯罪と国際法上の犯罪とに区別することができる。そして、これら性質の異なる国際犯罪に応じて、対応する国際法規範の内容と機能も異なっている。

(2) 国際刑事法の射程

国際性を帯びた国内法上の犯罪の場合、外国人によって、あるいは外国で行われた犯罪について国家が刑事法を適用することができるかが問題となる。例えば、事例1においては、日本の刑法1条1項が「この法律は、日本国内において罪を犯したすべての者に適用する」と定めているので、犯人が外国人であっても日本刑法上の殺人罪に問われることになる。また、事例 2 については、刑法 3 条が「この法律は、日本国外において次に掲げる罪を犯した日本国民に適用する。」とし、刑法 199 条(殺人)を含めているので、日本人は外国で犯した外国人の殺害について、日本刑法上の殺人罪に問われる。しかし、なぜ日本国内に所在する外国人に、あるいは外国に所在する日本人に日本刑法が適用できるのか。これは、国家管轄権を規律する国際法が、**属地主義**や**属人主義**に基づいて、日本に法令の適用を認めているからである(→ 5 章 5)。

また、事例 2 の場合、犯人を日本で裁判に付すためには、犯行地の国家に対して身柄を日本に引き渡すことを依頼しなければならない。その際に、関連する証拠や証言なども日本に提供してもらうことが必要になるだろう。こうした場合、**犯罪人引渡し**(→ 11 章 3)や**国際司法共助**に関する国際法規範が機能することになる。

さらに、国家管轄権に関する規範と犯罪人の身柄確保や証拠収集に関する規範は、事例 3 のように関係国が複雑に絡まった国際テロ行為においては、犯人の裁判・処罰を実効的に行うという観点からさらに重要になる。**国際テロリズム**については、条約を新たに作成することによって、国家管轄権の及ぶ範囲を拡張することを国家に義務づけ、引渡しなどの国際協力を促進する体制が構築されてきており、これは一般的な国家管轄権や犯罪人引渡しに関する国際法規範と重なりながらも、国際刑事法の一部を形作っている(→本章 2)。

国際法上の犯罪については、国際法が一定の行為を犯罪と定義し、構成要件を定めることが必要となる。集団殺害犯罪以外にも、**戦争犯罪**、**人道に対する犯罪**、**侵略犯罪**などが、国際法により直接に刑事責任が生じる犯罪となっている。また、刑事責任を問うに際して必要とされる刑法の一般原則、例えば刑法総論の論点として議論されるような帰責性、違法性阻却事由、共犯論などに関する国際法規範も必要とされる。これらは、国際刑事裁判の進展とともに、特定の条約あるいは慣習国際法において形成されてきており、国際刑事法の重要な一部となっている(→本章 3)。

さらに、現在では刑事裁判を実施する国際的な機関も多く設置され、国際法上の犯罪を国際法廷が直接に裁判するようになってきている(→本章3(1)(c))。こうした国際裁判機関の誕生は、国際法によって裁判機関の組織形態と裁判手続が整備されてきていることを意味する。国内法制度においては刑事訴訟法が果たす手続法の役割を、国際法が直接に担うことになり、いまでは国際刑事裁判の組織と手続に関する国際法規範も、国際刑事法の一部を構成している(→本章4)。

2. 刑事管轄権の発展

(1) テロ犯罪と管轄権の重層化

刑事事件に対する管轄権行使は、基本的に国家管轄権の一般理論に従うことが求められる(→5章5)。しかし近年、テロ犯罪については、その処罰を実効的に行うために、条約によって管轄権の行使を義務づける取り組みが行われている。これらの条約は、空や海の交通手段の安全確保、外交官や核物質などの特定の人または物質の保護、人質行為や爆弾使用など特定の行為の規制などテロ行為と関係する多様な問題を扱っているが、共通の特徴として、条約によって犯罪行為を定義するとともに、重層的な管轄権の設定を規定している。

1997年に採択された爆弾テロ防止条約を例にとると、同条約が定義する爆弾テロ行為を国内法上の犯罪とし、その重大性を考慮した適当な刑罰を科す立法義務を締約国に課すとともに、領域内で犯罪が発生した国家(属地主義)、登録する船舶・航空機内で犯罪が発生した国家(旗国主義・登録国主義)、犯人が自国民である国家(能動的属人主義)は、こうした犯罪行為を処罰するための管轄権を設定する義務を負う(6条1項)。他方、犯罪行為の被害者の国籍国(受動的属人主義)、犯罪行為が大使館などの国外にある国あるいは政府の施設に対して行われ、あるいは一定の作為・不作為が国家に対して強要する目的で行われた場合における当該国家(保護主義)は、任意で管轄権を設定することが許容されている(6条2項)。

加えて、容疑者が自国領域内に所在する国は、上記の義務的あるいは任意的に管轄権を設定する国家に引渡しを行わない場合には、自ら管轄権を設定するために必要な措置をとることが義務づけられ(6条4項)、またいかなる例外もなく訴追のため自国の権限ある当局に事件を付託する義務を負う(8条1項)。容疑者所在国は、犯罪行為と関係がある国家に犯人を引き渡すか、それとも自国で裁判するか、いずれかを必ず実行する義務が課されており(「**引き渡すか訴追するか**(*aut dedere aut judicare*)」方式)、これによって犯人はいずれの国家に逃亡しても、それが条約締約国であるかぎり必ず訴追される。この場合、容疑者所在国は犯罪行為に関連性を持たないとしても、テロ犯罪を処罰するという国際社会の一般利益の観点から**普遍主義**に基づいて立法管轄権を行使していることになる(→5章5)。

爆弾テロ防止条約と同様の管轄権構造を定める拷問等禁止条約の適用が問題になった2012年の「訴追か引渡しかの義務事件」[1]において、国際司法裁判所(ICJ)は「引き渡すか訴追するか」の義務が当事国間対世的義務(obligation *erga omnes partes*)であると指摘している(→15章4(2))。そのうえで、容疑者所在国が訴追のため自国の権限ある当局に事件を付託する義務は、事前に引き渡し請求が存在するか否かに関わらないとし、引渡しと訴追のための付託という選択肢は同じウエイトが与えられているわけではなく、引渡しは締約国に与えられた1つのオプションであるのに対して、訴追は条約によって負う国際義務であり、その違反は国家責任を発生させると判示している。

(2) 普遍的管轄権の拡大

国際社会の一般利益の観念が広く認められるとともに、慣習法上、普遍主義に基づく管轄権(**普遍的管轄権**)の対象となる犯罪が拡大する傾向にある。伝統的には、**海賊**だけが「人類一般の敵」として普遍的管轄権の行使が許容される犯罪であったが(→10章4(3))、現在では**集団殺害犯罪(ジェノサイド)**、**戦争犯罪**、**人道に対する犯罪**にも普遍的管轄権が認められつつある。ただし、ここでの普遍的管轄権は国家が権利として行使できる管轄権であり、義務とし

1　**訴追か引渡しかの義務事件**　チャドの大統領であったアブレは、在任中に反政府勢力に対する弾圧を大規模に行い、拷問、集団殺害犯罪、人道に対する犯罪、戦争犯罪などが問題となっていた。1990年にクーデターにより大統領職を追われると、セネガルに政治亡命したが、同国は彼の刑事責任を追及する手続を取らないままであった。このため、アブレの訴追に積極的であったベルギーは、セネガルの不作為が拷問等禁止条約第6条2項および第7条1項の義務に違反するとICJに提訴した。ICJはセネガルが「引き渡すか訴追するか」義務に違反していることを認定している(→15章注18)。

て行使しなければならないことを意味しない。戦争犯罪については、ジュネーヴ諸条約と第1追加議定書の**重大な違反**に該当する場合には、普遍的管轄権の行使が締約国に義務づけられている(→19章5(2))。しかし、重大な違反に該当しない戦争犯罪についても、慣習法上、権利として普遍的管轄権を行使することは認められている。同様に、集団殺害犯罪を規律するジェノサイド条約6条は、犯行地の裁判所と国際刑事裁判所の管轄権だけを認めているが、1962年の**アイヒマン事件**[2][判例96]においては、条約が犯行地国に限定しているのは管轄権を行使する義務を負う国家を示す趣旨であり、権利として集団殺害犯罪に管轄権を行使することはすべての国に認められると判示された。また、1999年の**ピノチェト仮拘禁事件**[3][判例103]において英国貴族院は、テロ関係条約と同様に「引き渡すか訴追するか」方式をとる拷問等禁止条約に依拠しつつも、チリ国内で発生した拷問について、容疑者が自国内に所在しないにもかかわらず普遍的管轄権を主張するスペインからの引渡し請求を認めており、その点で拷問についても権利としての普遍的管轄権が許容されると考えられる。

もっとも、権利としての普遍的管轄権を行使するにあたり、容疑者が自国に所在することが前提条件となるのかはいまだ議論がある。2002年の**逮捕状事件**[判例104]において、ベルギーはコンゴ民主共和国の外務大臣イエロディアがベルギー国内に所在しない状況で、ジュネーヴ諸条約の重大な違反と人道に対する犯罪について普遍的管轄権に基づいて逮捕状を発付したが、これについてコンゴ民主共和国は国際法違反を主張している。この論点は後

2　**アイヒマン事件**　アイヒマンは、ナチス親衛隊の隊員であり、数百万のユダヤ人を強制収容所へ移送するにあたり中心的役割を担った。戦後はアルゼンチンに逃亡していたが、1960年にイスラエルの諜報機関(モサド)によって、アルゼンチンから同国の許可なく連行された(→5章5(3))。集団殺害犯罪などの責任を追及する裁判においては、ドイツ人であるアイヒマンがヨーロッパで行ったユダヤ人の殺害などについて、イスラエルに刑事管轄権が存在するかが主要な争点となったが、イスラエル最高裁判所は管轄権を認めたうえで有罪・死刑判決を下した。

3　**ピノチェト仮拘禁事件**　スペインは、チリの元大統領であるピノチェトについて、大統領在任中に反政府的活動を行った人々の拷問を命令・実行したとして刑事訴追を行い、彼が滞在したイギリスに対して引渡請求を行った。ピノチェトの犯罪についてスペインは直接の関係性を持たず、刑事訴追は普遍的管轄権に基づくものであったが、容疑者がスペインに所在しないなかで、こうした管轄権の行使が認められるのかが、引渡の可否を判断するイギリスでの裁判において争点のひとつとなった。

に取り下げられたため、判決はこの点について判断を下していないが、個別意見においても「**容疑者不在の普遍的管轄権**」(universal jurisdiction *in absentia*)が認められるかは意見が分かれている。なお、アフリカ連合は2012年に「国際犯罪に対する普遍的管轄権に関するアフリカ連合モデル法」を採択し、権利としての同管轄権を集団殺害犯罪、戦争犯罪、人道に対する犯罪から麻薬取引やテロ犯罪にまで拡大することを認めているが、いずれの犯罪についても容疑者が当該国の領域内に所在することを条件としていることが注目される。

3. 国際法上の犯罪の責任と構成要件

(1) 個人責任論の歴史的展開

国際法上の犯罪は、個人が国際法によって直接に一定の犯罪行為を禁止され、それを行った場合には国際法上の責任を負うとする**個人責任論**に基づいている。国際法は伝統的に国家を拘束し、したがって違反行為についても国家が責任を負うものと考えられてきた。もちろん、国家は抽象的な実体であり、国家の行為とされるものは突き詰めればすべて自然人の行為であるが、たとえば公務員の行為は国家に帰属するものとして国家の行為と理解され、それが国際法に違反した場合には、当該公務員ではなく国家に責任が発生すると認識されてきた(→15章3(3))。反対にいえば、個人は国家の機関として行動するかぎり、国際法上の責任を追及されないことになる。しかし、個人責任論はこうした伝統的な考え方を転換するものとして、第1次大戦後に議論されるようになった。

(a) 第1次大戦後

第1次大戦の未曾有の惨禍を経験した諸国は、ドイツとの講和条約である**ヴェルサイユ条約**において、ドイツ皇帝ヴィルヘルム2世が同大戦を開始し周辺諸国を攻撃したことを国際道義と条約の神聖に対する最高の犯罪と位置づけ、同条約が設置する特別裁判所で裁判することを規定した(227条)。しかし、ヴィルヘルム2世が亡命したオランダは、彼の引渡しを拒絶したため、結局裁判は実現しなかった。さらにドイツ兵についても、1907年の「戦争ノ法規慣例ニ関スル条約」(ハーグ陸戦条約)に違反し、傷病者や捕虜を殺害した者を軍事裁判所で裁判することが規定されていたが(228条・229条)、これもドイツの頑強な反対にあって実現せず、妥協的にその一部がドイツ裁判所により審理されることで終わっている(**ライプチッヒ裁判**)。いずれも、ヴェルサイユ条約が想定した国際裁判は実現しなかったが、これらは条約において個人責任論が認められた最初の例となり、第2次大戦後の大きな発展の基盤となった。

(b) 第2次大戦後

ドイツ降伏後の1945年8月、米国・英国・フランス・ソ連は「欧州枢軸諸国の主要戦争犯罪人の訴追と処罰のための協定」(ロンドン協定)を締結し、その附属書として国際軍事裁判所条例を定めて、ナチ責任者を裁く**ニュルンベルク国際軍事裁判所**(ニュルンベルク裁判)を設置した。同裁判所は、個人責任論に基づいて**平和に対する罪**、**戦争犯罪**、**人道に対する罪**を犯した者を国際法廷で裁判する初めての試みとなった。また、1946年1月には連合国最高司令官により「極東国際軍事裁判所設置に関する命令」が発布され、**極東国際軍事裁判所**(東京裁判)が設置された。この2つの国際裁判所に加えて、占領されたドイツにおいては個々の連合国による軍事裁判が実施され、ドイツ管理理事会法律10号によって適用法規等の調整が行われた。また日本では通例の戦争犯罪に関する裁判が横浜で行われるとともに、中国、フィリピン、シンガポール、インドネシアなどのアジア地域でも同様の裁判が実施された。

第2次大戦の終結とともに誕生した国連は、ナチスによるユダヤ人迫害行為のような一定の民族・宗教集団の破壊を国際法上の犯罪とする**ジェノサイド条約**を1948年に採択するとともに、総会の機関である国際法委員会は1950年に「ニュルンベルク裁判所条例および判決で承認された国際法の諸原則」(**ニュルンベルク諸原則**)の定式化を行い、個人責任の原則を鮮明にした。さらに同委員会は国際刑事裁判所の設置に向けた検討を開始したが、冷戦の影響もあって、この作業は1954年を最後に停止された。

(c) 冷戦終結後

冷戦終結とともに各地で民族対立が激化し、一般市民が犠牲となる状況が頻発した。とりわけユーゴスラビアでは民族間の対立が激しい内戦へと発展し、「民族浄化」と称した他民族の排斥・殺害が行われた。こうした事態に対処するため、国連安保理は1993年に**旧ユーゴ国際刑事裁判所**(ICTY)を設置し、さらに1994年には民族対立に端を発した虐殺を裁くために**ルワンダ国際刑事裁判所**(ICTR)を設けた。また、こうした純粋な国際裁判所に加えて、2000年代に入るとコソボ、東チモール、シエラレオネ、カンボジア、レバノンなどに、裁判官や適用法規について国際的要素と国内的要素を組み合わせた**混合裁判所**(hybrid courts)も相次いで設置された。

こうした動きと歩調を合わせて、国際法委員会は1994年に国際刑事裁判所に関する検討を再開し、1998年に開催された外交会議において**ローマ規程**が採択されるに至った。同規程は2002年に発効し、個人責任を追及する初めての常設的な裁判所として**国際刑事裁判所**(ICC、ハーグに設置)が活動を開始した。

(2) 個人責任に関する諸原則

個人責任の原則は、国際法が個人に対し直接に適用され、一定の行為を犯罪として禁止し、もしこれに反することになれば、刑事的な制裁を科すことを意味する。個人責任の基礎となる国際法は慣習法である場合と条約である場合がある。ICTY・ICTRや多くの混合裁判所は、慣習法に基づいて集団殺害犯罪(ジェノサイド)や人道に対する犯罪などの個人の責任を追及している。他方、ICCの場合には、ローマ規程という条約が個人に適用され、それに基づいて刑事責任が生じる(25条2項)。したがって、いずれの場合においても、被疑者・被告人の本国あるいは領域内で犯罪が行われた国家の国内法がその行為を犯罪としているか否かは無関係である。たとえ国内法上は合法な行為であっても、それが国際法に基づいて犯罪を構成するならば、個人の責任は免れない。

また、国家元首、政府の長、公務員などの公的資格は国際法上の刑事責任に影響を持たず、どのような立場であれ、犯罪行為を行った者は等しくその責任を問われ、裁判に服さなければならない。この**公的資格の無関係性の原則**はニュルンベルク裁判所条例7条、東京裁判所条例6条に始まり、管理理事会法律10号2条4項(a)、ジェノサイド条約4条にも盛り込まれ、さらにICTY規程7条2項、ICTR規程6条2項、ローマ規程27条において規定されている。また、ICTYはユーゴスラビアの元大統領ミロシェビッチに関する事件において、この原則が慣習法として確立していることを認めており、ICJも逮捕状事件において、現職あるいは元職の外務大臣が国際的な刑事裁判所の管轄に服するとしている(→6章6)。実際、たとえばICCはスーダン共和国のバシール大統領に対して、人道に対する犯罪などを理由として逮捕状を発付しており、またICC上訴裁判部は、バシール大統領の逮捕に協力をしなかったヨルダンの義務違反を認定するに際して、国際刑事裁判との関係において、国家元首等に対する免除が認められないという慣習法の存在を指摘している。

さらに、上官の命令によって行為を行ったことも、刑事責任を免れる理由とはならない。この**上官命令の抗弁の否定**は、ニュルンベルク裁判所条例8条、東京裁判所条例6条に規定され、数多くのB・C級戦犯裁判において厳格に適用されている。他方、ICTYやICTRにおいては、上官命令による犯行はその刑事責任は免除させないが、刑罰の軽減事由としては考慮されている。ICCにおいては、被疑者・被告人が命令に従う法的義務を負っており、命令が違法であることを知らず、かつ命令が違法であることが明白でない場合にかぎり、責任の免除が認められている(33条1項)。ただし、集団殺害犯罪と人道に対する犯罪に関する命令は明白に違法であるとも規定されており(同条2項)、実際に上官命令の抗弁が認められる可能性があるのは戦争犯罪に限られる。

(3) 国際法上の犯罪の構成要件

(a) 集団殺害犯罪（ジェノサイド）

集団殺害犯罪(genocide)は、ポーランド人の法律家レムキンが、ナチスによるユダヤ人排斥・殺害のような犯罪を、「民族(gens)を殺すこと(cide)」として作り出した造語である。一定の集団それ自体を破壊する目的をもって、構成員を殺傷し、集団内の出生を妨げ、あるいは当該集団の子供を他の集団に強制的に移す措置などを指す。集団の特性について、ジェノサイド条約2条は、「国民的、民族的、人種的または宗教的な集団」を挙げている。

集団殺害犯罪を構成するためには、単に上記の集団に所属する個人に対して危害を加える故意が存在するだけでは足らず、その集団の「全部または一部を集団それ自体として破壊する意図」(**ジェノサイドの意図**)が立証されなければならない。たとえば、本章冒頭で挙げた事例4においては、少数民族を完全に抹殺するという政府の政策に基づいて、同民族の人々がガス室で殺害されているので、単なる大量殺人ではなく、集団殺害犯罪(ジェノサイド)という国際法上の犯罪を構成する。なお、ジェノサイド条約1条は「平時に行われるか戦時に行われるかを問わず」と規定しており、集団殺害犯罪は武力紛争が存在するか否かにかかわらず成立する。

(b) 人道に対する犯罪

人道に対する犯罪は、文民たる住民に対する攻撃である殺人、奴隷化、住民の追放・強制移住、身体の自由のはく奪、拷問、強姦等の行為を意味する。この犯罪も武力紛争の存在を前提とせず、平時においても認められる。ニュルンベルク・東京裁判所条例はいずれも武力紛争との関連性を求め、またICTY規程5条も武力紛争時に実行されることを要件として含んでいた。しかし、1995年の**タジッチ事件**[4][判例97]において上訴裁判部は、同規程の定義が慣習法上の定義よりも狭いものであることを判示し、慣習法上は武力紛争の発生を前提としないことを明らかにしている。実際、ICTR規程や混合裁判所の規程はこうした要件を含んでおらず、ローマ規程7条も同様である。

人道に対する犯罪は、文民たる「住民」(population)を攻撃対象とする点に特徴があり、それゆえ単発的な攻撃では十分でなく、「**広範**」または「**組織的**」な攻撃の一部として行われることが必要である。広範であるためには、一定の

4　**タジッチ事件**　本件の事実関係については、15章注9を参照。ICTYの管轄権が争われた中間判決において、弁護側はニュルンベルク・東京裁判における人道に対する犯罪は国際的武力紛争に付随して行われるものと定義されていたことを根拠に、ICTY規程5条が紛争を「国際的な性質のものであるか否かを問わない」と規定していることは、慣習法の範囲を超えた事後法の適用であると抗弁した。これに対して、上訴裁判部は、慣習法上の人道に対する犯罪は武力紛争に付随して行われる必要はなく、国際的・非国際的な武力紛争に付随して行われることを定める規程5条は慣習法よりも狭く定義をしたものであり、慣習法を逸脱した事後法の適用とは言えないと判示した。

地域内で多発的に行為が行われることが必要であり、たとえばメディアの誘導によって、各地で次々と文民に対する攻撃が発生する状況などがこれに当たる。また、組織的であるためには、政府機関または集団の政策として行われる要素が必要となる。なお、集団殺害犯罪とは異なり、攻撃の対象は民族・宗教などの一定の属性を持った集団である必要はなく、また攻撃対象に対する差別的意図の存在も要件とはされない。

(c) 戦争犯罪

戦争犯罪は武力紛争法の著しい違反行為を指す。武力紛争法には、戦闘方法・手段を規制するハーグ陸戦条約などの**ハーグ法**と、戦争の災禍から戦闘外の人を保護することを目的とするジュネーヴ諸条約、第1・第2追加議定書などからなる**ジュネーヴ法**がある(→19章1(1))。また、武力紛争法が適用される状況には、国家間の武力紛争である**国際的武力紛争**と、国家でない組織的武装集団と国家、あるいは組織的武装集団間の武力紛争である**非国際的武力紛争**がある。

ニュルンベルク・東京裁判においては、国際的武力紛争におけるハーグ法の違反が戦争犯罪と考えられ、その後1949年に採択されたジュネーヴ諸条約の**重大な違反**が戦争犯罪の類型に加えられた。しかし、伝統的にハーグ法は国際的武力紛争にのみ適用され、非国際的武力紛争は対象外であると考えられ、他方で非国際的武力紛争に適用されるジュネーヴ諸条約**共通3条**と第2追加議定書の違反は重大な違反に含まれていなかった。このため、タジッチ事件[判例97]においては、戦争犯罪が非国際的武力紛争においても認められるのかが争われたが、上訴裁判部はハーグ法が非国際的武力紛争にも適用され、また共通3条と第2追加議定書の違反も戦争犯罪を構成するとし、非国際的紛争時においても戦争犯罪が成立することを鮮明にした。

ローマ規程8条は、こうした流れを受けて、国際的武力紛争におけるジュネーヴ法とハーグ法の違反(8条2項(a)(b))と非国際的武力紛争における両法の違反(同項(c)(e))の4類型に分けて、戦争犯罪を規定している。

(d) 侵略犯罪

侵略犯罪は、ニュルンベルク・東京裁判における**平和に対する罪**に源流を持つ犯罪であるが、ICTY 以降の国際裁判所・混合裁判所では個人責任の対象とされてこなかった。これに対して、ローマ規程 5 条は同犯罪が ICC の管轄権に入ることを初めて規定したが、その具体的な運用は同犯罪の定義と管轄権行使の条件を改めて明確にするまで凍結された(5 条 2 項)。しかし、2010 年に開催された再検討会議において、侵略犯罪の定義に関する 8 条の 2 や管轄権行使に関する 15 条の 2 および 15 条の 3 などを追加する改正が行われ、2018 年 7 月から実際に管轄権が行使できるようになった。

ローマ規程 8 条の 2 は、1 項において**侵略犯罪**とは「その性質、重大性および規模により国際連合憲章の明白な違反を構成する侵略行為の、国の政治的又は軍事的行動を実効的に支配又は指揮する立場にある者による計画、準備、開始又は実行をいう」と定義する。そのうえで、2 項は侵略行為を「国による他国の主権、領土保全若しくは政治的独立に対する、又は国際連合憲章と両立しないその他の方法による武力の行使」とし、あわせて 1974 年 12 月 14 日の**侵略の定義に関する総会決議**が規定する行為を列挙している(他国の領域に対する砲爆撃・兵器の使用、他国の港や沿岸の封鎖など)。したがって、侵略犯罪を構成するためには、第 1 に国家が 2 項に定義する侵略行為を行い、第 2 にその侵略行為が国連憲章の明白な違反を構成し、かつ第 3 に当該国家の政治的または軍事的行動を実効的に支配または指揮する立場にある者が、侵略行為の計画、準備、開始、実行にかかわる必要がある。

管轄権行使の条件として、検察官は侵略犯罪について捜査を進める合理的な根拠があると結論するときは、まず安保理が侵略行為の認定をしたか否かを確認するため、国連事務総長に通報する必要がある。すでに認定が行われている場合には、ただちに捜査が進めることができる。しかし、認定が行われていない場合には、確認の通報から 6 ヵ月以内に安保理による認定が行われず、かつ予審裁判部門が捜査開始を許可した場合に限り、捜査を進めることができる(15 条の 2)。

(4) 責任の類型

個人責任は、自らが犯罪行為を行う実行責任(命令、ほう助、扇動などを含む)と部下の行為を防止・処罰しないことにより発生する**上官責任**に分けられる。

政策性や広範性を伴う国際法上の犯罪は、一般に国家の統治組織や軍の指揮系統のなかで行われる組織的な犯行である。そうした場合、国家あるいは軍の指導者が政策を立案し、司令官が具体的な作戦を指示し、末端の兵士が人を殺傷するという構図が生まれる。もし物理的に犯罪行為を行った者だけに責任があるとなれば、上位の指導者や司令官は責任を免れることになってしまう。こうしたことから、実行責任の考え方は国内刑法よりも広範な共犯論を採用し、現場の実行犯よりも上位の指導者の責任を問題とする傾向にある。

たとえばICTYでは、タジッチ事件[判例97]で認められた**共同犯罪企図**(joint criminal enterprise)の理論により、実行犯以外でも犯罪目的を共有するグループに所属する者に同様の責任が生まれるとされ、指導者の責任を認定する根拠となっている。また、ICCの予審裁判部はローマ規程25条3項(a)が「他の者を通じて」犯罪を行う実行責任を規定していることから、国家のような階層的組織が存在し、これを動かす十分な権限を持ち、かつ犯罪を行うためにそれを積極的に利用した場合には、指導者に実行犯としての責任を認定する「**組織に対する支配**」の理論を用いている。

一方、**上官責任**は部下の行動に対する相当注意義務を基盤として、これを十分に果たさず、部下による犯罪を防止しなかった場合に、当該上官に刑事責任が発生するものである。上官責任が発生する要件として、①上官・部下の実質的な関係が存在し、②部下が犯罪を行おうとする事実を知っていたか、知るべきであった状況にあり、かつ③上官が部下の行為を防止・処罰するための措置を取らなかったことが必要となる。従来は、軍隊における指揮官と兵士の間において議論されることが多かったが、ICTYは文民組織の上位者と部下の関係でも上官責任を広く認めてきた。これを受けて、ローマ規程28条は初めて、軍隊組織の指揮官と部下の関係((a)項)とそれ以外の上官と部下の関係((b)項)とに分けて上官責任を規定し、各々において求められる注意義務の程度に差異を設けている。

4. 国際刑事裁判所の基本原理

(1) トリガー・メカニズム

具体的な事態において、ICC の管轄権行使が開始されるための手続は、銃の引き金を引くことになぞらえて**トリガー・メカニズム**と呼ばれる。ローマ規程 13 条は、①締約国による検察官への付託、②安保理による検察官への付託、③検察官の自己の発意による捜査開始を規定している。

締約国による付託は、ICC の管轄権に入る犯罪が発生する事態を締約国が相互に留意し、締約国の 1 つでそうした事態が発生する場合には、他の締約国が ICC の管轄権行使について引き金を引くことを想定していた。しかし、

図13-1　ICCにおける刑事手続の流れ

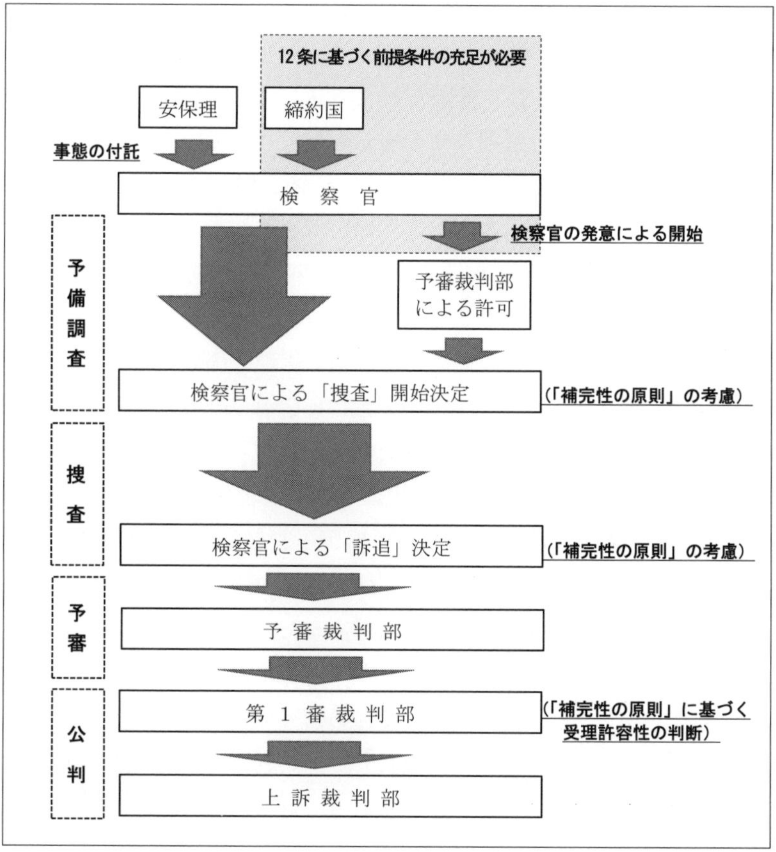

この方式で付託された大部分(コンゴ民主共和国、ウガンダ、中央アフリカ(2事態)、マリ、パレスチナ、ボリビア、ベネズエラII)は、当該事態の発生している国家自身による付託である(**自己付託**)。他の締約国による付託は、現時点ではベネズエラの事態(2017年付託のベネズエラI)だけに留まっている。ローマ規程には自己付託を禁止する条項は存在せず(14条)、自らの事態を積極的にICCに付託することは推奨されるべきとの見解がある一方で、内戦において反対勢力をICCの捜査・訴追の対象とすることを暗に意図した自己付託も見られるなど、ICCの公平性の観点からは問題も指摘されている。

安保理による付託は、国連憲章7章の決議によって行われる。それだけに安保理において意見の不一致があれば付託は難しくなり、実際2014年5月にはシリア内戦における事態を付託する決議案が一部の常任理事国の拒否権行使により採択されずに終わっている。

なお、安保理は付託する権限だけでなく、決議によって12ヵ月の間、ICCによる捜査・訴追を延期させる権限も与えられている(16条)。捜査・訴追の進行が、安保理による「国際の平和と安全の維持」の任務を阻害する可能性も否定できないからである。たとえば、安保理が一定地域の和平交渉を進めていながら、他方でICCがその重要な当事者を訴追し裁判することになれば、和平の実現が困難になることは想像できる。延期の権限は、安保理の判断によって、一定期間は正義よりも平和の実現を優先する可能性を制度化したものである。ただし、これはあくまでICCの手続の一時的な停止であり、犯人の刑事責任を免除するものではない。

検察官の自らの発意による捜査開始は、ローマ規程の起草過程において大きな争点であった。国家の政治的な思惑から独立した検察官による開始は、ICCの司法機関としての公正性や独立性を確保するうえで重要であるが、他方でこれは検察官に国家の内政に介入できるだけの強力な権限を与えることになり、その濫用を懸念する声も大きかった。そこで、こうした権限を検察官に与える一方で、その具体的な行使にあたっては、予審裁判部から事前の許可を得る仕組みが取り入れられた(15条)。これは上記の締約国・安保理による付託の場合には見られない手続である。近年は、この方式での捜査・訴追の開始が増加しており、ケニア共和国、コートジボワール、ジョージア、ブルンジ、ミャンマー／バングラデシュ、アフガニスタン、フィリピンの事態などがこれにあたる。

(2) 管轄権行使の条件

安保理決議で設置されたICTYやICTRとは異なり、ICCは条約に基づいて設置されている。このため、国際法の基本となる国家の同意に依拠する機関といえる。他方で、同意した国家についてのみ管轄権を行使できるという厳格な条件に服すれば、刑事裁判所としての機能は大きく制約されることになる。こうした点から、ICCにおいては、管轄権の行使条件に工夫がなされている。

ローマ規程12条は、管轄権行使の前提条件として、①領域内において犯罪行為が発生した国家または犯罪が船舶・航空機内で行われた場合の当該船舶・航空機の登録国、あるいは②犯罪の被疑者の国籍国のいずれかが、同規程の締約国であるか、ICCの管轄権を受諾する国家であることを求める。したがって、たとえば非締約国の国民であっても、締約国領域内で戦争犯罪や人道に対する犯罪に該当する行為を行った場合、ICCは当該被疑者に対して管轄権を行使できる(ただし、121条5項に基づき、ローマ規程の改正によって追加された侵略犯罪については例外)。

また、安保理がICCに付託する場合には、上記の前提条件は適用されず、関係国のいずれも締約国でないとしても、管轄権を行使することができる。安保理による付託はICTYのようなアドホックな裁判所を設置することの代替であり、付託を決定する安保理決議は国連加盟国すべてを拘束するからである。これまでに安保理により事態を付託されたスーダンとリビアは、いずれも非締約国である。

他方で、罪刑法定主義の観点から、ICCが管轄権を行使できるのは、ローマ規程が効力を生じた時点(2002年7月1日)以降に行われた犯罪に限定され、これ以前の事件に遡及的に行使されることはない(11条1項)。なお、効力発生後に締約国となった国家については、当該国家について効力が発生した時点以降となる。反対に、犯罪発生時にローマ規程が効力を有していれば、ICCの管轄権は認められることになり、後に犯行地国が規程から脱退しても当該犯罪に関しては管轄権が継続する。予審裁判部は脱退したブルンジとフィリピンの事態に関して、両国のローマ規程加入から脱退までの期間に発生した犯罪について検察官による捜査開始を許可する決定を行っている。

(3) 補完性の原則

ローマ規程は「国際的な犯罪について責任を有する者に対して刑事裁判権を行使することがすべての国家の責務」であり、ICC が「国家の刑事裁判権を補完するものである」(前文)ことを定めている。これは**補完性の原則**と呼ばれる。したがって、ICC の管轄に入る犯罪が発生した場合でも、第一義的には関係国家の国内裁判所が裁判を行うことを優先し、これが機能しない場合にかぎり補完的に ICC が役割を果たすことになる。

この補完性の原則は、事件の**受理許容性**を判断する際に重要な指針となる。ローマ規程 17 条は、事件が管轄権を有する国家によって現に捜査または訴追されている場合、あるいは捜査の結果被疑者を訴追しないことをすでに決定している場合には、受理許容性がないものとして、事件を当該国家の判断に委ねることと規定する。ただし、当該国家に捜査または訴追を真に行う意思または能力がない場合は例外とされている。

具体的には、捜査・訴追を真に行う意思がないとみなされるのは、①犯罪についての刑事責任から被疑者を免れさせるために捜査・訴追などの手続が行われ、またはそのために国家の決定が行われた場合、②被疑者を裁判に付する意図に反する手続上の不当な遅延があった場合、③手続が独立・公平に実施されず、かつ、被疑者を裁判に付する意図に反する方法で行われた場合などである(17 条 2 項)。また、能力がないとみなされるのは、司法制度の完全または実質的な崩壊または欠如により、被疑者の身柄を確保し、あるいは必要な証拠や証言を取得することができない場合である(同条 3 項)。こうした状況においては、補完性の原則に基づいて、国家機関による捜査・訴追の開始、不起訴の決定あるいは無罪の判決言渡しなどがあったとしても、ICC が事件を扱う権限を有することになる。

ICC の実行では、**「同一人物、同一事件」の基準**が採用されており、仮に被疑者が国内機関により現に捜査・訴追され、あるいは捜査の結果不起訴となった場合においても、当該事件がICCによる捜査・訴追の対象となっている行為と実質的に同一でない限り、国内手続は行われていないものとみなし、受理許容性を認めている。受理許容性はICCの判断に委ねられていることから、補完性原則の実際の適用については、ICCが強い権限を持っていることになる。なお、こうしたICCの強力な権限がおもにアフリカ諸国を対象として行使されていることから、アフリカ諸国やアフリカ連合は反発を強めており、実際にブルンジが脱退し、また2014年にはICCに対抗する趣旨で国際刑事管轄権を持つアフリカ司法人権裁判所(African Court of Justice and Human Rights)が設置されている。

設　問

1. 国家による刑事管轄権行使の根拠について述べなさい。(国総・平29)
2. テロ関係の諸条約が規定する管轄権について述べなさい。
3. 国際法上、普遍的管轄権の行使が認められる場合について述べなさい。
4. 国際人道法違反についての個人の処罰について論じなさい。(外専・平17)
5. 集団殺害犯罪が「国際法上の犯罪」であると呼ばれることの意味について述べなさい。
6. 国際の平和と安全の維持における国際刑事裁判所の役割について論じなさい。(外専・平20)
7. 国際刑事裁判所(ICC)と安全保障理事会の関係について述べなさい。
8. 国際刑事裁判所(ICC)における補完性の原則について述べなさい。

【参考文献】

村瀬信也・洪恵子編『国際刑事裁判所(第2版)』(東信堂、2014)
越智萌『国際刑事手続法の体系』(信山社、2020年)
木原正樹『国際犯罪の指導者処罰』(法律文化社、2021年)
横濱和弥『国際刑法における上官責任とその国内法化』(慶應義塾大学出版会、2021年)
古谷修一「個人の国際責任と組織的支配の構造」『国際法外交雑誌』109巻4号(2011年)
竹内真理「域外行為に対する刑事管轄権行使の国際法上の位置づけ」『国際法外交雑誌』110巻2号(2011)
新井京「国際刑事裁判所規程改正規定における侵略犯罪および侵略行為の『定義』」『国際法外交雑誌』114巻2号(2015)

R. Cryer, D. Robinson and S. Vasiliev, *An Introduction to International Criminal Law and Procedure* (Cambridge UP, 2019)

W. A. Schabas, *An Introduction to the International Criminal Court*, 5th ed. (Cambridge UP, 2017)

第14章　国際経済法

目　次

1. 国際経済法の射程と法源

国境を越えた物、資金、人、サービスおよび知的財産の移動など、多様な国際経済活動を規律する法には様々なものが存在する。最も広い意味で、これらすべてを包括する国際経済関係の法を総称して国際経済法と呼ぶことがある。しかし、これらの法のうち、国境を越えた私企業間の取引など、とくに私人間の国際経済活動を規律する私法的規制は一般に**国際取引法**と呼ばれる。他方で、国際社会や一国の国内社会の共通利益の観点から国際経済活動を規律する公法的性質の法も存在する。このうち、一国が自国の規制権限を行使し、私人の国際経済活動を規律する国内法は**対外経済法**と呼ばれることがある。また、国際社会の共通利益の観点(たとえば自由貿易体制の構築と維持)から、または国家の自己利益の観点(たとえば自国の経済的利益の増進)から、国家の経済規制権限を相互に調整すること、および国際経済活動の中心的な主体である企業や私人を直接に規律すること、を目的として形成された一群の国際(公)法が存在する。これらは、上述の広い意味での国際経済法とは対照的に、むしろ狭い意味で一般に**国際経済法**と呼ばれる。そこには、国際貿易法、国際投資法、国際通貨法、国際金融法および国際租税法などと呼ばれる規律分野ごとの国際法のほか、さらに経済開発や国際社会における経済的価値と人権および環境保護などの非経済的価値との関係を規律する国際法なども含まれる。以下、本章ではこの狭い意味での「国際経済法」を扱う。

この意味での国際経済法は歴史的には慣習法よりもむしろ2国間の通商航海条約に起源を持ち、現行の国際経済法は、第2次大戦後のいわゆる**ブレトン・ウッズ=ガット体制**と呼ばれる多数国間条約体制を原型として発展を遂げてきた。

この体制は、1944年7月に連合国側45ヵ国の政府代表が米国のニューハンプシャー州ブレトン・ウッズで**連合国通貨金融会議**を開催し、戦後の国際経済秩序のあり方を討議したことに端を発する。戦間期の過剰投資を原因として1929年米国での株式大暴落から始まった**世界恐慌**に対し、各国は1930年代には高関税の賦課などの輸入制限や、輸出競争において優位に立つための自国通貨の切下げ、自国民による外国製品の購入や外貨保有の制限などの保護貿易政策を採用した。この結果、世界貿易は急速に減少し、多くの諸国で雇用や生活水準が悪化し、かえって大恐慌からの脱出が困難となった。そして、それはやがて第2次大戦勃発の一因にもなった。このような反省を踏まえて、会議では、戦後の国際経済秩序が自由貿易体制によるべきこと、そして、そのために貿易、通貨および金融の3つの側面で国際協力の枠組みを構築することが合意された。会議参加者が各国の通貨金融当局の担当者であったため、このときは国際通貨システム（為替レートと国際的な決済の仕組み）の秩序回復を図るために**国際通貨基金**（IMF）を、また戦後の復興資金と開発途上国の開発融資のために**国際復興開発銀行**（IBRD、後に**世界銀行**と呼ばれる）を創設することが合意された。そして、戦後直ちに貿易のための国際機構として**国際貿易機関**（ITO）の設立交渉が行われたが、結局失敗し、同時期に交渉されていた関税引下げ合意を実質的な内容とする1947年の「**関税及び貿易に関する一般協定**」（**1947年GATT**）だけが成立した（1948年1月発効）。

この結果、戦後の自由貿易体制の構築と維持の任務は1947年GATTに委ねられることになった。その後、GATTは、自由貿易を基調とする多角的貿易体制として発展してきたが、1995年には**世界貿易機関**（WTO）がそれを引き継ぎ、従来の物品貿易だけではなく、サービス貿易と知的財産権の保護をも規律の対象に取り込み、**多角的貿易体制**のいっそうの強化が図られた。しかし他方で、WTOの加盟国数が増加し多角的貿易体制として普遍化すればするほどWTO内部での合意形成が困難となってきた。近年では、より迅速な合意形成が可能な2国間または複数国間の地域貿易協定の締結も活発化し、その結果、普遍的な多角的貿易体制は地域主義の脅威にさらされているとさえいわれている。

多数国間条約よりも2国間または特定地域の複数国間条約による法の発展は、投資法の分野でも見られる。先進国と開発途上国の南北対立から、投資および投資家保護に関する伝統的な慣習法の原則は動揺し、投資国と投資受入国の実務的な利害の一致を背景に、投資法はむしろ近年の2国間の投資保護協定や地域貿易協定中のいわゆる「投資章」を通じて発展しつつある。

2. 貿易に関する法

(1) 基本原則

戦後、1947年GATTによって構築・維持されてきた多角的貿易体制は、1995年に新たに成立したWTOによって承継・強化された。「**世界貿易機関を設立するマラケシュ協定**」(WTO設立協定)は、その前文において、①諸国民の経済厚生の増大、②環境の保護と持続可能な開発のための資源の最適利用、および③開発途上国の経済開発のための貿易量の確保、という基本目的を掲げ、その目的を達成するために「関税その他の貿易障害を実質的に軽減し及び国際貿易関係における差別待遇を廃止するための相互的かつ互恵的な取極を締結すること」を宣言した。

今日、国際貿易を規律する法は**WTO法**と呼ばれる一群の法に集約される。それは、WTO設立協定を中心として、その附属書に含まれる諸協定、WTO紛争解決手続によるこれら諸協定の解釈・適用を通じて形成されてきた事実上の判例法(後述(→本章2(5))のように、WTOの紛争解決手続におけるパネルや上級委員会の報告書は、それらが紛争解決機関で採択されると、当該紛争の当事国のみを拘束するにとどまる。その意味で、先例拘束性の原理(*stare decisis*)は働かないが、それらはWTO加盟国の正統な期待を生じさせ、後の紛争に関連する場合にしばしば考慮されるため、「事実上の判例法」と呼ばれる。)、およびWTO諸機関の決定等から構成されている。そして、このようなWTO法も、上述のWTO設立協定の前文を踏まえて、その基本原則は国際貿易における差別を廃止しようとするものと貿易障壁の実質的軽減または撤廃を目指すものとに大きく二分することができる。以下で述べる最恵国待遇原則と内国民待遇原則は前者に属し、関税および非関税措置に関する諸原則は後者に属する。

(a) 最恵国待遇原則

物品貿易について**最恵国待遇原則**を規定する「**1994年の関税及び貿易に関する一般協定**」(1994年GATT。以下、単にGATT。1947年GATTは法的にはWTO発足の1年後に失効したが、WTO設立協定附属書1Aに含まれる1994年GATTは、内容上1947年GATTとそれに付随する文書から構成されている。)1条1項によれば、WTO加盟国は、関税や輸出入規則、内国税、および内国流通規則に関して、WTO 加盟国であるか否かを問わず他国の原産の(または他国に輸出される)産品に与える最も有利な待遇を他のすべての加盟国の原産の(または他のすべての加盟国に輸出される)同種の産品に即時かつ無条件に与えなければならない。すなわち、WTO 加盟国である輸入国は他のすべての加盟国の同種の産品に対して即時かつ無条件に平等待遇を与えなければならず、これによって WTO 多角的貿易体制の内部では一挙に無差別体制が実現することになる。そのため、最恵国待遇原則は**国別差別の禁止原則**とも呼ばれる。

最恵国待遇原則の目的は、貿易自由化の最も高いレベルですべての加盟国の「同種の産品」(→本章 2(1)(b))に平等な競争機会を保証することにある。関税や内国税などについてすべての加盟国からの同種の輸入産品が競争機会において平等に扱われるならば、最も効率的な産品(最も良質で最も価格が安い産品)が輸入国の国内市場に参入することに最も成功するであろう。しかし、輸入産品間にその原産地国に基づく差別が存在すれば、最も効率的な産品が不利な待遇を受け、より効率的でない産品が市場における競争に勝利してしまうことがある。そのような場合には、輸入国の消費者が不利益を被り、輸入国全体の経済厚生も低下する。さらに、限られた資源の最適利用が阻害されることにもなる。諸国民の経済厚生の増大や資源の最適利用を目指す WTO 体制の基本的目的は、産品の原産地国に基づく差別待遇を禁止する場合に最もよく達成できるというのがこの原則の根拠となるのである。

とくに GATT1 条 1 項における「即時かつ無条件に」という文言について、WTO 上級委員会(→本章 2(5) (b))の判例は、利益の許与にあたっていかなる条件を付すことも禁止されるということではなく、上述のようなこの原則の目的に照らして、同種の輸入産品の競争機会に悪影響を及ぼすような条件を付すことが禁止されることを意味するものと解釈している。しかし、GATT1 条 1 項が「即時かつ無条件」という厳しい無差別原則を導入しているため、GATT にはいくつかの例外が含まれている。たとえば、1979 年の**授権条項**と呼ばれる 1947 年 GATT の締約国団決定に基づき、先進国が開発途上国原産の産品に最恵国税率よりも有利な関税待遇を一方的に与える**一般特恵制度**や、後述の地域貿易協定に基づく域内特恵(→本章 2(3))、不公正な行為に対する選択的、差別的な対抗措置としてのアンチダンピング関税や相殺関税(→本章2(2)(b)、(c))、さらに貿易以外の正当な政策目的の実現のための一定の国内的措置についての例外(GATT 20条)(→本章2(1)(e))などである。

(b) 内国民待遇原則

物品貿易について**内国民待遇原則**を規定するGATT 3条によれば、WTO加盟国は、国内市場における国内産品(つまり自国産品)と外国産品の間の競争機会の平等を確保しなければならない。このため、内国民待遇原則は**内外無差別原則**とも呼ばれる。

3条1項は、内国税、国内における販売、販売のための提供、購入、輸送、分配または使用に関するすべての法令および要件(以下、一括して内国流通規則)ならびに内国数量規則を「国内生産に保護を与えるように」適用することを禁止している。3条2項はとくに内国税の内外無差別を規定し、第1文は同種の国内産品に対する内国税を「こえる」内国税の輸入産品への課税を禁止している。さらに、第2文はGATTに附属する注釈(「[3条2項]の第1文の要件に合致する租税は、一方課税される産品と他方そのように課税されない直接的競争産品又は代替可能の産品との間に競争が行われる場合にのみ、第2文の規定に合致しないと認める」)と併せて、輸入産品が国内の**直接的競争産品**または**代替可能産品**と同じように課税されない(not similarly taxed)場合には、1項でいう「国内生産に保護を与える」ように課税したものとみなすという規定である。すなわち、第1文は同種の産品間で厳格な平等待遇を要求し(輸入産品に対し同種の国内産品に対する内国税を「こえる」内国税を課してはならない)、第2文は直接的競争産品間または代替可能産品間で課税待遇のわずかな差はこれを許容するものである(同じように課税すればよいので多少超えてもよい)(例えば、1996年の日本アルコール飲料事件[1][判例154])。他方で、3条4項は、輸入産品に対する内国流通規則の適用が同種の国内産品に対する適用よりも不利でないこと

1 **日本アルコール飲料事件** EC、カナダおよび米国は、日本の酒税法における焼酎とその他の蒸留酒間の酒税格差をGATT 3条2項違反として申立てた。WTOの紛争解決小委員会(パネル)は、焼酎とウオッカは同種の産品であるとし、焼酎に対する課税を「こえる」課税がウオッカになされていることから第1文違反が成立するとした。また、焼酎とウィスキー等は、直接的競争産品または代替可能産品の関係にあるとして、焼酎に対する課税が同じようにはウィスキー等になされておらず両者の間には大きな格差があるから第2文違反が成立すると判示し、上級委員会もこれを支持した。

を要求している。

内国民待遇原則の根拠は、上述の最恵国待遇原則の場合と同様に、最も効率的な産品が差別されない体制を確保することに求められる。しかし、内国民待遇については、さらに、関税譲許(→本章2(1)(c))の実効性の確保という点にも求められる。すなわち、関税という国境での障壁を引き下げる約束をしても、輸入産品が国内市場で差別を受けるならば、関税引下げの効果は無に帰してしまうであろう。国内市場での差別を禁止して初めて関税引下げ約束の効果が確保されるのである。

3条の適用上、しばしば問題になるのは**同種の産品**の概念である。上級委員会の判例は、同種性の決定は、①物理的特性、②産品の最終用途、③産品に対する**消費者の嗜好**と習慣、および④産品の**関税分類**(関税を賦課するための商品カテゴリーの分類)を含むすべての関連する基準を市場における競争関係においてケース・バイ・ケースで検討する必要があるとしている。

また、とくに3条4項の適用上「不利な待遇」の意味については、上級委員会の判例が次の点を明らかにしてきた。すなわち、3条4項は輸入産品について競争機会の実効的平等を確保しようとするものであるから、輸入産品が同種の国内産品より不利な待遇を受けているかどうかの決定は、当該措置が国内原産の同種の産品に比較して輸入産品に不利になるように競争条件を変更するものであるかどうかによる、ということである。

(c) 関税に関する原則

1947年GATTはもともと1947年に開催された関税引下げ交渉の成果を実効的に実施しようとする協定であった。その意味で関税の引下げは貿易障壁の軽減を目指すGATTの主要な目的であり、特定の産品について合意された関税水準を超えて関税を賦課しないことを加盟国に義務づけるGATT 2条は、GATTの中心的規定である。GATTの用語法によれば特定の産品について輸入国が関税の上限を約束することを**関税譲許**といい、このような関税譲許は輸入国にとって義務的とされる。この場合、輸入国は従前の税率よりも低い税率を上限税率として約束することから、関税譲許は関税引下げ約束を意味し、輸入国は約束した上限税率以下であればいくらの税率でも賦課することができる。我が国では、約束した上限税率のことを**協定税率**、実際に賦課される税率を**実行税率**という。貿易障壁としての関税に対するGATTの立場はGATT 28条の2で表明されている。それによれば、関税がしばしば貿易に対する著しい障害になることから、関税の一般的水準の実質的な引下げ、特に最小限度の数量の輸入をも阻害するような高関税の引下げを目指して相互的な交渉を行うことが国際貿易の拡大のためにきわめて重要であることを認め、GATTの締約国団(現在のWTOの総会である閣僚会議に相当)は、このような交渉を随時主催するものとされている。

この規定に従い、1947年GATTおよび現行のWTOは、これまで9回のラウンドと呼ばれる大規模な関税引下げ交渉を主催し、その8回目が**ウルグアイ・ラウンド**(1986年〜1994年)、9回目が**ドーハ・ラウンド**(正式には「ドーハ開発アジェンダ」と呼ばれ、2001年に交渉開始。2011年に中断)である。これら一連の交渉を通じて、先進国の工業製品の関税率が大幅に引き下げられ、ドーハ・ラウンドでは依然として高い農産品の関税引下げが交渉の焦点となってきた。実際の関税引下げ交渉では、相互主義に基づき交渉当事国間の譲許のバランスを図ることが目指される。

このようにしてWTOは、貿易障壁としての関税についてはこれを禁止するわけではなく、加盟国に段階的引下げを要求するにとどまる。他方で、数量制限(→本章2(1)(d))についてはこれを原則的に禁止している。すなわち、WTOでは、国内産業を保護する手段としてもっぱら関税のみが許容されるのである。貿易障壁の軽減または撤廃を目指すWTOのこのような規律のあり方は次のような理由による。すなわち、関税は、より透明度が高い貿易障壁であり、過度の高関税でない限り十分に効率的な外国供給者にとっては努力すれば越えることが不可能ではない障壁である。したがって、輸入国国内市場へのアクセスの可能性が原則的には排除されていない。これに対して、数量制限は、輸入限界数量に達するともはや国内市場へのアクセスの可能性が否定され、十分に効率的な外国供給者にとってさえ越えることができない障壁となる。さらに、数量制限の実施にあたって採用される輸入割当制度や輸入許可制度は、先着順であったりオークション制であったりし、場合によっては腐敗(贈収賄)の温床になることもあり、必ずしも最も効率的な供給者が輸入割当や輸入許可を獲得できるわけではない。これらの点がGATTの起草者によって考慮されたからである。

(d) 非関税措置に関する原則

数量制限は、上述のように関税に比較してより悪質な貿易障壁と考えられたため、GATTの起草者はGATT 11条1項でこれを禁止した。しかしながら、「数量制限の一般的廃止」と題されるこの規定は輸出入に関して単に数量制限を禁止するだけではない。「割当によると、輸入又は輸出の許可によると、その他の措置によるとを問わず、関税その他の課徴金以外のいかなる禁止又は制限も新設し、又は維持してはならない」というきわめて包括的な文言により、あらゆる**非関税障壁**を禁止している。もっとも、非関税障壁の外延は明確ではなく、1988年の日本半導体貿易事件[2]では、1947年GATTの下で設置されたパネルが、日本政府による半導体の輸出価格の監視(モニタリング)措置を11条1項違反と認定した。このほか先例では、最低輸入価格制度や非自動的輸入許可制度が数量制限的効果を持つものとして11条1項違反と認定されているが、関税障壁が軽減されるにつれて非関税障壁はますますクローズアップされるようになってきたため、11条1項は今後いっそう広い範囲で適用される可能性がある。

ただし、GATT 11条1項には次のような例外がある。第1に、GATT 12条および開発途上国のための特別規定であるGATT 18条Bは、自国の国際収支を擁護するための輸入制限を例外として認めている(BOP(balance of payment)例外とも呼ばれる)。自国の国際収支状況が悪化しており、輸入数量制限の発動を必要とする多くの開発途上国にとっては重要な意義を持っている。

第2に、GATT 11条2項(a)は、輸出の禁止または制限で、食糧その他輸出加盟国にとって不可欠の産品の危機的な不足を防止し、または緩和するた

2　**日本半導体貿易事件**　日米半導体協定に基づき、日本政府は米国および第3国市場(EU市場を含む)向けの日本製半導体の低価格輸出を防止するため価格監視を約束した。この結果、日本製半導体の価格が上昇し、日本製半導体を原材料として購入していたEUのコンピューター・メーカーの国際競争力の低下を招いたとして、EUが提訴した。

めに一時的に課されるものを許容している。中国レアメタル輸出制限事件[3]で、中国はこの例外を援用したが、同事件のパネルは、中国が「危機的な不足」を防止または緩和するために問題の輸出割当を「一時的に」課していることを立証していないとしてこの例外の適用を否定し、上級委員会もこれを支持した。

第3に、GATT 11条2項(c)は、農漁業産品の国内生産または国内販売を制限するための政府の措置の実施を支援することを目的とする輸入数量制限を例外として許容する。かつて日本は多くの農産品について維持していた輸入数量制限をこの例外規定により正当化しようと試みたことがあった。しかし、ウルグアイ・ラウンドで合意されたWTOの「農業に関する協定」(**農業協定**)は、農業貿易の自由化を促進するため、各加盟国がそれまで維持してきた農産品に対する数量制限等の非関税措置を**関税化**することを義務づけ、新たな非関税措置の導入を禁止した(4条2項)。もっとも、農業協定は特例措置として日本のコメの数量制限を当初6年間関税化義務から免除した。日本は、このための条件として**ミニマム・アクセス**(最小限の輸入機会の保証)を受諾したが、毎年拡大するミニマム・アクセスの負担よりも関税化して高関税を維持するほうが有利との判断から、1999年4月に特例措置の適用を返上し、コメの関税化に踏み切った。農業協定における関税化義務により、現在では、農業協定の規律の対象になっていない漁業産品を除いて、農産品についてはGATT 11条2項(c)が援用される可能性はなくなった。

(e) 例　外

以上に述べてきたGATTの基本原則にはそれぞれの原則に固有な様々な例外が存在するが、さらに、GATTのすべての実体的義務に一般的に適用

3　**中国レアメタル輸出制限事件**　2009年、米国、EU、およびメキシコが中国の行うボーキサイト、コークス、マンガン、シリコンメタルなどのレアメタルの輸出数量制限をGATT11条1項などに違反するとして提訴した。中国は、GATT11条2項(a)やGATT20条(g)(有限天然資源の保存に関する措置)を援用したが、認められず敗訴した。本件により、資源保有国による鉱物資源の輸出制限がクローズアップされたが、その後、2012年には、携帯電話や自動車に使用されるレアアース(希土類)に対する中国の輸出関税や輸出数量割当についても、日本、米国およびEUが提訴し、2014年に上級委員会は再び中国敗訴とする判断を下した(**中国レアアース輸出制限事件**)。

可能な2つの例外が存在する。すなわち、GATT 20条の「一般的例外」とGATT21条の「安全保障のための例外」である。

(i)一般的例外　GATT20条は、貿易の自由化という目的以外の正当な政策目的の実現を目指す加盟国の措置で、GATTの他の規定に不適合と判断されたものを例外的に許容するものである。同条は、柱書きに一定の適用要件を規定するとともに、GATTの他の義務から免除される正当な政策目的を持つ10種類の措置を掲げる((a)～(j))。

これまで加盟国がGATTの他の実体的規定に不適合とされた自国の措置を正当化するためしばしば援用してきたのは、(b)の「人、動物又は植物の生命又は健康の保護のために必要な措置」と(g)の「有限天然資源の保存に関する措置」である。加盟国が正当化しようとする措置が(b)に該当するためには、次の2つの要件が満たされなければならない。第1に、当該措置の目的が人、動物または植物の生命または健康を保護しようとする政策の範囲内に入ること、第2に、当該措置がそのような政策目的を達成するために「必要な」ものであること、である。とくに後者の**必要性の要件**について、上級委員会の判例は、当該措置が追求する目的の重要性、目的に対する当該措置の貢献度、当該措置の貿易制限性、および代替措置の利用可能性といった要素を個別に検討した後にそれらの相互関係の評価を含む全体的な比較衡量によってその充足性が判断されるべきことを示してきた。

また、(g)に該当するためには、加盟国が正当化しようとする措置の保護の対象が**有限天然資源**であり、かつ、当該措置が有限天然資源の保存に「関する」ものでなければならない。さらに(g)は、当該措置が「国内の生産又は消費に対する制限と関連して実施される」ことを要求している。これらの要件のうち、とくに保存に「関する」という意味については、上級委員会の判例を通じて、当該措置と追求される政策目的との間に「実質的な関係」があれば足り、それは当該措置と政策目的の間に密接かつ現実的な「手段と目的の関係」が存在することであると解釈されている。

なお、(b)および(g)において、保護の対象となる「人、動物又は植物」および「有限天然資源」が措置発動国の国家管轄権内に所在しなければならないかは必ずしも明らかではない。1991年および1994年の米国マグロ輸入制限事件[4][判例 133]では、保護の対象となるイルカは米国の国家管轄権内に所在しなければならないとされたが、1998 年の米国エビ輸入制限事件[5][判例 134A]では、保護の対象となった海ガメが高度の回遊性を有し、米国の管轄海域にも出現するため、米国と海ガメの間には「十分な関連」が存在するとされた。政策的には、**グローバル・コモンズ**と呼ばれる地球環境資源や**絶滅危惧種**の動植物については、すべての国家に「十分な関連」の存在を認めるべきであるという主張も存在する。

GATT の他の実体的規定に不適合な措置が GATT 20 条の下で正当化されるためには、以上に述べたような(b)または(g)などの要件該当性を獲得するだけではなく、20 条の柱書きの適用要件も満たさなければならない。それによれば、当該措置の適用が「恣意的な(arbitrary、ただし、公定訳では「任意の」)若しくは正当と認められない差別」または「国際貿易の偽装された制限」を構成してはならないとされる。上級委員会の判例は、このような柱書きの要件が全体として 20 条の例外の濫用を防止しようとするものでありかつ**信義誠実原則**の表明であって、その解釈と適用は例外援用国の権利と他の加盟国の GATT 上の権利の間に均衡線を引く本質的にデリケートな作業であると述べている。上級委員会によれば、とくに「恣意的若しくは正当と認められない差別」の認定のためには、①当該措置の適用が差別をもたらすこと、②差別が同様の条件の下にある諸国の間において生じていること、および③差別が恣意的または正当と認められないものであることの 3 要件が満たされなければならない。このうち、③の要件は、差別の理由が 20 条の各号のいずれか

4 **米国マグロ輸入制限事件** イルカを保護するためイルカを混獲するマグロ漁によって捕獲されたマグロの輸入を禁止した米国の措置に対して、1991年にはメキシコが、また1994年にはECが1947年GATT 11条違反等を理由として提訴した。米国は同20条(b)および(g)による正当化を主張したが、却けられ敗訴した。

ただし、パネル報告書は、1947年GATTの下では締約国団または理事会によって採択されて初めて正式のGATT裁定となり、違反認定の場合に違反の是正勧告がなされるが、本件パネル報告書はいずれも未採択に終わった。なお、現行WTOでは、パネル報告書および上級委員会報告書は、紛争解決機関(一般理事会が兼務)による採択に付され、ネガティブ・コンセンサスによる議決が行われるため、未採択に終わることはほぼあり得ない(→本章2(5)(b))。

5 **米国エビ輸入制限事件** エビ漁に伴う海ガメの混獲を防止する海ガメ除去装置の取り付けを自国漁民に義務づけていない輸出国からのエビの輸入を禁止した米国の措置が、GATT 20条(b)または(g)で正当化可能かが問われたが、パネルおよび上級委員会はこれを否定した。

の下で暫定的に正当化された措置の目的となんら合理的な関連を持たず、またはそのような目的に反する場合に満たされるとされてきた。

(ii)安全保障のための例外　GATT21条は、GATTのいかなる規定も、とくに締約国が「自国の安全保障上の重大な利益の保護のために必要であると認める」場合に、核分裂性物質、武器、弾薬、軍需品、および「軍事施設に供給するため直接又は間接に行われるその他の貨物及び原料」に関する措置、および「戦時その他の国際関係の緊急時に執る措置」を妨げないと規定する((b))。さらに、締約国は、国際の平和と安全の維持のため国連憲章に基づく義務に従う措置を執ることも妨げられない((c))。

この規定、とくに(b)は、措置の必要性について発動国による自己決定を認めるように見え、また、いわゆる適用の対象となる軍民両用品の範囲や「国際関係の緊急時」の意味が必ずしも明確ではないため、濫用されればWTOの自由貿易体制そのものの根幹を脅かしかねないことが指摘されてきた。このため、従来、WTO加盟国(1947年GATTの締約国を含む)はこの規定の援用を相互に自制してきており、また、1947年GATTやWTOの紛争解決機関がこの規定を正面から解釈したことはなかった。しかし、2017年以降、この状況は一変した。クリミア半島をめぐるウクライナとロシアの武力対立を契機とする双方の貿易制限、カタールによるテロ組織支援を理由とするアラブ諸国の貿易制限、米国トランプ政権による安全保障を理由とする鉄鋼およびアルミニウムの輸入制限、さらに日本による半導体素材の対韓国輸出管理規制など、実際に21条(または同様の文言を採用する「知的所有権の貿易関連の側面に関する協定」(TRIPS協定)73条)が援用され、または援用が予想される紛争案件が相次いでWTOの紛争解決手続に付託された。これらのうち、ウクライナとロシア間のロシア領通過運送事件[6]では、2019年にパネルが初めて21条(b)(iii)の解釈を示し、この解釈の枠組みは、翌年、カタールとサウジアラビア間の知的所有権保護停止事件[7]のパネルによってTRIPS協定73条(b)(iii)

6　**ロシア領通過運送事件**　ウクライナは、同国からの第三国向け輸出について陸路および鉄道によるロシア領の通過運送に対するロシアの様々な制限および禁止が1994年GATT5条(通過の自由)に反すると主張したが、ロシアはクリミア危機を背景として安全保障例外条項である21条(b)(iii)を援用し、パネルはこれを認容した。

7　**サウジアラビア知的所有権保護停止事件**　サウジアラビアは、カタールがテロ組織を支援しての適用にあたっても採用された。ロシア領通過運送事件パネルによる解釈によれば、21条(b)(iii)は援用国による完全な**自己判断条項**ではなく、援用の可否はパネルによる次の4点の検討によるとされた。①武力紛争、高度の緊張もしくは危機または全般的な不安定な状況などの意味での「戦時その他の国際関係の緊急［事態］」が存在するか、②当該措置は戦時その他の緊急「時に執［られた］」か、③援用国は信義誠実原則に従い国際関係の緊急事態から生じていると主張する「安全保障上の重大な利益」をその真正性を十分に証明するように明確化したか、および④信義誠実原則の下で当該措置は安全保障上の重大な利益を保護するために必要な措置として最小限の**相応性**(plausibility)を有するか。

(2) 貿易救済制度

(a) セーフガード

セーフガードとは、急激な自由化が輸入国の国内産業に深刻な打撃を与え、またはそのおそれがある場合に、緊急避難措置として一時的に自由化を停止できるという制度をいう。輸出国側の不公正行為を原因とするわけではなく、もっぱら輸入国側の国内的事情に基づき許容されるもので、**公正貿易からの貿易救済制度**とも呼ばれる。

このような制度が必要とされる理由は、WTOの自由貿易体制がそもそも経済学上の**比較優位理論**に基づくことによる。すなわち、この理論によれば、各国の資源賦存率の相違は、生産費の相違をもたらし、各国内に比較(生産費)優位の産業と比較(生産費)劣位の産業を生む。この場合、各国は、生産を比較優位産業へ特化し**国際分業**を行い、その成果である生産物を自由貿易を通じて交換し合うべきである。それにより、貿易に参加するすべての国が経済厚生を最大化することができ、同時に資源の有効利用と適正配分を実現することができるとされる。したがって、WTOの自由貿易体制も各国が比較優位にある産業に特化して国際分業を行うことを前提としているが、その過

いると主張して同国との外交関係を断絶する措置をとり、カタール企業の知的所有権の保護を停止した。カタールはTRIPS協定違反を主張したが、サウジアラビアは同協定の安全保障例外条項である73条(b)(iii)を援用した。パネルは知的所有権の侵害に対する民事救済へのアクセス制限についてこれを認容した。

程で各国は比較劣位産業の排除と資源の比較優位産業への転換および労働者の再教育と再雇用などを通じて国内産業の**構造調整**を行う必要が生じてくる。しかし、そのような構造調整のためには一定の時間的猶予を必要とする。セーフガードはこの時間的猶予を各国に与えるためのものであるとされる。さらに、急激な自由化が国内産業に打撃を与え、失業者の増大を招き国内経済全般に悪影響を与える場合には、国内の保護主義的圧力が高まり貿易自由化のプロセスをかえって遅らせる可能性がある。セーフガードはそのような保護主義的圧力を押さえる安全弁としての機能を持つ。

セーフガードを規定する GATT 19 条によれば、加盟国は事情の予見されなかった発展および GATT の自由化義務の履行の結果、輸入が急増し、これにより輸入産品と同種の産品または直接的競争産品の国内生産者に**重大な損害**が発生しまたはそのおそれがあるときに、このような損害を救済しまたは防止するために必要な限度で一時的に輸入制限を発動することができるとされている。ただし、このようなセーフガードは、無差別原則に従って発動されなければならず（特定国に対する**選択適用の禁止**）、発動国は関係する輸出国と協議を行い、かつ**代償提供**の義務を負う。輸出国側は、代償提供に満足しない場合には、対抗措置として発動国に対しセーフガードと等価値の GATT の義務を停止することが許される。

しかし、実際上セーフガードの発動要件の充足が輸入国にとっては困難であったために、WTO 発足以前の 1947 年 GATT 体制下では発動件数はきわめて少なく、セーフガードに代る措置として**輸出自主規制**（VER: voluntary export restraint）や**市場秩序維持取決め**（OMA: orderly marketing agreement）などが多用された。VER は、輸入国の要請に応じて輸出国が自主的に輸出を自粛する措置であり、また OMA は輸入国側と輸出国側が 2 国間レベルで特定産品の貿易数量をあらかじめ取り決める協定である。これらの措置は、**管理貿易的手法**と呼ばれ、本来 1947 年 GATT の自由貿易体制とは相容れないものであったが、明確に違法とすることができず**灰色措置**と呼ばれてきた。

ウルグアイ・ラウンドでは、GATT 19 条のセーフガード制度の改革とともに管理貿易的手法の規律の方法が交渉され、新たに「**セーフガードに関する協定**」が成立した。その結果、セーフガードの機動的な発動を可能とするため、無差別適用の原則が修正され、部分的に選択適用を認める**クォーター・モジュレーション**（特定輸出国への輸入割当配分の変更）が導入されるとともに（5条2項(b)）、輸出国側に認められる対抗措置の発動の権利も一時的に制限されることになった（8条3項）。また、管理貿易的手法の規律についても、加盟国はVERやOMAなどを相手国に求め、または自ら発動しもしくは維持してはならないとされ（11条）、これらの措置はもはや灰色ではなくクロとして禁止されることになった。

なお、最近のセーフガードの発動状況をみると、WTO成立以後2020年末現在、件数は196件であり、インド、インドネシアおよびトルコなどの開発途上国がセーフガードを多用する傾向にある。

(b) アンチダンピング関税

GATT 6条によれば、**ダンピング**とは「ある国の産品をその正常の価額より低い価額で他国の商業へ導入する」ことをいう。ここでいう**正常の価額**とは、輸出国国内市場価格またはこの価格が存在しない場合には第3国輸出価格もしくは**構成価額**（すなわち「原産国における産品の生産費に妥当な販売経費及び利潤を加えたもの」）とされ、ある産品の輸出価格がこれらのいずれかより低いときにダンピングが存在するものとされる。

このようなダンピングは、通常、私企業によって行われ、加盟国政府の行為を規制するGATTや他のWTO協定では直接規制することができない。このためGATT 6条は、ダンピングが輸入国国内産業に**実質的な損害**を与えもしくは与えるおそれがあり、または国内産業の確立を実質的に遅延させるときに、そのようなダンピングを「非難すべきもの」、すなわち不公正な行為とみなし、輸入国に対抗措置としてダンピングの価格差（**ダンピング・マージン**）を超えない金額の**アンチダンピング（AD）関税**を賦課することを認めている。

ところで、WTO自由貿易体制にとってAD関税の制度的根拠はどのようなものであろうか。この問題は、結局、安売りはなぜ非難すべきなのかという問題に行き着く。非難すべき根拠としてしばしば主張されてきたのは、ダンピングが**略奪的価格設定行為**であるからというものである。それによれば、ダンピング企業は、輸出国における高価格設定により利益を確保しつつ輸入国市場における低価格戦略を展開し、それにより競争相手のシェアを奪い同市場における独占的地位を獲得して、その後に高価格設定により安売り分の損失をとりかえすことを目指すとされる。しかし、一国市場内であればともかく世界市場においては世界中から当該輸入国に競争相手が参入してくる可能性があり、それらすべての競争相手を排除することは実際上困難であろう。また、多くの諸国は競争法を有しており、**競争制限的行為**を規制していることを考慮すれば、ダンピング企業の低価格戦略が成功することはほとんどありそうもない。それゆえ、企業が自らの首を絞めるようなダンピングは規制するまでもないという反論がなされている。また、経済学者からは、AD関税が経済的合理性を持つのはダンピングが輸入国の国内産業に対して消費者に対する利益を上回る損害をもたらす場合であるが、そのような場合はまれで、通常は消費者に対する利益が上回り、輸入国全体の経済的利益が増加することが指摘されている。したがって、輸入国によるAD関税の賦課は経済的合理性も乏しく、ダンピングが「非難すべきもの」とされる根拠は、結局、自国の国内産業を保護したいという各国の保護主義に求められるというべきである。

このようにして本来的に保護主義的な性質を持つAD関税は、セーフガードに比較して発動要件が軽減されているため貿易救済措置として頻繁に利用されており、とくに近年では、米国とEUに加えて、インド、アルゼンチン、ブラジル、および中国などの開発途上国による発動が目立っている。発動件数はWTO成立以後2020年末現在、4071件である。このため、ウルグアイ・ラウンドで合意された「**1994年の関税及び貿易に関する一般協定第6条の実施に関する協定**」(AD協定)は、発動の濫用を防止する観点から発動の要件や手続の明確化をはかり、WTO加盟国の保護主義を抑制する役割を果たしている。

(c) 補助金規制と相殺関税

一般に**補助金**とは、一定の国内政策目的を達成するため、政府により金銭の支給、融資または税の減免等を通じて民間企業に対し直接・間接に与えられる補助・奨励措置のことをいう。補助金は、国内の社会経済政策の実施という正当な目的を持つものであっても、国際貿易を歪曲し、他国の正当な貿易機会を剥奪する効果を持つことがある。GATT 6条は、補助金が交付された産品の輸入により国内産業に実質的な損害を受けた輸入国政府が補助金の効果を相殺するため**相殺関税**を賦課することを認めている。

補助金の定義については従来から論争があったが、ウルグアイ・ラウンドで合意された「**補助金及び相殺措置に関する協定**」(**SCM協定**)は初めて補助金の定義規定を設けた。それによれば、補助金は次の2つの要素を持つ場合に存在するものとされる。すなわち、①贈与、貸付け、債務保証、税額控除などを通じて政府または公的機関が資金面で貢献していること、または所得もしくは価格の支持があること、および②上記①の措置が被交付主体に利益をもたらすこと、である(1.1条)。さらに、そのような補助金がSCM協定の主要な規律に服するためには、それが特定の企業または産業に法律上または事実上限定して交付されるという意味で**特定性**を有していなければならない(1.2条および2条)。

SCM協定は、補助金の規律に当たりいわゆる**交通信号アプローチ**を採用し、補助金を次の3種類に分類した。すなわち、①禁止される補助金(レッド補助金)、②禁止されないが、相殺措置の対象となる補助金(イエロー補助金)、および③禁止されず、かつ相殺措置の対象とならない補助金(グリーン補助金)である。①レッド補助金には、法令上または事実上、輸出が行われることに基づいて交付される補助金(いわゆる**輸出補助金**)および輸入物品よりも国産物品を優先して使用することに基づいて交付される補助金(いわゆる**国産品優先使用補助金**)が含まれる(3条)。②イエロー補助金は、他の加盟国の利益に**悪影響**を及ぼす補助金とされ、他の加盟国の国内産業に損害を生じさせる補助金、他の加盟国のGATT上の利益の無効化または侵害を生じさせる補助金、および他の加盟国の利益に対して**著しい害**を与える補助金が含まれる(5条、6条)。③グリーン補助金は、現行では特定性を有しない補助金のみである(1.2条)。また、**農業輸出補助金**は農業協定によって優先的に規律される(3.1条)。

上記①および②の補助金は相殺措置の対象となるとともに、とくに上記①はSCM協定に規定された特別規則に従うWTO紛争解決手続により廃止が勧告され、勧告が実施されない場合には申立国による対抗措置に服することになる(3条、4条)。相殺措置としての相殺関税の賦課は、輸入国国内当局がその調査によって補助金の存在と額および補助金を交付された産品の輸入による損害について最終決定を行った場合に、補助金の額を超えない額を相殺関税として賦課することができる(19条)。WTO成立以後2020年末までの相殺関税の発動件数は344件で、主要な発動国は米国、EU、カナダ、およびオーストラリアとなっている。

(3) 地域経済統合

近年、**地域経済統合**が活発化している。2020年11月27日現在、発効しかつWTOに通報されている**地域貿易協定**(**RTA**: regional trade agreement)の数は351に達しており、主要なものとしては、EU、NAFTA(北米自由貿易協定)を改定した**USMCA**(米国・メキシコ・カナダ協定)、**MERCOSUR**(南米南部共同市場)などのほか、最近では、**TPP11協定**(「環太平洋パートナーシップに関する包括的及び先進的な協定」、2018年12月30日発効)やAEC(**ASEAN経済共同体**、2015年12月末発足)、さらにより広域の**RCEP**(「東アジア地域包括的経済連携」: ASEAN10カ国＋日中韓＋豪NZ、2020年11月に署名、2022年1月1日に批准書を寄託した10ヵ国について発効)といったアジア地域の**メガFTA**が注目されている。

日本についても、2021年1月現在、シンガポール、メキシコ、マレーシア、チリ、タイ、インドネシア、ブルネイ、ASEAN(東南アジア諸国連合)、フィリピン、スイス、ベトナム、インド、ペルー、オーストラリア、モンゴル、EU、米国および英国の16ヵ国・2地域との**経済連携協定**(**EPA**: economic partnership agreement)の他、上述のように広域のTPP11協定(CPTPPとも呼ばれる)およびRCEPも発効済みである。

地域貿易協定は、その形態は多様であるが、一般的には統合に参加する域内構成国間の貿易を自由化することによって域内を**単一市場化**しようとするものである。それによって市場規模の拡大によるスケール・メリットを追求するとともに、競争の促進と資源の効率的配分により域内諸国の経済厚生を改善する**貿易創設効果**を実現しようとする。また、最近の地域貿易協定は、日本のEPAのように、単に物の貿易障壁の低減や撤廃だけでなく、金融や情報通信を含むサービス、知的財産権、投資、競争政策、基準認証、衛生植物検疫、労働基準、さらには環境基準など広範な国内的規制分野を規律の対象とする傾向にあり、WTOの多数国間交渉では合意が困難なまたは時間のかかる事項について少数国間で短期間に合意することが可能である。

他方で、地域貿易協定は、相対的に域外国との貿易に対する差別を形成し、従来行われていた域外の比較優位国との貿易を、域内の比較劣位国との貿易に転換させ、効率的な資源配分を損なう**貿易転換効果**をもたらすことがある。そして、この点がまさにGATT 1条1項の最恵国待遇原則に基づきWTOが目指す無差別の多角的貿易体制と論理的に矛盾衝突することになる。しかしながら、WTOの地域貿易協定に対する基本的立場は、GATT 24条4項に表明されており、それによれば、貿易創設効果を最大化し、域外国に対する差別と貿易転換効果を最小化するような地域貿易協定は最恵国待遇原則の例外として許容されることを認めている。言い換えれば、WTOは、部分的な自由化の促進が最終的にはWTO体制全体の自由化に貢献するという考え方に立ち、地域貿易協定をWTO多角的貿易体制のサブシステムとして位置づけているということができる。

WTOが許容する地域貿易協定には次の3種類が存在する。すなわち、①GATT 24条に基づく**関税同盟**および**自由貿易地域**を設立する協定、②サービス貿易一般協定(GATS)5条に基づく**サービス貿易自由化協定**、および③1979年の1947年GATT締約国団決定(いわゆる**授権条項**)に基づく開発途上国間の地域貿易協定である。このうち①の自由貿易地域を設立する協定と②および③の協定は、より一般的に**自由貿易協定**(FTA: free trade agreement)と呼ばれる。この自由貿易協定は、それを締結する当事国および地域によって様々な名称で呼ばれ、かつ内容的にも上述のように単にモノやサービスの貿易の域内自由化だけではなく、投資保護やその他広範な規律分野の自由化や調和(ハーモナイゼーション)を含むものも増加してきた。上述の日本が締結しているEPAもこのような自由貿易協定の一形態である。なお地域貿易協定のうち、自由貿易協定が90%を占め、残りの10%が関税同盟である。①のGATT 24条に基づく関税同盟および自由貿易地域は、8項により定義され、いずれも域内的には関税その他の制限的通商規則が「**実質上すべての貿**

易について」廃止されることを要件としている点で共通しているが、域外的には関税同盟が共通の関税および通商規則の適用を要件とするのに対して、自由貿易地域は形成以前と同様に個々の構成国による独自の関税および通商規則の適用を要件とする点に違いがある。もっとも、「**実質上すべての貿易について**」という文言については、数量的基準として構成国間の貿易量のどの程度の自由化率が要求されるのか、また、質的基準が含まれるとすると、たとえば農産物のような重要分野を包括的に除外することは許されないのか、といった解釈上の論争がある。さらに、廃止されるべき「その他の制限的通商規則」の意味についても、GATT 19条のセーフガードやGATT 6条のAD関税や補助金相殺関税などの措置がそこに含まれるのかについて解釈上の争いが存在する。

たとえば、TPP11についてみれば、交渉参加各国の関税撤廃率は、品目数ベースおよび貿易額ベースともに日本が農産物を含めて95.1%であるが、全体では99%というきわめて高い水準の自由化率を達成している点で、「実質上すべての貿易について」の自由化要件は満たしているように思われる。しかし、域内諸国間での貿易救済制度としてセーフガードやAD関税および補助金相殺関税の制度が導入されている点は、理論的には問題になりうるところである。

GATT 24条はさらに5項以下で関税同盟および自由貿易地域を形成する地域貿易協定について追加的要件を規定しているが、このうち7項は参加国のWTOへの通報と情報提供義務を規定し、WTOは特定の地域貿易協定のGATT 24条適合性を審査し、必要な是正勧告を行うこととされている。しかし、この審査を担当するWTOの**地域貿易協定委員会**では、これまでのところ24条の要件の解釈をめぐって地域貿易協定当事国と域外国の意見が対立し、コンセンサスが成立せず、特定の地域貿易協定の24条適合性を否定する結論が下されたことはない。そのような意味では、地域貿易協定に対するGATT 24条の規律は形骸化しているともいえ、地域貿易協定の事実上の存在とその増加はWTOの多角的貿易体制をむしろ浸食しつつあるといえよう。

(4) 貿易の技術的障害と衛生植物検疫措置の規律

WTO 加盟国が国内的規則として制定する産品の技術的基準や規格および技術的なものであるかどうかを問わずとくに食物関連の危険や動植物が媒介する病気から人や動植物の生命や健康を保護することを目的とする基準や規格は、国際貿易において偽装された貿易障壁として保護主義的に濫用されるおそれがある。また、国ごとに異なる技術的基準や規格は、産品の生産者や輸出業者にそれらに適合した産品を供給するためのコストの負担増をもたらし、やはり貿易障壁となりうる。WTO の「**貿易の技術的障害に関する協定**」(TBT 協定)と「**衛生植物検疫措置の適用に関する協定**」(SPS 協定)は、加盟国が一定の正当な目的の下に産品の基準や規格を制定し、それらを輸入品に適用する主権的権利をもつことを承認するが、同時にこのような権利が保護主義的に濫用されないことを確保するとともに、各国の基準や規格の国際的調和を奨励することによってそれらの貿易障壁性を低減しようとするものである。

(a) TBT 協定

TBT 協定は、後述の SPS 協定の規律対象となる SPS 措置を除いてその他すべての技術的基準や規格に適用される。協定は、これらの技術的基準や規格を遵守が義務づけられている「**強制規格** (technical regulation)」と遵守が義務づけられていない「**任意規格** (standard)」に二分し、とくに前者について加盟国の実体的な権利義務を定める。

協定は、強制規格に関し、内国民待遇と最恵国待遇の双方を含む無差別原則の適用を義務づけるとともに、正当な目的の達成のために必要である以上に貿易制限的であってはならないとする必要性の要件を規定する(2.1 条および 2.2 条)。また、強制規格の国際的調和について、加盟国が国際的な規格を自国の強制規格の基礎として用いることを義務づけている(2.4 条)。さらに、加盟国が、他の加盟国の強制規格を自国の強制規格と同等なものとして受け入れること(2.7 条)、または**相互承認協定**を締結すること(6.3 条)、を奨励している。協定は、産品が強制規格や任意規格に規定される要件を満たしていることを確認する技術的な手続である**適合性評価手続**についても、強制規格に関する上述の原則と同様の原則を規定している(5 条)。

(b) SPS協定

もっぱら「国際貿易に直接又は間接に影響を及ぼす」SPS措置だけがSPS協定の規律対象となる(1条1項)。ここでいう**SPS措置**とは、とくに①有害動植物や病気を媒介する生物などの侵入、定着またはまん延によって生ずる危険から加盟国の領域内において動植物の生命または健康を保護すること、②飲食物または飼料に含まれる添加物、汚染物質、または病気を引き起こす生物などによって生ずる危険から加盟国の領域内において人または動物の生命または健康を保護することなどを目的として適用される措置をいう(附属書A、1)。

SPS協定は、TBT協定と同様に、最恵国待遇と内国民待遇の双方を含む無差別原則(2条3項)と**必要性の要件**を規定するが、さらに協定の中心的な概念として**科学性の要件**を規定する。2条2項は、加盟国はSPS措置が「必要な限度においてのみ」適用され、かつ後述する5条7項の暫定的措置の場合を除き、「科学的な原則」と「十分な科学的証拠」に基づいてとられるべきことを規定する。この科学性の要件はさらに、5条1項で、加盟国がSPS措置を**危険性評価**に基づいてとらなければならないとする義務に具体化されている。加盟国が適切な危険性評価を行い危険の存在を確認する場合には、次に5条4項は、加盟国が「**衛生植物検疫上の適切な保護の水準**(ALOP)」、すなわち「受け入れられる危険性の水準」(附属書A、5)を決定することができることを規定する。このALOPの決定は、上級委員会によれば、加盟国の「専権事項(prerogative)」であるとされている。ALOPを決定した加盟国は最後に当該ALOPを達成するために特定のSPS措置を選択することになるが、5条6項はここで再び必要性の要件を課し、加盟国は選択したSPS措置が技術的および経済的実行可能性を考慮して必要である以上に貿易制限的でないことを確保しなければならない。同項の注釈によれば、他の**代替措置**が、①合理的に利用可能であり、②加盟国のALOPを達成するものであり、かつ③貿易制限の程度が選択された措置よりも相当に小さいものである場合には、当該選択された措置は必要である以上に貿易制限的であるとされる。

協定はSPS措置の国際的調和についても規定し、加盟国が国際的な基準に「適合する」SPS措置をとる場合には、当該措置がSPS協定および1994年GATTへの適合性の推定の利益を享受するものとする(3条2項)。しかし、科学的に正当な理由があることを条件として、加盟国自身が国際的な基準とは異なるより高いALOPを決定し、このALOPを実施するため国際的な基準に「基づかない」措置をとることを許容している(同3項)。さらに、いわゆる「**予防原則**」を導入し、「関連する科学的証拠が不十分な場合に」**暫定的なSPS措置**の発動を許容している(5条7項)。日本に関わるSPS協定関連の紛争事例としては、2019年の韓国日本産水産物等輸入制限事件がある[8]。

(5) 紛争解決手続

(a) 手続の流れ

国家間の経済的関係の緊密化および活発化に伴い、貿易に関わる国家間紛争は、**貿易摩擦**とも呼ばれ、領域や安全保障に関わる紛争に劣らず頻繁に発生している。WTO体制は、そのような国家間紛争をWTO法の規律によって解決する中立的・客観的制度として独特の紛争解決制度を用意した。それは、「**紛争解決に係る規則及び手続に関する了解**」(DSU)の下で「多角的貿易体制に安定性及び予見可能性を与える中心的な要素」(3条2項)として位置づけられ、DSUによって規律される。DSUは、1947年GATTの紛争解決条項である22条および23条の下での慣行として発達してきた1947年GATTの紛争解決手続を原型として、ウルグアイ・ラウンドの過程で合意された手続の刷新を成文化したものである。

8　**韓国日本産水産物等輸入制限事件**　2011年の東日本大震災の際に発生した福島第一原発事故による放射能汚染を理由として、韓国が日本産水産物等に輸入禁止や追加的検査要件などの輸入制限措置を発動したのに対し、日本はこれらの措置のSPS協定不適合を主張してWTOの紛争解決手続に訴えた。パネルは、日本の主張を認め、韓国の措置は①不必要に貿易制限的で5条6項に不適合、②日本と同様の条件の下にある他の加盟国との間で差別的であり2条3項に不適合などとする判断を下した。上訴審である上級委員会は、パネル判断の①について、パネルは多面的に構成された韓国のALOPをそのまま受け入れたにもかかわらずそのすべての要素に照らして日本の主張する代替措置を検討しなかったこと、および同じく②について、もっぱら産品のサンプル中の放射能汚染の実際の測定レベルにのみ基づいて日本と他の加盟国の間には同様の条件が存在するとするパネルの認定は、異なる加盟国の領域において存在する関連するすべての条件に照らして汚染の可能性を考慮することを怠っていること、により誤りを犯したとしてパネルの判断を取り消した。しかし、上級委員会は自判することはなかったため、結果的に日本の主張は認められず韓国の措置は継続されることとなった。

WTO の紛争解決手続は、グローバル・エコノミーの安定化に対する WTO の最大の貢献であるといわれるように、国家間の紛争解決手続としては大きな実績をあげてきた。1995 年の発足以来 2022 年 1 月現在の申立て件数は 607 件に及んでいる。

紛争解決手続の開始は、GATT 23 条に規定されるように、ある加盟国が、他の加盟国による WTO 諸協定の違反によって、または他の加盟国の WTO 諸協定に違反しない「何らかの措置」によって、WTO 諸協定に基づき自国に与えられた利益が「**無効化又は侵害**(nullification or impairment)」されていると認めるときに、当該他の加盟国に協議を要請することによって始まる。紛争解決手続の開始要件である協定上の利益の「無効化又は侵害」の概念は WTO に独特のものである。1947 年 GATT における利益の主要なものが元来加盟国間の相互的な関税譲許によって生じる市場アクセスの期待利益であったため、紛争解決手続は、このような加盟国間の期待利益の均衡状態が破られる(「無効化又は侵害」される)場合に援用できるものと考えられた。さらに、このような相互的な関税譲許によってもたらされた期待利益の均衡状態は、協定違反の行為ばかりでなく、協定に違反しない行為によっても破られる可能性があるため、**非違反無効化侵害の申立て**も認められた。しかし、このような申立てが容易に認められれば法的安定性が害されるため、WTO 判例は、①関税譲許による期待利益が無効化侵害されていること、②非違反行為が関税譲許交渉時に予見不可能であったこと、および③非違反行為と無効化侵害の間に因果関係が存在すること、という 3 つの要件が満たされる場合にのみ、非違反無効化侵害の申立てが認められるとしてきた。日本が被申立国となった事件として 1998 年の日本フィルム事件[9]がある。紛争解決手続の全体的な流れは、図 14-1 に示した。

9　**日本フィルム事件**　富士フィルムとコダックの日本市場におけるシェア争いを契機として、米国が、日本政府による①フィルム・印画紙の日本国内における流通網の合理化・システム化のための流通対策措置(単一の製造業者の製品を扱う流通業者に有利になるような取引条件の採用や販売ルートの共同利用、共通のデータベース・受発注システムなどの使用を奨励する措置など)、②大規模小売店舗の出店規制、および③不当景品表示法や独禁法による販売促進活動の規制が、輸入フィルム・印画紙の国内市場アクセスを阻んだと主張し、これらの措置がWTO協定に違反していないとしても、米国の協定上の利益を無効化侵害していると申し立てた。本件パネルは、米国による利益の無効化侵害の立証が不十分であるとして申立てを棄却した。

図14-1　WTOにおける紛争解決手続の流れ

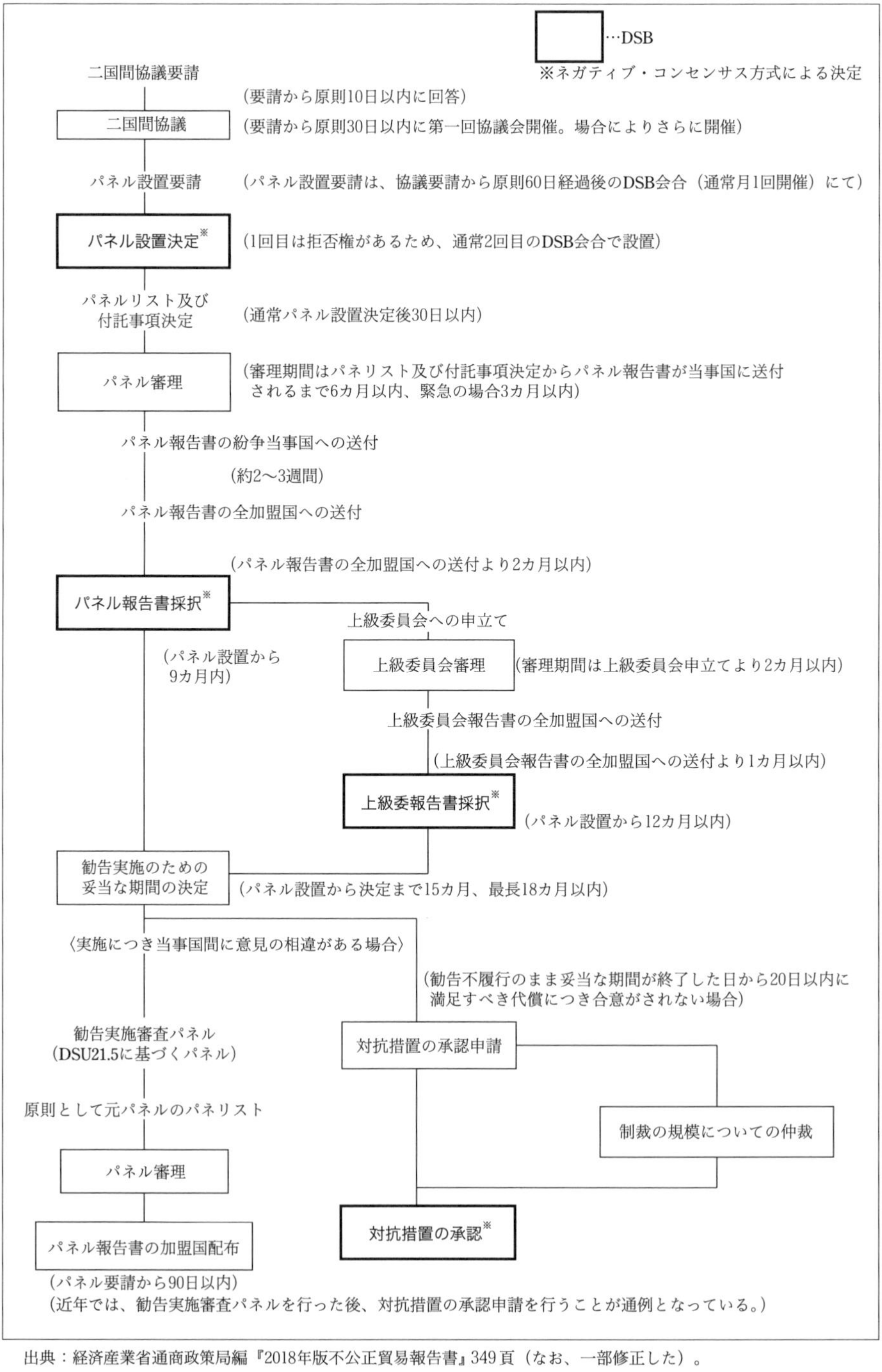
…DSB
※ネガティブ・コンセンサス方式による決定
二国間協議要請
（要請から原則10日以内に回答）
二国間協議
（要請から原則30日以内に第一回協議会開催。場合によりさらに開催）
パネル設置要請
（パネル設置要請は、協議要請から原則60日経過後のDSB会合（通常月1回開催）にて）
パネル設置決定※
（1回目は拒否権があるため、通常2回目のDSB会合で設置）
パネルリスト及び付託事項決定
（通常パネル設置決定後30日以内）
パネル審理
（審理期間はパネリスト及び付託事項決定からパネル報告書が当事国に送付されるまで6カ月以内、緊急の場合3カ月以内）
パネル報告書の紛争当事国への送付
（約2～3週間）
パネル報告書の全加盟国への送付
（パネル報告書の全加盟国への送付より2カ月以内）
パネル報告書採択※
上級委員会への申立て
（パネル設置から9カ月内）
上級委員会審理
（審理期間は上級委員会申立てより2カ月以内）
上級委員会報告書の全加盟国への送付
（上級委員会報告書の全加盟国への送付より1カ月以内）
上級委報告書採択※
（パネル設置から12カ月以内）
勧告実施のための妥当な期間の決定
（パネル設置から決定まで15カ月、最長18カ月以内）
〈実施につき当事国間に意見の相違がある場合〉
（勧告不履行のまま妥当な期間が終了した日から20日以内に満足すべき代償につき合意がされない場合）
勧告実施審査パネル（DSU21.5に基づくパネル）
対抗措置の承認申請
原則として元パネルのパネリスト
制裁の規模についての仲裁
パネル審理
対抗措置の承認※
パネル報告書の加盟国配布
（パネル要請から90日以内）
（近年では、勧告実施審査パネルを行った後、対抗措置の承認申請を行うことが通例となっている。）

出典：経済産業省通商政策局編『2018年版不公正貿易報告書』349頁（なお、一部修正した）。

(b) 特　徴

①司法化の進展　国家間の紛争解決手続としては、従来から政治的またはプラグマティックなモデルと裁判的またはリーガリスティックなモデルが存在してきた。前者は紛争当事国間の交渉を促進し、政治的妥協による利害の調整を目指すのに対して、後者は実体的規則に従って権利義務関係を明確にし、あくまで規則に従った紛争の解決を目指すものである。WTOの紛争解決手続は、司法化の進展により後者の裁判的モデルによりいっそう近づいている。

②手続の統合と適用範囲の拡大　DSUは、WTO体制を構成するほぼすべての協定群(協定上の紛争がDSUの規律の対象になるという意味で「**対象協定**」と呼ばれる)に統一的に適用される紛争解決手続を創設し、これによって複数の対象協定に関わる複数の争点を同一の紛争解決機関が同時に処理することを可能にした(DSU 1条1項)。そしてそれはまた、この紛争解決手続の**人的管轄権**がこれらの対象協定に拘束されるWTOの全加盟国に及ぶことを意味する。さらに、1947年GATT時代には物品貿易の分野でのみ存在した紛争解決手続が「サービスの貿易に関する一般協定」(GATS)と「知的所有権の貿易関連の側面に関する協定」(TRIPS協定)の分野にも適用されることになり、**事項的管轄権**も拡大した。

③手続の自動性　**紛争解決小委員会(パネル)**の設置、パネルおよび上級委員会の報告書の採択、ならびに対抗措置の承認といった紛争解決手続の主要な段階で**紛争解決機関**(DSB)の意思決定が**ネガティブ・コンセンサス方式**により行われることとなったため、紛争解決手続が実質的に自動化された(DSU6条1項、同16条4項、同17条14項、および同22条6項)。すなわち、ネガティブ・コンセンサス方式によれば、たとえばパネルを設置しないことについてコンセンサスが成立しない限りパネルは設置されることになるが、少なくともパネル設置要請国はパネルを設置しないことについて当然に反対することからそのような消極的な意味でのコンセンサスは実際上成立しないため、パネルはほぼ確実に設置されることになる。このようにして、加盟国のいずれか一国が申立国となって紛争解決手続を開始すれば、たとえ被申立国が反対して

も一定の時間的枠組みの中で手続の開始から最終段階の対抗措置の許可までほぼ自動的に手続が進行し、紛争の決着が確保されている。また、このようにして国家間の紛争解決手続に実質的な**強制的管轄権**が導入されたという意味では国際法上画期的な方式であるといえる。

④上訴手続の導入　常設の上訴機関として7名の委員からなる**上級委員会**が設置され、パネル報告書に対する上訴が可能になった(DSU 17条)。上訴の対象はパネル報告が扱う法的問題およびパネルが行った法的解釈に限定され、事実問題についてのパネルの認定は上訴の対象にならない(DSU 17条6項)。上述のようにDSBの意思決定が実質的に自動化されたことによりパネル報告書も容易に採択されることから、パネル報告書の法的認定について正確さを期す法的安全装置として意図されたものである。もっとも手続の自動性が一方的に申立国に有利に働く可能性があることから、いわばその代償として被申立国に与えられた最後の反論の機会とみることもできる。上級委員会の報告書は、単に個々の事件における紛争処理として意味を持つだけではなく、実質的な判例法としてWTO法の発展にとって重要な意義を持つ。しかしながら、米国が新任の上級委員の任命に同意せずコンセンサスが成立しないため上級委員ポストに欠員が生じ、2019年12月11日以降現在に至るまで上級委員会はその機能を停止している。

⑤勧告実施手続の整備　パネルまたは上級委員会は、紛争の原因となった措置がいずれかの対象協定に適合しないと認めるときは紛争当事国に対し当該措置の是正を求める勧告を報告書に含める(DSU 19条1項)。このような報告書がDSBによって採択されると、そこに含まれる勧告は正式のDSBの勧告として当該紛争当事国に対して提示されることになる。紛争当事国は勧告実施までに最大15ヵ月の「**妥当な期間**」の猶予を与えられるが(DSU 21条3項)、DSBはたえず勧告の実施状況を監視することになる(DSU 21条6項)。妥当な期間内に勧告が実施されない場合には、他方の紛争当事国は、関税の引下げなどの**代償**(compensation)を要求し、またはDSBにより譲許その他の義務の停止というかたちで**対抗措置**(retaliation)の発動を承認される(DSU 22条2項および6項)。とりわけ対抗措置が発動される可能性は、上述のように対抗措置の承認がネガティブ・コンセンサス方式により実質的には自動化されたこと、

および**クロス・リタリエーション**（対抗措置の内容は、必ずしも違反されたWTO協定と同一分野で行われる必要はなく、異なる分野の譲許その他の義務の停止を選択してもよい）が許可されたために（DSU 22条3項）対抗措置の内容の選択の幅が拡大していること、によって格段に高まっている。このようにして対抗措置発動の可能性が現実化しているため、結果的には勧告実施を促す効果が生じている。さらに、たとえ紛争当事国により勧告が実施されても他方の紛争当事国は実施内容に不満である場合には、**勧告実施審査パネル**の設置を要請することができる（DSU 21条5項）。

⑥一方的措置の禁止　「多角的体制の強化」と題されるDSU23条は、加盟国が対象協定上の問題についてはDSUの規則および手続によるべきこと、対象協定の違反を一方的に決定したり、DSBの許可を得ずに一方的に対抗措置を発動したりしてはならないことを規定した。この規定は米国の**通商法301条**の**一方的制裁措置**を封じ込めることを念頭に規定されたものである。米国は、1947年GATTの紛争解決手続の実効性に不信感を抱き、1974年通商法301条に基づく一方的制裁措置によって貿易紛争の解決を目指す対応をとってきたが、このような対応にはEUや日本をはじめ多くの諸国から厳しい批判があった。ウルグアイ・ラウンドでは、これらの諸国がWTOの紛争解決手続を大幅に強化することにより紛争解決のための多角的アプローチに対する米国の不信感を和らげることに成功し、DSU23条の規定の挿入について米国の同意をとりつけたという経緯がある。

3. 投資に関する法

(1) 投資協定

(a) 2国間投資協定

19世紀以来伝統的に締結されてきた2国間の友好通商航海条約は、内国民待遇原則に基づき相手国における自国民および自国会社の活動の権利を包括的に規定するものであったが、開発途上国はこのような包括的協定の締結には徐々に消極的になっていた。そのため1960年代以降、もっぱら外国投資の保護に的を絞った**2国間投資協定**（**BITs:** bilateral investment treaties）が、投資家を保護しようとする先進国と投資を誘致しようとする開発途上国の利害を一致させるものとして次第に友好通商航海条約に代わって締結されるようになった。とくに1990年代後半になってからは、BITsに含まれる投資家と投資受入国の投資紛争仲裁条項の実効性が注目され、BITsの数は急速に増加し、UNCTADによれば、2020年末には総数が約2948(後述の投資章を含む自由貿易協定等を含めると3360)に達している。

BITsの内容は、今日までに徐々に標準化され、後述する地域レベルの投資保護協定の内容にも影響を及ぼしている。典型的なBITsによって規律される事項は、主に投資受入後の投資家および投資財産の保護に関するもので次のようなものが含まれる。すなわち、BITsが適用される投資の定義と範囲、最恵国待遇および内国民待遇、公正かつ衡平な待遇、収用に関する保証と補償、資金の自由移転の保証、ならびに国家間および**投資家と国家との間の紛争を解決する手続**(**ISDS**：investor-state dispute settlement)などである。最近では、投資受入前の段階で投資の参入障壁の撤廃を目指す、投資の促進および自由化に関する事項も含めて規律するBITsも登場している。

BITsが適用される投資の定義と範囲については、従来から次のような問題があった。すなわち、投資受入国は、相手国と必ずしも密接な関係を持たない投資家(たとえば「シェル(殻)会社」または「メールボックス会社」と呼ばれるもの)にBITs上の利益を認めることをしばしば躊躇する。このため、BITsは一般的に、当事国の国籍を有する投資家としての自然人や会社に保護を与えることを規定しているが、**多国籍企業**が投資受入国や第3国に設立した子会社を通じて投資事業を展開する場合には、これらの子会社をBITsの適用範囲に含めるべきかどうかが問題となってきた。このような状況に対処するため、最近の一部のBITsは、設立地のほか実際の事業活動の本拠地や実質的な経営意思決定地などを組み合わせて**投資家の国籍**を決定したり、または第3国の投資家がBITs上の利益を享受するのを防止するため、設立地が当事国内であっても実質的な事業活動を行っていない投資家に対してはBITs上の利益の付与を拒否するための規定を設けたりしている。

また、BITs上投資家および投資財産に対して与えられる待遇は、一般に最恵国待遇や内国民待遇、**公正かつ衡平な待遇**および**十分な保護および保障**などであるが、これらの待遇はあくまで投資受入国において投資が受け入れられた後に享受できる待遇である。これらの待遇の意味については、論争があるが、日本が締結した投資協定では、外国人の待遇に関する慣習法上の最低基準が要求する待遇以上の待遇を与えることを求めるものではないとされる(たとえば、「日本・オーストラリア EPA」(2015 年 1 月 15 日発効)14.5 条注釈 1 参照)。さらに、その具体的な内容は、一般的には、慎重かつ公正な法規則の適用、裁判拒否の禁止、恣意的措置の禁止、投資家の正当な期待を裏切らない義務などを意味し、さらに個別の適用状況に応じてその内容が確定されるべきものとされている。

最恵国待遇は、一方当事国の投資家および投資財産が他方当事国においていずれか第 3 国の投資家および投資財産より不利でない待遇を与えられることを意味する。したがって、最恵国待遇規定は、既存の複数の BITs をいわばネットワークのように関連づけ、すべての BITs 当事国の投資家および投資財産に最も有利な待遇を付与する**ラチェット・アップ**(下方に後戻りができない)効果を持つといえる。

ほとんどの BITs は、投資受入国が投資や事業活動を受け入れる条件として、たとえば、**ローカル・コンテント**(現地調達)、**輸出入均衡**(たとえば投資家が本国から原材料を輸入する場合に、その輸入額を投資国からの完成品の輸出額と均衡させること)、技術移転などの特定措置の履行を要求するいわゆる**パフォーマンス要求**と呼ばれるものを課すことを禁止していない。パフォーマンス要求は、投資受入後に課される場合には内国民待遇規定に違反する可能性があるが、投資受入の条件として課される場合には BITs の内国民待遇規定によっては規制されない。もっとも、後述のように(→本章 3(1)(c))、ローカル・コンテント要求や輸出入均衡要求は、**貿易歪曲効果**が大きいものとして WTO の「**貿易に関連する投資措置に関する協定**」(TRIM 協定)で禁止されている。収用および補償に関する規定および投資受入国と投資家の間の紛争解決手続については後述する(→本章 3(2)および(3))。

なお、日本について述べれば、1977 年にエジプトと初めて BITs を締結し、2021 年 7 月末現在、36 の BITs を締結し、このうち 34 が発効済みである。このほか経済連携協定(EPA)の一部、いわゆる**投資章**として BITs とほぼ同一内容のものを 18 締結しており、このうち 16 が発効済みである。

(b) 地域貿易協定中の投資章

BITsと同様に最近増加しつつあるのは、地域貿易協定の中に投資に関する1章、いわゆる**投資章**を設ける形のものである。日本が締結している上述のTPP11を含むEPA、USMCA（旧NAFTA）、「MERCOSUR議定書」などがこの部類に属する。これらの協定の一般的な目的は、域内および地域間で投資の自由化と投資保護を併せて行うことにより、より良好な投資環境を創設することである。BITsが投資受入後の投資の保護を目的とするものであるのに対して、投資保護のみならず投資受入前の段階についても規律する点に特徴がある。地域貿易協定の多様性を反映して、それらの投資章の規定は、BITsほどにはパターン化されていないが、とくに旧NAFTA加盟国が参加するより最近の地域貿易協定では一般的に旧NAFTAがモデルとされている。

多くの地域貿易協定の投資章に共通に存在するが従来のBITsにはみられなかった規定としては、とくに**反競争的行為**（たとえば私的カルテルなどの競争制限的行為）の禁止、知的財産権の保護、投資参入手続の自由化、商業拠点を通じたサービス提供を含むサービス貿易の自由化、および開発途上国の特別な状況への配慮などに関する規定があげられる。また、地域貿易協定が関税同盟や自由貿易地域などの形成を目的とするため、投資章に規定される特別の待遇や特権を最恵国待遇の適用例外とするものも目立ってきた。この場合、BITsのネットワークにみられたような最恵国待遇規定のラチェット・アップ効果は失われる。しかし、紛争解決手続として規定される投資家と投資受入国の間の紛争の仲裁はBITsの場合と同様に頻繁に利用されている。

(c) 多数国間協定

投資保護に関する多数国間協定の歴史は苦難に満ちている。国連では、非植民地化の直後に開発途上国が先進国の反対を押し切って「**国家の経済的権利義務憲章**」（1974年）を含む多くの総会決議を採択したが、投資受入国である開発途上国の主権が強調され、先進国を本国とする投資家および投資財産は不安定な地位に置かれた。南北対立の中で1990年代初頭には、それまでの長期間の交渉にもかかわらず国連の**多国籍企業に関する行動指針**の交渉が挫折した。しかし、この時期を通じて、上述のようにBITsやより最近では地域貿易協定の投資章が締結されることにより、一般的には高水準の投資の保護と自由化が達成された。

1995年からはOECDにおいて先進国間の投資の保護と自由化を目指す「**多数国間投資協定**」(MAI)の交渉が行われた。しかし、投資家と投資受入国の仲裁が投資受入国の主権を侵害することを警戒した開発途上国や過度に多国籍企業の権利を擁護するものであると批判するNGOなどの反対のため、この交渉も1998年には挫折した。さらに、最近では2001年から開始されたWTOドーハ開発アジェンダにおいて当初議題に含まれていた「貿易と投資の関係」が2004年には開発途上国の強い反対にあい除外された。

したがって、このような歴史においては、1994年に締結されたWTO協定は投資に関連する拘束力のある多数国間協定としてむしろ驚きに値するといえるかもしれない。それらはとくにTRIM協定、GATS、およびTRIPS協定であるが、これらの協定は、ウルグアイ・ラウンド交渉における先進国と開発途上国の間の取引の結果として**シングル・パッケージ**(**一括受諾**)方式の下でWTO全加盟国によって受諾されたものである。

TRIM協定は、GATTの内国民待遇原則や数量制限禁止原則に違反する貿易関連の投資措置を禁止し(2条)、たとえば、ローカル・コンテント要求、貿易収支均衡要求、外国為替均衡要求、輸出制限などを禁止される措置として掲げている(附属書の例示表)。もっともTRIM協定はもっぱら産品貿易に関連する投資措置にのみ適用される。そのため、サービス貿易に関連する投資措置はGATSで規制されている。

(2) 国有化

(a) 現代国際法における位置づけ

19世紀以来の西欧諸国による非西欧に対する大規模な国際投資は、結果として西欧諸国による非西欧の経済的支配をもたらしたが、それは、今日の先進国と開発途上国の対立の契機となってきた。一方で先進国は自国民による投資の保護と安全を要求したが、他方で開発途上国は自国経済の基幹部分の支配の回復を要求して、多くの開発途上国が外国人財産の**収用**、すなわち財産権の強制的移転や、社会経済政策の実施を理由とする一般的で大規模な収用である**国有化**を実行してきた。

現代国際法における国有化の位置づけについては、少なくとも次の点は慣習法として確立しているといわれている。すなわち、外国人財産の収用または国有化は、それが公共の利益を目的とし、無差別で、かつ**適当な補償**の支払いを伴うならば、正当なものとされるということである。しかし、適当な補償の金額および方式については、先進国と開発途上国の間でいまだ論争が続いており、確立した慣習法は存在しない。先進国側は、「迅速、十分かつ実効的な」補償(1938年に米国国務長官ハルが表明したもので、**ハル原則**と呼ばれる)を主張してきたが、第2次大戦後、多くの開発途上国はこれに反対を表明してきた。1962年の「**天然の富と資源に対する永久的主権**」と題する国連総会決議1803は、国有化を行う国家の国内法および国際法に従って適当な補償が支払われるべきことを規定していたが、1974年の「**国家の経済的権利義務憲章**」を採択した国連総会決議3281は、国有化を行う国家がその国内法および適切と認めるすべての事情を考慮して適当な補償を支払うべきことを規定するにとどまった。先進国が反対する中で多数派の開発途上国によって採択されたこの決議はさらに、補償に関する紛争が原則的に国有化を行う国家の国内法に基づき、かつその国内裁判所で解決されるべきものとしていた。1970年代に発生したリビア国有化事件[10][判例72]におけるLIAMCO仲裁判断は、補償は最小限、国有化された全資産と施設・経費を含む有体財産の価値としての「現実の損害」を含まなければならないが、コンセッション上の権利としての**逸失利益**を含む十分な補償でなければならないとする国際法原則は確立していないと述べて、**衡平な補償**の支払いを命じた。

しかしながら、そのような中で、1960年代以降、先進国は、国有化や収用の危機に対応し自国の対外投資を保護する方法として、また、開発途上国は、投資環境の改善による投資誘致の手段として、2国間投資協定(BITs)を

10 **リビア国有化事件** 1970年代、リビア政府は、一連の石油コンセッション契約を破棄して欧米石油会社の資産の国有化を断行したが、コンセッション契約に含まれる仲裁裁判条項に従って国際司法裁判所所長が仲裁人を指名し、リビア政府が欠席のまま仲裁判断が下された。この結果、リビア政府は、国有化の権利は認められたものの、原状回復や「衡平な補償」の支払いを命じられた。

利用するようになってきた。この結果、多くのBITsは、収用が合法的であるための条件として上述の慣習法の原則を取り入れ、公目的、無差別および補償の原則を掲げるとともに、とくに補償の金額と方式については先進国が伝統的に主張してきた上述のハル原則を明示的に採用している。そして、現在の多くのBITsでは、ハル原則における「迅速、十分かつ実効的な」補償は一般に次のように理解されている。すなわち、迅速性は、必ずしも即時の支払いを意味せず、収用の日から利息が発生することを意味するにとどまること、十分性は、収用前の投資の「市場価額」または「公正市場価額」などが含まれるべきことを意味し、そこには投資家によって実際に投資された資産および将来の期待利益（上述の逸失利益）が含まれること、さらに、実効性は、補償が自由に使用可能でかつ移転可能な通貨またはその他の金融手段でなされることを意味すること（たとえば、「日本・フィリピンEPA」95条2項および3項参照）、である。こうして今日では、国有化に関する諸原則は、慣習法ではなく協定によって実際的な解決が図られている。

(b) しのびよる収用

しのびよる収用とは、一定の期間にわたる一連の正当な規制行為によって実行され、その最終的な効果が実質的に投資の価値を減損させるような措置を意味する。このような措置が、一連の正当な国家の規制行為にすぎず、したがって補償の対象にならないのか、それが実質的に収用を構成し、合法的であるためには補償等の要件を備える必要があるのかの識別は容易ではない。この問題に対処するために、近年のBITsや地域貿易協定の投資章は、「収用」や「国有化」という用語を必ずしも定義せず、収用に「相当する」または「等しい」措置をカバーするように広い用語を使用し、投資の価値を実質的に侵害する国家の行為に対しては、それが個別のものであるか、大規模な経済改革の一環であるのかを問わず、収用に関する規定を適用するものとしている。たとえば、旧NAFTAの投資章の下で2000年に下されたメタルクラッド事件[判例（第2版）123]仲裁判断では、廃棄物処理施設を稼働させる米国法人メタルクラッド社の権利を妨害する地方都市の行為を黙認したメキシコ政府の行為が、旧NAFTA1110条の規定する**間接収用**または**収用に等しい措置**に該当すると認定された。

(3) 投資協定仲裁

BITsまたは地域貿易協定中の紛争解決手続として規定される**投資協定仲裁**が注目を浴びている。この制度は投資協定の当事国間の紛争を扱うものと協定当事国と投資家の間の紛争を扱うものに分かれるが、1990年代後半以降、とくに後者の紛争に関わる仲裁の利用が急増している。

投資協定仲裁が頻繁に利用されるようになった理由は、投資家によって仲裁の長所や実効性が見直されたからである。投資家にとって、仲裁への付託は、政治的に中立性が疑わしい投資受入国の裁判所へ紛争を付託することを回避し、より中立的な国際的フォーラムで迅速な紛争解決を期待できる。また、投資家は、本国政府による**外交的保護**(→15章6(2))を要請する必要がなく、自らの発意で自己の権利の救済を実現することができる。さらに、投資協定仲裁の場合、私的当事者間の商事仲裁と異なり、協定解釈という公益に関わるために多くの仲裁判断が公表されており、内容的に標準化されている投資協定中の各種条項の解釈について、ある事件の仲裁裁判所がこれらの公表されている既存の仲裁判断を参照することが多く、比較的一貫した判断の集積がある。そのため、投資受入国の義務の範囲や投資協定による投資家の保護の範囲が一般的に明確化され、仲裁の実効性の向上に寄与してきた。

多くの投資協定は、協定当事国と投資家の間の仲裁について、世界銀行の**投資紛争解決国際センター(ICSID)**のほか、従来の私的当事者間の国際商事仲裁の場合と同様に、国際商業会議所(ICC)やその他様々な地域的仲裁機関が提供する手続または国連国際取引法委員会(UNCITRAL)などの機関が作成した仲裁規則を投資家が選択する仕組みを採用している。さらに、仲裁判断の執行は、**ICSID仲裁**を除けば、通常1958年の「**外国仲裁判断の承認及び執行に関する国連条約**」(**ニューヨーク条約**)に基づいて行われる。

ICSID仲裁が選択される場合には、仲裁判断について国内裁判所による司法審査が排除され(「国家と他の国家の国民との間の投資紛争の解決に関する条約」(ICSID条約)52条および53条)、ICSID条約締約国は承認執行義務を負っている(同54条)。しかし、それ以外の仲裁手続が選択される場合には、そのような仲裁判断については執行段階を含めて国内裁判所による介入が予定されている。このことから、理論的には、投資協定仲裁の法的性質をどのように考えるべきかが問題となる。実際、多くの投資協定仲裁において対象となる紛争は当該投資協定の違反（たとえば「公正かつ衡平な待遇」条項の違反）に関わり、そのため仲裁の適用法規も当該投資協定を含む国際法とされている。したがって、国際法の主体をもっぱら国家のみと捉える伝統的な国際法理論の下では、投資協定仲裁はあくまで国家間紛争処理手続の1つにすぎず、投資家は本来国家の持つ請求権を代位して行使しているにすぎないとみなされることになる。他方で、個人も一定の範囲で国際法主体になりうるという現代国際法理論の下では、投資協定仲裁は投資家対国家の紛争処理手続とみなされ、投資家自身が国際法上の請求権を持つものとみなされることになる。しかし、いずれの場合も、投資協定仲裁は、国際法上の紛争処理手続の1類型とみなされ、理論的に国内裁判所の介入はありえないはずであるが、上述のようにICSID仲裁以外の手続が選択される場合には、実際に国内裁判所の介入もありうる。投資協定仲裁は、投資家の保護という機能面が先行して発達してきた制度であり、理論的な説明が困難な側面を持つといえよう。

4. 通貨・金融に関する法

(1) IMFの機能とその変遷

いわゆるブレトン・ウッズ体制と呼ばれる戦後の国際通貨金融体制においてその一翼を担うIMFは、1945年12月に29ヵ国が署名し発足した。2022年1月現在の加盟国数は190である。上述のように（→本章1）、当初、IMFは、1930年代におけるような各国の恣意的な自国通貨の切り下げを防止し為替レートを安定化させるための監視と、貿易の障害となる為替規制の撤廃を促す機能を果たすものとして創設された。そしてそのために、IMF協定は次の3つの制度を導入した。第1に、加盟国に為替の**固定相場制**の採用を義務づけ、各国は自国通貨の為替レート（平価）を米ドルとの関係で固定し、米ドルは金の価値との関係で固定された。第2に、**為替の自由化**であり、加盟国は経常的支払いに対する為替制限の回避を義務づけられた。第3に、一時的な国際収支の不均衡に対してIMFの手持ちの外貨（米ドル）を自国通貨と引き換えに融資する仕組みが設けられた。

しかし、1960年代を通じて米国の国際収支が悪化し、ドルの信認が低下したため、ドル建ての金価格の上昇を招いた(**ドル危機**)。これに対してIMFは、新たな国際流動性供給手段として1969年に特別引出権(SDR)を創設するなどの対策を講じたが、米国の国際収支赤字は改善されず、1971年8月、米国政府はついに米ドルと金の交換を停止した。このため、金ドル本位制に基づく固定相場制は維持できなくなり、1973年3月には主要国通貨は変動相場制に移行した。この結果、為替相場の変動は原則として市場に委ねられ、**通貨の番人**としてのIMFの為替相場監視機能は実質的に後退した。

この間、1960年代には政治的独立を達成した多くの開発途上国が、また、1990年代にはソビエト連邦の崩壊に伴い多くの市場経済移行諸国が加盟し、IMFの加盟国数は大幅に増加した。IMFは、これらの新規加盟国のニーズに応える必要があったこと、また、1970年代のオイルショック、1980年代の南米の債務危機、1990年代の新興市場国やメキシコ、アジアの金融危機、さらに2008年のリーマン・ショックなどを経て、度重なる経済危機に対応する必要があったことなどから、当初の機能を徐々に変化させて今日に至っている。

現在のIMFの主要な機能としては、およそ次の3つを挙げることができる。①国際通貨システムの安定性の維持および危機予防のための国、地域、およびグローバルなレベルでの経済・金融情勢のサーベイランス、ならびに経済・金融危機に対する脆弱性の改善および生活水準の向上のための加盟国への政策助言、②外貨不足などの国際収支上の問題に加盟国が対応することを支援するための一時的な資金の融資、③加盟国に対する専門的技術支援と各国政府や中央銀行職員のトレーニングの実施。

上記②の資金の融資にあたっては、借入国が国際収支の均衡を回復させるためのマクロ経済政策(通貨供給量、金利、および為替レートなど)の目標を策定し、それを達成することを条件とする、いわゆる**コンディショナリティ**が設定される慣行が発展してきた。しかし、このコンディショナリティの急激な実行により借入国国内で政治的社会的混乱が起こるなどの弊害が生じたため、1979年に作成されたIMFのガイドラインは、IMFが借入国の社会的、政治的および経済的な優先順位に十分配慮することを要求している。

(2) 世界銀行の開発融資

ブレトン・ウッズ体制における他の一翼であるIBRDは、戦後の復興資金の供給を目的の1つとして1945年に創設された。欧州における復興資金の需要が米国のマーシャル・プランによる復興資金の供給もあって一段落したため、IBRDはその後、開発途上国のための**開発融資**というもう1つの目的に特化していった。しかし、初期のIBRDによる開発融資は政府機関に限定されており、また資金供給能力には限界があったため、1956年には途上国の民間部門への直接融資を担当する**国際金融公社**(IFC)が、また1960年には途上国への低利融資機関として**国際開発協会**(IDA)が創設され、これによって開発融資のための体制が強化された。これらの機関はIBRDとともに**世界銀行グループ**と呼ばれている。

世界銀行の開発融資は、1960年代にはアジア、アフリカ、南米および中東の新独立国に向けられ、また、1990年代には中東欧の市場経済移行国に向けられた。とくにIBRDは、中所得国および信用力のある貧困国に融資、保証、および分析・助言サービスなどの非融資業務を提供し、持続可能な開発を推進することで、これらの国の貧困を削減することを目指している。なお、IMFと世界銀行は相互に補完関係にあるが、IMFの融資が主として途上国のマクロ経済や金融部門の危機管理のための機能を果たすのに対して、世界銀行グループの融資は、長期的な観点から貧困の削減を目指し、インフラ整備のプロジェクトや特定セクターの改革、さらにより広範な構造改革を支援する形で行われている。

(3) 国際金融法

WTO協定の付属書1Bに含まれる**GATS**は、金融サービスを含むサービス貿易の自由化を目指し、市場アクセスと最恵国待遇原則や内国民待遇原則について規定している。このようにして、金融サービス(銀行、証券、保険など)の国境を越えた提供の機会が増大し、金融市場のグローバル化が進展する中で、各国は、自国の預金者、投資者および保険契約者などを保護するため、または内外の金融システムの健全性と安定性を確保し、信用秩序を維持するため、各国の規制管轄権の調整と規制内容の調和の必要性を認識するようになった。しかし、そのために各国の政府およびその規制当局が選択した方法は、交渉に時間がかかり硬直的な多数国間条約の締結ではなく、迅速で柔軟性に富む**ソフトロー**による規制と調整であった。すなわち、各国の金融規制当局相互間で、または様々な非公式の国際的制度やフォーラムを通じて、国際基準、ベストプラクティス、あるいは健全性ガイドラインを作成し、これらを各国の自主的な遵守に委ねるという手法である。

このような性質の国際金融法としてもっとも世界的に影響力を持つものは、各国の銀行規制当局から構成される**バーゼル銀行監督委員会**が 1988 年に作成した「**バーゼル合意**」とその後の改正文書であろう。これらの文書は、銀行の自己資本比率に関する統一基準を作成するもので、2004 年の「バーゼル合意Ⅱ」は世界の 100 ヵ国以上で採用された。さらに 2008 年のリーマン・ショック後は、自己資本比率のさらなる向上と流動性リスク管理に関する新規制を導入する「バーゼル合意Ⅲ」が 2010 年に合意され、2013 年から段階的に実施されている。これらの文書は、法的拘束力はないものの、これらの基準に従うことによって自国の信用度や自国銀行の格付けが高まるため多くの国が自発的に遵守している。

設　問

1. 経済学理論によれば自由貿易が諸国に最大の利益をもたらすとされるが、諸国はなぜ保護貿易政策を採用する傾向にあるのか。
2. WTO の無差別原則とはどのようなものか。また、WTO の自由貿易体制においてその原則はなぜ必要なのか。
3. セーフガードはどのような場合に発動可能か。また、WTO の自由貿易体制においてなぜそれが許されるのか。
4. ダンピングや輸出補助金は、輸入国の消費者には利益をもたらす。アンチダンピングや相殺関税の制度的根拠はどのように考えるべきか。
5. WTO 加盟国は、WTO 法上のどのような要件を満たせば環境や人権を保護するために環境に有害な産品や児童労働による産品の輸入を禁止することができるのか。

6. 国際経済紛争の処理における WTO 紛争解決手続の意義について論じなさい。(外専・平 17)
7. 現代国際法における外国人財産の収用要件について述べよ。(司試・昭 56 改)
8. 国家と投資家の間の投資協定仲裁の法的性質はどのように考えるべきか。

【参考文献】

松下満雄・清水章雄・中川淳司編『ケースブック ガット・WTO 法』(有斐閣、2000)

松下満雄・清水章雄・中川淳司編『ケースブック WTO 法』(有斐閣、2009)

中川淳司・清水章雄・平覚・間宮勇著『国際経済法(第 3 版)』(有斐閣、2019)

柳赫秀編著『講義 国際経済法』(東信堂、2018)

日本国際経済法学会編『国際経済法講座 I　通商・投資・競争』(法律文化社、2012)

経済産業省、WTO パネル・上級委員会報告書に関する調査研究報告書、https://www.meti.go.jp/policy/trade_policy/wto/3_dispute_settlement/33_panel_kenkyukai/kenkyukai.html

小寺彰編著『国際投資協定　仲裁による法的保護』(三省堂、2010)

M. Matsushita, T. Schoenbaum, P. Mavroidis and M. Hahn, *The World Trade Organization*, 3rd ed. (Oxford UP, 2015)

A. Viterbo, *International Economic Law and Monetary Measures* (Edward Elgar Publishing, 2012)

第15章　国家責任法

目　次

1. 国際法における国家責任の意味

(1)「違法行為」責任

あらゆる法体系が法違反の結果を規律する法を内包しているように、国家責任法も、国際法にとってそうした法といえる。

現代では、主権国家だけでなく国際機構や個人も国際法上で一定の主体性をもつし、個人の国際犯罪、国際刑事裁判所による個人の訴追・審理なども実現しつつある(→13章)。また、国際機構の国際法上の責任が追及されることもありうる(→7章2(2)(b))。本章では、「国家」責任に限定して説明する。

主権国家が独立で対等な関係で存在する国際社会には、国家に上位する権威や権限がない。そこでの主権国家の「責任」の観念は、次のように**国際「違法行為」責任**として成立した。

国家責任法が理論的に整理されたのは19世紀末から20世紀初頭だが、当時優勢であった法実証主義は、国家「主権」と国家「責任」の観念との整合性という観点から、「主権国家自らが合意した国際義務に違反すれば、国家責任が発生する」と説明した。また、領域国は、排他的な領域主権をもつがゆえに、それに伴う義務として、領域内で外国および外国人の権益を保護する義務を負うとされた。この義務に違反すれば、国家責任が発生しうる(→8章1および本章2(2))。国家責任法が理論的に整理された時期に、中心となったのは、外国人が被った損害に起因する在留国の国家責任の問題だった。そして、国家責任法の理論的整備を支えたのは、**外交的保護**(→本章6(2))の実践だった。国籍国X、X国国民甲、在留国Yとすると、Yにおいて甲が損害を被った場合に、甲の損害についてYが甲を国際法に従って適切に処遇しなかったことを国際義務違反として、XがYの国家責任を追及するという実践が、19世紀後半以降、外交交渉や混合請求委員会および仲裁裁判で集積した。また、1927年のホルジョウ工場事件管轄権判決[1][判例118]において常設国際司法裁判所(PCIJ)は、約定の違反が適切な形態で救済すべき義務を生ずることは国際法の原則であると宣言しているが、これは、国際違法行為の法的結果と

1 **ホルジョウ工場事件** 第1次大戦後、ドイツから上部シレジア地方がポーランドに割譲されて、ジュネーヴ条約により関連諸問題の法的処理がなされた。ポーランドがホルジョウ工場を収用したことに係る事実がジュネーヴ条約違反とされ、ポーランドの国家責任が追及された。

して、**救済義務とそれに対応する権利**という法関係が発生することを慣習法であると宣言したと解されうる。

(2) 国家責任法の機能と多様な性質

国家責任法は、①**法益侵害の救済**と②**合法性回復**とを機能とする。①は、国家に対する固有で具体的な法益侵害に対して、原状回復・金銭賠償・満足(→本章5(1)(2))などにより、これを回復することをいう。②は、固有で具体的な法益侵害が発生しているか否かにかかわらず、国際違法行為により生じた違法状態に対して、違反されている義務の履行を確保して合法状態を回復することをいう。ただ、主権国家が並存する国際社会では、国家責任は国内法の民事責任との類似でとらえられ、①が主たる機能とされてきた。現代では、**対世的(普遍的)義務**(obligation *erga omnes*)や強行規範(→2章4(2)、3章7(1)(c))のように、国際社会における普遍的価値や共通利益が強調されてきているので、それらへの違反による国家責任については、責任追及の適格を、固有の法益侵害を被らない国家にも認める主張がある(→本章6(1))。そういう状況が実現すれば、そこでは、国際社会の共通利益の回復と実現のために国家責任を追及して、合法性回復をはかるというように、国家責任の機能において①から②へと比重変化が生ずるとみることもできる。

国家責任法は、国内法のように民事・刑事・行政上の責任という分化を経ていないので、多様な性質を帯びる可能性をもつ。従来は、民事責任の性質が主たるものであった。現代では、国際社会の共通利益や普遍的価値の意識が成熟しつつあることを反映して、それらの侵害については、国際秩序違反に対する刑事責任的な性質を認めようとする主張がある。

例えば、国連国際法委員会(ILC)が1996年に暫定的に採択した国家責任条文草案(1996年条文草案)は、「国際社会の根本的利益の保護のために不可欠であるので、その違反が国際社会全体により犯罪と認められるような国際義務に対する違反」を国家による「**国際犯罪**」(**国家犯罪**)とし、これには、通常の国家責任とは異なる効果(責任国の責任履行義務を重くすること、国際社会の全ての国家に、生じている違法状態を承認しない義務を課することなど)が伴うとしていた。けれども、国家犯罪という制度を創設することに対しては、とくに次の点について、国家や学説による反対が強い。すなわち、集権的で実効性を伴って、国家犯罪の認定や責任の履行確保をはかる制度的担保が欠落していることである。これらの強い反対をふまえて、2001年にILCが採択した**国家責任条文**(2001年条文)は、国家犯罪の規定を削除した(→本章6(1))。

(3) 合法行為責任

国際「違法行為」責任とは区別して、合法行為から生じた損害に対する国家の「**合法行為」責任**について、1978年以来ILCは、「**国際法によって禁止されない活動から生ずる有害な結果に対する国際責任**(international liability)」に関する法典化作業を続けた。高度の危険を伴い複雑な技術要因が絡む原因行為では**過失**の立証が困難だし、かつ、有用な活動を違法として禁止することはできない。そこで、国内法上の危険責任・客観責任の発展にならい、国際法上の合法行為責任の観念が想起されたのである。例えば、自国領域内で行われている危険な活動が他国に損害を生じた場合に、その活動が合法であり、また、その活動が行われる領域国の過失がなくても成立する賠償責任が想起された。これは、違法性も過失も要件としない責任の観念である。けれども、合法行為責任には、理論的に批判や疑問が多いし、実践に支えられてもいない。合法行為の観念が必要かという点で、上記の例でみてみると、たとえ活動は合法でも、後述の(→本章2(2))領域使用の管理責任原則を適用して、領域国が損害を防止する義務を履行したかを問えばよく、あえて合法行為責任の観念を用いる必要はないという見解などがある。ILCの作業でも、合法行為責任というよりも、損害防止措置の条文起草に焦点が移行したなど、理論的に疑問を内包したまま作業が終結した。ILCにより、2001年の「危険な活動から生ずる越境損害の防止に関する条文草案」と2006年の「危険な活動から生ずる越境損害における損失の配分に関する原則案」が最終的に採択された。

(4) 国際違法行為責任をめぐる関係国の法関係

国家責任法の性質と内容については、第1に、違法状態を回復するために、責任国と責任追及国との合意により、責任国の救済義務とこれに対応する責任追及国の救済を請求する権利という法関係が設定されるととらえる説(**適**

法関係回復説)、第2に、責任追及国による責任国に対する一方的強制ととらえる説(**一方的強制説**)がある。第2の説は、法を制裁とする法観念に基づいた一方的強制の強調であって、その限りでしか適用しにくい。ただし、この説は、国際社会の次の現実に着眼させるという意味をもつ。権威的第3者がない国際社会では、国際違法行為や国家責任発生の認定は、さしあたりは個々の国家の判断に委ねられる。関係国間で合意が成立しなければ、救済を請求する国家が救済を得ることができず**復仇**(→本章5(5))に訴え、その結果国際紛争が激化する危険があるという現実である。もっとも、こうした現実に対しては、国家責任法上の法関係(救済義務と対応する権利)や要件の明確化、責任の認定手続などの整備により応えるべきであるともいえる。

次に述べる2001年条文は、とくに第1の説が合意を基礎とする点と、第2の説が一方的**強制**を基礎とする点に照らすと、それらの中間的立場をとっている。

(5) ILCにおける法典化の経緯と2001年条文

1930年の国際法典編纂会議でも、国際連合発足後のILCでも、**外国人が損害を被ったことに起因する国家責任**の問題についての法典化がはかられた(1954年以降検討、特別報告者ガルシア・アマドール)。

その後、1963年以来ILCは方針を転換した。その方針では、国家の国際義務を規定する規則である「**1次規則**」から区別して、国家責任法は、あらゆる1次規則上の義務違反の法的結果を規定する「**2次規則**」となった。たとえば、武力行使を禁止する原則という1次規則に違反して、他国に対して武力を行使した場合、この違反の結果として、国家責任が発生することや、違反国の国際責任を定めるのが2次規則である。ここで国家責任法は、「外国人が損害を被ったことに起因する」という限定を解かれて、およそすべての国際義務の違反の結果を規律する総則的な法となった。国際司法裁判所(ICJ)は、すでに1996年条文草案の段階でも1997年のガブチコボ・ナジマロシュ計画事件判決[2][判例112]で、2001年条文については、2007年のジェノサイド条

2　注11参照。

約適用事件本案判決[3]などで援用してきているが、2001年条文の近々の条約化については、目途がたっていない。

2001年条文は、第1部から第3部までの3部構成をとる。第1部では、「国の国際違法行為」として、主として**国家責任の発生要件**と**違法性阻却事由**が規定されている。責任発生要件(2条)は、**行為の国への帰属**(4条以下)、**国際義務違反**(12条以下)の2つである。ILCは国家責任法を2次規則とする立場をとっており、それ以外に従来国家責任の発生要件と考えられてきた**法益侵害**や**過失**は、1次規則の問題とされ、規定はなされていない。

第2部では、「国の国際責任の内容」として、主として、被害の**賠償(回復)**の具体的な方式、すなわち、原状回復(35条)、金銭賠償(36条)、満足(37条)が規定されている。強行規範に基づく義務の重大な違反については、特別な法的結果が規定されている(41条)。これらに先行して、一般原則の中で、責任国による違法行為の中止と再発防止保証(30条)が規定されているが、違法行為の中止および再発防止保証と、35条以下が規定する具体的な賠償の義務との関係は明らかではない。

第3部では、「国の国際責任の実現」として、被害国の決定(42条)と被害国による責任追及の態様や、被害国以外の国により責任が追及される場合(48条)が規定されている。それに加えて、上述のように(→本章1(4))、国際違法行為責任をめぐる関係国の権利義務の考え方について、第1の適法関係回復説と第2の一方的強制説の2つの説の中間的立場をとって、被害国が**対抗措置**をとることについて規定がある(49条以下)。つまり、ILCは、第1の**適法関係回復説**が合意を基礎とすることを反映して、条約化も想定していたことに明らかなように、国家責任法上の権利義務を合意に基づかせるとともに、第2の**一方的強制説**を反映して、被害国が一方的にとる対抗措置を国家責任法の内容に含めている(→本章5(5))。

2001年条文上の国家責任の観念や責任国の義務内容などを前提として、国家責任法上の対抗措置、すなわち、国家責任法上の賠償の履行を確保する目的の対抗措置が、意味を特定されてそれが定着するかについては、今の段階では予測しにくい。実際には、それ以外の目的の対抗措置もある。例えば、

3　注10参照。

条約法条約 60 条は多数国間条約の重大な違反につき特別な措置を規定する。個別の条約が、その違反に対する固有の措置を定める例もある(**自己完結制度**)。

2. 国家責任の発生要件その 1：国際違法行為

(1) 国際違法性の意義

国家責任の原因行為は、国際義務の違反(**国際違法行為**)であり、その国際義務の法源(条約か慣習法かなど)にかかわらない(2001 年条文 12 条)。国際義務違反に基づいて国家責任の有無を争うことは、無効や対抗力を争うこととは異なる。例えば、領域権原の取得、国籍付与の基準、国家管轄権の行使などについては、国家責任追及ではなく、国際法上の権原が存在しないとか要件を充足していないとして、無効あるいは対抗力が争われうる。これらと異なり、国家責任を追及する場合には、請求国は国際義務違反または違反に基づく国際違法行為の認定を争い、それにより法益侵害が自国に生じていれば、さらに事後の救済として国家責任を追及する。なお、国際違法性は、国際法により規律されるのであり、国内法上で同一の行為が合法とされることにより影響されない(2001 年条文 3 条)。

(2) 一般原則による「違法」行為責任法の適用確保

国際法は条約と慣習法を主な法源とするが、条約は当事国間にしか効力が及ばないし、慣習法は一般的にすべての国家を拘束するとはいえ、慣習法が国際社会のすべての事象を規律しているわけでもない。その結果、法益侵害が発生しても、違反される国際義務がなければ、国際違法行為も成立せず、国家責任を追及することができないという事態が生ずる。例えば、X 国の行為によって Y 国や Y 国民に大気汚染損害が発生した場合に、大気汚染を防止する義務を規定する条約があっても、X 国が同条約の当事国でなければ、X 国はその義務を負っておらず、その義務違反による X 国の国家責任の追及はできない。

そのような状況で、いくつかの慣習法は、国家に一般的な義務を課し、その義務違反を根拠として国家責任の追及を可能にする機能をはたす。例えば、領域主権に伴う、在留外国人を国際法に従って処遇する義務の原則や、1941

年のトレイル熔鉱所事件最終判決[4][判例 129]で仲裁裁判所が宣言し、1949年のコルフ海峡事件本案判決[5][判例 42]でICJも確認した**領域使用の管理責任原則**、すなわち「国家は、外国や外国民に損害を与えるように領域を使用したり使用を許可する権利をもたない」という原則がある(→8章1(4))。これが環境保護分野で発展した原則として、管理・管轄国の**越境環境損害防止原則**(「国家は、自国の管轄または管理の下における活動が他国の環境または国の管轄の外の区域の環境に損害を及ぼさないように確保することについて責任を有する」という原則。→16章3(1)。1972年の「国際連合人間環境会議の宣言」(人間環境宣言)原則21、1992年の「環境と発展に関するリオ・デ・ジャネイロ宣言」原則2)もある。

(3) 国際義務の分類

国際義務の性質による分類として、**結果の義務、特定事態発生防止の義務、方法および実施の義務**という分類がある。これはILCの国家責任条文草案の起草過程で議論され、1996年条文草案はこの分類を規定していたけれども、2001年条文はこれを削除した。

結果の義務は、結果達成を要求するがそのための方法・手段は国家の裁量に委ね、方法・実施の義務は、特定の方法・手段(例えば、立法措置(異論もある)、許可制をとること、相当の注意を払うことなど)を要求する。特定事態発生防止の義務は、結果の義務の一環だけれども、「結果」は国家が達成するのに対して、「特定事態」は私人の行為や自然災害に起因し、国家はそれの防止にだけに関わる。

特定事態発生防止の義務は、私人の行為に起因する国家責任についての理解を容易にする。私人による有害行為(およびその結果)は「特定事態」であって、これを国家が防止できないときに、国家は自らの防止義務の違反を理由として、国家責任を負う。

---

4 **トレイル熔鉱所事件**　カナダと米国のワシントン州の国境に近接するカナダ領で、トレイル熔鉱所が操業して煤煙を排出して、ワシントン州の農作物などに損害が発生した。仲裁裁判所は、領域使用の管理責任原則と後によばれた原則を宣言してカナダの責任を認めるとともに、損害の防止措置を命じた。

5 **コルフ海峡事件**　アルバニアのコルフ海峡で英国軍艦が機雷に接触して、船体および乗員に損害が生じた。ICJは、領域使用の管理責任原則と同旨の原則を適用して、アルバニアの責任を認めた。

結果の義務と特定事態発生防止の義務は、次のように区別される。例えば、1961年の外交関係条約22条の公館の不可侵義務をみると、国家自身の行為により公館が侵害されれば結果の義務の違反であり、22条1項の違反となる。他方で、私人が外国公館を襲撃しこれを占拠すること(「特定事態」)に対して国家が適当な措置をとって防止しなかったときは、特定事態発生防止の義務の違反であり、22条2項の違反になる。1980年の在テヘラン米国大使館事件判決[6](以下、**人質事件**)[判例114]で、ICJによりこのような認定がなされた。国家責任法上で義務を分類するのは、義務違反の認定を容易にするためであるし、責任の内容(責任国が履行する義務の内容)にも関連するからである。けれども、一般的に国際法の義務規定が抽象的であっていくつかの解釈を許すことは多く、どの義務を規定しているかの解釈も分かれうる。また、例えば立法措置は結果か方法か見解は分かれうるし、相当の注意を方法・実施と解するとしてもその内容は特定しにくい。このように、国家責任法上では、義務の分類の実際上の意義が、充分には実現されにくいともいえる。くわえて、義務の性質分類は抽象的すぎて理解しにくいという批判もあり、2001年条文は、1996年条文草案にあった義務の性質分類に関する規定を削除した。

他方で、性質による義務の分類は、国家責任法上の意義に限らず次の意義をもつ。国際法が、「結果達成だけを要求して、そのための方法や手段は主権国家の裁量に委ねるのか」、それとも「国際法が主権国家に特定の方法や手段を実施することまで要求するのか」という点で、義務の分類は、国際法が主権国家を規律する程度や態様を判断する基準になりうるのである。

最近の事例では、ICJは、2010年パルプ工場事件本案判決[7][判例132]で、**相当な注意**をもって行動する義務を、「**行為の義務** (a duty of conduct)」とし、規

6　**人質事件**　反米の学生を中心とする集団が、在テヘラン米国大使館や領事館などを襲撃して、人質をとって立てこもった事件。ICJは、外交関係条約違反を中心とするイランの国家責任と賠償義務を認定した。

7　**パルプ工場事件**　ウルグアイが、ウルグアイ川左岸でパルプ工場を建設して操業していることは、ウルグアイ河川規程に違反しているとして、アルゼンチンを訴えた。モンテビデオ条約7条は、両国の国境河川であるウルグアイ川につき、生物資源の保存、河川の水質汚染防止などを様々な主題を含む河川レジームを設定しているが、ウルグアイ河川規程はそれを補完する。ICJは、ウルグアイ河川規程に基づき、ウルグアイ川の環境汚染防止の義務などとその違反を判断するにあたり、相当の注意を払う義務を宣言してその内容を説明した。

制および行政措置をとりそれらを実施する義務であるとした。同様の用語は、国際海洋法裁判所によっても採用され、2011年深海底の活動に関する人や実体を保証する国の責任と義務に関する勧告的意見でも、2015年小地域漁業委員会の請求による勧告的意見でも用いられた。後者では、自国を旗国とする漁船が、沿岸国の資源保存法を遵守するように確保する義務は、自国を旗国とする漁船によるすべての違反を防止することを求める結果の義務とは異なり、相当の注意を払う義務であるとされた。

1996年条文草案には、時間による国際違法行為の分類の規定群があった。それらは、継続性のない行為とある行為とを区別し、さらに後者を、継続的行為、合成的行為、複合的行為に区別した。この分類は複雑・抽象的であるとして支持をえられず、2001年条文は、継続性のない行為と継続性のある行為の区別(14条)と、一連の行為の集積により義務違反となる行為の規定(15条)を残した。なお、後述のように(→本章5(3))、**継続的違法行為**の概念は、違法行為の中止請求に関して意義をもつ。

3. 国家責任の発生要件その2：国家行為

(1)「国家行為」の意義

国家責任は、国家の行為による国際違法行為を要件とする。私人行為が原因行為となる国内法とは異なり、国家責任法は国家の行為についてのみ責任を認めるため、いずれかの自然人の行為を国家の行為とみなさなければならない。これを**国家への行為帰属**という。

(2) 国家行為

国家機関の行為は**国家行為**とみなされるが、国家機関は各国の国内法が定めている。この点で、国際法と国内法との関係につき二元論(→1章4(2)(a))に依ると、「国家機関は国内法が定めるが、『国内法上の国家機関の行為を国家行為とみなす』と定めるのは、国際法(国家責任法)である」と説明される。
他方で、「**事実上の国家機関**」の要件や、私人行為が国家行為に転換する要件などについては、国際法こそが決める。とくに現代では、国際的な私人活動が活発であり、テロリスト集団による国際テロ行為のように、国家に匹敵する能力をもって外国や国際公域で損害を発生させることもある。それゆえに、これらの行為を国家責任法が国家行為とみなして国家の責任を追及するべきかという問題は、ますます重大となっていく。

(3) 国家機関の行為

およそすべての**国家機関の行為**は、国家行為である。外交権限をもたないとか、地位が低いことなどによる区別はない。連邦の構成単位や地方公共団体がその資格で行った行為も、国家機関ではないが法令上統治権能の一部を行使する権限を付与された人や団体の行為も、国家行為とみなされる(2001年条文4条、5条)。

一方で、立法機関や裁判機関については、立法や審理・処罰といった組織体としての類型化された行為が考えられやすい。他方で、執行機関については、個々の警察官の行為から政府による国家契約の締結や破棄、財産収用といった行為まで、多様な行為がありうる。

立法機関の国際違法行為には、例えば、米国の南北戦争に対して中立義務を負っていたイギリスが、北軍に重大な損害を与えたアラバマ号の自国領域内での造船と自国の港からの出航を阻止する国内法を欠如させていたように、国際法の義務の履行に必要な国内法を制定しない場合がある(アラバマ号事件[判例160])。また、条約に違反して外国人に税金を課した法律、外国人の財産権を廃棄した法律の制定などがある。司法機関の国際違法行為には、**裁判拒否**(denial of justice)がある。これは、外国人への裁判上の保護の制限(出訴権の否定や制限)、裁判手続の不当な遅延、差別や偏見に影響された判決、外国人に有利な判決の執行の拒否などである。

執行機関の国際違法行為は多様であって、外国人との契約の破棄で財産権の保護の義務にも違反するもの、外国人の恣意的な追放、適正手続を欠いた逮捕や虐待および適正手続を欠いた船舶の捕獲や抑留、秘密機関が国防省の命令のもとに外国の港で第3国船舶を爆破し、これを国家機関の行為と認定した例(1986年レインボウ・ウォーリア号事件国連事務総長裁定[8][判例117A])など

8　**レインボウ・ウォーリア号事件**　フランスの核実験に抗議するグリーンピース船舶(レインボウ・ウォーリア号)がニュージーランドの港に入港中に、フランスの工作員が同船を爆破した。

がある。

国家機関の**権限踰越**や国内法違反の行為が国家に帰属するかという問題について、かつては、次のような議論があった。権限踰越の行為でも国家行為とみなして国家責任を認めるのは、国家が当該国家機関の選任・監督において過失を犯したからであるとか、そうではなくて過失を根拠としない**客観**(**厳格**)**責任**であるといった議論である。

実践では、1929年ケール事件のように外観上その権限で行為を行ったこと、またはその資格に伴う権限や方法を用いて行動したことが必要とされた。1926年ヨーマンズ事件では、命令に違反した軍隊構成員の行為を、私人行為とはせずに本国の責任を認めた。2001年条文は、「その資格で行動する場合」とのみ規定する(7条)。コメンタリーによれば、実践で外観論が採用されてきたことが説明されており、「その資格で行動する場合」というのも、外観上、その権限で行為をおこなったことと同様の意味に解してよいといえる。なお、1907年「陸戦ノ法規慣例ニ関スル条約」3条は、一切の軍隊構成員の行為につき交戦国が責任を負うと定める。

(4) 私人による行為の国家行為への転換の態様

私人行為であっても、国家の行為とされる場合がある。それらは、次の3つに整理できる。①事実上統治権能の一部を行使する私人の行為(2001年条文9条)、②国内法令上の国家機関ではないが、国際法により「事実上の国家機関」とみなされる私人や集団の行為(同4条の解釈による)、③国家の指示に基づきまたは国家の指揮もしくは支配の下で行動する私人の行為(同8条)である。もっともここにいう3つの場合は、相互に厳密には区別できないこともあり、国家行為に転換する理由における重点の相違ともいえる。明確ではない点もあるが、①の例とみなされるものとして、1987年イェーガー対イラン事件では**イラン・米国請求権裁判所**は、イラン革命政府樹立2日後に民間集団が米国人を強制退去させたが、政府の了知があるか少なくとも政府の反対がなく、民間集団が政府権力の一部を行使すれば事実上の政府権力の行

同行為はフランスに帰属する行為とされ、国連事務総長の裁定は、ニュージーランドの受けた法益侵害に対してフランスによる陳謝と金銭賠償の支払いを認定した。

使が推定されるとした。

②と③について、1986年のニカラグア事件本案判決［判例157］では、米国が、反米政府に対して抵抗する武装集団であるコントラに多様な支援その他を行い、コントラの行為が米国に帰属するかが問題となった。一方でICJは、機雷敷設およびニカラグアへの攻撃については、米国の立案・指揮・支援・実行への参加を認定して、私人集団（UCLA）の行為が米国に帰属するとした。他方でコントラによる人道法違反については、資金供与・訓練・補給・装備・立案などで米国の参加が決定的であったが、特定の軍事的作戦における実効的支配の欠如を理由に、コントラの行為の米国への帰属を認めなかった。

この事件で国家への行為帰属を判断する基準としてICJは、上記②については、私人集団の行為が事実上の国家機関となりその行為が国家行為とみなされるためには、私人が国家機関と見なされるほどの「**完全な依存**（complete dependence）」関係が必要であるとし、国家が当該私人集団を創設した、財政・訓練における支援以上のもので完全な依存といえる程度のもの、国家が私人集団に支援を通じて支配を及ぼしうるというだけでなく実際に支配していることなどを考慮要因とした。上記③については、私人の特定の行為に関する「**実効的支配**（effective control）」が必要であるとした。もっとも、本件で、このような2つの基準が明確に宣言されたかについては、解釈はわかれている。後述のジェノサイド条約適用事件本案判決で、明確にこの2つの基準が宣言された。

国家責任を認定する文脈ではないが、1999年のタジッチ事件上訴裁判部本案判決[9]［判例97］において旧ユーゴ国際刑事裁判所（ICTY）は、武装集団のように組織化され階級的構造をもつ集団では、その行為が国家に帰属するに

9　**タジッチ事件**　旧ユーゴスラビア国際刑事裁判所が審理した事件である。冷戦崩壊後に、旧ユーゴスラビア連邦のボスニア・ヘルツェゴビナにおいて、セルビア人はスルプスカ共和国を樹立し、ムスリム人、クロアチア人は独立を主張した。この経緯で内戦に発展したが、デュスコ・タジッチは、ボスニア地区において、ムスリム人とクロアチア人に対して行った殺人、拘禁、虐待などが、1949年のジュネーヴ諸条約、1948年の「集団殺害犯罪の防止及び処罰に関する条約」などにいう犯罪にあたるとして起訴された。1993年のICTY規程2条により1949年ジュネーヴ諸条約の重大な違反の処罰が可能かを決定するためには、当該紛争が国際紛争であるかを決定しなければならない（19章注1）。内戦を戦う武装集団が他国にいかなる程度に支配されていれば武装集団が当該国に属することになるかを検討する文脈で、国家責任法の帰属理論が検討された。

は特定行為の指示は不要であり、集団に対する「**全般的支配**(overall control)」(財政支援・装備供与だけではなく、軍事行動の組織、調整、計画への介入)で足りるとした。しかも同事件では、事実上の国家機関の権限踰越(観念的には、「権限」は成立しないので、事実上の指示や指揮もしくは支配への違反)行為も国家へ帰属するとした。ICTYは、事実上の国家機関を認定していることからすれば、「全般的支配」基準は上記②に関する基準と解される。他方で、ICTYは、ニカラグア事件における②と③の基準を区別してとらえておらず、③の「実効的支配」は常に要求される基準ではないと述べて本件につき「全般的支配」の基準を宣言しているため、本件を③についての基準とみなす理解もある。2007年のジェノサイド条約適用事件本案判決[10]でICJは、上記②および③につきニカラグア事件で示した基準を明確に宣言して、そのいずれによっても、私人集団によるジェノサイドがセルビア・モンテネグロに帰属することを認めなかった。

国家による授権・是認により、私人行為が国家行為に転換したとみとめられた実践もある。人質事件でICJは、イランの政治最高指導者ホメイニ師をはじめ政府高官が、学生集団の行為につき、政府の政策との合致と支持および**是認**の公式声明を繰り返したことを理由に、学生集団が国家機関(agent)に転化したとし、学生集団による大使館襲撃以後の人質抑留と大使館の占拠の継続を、国家行為とみなした。他方ICJは、襲撃までの段階ではイラン政府の多くの公式声明が一般的なものにとどまるとして、学生集団の行為へのイラン政府による是認は認めず、襲撃を私人行為とした。同事件を基礎に、2001年条文11条は、国家が自己の行為として「認めかつ採用した」私人行為が国家に帰属するとする。これによると「継続中」の行為ではなく終了した私人行為でも、事後に国家が「認めかつ採用」すれば、国家行為になる。

---

10 **ジェノサイド条約適用事件** 冷戦崩壊後に、旧ユーゴスラビア連邦が解体する経緯において内戦に発展し、ボスニア・ヘルツェゴビナ人が大量に殺害された。ボスニア・ヘルツェゴビナは、ICJへセルビア・モンテネグロを被告として、ジェノサイドによる国際法違反を訴えた。ボスニア・ヘルツェゴビナでジェノサイドを実行した非国家主体の行為が、セルビア・モンテネグロに帰属するかが一つの争点であった。

(5) 反乱団体の行為

内戦や革命中の**反乱団体の行為**は、国家行為とはみなされない。新政府は、内戦中の団体構成員の行為につき遡及的に責任を負う。内戦や革命中には正式な政府ではなかった主体が遡及的に責任を負うのは、内戦や革命中に損害を受けた外国や外国人に救済を与える趣旨である。1987 年ショート対イラン事件では、イラン・米国請求権裁判所は、イラン革命政府樹立の 3 日前に、在イラン米国人が強制退去させられたが、これを強制した革命組織の機関を原告が特定することができず、また、革命指導者の反米的宣言は、革命組織の反米活動の是認とまではいえないとして、イランの国家責任を否定した。

(6) 私人行為

中世の**集団責任**の観念では、個人の行為につき同人が所属する集団が責任を負うと考えた。これに対して近代の理論では、臣下や臣民の行為につき、国家(君主)において有害行為の事前防止あるいは事後の行為者の処罰に懈怠がある場合にのみ、その有害行為に国家が「加担」したのであり、有害行為が国家に帰属し国家責任が発生すると考える。

二元論(→1 章 4(2)(a))の立場にたち、国家と私人とは国際法と国内法というそれぞれ異なる法秩序に服すると考えると、法的に国家が私人行為へ「加担」することは認められない。それゆえに、私人行為は国家に帰属せず、国家は私人行為に関連した、あくまで国家自らの国際義務の違反につき国家責任を負う。

ICJ の実践もこの論理を用いている。人質事件では、学生集団による米国大使館などへの襲撃は私人行為であり、これにつきイランが防止や事後措置をとらなかったという外交関係条約上の義務違反が国家行為であった。ニカラグア事件本案判決では武装集団コントラが人道法違反行為を行い、これに関して米国の国家行為は、慣習法上の人道法の履行を確保する義務に違反した行為であった。ジェノサイド条約適用事件本案判決で ICJ は、1948 年「集団殺害犯罪の防止及び処罰に関する条約」3 条の適用としての認定ではあるが、ジェノサイドがセルビア・モンテネグロという国家と行為体との「共犯」であるとは認めず、同国の防止義務違反という国家行為につき国家責任を認めた。

最近では、私人行為に関連して、国家がこれを支援・援助した場合には、相当の注意義務の違反ではなく、**共犯**による国家の責任を追及する可能性が議論されている。もっとも、共犯と相当の注意義務違反との区別については、学説で見解は一致していない。2016年南シナ海事件(本案)［判例60］では、仲裁裁判所は、中国公船が、中国を旗国とする船舶による海洋環境に有害な行動につき、事実を認識し許容し、かつこれらの船舶に伴走(escort)したことをもって、これを「共犯」とはせず、国連海洋法条約192条および194条の海洋環境損害を防止する「相当の注意義務」に違反したと認定した。

4. その他の国家責任の発生要件と違法性阻却事由

(1) 過　失

2001年条文は、**過失**ないし**主観的要因**を国家責任発生要件とはしない(1条、2条)。

伝統的には、学説でも仲裁裁判や混合請求権委員会の実践でも、過失が要件とされてきた(**過失責任主義**)。けれども、現在では、過失は国際義務違反の中に包摂されるという見解(**客観説**)が有力である。過失は、規則・基準の違反の客観的な判断に反映されるのであって、別途、過失を要件とする必要はないということである。

過失の意味につき、例えばグロチウスは君主個人の心理的要因とし、臣下・臣民の有害行為は、君主が**容認**(*patientia*)あるいは**寛恕**(*receptus*)することで、国家が加担した行為となり国家の責任が発生するとした。現代の過失論は、過失を国家機関について問題とし、①国家の意思選択ないしは意図的要因であるとする説と、②(個別具体的な状況で当該国家に要求される)注意基準を満たさないこととする説とに分かれる。

なお、現代の過失論のいう①と②のいずれによっても、過失の認定結果が変わる可能性は大きくはない。国家が意思選択できないような状況(不可抗力・遭難・緊急避難など)では、国家の注意能力を超える具体的状況であることが多く、いずれの過失の内容に基づいても、過失なしという結論が得られやすいと考えられるからである。

実際には国際法の特質を考慮して、次のように考えるのが適当といえる。国際法規則が具体的で特定の内容の義務を明確に規定していれば、過失の機能は表面化しない。義務規定の内容と国家の作為・不作為との事実上の背反によって義務違反を認定できる状況では、客観説が妥当するだろう。

他方で、多くの国際法規則は、「適当な措置」や「必要な措置」をとる義務、「**相当の注意**」をはらう義務など、具体的な状況における個別の事情を考慮する余地を残すように柔軟な規定ぶりである。それらの義務の違反認定では、過失がもつ固有の機能が認められる。例えば、人質事件で、外交関係条約22条2項の「適当な措置」をとる義務の違反を認定するに際して、ICJはイランの不作為という事実だけをもって、「適当な措置」をとる義務の違反であるとは認定しなかった。ICJは、不作為という事実に加えて、義務の認識・手段の保持・緊急に措置をとる必要性の十分な認識といった要因を考慮している。ニカラグア事件本案判決での国際人道法上の義務違反認定でも、ICJは同様の考慮を行った。これらは、義務の解釈適用によって、義務違反を認定しているといえなくはない。けれども、具体的な状況における固有の状況を考慮すること自体の意義を認識させるとともに、一定程度に定まってきている考慮要因を明確にすることにおいて、過失の固有の意義がある。

(2) 法益侵害

2001年条文は、**法益侵害**(法に根拠をもつ権利および利益の侵害)を、国家責任の発生要件としない。「法益侵害」が法的な概念であることに比べて、「損害」は事実的な概念であるとともにより一般的な用語であって、多くの場合は物理的に生じた被害や不利益をさす。以下では、「法益侵害」をここで説明した意味で用いる。

2001年条文については、国家責任が発生するために法益侵害が必要であるかは、1次規則の問題であって、2次規則である国家責任法が規定する必要はないと説明されている。他方で、「法的損害」という概念を用いれば、これを国家責任の発生要件とすることができるという見解がある。そこにいう「法的損害」とは、「損害」とは異なるし、「法益侵害」の一種ともいえるが、むしろ独自の概念であって、義務の履行を求める利益に対する侵害である。この見解によれば、あらゆる義務違反には当該義務の履行を求める利益に対する侵害(法的損害)が伴い、国家責任法によりこの法的損害の回復を求めることができるという。けれども、法的損害は義務違反を言い換えているにすぎないともいえる。

なお、この法的損害論にいう「法的損害」概念は、非有体法益侵害の概念と混同されてはならない。例えば、公海上で外国船舶の航行に干渉した事件において、当該船舶の旗国の名誉侵害が論じられた例(1913年のシャルタージュ事件およびマヌーヴァー事件)、威信の侵害、(領域)主権侵害が認められた例(コルフ海峡事件本案判決[判例42])などは、非有体法益侵害を明らかにしている。これらにおいては、国家が被る非有体法益侵害の固有の内容が明らかにされており、それは「法的損害」のように義務違反を言い換えただけではない。非有体法益侵害への救済としては、公式の陳謝や名目的金銭賠償などがある。コルフ海峡事件本案判決では、領域国の合意のない領海での外国による掃海作業が領域主権への侵害であり、国家責任が発生し、違法宣言判決が非有体法益侵害(領域主権への侵害)への救済とされた。ここで挙げた事例では、非有体法益侵害を認定しており、国家責任の発生を認めている。

2001年条文において、1次規則によれば国家責任の発生のために法益侵害を要件としていない場合や、「法的損害」論に従うと、国家責任が発生する国家間の関係、すなわち、国家責任法上の法関係は、次のように整理される。A国の義務違反につきA国がB国に対してその義務を負っていれば、A国とB国との間に国家責任法上の法関係が成立する。A国の負う義務が対世的(普遍的)義務ならば国際社会のすべての国、多数国間条約上の義務で2国間に還元できない多数国間性をもつ義務ならば他のすべての条約当事国とA国との間に国家責任法上の法関係が成立する。もっとも、2001年条文は、国家責任の「発生要件」としては法益侵害を認めないが、国家責任の「追及要件」については、「被害国」概念の規定と、被害国ではない国家が責任追及資格を持つ場合についての規定により、これを特定している。つまり、国家責任の「発生要件」としては法益侵害を認めないことにより、論理的には国家責任法上の法関係がここに示したように発生すると考えられるが、国家責任の「追及要件」を別途に決定することにより、現実に責任を追及する国の範囲が特定されることになる。この点については、国家責任の追及資格として後述する(→本章 6(1))。

(3) 違法性阻却事由

国家責任の発生という結果を除く事由が、「違法性」と「責任」のいずれを阻却するかにつき学説は分かれる。2001 年条文は、「違法性」を阻却するという立場をとる。いずれにせよ責任という効果は発生しないという点は同じだが、主権国家にとって、裁判所のような権威的機関により違法認定を受けることの実際上の重みには注意しなければならない。

違法性阻却事由には、**同意・自衛・対抗措置・不可抗力**(義務の履行を物理的に不可能とするような、当該国の支配を超える抗し難い力や予見不能な外的事情)・**遭難**(当該行為の実行者が、遭難事態において、自己の生命またはその者に保護をゆだねられた他の者の生命を守るため他の合理的な方法をもたない場合)・**緊急避難**(当該行為が、重大かつ差し迫った危険か国家の根本的利益を守るための唯一の方法であり、義務の相手国または国際共同体全体の根本的利益を大きく損なうものではないこと)が挙げられる(2001 年条文 20 ～ 25 条)。緊急避難については、国家の主観的判断に左右されるという理由で疑問も多い。1997 年のガブチコボ・ナジマロシュ計画事件判決[11][判例 112]で ICJ は、1996 年条文草案 33 条にしたがって、緊急避難の要件が充足されるかを検討してこれを否定した。

不可抗力・遭難・緊急避難については、**「過失」阻却事由**とする説もある。これらの事由があれば、国家の自由な意思選択が妨げられるし、国家の注意能力を超えるか注意が意味をもたないような状況であって、過失があったとはいえないと考えやすいからである。

自衛につき 2001 年条文 21 条は、国連憲章に合致してなされる自衛に該当するときには阻却事由になるとする。この規定は、武力行使は違法であるが、それが自衛権行使に該当すれば合法であるという趣旨と解することはできよ

11　**ガブチコボ・ナジュマロシュ計画事件**　チェコスロバキア(当時)とハンガリーは1977年締結の条約により、ダニューヴ河のガブチコボ・ナジマロシュにおけるダム建設・運用を合意した。ハンガリーは1989年に環境に対する影響を理由に同条約上の計画を放棄した。ハンガリーの同条約上の計画の中断および放棄を正当化する事由として、緊急避難の状況が存在したかが問われ、ICJはそれに際して1996年条文草案を参照したが、緊急避難による正当化を認めなかった。

う。もっとも、違法性が阻却されるというよりも、むしろ、武力が用いられているという1つの事実が、法的には違法な武力行使とみなされるか、それとも、自衛権の行使とみなされるかの相違の問題ではないかという疑問も生じないではない。あるいは同条は、自衛(権の行使)それ自体が必ずしも当然に合法とはいえず、「違法」といえる場合もありうるので、その違法が阻却されるといえるかは、国連憲章(2条4項、51条)の解釈の問題であるということを確認しているとも読める。国際義務違反が強行規範違反の場合には、ここにあげたいずれの事由も違法性を阻却しない(2001年条文26条)。

5. 国家責任の履行

(1) 回復と救済

国家責任法の機能は、①**法益侵害の救済**と②**合法性の回復**だが、国家責任が認定されると、責任国はどのような義務を負うだろうか。

2001年条文によれば、具体的な賠償の態様には、**原状回復**、**金銭賠償**(**等価賠償**)、**満足**(サティスファクション、非有形的弁済などと訳されることもある)がある。これらのうち、1928年のホルジョウ工場事件本案判決[判例118]でPCIJによりそう宣言されて以来、原状回復が優先性をもつとされている。2001年条文も、この3つを同じ順で規定する(35条、36条、37条)。けれども、裁判実践・外交処理のいずれでも、金銭賠償の例が多い。それは、便宜であるし、裁判実践では、原状回復として主権国家に特定行為を義務づけることは控えられやすいとの事情にもよるだろう。

賠償の対象となる法益侵害は、国際違法行為と**相当因果関係**により結ばれる法益侵害(直接損害)であり、それから派生した間接損害は賠償の対象とはならない。例えば、1989年のシシリー電子工業会社事件判決[判例127]でICJ特別裁判部は、イタリアによる徴用が企業の倒産という結果をもたらす原因になったという米国の主張につき、相当因果関係が立証されていないとした。

(2) 回復・救済の方法

原状回復には、法的原状回復(合法状態の回復。国際法に違反する国内法の改廃や行政行為および国内裁判所判決の取消など）と物的原状回復（違法に破壊した対象物の復旧とか違法に逮捕した個人の解放など）とがある。もっとも、外国大使館の不可侵義務に違反してこれを破壊したときのその物理的復旧や、違法に抑留した外国人の解放などの物理的な原状回復は、同時に法的に合法な状態の回復にもなる。

金銭賠償は、実際にはもっとも頻繁に活用される。裁判所が賠償金額まで算定する例（ウィンブルドン号事件判決、コルフ海峡事件本案判決）、金銭賠償義務を認定するが具体的な金額の特定その他については別の手続に委ねた例（人質事件判決、ニカラグア事件本案判決）がある。

2001年条文は、金銭賠償額の算定との関係で、立証が伴う限りで逸失利益も賠償の対象とすること（36条2項）、利息が、十分な賠償を保証するために必要とされる場合には、そのような結果を達成するように支払われなければならないこと（38条）を規定した。

満足は、従来、国家の名誉・威信・威厳に対する侵害、領域主権侵害、主権免除違反により国家が被る法益侵害などの非有体法益侵害の救済のために採用されてきた。責任国による正式な陳謝、名目的金銭賠償が請求されたが、義務違反による違法を認定して救済とした例（違法な外国船舶の拿捕の例であるが、シャルタージュ事件、マヌーヴァー事件）、裁判機関による違法認定と違法宣言が救済として示された例（コルフ海峡事件本案判決、2002年の逮捕状事件判決[12]［判例104］）がある。

満足による賠償とともに、他の態様の賠償を裁判所が認定した例もある。違法宣言に加えて仲裁裁判所が当事国間の友好関係の回復・維持のための基金を設立し責任国に出資するように勧告した例（レインボウ・ウオーリア号事件仲裁判決［判例118b］）、違法宣言に加えて再発防止の保証義務を認定した例（2001年ラグラン事件判決[13]［判例148］）、国際法違反の逮捕状の発給という違法

12　**逮捕状事件**　ベルギーは、コンゴ人イェロディアがコンゴで外務大臣に就任する前に行った人種的憎悪の扇動を1949年ジュネーヴ諸条約などの重大な違反とし、同人がベルギーを公式訪問した際に逮捕状を発出した。ICJで判決が出た時点では、同人は閣僚職にはついていなかった。コンゴは、ベルギーの管轄権行使の根拠を争い、同人の刑事裁判権免除を主張した。ICJは違法宣言とともに、ベルギーの選ぶ方法による逮捕状の破棄を命じた。

13　**ラグラン事件**　米国在住のドイツ人ラグラン兄弟は、強盗殺人を起こし米国裁判所に起訴され死刑判決を受けた。1963年領事関係条約36条1項には領事の援助を受ける権利が規定されて

行為が、他国に精神的損害を生じさせたことを認めた上で違法宣言判決を示し、さらに自らの選択する方法により逮捕状を破棄しそれを通報するという原状回復義務を認定した例(逮捕状事件判決)がある。

(3) 違法行為中止の位置づけ

違法行為中止を国家責任法上の救済に含めることには、次の理由で疑問も示されている。①1次規則上の義務が存続している以上、違法行為中止はその効果である、②違法行為中止を救済と認めて、それ以外の救済の形態との選択を認めれば、1次規則上の義務が履行されなくなる危険性がある、③違法に抑留した外国人を解放(違法行為中止)するだけでは、救済として不十分(外国人の身体や財産への損害が残る)ということである。

けれども実際には、違法行為が継続しているときに、被害国がまずその中止を求めるのは自然だし(人質事件の原告の請求、国家責任の事例かは別として、南西アフリカ事件における原告の請求)、あえて、救済の態様から違法行為中止を排除する理由もない。違法行為中止に「代えて」、例えば金銭賠償による責任の履行を認めても、1次規則の効力は影響を受けずに残存するし、違法行為中止と別の救済態様を組み合わせるなどにより、上記の①から③の疑問は解消できる。2001年条文は、1次規則上の義務の継続を確認的に規定して(29条)、違法行為の中止義務(30条)を規定する。

裁判例には、次のものがある。義務違反と国家責任の認定とともに、違法状態を終了する中止義務と金銭賠償義務を判示した例(ニカラグア事件本案判決)、違法行為の継続期間中は義務も継続的に効力をもっていなければならないが、違法行為の中止請求について、その根拠となる1次義務が終了しており効力が存在しないことを理由として却下した例(レインボウ・ウオーリア号事件仲裁判決)である。

違法行為中止が救済として意義をもつのは、違法行為が継続的性質をもつ場合である。この継続性は「行為」のそれであって(条約に適合しない国内法の

いるのに、両名が米国当局から告知を受けておらず領事への通報もなされなかったことから、ドイツは米国をICJに提訴した。ICJは再発防止保証の義務は認定したが、その具体的な手段・方法は命令しなかった。

維持、外国人の適正な手続きによらない抑留、植民地の武力による占領、外国の沿岸の違法な封鎖など)、行為の「結果」の継続(警察や軍隊による外国人の身体への傷害における傷害という効果や、外国人に対する略奪による、外国人財産の暫時あるいは永久の消滅という効果や、さらに、中立船舶あるいは航空機の破壊の効果など)ではない。もっとも、両者の区別は常に明確ともいえない。

(4) 再発防止保証の位置づけ

責任追及国が責任国に**再発防止保証**を請求する実践はあるし、学説でも、救済の1つである満足の一例として再発防止保証をとらえるものもある。論理的に考えれば、(すでに起きたか継続している)違法行為の法的結果を規律する国家責任法が、「将来」の義務の履行保証を与えることをその範囲に含むのかは疑問ともいえる。2001年条文は、違法行為中止と再発防止保証を「将来における法的効果」として規定する(30条)。

裁判例では、ラグラン事件判決でICJは、1963年領事関係条約36条1項(b)の通報および通告義務の違反について、陳謝だけでは救済として不十分であるという原告の主張を受け入れて、次のように判示した。すなわち、長期拘禁または重大な刑が宣告された場合、陳謝と再発防止保証の約束だけでは不十分であり、具体的な手段の選定は国家の裁量に委ねるが、刑の宣告を再審査し救済を与えなければならないとした。もっとも、再発防止保証につき、ICJは、国家責任法上の救済の一環であることは明示しておらず、領事関係条約の解釈によるものであるのか明確ではない。

(5) 対抗措置

先に述べたように(→本章1(5))、2001年条文は国家責任法上の対抗措置を規定しており、被害国は49条以下の規定にしたがって対抗措置をとることができる。被害国以外の国家について、54条は、48条1項(→本章6(1))に基づき他の国の責任を追及する権利を有する国が、違反の中止、および、被害国または違反された義務の受益国の利益のための賠償を確保するために、責任を負う国に対してとる合法的な措置を妨げるものではないとしている。

近代国際法以来、相手国の国際違法行為に対して、その中止、原状回復または救済を求めるために、国際違法行為(輸出入の禁止、条約義務の一方的な停止、在留外国人の資産の凍結または追放など)により対抗する**復仇**(reprisal)が認められてきている(→1章1(3)(b))。2001年条文が復仇ではなく対抗措置の語を用いているのは、復仇という語が制裁の意味を含意しやすいことから、それを回避するためとされている。また、戦争の禁止および武力行使の禁止(→18章1)により、現在では武力を用いた武力復仇は許されない。他方で、**報復**(retorsion)は、復仇や対抗措置とは異なる。報復は、相手国の措置や政策が国際法上違法であるか否かに関わらず、それらの撤廃や廃止などを要求するために、国際法に違反しない非友好的行為(外交関係の断絶、相手国政府の行為の非承認、入国の制限など)で対抗することをいう。

対抗措置は、相手国の国際違法行為の存在を要件として、その違法性を阻却される(→本章4(3))。そして2001年条文は、復仇が合法であるための要件に関する伝統的な議論を踏まえて、対抗措置を次のように制限している。第1に、目的による制限として、対抗措置は国際違法行為の責任を負う国が負う①違法行為を中止する義務と②被害国に賠償を与える義務を履行するように促す(induce)ことを目的とする(49条1項。なお、国家責任の内容として責任国が負う義務の内容を規定する2001年条文第2部は、本章5(1)～(4)で述べたように、違法行為中止義務と再発防止保証義務、また、原状回復・金銭賠償・満足の義務を規定するが、49条1項のコメンタリーは、ここで述べた①と②の義務を責任国に促すことだけを対抗措置の目的としている)。第2に、対抗措置に訴える事前に充足すべき手続的要件としては、相手国に責任に伴う義務を履行するように要求すること、および、対抗措置をとることを相手国に通告して、交渉を申し出ることがある(52条)。第3に、実効的な紛争解決手続が存在する場合に対抗措置が制限されるかについては、論争があった。米仏航空業務協定事件[14][判例116]では、仲裁または司法的解決の手続が存在する場合にも、紛争

14 **米仏航空業務協定事件** 1946年米仏航空業務協定の下で、特定の中継地点での機種の変更の可否に関する条文の解釈をめぐって米国とフランス間で争いがおきた。米国の指定業者パンナム航空の航空機がオルリー空港に着陸した際に、フランス当局がとった措置を不満とした米国は、両国間で仲裁裁判への付託に関する交渉が行われている間に、エールフランスに米国―フランス間の航空便の一部の運航停止命令を出した。両国は付託合意を締結して、紛争を仲裁に付託した。

が付託される前は、対抗措置をとる権利は否定されないが、紛争が付託されて裁判所が暫定措置を取る権限をもつ限りは、対抗措置の権利は消滅し現存の対抗措置の終了をもたらすことがあるとされた。2001年条文は、議論の末、対抗措置をとる国が当該国と責任国との間に適用されるあらゆる紛争解決手続を履行する義務(50条2項(a))と、紛争が当事国を拘束する決定を伴う裁判所または裁定機関に付託されている場合には、対抗措置をとってはならないこと、すでにとっている対抗措置を遅滞なく停止しなければならないこと(52条3項(b))を規定した。第4に、対抗措置としてとられる措置に対する制限がある。1つは、対抗措置としてとられる措置は、次の義務に違反するものであってはならないことである。すなわち、国連憲章上の武力による威嚇または武力の行使の禁止義務、基本的人権保護の義務、復仇が禁止される人道的性格の義務、強行規範に基づく義務である。もう1つは、対抗措置としてとられる措置は、問題となる国際違法行為および権利の重大性を考慮しつつ被った被害と均衡するものでなければならないことである(51条)。

6. 国家責任の追及

(1) 国家責任の追及資格

法益侵害を国家責任の発生要件とするかについては、先に(→本章4(2))述べたが、伝統的には、国家責任は加害国と被害国との2国間関係で発生し、自国に固有の法益侵害を受けた国が国家責任を追及する資格があると考えられてきた。これに対して、2001年条文は、「被害国」に国家責任の追及を認めるが、「被害国」以外の国にも、一定の責任の追及資格を認める(→本章1(2))。

2001年条文は、法益侵害を国家責任の発生要件と認めるかは1次規則の問題であるとする。そのことと、責任追及資格を決める「被害国」概念との関係など、詳細を突き詰めると、同条文は不明確さを残す。同条文では、国家責任の追及に関しては、42条(a)は違反された義務が個別的に当該国に対するものである場合に、当該国を被害国と認め、国家責任の追及の資格を認める。そこで、「被害国」と法益侵害を受ける国との関係が問題になるが、1次規則が法益侵害を国家責任の発生に必要としていないが、42条(a)の要件をみたせば、当該国は、法益侵害の発生がなくても被害国となると解される。

42条(b)(i)は、違反されている義務が当該国を含む国の集団若しくは国際共同体全体に対するものである場合に、義務違反により特別の影響を受けた国を被害国と認める。ここにいう「特別の影響」を受けるとは、コメンタリーによれば、被害国の説明として、「個別の権利が国際違法行為により否定されるか侵害される場合、あるいは、特別に影響を受ける場合」とあり、それは法益侵害を受ける場合もそれ以外の場合を含むのか、明らかではない。42条(b)(ii)は、違反されている義務が国の集団または国際社会全体に対して負う義務であって、義務の違反が当該義務の履行の継続についての他のすべての国家の立場を根本的に変更する性質のものであるときは、義務違反により特別の影響を受けない国家でも被害国であることを認める。そのような義務を規定する条約として、コメンタリーでは、例えば軍縮条約や非核地帯条約が挙げられている。

それに加えて2001年条文48条は、違反された義務が「当該国を含む集団に対するものであり、かつ、当該集団の集団的利益のために設けられた場合」、または、「国際社会全体に対するものである場合」には、被害国以外の国家が他国の責任を追及する権利を規定する。そこでは、被害国以外の国家は、違法行為中止、再発防止保証を請求することができる。さらに、原状回復・金銭賠償・満足といった義務については、被害国および違反された義務の受益者の利益のためにであれば、被害国以外の国家が責任国に請求することができる。このように、2001年条文42条(b)(ii)および48条は、そこに規定する性質をもつ多数国間条約の場合に、追及できる責任の内容や要件は各々の条文において異なるが、いずれの場合も法益侵害を受けない国家に責任追及資格を認めている。これらの規定は、慣習法の法典化というよりも、法の漸進的発達を示すものと考えられる。それゆえに、今後、これらの規定が国際実践により確立するかは現在では予測しにくい。

もっとも、裁判例からは、多数国間的性質をもつ義務や対世的(普遍的)義務の違反につき、固有の法益侵害を受けない国家が義務の履行を求める法益に侵害を受けるかが問題になりえた事例として、1923年のPCIJウィンブルドン号事件判決[15][判例20]、1970年のICJバルセロナ・トラクション事件

15 **ウィンブルドン号事件** 第1次大戦後に、ドイツは中立令を根拠としてキール運河のフランス

第2段階判決[16][判例125]、1966年のICJ南西アフリカ事件第2段階判決[17][判例144]がある。けれどもこれらは、自国に固有の法益侵害を受けていない国家が、国家責任を追及し救済を求めた例とは解しにくい。固有の法益侵害を受けない国家は、当該義務規定の権威的解釈を裁判所に請求する法益をもつとか(ウィンブルドン号事件判決、南西アフリカ事件第2段階におけるジェサップ判事の反対意見、コレツキー判事の反対意見)、国際運河の自由航行制度の共同履行監視としての、義務違反認定を請求する法益を認められた(ウィンブルドン号事件)と解される。バルセロナ・トラクション事件第2段階判決でもICJは、対世的(普遍的)義務を定義し、その義務に保護される権利の重要性により、すべての国がその権利の保護につき法的利益(a legal interest)をもつとしたが、国家責任法の救済の対象となる法益と述べたのではない。

これらに対して、2012年の「訴追か引渡しかの義務事件」(ベルギー・セネガル事件)[18]では、ICJは、1984年拷問等禁止条約の当事国であれば、他の当事国の条約上の義務違反の中止を請求し違反国の国家責任を追及する原告適格

船舶の航行を拒否し、ヴェルサイユ条約の違反を問われた。PCIJにおいて、ドイツの行為の違法認定と同船舶が迂回を余儀なくされたことによる損害の賠償が求められた。ヴェルサイユ条約における紛争解決条項を根拠に、フランス以外に、英国、日本、イタリアも共同原告となった。

16　**バルセロナ・トラクション事件**　カナダ法を準拠法とするバルセロナ・トラクション会社はスペインでその子会社が営業していた。ベルギー人株主も存在した。スペインの内乱が背景となって、スペインにある子会社の社債の利払いの中断などを経て、スペイン国内裁判所により子会社群は破産宣告を受けた。ベルギー人株主の損害を根拠として、ベルギーが外交的保護権を行使するとしてスペインを訴えた。ICJは、株主の国籍国には外交的保護権を認めなかった。傍論で、ICJが国際義務は、相互的義務と、全ての国家あるいは国際社会に対して負う対世的(普遍的)義務とがあると宣言したことが、その後に「対世的(普遍的)義務」観念の定着を導いた。

17　**南西アフリカ事件**　南アフリカは、国際連盟期に南西アフリカを委任統治地域とした。連盟規約22条および委任状の義務を履行していないとして、南アフリカに対して国連の時代にはいって総会による非難決議も出されていた。エチオピアとリベリアが、委任状7条に基づき、南アフリカの委任状義務の違反認定を求める提訴をICJに対して行った。管轄権段階ではICJは両国が原告となる本件につき管轄権を認めたが、本案段階では、両国が原告となるための法的利益を否定した。

18　**訴追か引渡しかの義務事件**　チャドのアブレ大統領政権下で人道に対する罪や拷問により被害をうけたとして、アブレの亡命先であるセネガルの国内裁判所へチャド国民が告訴した。他方、チャド系のベルギー国籍人や両国の二重国籍人が、人道法違反、拷問、ジェノサイドの罪についてベルギー国内裁判所に告訴した。これを受けてベルギーはアブレに対する国際逮捕状を発出し、セネガルはアブレを逮捕したが、国家元首の行為に関する裁判権免除を根拠に、ベルギーからの引渡し請求を判断する管轄権がないとした。ベルギーはセネガルはアブレにつき拷問等禁止条約と国際人道法上の処罰に関する慣習法の違反であると訴えた。ベルギーの原告適格が争われたが、ICJは、上記本文のようにベルギーの原告適格を認めた(→13章注1)。

があることを認めた。共通利益を実現する条約では、問題となる義務はいかなる当事国によっても他のすべての当事国に対して負われるからという趣旨である(obligation *erga omnes partes*)。共通利益を実現する条約に何が該当するかは特定が容易ではなく、ICJがこの論理を一般化する趣旨かは今後を見るほかない。

(2) 外交的保護の制度

外国人が在留国で被害をうけて、在留国の国内手続により適当な救済をえることができないときに、当該外国人の国籍国が自国民のために在留国の国家責任を追及することを**外交的保護**という。

外交的保護は、国家の権利であって、外交的保護を行使するか否かは国家が決定する。国際法がこれを義務づけるとか、被害をうけた個人が国際法上で、自国に外交的保護を請求する権利をもつわけではない。国家が外交的保護権を行使するのは、自国民の被害を介して「国家自身の国際法上の権利」に侵害を受けたからという理由による。この国家の権利とは、「国家は自国民が外国で国際法に従って適切な処遇を受けることを請求する権利」である。

二元論(→1章4(2)(a))により国家と個人、国際法と国内法の厳格な区別に立脚したこの論理は、裁判実践でも一貫して確認されている(1924年PCIJマヴロマチス特許改訂事件判決[19][判例121A]、バルセロナ・トラクション事件第2段階判決、シシリー電子工業会社事件判決など)。

個人の法主体性に関する議論の発展をみると、外交的保護権が国家の権利であるという論理が現在でも通用するかについては、再考する余地が多分にある。2006年にILCが採択した**外交的保護条文**は、1条で外交的保護を定義するが、コメンタリーにおいて、外交的保護権を行使する国家は、自らの権利か、自国民の権利か、その双方のいずれにおいてそうするのかについて未決のままにしていると述べている。

19　**マヴロマチス事件**　ギリシャ人マヴロマチスは、1914年よりエルサレムにおける鉄道・電力・水道事業に関するコンセッションをトルコより得ていた。第1次大戦後パレスチナが英国の委任統治下にはいり、英国は他の者にもマヴロマチスのもつものと競合するコンセッションを付与した。ギリシャが、マヴロマチスの損害を契機として外交的保護権を行使してPCIJに英国を訴えた。

また、同条文19条は、外交的保護権を行使する国に対して、国民に特に重大な侵害が生じた場合には外交的保護権の行使に妥当な考慮を払うこと、外交的保護権の行使について、可能な場合には被害者の見解を考慮することを推奨している。

外交的保護権の行使の要件は、第1に、国籍継続であって、被害者である私人(自然人・法人・船舶・航空機など)は、法益侵害を受けた時点から国際請求の時点まで継続して、外交的保護権を行使する国家の国籍を有している必要がある(**国籍継続の原則**、外交的保護条文5条1項。ただし、5条2項で特例を認める)。

国籍付与要件については、1955年のノッテボーム事件第2段階判決[判例124]がある。ノッテボームは数ヵ月でリヒテンシュタインの国籍を取得したが、それに先立ち数十年の間、生活基盤をグァテマラに持っていた。グァテマラが同人の財産に損害を与えたところ、リヒテンシュタインが同人のために、グァテマラに対して外交的保護権を行使してICJに提訴した。ICJは、(国籍付与要件を決めるのは主権国家だが)外交的保護権という国際法上の権利を行使する要件としての国籍は、個人と国家との**真正の結合**を反映するものでなければならないとした。これは実効的国籍の原則であり、真正の結合理論ともよばれる。ただし、実効的国籍の原則は、本来、重国籍の場合に適用があるとして、本件に疑問も示されている。外交的保護条文は、国籍につき真正な結合を要件とはしていない(4条、重国籍の場合につき7条が実効的国籍の原則を規定する)。

外国人株主の国籍国については、ICJはバルセロナ・トラクション事件第2段階判決で株主の国籍国による外交的保護権を否定したが、シシリー電子工業会社事件判決では、紛争当事国である米国とイタリア間の通商条約の解釈の文脈に限定しているともいえるが、これを肯定した。外交的保護条文11条は、会社に対する被害の事件については、限定的に株主の国籍国の外交的保護権を認める。他方で、同12条は、株主としての権利そのものに対して直接の被害を生じる限りにおいて、その国籍国に外交的保護権の行使を認めている。

外交的保護権を行使する第2の要件は、**国内救済完了の原則**とよばれ、それは外交的保護権の行使の前に、被害者である私人が、加害国の国内法上で利用できるすべての救済手段(local remedies)を尽くしていることを求める(外交的保護条文14条)。例外は、上級審で原判決の破棄を期待できない場合とか、裁判官の偏見や差別があって国内救済を期待できない場合などとされる(外交的保護条文15条は、実効的な救済を提供する合理的に利用可能な救済が何ら存在しない場合を含めて5つの場合を例外とする)。

国家と他国の私人との間の開発契約(コンセッション契約)において、私人が、当該国の国内救済を求めるものとし、本国の外交的保護を援用しないことを合意した条項を**カルボ条項**という。先進国本国からの介入を回避するために、その国際法上の効力を中南米諸国が主張した。けれども、外交的保護権が国家の権利であり行使もその裁量による限りは、私人がこれを放棄することはできず、カルボ条項は、国際法上無効といえる。

もっとも、現在では**投資紛争解決国際センター**(ICSID)の活発な機能(→14章3(3))にみるように、国際的手続による個人の救済が進んでいる。

設　問

1. 国際法秩序における国家責任法理の役割について論じなさい。(外専・平16)
2. 国家機関の権限踰越の行為について論じなさい。
3. 個人の行為に起因する国家責任の成立要件について論じなさい。(外専・平25)
4. 国家責任発生のために過失要件はどのように考えられるか論じなさい。(司試・昭52改)
5. 違法行為中止と再発防止保証の位置づけと意義について、事例をあげつつ論じなさい。
6. 非有体法益侵害にはどのような例があり、どのように救済されうるかにつき、事例を挙げつつ論じなさい。
7. 外交保護権発動の要件としての国内救済完了の原則について論じなさい。(外専・昭62)
8. 対抗措置と制裁の相違を明らかにして、対抗措置の発動要件と合法性要件を論じなさい。

【参考文献】

山本草二『国際法における危険責任主義』(東京大学出版会、1982)
田畑茂二郎「私人行為に依る国家の国際責任(1)(2・完)」『法学論叢』39 巻 5、6 号(1938)
安藤仁介「国際法における国家の責任」『基本法学 5・責任』(岩波書店、1984)
松井芳郎「伝統的国際法における国家責任の性格」『国際法外交雑誌』89 巻 1 号(1990)
松井芳郎「国際連合における国家責任法の転換」『国際法外交雑誌』91 巻 4 号(1992)
山本草二「国家責任成立の国際法上の基盤」『国際法外交雑誌』93 巻 3・4 号(1994)
安藤仁介「国家責任に関する国際法委員会の法典化作業とその問題点」『国際法外交雑誌』93 巻 3・4 号(1994)
薬師寺公夫「越境損害と国家の国際適法行為責任」『国際法外交雑誌』93 巻 3・4 号(1994)
兼原敦子「国家責任法における『一般利益』概念適用の限界」『国際法外交雑誌』94 巻 4 号(1995)
兼原敦子「法実証主義の国家責任法論の基本原理再考」『立教法学』59 号(2001)
兼原敦子「非国家実体の国際有害行為に対する国家責任法の対応」岩沢雄司・森川幸一・森肇志・西村弓編『国際法のダイナミズム』(有斐閣、2019)
James Crawford, *The International Law Commission's Articles on State Responsibility* (Cambridge UP, 2002)

第16章　国際環境法

目　次

1. 国際環境法の特質と展開

(1) 国際環境法の特質

国際環境法とは、環境保護に関連する国際法の実体的、手続的および制度的規則の総体をいう。この章で見るように実に広範で多様な規則からなる。国際環境法がその保護をめざす「**環境**」は、我々をとりまくあらゆるものが対象となりうる包括的な概念で、明確に定義することは困難である。1998年の「環境に関する、情報へのアクセス、決定への公衆の参加及び司法へのアクセスに関する条約」(オーフス条約)は、その「環境情報(environmental information)」の定義において、環境の構成要素として、空気、大気、水、土壌、土地、景観、自然遺産、遺伝子改変生物を含む生物多様性とその構成要素を例示する(2条3項(a))。国際環境法の規律は、これらの環境の構成要素だけでなく、環境の構成要素に影響を与える要因、活動または措置、さらには、環境の構成要素の状態により影響を受けうる人の健康および安全、文化遺産や建造物の状態にまで広がる。

人間活動の規模が大きく拡大するにつれて、人間活動が環境に及ぼす影響もまた一国の領域を越えて広がるようになった。こうした国境を越える環境問題の解決には、原因国と被害国の間で、利害を調整し、問題を解決する法的枠組みが必要である。また、オゾン層破壊や地球温暖化といった**地球環境問題**は、一国だけの取組では十分な効果が期待できず、目的達成のためには国家間の協力と調整が不可欠である。国家間の政策協調によって、自らは努力をしないで他国の環境保護の努力から得られる環境保護による利益を享受しようとする国(フリーライダー)を防止し、厳しい環境規制を導入するとその国の企業が国際競争上不利益を被るとの懸念を解消することができれば、結果として各国の環境保全の取組みの水準を高めることが可能になる。中央集権的な統治機構の存在しない国際社会では、国際法は、これらの国際的な環境問題の解決のための法的枠組みを提供するものとして重要な役割を果たすことになる。

国際環境法は、国際的な環境問題への対処を目的とする国際法として、国際法の他の分野にはない特質を持つ法分野へと発展を遂げてきた。もともとは国境を越える環境損害が生じた場合や国際公域の資源管理において国家間の利益調整のための法的枠組みとして展開し始めたものだが、環境悪化によって生じる損害が深刻で、代償不可能であるとの認識をもとに、損害発生後の事後的対応ではなく、損害を未然に防止するための国家間合意の形成へとその焦点を移していく。そして、現在では、例えば、「**持続可能な開発**(sustainable development)」や「**世代間衡平**(intergenerational equity)」に表れるような現在の世代と将来の世代との間の衡平性の確保、すなわち将来の世代もまたそのニーズを満たすことができるよう環境の長期的な持続可能性を維持するように環境を利用すべきという要請や、「**予防原則 / 予防的アプローチ**(precautionary principle/ approach)」に表れるような科学的不確実性に対して慎慮を持って行動するという国家の行動規範の形成、環境条約に特有の履行確保制度である遵守手続の導入など、国際環境法は独特の規範体系を持つ国際法の法分野として構築されている(→本章3、4、6)。同時に、国際環境法は、損害の未然防止の法としての側面を強く維持しつつ、損害が生じた場合に損害発生の原因者に確実に賠償させることで、損害の回復を確実にし、被害者を救済するための**責任の法制度**も発展させている(→本章5)。

(2) 国際環境法の展開

ここ40年で急速に発展した国際環境法の展開を大きく4つの時期に分けて概観する。

(a) 19世紀後半から第2次大戦終了まで(～1945年)

国際環境法の萌芽は、早くは19世紀後半から20世紀初頭、公海の生物資源の利用、国境を接する2国間での越境汚染、渡り鳥などの野生動植物の保護などの分野に見られる。

この時期の国際環境法は、主として**2国間条約**からなり、その保護の対象は、人間にとって有益な天然資源(とりわけ動植物)で、資源の過度な利用を制限し、これらの資源の継続的な利用を確保するための法制度を設けることに主眼が置かれていた。貴重な漁業資源や益鳥の保護を目的とした条約(1902年の「農業に有益な鳥の保護のための条約」など)や国境を越える河川や海洋の保護を目的とした条約(1909年の英米国境水条約など)がその例である。

この時期の注目される判例は、1941年の**トレイル熔鉱所事件**仲裁判決［判例129］である。カナダのトレイルにある、鉛と亜鉛の精錬を行う民間の熔鉱所から出た亜硫酸ガス（SO2）を含む煤煙が米国まで及び、農作物や森林に損害を与えた。仲裁裁判所は、「国際法の諸原則のもとでは、煤煙による損害が重大な結果を伴い、さらに煤煙による侵害が明白かつ説得的な証拠により立証される場合には、いかなる国家も、他国領域内においてもしくは他国領域に対してまたは他国領域内の財産もしくは人に対して、煤煙による損害を発生させるような方法で、自国の領土を使用しまたはその使用を許す権利を有しない」と判示した。これは、他国に侵害が生じないように自国領域を使用しなければならないという国家の義務を大気汚染の文脈で確認したもので、その後の**領域使用の管理責任**確立の基礎となった。さらに、環境保護の文脈では、人間環境宣言原則21やリオ宣言原則2が定めるような、国境を越える環境損害を防止する国家の義務（**越境環境損害防止義務**）を導くこととなる（→本章3）。

(b) 国連の設立からストックホルム会議まで（1945年～1972年）

科学的知見の深化と人間活動に起因する環境負荷の増大を背景に、この時期になると、2国間条約だけではなく多数国間環境条約の締結が進展する。さらに、環境条約の策定と履行に非国家主体（国際機構、**非政府団体（NGO）**など）が関与し、場合によっては主導する事例が見られるようになる。国連憲章には環境保護について定めた明文の規定はないが、政府間海事協議機関（IMCO）＝現在の国際海事機関（IMO）が、1954年の「油による海水の汚濁の防止に関する国際条約」（OILPOL）など海洋汚染に関する条約の策定を主導した。1971年の「特に水鳥の生息地として国際的に重要な湿地に関する条約」（ラムサール条約）は、この分野で高い専門性を持つ国際自然保護連合（IUCN）をはじめとするNGOや専門家が条約の締結に大きな役割を果たした。こうした経緯から、ラムサール条約の事務局は当初IUCNが担うこととされた。しかし、1945年以前に比べ環境条約の数は増えたものの、その締結はアド・ホックで散発的なもので、体系的、組織的なものではなかった。

(c) ストックホルム会議からリオ会議まで(1972年〜1992年)

1972年の**国連人間環境会議**(**ストックホルム会議**)は、国連が環境問題を普遍的問題としてとりあげた最初の会議である。この会議を契機に、国連が国際環境法の発展に中心的役割を演じるようになった。まず、国連人間環境会議では、その後の国際環境法の発展に大きな影響を与える「**人間環境宣言**(**ストックホルム宣言**)」と「**行動計画**」が採択された。特に、**人間環境宣言原則21**は、トレイル熔鉱所事件以降発展してきた**領域使用の管理責任**を環境保護の文脈で明確に宣明し、同時にその適用範囲を拡大した(→本章3)。次に、この会議を契機に、「人間環境宣言」と「行動計画」の実施機関として、1973年、国連総会の補助機関として**国連環境計画**(**UNEP**)が設置された。UNEPは、既存の国連諸機関が実施している環境に関する活動を総合的に調整・管理し、未着手の環境問題への対処を促す触媒的機能を果たすとともに、オゾン層保護条約、生物多様性条約などの条約の作成の場を提供し、多くの多数国間環境条約の事務局機能を果たしている。また、国際環境法は、本来、その目的と対象を人間に有益な「資源」たる環境の保全に軸を置く人間中心的な側面を強く持つが、1982年の世界自然憲章(国連総会決議37/7)が示すように、この頃から、固有の価値を持つ「環境」の保全をその視野に入れるようになった。

80年代半ばには、環境保護と経済発展の密接な連関をふまえて、地球環境保護と発展の課題に取り組む国際社会の政策目標・指導原則として「**持続可能な開発**」という概念を提示したのも国連であった。UNEP管理理事会決定を国連総会が承認し(決議38/161)設置された「環境と開発に関する世界委員会」が作成した報告書「我ら共通の未来」(1986年)は、「**持続可能な開発**」を、「将来の世代が自らのニーズを満たす能力を損なうことなく、現在の世代のニーズを満たすような発展」と定義し、国際社会の政策目標・指導原則として広く普及させた。「持続可能な開発」という概念は、1997年の**ガブチコボ・ナジマロシュ計画事件**判決[1] [判例112]において国際司法裁判所(ICJ)によって援用

1　**ガブチコボ・ナジマロシュ計画事件**　ハンガリーとチェコスロバキア(当時)は、1977年にダニューブ河に発電、洪水対策などを目的とするダムを建設・運用することを約した条約を締結したが、その後ハンガリーが事業の環境影響を理由に作業を中断し、スロバキアは作業を継続し、独自にヴァリアントCを建設した。ハンガリーは、1977年条約を終了させ事業を中止する権利を有するか、スロバキアはヴァリアントCを運用する権利を有するかが争点となった。ICJ

されるなど、国際環境法の発展に少なからぬ影響を与えている(→本章4)。

(d) リオ会議以降(1992年〜)

1992年6月、ブラジルのリオ・デ・ジャネイロで開催された**国連環境開発会議**(**リオ会議、地球サミット**)以降、特に地球環境問題への対処において顕著に見られるように、国際法の他の分野と異なる特質を有する法分野として国際環境法が確立していく。リオ会議では、①「**環境と発展に関するリオ・デ・ジャネイロ宣言**」(**リオ宣言**)、②それを具体的に実施する行動計画たる**アジェンダ21**、③森林保全の行動原則を定める**森林原則声明**が採択された。中でも、リオ宣言は、**越境環境損害防止義務**を定める原則2(→本章3)、「**共通に有しているが差異のある責任**」を定める原則7、**予防的アプローチ**を定める原則15、**汚染者負担原則**を定める原則16など、その後の国際環境法の発展の基礎となる重要な原則を確認している(→本章4)。これらの原則を基礎に、地球環境問題に対処する多くの多数国間環境条約が締結され、現在の国際環境法の中核を占めている。リオ会議に向けて交渉が進められ、会議の際に署名のために開放された、気候変動枠組条約と生物多様性条約はその代表例である。リオ会議ではまた、アジェンダ21の実施状況を評価し検討するため、国連経済社会理事会の下に「持続可能な開発に関する委員会(CSD)」を設置することが合意された。

とりわけ1990年代に入ってから、ICJ、国際海洋法裁判所、世界貿易機関(WTO)紛争解決機関などに少なからぬ数の環境関連紛争が付託され、それがさらなる国際環境法の展開をもたらしている。2002年8-9月には、リオ会議から10年の節目に、アジェンダ21などを見直し、新たに生じた課題について討議するために、「**持続可能な開発に関する世界首脳会議**」(**ヨハネスブルグ・サミット**)が開催され、「持続可能な開発に関するヨハネスブルグ宣言」と実施計画が採択された。リオ会議から20年目の2012年6月には、リオ会議のフォローアップを目的として**国連持続可能な開発会議**(**リオ＋20**)がリオ・デ・ジャ

は、ハンガリーは作業を中断する権利を持たず、スロバキアもまたヴァリアントCを建設する権利を持たなかったとし、発電所稼働の環境影響を再考し、満足のいく解決のために交渉することを紛争当事国に求めた。

ネイロで開催された。その成果文書「我々の求める未来」は、水、エネルギー、海洋など26の分野の今後の行動を定めるとともに、特に国連の制度について、UNEPの権限強化や、CSDに代わりすべての国が参加できる「持続可能な開発に関するハイレベル政治フォーラム(HLPF)」を設置することが合意された。また、2012年12月、国連総会は、すべての国連加盟国が参加する**国連環境総会(UNEA)**の設置を決定した。

2015年9月に開催された国連持続可能な開発サミットでは、2030年をめどに国際社会が実現をめざす共通の目標・ビジョンを定めた「我々の世界を変革する：持続可能な開発のための2030アジェンダ」が採択された。この2030アジェンダには、2001年に策定されたミレニアム開発目標(MDGs)の後継として、「**持続可能な開発目標(SDGs)**」が盛りこまれており、毎年開催されるHLPFがSDGsのフォローアップの中心的役割を担っている。

2. 国際環境法の法源と規範形成過程

(1) 国際環境法の法源

国際環境法の法源は、確立した国際法の法源(→2章)である**条約**と**慣習法**であるが、国際環境法の展開が主として1970年以降と日が浅く、中心となる法源は条約で、多くの多数国間環境条約が採択されている(表16-1参照)。こうした法源に加えて、国連総会など**国際機構の決議**と締結された条約の下に設置される**条約機関の決定**が、国際環境法の規範形成過程において重要な役割を果たしている。国連総会などの国際機構の決議は、法源と考えることはできないが、他の分野と同様、条約締結に向けた国家間交渉の基礎を提供する事例も少なくない。また、条約機関の決定も原則として拘束力を有しないが、条約機関、とりわけ**締約国会議(COP)**の決定は、環境条約の実施に必要な細則を定め、条約規定を明確化し、条約の改正案や新たな議定書案を作成するなど、科学的知見や経済の変化、技術の進展に応じた新たな規範を形成する機能を果たす。

(2) 規範形成過程の特質

国際環境法の規範形成過程にはいくつかの特質が見られる。第1に、その

表16-1　主要な多数国間環境条約と実施関連国内法

条　約	採択・発効	主たる内容
ラムサール条約	1971年2月2日署名 1975年12月21日発効	国際的に重要な湿地の保全
ワシントン条約（CITES）	1973年3月3日署名 1975年7月1日発効	絶滅のおそれのある動植物種の国際取引の規制
オゾン層保護条約	1985年3月22日採択 1988年9月22日発効	成層圏オゾン層の保護
モントリオール議定書 (オゾン層保護条約議定書)	1987年9月16日採択 1989年1月1日発効	成層圏オゾン層を破壊する物質の規制
バーゼル条約	1989年3月22日採択 1992年5月5日発効	有害廃棄物の越境移動の規制
バーゼル条約改正	1995年9月22日採択 2019年12月5日発効	先進国から発展途上国への有害廃棄物の越境移動の原則禁止
バーゼル条約賠償責任議定書	1999年12月10日採択 未発効	有害廃棄物の越境移動から生じる損害の賠償に関する規則を定める
気候変動枠組条約	1992年5月9日採択 1994年3月21日発効	気候変動防止の国際協力の枠組を定める
京都議定書 (気候変動枠組条約議定書)	1997年12月11日採択 2005年2月16日発効	温室効果ガスの削減義務を先進国と旧社会主義国に課す
パリ協定	2015年12月12日採択 2016年11月4日発効	2020年以降の気候変動防止の国際枠組を定める
生物多様性条約	1992年5月22日採択 1993年12月29日発効	生物多様性の保護
バイオセーフティ議定書 (カルタヘナ議定書)	2000年1月29日採択 2003年9月11日発効	遺伝子改変生物の越境移動の規制
責任および救済補足議定書 (名古屋・クアラルンプール補足議定書)	2010年10月15日採択 2018年3月5日発効	遺伝子改変生物の越境移動による生物多様性への損害の責任と救済に関する規則を定める
遺伝資源のアクセスと利益配分に関する名古屋議定書（名古屋議定書）	2010年10月29日採択 2014年10月12日発効	遺伝資源へのアクセスに関わる事前同意や公正かつ衡平な利益配分のための規則を定める
砂漠化対処条約	1994年6月17日採択 1996年12月26日発効	砂漠化に対処する国際的枠組を定める
海洋投棄防止ロンドン条約1996年議定書	1996年11月7日採択 2006年3月24日発効	廃棄物などの海洋投棄の防止
ロッテルダム条約	1998年9月10日採択 2004年2月24日発効	有害化学物質と農薬の国際取引の規制
ストックホルム条約 (POPs条約)	2001年5月22日採択 2004年5月17日発効	残留性有機汚染物質の規制
水銀条約 (水俣条約)	2013年10月10日採択 2017年8月16日発効	水銀リスク低減のための水銀の規制

日本の批准	実施のための日本の主要国内法
1980年6月17日加入	鳥獣保護法、自然公園法、文化財保護法
1980年8月6日受諾	外為法、漁業法、関税法、種の保存法
1988年9月30日加入	オゾン層保護法、外為法、フロン排出抑制法
1988年9月30日受諾	
1993年9月17日加入	バーゼル法、廃掃法、外為法
未批准	
未批准	
1993年5月28日受諾	地球温暖化対策推進法
2002年6月4日受諾	
2016年11月8日受諾	新たな立法措置はなし
1993年5月28日受諾	自然環境保全法、自然公園法、鳥獣保護法、種の保存法、森林法、外来生物法など
2003年11月21日加入	カルタヘナ法
2017年12月5日受諾	カルタヘナ法（2017年改正）
2017年5月22日受諾	遺伝資源の取得の機会及びその利用から生ずる利益の公正かつ衡平な配分に関す指針
1998年9月11日加入	実施法なし
2007年10月2日加入	海洋汚染防止法、廃掃法
2004年6月15日受諾	輸出貿易管理令
2002年8月30日加入	化審法、農薬取締法、バーゼル法、ダイオキシン類対策特別措置法、廃掃法、PCB特別措置法、外為法、輸出・輸入貿易管理令
2016年2月2日受諾	水銀環境汚染防止法、大気汚染防止法、外為法

規範形成過程の重層性と進化性である。地球環境問題は、社会、経済といった多数の要因が複雑に関連し、また、科学的不確実性をしばしば伴うゆえに、具体的な義務について国家間で迅速に合意を形成することが容易ではない。その場合、全体目標、締約国間の協力義務、条約機関など問題に対処する大まかな枠組みを定める枠組条約をまず締結し、その後、枠組条約の締約国となった国家間で、より具体的で詳細な義務を定める議定書を締結し、合意の水準を高めていくという**枠組条約方式**がしばしば用いられている(オゾン層保護条約とモントリオール議定書、気候変動枠組条約と京都議定書など)。さらに、科学的知見や社会、経済、技術の進展に応じて、新たな議定書、附属書の採択や現行の議定書、附属書の改正、そして、締約国会議など条約機関の決定などを通じて、国家間の新たな合意が積み重ねられ、それらが一体となって問題に対処する条約制度を形成し機能させている。そして、その合意の内容は、状況の変化に応じて更新され、進化していく。こうした重層的で進化するダイナミックな規範形成過程の軸となるのが**締約国会議(COP)**である。締約国会議は、締約国間で合意された規範の実施を監督するとともに、実施の進捗や科学的知見や社会・経済条件などの変化をふまえた新たな規範形成を促す場となる。こうした継続した規範形成の基礎を提供し、規範発展の予見可能性と安定性を高めるのに、国際環境法では原則が重要な役割を演じている(→本章4(1))。また、状況の変化に対応して新たに規範が形成されても、各国の批准に時間がかかりその効力の発生に時間を要すると条約制度の実効性を損ねてしまう。そのため、附属書やモントリオール議定書の調整など技術的事項に関する合意については、異議を出した締約国以外の締約国については一定期間の経過後批准手続を経ないで効力が発生する手法(**Opting out方式**)も採られている。

第2は、規範形成過程に**科学**(者)が大きな役割を果たす点である。気候変動に関する政府間パネル(IPCC)は、科学者が気候変動研究の最新の科学的知見をまとめ、その報告書は、気候変動枠組条約と京都議定書の締約国会議に提示される。締約国会議は、提示された科学的知見に基づいて条約の目的達成のために必要な行動について議論し、決定を行う(特に京都議定書3条4項、5条)。締約国会議が、科学的評価などを行う専門家からなる条約機関を設けることも多い。このように、多くの条約において最新の科学的知見が規範形成過程に注入される仕組みが設けられ、科学的知見を基礎に国家間の交渉が行われ、規範が形成される。

第3は、**非国家主体**が規範形成過程にしばしば重要な役割を果たす点である。高い専門性を有する個人や団体・機関が規範形成過程に重要な役割を果たすのに加えて、国連総会やUNEPなどが規範形成の基礎となる合意を提供し、実際の規範形成過程を補佐する役割を果たしている(→本章1(2))。また、多くの多数国間環境条約の条約機関の会合には、利害を有する経済主体、環境保護団体がオブザーバーとして出席することが認められ、国家代表へのロビーイングの機会も与えられており、規範形成過程に事実上少なからぬ影響を与えている。

3. 環境保全に関する国家の基本的権利義務

(1) 国家の越境環境損害防止義務

人間環境宣言原則21は、国家が、自国の天然資源および環境に対する主権的権利を有するとともに、「自国の管轄または管理の下における活動が他国の環境または国の管轄の外の区域の環境に損害を及ぼさないように確保することについて責任を有する」と定める。リオ宣言原則2でもほぼ同じ文言で確認されている。この**越境環境損害防止義務**は、前述の**トレイル熔鉱所事件**仲裁判決[判例129]に始まり、1949年の**コルフ海峡事件**本案判決[2] [判例42]を経て発展した**領域使用の管理責任**を、国境を越える環境損害という文脈で適用するものである。他方で、越境環境損害防止義務は、従来の領域使用の管理責任の原則よりも2つの点でその適用を拡大している。第1に、国家は、他国の環境だけではなく、公海など国家の管轄権を越える地域の環境にも損害を与えないよう確保しなければならない。第2に、国家は、その属地的管轄権内にある活動のみならず、国家の「管理(control)」下の活動も他国や国家の管轄権を越える地域の環境に損害を与えないよう確保することが求められて

2　**コルフ海峡事件**　1946年、アルバニアの領海で水雷に接触して英国軍艦が損害を被った事件。ICJは、水雷の設置者を特定しないまま、海域に主権を有するアルバニアが了知することなしに、水雷を設置することはできなかったとし、損害の発生が予見できたにもかかわらず損害発生を回避する措置をとらなかったとしてアルバニアの責任を認めた。

いる。原則21のこの文言は、国家が、その国に登録された船舶や航空機が国家の属地的管轄権外で行う活動についても、自国の管轄権外の環境に損害を与えないよう確保しなければならないことを意図したものである。

越境環境損害防止義務は、現在では慣習法上の義務であると認定されている。1996年の**核兵器使用の合法性事件**勧告的意見[3][判例163]において、ICJは、国家の「管轄権や管理の下にある活動が他国の環境または国家の管理の及ばない地域の環境を尊重するよう確保する国家の一般的義務」が存在すると判断した。また、この勧告的意見を引用する形で、**ガブチコボ・ナジマロシュ計画事件**判決[判例112]でもこれを再確認した。越境環境損害防止義務は、国家の**相当の注意**(due diligence)**義務**の1つであり、関連する事実や法規則に関する情報を得て、時宜にかなった方法で適切な措置をとるよう国家が合理的に努力することを要求する。ここで国家に求められる相当の注意の水準は、特定の事案において越境損害の危険の程度に十分でかつ均衡したと考えられる水準であり、事案ごとに判断される。国際法委員会(ILC)の2001年の「**危険な活動から生ずる越境損害の防止に関する条文草案**」は、環境に対する損害を含め越境損害を防止する国家の義務を明確化するものだが、活動の事前許可制の導入、事前通報・協議など、生じるおそれのある越境損害を未然に防止するための手続的義務を明確にし、**相当の注意義務の客観化**に力点をおいている。これに関連して、ICJは、2010年の**パルプ工場事件**本案判決[4][判例132]において、計画中の産業活動が、とりわけ共有資源に対して、国境を越えて相当の悪影響を及ぼす危険がある場合**環境影響評価**を行うことを一般国際法上の義務とみなしうる可能性を指摘し、そのような場合に事前に環境影響評価を行わないことは相当の注意義務とそれが含意する警戒および防

---

3 **核兵器使用の合法性事件** 1993年、核兵器の威嚇または使用が国際法上許されるかについて国連総会が勧告的意見を求めた事案で、ICJは、国際人道法に照らした判断に加え、環境保護に関する国際法は、核兵器の使用を明示的に禁止していないが、重要な環境上の要因が、武力紛争時に適用される法の原則および規則の実施の文脈で適切に考慮されるべきことを示しているとした。

4 **パルプ工場事件** ウルグアイがウルグアイ川河畔に2つのパルプ工場を建設・操業させおよびその建設・操業を認可したことが、ウルグアイ川の水質や流域に影響を与え、ウルグアイとアルゼンチン間の1975年条約の義務に違反するかどうかが争われた事件。ICJはウルグアイの手続的義務の違反を認めたが、ウルグアイ川とその流域に、要求される注意義務違反となるような悪影響が生じている証拠はないとし、実体的義務の違反はないと判断した。

止の義務の不履行とみなされるだろうと判じた。ただし、環境影響評価の範囲や内容については、国際法は定めておらず、各国の国内法や国内手続で決定されるとした。2011年の深海底における探査活動を行う個人および団体を保証する国家の責任および義務に関する勧告的意見(**深海底活動保証国責任事件**)[5]で、国際海洋法裁判所は、環境影響評価を行う義務は慣習法上の一般的義務であると判断した。さらに、同事件において、**予防的アプローチ**が保証国の一般的義務である相当の注意義務の不可分の一部であるとし、科学的証拠は不十分だが潜在的リスクの存在を示す理由がある場合にも相当の注意義務が適用され、保証国がこうした潜在的リスクを無視するならば相当の注意義務を履行していないということになろうと判断した(→本章4(4))。

(2) 事前通報・協議の義務

事前通報・協議の義務は、前述の**越境環境損害防止義務**と密接な関連性を有する手続的義務である。**コルフ海峡事件**本案判決[判例42]で、ICJは、急迫した他国への危険を了知した国は損害を受けるおそれのある国に直ちに通報する義務があることを確認した。また、1957年の**ラヌー湖事件**仲裁判決[判例130]では、一方の紛争当事者のスペインは、他方当事者のフランスにはラヌー湖の水利用に影響を与えるおそれのある事業を行うことについてスペインから事前の同意を得る義務があると主張したが、仲裁裁判所は、他国の利益に影響を及ぼすおそれのある活動について事前に通報し、協議する義務があるとは認めたものの、他国に拒否権を認めることになるとして事前に同意を得る義務があるとは認めなかった。この事前通報・協議の義務は、**越境環境損害防止義務**の一部として慣習法上の地位を有するとともに、国境を越える環境影響の規制を目的とする多くの条約において規定されている。

5　**深海底活動保証国責任事件**　国連海洋法条約にしたがって深海底における私人の探査活動を国家が保証する場合、保証国は国連海洋法条約上いかなる法的責任・義務を負うかなどについて、2010年、国際深海底機構理事会が国際海洋法裁判所に勧告的意見を求めた事案である。裁判所は、保証国は、保証した私人が契約条件や国連海洋法条約や関連文書が定める義務を遵守するよう確保する相当の注意義務に加え、予防的アプローチを適用する義務を有するとし、この義務は相当の義務の不可分の一部とも考えうると判断した。

4. 国際環境法の原則

(1) 原則の地位と機能

国際環境法では、国家に対して具体的な行為を行うことを許可・命令する規則と異なり、より一般的な文言で問題に対処する方向性、指針を示すいくつかの**原則**が条約や国際文書に規定され、時には国際裁判所によって援用されている。特に、地球環境問題は、現在の人間活動が将来深刻な影響を生じさせるおそれがあることに鑑みると、迅速な対策の強化が迫られるが、科学的不確実性をしばしば伴うゆえに、問題の解決に向けた国家間の合意形成を迅速に行うことが難しい。そのため、一般的文言で定式化された「**原則**」は、地球環境問題がはらむ合意形成の難しさに対処しつつ、国家間の合意の水準を上げていく役割を演じる。また、「**原則**」は、環境問題に関する科学的知見や社会、経済、技術の変化に対応する一般性と柔軟性を備え、同時に、こうした変化の中でも国際社会の行動の大筋の方向性を示し、予見可能性を高める役割を果たす。世代間衡平の原則、善隣と国際協力の原則など論者により様々な原則があげられるが、ここでは、近年国際裁判においても援用され、最も注目を集める3つの原則を取り上げる。

(2) 持続可能な開発

本章1⑵でみたように、環境と開発に関する世界委員会が提唱した「**持続可能な開発**」概念は、1992年のリオ宣言では、すべての人民のために達成すべき目標として位置づけられ、環境保護と発展への統合的アプローチ(原則4)、貧困の撲滅(原則5)、持続可能な開発の追求における先進国の責任(原則7)、生産・消費様式の転換(原則8)といった原則を導き出している。ICJは、**ガブチコボ・ナジマロシュ計画事件**判決[判例112]において、経済発展と環境保護とを調和させる必要性を適切に示す概念として「持続可能な開発」を引いて、過去に開始され継続している活動についても、新たな科学的知見や、現在および将来の世代の人類への危険が意識されるにつれ発展した新たな規範や基準が適切に考慮されなければならず、ガブチコボ発電所稼働による環境への影響をあらためて考慮する必要性を根拠づけるものとして援用している。

2010年の**パルプ工場事件**本案判決[判例132]でも、紛争当事国間の協定の解釈において、持続可能な開発という目的と合致するよう水の利用と河川の保護の間の均衡をとる必要性を示唆しつつ、持続可能な開発の本質である経済発展と環境保護との間の均衡を協定が体現していると判示した。

世界貿易機関を設立するマラケシュ協定(**WTO設立協定**)は、その前文で、「環境の保全と持続可能な開発」をその目的の1つに位置付けている。1998年の**米国エビ輸入制限事件**(**エビ・カメ事件**)[6][判例134]において、上級委員会は、GATT 20条(g)の「有限天然資源」の解釈にあたって、WTO設立協定前文が、「持続可能な開発」という目標を明示的に承認し、環境保護が国家政策と国際政策の目標として重要かつ正当であることを十分に認めていることから、20条(g)の「天然資源」という用語の定義は進化し、枯渇する鉱物、非生物資源のみに限定されるとの解釈はもはや時代遅れであるとした。さらに、「環境の保全と持続可能な開発」をその目的の1つに位置づけている前文の文言を参照した上で、GATT 20条柱書の文言を解釈する際に、柱書の文脈の一部として、WTO設立協定前文の文言を考慮することが適切であるとした。

これらの先例において、ICJやWTO紛争解決機関は、環境保護目的で行われる国家の行為や主張に相応な重要性を与える必要性を正当化し、経済発展と環境保護の調和を実現する方向で国際法規が解釈されるよう「持続可能な開発」概念を援用している。「**持続可能な開発**」概念は、ICJにおいては条約の根拠なく援用されているが、その概念から具体的な国家の権利義務が導き出されるものではなく、国際法規の解釈にあたってその解釈を補完する機能を果たしているといえる。

(3) 共通に有しているが差異のある責任

「**共通に有しているが差異のある責任**(common but differentiated responsibilities)」は、リオ宣言原則7に定められ、また、気候変動枠組条約などの条約に規定

6　**エビ・カメ事件**　ウミガメの生命や健康を脅かすように捕獲されたエビの輸入禁止を定める米国の措置が、GATTに違反するとインド、マレーシア、パキスタン、タイが申し立てた。1998年、パネルは、米国の措置をGATT 11条の数量制限に当たるとした上で、GATT 20条(b)の下でも同条(g)の下でも例外として正当化しえないとした。同年、上級委員会は、パネルの20条の解釈を修正しつつも、GATT 20条の下での正当化を認めなかった。

され、1990年代以降の国際環境法の展開に大きな影響を与えている。この原則は、地球環境保全のための対処に国家は共通の責任を有するが、原因への寄与度や問題解決能力に応じて程度の異なる責任を負うことを意味し、一般に、歴史的に地球環境問題の原因により大きな寄与をし、また、問題解決能力も相対的に高い先進国が途上国よりも重い責任を負うことを意味する。地球環境問題に対処する措置の費用負担配分の指針を示しているが、この原則だけで負担配分に一律の規則を導き出すようなものではなく、環境問題への対処についてどの国がいかなる義務を負うかは、それぞれの条約における国家間の合意に基づくことになる。先進国と途上国の双方にオゾン層破壊物質の段階的削減を義務づけたうえで途上国に義務履行の猶予を認める例(モントリオール議定書5条)、先進国のみに数値目標を伴った温室効果ガスの削減義務を課す例(京都議定書3条)、排出削減目標を作成する義務を先進国、途上国の区別なくすべての国に課しつつ、各国がその国情に照らして自主的に義務の水準を差異化する例(パリ協定4条)など、多様な**義務の差異化**が見られる。

(4) 予防原則 / 予防的アプローチ

近年の環境問題は、想定される結果が生じる蓋然性や想定される結果の科学的証拠に不確実さを伴うことが多い。こうした**科学的不確実性**を伴うリスクに対処する国家の行動の指針として登場したのが「**予防原則 / 予防的アプローチ**」(以下、**予防原則**)である。リオ宣言原則15は、「深刻なまたは回復不可能な損害のおそれがある場合には、科学的な確実性が十分にないことをもって、環境の悪化を未然に防止するための費用対効果の高い措置を延期する理由としてはならない」とする。なお、一般的に国家の行動を規律する国際法の一般原則として「予防原則」と呼ぶか、事案に応じてとるべき行動について国家に裁量を与える「予防的アプローチ」と呼ぶかは、慣習法上の原則か否かという争点と関連し国家間で争いがある。

80年代末以降採択された環境条約における予防原則への言及は顕著だが、条約における定式化と実定法化の程度は様々である。また、90年代半ば以降、国際裁判において、予防原則が援用され、その解釈や適用が国家間で争われる事件が増えている。

予防原則をめぐる争点の1つは、**予防原則**が、個別の条約を離れて、すべての国家を拘束する慣習法の原則かどうかである。学説のみならず、国家間でもなお大きな意見の対立があり、予防原則が、個別の条約の規定に基づかず、一般的に適用できる慣習法上の原則と考えるのはいまだ難しい。国際裁判所も**予防原則の慣習法性**の認定に消極的態度をとっている。1999年の**みなみまぐろ事件暫定措置命令**[7]［判例155］では、オーストラリアとニュージーランドが、予防原則は一般国際法の原則であり、不確実性に直面して意思決定における注意と警戒を要求すると主張したのに対して、国際海洋法裁判所は、予防原則の適用であるかどうかについては明言しないまま、「ミナミマグロ資源に生じる重大な損害が生じるのを未然に防止するために、実効的な保全措置がとられることを確保するよう、締約国は慎慮をもって」行動すべきとした。(→10章10(2))。2011年の**深海底活動保証国責任事件**で、国際海洋法裁判所は、予防的アプローチは、多数の国際条約などに組み込まれ、慣習国際法の一部となりつつあると判断した(→本章3(1))。

予防原則の適用が**立証責任の転換**という法的効果を伴うかどうかについても、国家間で意見は異なる。1995年の**核実験事件再検討事件**[8]では、ニュージーランドが、2001年の**MOXプラント事件暫定措置命令**[9]［判例131］では、アイルランドが、予防原則は一般国際法上の原則であるとした上で、環境に悪影

7　**みなみまぐろ事件(暫定措置命令)**　オーストラリア、ニュージーランドの同意のないまま、日本が実施した調査漁獲について、オーストラリア、ニュージーランドが、1999年、みなみまぐろ保存条約、国連海洋法条約の関連規定、予防原則を含む慣習法に反するとして、国連海洋法条約附属書VIIに基づいて仲裁裁判所に事件を付託し、国際海洋法裁判所に国連海洋法条約290条5項に基づき暫定措置を要請した。裁判所は、日本が行った調査漁獲量分を割当量から差し引くことなどの暫定措置を命令した。

8　**核実験事件再検討事件**　フランスが再開した南太平洋での地下核実験について、1974年のICJの核実験事件判決の再検討をニュージーランドが求めた事件で、1995年、ICJはニュージーランドが問題にしているのは地下核実験であって、1974年判決が対象としていた大気圏内核実験とは異なるとしてニュージーランドの請求を認めなかった。

9　**MOXプラント事件(暫定措置命令)**　2001年、アイルランドは、国連海洋法条約違反を根拠に、アイリッシュ海に面するセラフィールドでのMOX燃料加工工場の操業差止めを求めて、同条約附属書VIIに基づく仲裁裁判所の設置を要請し、あわせて同条約290条5項に従い国際海洋法裁判所に暫定措置を定めるよう要請した。裁判所は、2001年、アイルランドの求める措置には緊急性がないとしつつ、当事国に対して、情報交換、リスクまたは影響の監視、未然防止措置の設計のために協力し、協議することを暫定措置として命令した。

響を生じさせうる活動を行う国がそのような悪影響のリスクが生じないことを証明する責任があるとして、予防原則を援用して立証責任の転換を主張したが、いずれの事件でも裁判所はこうした主張を認めなかった。海洋投棄に関する1972年ロンドン条約の1996年議定書のように、環境影響がないと認められるものを予めリストにし、それ以外のものを海洋投棄する場合には悪影響のリスクがないことを投棄者が証明することを求める**リバースリスト方式**は、条約の下で事実上**立証責任の転換**を図ったものといえる。

さらに、十分な科学的証拠がないリスクを未然に防止する目的で国家が予防的にとった国内措置が貿易制限的効果を持つとして、他国からそのWTO法との適合性が問題とされ、**予防原則**の法的地位や予防原則とWTO法との関係が争われる事案が登場している。ECが行った成長ホルモン剤を使用した牛肉産品の輸入禁止措置のWTO法との適合性を米国、カナダが争った**EC成長ホルモン事件**[10](1997年パネル報告、1998年上級委員会報告)や、バイオテクノロジーにより遺伝子を改変した産品に関するECの承認手続といくつかのEC加盟国による輸入禁止措置のWTO法との適合性を米国、カナダ、アルゼンチンが争った**ECバイテク産品事件**[11](2006年パネル報告)がその一例である。これらいずれの事件においても、WTO紛争解決機関は、予防原則の慣習法性の判断を慎重に回避している。

---

10 **EC成長ホルモン事件**　パネルは、ECの輸入禁止措置が衛生植物検疫措置の適用に関する協定(SPS協定)3条1項、3条3項、5条1項、5条5項に適合しないとしたが、上級委員会は3条3項、5条1項に適合しないとした。パネルは、予防原則を援用して措置を正当化するECの主張に対し、予防原則が慣習国際法で、SPS協定5条1項、5条2項の解釈に用いられうるとしても、予防原則はこれらのSPS協定の規定に組み込まれており、これらの明文の規定を変更しないと判断した。上級委員会もこの点について基本的にパネルの判断を支持した。

11 **ECバイテク産品事件**　パネルは、ECがバイテク産品の承認手続の一般的かつ事実上のモラトリアムを行い、手続の不当な遅滞を生じさせたことはSPS協定の附属書C(1)(a)と8条に適合しないと判断した。ECは、遺伝子改変生物とそれに由来するバイテク産品が人の健康と環境に及ぼすリスクの不確実性ゆえに予防的アプローチを適用したことを手続の遅れを正当化する理由として主張したが、パネルは、SPS協定と予防的アプローチとは本質的に抵触せず、加盟国は措置を決定する際不確実性を正当に考慮できるが、その措置はSPS協定に適合するものでなければならないとして、ECの主張を認めなかった。また、EC加盟国による輸入禁止措置は、SPS協定5条1項の定めるリスク評価に基づいておらず、SPS協定2条2項に適合しないと判断した。

5. 環境損害の救済と責任

(1) 環境損害責任制度の展開

環境損害責任(environmental liability)は、**環境損害**を生じさせた「原因者」(多くの場合その活動の担い手である私人)に対して、損害の費用を負担させることにより、損害の修復を確実にし、被害者の救済をはかるとともに、それによって、損害を生じさせないための未然防止措置をとるインセンティブを原因者に与えることを目的とする制度である。

1960年代から1970年代前半にかけて、1963年の**原子力損害民事責任ウィーン条約**、1969年の**油濁民事責任国際条約**(1969年CLC)、1972年の**宇宙損害責任条約**が作成され、原子力活動、油の輸送、宇宙活動に従事する者がその活動から生じた損害に関わる一定の費用を負担することを定める条約が締結された。1990年代には、1969年CLCと1963年原子力損害民事責任条約が改正され、その基本構造を維持しつつ、責任の範囲を拡大しかつ明確にし、責任の上限が引き上げられた。加えて、IMOの下で、油濁に起因する汚染以外の汚染に関する責任を定める、「有害かつ有毒な物質の海上運送に関連する損害の責任および補償に関する国際条約(HNS条約)」(1996年)や「バンカー油による汚染損害に関する民事責任に関する国際条約(バンカー油条約)」(2001年)も採択された。さらに、多数国間環境条約の下で、有害廃棄物の越境移動を規制するバーゼル条約の1999年の**バーゼル責任議定書**(未発効)、2005年の南極環境保護議定書附属書VI(**南極責任附属書**)(未発効)、2010年の「バイオセーフティに関するカルタヘナ議定書の責任及び救済に関する名古屋・クアラルンプール補足議定書(**名古屋・クアラルンプール補足議定書**)」など環境損害責任に関する法的文書が作成された。なお、ILCは、この分野の条約実行や国内法の検討を基礎に、国家にガイダンスを与え、この分野の国際法の発展を促すものとして、2006年の「**危険な活動から生ずる越境損害における損失の配分に関する原則案**」を採択した。

(2) 環境損害責任制度の特質

(1)であげた条約のうち、宇宙物体損害責任条約は、損害の原因となる宇宙活動が国または国から認可された限定された機関・団体により行われていたという状況をもとに、他の条約と異なるアプローチをとる(後述)が、それ以外の条約の規定する責任制度は概ね共通する特徴を有する。まず、損害を生じさせるおそれのある活動を行う者(私人)に損害の責任を帰属させ、損害が生じた場合に賠償を行う義務を負わせている。国家の役割は、活動の担い手である私人によって賠償責任が果たされるよう国内制度を整備し、管轄権の下にある私人の義務の履行を監督して、私人が確実に賠償を行うよう確保することに限定され、国家は責任者たる私人の責任を代位しない。もちろん、ここでいう損害を生じさせた者の賠償責任とは別に、国家は、国際法上、越境環境損害防止義務を負っており、相当の注意をもって他国および国際公域の環境への損害を防止できなければ、国家はその義務の違反について責任を問われることとなる(→本章3)。第2の特徴は、損害発生の原因者の責任の成立に過失の証明が要求されない**厳格責任制度**を採用していることである。第3に、活動を行う者に損害が生じた場合に責任を担保する**金銭上の保証**を要求し、損害を被った者が原因発生地や損害発生地の各国国内裁判所において賠償請求を行うことを認め、相互に**判決の承認・執行**を約することで賠償責任の履行を制度的に担保している。そして、1969年CLCと対になった1971年の油濁基金条約のように、賠償のための**国際基金**を設置し、責任者が責任履行能力を持たないなど、損害を被った者が条約の下で十分かつ適正な賠償を受けることができない場合に基金が補償する制度を導入している。全体として、損害を被った者に対する賠償がより確実で十分なものとなるよう制度を工夫している。これらの条約は、損害を生じさせるおそれのある活動を行う者に損害が生じた場合の賠償義務(責任)を負わせ、他方で、損害を被った者が責任者に対して求償権を行使することを各国が保障するという形で責任が履行される**民事責任**型の制度を採用している。

それに対して、**宇宙損害責任条約**は、活動の担い手のいかんにかかわらず、打ち上げ国にその責任を集中する(2条)。厳格責任制度を採用する点は他の条約と共通するが、打ち上げ国が専ら責任を負うため、他の条約に見られるような、活動を行う者(私人)に対する金銭上の保証の義務づけや基金の制度などは採用していない。私人が被った損害も、一次的には私人の国籍国、二次的にはその所在国、三次的にはその永住国の損害として(12条)、損害が生じた国が打ち上げ国に対して外交上の経路により賠償の請求を行う(9条)とされ、前述の民事責任型の制度を採用する条約とその手法は異なっている。

(3) 環境損害責任制度の新たな展開と課題

これらの条約の下では、賠償責任の対象となるのは、原則として人身侵害や財産損害といった伝統的損害であった。それに対して、1990年代以降の責任制度には、伝統的損害だけではなく、①環境損害の結果生じる損失または損害、②環境損害の原状回復措置費用、③未然防止措置費用、を原因者により賠償されるべき「損害(damage)」の中に含め、**環境損害**を部分的に賠償責任の対象とする条約の規定と実行が見られる。

まず、環境損害の結果生じる人身侵害や財産損害に加えて、環境損害の結果生じる経済的損失、例えば、漁業者、ホテル業者など沿岸地域の活動からの収入に直接依拠している者が被った経済的損失(**純粋経済損失**)を責任の対象とするものがある(バーゼル責任議定書2条2項(d) (iii)など)。ただし、こうした純粋経済損失に対する責任がどこまで認められるかは、賠償請求の訴えが提起された国内裁判所による。他方で、これまでの条約が設置した責任制度は、生態学的価値や美的価値の損失といった環境それ自体の損害を責任の対象とすることを回避している。しかし、湾岸戦争において生じた損害賠償を判断する国連補償委員会が、2005年、商業的価値のない環境および天然資源に対する損害(**純粋環境損害**)に対する賠償請求を認めたように、金銭価値を示すことが難しい「非使用の価値」の損失を責任の対象とする実行も見られる。

次に、合理的な回復措置費用と対応措置費用について、1992年CLC(1条6項)、バーゼル責任議定書(2条2項(c) (iv)および(d))は、「実際にとられた又はとられるべき回復のための合理的な措置」に限定して回復措置費用を賠償の対象とする。南極責任附属書は、南極の環境に重大かつ有害な影響をもたらすまたは差し迫ってこうした影響をもたらすおそれのある「環境上の緊急事態」の影響を回避するために事業者が対応措置をとることを義務づけている(5条)が、事業者が対応措置をとることができなかった場合にはとられるべきであった合理的な対応措置費用の支払いを事業者に義務づけている(6

条)。事業者による支払いの対象となる対応措置の費用には、適切な状況において浄化費用も含まれる(2条(f))。こうした回復措置費用や浄化費用を責任の対象に含めることは、環境に生じた損害の回復・浄化のための措置の費用を支払うという形で、部分的ではあるが、間接的に「環境それ自体の損害」を責任の対象としているといえる。

賠償責任制度を定める条約のいずれも、いずれの国の管轄下にもない地域の環境損害についてその責任の対象から除外する。こうした損害は、誰に請求権を与えるかという問題を伴う。南極責任附属書は、領土権の凍結という特殊な事情がある南極地域について、対応措置費用の償還というアプローチを採用し、いずれの国も対応措置をとればその費用の償還を請求できるとする(6条1項)。さらに、措置がとられなかった場合には、とられるべきであった対応措置の費用を、設置される基金に責任者が支払うこととする(6条2項)。今後、国家管轄権を越える地域の環境の損害にも賠償責任制度の適用範囲を拡大していく際の1つの先例となりうる。

ただし、油濁汚染損害に関する条約を除けば、責任条約の批准は進んでいない。2010年の生物多様性条約第10回締約国会議で採択された**名古屋・クアラルンプール補足議定書**は、多数国間環境条約の下で採択され、発効した責任条約の貴重な先例である。名古屋・クアラルンプール補足議定書は、生物多様性の保全と持続可能な利用に損害が生じた場合、締約国が事業者に対して一定の対応措置をとることを要求し、締約国が事業者に代わり対応措置をとった場合その費用を事業者に負担させる。この補足議定書が対象とする損害は、特定の者に帰属させることが難しい場合があり、そうした場合には個別具体的に自らが被った損害について責任者に対して賠償を請求するという民事責任型の制度はうまく機能しない。議定書は、こうした損害について国家が代表して責任者に損害への対応措置の支払いを請求するもので、従来の民事責任型の制度とは異なるアプローチを導入するものとして注目される。

6. 国際環境法の履行確保

(1) 伝統的履行確保制度(国家責任制度)の機能と限界

国内法と異なり、分権的な国際社会を基礎とする国際法は、違反を認定し、制裁を行う整備された中央集権的な制度を有していない。こうした特質を持つ国際法において、伝統的には、ある国の国際義務違反について他の国がそれによって侵害された法益の救済を求めてその責任を問い、国際違法行為の停止、賠償を求めることを通じて、結果として、**国家責任制度**が国際法の履行を確保する機能を果たしてきた(→15章1(2))。国際環境法においても、トレイル熔鉱所事件に始まり、みなみまぐろ事件、パルプ工場事件など、現代でも2国間の越境汚染や資源の保全をめぐって、一方の紛争当事国が、他方当事国に対して義務違反の責任を問い、義務の履行を求める事案は少なくない。義務違反と責任をめぐって2国間で紛争が生じれば、伝統的な紛争解決手続を利用して紛争の解決が図られることとなる。

しかし、国際環境法が取り扱う環境問題の性質ゆえに、2国間の環境紛争においても国家責任制度が十全に機能しえないことがある。例えば、複合的な行為や要因の蓄積によって生じ、原因と結果の因果関係の証明が難しい場合である。2国間の越境汚染による損害の発生が疑われても、因果関係の科学的証明が難しければ、原因国に対して越境環境損害防止義務の違反の責任を問うことは困難である。ましてや地球温暖化やオゾン層破壊といった地球環境問題の場合、多数の原因行為の蓄積に起因して悪影響が生じている／生じるおそれがあることが科学的にほぼ疑いがないとしても、特定の損害が特定国の原因物質の排出によるものであることを証明するのはほぼ不可能である。

こうした難しさは、条約において問題解決のために国家がとるべき義務を明確にし、客観化することで克服しうるかもしれない。現に、多数の環境条約が締結され、損害の未然防止のための具体的な国家の義務を定めている。しかし、多くの環境条約の保護法益は特定の国の利益に還元しがたく、その一般的性格ゆえに、特別の損害を被ったのではない国がその義務の違反について違反国の責任を問う可能性は小さい。さらに、環境条約が定める国家の義務は、しばしば国家管轄権下での私人の活動を実効的に監督し、環境の状態や人間活動が及ぼす影響を継続的に監視し、管理することを締約国に求める。モントリオール議定書の例を引くと、締約国は、国内で生産・消費されるオゾン層破壊物質の分量を把握し、産業部門を規制し、税関でその輸出入を管理しなければならない。こうした義務の特質は、履行の意思があっても能力不足から履行できない発展途上国を生み出す。仮に国家責任制度の下で、こうした国家に対して、義務違反の責任を追及し、原状回復や賠償を求めたとしても、能力不足という根本的な義務の不履行の原因を解決しないため、結果的に継続した履行を確保することができない。

(2) 遵守手続

このような環境条約上の義務の履行確保のために、近年の環境条約は、遵守確保のための**遵守手続**を設けている。その最も典型的なのが**モントリオール議定書の不遵守手続**である。この手続は、締約国会議が、履行委員会の報告と勧告を受けて、不遵守の認定を行い、事案に応じて遵守確保に必要な措置を決定することで、議定書の遵守をはかるものである。いずれの締約国も、自らの利益の侵害を示すことなく他の締約国の不遵守を手続に付することができる。また、事務局が手続を開始できるとともに、誠実に努力したが義務を遵守できない締約国が自己申告により手続を開始しうる。この手続では、義務の不遵守の違法性の判断は差し控えられ、誠実な履行努力にもかかわらず、規制能力の不足などにより義務を遵守できない締約国には、資金供与など援助を与える一方、事務局や締約国会合の要請に応じないなど誠実な履行努力を行わない継続した不遵守国には、議定書の権利停止などの制裁的措置をとることにより、締約国による遵守を促進している。

こうした環境条約の遵守手続は、①義務の違反に対する責任追及や賠償よりも、本質的に条約義務の遵守の確保という強い目的指向性があること、②中立的客観的な条約機関を軸として手続が進行するなど多数国間の枠組みに適合した手続であること、③不遵守国の自己申告で手続が開始することで、早期に不遵守を発見し、不遵守解消のために条約機関が対応できること（時には、不遵守が生じる前に不遵守のおそれが申告され、不遵守を未然に防止できる）、などの共通する基本的構造および特徴を有する。**京都議定書の遵守手続**もこうした特徴を共有しているが、他方で、これまでの環境条約の遵守手続と対比して2つの特質を有している。1つは、被申立国に異議申立の機会を認めるなど被申立国に反駁の機会を保障する手続を精緻化しており、「準司法手続化」が見られる。また、ある国が義務を遵守しない場合に国際競争に与える影響を考慮し、さらには、市場メカニズムの適正な運営の確保のために、不遵守へのより強力な措置を伴う遵守手続が指向されている。

なお、こうした遵守手続を支える制度として、各国が定期的に条約の実施状況などを報告し、しばしば専門家集団からなる条約機関により、審査を行う**報告・審査の制度**がほぼすべての条約で採用されている。審査の結果を受けて、遵守手続が開始される場合が多い。

(3) 条約加入の促進と遵守支援のメカニズム

多くの環境条約が、条約加入を促し、遵守を支援するメカニズムを設けている。条約を批准・加入した(開発途上)締約国に対して、条約で設置した基金や**地球環境ファシリティー**(GEF)を通じて、条約実施による増加費用を負担する**資金供与メカニズム**を導入している(モントリオール議定書10条、気候変動枠組条約4条3項、11条、生物多様性条約20条、21条など)。また、先進国は、途上国に**技術移転**を促進することを約束している(モントリオール議定書10条A、気候変動枠組条約4条5項など)。しかし、それらは基本的に先進国の自発的な資金供与や措置によるものである。なお、京都議定書の下で設置された、温暖化の悪影響に対する適応策について途上国を支援する適応基金は、先進国や先進国企業がその削減目標達成のために途上国において事業を行い、その削減貢献分に応じて排出枠を獲得できる仕組みであるクリーン開発メカニズム(CDM)事業から発行される排出枠の2%が自動的に財源となり、先進国の資金拠出に依存せず、国際的に財源を調達できる制度となっている。他に、非締約国の条約への加入を促進するために、条約が規制する物質・品目について**非締約国との貿易を禁止・制限**する手法を採用する条約も見られる(野生動植物取引規制条約(ワシントン条約)10条、モントリオール議定書4条など)。

(4) 紛争解決手続

ほとんどの環境条約は、遵守手続とともに、**紛争解決手続**も定めている。例えば、モントリオール議定書は、不遵守手続とともに、オゾン層保護条約11条6項の定める紛争解決手続を適用する。紛争当事国の合意を原則としつつ、当事国間で解決手段について合意できない場合にはいずれか一方の締約国による調停への付託を認め、調停委員会による**義務的調停**によって解決することを定めている。また、京都議定書は、遵守手続を設置するとともに、気候変動枠組条約の紛争解決手続(14条)を準用し、締約国間で解決手段について合意できない場合には調停への一方的付託を認め、**義務的調停**による解決を予定している。

紛争解決手続は、条約の制度の外部の手続にその解決を依拠し、本質的に対決的な手続であるため、多数国間環境条約の義務の違反について条約の紛争解決手続が利用された事例はまれである。しかし、国連海洋法条約の違反が争われたMOXプラント事件[判例131]と同じ事案が、「北東大西洋の海洋環境の保護に関する条約」(OSPAR条約)違反か否かが争われ、同条約に基づき設置された仲裁に付託された例[12]がある。基本的に特定の国の利益に還元しがたい多数国間環境条約の保護法益の性格に照らして、2国間関係を想定する紛争解決手続が機能する範囲は限定されるにしても、必要があれば紛争解決手続を利用でき、最終的に義務の不履行が紛争解決手続の下で争われる可能性を残すことで遵守を促進する効果が期待される。

7. 隣接領域との相互連関

あらゆる活動が環境問題の原因となりえ、また環境問題が人の生活に影響を与えうることから、国際環境法と国際法の他の領域との間に相互の規律の連関、重複、時には抵触が見られる。

(1) 貿易・投資の自由化と国際環境法

WTO法をはじめとする自由貿易の促進を目的とした法制度と環境保護との間に生じる緊張をいかに調整するかという問題は、国際環境法の重要な課

12 **OSPAR条約9条情報開示事件** 英国がそのMOXプラントの許可に関する報告書を商業上の秘密を理由に一部開示しなかったことが、OSPAR条約の対象となる海域に悪影響を及ぼすか悪影響を及ぼすおそれのある活動または措置に関する情報を公的機関が開示するよう締約国が確保することを定めたOSPAR条約9条1項に違反するかが、OSPAR条約に基づき設置された仲裁裁判所で争われた。裁判所は、OSPAR条約9条1項の実施は締約国に委ねられるとの英国の主張を認めなかった一方で、アイルランドが開示を求める情報はOSPAR条約で開示の対象となる情報でなく、英国の義務違反はないと判示した。

題の1つである。1990年代に、環境保護目的で国家がとった措置がGATT/WTOの紛争解決機関で争われ、GATT/WTO違反と認定されたことが、貿易と環境の間の緊張関係を明確に認識させた。

環境保護目的であることをもって、措置がGATT/WTOの無差別原則（最恵国待遇と内国民待遇）の適用を免れるものではない。これまでGATT/WTOになされた環境保護措置に関わる申立で大きな争点となってきたのは、まず、産品の**生産工程・方法**（Process and Production Method）の違いで国内法令・条件上の待遇を差別化する措置のWTO法との適合性である。特に、産品の物理的特性に影響を与えない産品の生産工程・方法の違いよって国内法令・条件上待遇を差別化する措置についてWTO法との適合性が問題となる。WTO法のもとでは、「**同種の産品**（like product）」（→14章2(1)(b)）について2つの無差別原則（**最恵国待遇**と**内国民待遇**）の適用が要求される。紛争解決機関の先例は、GATT3条の適用上、国内産品と外国産品が「同種の産品」であるかどうかは、①物理的特性、②産品の最終用途、③産品に対する消費者の嗜好と習慣、④産品の課税分類を含む関連基準に照らして、個別具体的な事情にしたがって判断すべきとしている（→14章2(1)(b)）。第2は、**GATT20条の一般的例外**に該当する基準の問題である。環境保護措置の場合、20条(b)（人・動植物の生命や健康の保護に必要な措置）、20条(g)（有限天然資源の保全に関する措置）が援用されるが、この間の先例で特に争点となっているのは**20条柱書**である。紛争解決機関は、GATT 20条の判断基準を明確にしながら、その解釈の発展によって、環境保護との調整を試みている（→13章2(1)(e)）。

その他、環境条約が規制するものについて非締約国との輸出入を制限・禁止する措置（ワシントン条約10条、モントリオール議定書4条など）とWTO法との抵触も問題となりうる。

近年、二国間・地域的な**経済協力協定**において環境に関する条項や章を設ける例が増えている（→14章2(3)）。**環太平洋パートナーシップ（ＴＰＰ）協定（ＴＰＰ12、ＴＰＰ11）**は、第20章（環境章）を置き、モントリオール議定書やワシントン条約など7つの多数国間環境条約に基づく義務の実施措置を含む、環境法令の効果的な執行の促進を主たる目的の一つとしている。多数国間環境条約の義務の不履行がTPP協定に違反するとして同協定の紛争解決手続の対象とされうる。環境法令の執行のために、①公衆に対して環境法令違反事案の調査要請を行う権利を保障する(20.7条2)、②環境法令執行手続を設置し、法令に基づいて利益を有する者に手続へのアクセスを付与する(同3、同4)、③本章の実施に関する公衆からの意見の受領と検討の手続を設置する(20.9条)など、公衆の関与により環境法令違反事案を発見し、執行を図る複数の国内手続を設定することを締約国に義務づけている。また、海洋における漁業(20.16条)において、一定の漁業補助金の禁止・規制を締約国に義務づけている。

(2) 国際的人権保障と環境保護

人間環境宣言の原則1が、「尊厳と福祉を保つに足る環境で、自由、平等および十分な生活水準を享受する人の基本的権利を有する」と定めるように、人権と環境保護の相互連関は、早くから認められている。しかし、**環境権**を明文で規定する人権条約は少ない。例えば、「**人と人民の権利に関するアフリカ憲章**」(**バンジュール憲章**)は、24条で、発展に望ましい一般に十分な環境に対する権利を保障する。

他方で、生命に対する権利、健康に対する権利といった現行の人権条約の規定の解釈を通じて、環境に関連する人権救済が申し立てられ、人権委員会や裁判所での判断が蓄積されている。最も援用される権利の1つが、**生命に対する権利**(自由権規約6条、欧州人権条約2条ほか)である。廃棄物処分場のメタンガス爆発に起因した地滑りで申立人の家族9人を含む39人が死亡したことに関わる事件(Öneryildiz v. Turkey, 2004年)で、欧州人権裁判所大法廷は、欧州人権条約2条1項により、締約国は意図的及び不法に生命を奪ってならないという消極的義務だけではなく、その管轄下の人の生命を保護するために適切な措置をとる積極的義務を負うと判断した。社会権に分類される、相当な生活水準についての権利(社会権規約11条1項、2項、女子差別撤廃条約14条1項など)、身体および精神の健康を享受する権利(社会権規約12条など)なども、良好な環境の享受に関連して援用される。独自の文化や環境を享受する**先住人民の権利**についても米州人権委員会などで判断がなされている。2007年の**先住人民の権利に関する国際連合宣言**29条は、先住人民の土地などに関わる環境権を定めている。

情報へのアクセスの権利(自由権規約19条など)、意思決定に参加する権利(自由権規約25条など)、救済を受ける権利(自由権規約14条など)といった手続的権利も、環境保護に関連して援用される。1998年の**オーフス条約**は、環境に関する情報へのアクセスや決定への参加を、最終的には司法手続を通じて実現できる法的権利として「公衆(the public)」に保障することを締約国に義務づける。原告適格や遵守委員会の委員の任命権の付与など、NGOに対して公衆を代表して行動する特別な資格と役割を認める点も特徴的である。2018年には、オーフス条約と同様に手続的権利の保障を定める「ラテンアメリカ・カリブ地域における環境に関わる、情報へのアクセス、決定への公衆の参加及び司法へのアクセスに関する地域協定」(エスカス協定)が採択された。

国連人権理事会も、環境と人権の間の連関に注目し、2012年以降、人権及び環境に関する独立専門家、次いで、特別報告者を任命し、環境に関わる人権の保障について検討を進めている。2018年には、特別報告者が、国連人権理事会への報告書の中で、人権および環境に関する枠組み原則を提案した。また、気候変動の悪影響が生命、食料、健康に対する権利を含む広範な人権の享受に直接的かつ間接的に脅威を及ぼすとの認識から、国連人権理事会と国連人権高等弁務官事務所は、気候変動対策の強化を促すとともに、対策に人権アプローチを適用し、その策定・実施において人権を尊重し、公衆への説明責任と公衆の参加を確保するよう関連する条約機関や国際機構に働きかけている。

8. 日本の国内裁判所における国際環境法の適用

日本では、とりわけ自然の保全をめぐる訴訟で、原告側から環境条約の違反が主張されてきた。国や地方自治体の行為の違法性の判断において、裁判所は、**環境条約の直接適用可能性**(→1章4(4))について言及しないまま、環境条約の規定に直接基づいて違法性を判断する判決例が見られる。国土交通大臣が行った圏央道八王子ジャンクションの建設事業の事業認定取消事件(東京地判平17・5・31)では、国内法とともに生物多様性条約に照らして、その違法性が判断された。裁判所は、生物多様性条約8条は、一定の制度を設けることや生態系の保護等を促進すること、所要の条件整備のために努力することを締約国に対して求めるもので、具体的な施策をとることを義務付けるものと解釈する余地はないとして、条約違反を認めなかった。他方、近年の判決には、環境条約がその実施について国に裁量を与えるような一般的な義務を規定する場合でも、国の裁量の行使にも限界があり、司法審査の対象となり、違法と判断される余地があることを示すものがある。北見市に建設される道路工事への北海道知事による公金支出をめぐり、生物多様性条約などに違反する違法な工事であるかが争点となった**北見道路訴訟**(札幌地判平25・9・19)で、裁判所は、生物多様性条約8条について前述の従来の解釈をとりつつも、関連する国内法令の解釈指針となると判断した。そして、条約の趣旨を著しく没却するような行為が行われた場合などには、裁量権の範囲を逸脱するものとして、そのような行為が違法と評価される可能性もあると判じた。

国際環境法は、専ら国家間の権利義務を定めるものがほとんどである。条約上の義務に拘束され、条約を誠実に履行すべき義務を負うのは国家であるとして、**環境条約の私人間適用**に裁判所は消極的である。例えば、名古屋港管理組合によるシャチの購入費用の支出差止を求めた事件で、裁判所は、一私人たる財団の行為について生物多様性条約違反が直接問題とされる余地はないとした(名古屋地判平15・3・7)。ただし、この事件で、裁判所は、生物多様性条約について「締結された条約の趣旨が公序良俗の内容に反映されることはあり得る」とも判示しており、私人間に適用する国内法の解釈において人権条約の趣旨や規定を反映させる**間接適用**の手法が、環境条約においても同様に採用されうる可能性を示唆している。

設　問

1. 国際環境法の分野での規範形成のあり方についてその特質を論じなさい。(外専・平22改)
2. 越境環境損害防止義務の内容と法的地位について論じなさい。
3. 国際裁判における「持続可能な開発」の機能について論じなさい。
4. 国際法における予防原則／予防的アプローチ、とりわけその法的地位、国際裁判における適用、争点について論じなさい。

5. 環境損害に関連する責任制度の特質について論じなさい。
6. 環境条約においてなぜ国際的な履行確保メカニズムが必要か。その理由を論じなさい。(外専・平19改)
7. 国家と国家以外とを比較しつつ、国際環境法の主体について論じなさい。(外専・平30改)

【参考文献】

国際法学会編『日本と国際法の100年(6巻)開発と環境』(三省堂、2001)
松井芳郎『国際環境法の基本原則』(東信堂、2010)
松井芳郎・富岡仁・田中則夫・薬師寺公夫・坂元茂樹・高村ゆかり・西村智朗編『国際環境条約・資料集』(東信堂、2014)
西井正弘・鶴田順編『国際環境法講義』(有信堂高文社、2020)
環境法政策学会編『日本における環境条約の国内実施(環境法政策学会誌第23号)』(商事法務、2020)
U. Beyerlin and T. Marauhn, *International Environmental Law* (Hart Pub, 2011)
P. Sands and J. Peel, *Principles of International Environmental Law*, 4th ed. (Cambridge UP, 2018)
L. Rajamani and J. Peel (eds.), *The Oxford Handbook of International Environmental Law*, 2nd ed.(Oxford UP, 2021)
P. Birnie, A. Boyle and C. Redgwell, *International Law & the Environment*, 4th ed. (Oxford UP, 2021)

第17章　紛争解決

目　次

1. 紛争の平和的解決原則

(1) 国際紛争

紛争とは、当事者が互いに相反する主張を相手方に提示し続けている状態をいう。常設国際司法裁判所の言葉を使えば、「紛争とは、法または事実に関する不一致であり、法的見解または利害の衝突である」(PCIJ マヴロマチス事件[判例 121])。一方当事者の見解と明確に対立する見解を他方当事者が持っていることが必要である。しかもそうした見解の対立が、当事者間で、認識されていなければならない(2016 年の ICJ 核軍縮義務事件[判例 151])。一方当事者が紛争の存在を否定したとしても、他方当事者が自己の見解と他方当事者の態度が異なっていることを証明すれば紛争の存在を認めることができる(1988 年の ICJ 国連本部協定事件判決[判例 6B])。一方、**紛争解決**とは、そうした状態が解消されることをいう。紛争解決手段は、直接交渉を除けば、第 3 者が介入して紛争解決をめざす方法である。そうした手段を採用することによって、必ずしも紛争の解決に至るとは限らない。このため、紛争の解決という用語に換えて紛争の処理という言葉が使用されることがある。しかし、紛争解決といっても紛争処理といってもいずれも英語の settlement であり、意味に相違はない。

(2) 平和的解決原則と武力行使禁止原則

国際法の基本原則として**紛争の平和的解決原則**がある。この原則は、国連憲章 2 条 3 項に規定され、その後の国連文書においても確認されている基本原則である。この原則は、紛争解決の手段として平和的な方法を利用しなければならないという意味であり、紛争を解決しなければならないという義務を定めたものではない。その一方で、紛争を放置しておけば、国際の平和を脅かすおそれがある場合には、紛争解決をめざした努力を講じなければならない。紛争の平和的解決原則と武力行使禁止原則(→ 18 章 1)は密接な関係がある。国連憲章は、2 条 3 項で前者を規定し、2 条 4 項で後者を規定している。後者によれば、国家は紛争解決のためであっても、その他の目的のためであっても、原則として武力を用いることはできない。つまり、紛争解決のためには平和的な手段を使用しなければならない。かつては戦争を強制的紛争解決手段と位置づける見解があったが、戦争は決して国際法によって認められた紛争解決手段ではない。

(3) 紛争の種別と手段選択

紛争当事者は、紛争解決のためにどのような手段を選択するかについて自由に決定することができる(**手段選択の自由**)。国家は、主権平等の立場に立つことから、他国によって特定の紛争解決手段を強制されることはない。一方当事者の同意がない以上、他方当事者が単独で紛争解決手段を利用することはできない。ただし、条約によって、特定の紛争解決手段が指定されている場合があり、その場合は、当該手段を一方的に利用することができる(→本章 3(2)(b))。

国際紛争を**法律的紛争**と**政治的紛争**に二分し、法律的紛争のみが裁判可能であると主張されてきた。そうした理解に基づき、何が法律的紛争であるか、そして何が政治的紛争であるかをめぐって種々の議論が提出されてきた。第 1 に、紛争が国家の重大利益に関するものであれば政治的紛争であるとする見解(**重大利益説**)。第 2 に、適用法規が存在していない紛争が政治的紛争であるとする見解(**法の欠缺説**)。第 3 に、当事者の一方が法に基づいた主張を展開しておらず、もっぱら法の変更を求めている場合が政治的紛争であるとする見解(**法の変更説**)である。我が国における通説では、第 3 の見解が正しいとされてきた。

たしかに法律的紛争は裁判機関への付託に適している。裁判機関は司法機関であるため、司法に固有の制限を有しており、政治的な考慮を求められる紛争の解決にはなじまない。しかし、国際紛争を法律的紛争と政治的紛争に二分する理解には問題がある。第 1 に、こうした伝統的な政治的紛争論は、当事者一方に裁判拒絶権を与えることになるが、裁判付託義務が設定されている場合、そうした権利は認められない。裁判所には、自己の権限を行使して裁判を行うことができるかどうかを決定する管轄権確認権限が与えられており、当事者一方の主張によって管轄権が奪われることはない。第 2 に、国際紛争は、法的問題と政治的問題とを含んだ**混合紛争**と認識される(1980 年のICJ在テヘラン米国大使館事件判決[1][判例114])。したがって、問題は法的問題が政治的問題によって裁判不可能となるかどうかである。しかし、訴訟事件において、国際裁判所が政治的問題を理由に裁判可能性を否定したことはない。請求の中に法的問題が含まれる限り裁判可能となる。

2. 平和的紛争解決手段

(1) 機能的分類と組織的分類

国連憲章33条は、紛争の平和的解決手段として、交渉、審査、仲介、調停、仲裁裁判、司法的解決、そして地域的機関または地域的取極をあげている。この条文は、国連憲章6章適用の前提として取り組むべき紛争解決手段をあげているので、6章で規定されている安全保障理事会(安保理)や総会といった国連の政治的機関については触れていない。また、紛争解決手段として、仲介(または居中調停)と並んで周旋があげられることが多いが、これについても触れていない。列挙されている紛争解決手段は、国際社会が歴史的に生み出してきた方法であり、かならずしも網羅的ではない。交渉、審査、仲介、調停および国際裁判は、紛争解決手段の機能に着目した分類である。その一方で、国連の国際司法裁判所(ICJ)、安保理、総会、国連事務総長や地域的機関は、組織に着目した分類である。地域的機関は複合的な機能を有しており、仲介等の機能をはたす政治的機関だけでなく、司法機能を果たす独自の裁判機関を有している場合がある。

(2) 直接交渉

直接交渉は、紛争当事者が通常の外交経路を通じて意見交換を行うことによって紛争の解決を図る手段である。直接交渉は、第3者の介入がない点では、最も原始的な手段といえる。しかし、紛争解決が当事者の合意を基礎とするものである以上、最も有効な手段ということができる。2国間に横たわる紛争が複数存在するときには、それらを一緒に議論することにより譲歩

1 **在テヘラン米国大使館事件** イランにおいて武装勢力が米国大使館および領事館を占拠し、外交・領事職員を人質に取った事件。イランは、人質問題を2次的な問題に過ぎないと主張したが、裁判所は、法律的紛争以外の「他の側面が含まれていても」裁判可能であることを明らかにし、法的側面を解決することは紛争解決にとって重要であると判示した。

が可能となる。当事者は第3者の影響を排除するため直接交渉を望む傾向が強い。紛争当事者だけで交渉を行うと秘密を保持することもできる。ただし、直接交渉は当事者間の力関係が影響するため、小国は力の影響を抑えることができる国際裁判のような中立的解決方法を好む傾向にある。

直接交渉は、第1に、紛争が発生する前に事前に情報を共有し、意思疎通を行うことによって、紛争を予防するために利用される。この場合、**協議**と呼ばれる。協議が義務づけられている場合でも、合意に到達することまでも要求されているわけではない(1957年ラヌー湖事件仲裁判決[2][判例130])。第2に、紛争の主題を明らかにするために利用される。第3に、紛争解決手段について決定するために利用される。第4に、紛争解決手段として利用される。第5に、他の紛争解決手段によって得られた結論を執行するために、あるいは執行する方法について決定するために利用される。当事者が判決履行について交渉することを、ICJへの裁判付託協定において合意している場合、それに基づいてICJは法原則のみを示す(例えば、1969年のICJ北海大陸棚事件[判例46]、1997年のICJガブチコボ・ナジマロシュ事件[判例112])。

(3) 周旋と仲介

周旋と仲介(または居中調停)は同じ意味で使用されることがある。区別して使用する場合には、**周旋**は、紛争当事者の直接交渉を促進させるために第3者が交渉の場を提供するなど便宜を供与することをいう。**仲介**は、第3者が解決条件を提示することにより紛争解決を促すことをいう。周旋や仲介の申出は、非友好的行為とみなされない(国際紛争平和的処理条約3条)。第3者が、他方当事者の意向を伝えたり、交渉の場を設けたり、和解案を提示することは、妥協の糸口となることが多い。特に、仲介者が大国の場合や、紛争当事者双方の友好国である場合は、成功に導くことが多い。仲介者は、国連事務総長やローマ法王など国際的に評価の高い個人や国際機構が務める場合がある。このような場合、仲介者の信頼性、公平性、そして国際世論の支持を基

2　**ラヌー湖事件**　フランスとスペインの国境付近にある湖から、フランスが水を転流させようとしてスペインとの間に紛争が生じた。両国間の条約では協議する義務が規定されていたが、仲裁裁判所は、「事前の合意までは要求していない」と解釈した。

礎に、仲介が成功する場合がある。

(4) 事実審査と調停

事実審査は、個人資格の委員から構成される独立した中立的第3者機関が、もっぱら事実の解明を行うことによって紛争解決に資するものである。1907年の第2回ハーグ平和会議で締結された国際紛争平和的処理条約は、事実審査を行う機関として**国際審査委員会**を設けることとしている。委員は当事者がそれぞれ指定し、委員が委員会の長を指名する(12条)。委員会は報告書を作成するが、法的拘束力はない(35条)。事実審査の有用性が認められたのは、1904年のドッガー・バンク事件[3][判例136A]である。しかし、国際裁判所も、司法機能を遂行する上で事実認定を行っているため、国際審査委員会を設置する必然性は少なくなってきている。ただし、事実審査の重要性が忘れ去られたわけではない。国際機構が事実調査委員会を設置し、事件の究明に当たることがしばしばあるからである。

調停は、個人資格の委員からなる独立した中立的第3者機関が、紛争について調査し、解決案を提示する方式である。法にしたがった解決ではない。調停案は拘束力を有していない。第1次大戦後、国際連盟による政治的な紛争解決とは異なる非政治的な紛争解決手段として導入された。調停は国際法に基づかないという意味で法的な解決方法ではない。周旋や仲介、国際機構による紛争解決のように国家が有する政治的な力を背景にした政治的解決方

表17-1　紛争解決手段の特徴

	仲介	事実審査	調停	仲裁裁判	司法的解決
中立性・非政治性 (国家の不介入)	×	○	○	○	○
法的性質 (国際法の適用)	×	×	×	○	○
拘束力	×	×	×	○	○
常設性	×	×	×	×	○

3　**ドッガー・バンク事件**　日露戦争当時、ロシア艦隊が北海で英国漁船を日本の水雷艇と誤認し発砲した事件である。事実審査の結果、日本の水雷艇の不存在が確認され、ロシアが賠償金を英国に支払うことにより紛争が解決された。

法でもない。戦間期には、2国間の調停条約が多数締結され、1928年の国際紛争平和的処理一般議定書が詳細な規定をおいた。第2次大戦後の一時期、多数国間条約では調停が紛争解決手段として好まれる傾向にあった。例えば条約法条約は、強行規範に関する紛争を除き、条約の無効や終了に関する紛争についても調停を利用することとしている(66条)。

(5) 国際裁判

(a) 仲裁裁判と司法的解決

国際裁判は、国際法を適用して拘束力ある判決を下すことによって法律問題が含まれた紛争を解決する手段である。国際裁判は、**仲裁裁判**(arbitration)と**司法的解決**(judicial settlement)に分けられる。両者の区別については2つの考え方がある。第1の考え方は、適用法規によって分ける考え方である。仲裁裁判は、「法の尊重を基礎として」紛争解決に当たる(国際紛争平和的処理条約37条)。その一方、司法的解決は、「国際法に従って裁判することを任務」とする(ICJ規程38条1項)。第2の考え方は、紛争発生後、紛争当事者の合意に基づいて選出された裁判官によって組織されるアド・ホック(*ad hoc*)裁判所であるか、常設的な裁判所であるかという組織的違いによって分ける考え方である。伝統的には、第1の考え方によって区別することが一般的であったが、今日では、第2の考え方によって区別される。

司法的解決の代表例であるICJは、原則として国際法を適用して裁判を行うが、当事者が合意する場合には、「**衡平及び善**(*ex aequo et bono*)」に基づいて裁判をすることが認められている(38条2項)。「衡平及び善」は、「法に反する衡平(equity *contra legem*)」を意味し、法を適用したのでは妥当な結論が得られない場合、正義に基づき妥当な結論を導くことを認める。したがって、ICJが「衡平及び善」を適用することが認められた場合、第1の考え方に基づけば仲裁裁判所と異なるところがない。一方、仲裁裁判所も、今日ではもっぱら国際法を適用する裁判所である。したがって、仲裁裁判と司法的解決を適用法規によって区別する実益はない。

国際裁判は仲裁裁判から発達した。仲裁裁判が脚光を浴びるようになったのは、1872年アラバマ号事件仲裁裁判[4][判例160]が成功を収めてからである。第1次大戦以前には、世界規模の常設的な国際裁判所が存在していなかった。紛争当事者が、紛争の発生ごとに**裁判付託協定**（**付託合意**、**コンプロミー**）を締結し、仲裁裁判所を設置し、裁判を行う権限（管轄権）を付与する**任意的裁判**制度であった。1928年国際紛争の平和的解決に関する一般議定書は、当事国が互いに権利を争う紛争でなく、かつ調停手続で解決されなかった紛争は、仲裁裁判による紛争解決を義務づけた（第21条）。仲裁裁判の義務化である（義務的仲裁裁判）。しかし、仲裁裁判は当事国の一方が協力的でなく、仲裁裁判官が任命されなければ組織できない場合もある。国内裁判所のように、裁判所がすでに存在しており、一方当事者が他方当事者の同意なく裁判に付託することができる一般的な**義務的裁判**は成立していなかった。義務的裁判が一般化するための前提条件として、**強制的**（**義務的**）**管轄権**の設定と常設的な裁判所の設置が必要であった。

裁判所の常設化については、1922年、常設国際司法裁判所（PCIJ）という裁判所が設置された。紛争当事国の同意がなければ、訴訟を開始できないのが原則であったが、紛争後の同意を必要としない強制的管轄権が一部導入され、一方的付託制度が採用された。EU司法裁判所やアフリカ司法・人権裁判所のように、設立文書の当事国になれば、その管轄権を自動的に受諾したことになる場合もある。この場合、強制的管轄権を有する常設の裁判所と位置づけられ、義務的裁判の存在を認めることができる。

国家間紛争を扱う国際裁判所において、強制的管轄権が存在し一方的付託が行われたとしても他方当事者が裁判所に出廷しない場合、管轄権に対する同意の撤回とみなされ、裁判ができなくなってしまう可能性がある。その場合、強制的管轄権は有名無実と化す。そこで、裁判所の強制的管轄権を担保する制度として、一方当事者が欠席した場合でも裁判手続を進めることができる欠席裁判制度が常設の裁判所では採用されている（ICJ規程53条）。仲裁裁判所においても欠席裁判に関し規定される場合がある。特に、義務的仲裁

4　**アラバマ号事件**　米国における南北戦争時に、英国は南軍に交戦団体承認（→1章3(1)）を与え、中立の地位にあったにもかかわらず、南軍からの発注により英国の民間造船所がアラバマ号を建造し、南軍に引き渡した。これが米国によって中立違反に問われた事件である。仲裁裁判所は、英国の中立義務違反を認定した。

裁判が設定されている場合はそうである。

(b) 仲裁裁判所と常設仲裁裁判所

裁判付託協定の中には、仲裁裁判所の組織、設置場所、裁判官任命手続、紛争の主題、適用法規、裁判手続等が規定される。仲裁裁判所は 3 名または 5 名の仲裁裁判官で構成され、紛争当事者がそれぞれ 1 名または 2 名の裁判官(自国国籍を有する国籍裁判官を含める場合が少なくない)を任命する。裁判長は両紛争当事者の合意によって選任されるか、あるいは指名された仲裁裁判官によって選任されるのが通例である。仲裁裁判判決(award)(仲裁判断ともいう)は、法的拘束力を有している。上訴は認められない。しかし、仲裁裁判所が裁判付託協定によって与えられた権限を踰越した場合や手続にしたがわなかった場合、判決理由を明示しなかった場合には、強制的管轄権が設定されていれば ICJ に付託し、裁判所の判断を求めることができる(1991 年の ICJ1989 年 7 月 31 日の仲裁裁判判決事件[5][判例 140B])。この場合でも ICJ は仲裁裁判の実体判断にまで立ち入ることはできない。

常設の普遍的な国際裁判所を設置する試みの第一歩は、**常設仲裁裁判所**(PCA)である。1907 年国際紛争平和的処理条約が規定した。常設仲裁裁判所は、仲裁裁判官のリストを常備し、その中から紛争当事者が裁判官を選任する仕組みとなっている(44 条、45 条)。条約当事国は、4 名以下の仲裁裁判官を任命し仲裁裁判官リストに登載する。このように、常設仲裁裁判所といっても、紛争当事者が選任する裁判官によって裁判所が構成される点で、通常の仲裁裁判所と変わりない。

各国の常設仲裁裁判所裁判官は**国別裁判官団**を構成し、ICJ 判事の指名を行う(ICJ 規程 4 条)。オランダのハーグに常設仲裁裁判所のための国際事務局が設置されている。国際事務局は、アド・ホックに設置される仲裁裁判所の書記局としても機能している。そのような例として、イラン・米国請求権裁判所やエリトリア・イエメン仲裁裁判所などがある。国連海洋法条約

5　**1989年7月31日の仲裁裁判判決事件**　セネガルとギニア・ビサウとの間の仲裁裁判判決は、仲裁裁判官 2 対 1 の判決であった。多数派の裁判官バルバレスが宣言を付したため、多数派が存在するといえるか疑問が投げかけられた。ICJは、仲裁裁判所が管轄権を越えて行動したかどうかだけを判断すると述べて、仲裁裁判判決を検討し、判決の有効性を確認した。

(UNCLOS)では、義務的紛争解決制度が導入されており、少なくとも仲裁裁判には紛争が係属することになっている(→第10章10(1))。UNCLOS上の仲裁裁判の多くが、常設仲裁裁判所国際事務局によって取り扱われており、南シナ海事件[判例60]もその例である。

3. 国際司法裁判所

(1) 組　織

(a) 裁判所

真の意味で常設の国際裁判所として最初に設置されたのは中米司法裁判所(1908-1918年)である。地域的な裁判所であり、10年という期限付きの裁判所であった。最初の普遍的な常設国際裁判所は、**常設国際司法裁判所**(PCIJ)である。第1次大戦後の1922年から第2次大戦後の1946年まで活動し、32の判決と27の勧告的意見を下した。1946年に誕生したのが**国際司法裁判所**(ICJ)である。オランダのハーグに所在している。国際司法裁判所規程(ICJ規程)は、国連憲章と不可分の一体をなしている(憲章92条)。ICJは、手続の詳細に関し裁判所規則を定めている(規程30条)。

15人の判事による全員法廷での審理が原則であるが、少人数の裁判官で構成される**部**(**裁判部**、**小法廷**)を設置することができる。部には、①特定部類事件裁判部(規程26条1項)、②簡易手続部(29条)および③特定事件裁判部(26条2項)がある。①の部として1993年に環境部が設置されたが全く利用されなかったため、2006年に廃止された。②の簡易手続部は、裁判所長及び次長を含む5名の裁判官によって構成され毎年組織されている(規則15条)が、こちらも利用されたことがない。①と②の部は常置の部であるが、③は事件ごとに設立されるアド・ホック裁判部である(17条)。この部に関しては、今まで6件利用された。裁判所は訴訟当事者の意向を無視することができず、当事者の希望する裁判官によって部が組織されている。そのため、常設の司法的解決の機関であるICJの中に、仲裁裁判所が存在することになると批判されている。

(b) 裁判官

ICJは、15名の判事で構成される(規程3条)。その中から1名の裁判所長と1名の裁判所次長が選任される(21条)。判事の任期は9年で、3年ごとに5名の判事が改選される(13条)。判事は、国連の安保理および総会における両方の投票で、絶対多数を獲得したものが選出される(10条)。同一の国籍を有する判事が2名以上選出されることはない(3条)。世界の主要な法体系を反映することが要請されており(9条)、現在、西欧(北米および大洋州を含む)から4名、アジアから4名(中東を含む)、アフリカから3名、中南米から2名、東欧から2名が選出されている。安保理の常任理事国は、ほぼいつでも判事を送り出しているが、現在英国からの判事は在籍していない。その代わりオーストラリア国籍の判事が選任されている。中華民国から中華人民共和国に代表権が移った時期(1967年～1985年)には、中国からの選出がなかった。判事は裁判所事務に従事している間、外交官と同様の特権・免除を享有する(19条)。訴訟当事者の国籍を有する裁判官(**国籍裁判官**)も裁判に参加することが認められている(31条1項)。国籍裁判官が裁判所にいない場合、訴訟当事者は**特別選任裁判官**(**特任裁判官**、アド・ホック裁判官)を1名選任することができる(31条2項)。裁判所には、裁判事務を取り扱う書記局が存在しており、書記、書記補およびその他の職員で構成されている。

(c) 訴訟当事者

ICJの訴訟手続を利用することができるのは国家のみである(規程34条)。したがって、国際機構や個人が、訴訟当事者となることはない。国連加盟国は当然ICJ規程の当事国になる(国連憲章92、93条)が、国連加盟国でなくてもICJ規程の当事国になることができる(93条2項)。国連加盟をはたすまでの日本やスイスが、その例である。さらにICJ規程の当事国でない国家も裁判所を利用することができる(規程35条2項)。訴訟当事者を代表するのが**代理人**(agent)である。代理人は、訴訟手続開始後、裁判所からの通知を受け取る。また裁判所へ提出する書面は、代理人の名において作成される。代理人以外に、**補佐人**(counsel)や**弁護人**(advocate)が参加する。補佐人が上席の弁護人である以外、両者に実質的な差はない。代理人、補佐人および弁護人は、職務遂行に必要な特権・免除を享有する(42条)。

(2) 管轄権の設定

(a) 同意原則と裁判付託協定

ICJも紛争当事者の同意に基づく裁判であることに変わりはない。紛争当事者の同意がなければ、裁判できないのが原則である（**同意原則**）。ICJ規程の当事国であっても、当然には、裁判所の管轄権に同意を与えたことにはならない。そこで、仲裁裁判と同様に、紛争発生後に紛争当事者が裁判付託協定（付託合意、コンプロミー）に合意し、それに基づき、アド・ホックに裁判所を利用すること（**合意付託**）ができる。この場合、両当事者間で争点となっている請求の主題が明記されており、紛争は法律問題に純化されている（**脱政治化**）。法律問題を解決すれば紛争が解決されるという点について紛争当事者間で意見の一致があり、裁判所の判決が、紛争解決につながる場合が多い。

(b) 裁判条約と裁判条項

ICJの管轄権に対する同意を表明する方法として、裁判条約や裁判条項がある。**裁判条約**は、条約当事国間の紛争を平和的に解決する手段として、ICJへの付託を義務づける条約である。1928年の国際紛争平和的処理一般議定書が、その例としてあげられる。**裁判条項**は、裁判付託義務を定める条項をさす。日米通商航海条約24条2項がその例である。裁判条約の場合、条約当事国間の紛争であれば、原則として、いかなる紛争であっても裁判所を利用することができるが、裁判条項の場合、条項が挿入されている条約の解釈適用に関する紛争に限定される。裁判条約や裁判条項は、紛争発生前に、裁判付託義務を定めることにより、強制的管轄権を導入しようとする試みである。

(c) 選択条項受諾宣言

ICJの強制的管轄権制度を支えているのが**選択条項受諾宣言**（**任意条項受諾宣言**）である。ICJ規程当事国であれば、一方的宣言を行うことにより、裁判所の管轄権に同意を表明することができる。こうした管轄権受諾宣言について規定するのが規程36条であり、この規定を**選択条項**（**任意条項**）と呼ぶ。管轄権を受諾した当事国間において、一種の法的ネットワークが形成される。受諾宣言を行った国は、受諾宣言を行っている他国を相手に、一方的に裁判を提起することができる。しかし、受諾宣言を行っていない国を相手に、裁判を提起することはできない。選択条項受諾宣言には留保を付すことができる。規程36条2項が「同一の義務を受諾する他の国」との関係で管轄権が設定されると規定していることから、**相互主義**が機能し、裁判所は、訴訟当事者の管轄権受諾が一致している範囲で管轄権を行使しうるし、訴訟当事者は、自国が付した留保だけでなく相手方の留保を援用することもできる。

選択条項受諾宣言に付された留保は、時間的留保、当事者留保(人的留保)および事項的留保に分けられる。時間的留保の例としては、ある特定の日時より後に発生した紛争や、受諾宣言より後に発生した紛争についてのみ裁判所の管轄権を認めるものがある。また、他国が裁判所の管轄権を受諾してから一定期日を経ずに付託される紛争の管轄権を認めない留保もある。当事者留保の例としては、英コモンウェルス諸国間の紛争を除外する英国などの留保があげられる。事項的留保の例としては、領域紛争や武力紛争を除外する留保や、多数国間条約に関する紛争について全条約当事国が裁判所に出廷しなければ裁判所の管轄権を認めない留保（多数国間条約留保）がある。また、他の紛争解決手段に係属したり係属中である紛争を除外する留保も多い。

(d) その他の方法による管轄権設定

紛争発生後に管轄権を設定する方法として、**応訴管轄**(*forum prorogatum*)がある。これは、裁判所の管轄権を受諾している国家が、管轄権を受諾していない国家を相手取り一方的に提訴し、被告がその提訴に応じることに同意した場合、管轄権が設定されることをいう。1948年のICJコルフ海峡事件管轄権判決[6][判例42]において、応訴管轄による管轄権創設が認められた。その後、東欧諸国が管轄権を受諾していないにもかかわらず、西欧諸国が一方的に付託する事件が多発した(例えば、1954年のICJハンガリーにおける米国の航空機と乗組員の取り扱いに関する事件など)。そのため、ICJは、1978年の裁

6　**コルフ海峡事件**　アルバニアのコルフ海峡において、英国の軍艦が触雷し大破した事件。国連非加盟国であったアルバニアに対して、安保理が、憲章36条3項にしたがい、ICJを利用するように勧奨した。それに基づき、英国がICJに一方的に事件を付託した。アルバニアが、裁判所に出廷する用意があると記した書簡を送付したため、「自発的で疑うことのない管轄権受諾」に当たると裁判所が判示した。

図17-1　ＩＣＪ訴訟手続

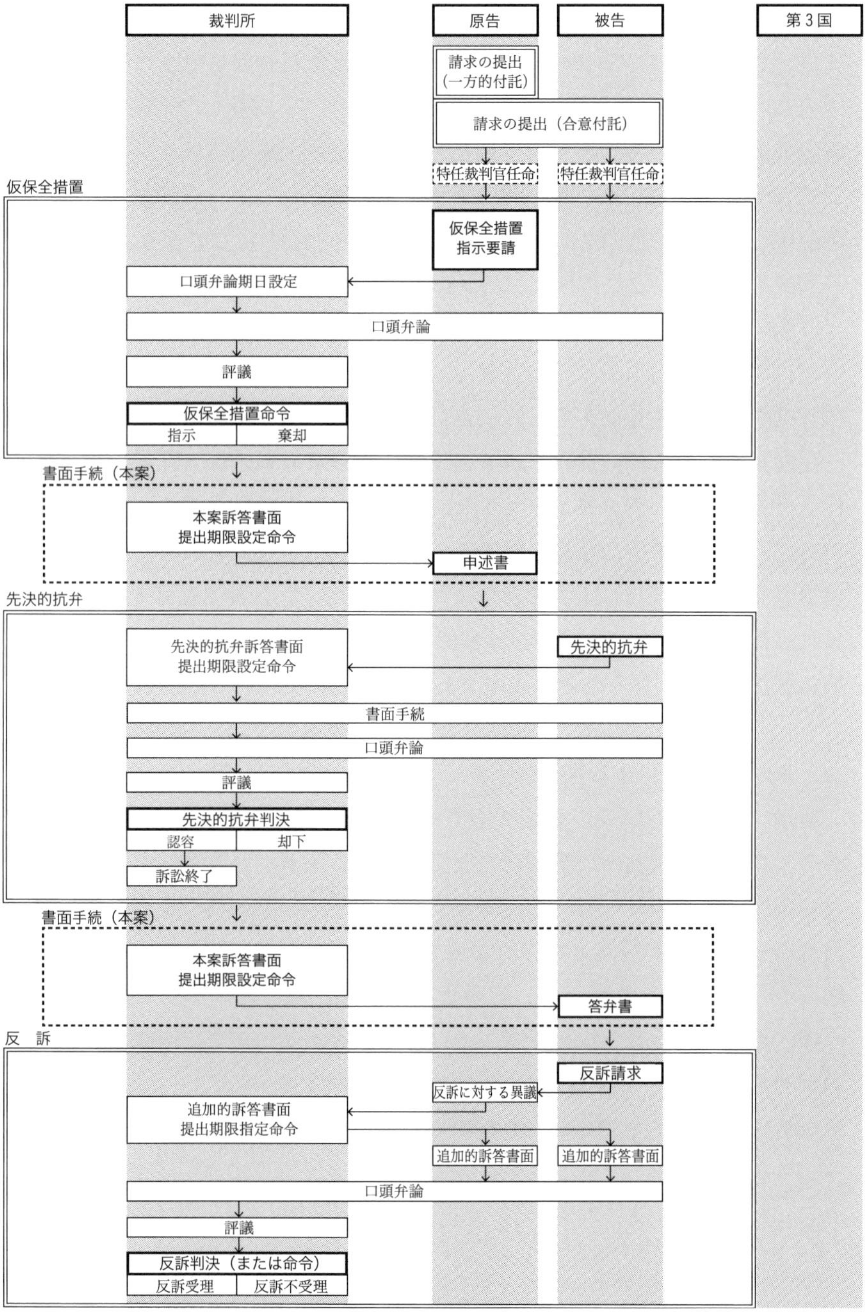
裁判所
原告
被告
第３国
請求の提出
(一方的付託)
請求の提出（合意付託）
特任裁判官任命
特任裁判官任命
仮保全措置
仮保全措置
指示要請
口頭弁論期日設定
口頭弁論
評議
仮保全措置命令
指示
棄却
書面手続（本案）
本案訴答書面
提出期限設定命令
申述書
先決的抗弁
先決的抗弁
先決的抗弁訴答書面
提出期限設定命令
書面手続
口頭弁論
評議
先決的抗弁判決
認容
却下
訴訟終了
書面手続（本案）
本案訴答書面
提出期限設定命令
答弁書
反　訴
反訴請求
反訴に対する異議
追加的訴答書面
提出期限指定命令
追加的訴答書面
追加的訴答書面
口頭弁論
評議
反訴判決（または命令）
反訴受理
反訴不受理

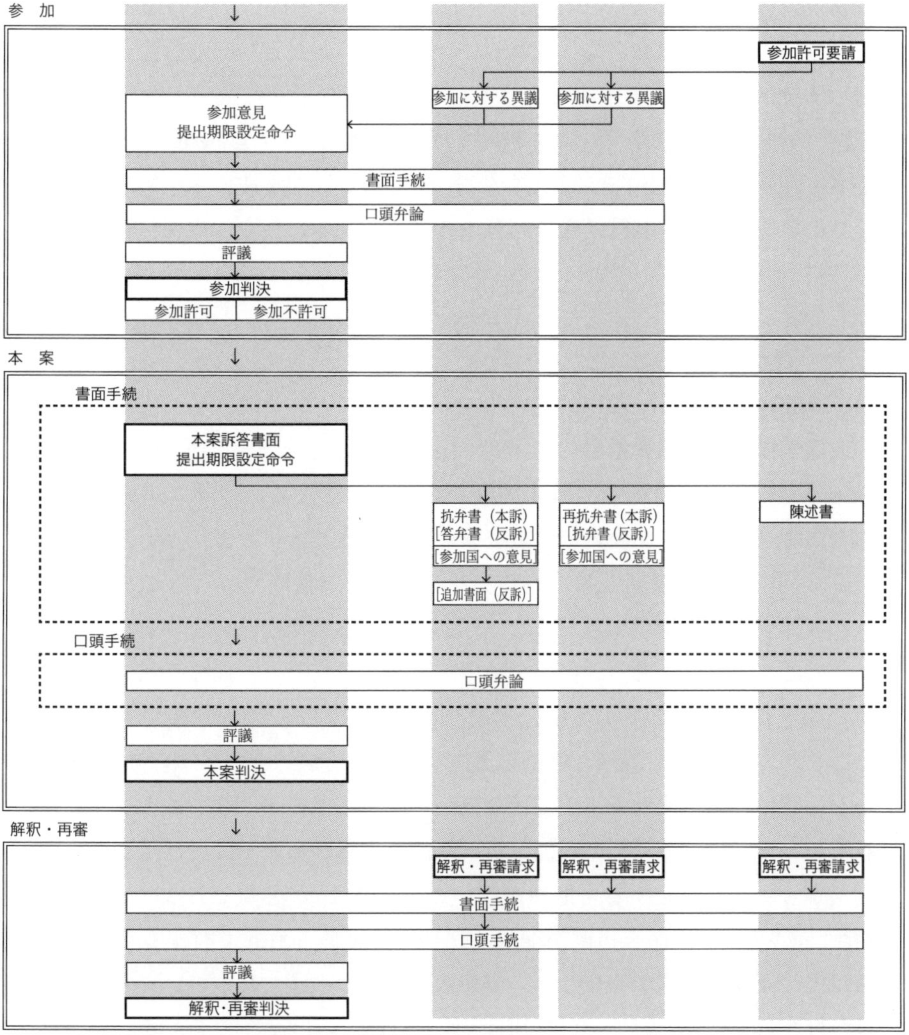

ICJカメルーンとナイジェリアの領土及び海洋境界紛争をモデルとしているが、一部改変している。

仮保全措置、先決的抗弁、反訴および訴訟参加の手続は、付随手続と呼ばれ、当事者の要請があって初めてとられる手続。すべての事件で存在するとは限らない。また、手続の順番も図の通りとはならない。たとえば、仮保全措置指示要請はいつでも行うことができる(ICJ規則73条)。参加許可要請は、書面手続の終結前(81条)または口頭手続の期日前(82条)に行うことになっている。反訴は、答弁書の一部として提出しなければならない(80条2項)。解釈・再審は、別の事件として取り扱われる。

判所規則改正の際に38条5項を追加し、被告となる国家が管轄権を受諾していない場合には総件名簿に記載してはならないと規定し、応訴管轄のみに基づく提訴を抑制する措置をとった。その後応訴管轄に基づく裁判が2件ICJに係属した。ICJフランスにおける刑事訴訟事件(コンゴ共和国対フランス)とICJ刑事司法共助事件(ジブチ対フランス)である。両事件でフランスはそれぞれの事件に限り裁判管轄権に同意する旨を裁判所に伝え、裁判が開始された(前者はコンゴ共和国が請求を撤回し訴訟が打ち切られた)。

(3) 訴訟手続

(a) 訴訟手続

①仮保全措置　仮保全措置(暫定措置)(interim measures of protection, provisional measures)は、当事者のいずれかの権利を保全するために裁判所が命じる措置である(規程41条)。要請は提訴後いつでも行うことができ、要請された場合、裁判所は緊急事項として取り扱う。裁判所が職権で命じることもできる。仮保全措置を指示するためには、第1に、本案管轄権が一応(*prima facie*)存在することが必要である。仮保全措置が要請された場合、他の手続に優先して審理されることになっており、管轄権が確認されていない段階でも指示することができるため、完全な管轄権確認を行うことができないからである。しかし、管轄権の可能性を示すだけでは足りず、蓋然性が必要であると理解されている。つまり、管轄権の基礎となる法的な文書があるだけでは足りず、裁判所が管轄権を肯定する可能性が高いこと(蓋然性)が必要である(管轄権の蓋然性)。第2に、仮保全措置が権利を保全するという目的を有するものである以上、仮保全措置で保全したい権利は、請求の主題となっている権利でなければならない。そしてその権利は、「論証見込み」(plausible)のあるものでなければならない。法的な根拠が提出され、一見してもっともらしいと思わせる主張でなければ、論証見込みとは認められない(主張の論証見込み)。第3に、保全される権利と要請されている措置の内容が連関を有するものでなければならない。保全される権利と関連性がない措置は指示されない(権利と措置の連関性)。第4に、当該権利が回復不可能な侵害を受ける危険性がある場合でなければならない(回復不可能性)。第5に、回復不可能な侵害を受ける「現

実のまたは差し迫った危険」があるという緊急性がなければならない。仮保全措置は「事情によって必要」な場合に命令される(第41条)。裁判所は仮保全措置の指示に裁量権を有しており、事件を取り巻く状況から判断して緊急性がある必要な場合に指示できる(緊急性)。

仮保全措置は、法的拘束力を有する。仮保全措置は「指示」されるものである(41条)ため、拘束力を否定する考え方が強かったが、2001年のICJラグラン事件判決[7][判例148]において裁判所は拘束力を確認した。仮保全措置の履行状況は必ずしも良くない。在テヘラン米国大使館事件[8][判例114]のように無視される事件が多い。そこで、ジェノサイド条約適用事件(ガンビア対ミャンマー)[9]において、ICJは、被告に対し仮保全措置履行措置について報告書を提出するよう命じた。2020年、ICJは、内部司法業務決議11条を改正するとともに、報告書を審査するために3人の判事で構成される「仮保全措置の履行を監視するための特別委員会」を設置した。仮保全措置のフォローアップに乗り出したのである。

②先決的抗弁：管轄権　先決的抗弁(preliminary objection)とは、本案手続に進むことを阻止する目的で、主に被告が提出する申立てである。管轄権が存在していないこと、訴えの受理可能性がないこと、あるいはその他の理由で、裁判所が管轄権を行使することができないことが主張される(規則79条)。裁判所には、自らの管轄権の存在を決定する**管轄権確認権限**が認められている(規程36条6項)が、この権限を行使することは裁判所の義務である。管轄権が当事者の同意に基づくものである以上、裁判所は、同意の存在を確認してはじめて訴訟を遂行することができる。

7　**ラグラン事件**　ドイツ人であるラグラン兄弟が、米国において強盗殺人事件を起こしたが、領事の援助を受ける権利について告知されずに死刑判決を受けた。死刑執行の直前になってドイツが米国を相手取りICJに訴訟を提起し、仮保全措置の要請も行った。裁判所は、口頭手続なしで職権によって、死刑執行の停止を命ずる仮保全措置を指示した。しかし死刑が執行されたため、仮保全措置命令の法的拘束力が問題となった。

8　注1参照。

9　**ジェノサイド条約適用(ミャンマー)事件**　ガンビアがミャンマーを被告としてICJに提訴した事件。ミャンマーは少数部族のロヒンギャに対して肉体的な破壊を行っているとして、ガンビアは、ミャンマーに対しジェノサイドを防止するために必要なあらゆる手段を講じるよう求める仮保全措置をもとめた。ICJは、ジェノサイド条約2条に規定する行為を防止するためのあらゆる措置をとるよう仮保全措置を命令した。

管轄権(jurisdiction)の問題は、時間的管轄権、当事者管轄権(人的管轄権)および事項的管轄権の問題に分けられる。第1の時間的管轄権に関して問題となるのが、選択条項受諾宣言と提訴との間に、時間的隔絶がない場合である。選択条項受諾宣言寄託後、国連事務総長は、その謄本をICJ規程の当事国に送付することになっているが、送付前であっても提訴することができる(1957年のICJインド領通行権事件管轄権判決[判例4])。つまり、選択条項受諾宣言を行っていない国家は、受諾宣言を行うことによって、すでに受諾宣言を行っている国家に対して、いつでも提訴可能となる。こうした事態を防ぐために、選択条項受諾宣言を寄託してから12ヵ月を経ていない国家の紛争付託を排除する留保が英国の受諾宣言には付されており、日本も2007年受諾宣言において同様の留保を採用した。また、選択条項受諾宣言には、期限が付されていることが多いが、提訴後に期限が到来したとしても、提訴時に有効であれば、裁判に支障を来さない。この点を明らかにしたのが1953年のICJノッテボーム事件先決的抗弁判決[判例124]であったため、この原則は**ノッテボーム・ルール**と呼ばれている。期限について定めをおいていない受諾宣言は、一方的な通告によって終了させることができる。こうした一方的廃棄権を利用する場合、効力発生は即時でなく、一定の期間を要すると解しうる(1984年のICJニカラグア事件管轄権判決[10][判例157]参照)。ただし、受諾宣言の中で、即時廃棄権を明示的に留保している場合は、文字通りの効果を有するものと解される。

第2に、当事者管轄権に関して、訴訟当事者は国家でなければならない。個人や国際機構を相手取り裁判を開始することはできない。NATO空爆をめぐって1999年に提訴されたICJ武力行使合法性事件において、原告ユーゴスラビアはNATO自身を被告とすることができないため、空爆に参加した個々の国家を相手に訴訟を開始した。また訴訟係属中に、訴訟当事者である

10 **ニカラグア事件** 1984年4月9日、ニカラグアが米国を相手取りICJに事件を付託したが、その3日前の4月6日、米国国務長官シュルツが、中米の紛争をICJ管轄権から除外する宣言(シュルツ書簡)を行った。米国の選択条項受諾宣言には6ヵ月前に通告すれば宣言を終了することができることになっていた。ニカラグアの管轄権受諾は期限を定めておらず、一方的通告による即時終了が意味されていると米国は理解し、ニカラグアの無期限の受諾宣言を援用し、6ヵ月前通告は不要であると主張した。裁判所は、条約法条約における信義誠実原則を根拠に、終了には合理的な期間を要すると判示した。

国家が分裂した場合、訴訟が承継されることになる(2007年のICJジェノサイド条約適用事件本案判決[判例147])。

第3に事項的管轄権に関連して特に問題となるのは、**自己判断留保**の許容性についてである。「国内管轄事項に属すると自国によって判断される紛争」を管轄権から除外する留保のことを自己判断留保(自動的留保)というが、ICJがこの有効性について判断したことはない。しかし、この有効性を認めれば、当事者の意向によって一方的に裁判所の管轄権を否定することができることになり、自己判断留保は、裁判所の管轄権確認権限を否定するものとして、無効であるとの主張が少なくない。そのため、留保国自身が、自己判断留保を裁判所において援用することはなかった。

③先決的抗弁：受理可能性　**受理可能性**(admissibility)の問題は、請求に関して何らかの問題がある場合である。例えば外交的保護権の要件(→15章6(2))を満たしていない場合である。受理可能性に関する問題は、裁判所が司法機関であることに由来する固有の制限に関わる場合もある。受理不可能と判断された例としては、訴訟目的の消失(**ムートネス**)という法理が採用された1974年のICJ核実験事件判決[11][判例5]がある。裁判所は紛争解決を目的とするものである以上、法廷外で訴訟目的が達成された場合には、訴訟を継続する意味はない。こうした場合、ムートネスが認められる。また、原告と被告の紛争を処理するためには、まず第3国との間の紛争を処理しなければならない場合で、当該第3国が訴訟当事者として参加していない場合には裁判できない(1995年のICJ東チモール事件判決[12][判例142C])。**訴えの利益**の欠如を理由に、原告適格が否定されたのは、1966年のICJ南西アフリカ事件第2段階判決[13][判例144]である。訴えを起こすためには一般的利益では不十分と

11　**核実験事件**　オーストラリアとニュージーランドが、フランスによる大気圏核実験中止を求めて提訴した事件。係属中に、フランス大統領が、地下核実験に移行する旨の発言をしたため、ICJは、その声明を大気圏核実験中止の一方的な義務の引受けと見なし、請求目的は達成されたと判示した。その結果、大気圏核実験の合法性の問題について判断しなかった。

12　**東チモール事件**　オーストラリアが東チモール沖の大陸棚開発に関する条約をインドネシアと締結したことから、ポルトガルが施政権者としての権利を侵害されたと主張し、オーストラリアを相手に訴訟を提起した。真の問題は、ポルトガルとインドネシアの間の東チモールの領有権紛争であり、インドネシアが本件訴訟当事者に含まれていない限り裁判できないと、ICJは判示した。

13　**南西アフリカ事件**　アフリカにおける国際連盟加盟国であったエチオピアとリベリアが、南

判断されたのである。しかし、2012年のICJ「訴追か引渡しかの義務事件」(ベルギー・セネガル事件)判決[14][判例128]において、ICJは、拷問等禁止条約では、それぞれの当事国は共通の利益を有しており、他国の違法行為を停止させるために請求を行う資格があると判断した。拷問禁止が強行規範になっており、条約当事国間の対世的な義務を定めていることから、訴えの利益に関する要件を緩和した。

交渉が事前に行われることを付託の条件とする裁判条項は多いが、そうした規定がなければ、必ずしも裁判付託の前提条件ではない。一方当事者の主張が、他方当事者によって否定され、相対立する見解の存在が明らかになっていればよい。請求には法的問題が含まれていなければならない。請求に法的問題が含まれている限り、他方当事者が、政治的な理由をもって法的問題の存在を否定しても、受理不可能とはならない。政治的紛争は裁判拒絶の正当な理由として認められていない。紛争が他の裁判機関に係属している場合は、同時係属(*litispendence*)禁止原則が働き、受理不可能になるが、そうなるには紛争当事者および訴えが同一で、複数の裁判機関に付託されなければならない。裁判機関と政治的機関が同一当事者間の同一紛争の処理に当たっていても、この原則は働かない。両機関は、それぞれ異なる機能を果たすからである(1980年のICJ在テヘラン米国大使館事件判決[15][判例114])。

④反　訴　**反訴**(counter-claim)とは、本訴に対する防御として被告が提出する新たな訴えである。反訴は、本案管轄権内に入るものであり、本訴と直接に関係する場合のみ受理される(規則80条)。受理された場合には、本案と併合され、一緒に審理される。訴訟経済の観点から導入されている制度である。

西アフリカ(現在のナミビア)に対する南アフリカの委任統治は、委任状(国連における信託統治協定に当たるもの)違反であると主張してICJに付託した事件。第1段階判決では、裁判所は管轄権を確認したが、第2段階判決において、原告適格を否定した。受任国は、文明の神聖な使命のもと、連盟に代わり施政するのであって、原告をはじめとする連盟国のためではないため、原告は訴えの利益を有していないと判示した。そして、民衆訴訟(*actio popularis*)は、国際法上認められていないと判示した。

14　**訴追か引渡しかの義務事件**　チャドの元大統領アブレが、政権担当当時、大規模な人権侵害行為を行っていた。セネガルに滞在中、ベルギーがセネガルに対して、拷問禁止条約に従い、引き渡すか訴追するかを要求したが、引き渡されないまま、国内法上の理由で訴追もされなかった。そこでベルギーがセネガルを相手取り訴えた事件。ICJはセネガルの条約違反を認定した。

15　注1参照。

原告は、反訴に関して異議を提出することができる。その場合、当事者の意見を聴取した後で、裁判所が反訴の受理可能性に関して、命令の中で決定する。

⑤参　加　**参加**(intervention)は、利害関係を有する訴外の第3国が自国の法益を守るために裁判所に出廷し、自己の見解を表明する制度である。規程62条の参加と規程63条の参加がある。前者は、事件によって影響を受ける可能性がある利害関係国の参加を認める制度である。後者は、多数国間条約の解釈が裁判で争われている場合、訴訟当事者以外の条約当事国が参加することを認める制度である。前者には、当事者としての参加と非当事者としての参加がある。当事者として参加する場合には、第3国は本訴に関して、原告・被告との間に管轄権の結びつきを要する。一方、非当事者として参加する場合には、管轄権の結びつきは不要である。その場合、判決の拘束力は参加国に及ばない。他方、63条参加の場合、条約当事国は参加の権利を有している。この場合、管轄権の結びつきは不要であるが、判決の解釈に拘束されることになる。

⑥本案段階　裁判所は自らの管轄権を確認した後、本案段階に進む。書面手続と口頭手続に分かれている(規程43条)。訴訟事件の場合、**書面手続**では、原告が**申述書**(Memorial)を提出し、その後被告が**答弁書**(Counter-Memorial)を提出する。必要があれば、さらに原告が抗弁書(Reply)を提出し、被告が再抗弁書(Rejoinder)を提出する。こうした書面を総称して**訴答書面**(pleadings)という。合意付託の場合は、裁判付託協定によるが、原告・被告ともに申述書を提出し、その後両国とも答弁書を提出するのが一般的である。訴答書面の提出期限は裁判所命令で設定されるが、合意付託では、原告・被告に対し同一期限が設定されるのが原則である(規則46条2項)。書面手続に続いて**口頭手続**が公開で行われる。そこでは、両訴訟当事者の代理人、弁護人そして補佐人が口頭弁論に当たる。その際、裁判官から質問が提出される場合があるが、直ちに答えなくとも良いことになっている(61条)。

(b) 判決とその執行

判決は裁判官の多数決で決せられ、可否同数の場合は裁判所長が決定投票権を有する(規程55条)。判決に賛成でない裁判官は**反対意見**(dissenting opinion)を付すことができ、判決の結論には賛成だが、理由付けが異なる裁判官は**個別意見**(分離意見)(separate opinion)を付すことができる(57条)。両者を合わせて少数意見という。また、簡略な宣言を付す場合もある。裁判所の**判決**には、法的拘束力がある。ただし、判決が下された事件に関してのみ、そしてその訴訟当事者のみを拘束する(59条)。**先例拘束性**は認められていない。しかしながら、裁判所は、従来の判例を踏襲する傾向が見られ、判例法が形成されている。本案判決だけでなく先決的抗弁に関する判決も拘束力を有している。仮保全措置命令は、本案判決が下されるまでの間、拘束力が認められるに過ぎない。判決の主文だけでなく、主文を導くために必須である理由付け部分も**既判事項**(*res judicata*)となる。既判事項については、既判力があり、後の段階で裁判所が異なる判断をしてはならない。管轄権を確認した判決も同様である。判決は終結であり上訴を許さないことになっているが、判決時に裁判所や当事者によって知られていない事実があり、その事実が判決の決定的な要素である場合、**再審**を求めることができる(61条)。また、判決の意味に争いがある場合、裁判所に判決の解釈を求めることができる(60条)。

判決は当事者によって誠実に履行されることが求められる。万一、当事者の一方が判決を履行しない場合には、他方当事者は安保理に**判決執行**のための措置を求めることができる(国連憲章94条)。安保理は、「必要と認めるとき」に措置をとることができることになっており、安保理には裁量権が付与されている。必ず措置がとられるとは限らない。この措置は憲章7章の要件、つまり39条の認定という要件を満たす必要があるかどうか、学説上対立がある。安保理は、国際の平和と安全の維持について責任を有する機関であるので、7章措置の要件を満たさない限り措置をとることができないと解される。

(4) 勧告的意見手続

(a) 勧告権限

ICJには、訴訟事件に関する権限だけでなく、**勧告的意見**を与える権限が付与されている。勧告的意見とは、国際機構において生じた法律問題について裁判所が法的アドバイスを与えることにより、国際機構の円滑な活動をサポートする制度である。勧告的意見を求めることができるのは、国連の総会および安保理、ならびに国連のその他の機関および専門機関である。総会および安保理は、いかなる法律問題についてであっても勧告的意見を求めることができる。一方、その他の機関は、勧告的意見要請について事前に国連総会の許可を得ておかなければならないという制限があるだけでなく、活動の範囲内において生ずる法律問題についてしか要請することができない(国連憲章 96 条 2 項。1996 年の ICJ WHO 核兵器使用の合法性事件勧告的意見[16])。国家や個人は勧告的意見を求めることができない。したがって、国家や個人と国際機構との間で紛争が生じても、国際機構は勧告的意見を求めることができるが、国家や個人はできないという問題が指摘される。また、勧告的意見を要請する機関の中に、国連の事務総長や事務局は含まれていない。

ICJ は、勧告的意見の要請に応える義務はない。裁判所は、「勧告的意見を与えることができる」(規程 65 条 1 項)にすぎないからである。しかし、裁判所は、「やむを得ない理由(compelling reasons)」がない限りは、要請に応えることが国連の主要な司法機関である裁判所の責務であると述べてきている。問題は、何が「やむを得ない理由」であるかという点である。政治的な理由は要請を却ける理由とならない。要請された問題が国家間で現に争われている法律問題につき勧告的意見が要請されている場合、PCIJ では、勧告的意見要請に応じられないとする原則(**東部カレリア原則**)が適用された(1923 年 PCIJ 東部カレリア事件勧告的意見[判例 141A])が、ICJ では、勧告的意見を与えることができると判断されている(1950 年の ICJ 平和条約の解釈事件[17][判例 141B])。これに対しては、裁判所の管轄権を受諾していない国家の関与する紛争について勧告的意見を与えることにより、訴訟事件で必要とされる同意原則をバイパスすることになるという批判がある。2019 年チャゴス諸島勧告的意見[18]で

16　**WHO 核兵器使用の合法性事件**　核兵器を使用することは合法であるかどうか、世界保健機関(WHO)が ICJ に勧告的意見を求めた。WHO は、その任務からして、核兵器が使用された後の効果については利害を有することを裁判所は認めるが、それは核兵器の合法性に依存しないとして、WHO の活動の範囲内の問題ではないことを理由に、勧告的意見を与えなかった。その一方で、同種の問題について国連総会が求めた際には、勧告的意見を与えた。

17　**平和条約の解釈事件**　ブルガリア、ハンガリーおよびルーマニアにおいて人権侵害があり、平和条約に違反するという主張を英国および米国が行った。英米は、平和条約が規定する委員会の解決手続をとるべきことを主張したが、東欧 3 国は、委員の任命を拒否した。国連総会がこの問題を ICJ に付託した。勧告的意見は拘束力がなく、国家の同意を基礎としていないと述べ、裁判所は勧告的意見を与えた。

18　**チャゴス諸島事件**　英国施政下のチャゴス諸島(非自治地域)は、モーリシャス植民地の一部

も同様の批判が上がったが、勧告的意見を要請した国連総会は二国間の領域紛争の解決をICJに求めているのではなく、モーリシャスの非植民地化という総会任務を果たすために指針を求めているに過ぎないと述べて、要請を拒否する「やむを得ない理由」にあたらないとICJは判断した。

勧告的意見は抽象的な法律問題に対して答えるものであり、実際に発生した事実に基づく紛争に関して勧告的意見が要請されていること（具体的事件性）は、勧告的意見要請を拒否すべき理由であると主張されることが多かった。しかし、裁判所は、こうした主張を認めることはなかった。現実の紛争に関わる法律問題についても勧告的意見要請に応えることができる。逆に、勧告的意見においても具体的事件性が要件として満たされるべきであり、具体的事件性がない抽象的な問題の場合、裁判所は判断すべきではないという主張が、1996年のICJ核兵器使用の合法性事件［判例163］で主張されたが、裁判所はこの抗弁を否定した。つまり、勧告的意見において具体的事件性は勧告的意見の要件ではないのである。ただ、この事件では、極限的な状況での自衛の場合、核兵器使用の合法性について判断できないと述べ、一部判断を回避した。裁判機関が抽象的な問題を判断する困難性が明らかとなった。

(b) 勧告的意見の手続と効力

勧告的意見においても、可能な限り訴訟手続と同様の手続がとられ（規則102条2項）、書面手続および口頭手続がある。ただし、国家だけでなく国際機構も裁判所に陳述書を提出したり、口頭手続において意見を述べたりすることができる（規程66条2項）。国家間紛争を取り扱う場合には、特任裁判官制度が適用される（規則102条3項）。勧告的意見には、法的拘束力がない。しかし、2021年、国際海洋法裁判所（ITLOS）特別裁判部は、モーリシャスとモルジブの海洋境界画定事件において、ICJのチャゴス諸島事件勧告的意見の

であったが、1965年、モーリシャスから切り離された。1966年、英国は英米協定の締結により、米国にチャゴス諸島における軍事施設の設置を認め、1973年までに全チャゴス諸島民を強制移住させた。1968年、モーリシャスはチャゴス諸島抜きで独立を達成した。英国はチャゴス諸島の施政を速やかに終了させる義務があること、自決権が対世的な権利であることから、全ての国家は自決権の保障に関し法的利益を有しており、モーリシャスの非植民地化完遂のために国連に協力する義務があると、ICJは勧告した。

決定は判決と同様の重みと権威を有しており、そこでの司法判断は法的効果を持っていると判断し、議論をまきおこしている。また、条約によって勧告的意見に法的拘束力が付与されている場合がある。例えば、国連特権免除条約では、国連と加盟国との間で紛争が生じた場合、勧告的意見を求めることになっており、その場合、勧告的意見は「最終的なもの」として受諾されている(8条30項)。勧告的意見は国連及び国際労働機関(ILO)の行政裁判所が下した判決の再審請求としても利用されていたが、国連総会決議50/54(1995年)および2016年ILO総会(第105会期)の決議によって廃止された。

(5) 安全保障理事会に対する司法的統制

国連憲章上、国連の諸機関には抑制と均衡(チェック・アンド・バランス)が規定されていない。そのため、ICJが、安保理の行動の合法性および合憲性を審査する権限があるかどうかが議論される。第1に、実体法上、安保理が国連憲章に服することは当然であるが、条約や一般国際法の制約を受けるものであるかどうかについては問題がある。条約に関しては、国連憲章103条において、憲章上の義務が他の国際協定上の義務に対して優先すると規定されている。また、安保理決議のうち決定は、憲章25条にしたがって法的拘束力があるため、103条と25条をあわせ読めば、安保理決議が条約上の義務に優先することになる(1992年のICJロッカビー事件仮保全措置命令[19][判例146])。他方、一般国際法に関しては、少なくとも国際法の強行規範に服することを認めなければならないであろう。とりわけ、人権・人道に関わる規範で、強行規範とされているものについては、安保理も遵守が求められる。

第2に、ICJが司法審査を行う手続上の問題がある。裁判所は、勧告的意見を与えることができるため、安保理の行動の合憲性について意見を与えることができる。しかし、法的拘束力は認められない。訴訟事件は国家間紛争

19　**ロッカビー事件**　1988年、英国のロッカビー上空で米国の民間航空機がリビア人によって爆破された。英国および米国が被疑者の引渡しをリビアに請求したが、モントリオール条約を根拠に拒否された。安保理が決議731(1992)を採択し、引渡しに応じるようリビアに求めた。そこでリビアがICJに事件を付託し、引渡義務がないとの確認を求めた。その後安保理は決議748(1992)を採択し、非軍事的強制措置をとった。ICJは、決議748には法的拘束力があり、モントリオール条約上の義務よりも優先することを認めた。

が前提であって、国家と安保理の紛争は訴訟事件とならない。国家間紛争の場合、裁判所は判決の中で安保理決議の合憲性に触れるとしても、その判決は当事者である国家しか拘束しない。また、当然、判決にも勧告的意見にも、安保理決議を無効にする権限はない。しかし、判決や勧告的意見の中で、安保理決議の憲章違反が明らかにされるとすれば、当該決議は、その正統性が大いに減じられることになる。

4. 国際裁判への積極的評価と国際法の断片化

(1) ICJ に対する評価

ICJ を含め国際裁判所は、既存の法を適用し紛争を解決する機関であり、国際社会の急激な変化に即応する機関ではない。そのため、法の変革を求める国からは守旧的な組織であると批判されることになる。1945 年から 1965 年までの 20 年間は、西欧諸国が ICJ を利用することが多かった。適用され

表17-2　ICJへの付託件数

	一方的付託(a)	合意付託(b)	訴訟事件 (a)＋(b)＝(c)	勧告的意見(d)	事件総数 (c)＋(d)
1946－1965	32件（65%）	5件（10%）	37件（75%）	12件（25%）	49件
1966－1985	10件（46%）	6件（27%）	16件（73%）	6件（27%）	22件
1986－2005	46件（75%）	9件（15%）	55件（90%）	6件（10%）	61件
2006－2021	42件（88%）	3件（6%）	45件（94%）	3件（6%）	48件
合　計	130件	23件	153件	27件	180件

＊応訴管轄は一方的付託に含める。

表17-3　一方的付託事件における原告と被告

	原告：先進国	被告：		原告：途上国	被告：		一方的付託件数
		先進国	途上国		途上国	先進国	
1946－1965	25件（78%）	9件	16件	7件（22%）	6件	1件	32件
1966－1985	6件（60%）	2件	4件	4件（40%）	3件	1件	10件
1986－2005	6件（13%）	6件	0件	40件（87%）	20件	20件	46件
2006－2021	4件（10%）	3件	1件	38件（90%）	28件	10件	42件
合計	41件（32%）	20件	21件	89件（68%）	57件	32件	130件

＊ここで先進国とは経済開発協力機構（OECD）における開発援助委員会（DAC）メンバーを指している。DACメンバーの数は、2021年末現在30か国で、国連加盟国193か国の15.5%である。共同訴訟国も1国として数えた（共同訴訟国に先進国と途上国を含む事例はない）。

る国際法規が基本的には西欧キリスト教国間の法であったことが理由である。判事も、圧倒的に西欧諸国の出身者が中心であった。国際社会において少数派であった東欧の社会主義国は、ICJ の管轄権を認めることはなかった。

ICJ 南西アフリカ事件[判例 144]において、アパルトヘイト政策をめぐって、エチオピアおよびリベリアが南アフリカを相手取り訴えを提起した。アフリカ諸国による最初の利用であったが、1966 年の第 2 段階判決においてICJ は原告適格を否認し、その結果アフリカ諸国を失望させた。そのため、アジア・アフリカ諸国は ICJ の利用を避け、その他の紛争解決手段を重視するようになった。条約法条約が強行規範に関する紛争を除き、紛争解決手段として調停を利用するとしているのはその例である(条約法条約附属書)。**国際裁判の凋落**現象である。途上国は、裁判所の構成の見直しを求めるとともに、国際法の変革を求めて多数国間条約の起草に参加していった。

1986 年に本案判決が下された ICJ ニカラグア事件[判例 157]は、アジア・アフリカ諸国の裁判所への信頼を大きく回復させるのに貢献した。ニカラグアという小国が、アメリカ合衆国という超大国を裁判所において敗訴に追い込んだからである。途上国による利用が急増したが、西欧諸国の利用は減少した。現在、安保理常任理事国の中で選択条項を受諾しているのは英国だけである。西欧諸国間の紛争についてはアド・ホック裁判部が利用され、当事国にとって都合の良い裁判官の選択が行われることがある。一方、途上国の利用により裁判所は多忙を極め、裁判手続の促進手段が講じられている。最近では、対世的な権利や条約当事国間の対世的な義務が認められ、原告の利益ではなく、国際社会共通の利益のために訴訟が提起される傾向にある。人権条約関連の訴訟が増えているのはそうした背景がある。

(2) 国際裁判と日本

最近まで、我が国が国際裁判の当事者となることはそれほど多くなかった。日本が最初に国際裁判を経験したのはペルーとの間のマリア・ルース号事件[判例 152]であった。横浜に寄港したペルーの帆船マリア・ルース号において中国人労働者が虐待されていたため釈放した事件である。労働者釈放行為は違法ではないとする日本勝訴の判決を、1875 年、仲裁裁判所は下した[判例152]。日本が関係した第2の仲裁裁判事件は、1905年に判決が下された家屋税事件[判例153]である。明治政府は、外国人居留地内の土地を買い上げ永代借地として外国人に賃貸していた。諸外国との通商航海条約の改正により外国人居留地は廃止されたが、永代借地権は存続した。政府は、借地上の建物に対し課税(家屋税)を行うようになり、外国の反発を招いた。英国、フランスおよびドイツを相手として、常設仲裁裁判所において裁判が開始した。常設仲裁裁判所は永代借地券に記載されていない条件を課すことはできないとの判決を下し、日本は敗訴した。それ以降、日本は国際裁判に消極的になったといわれている。PCIJでは、ウィンブルドン号事件(1923年判決[判例20])やメーメル領域規程の解釈に関する事件(1932年判決)において原告として訴訟に参加したが、重要な役割は演じていない。

しかし、日本が国際裁判に登場する機会が増えてきている。UNCLOSに基づき設立されたITLOSでは、日本がオーストラリアとニュージーランドによって訴えられた(→10章10(2))。この3ヵ国はみなみまぐろ保存条約を締結し、それにしたがってみなみまぐろ保存委員会を設置し、そこで総漁獲可能量と国別割当量が定められることになっていた。しかし日本は1998年に一方的に調査漁獲計画を実施し、オーストラリアおよびニュージーランドと紛争が生じた。両国はITLOSに調査漁獲計画の中止を命じる暫定措置の要請を行い、認められた(1999年ITLOSみなみまぐろ事件暫定措置命令[判例155])。その後仲裁裁判所がUNCLOS附属書VIIにしたがい設立された。仲裁裁判所は、みなみまぐろ保存条約の裁判条項(16条)が、合意に基づく紛争解決手段を定めており、そのためUNCLOS上の義務的紛争解決が排除されると判示し、管轄権を否定した(2000年仲裁裁判判決[判例155])。日本が原告としてITLOSを利用したのが、豊進丸事件および富丸事件[判例56]である。どちらもロシアによる日本漁船の拿捕から生じた事件であり、ロシアに速やかな釈放を求めたものである(→10章10(3))。前者の事件では、ロシアの求める保証金の4割に当たる額の支払いを条件として、船の釈放および船員の早期帰国を命じる判決が下され、日本が実質勝訴した(2007年ITLOS判決)。後者の事件では、ロシアの国内裁判において船体の没収が決定されていたため、日本の請求目的は喪失したと判断された(2007年ITLOS

判決[判例56])。

ICJにおいて初めて訴訟当事者となったのが、南極海捕鯨事件である。日本は国際捕鯨取締条約(ICRW)当事国であり、「日本の第2期南極海鯨類捕獲調査計画」に基づき調査捕鯨を行ったが、オーストラリアから、科学的目的のための調査ではないとして、ICRW違反を申し立てられた(ニュージーランドが訴訟参加)。ICJは日本の主張を却け、日本の義務違反を認定した(2014年判決[判例59])。この判決を受け、日本は2015年10月ICJの選択条項受諾宣言を修正し、「海洋生物資源の調査、保存、管理又は開発について、これらから生ずる紛争、これらに関する紛争又はこれらに関係のある紛争」を除外した。こうした紛争は、UNCLOS上の紛争解決手続が望ましいというのがその理由である。しかし、今後も調査捕鯨という名目で捕鯨を続けるためではないかとの指摘もある。事実、2018年12月、日本は国際捕鯨委員会(IWC)からの脱退を決め、商業捕鯨への道を開いた。

(3) 国際裁判所の多様化

国際裁判への信頼が回復するとともに、国際裁判所が数多く創設されるようになった。地域的機関の中では、欧州連合(EU)(→7章5)はEU司法裁判所を有し、アフリカ連合(AU)は人権裁判所と合体させてAU司法・人権裁判所を開設した。中米は中米司法裁判所を有している。経済分野では、西アフリカ経済共同体(ECOWAS)、東南アフリカ共通市場(COMESA)、欧州自由貿易連合(EFTA)やメルコスール(MERCOSUR)などが、それぞれ裁判所を設立した。人権分野では、欧州人権裁判所、米州人権裁判所が活動中である(→12章6)。旧ユーゴおよびルワンダ国際刑事裁判所に続き、ICCが1998年のローマ規程に基づき常設の裁判所として設立された(→13章3(1)(C))。海洋法分野では、1982年のUNCLOSによって設置されたITLOSが機能している。このように**国際裁判所の多様化**現象が認められるが、その理由の1つは、ICJではカバーされない紛争が存在することである。人権問題は国家以外の主体(個人)が関係するが、個人が訴訟当事者となる紛争はICJの管轄権外である。第2の理由は、地域的特殊性を背景とした紛争解決が好まれることである。第3に、特定分野の専門的知識が一層必要となってきていることである。

裁判所の多様化は、国際社会に様々な問題を提起した。裁判所が数多く存在することにより、原告はフォーラム・ショッピングと呼ばれる裁判所あさりを行うことがある。例えばMOXプラント事件(アイルランド対英国)では、原告は、2001年OSPAR条約に基づく仲裁裁判を開始する一方で、UNCLOSの紛争手続を利用し、附属書VIIの仲裁裁判に事件を付託し、併せてITLOSに暫定措置を求めた[判例131]。EC委員会がアイルランドを被告として訴えた事件において、欧州司法裁判所が欧州共同体法に関する紛争については排他的裁判権を有すると決定したため、アイルランドは附属書VII仲裁裁判の訴訟を撤回した。このように、類似の事件が複数の裁判所に係属すると、裁判所間で判断が異なる可能性が生じる。その結果、いわゆる**国際法の断片化**(**フラグメンテーション**)が生じると懸念されている。国際法は、条約ごとに独自の制度(条約レジーム)を構築することを認めており、そもそも統一的でヒエラルキーのある法制度ではない。したがって、断片化は、国際法が本来的に有している固有の問題といわざるを得ない。裁判所は、他の裁判所の動向を注視し、相互参照に努めることで、判決等の間で矛盾が生じないように努力し始めている。裁判所による紛争解決が増加することにより、国際社会は法遵守環境を構築することができ、国際社会において法の支配が貫徹されるという積極的意義も認められる。

5. 国際機構による紛争解決

(1) 国際連盟における紛争解決

国際連盟規約は、紛争の平和的解決手段として、仲裁裁判および司法的解決に加えて**連盟理事会**による審査手続を規定した(15条)。連盟理事会は付託された紛争に関して報告書を作成し、その中で加盟国に対する勧告を記載することになっていた。報告書が、紛争当事者を除く全会一致で採択された場合には、報告書の勧告に従っている紛争当事者に対して戦争が禁じられた(15条6項)。ただし報告書は勧告であり、法的拘束力はない。また、連盟理事会は、紛争を連盟総会に付託することもできた。ただし紛争当事者が要請する場合は、連盟総会への付託は義務となる。連盟が紛争解決に成功した事例として

1920年のオーランド諸島事件[20][判例15]がある。小国間の紛争については有効であったが、大国が当事者となった紛争においては、充分な成果はあげられなかった。

(2) 国際連合における紛争解決

(a) 安全保障理事会による紛争解決

国連憲章6章が、**安保理**による紛争の平和的解決について規定している。紛争当事者は、合意により、紛争を安保理に付託することができる(38条)が、国連加盟国であれば、いかなる紛争であっても安保理の注意を喚起することができる(35条)。したがって、国連加盟国であれば紛争当事者であろうがなかろうが、安保理へ付託することができる。また国連非加盟国も、紛争当事者であれば安保理を利用することができる。33条が規定する紛争の平和的解決手段をとったにもかかわらず紛争解決に至らなかった場合は、紛争当事者による安保理への付託は義務となる(37条)。安保理は、自ら調査権限を行使して紛争に介入することができ(34条)、紛争解決の方法について勧告することができる。これを調停の一種と理解することもできるが、調停が非政治的な性質を有する紛争解決手段であることを念頭に置けば、仲介と位置づけるほうが妥当である。

2条7項により、国連は**国内管轄事項**に関しては介入することができないことになっている(**不干渉原則**)が、7章措置は例外とされている(2条7項但書き)(→5章4)。そのため、安保理が、39条に従い、平和に対する脅威、平和の破壊または侵略行為の存在を認定しさえすれば、7章の手続へ移行することができ、不干渉原則が機能しなくなる。また、6章の下で採択される決議は、原則として勧告にとどまるが、勧告を無視する当事者に対しては、平和に対する脅威を構成すると認定し、7章の強制措置の対象とすることができる。したがって、6章の下で採択される決議であっても、7章をバックに実

20　**オーランド諸島事件**　英国、フランスおよびロシアを当事国とする条約で、ロシア領であるオーランド諸島の非武装中立化が規定された。フィンランドがロシアから独立し、同諸島を承継した際、スウェーデンとの間で領土問題が発生した。連盟理事会は法律家委員会を設置した。オーランド諸島における非武装化義務が、フィンランドに存在しているとする報告書を提出した。

効性を有している。

(b) 総会による紛争解決

国連総会は、国連憲章の範囲内の問題であればいかなる問題であっても討議することができる一般的権限を有している(10条)。ただし安保理との関係で、制限を受けている。第1に、安保理が紛争解決の任務を遂行している間は、同一の紛争について勧告を行うことができない(12条1項)。第2に、「行動」を必要とするものは、安保理に付託することになっている(11条2項)。しかし総会の実行により、こうした制限は限定的に解釈されるようになっている。第1の制限に関しては、安保理が拒否権の行使により決議を採択できない場合、あるいは総会が決議を採択しようとしているときに安保理が現に任務を遂行していない場合などは、総会が決議を採択している。また、第2の制限に関しては、「**平和のための結集決議**」によって、総会は武力を含む措置を勧告することができると規定されたが、この決議の合憲性については議論がある(→7章3(2))。

(c) 事務総長による紛争解決

国連**事務総長**は、国連憲章99条に基づいて、国際の平和および安全の維持に脅威となる事項について、安保理に注意を促す権限が認められている。この「事項(matter)」は、紛争や事態よりも広い概念である。また、98条によって、安保理や総会によって委託される任務を事務総長は遂行する。事務総長は、現実には、98条や99条でカバーされない活動を行っている。平和維持活動の設置および指揮は、事務総長のイニシアティブが大きく作用している。1986年のレインボウ・ウォーリア号事件[21][判例117]では、真理に基づき衡平な裁定を下すよう求められ、その裁定には拘束力が付与された。この裁定は仲介であるのか、それとも仲裁裁判であるのか見解が分かれるが、紛争当事者は、独創的な紛争解決手段をとることも手段選択の自由の一部として認

21 **レインボウ・ウォーリア号事件**　ニュージーランドに停泊していたレインボウ・ウォーリア号が、フランスの諜報部員により破壊された事件。ニュージーランドおよびフランスは国連事務総長に衡平な裁定を求めた。事務総長は、事件に関与した諜報部員2名を、フランス領の孤島ハオ島に隔離するよう裁定した。

められているといえる。

(3) 地域的機関による紛争解決

地域的機関とは、国連のような普遍的国際機構と対比される国際機構であり、加盟国が限定されている国際機構をいう(→7章1(1)(b))。地理的に限定されている場合もあればそうでない場合もある。地域的な紛争は、その地域の特殊性に見合った紛争解決が望ましい。そこで国連憲章52条は、地域的紛争を地域的機関で解決することを奨励している。米州機構(OAS)は、常設理事会の下に米州平和的解決委員会を設け、紛争の平和的解決のために適切と思われる解決手続を勧告することができる。

地域的機関と国際連合との関係が問題となる。紛争が国連の機関に付託されるだけでなく地域的機関にも付託された場合、いずれの機関が先議権を有するのか。国連憲章52条2項および3項が、安保理への付託前に地域的機関による解決を奨励していることから、地域的機関は、自らの先議権を主張することがある。しかし、52条4項が、34条および35条の適用を害するものでないと規定していることから、地域的機関の権限は地域的紛争に関して排他的なものではなく、安保理や総会は独自手続を遂行することができる。国連の実行もそのようになっている。

設　問

1. 国際裁判と外交交渉の関係について論じなさい。(外専・平15)
2. 司法的解決との相違を明らかにした上で、仲裁裁判の歴史的経緯と意義について、最近の事例を踏まえつつ論じなさい。(外専・平23)
3. 国際司法裁判所の管轄について、裁判条約・裁判条項および選択条項受諾宣言の場合を中心として、これまでの事例を踏まえつつ、論じなさい。(外専・平25)
4. 一般論として，ICJが裁判管轄権を行使し得るためには，どのような管轄権の設定方式があるか説明しなさい。(国総・令元)
5. 領土の一部を占領されたX国は、Y国の軍事占領を止めさせるために、国際司法裁判所をどのように利用することができるか。管轄権の基礎も含めて説明しなさい。(新司試・平21改)

6. A国に派遣されているB国外交官がA国によって「スパイ罪」の容疑で拘束されている場合、B国は、国際法上どのような措置を採ることができるか、(a)裁判外の措置とその内容、および(b)裁判上の措置とその内容に分けて説明しなさい。(新司試・平20改)
7. A国とB国の間で武力衝突が続いている。B国は裁判による解決を主張した。A国は両国の対立のより広い背景を考慮した地域的政治機関による解決が望ましいと考えている。B国の主張について、理由を付して、A国の立場から反論を書きなさい。(新司試・平19改)
8. 国際司法裁判所における暫定措置[仮保全措置]とはいかなるものかを説明し、あわせて本案管轄権との関係およびその法的拘束力について、見解を述べなさい。(国総・平成22年)
9. 国際司法裁判所が暫定措置を指示するための要件について論じなさい。(新司試・平23)
10. X国に隣接するY国領域内にある甲社の工場から排出された汚染水によりX国に居住するX国民に健康被害が発生した。国際司法裁判所において、X国は、暫定措置を要請するに当たり、甲社の工場の操業を差し止める必要性を、どのような根拠で主張し得るかについて論じなさい。(新司試・平27改)

【参考文献】

祖川武夫『国際法Ⅳ』(法政大学通信教育部、1950)

杉原高嶺『国際司法裁判制度』(有斐閣、1996)

波多野里望ほか編『国際司法裁判所：判決と意見 第1巻〜第5巻』(国際書院、1996〜2018)

J・G・メリルス(長谷川正国訳)『国際紛争処理論(新版)』(成文堂、2008)

小田滋『国際司法裁判所(増補版)』(日本評論社、2011)

John Collier and Vaughan Lowe, *The Settlement of Disputes in International Law*(Oxford UP, 1999)

Hugh Thirlway, *The International Court of Justice* (Oxford UP, 2016)

Yoshifumi Tanaka, *The Peaceful Settlement of International Disputes* (Cambridge UP, 2018)

J. G. Merrills and Eric De Brabandere, *Merrills' International Dispute Settlement*, 7th ed. (Cambridge UP, 2022)

第18章　国際安全保障法

目　次

1. 戦争の違法化

(1) 正戦論から無差別戦争観へ

伝統的国際法の下では、戦争は国際紛争を解決する手段として許容されてきたが、戦争による紛争の解決が必ずしも望ましくないことも同時に認識されていた。しかし、紛争の平和的解決の制度が充分に整っていない国際社会において、戦争による紛争解決が行われている現実は認めざるを得ず、それを正当化するための理論として「正戦論」が展開された。

正戦論はまず中世の神学者によって唱えられ、**トマス・アクィナス**は、『神学大全』(1273年)において、正戦の条件として3つの要件を挙げた。①戦争は私的に戦われてはならない(君主の権威)、②戦争は相手の不正を処罰するために行われなければならない(正当原因)、③戦争は悪をくじき、善を広めるという精神で行われなければならない(正しい意図)。

このような中世の神学的正戦論の影響を受けて、近世初頭の国際法学者は**正当原因**を中心とした正戦論を展開した。例えば**グロチウス**は、①自己防衛、②奪われた財産の回復、③処罰の3つを正当原因として挙げた。しかし、近世初頭においては、すでにローマ教皇の普遍的権威は失墜しており(→1章2(1))、正当原因の有無を審査できる上位の判定者は存在しなかった。また、正戦論の現実における適用の結果、1つの戦争において交戦者の双方が正当原因を主張するという状況が生じうることになった。そこで問題となったのが、「戦争において交戦当事者の双方を正当と認めうる場合があるか」という問題である。これに対する回答として正戦論者が唱えたのが、**やむを得ざる不知**の理論である。すなわち、たとえ悪しき原因に基づいて戦争を行っている場合であっても、自ら正当原因に基づいていると信じ、しかもそう信じたことが不可避的な事情による法または事実の不知による場合には、正当原因があると見なさなければならないとする理論である。

しかし、この理論によっても問題は解決しなかった。上位の判定者が存在しない状況においては、実際に正当原因に基づいていると信じているか、また、それが不可避的な事情によるものか、といった点について判定することができなかったからである。こうして遂には、国家が正当性を主張する限り、その国家の戦争原因は正当であると認めざるをえなくなった。このことは正戦論の破綻を意味した。そして、事実上、あらゆる戦争は双方にとって正当であり、事実上あらゆる戦争は合法であるという**無差別戦争観**が 18 世紀から 19 世紀にかけて唱えられることになるのである。

もっとも、無差別戦争観は、その原因のいかんを問わず積極的に戦争を肯定するという趣旨ではなく、正当原因の有無を判定する上位の判定者が存在しなかったことから、正戦論を現実の国際社会に適用できないという消極的な理由から唱えられたものである。したがって、正当原因の有無を判断する判定機関が出現するならば、再度ある種の正戦論ともいえるものが復活しうるとの論理構造にあった。そして第 1 次大戦を経て、そのような判定機関として国際連盟が誕生したとき、この無差別戦争観は、**戦争の違法化**に取って代わられることになる。

(2) 戦争モラトリアム

戦争違法化への動きは、第 1 次大戦に先立って、紛争の平和的解決を求める動きの中から生じた。その嚆矢となったのが 1907 年の「契約上ノ債務回収ノ為ニスル兵力使用ノ制限ニ関スル条約」(**ポーター条約**)であり、国家による武力の行使に制限を加えた最初の条約である。この条約は、当時、欧州列強が自国民の持つ債権の取立てのため中南米諸国に対して武力干渉を行っていたことから、私人との契約を執行するための本国による武力介入を禁止すべきであるとの主張がなされ、これを条約化したものである。もっとも、同条約によると、債務者たる国が仲裁裁判の申し出を拒否したり、裁判の判決に従わないときには、当該債務国に対して武力を行使することが認められており、戦争開始に対して制限が課されたに過ぎなかった。

同様の制限は、米国が 1913 年～ 14 年に約 30 ヵ国と個別に結んだいわゆるブライアン条約にも見られる。**ブライアン条約**は、同条約の設置した常設国際委員会による事実審査(→ 17 章 2(4))に関する条約であるが、委員会の調査の進行中は、条約当事国は相手方当事国に向かって戦争を宣言しまたは敵対行為を開始することはできないとされた。このような制度を**戦争モラトリアム**という。

第 1 次大戦後に発足した**国際連盟**における戦争制限は次のようなものであ

る。第1に、連盟国は、「連盟国間ニ国交断絶ニ至ルノ虞アル」紛争が発生したときには、当該事件を仲裁裁判または司法的解決に付託するか、あるいは連盟理事会(総会)の審査に付託しなければならないものとされ、直ちに戦争に訴えることは禁止された(規約12条1項前段、15条9項、10項)。第2に、仲裁裁判もしくは司法裁判の判決の後、または連盟理事会(総会)の報告の後3ヵ月を経過するまでは「如何ナル場合ニ於テモ」戦争に訴えてはならないこととされた(12条1項後段、15条10項)。第3に、裁判の判決に服する国、理事会(紛争当事国を除く全会一致で採択)や総会(紛争当事国を除く全理事国および爾余過半数で採択)の報告書の勧告に応ずる国に対しては、戦争に訴えることが無期限に禁止された(13条4項、15条6項、15条10項)。

しかし、理事会において全会一致で報告書が得られない場合には、上記3ヵ月の経過後は戦争に訴える権利があるとされていたし(15条7項)、全会一致で報告書が得られた場合でも、その勧告に応じない連盟国に対しては、同様に戦争に訴えることができた(15条6項の反対解釈)。同じことは裁判の判決に服さない国についても当てはまった。これらの戦争制限における抜け穴は「ギャップ」と呼ばれた。

以上のような連盟規約における戦争制限の制度は、「戦争違法化」への転換点というよりも、むしろ戦争の開始に一定の制限を課したに過ぎないという意味で、「戦争モラトリアム」の延長線上に位置するものといえる。「戦争モラトリアム」と「戦争違法化」の違いは、前者が戦争権そのものの否定にまでは至らず、一定の条件を満たせば戦争に訴える権利を否認されていないのに対して、後者は戦争権そのものが原則として否認される点にある。もちろん、「戦争権の否認」といっても、例外的に自衛権を認めることで戦争を完全には禁止していない。しかし、法構造の観点から見るならば、原則として戦争が禁止され、一定の場合にのみそれが許されるという制度と、戦争が原則としては許容されているが、一定の場合はそれが制限されるという制度とでは、根本的に異なるといわなければならない。連盟規約では、そのような意味での法構造の根本的な変化は生じていなかった。

(3) 不戦条約と戦争の違法化

連盟規約における戦争制限の制度は、戦争を行うことを可能にする様々な抜け穴(ギャップ)を含むものであった。そこで、そのギャップを埋める方策が連盟において様々に試みられることになる。それは戦争の違法化への道でもあった。1923年の**相互援助条約案**や1924年の国際紛争平和的処理議定書(**ジュネーヴ議定書**。未発効)、さらには欧州の一部において戦争の違法化を達成した1925年の**ロカルノ条約**を経て、1928年の**不戦条約**(1929年発効)において戦争の違法化が一応の完成を見ることになる。

不戦条約は、元々、フランスが米国に対して2国間で戦争放棄の条約を締結することを提案したのに対して、当時孤立主義的傾向の強かった米国が、フランスとの2国間の不戦条約が消極的ながら米仏同盟を意味しうることから、これを多数国間の不戦条約として逆提案したことに遡る。フランスは、①自衛権を害しない、②連盟規約等すでに締結している条約上の義務を妨げない、③戦争放棄の義務に違反した国に対しては義務を負わないという3つの条件を付して、多数国間の不戦条約という米国提案を受け入れ、それが1928年の不戦条約へとつながった。

不戦条約は、実質2ヵ条からなる簡単な条約である。すなわち「国際紛争解決ノ為戦争ニ訴フルコトヲ非トシ……国家ノ政策ノ手段トシテノ戦争ヲ放棄スル」ことを宣言すると共に(1条)、「平和的手段ニ依ルノ外」紛争の解決を求めないことを約束する(2条)。この条約は、当時の世界のほとんどの国が加盟することで、世界的な広がりをもつ戦争の違法化を達成した。なおラ米諸国は、不戦条約の下でも許される自衛権の中にモンロー主義(欧州諸国による米州諸国への干渉に米国は無関心ではないとの主張)を維持する権利は当然含まれるとする米国の宣言を嫌って参加せず、1933年に概ね同内容の**ラテン・アメリカ不戦条約**(**サーベドラ・ラマス条約**)を締結した。

もちろん、戦争の違法化といっても例外がある。その例外は、各国が不戦条約の締結に関連して関係国に送付した**解釈公文**に含まれており、その主なものは①自衛、②連盟規約等の条約上の義務に基づくもの、③違反国に対するものである。自衛権との関連では、特別利害関係地域に関する英国の解釈公文(英国が特別の利害関係を有する地域を攻撃から守ることは英国にとって自衛の措置である)や上記モンロー主義に関する米国の宣言(解釈公文には含まれていなかったが上院で指摘)などが、後の集団的自衛権の先駆けとして注目される。

不戦条約の主要な解釈上の問題は、禁止の対象とされる「戦争」とは何か、すなわち、戦争宣言を伴う国際法上の「戦争」のみを禁止するのか、それとも戦争宣言を伴わない「事実上の戦争」をも広く禁止するのか、という点にあった。この点については、とりわけ後の実行に照らすと(戦争宣言の行われなかった**満州事変**(1931年)を米国が不戦条約違反と非難、同じく**日華事変**(1937年)を連盟総会決議が不戦条約違反と認定)、後者の解釈がとられていたことが窺える。

不戦条約による戦争の違法化の後、国際社会は日本による**満州事変**と**イタリアによるエチオピア侵略**(1935年)に直面した。両国とも、不戦条約違反との非難に対して自衛権をもって正当化した。それが他国によって受け入れられたわけではないが、この事実は、武力行使は自衛権の行使でない限り国際法上違法であるとの評価を受けうること、逆にいえば、それだけ戦争違法化の観念が一般化したこと、を示すものと捉えることができる。

(4) 国連憲章と武力行使の禁止

不戦条約は、前述のように、実行上は、「戦争」のみならず「事実上の戦争」も禁止するものと解釈されてきたが、文言上は、「戦争」の禁止に言及しているに過ぎないという問題点が残されていた。国連憲章では、この点を解消すべく、「武力による威嚇又は武力の行使(threat or use of force)」を禁止する旨が明記された(2条4項)。

国連憲章2条4項についてはいくつか注意すべき点がある。第1に、41条の「兵力(armed force)」という文言との比較において、2条4項の禁止する 'force' が**軍事力**に限られるのかという点である。この点については、憲章の起草過程において、2条4項の禁止に「経済的手段による威嚇またはその行使」を含める旨のブラジル修正案が否決されたことからしても、2条4項の禁止の対象は武力に限られるといえる。もっとも、「武力の行使」には、軍事力の実際の行使のみならず、武力を行使する他国叛徒への武器の供与や訓練も含まれる(資金供与は含まれない)とされる点には注意しなければならない(1986

年国際司法裁判所(ICJ)ニカラグア事件本案判決[1][判例 157])。他方、同じ武器使用であっても、違法な漁業を行う外国漁船を取り締まる場合のような国内法執行のための武器の使用(実力の行使)は、一般に 2 条 4 項にいう武力の行使に当たるとは観念されない点にも注意しなければならない。

第 2 に、国連憲章では、武力の行使のみならず**武力による威嚇**も禁止された。「武力の行使」の禁止とは異なり、「武力による威嚇」の禁止は国連憲章において新たに導入されたものである。具体的にいかなる行為が「武力による威嚇」に当たるかは必ずしも明確でないが、実際に行使すれば違法となるような武力をもって威嚇することと解されている(1996 年 ICJ 核兵器使用の合法性事件勧告的意見[2][判例 163])。

第 3 に、2 条 4 項は、他国の「領土保全又は政治的独立に対する」武力行使のみを禁止し、テロリストに対する越境掃討などの限定的な武力行使は許容するかのような規定ぶりであるが、上記引用の文言は、国連憲章を採択したサンフランシスコ会議において、オーストラリアの要求により、そのような武力の行使の禁止を特に強調するために挿入されたものであり、禁止の範囲を制限するためのものではなかった。2 条 4 項は続けて、「国際連合の目的と両立しない他のいかなる方法による」武力行使も禁止するとしており、武力の行使は、憲章で明示的に許容されている場合を除き、基本的に禁止されているものと考えられる。

第 4 に、2 条 4 項によれば、武力行使の禁止は、加盟国の「国際関係」において適用される。これは、国家間の関係においてという意味であり、一国の国内において行われる武力の行使(**内戦**)は、外国国家の関与があるなどの場合を除き、原則として同項の禁止の対象外である。

1　**ニカラグア事件**　ニカラグアが、米国によるニカラグアの反政府組織コントラへの軍事援助やニカラグアの港への機雷敷設等の軍事行動の違法性の確認を求めてICJに提訴。米国は集団的自衛権を援用して正当化したが、その前提となる武力攻撃の存在等が否定され、米国の国際法違反を認定する判決が出された。

2　**核兵器使用の合法性事件**　国連総会からの「核兵器による威嚇またはその使用は国際法上いかなる状況においても許されるか」との諮問に答えて、ICJは、核兵器による武力の威嚇・武力の行使は①国連憲章2条4項に違反して51条の要件を満たさなければ違法であり、②核兵器の威嚇・使用は武力紛争法に合致しなければならないとした上で、③核兵器の威嚇・使用は一般的に武力紛争法に反するが、国家の存亡のかかる自衛の極限状況では合法とも違法とも判断できないとした。

この点に関連して問題となるのが、自決権(→4章1(2))を行使する植民地人民(民族解放団体)を武力で抑圧することが2条4項に照らして許されるか、また自決権を行使する人民の武力闘争(**民族解放戦争**)を援助することが認められるか、である。かつては、解放戦争は植民地施政国の国内問題と見なされ、施政国の抑圧行動への援助は合法的な国際協力とされる一方で、解放団体への援助は国際法上禁止された内政干渉と見なされた。しかし、自決権の国際法上の権利としての確立は、このような解放戦争の国際法上の位置づけを変化させた。1970年の**友好関係宣言**は、武力不行使の節と自決権の節で、すべての国は「人民から自決権……を奪う武力行動を慎む義務を有する」とし、1974年の「**侵略の定義**」決議は、「この定義中のいかなる規定も、[自決のために]闘争し、支援を求め、かつ、これを受ける人民の権利を害するものではない」(7条)と規定する。これらの国連総会決議に表わされた諸国の法的信念によれば、自決権の行使を妨げる施政国の武力による抑圧行動は違法とされる一方、人民の闘争(東側・第3世界諸国はこれを武力闘争を含むものと解し、西側諸国はこれを平和的闘争に限るものと解した)とそれへの支援は合法なものとされたといえよう。もっとも、この問題は大部分の植民地が独立を達成した今日では、限定的な意味しか持たない。

2. 自衛権と人道的干渉

(1) 武力行使禁止の例外

国連憲章は、武力の行使を一般的に禁止する一方で、いくつかの例外を認めている。憲章が定める例外は、①**自衛権**の行使としての武力行使(51条)、②国連または地域的取極・地域的機関による**強制措置**(強制行動)としての武力行使(42条、53条)、③旧敵国に対する行動としての武力行使(53条、107条)の3つである。

②は、節を改めて取り上げるし(→本章3(4)(b))、③の規定は、旧敵国のすべてが国連加盟国となった現在、死文化しているともいわれるので(1995年の国連総会決議A/RES/50/52参照)、ここでは、まず、国家が単独の判断で武力を行使することのできる唯一の場合とされてきた、①自衛権を取り上げる。自衛権は、国連憲章において初めて現れた概念ではなく、それ以前にも主張

されてきた歴史的な概念である。

(2) 第1次世界大戦前の「自衛権」

第1次大戦前の時期においては、あらゆる戦争は合法であるとされていたのであるから、今日的な概念としての自衛権は存在基盤がなかった。この時期には、国内法上の**緊急避難**に相当する行為が「自衛」という用語をもって主張されていたといえる。

1837年の米英間の**カロライン号事件**がその代表的な例である。英国の植民地であったカナダで、英国からの独立を目指す反乱が起こった際、叛徒が米国船籍のカロライン号を用いて、米国内で調達した武器弾薬の輸送にあてた。同号が米国の港に停泊中に、英国軍がこれを襲撃したのがこの事件である。この行為を正当化するために英国は、「自衛および自己保存の必要」を援用したのに対して、米国は①「即時の、圧倒的な、手段の選択の余地のない、熟慮の時間もない自衛の必要」が証明されなければならず、②自衛行為は「そのような必要によって限定され、明らかにその限界内に止まらなければならない」と主張した(**ウェブスター・フォーミュラ**)。英国は、自国の行動がこの条件に合致することを証明しつつ、米国領土を侵犯したことに対して遺憾の意を表明し、事件は落着した。

この事件において英国は、米国に国際義務違反があったとの主張を行っておらず、したがって今日の概念からすれば、本件は自衛ではなく**緊急避難**の事例である(2001年国家責任条文コメンタリーも同旨)。ただし、同じ「自衛」という用語が使用されていること、そして上記のウェブスター・フォーミュラの内容(①②)が、今日の自衛権概念においても**必要性**と**均衡性**の要件として受け継がれている点には注意しなければならない。

(3) 国連憲章51条の起草経緯

連盟期における戦争の違法化の過程でも、その例外としての自衛権の存在は広く承認されていた。しかし、それは必ずしも条約に明記されていたわけではなかった。ロカルノ条約には自衛権が明記されていたが(2条1項)、不戦条約には自衛権の規定はなく、各国の解釈公文において言及されているに過ぎなかった。国連憲章の草案である1944年の**ダンバートン・オークス**(DO)**提案**(米英ソ中)にも自衛権に関する規定は含まれていなかった。しかし、その後、ヤルタ会談で5大国の**拒否権**が認められたことなどを契機として、次のような経緯で自衛権に関する規定がサンフランシスコ会議において国連憲章に盛り込まれることになった。

米州大陸では地域的連帯が進んでおり、1945年3月、共同防衛を規定する条約を戦後に締結することを約束した**チャプルテペック協定**(**規約**)が採択された。しかし、憲章の草案であるDO提案では、集団安全保障の建前から、地域的取極・地域的機関による強制行動の発動には、安保理による許可が必要とされていた。しかもその後、ヤルタの密約(1945年2月)によって安保理の許可には常任理事国による「拒否権」が作用することになっていたことが公にされた。その結果、地域的な共同防衛体制を創設しても、拒否権によって安保理の許可が得られないために機能しない可能性が懸念されるようになった。さらに米州諸国は、国連に加盟することで、却ってその安全が保障されなくなる可能性を懸念し始めた。そこで、このような共同防衛体制を自律的に機能させるため、緊急の必要に迫られて行う防衛行動には安保理の許可を必要としないことが合意され、それが国連憲章51条の規定となったのである。

(4) 個別的自衛権

国連憲章51条によれば、自衛権は、①「武力攻撃が発生した場合」に、②安保理が「国際の平和及び安全の維持に必要な措置をとるまでの間」行使でき、③自衛として「とった措置は[安保理]に報告しなければならない」。これらに加えて、慣習法上、④**必要性・均衡性**の要件を満たさなければならないとされる。2003年のICJオイル・プラットフォーム事件[3]本案判決[判例158]に

3 **オイル・プラットフォーム事件** 1980-1988年のイラン・イラク戦争時に、①米国国旗を掲げたクウェートのタンカーへのミサイル攻撃や、②米国軍艦への機雷攻撃があったとして、自衛権を援用して行われた米国によるイランのオイル・プラットフォームへの攻撃について、イランが両国間の友好・経済関係・領事条約に違反するなどとしてICJに提訴。裁判所は、同条約で認められる安全保障措置との関連で、米国の自衛権による正当化の主張を検討し、これを退けた。裁判所は、①との関連で、一連の事件を累積的に捉えても、それらは米国に対する武力攻撃を構成するとは思えないと述べた。

よれば、④は、自衛としてとられる措置が、当該武力攻撃に対する対応として必要であり(対象が軍事目標であることなど)、かつ当該武力攻撃に対して均衡のとれたものであることを要求するものである。

(a) 武力攻撃の発生

「武力攻撃の発生」との関連では、特に憲章以前の**慣習法上の自衛権**との関係が問題とされてきた。国連憲章採択前の慣習法上、国家は、「急迫または現実の不正な危害」に対して自衛権を行使することが認められてきたとされるからである。すなわち、慣習法上認められてきた、①武力攻撃以外の**法益侵害**に対する自衛や、②武力攻撃発生前における**先制的自衛**が、国連憲章の下においても認められるか、という問題である。言い換えれば、国連憲章によってかつての慣習法上の自衛権は制限されたのかという問題提起である。

この点については学説上も対立があり、①国連憲章によって慣習法上の自衛権は制限され、先制的自衛も武力攻撃以外の法益侵害に対する自衛も認められないとする説(**制限説**)と、②国連憲章によって慣習法上の自衛権は制限を受けずに存続し、先制的自衛も武力攻撃以外の法益侵害に対する自衛も認められるとする説(**非制限説**)とに分かれる。制限説は、国連加盟国に対して認められる自衛権とは51条に規定する自衛権であり、51条は慣習法上の自衛権を拡大したり(集団的自衛)、縮小したり(武力攻撃の発生に限定)していると述べる(ケルゼン)。非制限説は、憲章51条はもともと集団的自衛権について規定する趣旨で設けられたものであり、慣習法上の個別的自衛権を制限するものではないとする(ウォルドック)。両者の違いは、主として、国連憲章51条の規定そのものを重視するか、それともその起草過程を重視するかに由来しているように思える。

しかし、慣習法上の自衛権と憲章上の自衛権が上記の点において異なることを前提とすること自体に疑問がないわけではない。不戦条約に対する各国の解釈公文や国際連盟の会議における議論などに照らせば、国連憲章起草時には、自衛権は武力攻撃に対して行使されるという意識が一般にあり、それが憲章に規定されたとみることもできる。いずれにせよ、国連憲章下において、51条の明文の規定と異なる「自衛権」の行使が認められるとは考えがたい。ICJ も、ニカラグア事件本案判決において、慣習法上の自衛権の行使要件として「武力攻撃」をあげている（ただし、急迫した武力攻撃の場合については判断せず）。

もっとも、「武力攻撃の発生」という要件の解釈によっては、自衛権を行使できる場合が拡大する可能性がある。実際、大量破壊兵器と弾道ミサイルの時代においては、その潜在的な破壊規模の重大性から、武力攻撃の目的をもった軍事行動の開始をもって「武力攻撃の発生」と捉えるべきであるとの主張もなされる。武力攻撃をこのように広く捉える場合には、先制的自衛を認める場合と認めない場合とで有意差はないともいえる。なお、先制的自衛に関連して、2005 年のアナン国連事務総長報告は、急迫した攻撃も憲章 51 条がカバーしているとしていたが、その後採択された同年の**国連世界サミットの成果文書**にはその点の記述は含まれていない。

ICJ は、自衛権との関連においていくつかの重要な見解を示してきた。まず、ニカラグア事件本案判決によれば、「武力攻撃」とは「最も重大な形態の武力行使」と定義され、一定以上の烈度が求められる。そして、「武力攻撃に至らない武力行使」に対しては自衛は認められないものの、**「均衡のとれた対抗措置」**が可能であるとされる。そのような対抗措置において武力を用いることが可能かについては学説上見解が分かれるが、武力復仇を禁止する友好関係宣言や平時の武力復仇を違法とする核兵器使用の合法性事件勧告的意見などに照らせば、消極的に解すべきであろう。もっとも日本政府は、「均衡のとれた対抗措置」に武力行使も含まれうるとの見解である。

また、学説上、一連のテロ行為など武力攻撃に至らない武力行為が累積して武力攻撃を構成するという可能性が指摘されてきた（**累積理論**）が、ICJ は 2003 年のオイル・プラットフォーム事件本案判決や 2005 年の「コンゴ領域における軍事活動事件」（コンゴ・ウガンダ事件）判決[4]で累積理論を前提としたと思われる論を展開している。

テロ行為に関連して、2001 年の**同時多発テロ事件**後、米国は自衛権を援用

4 **コンゴ・ウガンダ事件** コンゴが、ウガンダによる軍事活動について、武力不行使原則などに違反するとしてICJに提訴。ウガンダが自衛権の行使であるとして正当化したのに対して、裁判所は、ADF（ウガンダの反政府武装集団）による攻撃は、たとえ累積的なものであったとしてもコンゴに帰属しないとして、コンゴによる武力攻撃の存在を否定した。

して対アフガニスタン攻撃を開始し、国際社会はこれを支持した（NATO条約5条の援用も合意された）。これに関し、同事件の翌日に採択された安保理決議1368（2001）（前文で自衛権に言及）などに依拠して、**テロリスト**（国家ではなく）**に対する自衛権**が認められるとする主張もある。しかし、ICJは、自衛権は一国による他国に対する武力攻撃の場合の権利であるとして、そのような主張に対して否定的な見解を示している（2004年「パレスチナ占領地における壁構築の法的効果」（以下、パレスチナの壁事件）勧告的意見[5]［判例165］）。

2014年9月に米国等の開始した「イスラム国」（IS、ISIS、ISIL）を対象とするシリアにおける武力行使については、主として集団的自衛権が援用された。米国は、領域国が（他国を攻撃する非国家主体による）自国領域の使用を**排除する意思や能力**を持たない（unwilling or unable）場合には、自衛権を行使できるとして、イラク（他国）に対するISの脅威を排除するためにイラクの要請によりシリア（領域国）における軍事行動を開始したと述べた（同じ論理は2021年2月に発生したシリア領内の親イラン武装組織によるイラク駐留米軍への攻撃に対する反撃においても用いられた）。しかし、領域国の意思や能力の欠如を理由とした自衛権の行使が認められるかについては、否定的な議論が少なくない。他方、2015年9月にシリアにおいて空爆を開始したロシアは、シリア政府による要請を根拠とした。

近年、サイバー攻撃に対する自衛権行使の可否が議論されているが、用いられる手段のいかんを問わず、規模と効果において武力攻撃と同様な攻撃には自衛権の行使が認められるとする説が有力である（2013年に国際専門家グループが作成したタリン・マニュアルも同旨）。

(b) 必要な措置

上記(4)の②にいう「必要な措置」とは、安保理による集団安全保障の措置

---

5 **パレスチナの壁事件**　国連総会から「イスラエルがパレスチナ占領地において壁を構築していることの法的効果」について諮問を受けたICJは、自決権の侵害、ハーグ陸戦規則・文民条約の違反、自由権規約・社会権規約・児童の権利条約の違反などを認定した上で、壁の構築中止・撤去および損害賠償の義務などを示した。イスラエルはテロ攻撃に対する自衛として正当化したが、裁判所は、憲章51条は一国による他国に対する武力攻撃の際の自衛権を定めるものであるとして退けた。

であり、安保理が集団安全保障措置を講じるならば、自衛権の行使は停止されなければならない。これは集団安全保障を中核とする国連の安全保障の建前から当然に導かれる帰結である。武力攻撃の発生が自衛権発動の始期であるとすれば、安保理による必要な措置はその終期を画する。いかなる措置をとれば「必要な措置」をとったことになるのかについては、非軍事的措置で十分とする説、軍事的措置が必要であるとする説、法的拘束力のある決議が必要であるとする説など様々あるが、抽象的一般的に述べることは困難であり、個別具体的な事態において安保理がいかなる判断を下したのかを、決議の文言や安保理での議論等に照らして判断するしかない。

安保理が軍事的措置をとった場合、自衛権を行使する国はその軍事行動を停止しなければならないというわけではなく、自衛としての措置が集団安全保障の措置へと吸収されるにすぎない。ただし、適用される規則は自衛に関するものから集団安全保障に関するものへと移行する。憲章上は、安保理が必要な措置をとるまでの間と規定されるが、「平和のための結集決議」(→本章3(5))に基づいて総会が集団的措置をとる場合も同様であろう。

(c) 安保理への報告

上記(4)の③にいう「安保理への報告」は、手続的規則であって、この手続を満たすこと自体が合法的な自衛権行使の要件となるわけではないが、合法性の判断の際の１つの指標とはなるであろう。

(5) 集団的自衛権

集団的自衛権とは、他国に対する武力攻撃を、自国が直接攻撃されていないにもかかわらず、実力をもって阻止する権利をいう。これは、国連憲章において初めて一般的な適用を前提に導入された概念であり、その法的性質については諸説ある。

第１に、**個別的自衛権共同行使説**である。これは、他国に対する攻撃が同時に自国の法益をも侵害する場合には、両国がそれぞれの個別的自衛権を共同して行使するとの考え方である（この学説は、自衛は武力攻撃の場合のみに限られるわけではないとの立場であり、それゆえ単一の攻撃によって複数の国に個別

図18-1　集団的自衛権の概念

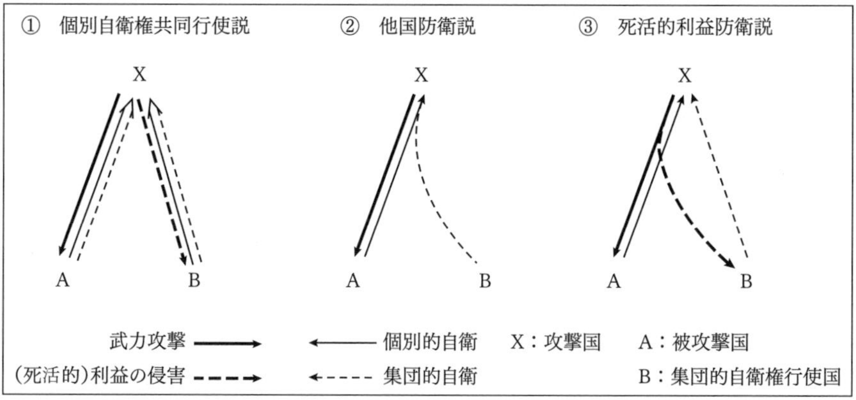

的自衛権が生じうることになる)。しかし、このような考え方によれば、集団的自衛権は個別的自衛権に吸収・解消されるのであって、集団的自衛権の独自の存在意義を説明できない。

第2に、**他国防衛説**であり、集団的自衛権とは、集団的な自己防衛の権利ではなく、他国を防衛する権利であるとする。これは、国内法上の正当防衛の概念のうちの「他人の権利の防衛」に対応する考え方でもある。しかし、こういった他国を防衛する権利が濫用されるならば、軍事介入の権利を認めることにもつながりかねず、国連の集団安全保障の基礎が損なわれかねないという懸念がある。

第3に、**死活的利益防衛説**である。集団的自衛権とは、自国と密接な関係にある他国に対する武力攻撃によって、自国の死活的な利益が害された場合に行使しうる権利であるとの考え方である。この考え方によれば、集団的自衛はあくまで「自衛」であると理解できる。問題は、どのような関係にあれば、「自国の死活的利益」が害されたと認められるほどの「密接な関係」にあるといえるかであり、この点を緩やかに考えると他国防衛説と大差ないということにもなりうる。

ニカラグア事件本案判決は、集団的自衛権の行使には、武力攻撃を受けた国によるその旨の**宣言**と、その国からの**要請**が必要であると述べ、基本的に他国防衛説をとった。裁判所が、宣言と要請が慣習法上の要件であることを十分立証しているとはいい難いが、集団的自衛権の濫用防止の観点からは評価すべきであるし、一般にそのような要請を行う実行も存在する。

日本政府は、2014年7月の閣議決定において、自衛のための措置が認められる要件を、①「我が国に対する武力攻撃が発生した」こと、または「我が国と密接な関係にある他国に対する武力攻撃が発生し、これにより我が国の存立が脅かされ、国民の生命、自由及び幸福追求の権利が根底から覆される明白な危険がある」こと、②「これを排除し、我が国の存立を全うし、国民を守るために他に適当な手段がない」こと、③「必要最小限度の実力を行使する」こと、と定めた(**武力行使の新3要件**)。①の後段の要件は死活的利益防衛説に親和的であるが、この要件は憲法上許容される集団的自衛権として示されたものにすぎず、国際法上の集団的自衛権についての日本の見解として示されたものではない。いずれにせよ、これによって日本は、限定的ではあるが、国際法上の集団的自衛権の行使を許容することになった。なお、2015年の**平和安全法制**の国会審議過程において、上記新3要件は安保理が介入した後の集団安全保障(→本章3(4))においても適用されることが確認されている。

(6) 在外自国民保護と人道的干渉

自衛権は、国家が単独の判断で武力を行使することのできる唯一の場合と考えられてきたが、在外自国民の保護や人道的干渉を理由に武力行使の正当化が図られることもある(前者は自衛権で正当化されることもある)。**在外自国民の保護**とは、他国にある自国民の生命・身体・財産が侵害されまたはその危険に晒されている場合に、本国が武力を用いてこれを保護することをいう。1976年のエンテベ空港事件[6]や1983年のグレナダ事件などが在外自国民保護のための武力行使の例とされるが、その合法性に関して諸国の反応は一定していない。

在外自国民保護とは異なり、**人道的干渉**は、他国において集団殺害や迫害の犠牲となっている他国民等の生命・身体の保護のための武力行使である。人道的干渉が特に注目されるようになったのは、**コソボ問題**をめぐる1999年3

6 **エンテベ空港事件**　テルアビブ発パリ行きのAF機がハイジャックされ、ウガンダのエンテベ空港に強制着陸させられた。犯人グループはパレスチナ・ゲリラの釈放を要求してユダヤ人乗客を人質にとったが、イスラエルはウガンダ政府の同意なくして特殊部隊で空港を急襲し、人質を解放した。イスラエルは自衛権の行使と主張したが、東側や非同盟諸国は同国を批判した。

月のNATOによる**対ユーゴ空爆**を契機としてである。本件は、1999年4月にNATO諸国を相手にユーゴによってICJに提訴されたし(武力行使合法性事件)、安保理においてもその合法性をめぐって決議案が提出された。ICJでは、提訴時にユーゴはICJ規程の当事国ではなかったなどとして管轄権が否定されたが、ベルギーが人道的干渉論で武力行使を正当化する議論を展開した。安保理では、NATOの武力行使を国連憲章違反とする決議案がロシア等によって提出されたが、賛成3反対12の大差で否決された。もっとも、この否決をもってコソボとの関係で人道的干渉の合法性が認められたということにはならない。違法であるとの主張が様々な理由で受け入れられなかったにすぎない。

対ユーゴ空爆後、カナダを中心に設置された「干渉と国家主権に関する国際委員会」の報告書(2001年)の題目でもある「**保護する責任**(responsibility to protect)」という概念を用いて、人道的干渉を正当とする主張がなされているが、2005年の**国連世界サミットの成果文書**は、住民を集団殺害、戦争犯罪、民族浄化および人道犯罪から「保護する責任」は個別国家にあるとした上で、国際社会もそういった住民の保護を支援する責任を有するとしつつ、集団的行動をとるのは当該国家が保護しない場合に国連憲章に従い安保理を通じてであると述べて、一方的措置としての人道的干渉に否定的な立場を示した(安保理決議1674(2006)で再確認)。安保理を通じた「保護する責任」は、2011年にリビアにおいて実践されたといわれており、決議1970(2011)と決議1973(2011)の前文には保護する責任が言及され、決議1973(2011)では文民の保護のための武力行使(「必要なすべての措置」)の授権が行われた。なお、シリアによる化学兵器の使用疑惑に対して行われた2018年の武力行使に参加した西側3国のうち英国は、人道的干渉であるとして自国の武力行使を正当化した(米仏両国は明確な法的正当化を行わなかった)。

3. 集団安全保障

(1) 勢力均衡

安全保障とは、外部からの攻撃や侵略に対して国の安全を維持することである。国際社会は、そのような意味における安全保障を国際的に確保する手段として、勢力均衡と集団安全保障という2つの方式を用いてきた。

勢力均衡とは、相対立する国家や国家群の間で力のバランスをとることによって、いずれの側からも相手方を攻撃できないような体制を作り、侵略のない状態つまり安全保障を確保しようとするものである。勢力均衡においては、①力の比較は難しい、②各国は自国に有利な均衡を求めるため、勢力拡張競争が起こりやすい、③国家間の対立を前提としているため、戦争を完全には否定せず、むしろある程度の限定的な戦争の存在を前提としている、などの問題点があった。

18～19世紀の欧州においては、英仏墺(オーストリア)普(プロシア)露の5ヵ国の力がほぼ均衡していたこともあって、勢力均衡が比較的うまく機能して、長らく平和が保たれた。しかし、19世紀後半になると、普墺戦争と普仏戦争を経て急速に力をつけてきたプロシアを中心にドイツが統一され、ウィルヘルム2世が帝国主義外交を追求したため、後発帝国主義国たるドイツおよびその支持国(墺伊)と、ドイツに対抗する先発帝国主義国(英仏露)との関係は徐々に悪化し、1914年には第1次大戦へと突入していった。

(2) 集団安全保障

第1次大戦後、それまでの勢力均衡体制への反省の上に立って考案されたのが**集団安全保障**体制である。集団安全保障とは、対立する国家・国家群を含めすべての関係国が参加する集団からなる国際体制を作り、①戦争ないし武力行使を禁止する取極を結び、②そのような取極に違反した国に対しては集団が全体として制裁を加える、という制度である(**集団安全保障の2要素**)。

このような集団安全保障体制が真に実効的に機能するためには、いくつかの条件が満たされなければならない。すなわち、①戦争ないし武力行使の禁止が包括的であること、②大国を含め、戦争ないし武力行使の禁止取極への参加が普遍的であること、③違反に対する制裁が迅速かつ柔軟に発動されうること、④制裁への参加が義務的であること、である。

(3) 国際連盟における集団安全保障

歴史上初めての国際平和機構として創設された**国際連盟**は、集団安全保障体制を体現した初めての機構でもあった。しかし、その内実は大きな問題を孕むものであった。

集団安全保障の2要素のうち、戦争の禁止に関しては、連盟の制度は様々な抜け穴(ギャップ)を含むものであったが(→本章1⑵)、連盟期の戦争は、そのようなギャップを利用して、3ヵ月の戦争モラトリアムの経過後に「合法的」に行われたのではなく、3ヵ月の期間中に規約に違反する形で行われた。したがって、そのような違反に対する制裁の制度が完備しておれば、連盟の集団安全保障体制は、うまく機能する可能性があったということになる。しかし、連盟の制度は制裁の観点からも問題があった。

制裁に関して規定する連盟規約16条によれば、規約違反の戦争を行った連盟国は、他のすべての連盟国に対して戦争行為をなしたものとみなされ、これに対して次のような制裁が予定されていた。第1に、連盟国は直ちに一切の通商上・金融上の関係を断絶するものとし、第2に、連盟理事会は使用すべき兵力の分担を提案するものとされた。このように、連盟の制裁制度は、経済制裁を主、軍事制裁を従とする体制であった。

連盟規約において制裁の中心的地位を与えられていた**経済制裁**も、米国の連盟不参加という現実を受けて、あまりに厳格な適用は問題であるとして、その適用がかなり微温化されることになる。1921年の連盟総会において採択された「**連盟規約16条適用の指針**」によれば、①規約違反があったか否かは個々の連盟国が決定し(3項)、②経済的圧迫が長期にわたる場合には段階的に強化できるものとされた(13項)。こうして連盟における経済制裁の制度は、制裁の発動において**個別化**され、制裁の実施において**段階化**されることになった。その問題性は、連盟規約16条の唯一の適用事例である1935-36年の**イタリア・エチオピア戦争**への対応において露呈することになる。

1934年のワルワル事件等につき連盟理事会が審査中であった1935年にイタリアがエチオピアに侵攻したため、連盟理事会はイタリアが規約12条に違反して戦争に訴えたとする報告書を全会一致(イタリアを除く)で採択した。こうして規約16条が適用される状況となったが、実際の制裁措置は、「指針」に沿って軽微な措置から実施され、石油などの戦略物資は対伊禁輸から除外された。他方でイタリアからの輸入はすべて禁止され、世界恐慌下においてイタリア製品のボイコットのために制裁が利用されたともいわれる。また、オーストリア、ハンガリーといったイタリアの友好国は制裁に参加しなかった。こうして制裁の個別化・段階化の影響もあり、対伊制裁は効果を発揮することなく失敗に終わった。

(4) 国際連合における集団安全保障

第2次大戦を経て成立した国連では、連盟における集団安全保障の反省の上に立って、新たな集団安全保障体制が構築された。集団安全保障の2要素のうちの戦争・武力行使の禁止に関しては、広く武力行使一般の禁止が明記された(→本章1(4))。

連盟規約16条に定める制裁に対応する**強制措置**は、国連憲章7章に規定されている。まず7章冒頭の39条において、安保理は、①平和に対する脅威、平和の破壊または侵略行為の存在を決定し、②国際の平和および安全を維持・回復するためにいかなる措置をとるかを決定することが定められている。このように、国際連盟とは異なり、安保理が集権的に、①事態の認定と②とるべき強制措置の決定を行うものとされた。また、これも国際連盟とは異なり、①の事態には、必ずしも国際法に違反しないが平和に対する脅威となる行為も含まれうる(例えば北朝鮮の地下核実験)。このように、規約違反の戦争に対する制裁を規定していた連盟規約とは異なり、国連の集団安全保障においては、必ずしも憲章違反の武力行使に対してのみ強制措置を発動するという体制にはなっていない。

(a) 安保理による事態の認定

強制措置の対象となる上記①の3つの事態には定義が与えられていないことから、集団安全保障の発動に関して安保理にはかなりの裁量が与えられている。3つの事態のいずれであるかによってとられる措置が異なるわけではないが、いかなる場合にいずれの事態と認定されるかについては一定の傾向が見られる。

平和に対する脅威は、本来、国家間に武力行使の危険が差し迫っているような事態を念頭に置いたものであったが、現実の実行では、主として**内戦**との関係において認定されてきた(例えばソマリア、ボスニア、リベリア、アンゴラ、ザイールなど)。国内の武力紛争においても強制措置が発動されうることは、憲章2条7項の規定からも確認できる。特に冷戦の終結後は、内戦以外にも多様な事態について「平和に対する脅威」が認定されており、それらは概ね次のように整理できる(冷戦期を含む)。①人権や自決権の侵害に関連するもの(南ローデシア、南ア、ハイチなど)、②国際人道法違反(旧ユーゴ、ルワンダなど)、③テロやテロ支援に関連するもの(ロッカビー事件、ムバラク大統領暗殺未遂事件、タリバンの国際テロ支援、9.11テロなど)、④核兵器その他の大量破壊兵器の拡散(北朝鮮)である。

平和の破壊とは、国家間の武力行使の事態をいい、これまでに1950年に朝鮮戦争、1982年にフォークランド戦争、1987年にイラン・イラク戦争、1990年に湾岸危機(イラクのクウェート侵攻)との関係で認定されているにすぎない。

侵略行為の認定はさらに少なく、明確に39条にいう侵略行為として安保理が認定した顕著な例は見当たらない。しかし、侵略行為が最も重大な事態であることは古くから認識されており、連盟時代から侵略行為を定義する試みが続けられてきた。その1つの到達点が1974年の「**侵略の定義**」に関する国連総会決議である。それによれば、「侵略」とは「国家による他の国家の主権、領土保全もしくは政治的独立に対する、または国際連合憲章と両立しないその他の方法による武力の行使」をいうものとされ(1条)、国連憲章に違反する武力の最初の行使は侵略行為の一応の証拠となるとした上で(2条)、3条において侵略行為の具体例が列挙されているが、安保理の裁量はなお留保されている。なお、本決議に関しては、3条(g)にいう侵略行為を行う武装集団の他国への派遣は、**ニカラグア事件**本案判決において、武力攻撃の定義との関係で慣習法であると宣言されているし、上記の1条に定める定義と3条に列挙される具体例は、2010年の**国際刑事裁判所**(ICC)規程の改正において、同規程に定める**侵略犯罪**の定義との関係で採用されている(8条の2。→13章3(3)(d))。

表18-1　湾岸危機・湾岸戦争と国連の対応

事実		安保理の対応		
1990		1990		
8. 2	イラクによるクウェート侵攻(クウェート暫定自由政府の要請による旨主張)	8. 2	決議660	平和の破壊の存在決定。イラク軍の即時無条件撤退要求
		8. 6	決議661	憲章7章にもとづく対イラク包括的経済制裁決定
8. 8	アメリカ、サウジ派兵決定(集団的自衛権による旨主張)。イラクがクウェートの併合を宣言			
		8. 9	決議662	イラクのクウェート併合無効決定
8.12	イラク、自らの撤退をイスラエルのアラブ占領地からの撤退とリンクさせるリンケージ論主張	8.25	決議665	決議661の実施のため状況が必要とする措置をとることを要請
		11.29	決議678	イラクが1991.1.15までに諸決議を履行しない場合、必要なすべての手段をとることをクウェート政府に協力している加盟国に授権
1991		1991		
1.17	多国籍軍によるイラク軍攻撃開始(「砂漠の嵐」作戦)			
2.24	多国籍軍による地上戦開始			
2.27	イラク、すべての決議を受諾			
2.28	多国籍軍の攻撃停止			
		4. 3	決議687	正式な停戦条件の提示
4. 6	イラク、決議687を受諾			
〜	〜	〜	〜	〜
2002		2002		
		11.8	決議1441	イラクによる決議687の重大な違反を決定、イラクに軍備撤廃義務を遵守する最後の機会を与える、継続的な違反は重大な帰結に直面すると警告
2003		2003		
3.20	イラク戦争開始(「イラクの自由」作戦)			
5. 1	ブッシュ大統領、イラクにおける主要な戦闘作戦終了宣言			
		5.22	決議1483	武器禁輸以外の経済制裁の解除
2010		2010		
8.31	オバマ大統領、イラクにおける戦闘任務終了宣言(「イラクの自由」作戦終了)			

(b) 安保理による強制措置

上記の３つのいずれかの事態が認定された場合には、安保理は、とるべき強制措置を決定することになるが、それに先立って、事態の悪化を防止するため**暫定措置**に従うよう要請することができる(憲章40条)。即時停戦の要請、兵力撤退の要請などがこれに当たる。関係当事者が従うよう「要請」された暫定措置に従わなかった場合には、安保理はそのことに妥当な考慮を払うものとされる(40条)。

国連における強制措置は、連盟における制裁と比較していくつかの点で改善された。第1に、連盟においては、特に「連盟規約16条適用の指針」によって制裁の発動が個別化されたが、国連憲章の下では、強制措置の発動が安保理の下に**集権化**され、特に安保理が強制措置を「決定(decide)」する場合には、加盟国は強制措置への参加を法的に義務づけられ(憲章25条)、組織的な集団安全保障が期待できる体制となった(安保理が強制措置を「要請(call upon)」する場合には参加は任意である)。法的拘束力のある強制措置の解除も、同様に「決定」される(例えば対イラク経済制裁に関する決議1483(2003)参照)。このことは、強制措置の解除にも拒否権が行使される可能性があることを意味する。最近の決議では、非軍事・軍事を問わず、当初の決議においてあらかじめ時限的な措置とするものも少なくない(非軍事的措置の例としてシエラレオネに関する決議1306(2000)、軍事的措置の例としてコートジボワールに関する決議1464(2003))。

第2の改善点として、対イタリア制裁に見られたように、連盟期の経済制裁は効果を発揮できなかったとの反省にたって、少なくとも憲章の規定上は、軍事的措置に比重を置いた集団安全保障体制の構築が図られた。固有の軍隊を持たない国連が軍事的措置をとるための取極として、憲章では、安保理と加盟国との間に「**特別協定**」を締結し、加盟国が一定の兵力を国連の使用に委ねるという待機軍の制度が予定されていた(43条)。しかし、国連軍の規模・構成・配分・平時の配置場所等に関して大国間で意見が一致せず、今日に至るまで特別協定は締結されておらず、**待機体制**は実現していない。

強制措置は、非軍事的措置(憲章41条)と軍事的措置(42条)に分けられる。**非軍事的強制措置**とは「兵力の使用を伴わない」措置であり、極めて広範な措置が可能とされる。湾岸危機に際してイラクに対してとられた全面的禁輸措置や資産凍結が典型的であるが、それ以外にも、航空機乗入禁止(対リビア)、スポーツ・文化交流の停止(対ユーゴ)、旧ユーゴ国際刑事裁判所(ICTY)

やルワンダ国際刑事裁判所(ICTR)の設置など、まさに多様である。これらのうち全面的禁輸措置は、無辜の住民、とりわけ社会的弱者への打撃が懸念され、有責者・有責層への打撃を極大化すべく、特定の個人や団体の資産凍結や渡航禁止といった**スマート・サンクション**が、1990年代以降強力に推進されるようになった。しかし、その実施に当たっては一部で人権問題を引き起こしている(2008年欧州司法裁判所(ECJ)カディ事件判決[7][判例159]や2008年自由権規約委員会サヤディ事件[8])。そこで、2009年にアルカイダ制裁を中心にオンブズパーソンの制度が創設され、その後安保理決議1989(2011)において、オンブズパーソンが制裁リストから特定の個人・団体を削除するよう勧告すれば、ほぼ自動的に削除されるという制度が導入された。なお、後述の2003年のイラク戦争(安保理による明確な授権なくして武力が行使された)以降の非軍事的強制措置に関する決議には、武力行使の可能性を排除すべく、憲章41条に明示的に言及するものが少なくなく、対北朝鮮の決議1718(2006)や対イランの決議1737(2006)などがその例である。

軍事的強制措置は、国連においても頻繁には実施されていない。これまでに実施された軍事的措置の代表例としては、1950年の**朝鮮国連軍**と1991年の**湾岸多国籍軍**の派遣がある。朝鮮国連軍は安保理の「必要な支援」提供の「勧告(recommend)」に従って派遣され(決議83(1950))、湾岸多国籍軍は安保理の「必要なすべての手段」の「授権(authorize)」に基づいて派遣された(決議678

7　**カディ事件**　安保理の対アルカイダ・タリバン制裁決議を実施するECの理事会規則(→7章5(2)(a))に基づき、安保理の制裁対象者リストに掲げられたカディ(原告)に対して行われた資産凍結処分が、EC法に反するとの訴えについて、第一審裁判所(2005年)は、国連憲章103条などを根拠に安保理決議は原則として司法審査の範囲外である(ただし強行規範に反する場合は別であるが、本件に強行規範の違反はない)としたのに対して、ECJ(2008年)は、安保理決議の合法性審査はできないとする一方、上記規則にかかる処分が原告の聴聞権や財産権などEC法上の基本権を侵害し違法無効との判決を下した。なお本判決後も、安保理から得た簡潔な理由を示しただけでカディの名前が再度EC理事会規則の付表に登載されたため、カディが改めて提訴した(第2カディ事件)。EU司法裁判所(2013年)は、登載の理由が不十分として関連規則の取消しを命じた下級審を支持した。

8　**サヤディ事件**　安保理の対アルカイダ・タリバン制裁決議に従ってベルギー政府が通知したことによって制裁リストに掲げられ、それを実施したベルギーの措置によって移動の自由や名誉・信用の権利などを侵害されたとして、サヤディらが自由権規約委員会に個人通報(→12章4(3))した事案。委員会は、それらの権利の侵害があるとして自由権規約12条、17条の違反を認定した。

(1990))が、その後、後者の方式が定着した。これらは、憲章43条に基づく特別協定が締結されていないことから、「決定」によって軍事的措置を義務づけることができないために用いられている方式である。**勧告・授権型の軍事的措置**については、①憲章43条に基づく特別協定が締結されておらず、46条や47条に基づく軍事参謀委員会の統括がないなど、憲章の規定に合致していないとする**違憲説**、②憲章42条は必ずしも特別協定の存在を前提としておらず、軍事的措置は勧告・授権によっても可能であるとする**軍事的強制措置説**、③安保理のコントロールをほとんど受けることなく、事実上加盟国自身の行動として実施されていることを重視する**集団的自衛権説**があるが、軍事的強制措置と理解する説が有力である。その後の多国籍軍への武力行使授権の例としては、人道援助や文民保護に関連するものとして、ボスニア(決議770(1992))、ソマリア(同794(1992))、ルワンダ(同929(1994))、リビア(同1973(2011))に関する決議が、和平合意等の実施に関するものとして、ボスニア(同1031(1995))、アフガニスタン(同1386(2001))に関する決議がある。

地域的取極・地域的機関にも、安保理の許可を条件として、強制行動をとることが認められており(憲章53条)、新ユーゴの「海上封鎖」に関する決議787(1992)や中央アフリカに関する決議2127(2013)などがその例である。

では、こういった強制措置が既存の条約等と抵触する場合であってもその違法性が問題とならないのはなぜか。安保理が法的拘束力を有する強制措置を「決定」する場合には、国連憲章25条により拘束力を有する決議は国連憲章上の義務とみなされ、憲章103条により他の国際協定上の義務に優先するからだと考えることができる。他方、法的拘束力を有さない「勧告」による強制措置の場合には、そのような説明は困難であり、これまでの慣行によって国連憲章に従った強制措置においてはその違法性が阻却されるという法的信念が確立していると考えるほかないであろう。

なお、2003年のイラク戦争(表18-1参照)に関しては、米英両国はイラクが湾岸戦争の停戦条件を定める安保理決議687(1991)の重大な違反を犯したため、湾岸戦争の際の武力行使授権決議である決議678(1990)が復活したとして武力行使を正当化した。しかし、イラク戦争直前の関連決議である決議1441(2002)は、イラクに「遵守の最後の機会を与える」としていた。この点について米英両国は、イラクがこの機会を利用しなかったとするが、イラクが最後の機会を利用しなかったとする米英などの決議案は多数を得る見込みがなく撤回されたという経緯がある。このことから、イラク戦争は国際法違反であるとする見方が一般的である。

(5) 平和のための結集決議

国連憲章は、集団安全保障の機能を安保理に集中させた。しかし、安保理の常任理事国は拒否権を有しており、そのうちの一国でも拒否権を行使すれば安保理は機能しない。この点の問題性が現実のものとして認識されたのが、1950年の**朝鮮戦争**の際である。朝鮮国連軍の派遣自体はソ連の欠席という偶然によって可能となったが、ソ連が安保理に復帰した後は朝鮮関連の決議はソ連の拒否権によって葬り去られた。そこで米国が中心となって、そのような場合には問題を拒否権のない総会に移し、総会の勧告によって集団的措置をとることのできる仕組みが考案された。それが1950年11月に採択された「**平和のための結集決議**」(総会決議377)である。

同決議の集団的措置に係わる主要な部分は次の通りである。①安保理が拒否権によって機能しない場合には、総会が3分の2の多数で集団的措置(平和の破壊・侵略行為の場合には兵力の使用を含む)を勧告できる。②総会が休会中の場合には安保理が9理事国の要請で緊急特別会期を開くことができる。③加盟国は軍事的措置の勧告に備えて自国軍隊内に待機軍を維持するよう勧告する。もっとも、現実には、この決議に従って軍事的措置が勧告されたことはないし、待機軍の制度もほとんど実施されておらず、主として緊急特別総会の開催のために本決議が利用されているに留まる(1956年のスエズ問題、ハンガリー問題、1980年のアフガニスタン問題、1997年のパレスチナ占領地問題など)。

この決議については、実体・手続の両面から批判がある。実体的には、憲章11条2項が、総会は「行動」(=強制措置)を必要とする問題については安保理に付託しなければならないと規定することから、総会は強制措置を勧告できないとの主張がなされる。しかし、憲章10条は、総会に対し憲章の範囲内のあらゆる問題につき勧告する権限を与えており、しかも11条4項が、(11条2項を含む)同条に掲げる総会の権限は10条の一般的範囲を制限しないと規定していることから、強制措置を含め総会の勧告権限は制限されていないと考えることができる(10 条と 11 条 4 項はサンフランシスコ会議で強化ないし追加された)。もっとも、10 条においても、安保理の任務遂行中は安保理が要請しない限り、総会は勧告できないとする 12 条の制限は留保されている。しかし、この手続的制限についても、安保理が機能しえない場合の総会の勧告権を規定した「平和のための結集決議」とは矛盾しないといえよう。ICJ も、パレスチナの壁事件勧告的意見[判例 165]において、意見要請の際に同決議の定める要件が満たされていたかを検討しており、決議自体は合憲であることを前提としているように思える。

(6) 集団安全保障の機能不全とその原因

集団安全保障体制は、連盟における失敗を受けて、国連憲章の下、軍事的措置を中心に強化が図られたが、冷戦期には十全に機能したとはいいがたい。その原因として広く指摘されるのが**拒否権**の存在である。国家間関係の緊密化した国際社会において、ほとんどの(武力)紛争の背後には大国の存在があり、冷戦期には大国の拒否権行使によって集団安全保障が機能不全に陥ることが珍しくなかった。逆に、冷戦終結直後の 1990 年代前半は、安保理における拒否権の行使も激減し、とりわけ 1990 年のイラクによるクウェート侵攻に際しては多数の安保理決議が拒否権に阻まれることなく連続して採択され、**国連の機能回復**が語られた。

しかし、集団安全保障の機能不全の原因を拒否権のみに求めるのは正しくない。拒否権のもたらす問題の多くは、「平和のための結集決議」において取り除かれたはずだからである。集団安全保障がうまく機能しないとすれば、その根本的な原因は、拒否権という制度そのものにではなく、諸国家の政治的な意思にあるように思える。集団安全保障における集団的措置は、非軍事的措置であれ軍事的措置であれ、これに参加する国に大きな負担や犠牲を強いることになる。もちろん、同盟関係にあれば、価値や利益を共有する同盟国のために一定の負担や犠牲を払っても、それは自国の利益に資することになろう。しかし、集団安全保障においては、不特定の国のために負担や犠牲が強いられることにもなるのであって、その成功のためには、国際社会全体の利益のために負担や犠牲を顧みずに協力するという意思が諸国に存在することが不可欠であろう。

4. 国連平和維持活動

(1) 冷戦期の平和維持活動

集団安全保障の制度は、特に冷戦期、米ソを中心とする安保理常任理事国による拒否権の行使などもあって、予定された機能を果たすことができなかった。このような事態を受けて応急措置的に考案されたのが国連の「**平和維持活動**(PKO)」である。この時期のPKOは、紛争当事者間に停戦合意が成立した場合に、とりあえず武力衝突の再発を防止し事態を鎮静化させるため、国連の権威を象徴する軍隊を現地に派遣し、紛争当事者の間に介在させる活動と定義された。冷戦期のPKOは**伝統的なPKO**とも呼ばれ、非武装の将校からなる**軍事監視団**と、軽火器で武装し部隊単位で編成される**平和維持軍**に大別される。初期のPKOの代表的な存在は、スエズ動乱に際してスエズ運河地帯・シナイ半島に派遣された国連緊急軍(UNEF、1956〜67)であり、イスラエル・エジプト間の休戦ラインの監視等に当たった。

伝統的なPKOは、国連の集団安全保障体制による軍事的措置と比較して次のような特徴を持つ。第1に、PKOは停戦合意を受けた当面の措置とされ、紛争の最終的解決を目指すものではない(**暫定的性格**)。第2に、PKOの派遣は受入国の同意を基礎とし、武器の使用も自衛の場合に限られる(**非強制的性格**)。第3に、PKOの構成については紛争の利害関係国の排除が原則とされ、その活動も第3者的立場で臨むことが要請される(**公平・中立の性格**)。第4に、PKOは安保理ないし総会の補助機関として設置され、その指揮や費用負担も国連に委ねられる(**国連主導の性格**)。以上のうち、**同意、公平、自衛**の3つをPKOの**伝統的3原則**ともいう。

こういった特徴をもつ伝統的なPKOは、国連における長い実践を通じてその地位を確立してきた。その国連憲章上の根拠に関しては、組織上の根拠が安保理ないし総会の補助機関に関する規定(29条、22条)であることは明らかであるが、その活動の根拠は必ずしも明らかでない。伝統的には、憲章6章(紛争の平和的解決)と憲章7章(強制行動)の中間に位置するものとして、比喩的に国連憲章「6章半」の活動と表現されてきた。より厳密な憲章上の位置づけについては、憲章の特定の規定(39条、40条、41条など)に依拠する主張のほか、国連の「黙示的権能」(→7章2(2))に基づくとか、「後に生じた慣行」であるなど、さまざまな学説があるが、**黙示的権能説**が比較的有力である。ICJは、UNEFおよびコンゴ国連軍(ONUC、1960～64)の経費をめぐって諮問された1962年の「**国連のある種の経費事件**」[9][判例156]において、PKOは関係国の同意を得て派遣されるのであって強制行動ではないから、11条2項の「行動」には当たらないなどとした上で、当該PKOは国連の主要な目的を達成するための活動であるとして、その合憲性を肯定する勧告的意見を出している。

(2) ポスト冷戦期の平和維持活動

1980年代末における冷戦の終結は、湾岸危機に対する多国籍軍の派遣に象徴されるように、国連の集団安全保障体制に機能回復をもたらしたが、同時にPKOのあり方にも影響を与えた。冷戦後のPKOは、1992年にブトロス・ガリ国連事務総長が提出した事務総長報告「**平和への課題**」において提案されていたものの実践ともいえ、伝統的なPKOとは異なる性格を含むものとなった。

第1に、冷戦期には武力紛争が停戦に至ってからPKOが派遣されていたが、マケドニアに派遣された国連保護軍(UNPROFOR、1992～95)および国連予防展開軍(UNPREDEP、1995～99)のように、武力紛争が発生する前に、それを予防する目的でPKOが派遣される実行が生じた(**予防展開型ＰＫＯ**)。

第2に、冷戦期にはPKOは暫定的な性格の措置とされてきたが、冷戦後は紛争当事者間で合意された紛争の包括的な解決を実施に移すとともに、紛争後の平和を構築する任務を帯びたPKOが現われ、多数の文民要員がPKOに参加するようになった(**平和構築型ＰＫＯ**)。平和構築型のPKOは、国連ナミビア独立支援グループ(UNTAG、1989～90)や国連カンボジア暫定機構

9　**国連のある種の経費事件**　UNEFおよびONUCの活動の合憲性に疑問をもって分担金の支払を拒否する国が少なくなかったことで深刻な財政危機に直面した国連総会が、それらの活動の経費が国連憲章17条2項にいう「この機構の経費」に当たるかにつき、ICJに勧告的意見を要請したもの。

(UNTAC、1992～93)をはじめとして、おおむね成功を収めてきた。

第3に、本来非強制的な性格であるはずのPKOが、国連憲章7章の下で、紛争当事国(者)の同意を必ずしも前提とせずに派遣されたり、PKOに強制的な権限が付与されるという現象が現われた(**7章型PKO**)。憲章7章の下で派遣された最初のPKOは、湾岸戦争後にイラクに派遣された**国連イラク・クウェート監視団**(UNIKOM、1991～2003)である。UNIKOMの派遣は、湾岸戦争の正式な停戦条件を定めた安保理決議687(1991)において、その条件の1つとされていた。したがって、たとえイラクがPKO派遣への同意を撤回してもPKOが活動を続けることができるように7章の下で派遣されたものであるが、その活動内容は伝統的なPKOと異なるところはなかった。

7章型PKOの今1つの類型は、強制権限を与えられたPKOである。伝統的なPKOでは、武器の使用は自衛の場合に限られていたが、ソマリアに派遣された**第2次国連ソマリア活動**(UNOSOM-II、1993～95)には、安保理決議814(1993)において、重火器の管理、小型武器の押収、武装勢力の無力化などの任務が付与され、その遂行のために「強制権限」が付与された。充分な装備を施すことなく強制措置類似の任務遂行を求められたUNOSOM-IIは、ほどなくソマリアの内戦に巻き込まれることとなり、ソマリアでの国連の活動は失敗に終わった。

このような失敗の反省の上に立って、ブトロス・ガリ事務総長は、1995年に「**平和への課題・追補**」を提出した。その中で事務総長は、ソマリアにおける活動などから得られた教訓として、PKOと強制措置とは全く異なる性格の活動であり、両者を混同することはPKOの可能性を損なうだけでなく、要員を危険にさらすことになる、PKOは伝統的な基本原則に従うことが不可欠である、と指摘した。

(3) 新世紀における平和維持活動と多国籍軍

1990年代後半以降になると、さらに新しい型のPKOの出現が見られる。この時期には、国連東チモール暫定行政機構(UNTAET、1999～2002)に代表されるように、暫定統治機構を通じた平和構築を主目的としながらも、不測の事態に備えて憲章7章の下で設置されるPKOが現われた。平和構築型の PKO と 7 章型の PKO が結合したかのような新しい型の PKO の出現である。2000 年前後の時期において、「平和への課題・追補」で批判された憲章 7 章の下での PKO の派遣が復活したともいえる（**強化された PKO**）。この現象は、2000 年にアナン国連事務総長に提出された**国連平和活動パネル**の報告書（通称、**ブラヒミ・レポート**）が、平和維持活動について、**伝統的 3 原則**（同意、公平、自衛）を確認しつつ、内戦への 3 原則適用の困難さから、強力な武器使用準則や装備の充実を求めた（ただし、必ずしも憲章 7 章下ではない）点とも符合する。

同時に、他方で、**多国籍軍**として派遣される部隊も、軍事的強制措置を実施することのみを目的として派遣されるというわけではなくなってきた。例えば、1995 年以降、デイトン合意に基づいてボスニアに展開された実施軍（IFOR、1995 ～ 96）やその後継である安定化軍（SFOR、1996 ～ 2004）、さらにその後継である欧州連合軍（EUFOR、2004 ～）などがその典型であり、これらの多国籍軍は、憲章 7 章の下で武力の行使を授権された上で、主としてデイトン合意の履行確保とその軍事的側面の実施という任務を果たしてきた。同様なことは、2001 年～ 2014 年にアフガニスタンに派遣された国際治安支援軍（ISAF）についてもいえる。こうして、**7 章決議＝多国籍軍**（軍事的強制措置）、**非 7 章決議＝ PKO**（平和維持活動）という二分法では捉え難い、**PKO と多国籍軍との間の相互乗入れ・相対化現象**が生じているといえる。両者の違いは、その任務や機能というよりも、その派遣形態、とりわけ指揮の所在（PKO は国連事務総長、多国籍軍は国連加盟国）にあるとさえいえよう。

なお、平和構築に関しては、2005 年の国連世界サミット成果文書を受けて、国連の総会と安保理の諮問機関として、紛争後の平和構築と復旧のための統合戦略を助言・提案する**平和構築委員会**が設置された。その包括的レビューを受けた 2016 年の総会・安保理共同決議 70/262-2282（2016）では、平和構築よりも広い概念として「平和の持続」が提唱された。

(4) 日本と平和維持活動

日本による PKO への本格的な参加は、1992 年の**国連平和維持活動協力法**（**ＰＫＯ協力法**）の成立を契機とする。PKO 協力法は、PKO への参加の条件として次の 5 つの原則を定めた（**ＰＫＯ参加 5 原則**）。すなわち、①紛争当事者間の停戦合意の存在、② PKO の実施とそれへの日本の参加に対する受入国・紛争当事者の同意の存在、③ PKO の中立・不偏性の維持、④以上が満たされなくなった場合の撤収、⑤自己または自己と共にいる他の隊員の生命身体防衛のための武器使用、である。

しかし、これらの原則は必ずしも国連の実行と合致するものではなかった。例えば、受入国・紛争当事者による同意は、PKO の派遣のみならず、それへの日本の参加についてまで求められた。また、武器の使用は、国連の PKO 一般に認められる自衛の 2 形態(①自己防衛、②任務遂行上の妨害排除)のうち①自己防衛のみを認め、しかもその自己防衛も、自己または自己と共にいる「他の隊員」(PKO 協力法により派遣された日本の平和協力隊員)の防衛の場合に限り認められたのであって、他国の PKO 要員はもちろんのこと、日本の NGO が襲撃された場合でも、武器をもって応戦することは認められなかった。こういった問題点の一部は、2001 年の同時多発テロ事件を受けたテロ特措法の制定と連動する形で同年 12 月に行われた PKO 協力法の改正によって緩和され、「その職務を行うに伴い自己の管理の下に入った者」の生命身体防衛のためにも武器が使用できるようになった(25 条)。さらに、2015 年 9 月の PKO 協力法の改正によって、地域住民の安全確保のための巡回や、他国の PKO 要員等の援助要請に応じて行ういわゆる「駆け付け警護」における武器使用、上記②の自衛(任務遂行上の妨害排除)のための武器使用も可能となった(26 条)。ただし、国や国に準ずる組織に対する武器の使用は、なお集団的自衛権との関係から認められていない。なお、初めての駆け付け警護および宿営地の共同防護(25 条 7 項)の新任務付与は、2016 年 11 月に南スーダン派遣 PKO において行われた。

5. 軍備管理・軍縮

(1) 軍備管理・軍縮の意義と位置づけ

国際連盟の時代には、**軍縮**とは、連盟規約 8 条 1 項にも定めるように軍備の削減ないし制限を意味したが、国連の時代に入ると、全面完全軍縮という用語にも見られるように、軍縮が軍備の撤廃をも意味するようになった。これに対して**軍備管理**とは、主として主要敵対国間の軍事バランスを維持し、その不安定化を避けるための措置をいう。軍備管理においては、場合によっては現状よりも高い水準の軍備を認めることもあり、この点で軍縮とは異なる。しかし、**軍備管理・軍縮**あるいは軍縮という用語で、関連する措置一般を指すことが多い。

国際連盟の時代には、軍縮は紛争の平和的解決・安全保障とともに三位一体をなすものとされてきたが、組織化された軍事的強制措置をその中心に据える国連の集団安全保障体制の下では、軍縮には二次的な地位しか与えられなかった。しかし、核兵器の出現を受けて、その拡散を防止する観点から、主として 1960 年代以降、軍縮への積極的な取組みがなされるようになる。

(2) 核兵器

核兵器保有国の増大はその使用の可能性を高めるとの発想から、1968 年に**核兵器不拡散条約**(NPT)が署名され(1970 年発効)、核兵器の保有を米ソ(露)英仏中の 5 ヵ国(＝**核兵器国**)に限定するとともに、それ以外の国(＝**非核兵器国**)による核兵器の受領・製造が禁止された(2 条)。非核兵器国は、製造禁止の義務遵守の検証のため、国際原子力機関(IAEA)による**包括的保障措置**の適用も義務づけられた(3 条)。他方、核兵器国の側は、核兵器を移譲しないことのほか、核軍縮につき「誠実に交渉する」ことを約束したに留まり(6 条)、NPT は、核兵器保有の点で本質的に差別的であるだけでなく、全体として義務のバランスも欠いているとして批判される。もっとも、ICJ は、1996 年の**核兵器使用の合法性事件**[10]において、「核軍縮に導く交渉を誠実に行いかつ完結させる」義務が存在するとする勧告的意見を出している。なお、2003 年の北朝鮮による NPT 脱退通告は、戦後の主要な軍縮関連条約からの初めての脱退例として注目されるが、手続違反を指摘する締約国もあり、その NPT 上の地位は正式には決定されていない。また、イランの核開発疑惑に関しては、2015 年 7 月に安保理常任理事国＋ドイツとイランとの間で合意された包括的共同作業計画(JCPOA)によって一応の解決の道筋がつけられた。

核兵器に関しては、NPT に先立つ 1963 年に**部分的核実験禁止条約**(PTBT)が署名されている(同年発効)。その誘因となったのは、大気圏内核実験によ

10　注2参照。

る環境汚染の問題のほか、核不拡散と核軍縮の観点であり、核兵器開発には核実験が必要と考えられていたので、核実験禁止は核の拡散防止と共に核軍縮につながると見られた。しかし、PTBTは大気圏内、宇宙空間、水中における核実験を禁止したが(1条)、地下における核実験は原則として禁止していなかったため、地下核実験の能力を有する先進核兵器国である米英ソ3国は、地下で核実験を続けることができた。その能力を有しなかった後発核兵器国である仏中両国は、PTBTを3国による**核の寡占体制**の制度化とみて、この条約には加入していない。

このようにPTBTが地下における核実験を容認していたことから、地下を含む包括的な核実験の禁止は、NPT6条の定める核軍縮の重要な要素と考えられてきた。1996年に作成された**包括的核実験禁止条約**(CTBT)は、NPTとは異なり、すべての国に対して核実験を包括的に禁止する差別性のない条約として歓迎された。しかし、170ヵ国が批准した現在でもなお未発効であるのみならず、近い将来に発効する見込みもない。それは、NPTに加盟していない非核兵器国＝**事実上の核兵器国**(インド・パキスタン・イスラエル)が批准することなくCTBTが発効しても無意味であるとして、それら3国を含む特定44ヵ国が批准してはじめて発効するという極めて厳格な発効要件が採用されたためである(14条、条約の附属書2)。NPT加盟の非核兵器国は核兵器の取得を禁止されていることから、実験を行おうとすると必然的にNPTに違反することになり、したがってそれら諸国にはNPTに加えてCTBTで核実験の禁止を義務づける必要はなかったのである。なお、CTBTは、「核兵器の実験的爆発又は他の核爆発」を禁止するとして、禁止の対象を「核爆発」に限定しており、核爆発を伴わない核実験(**未臨界実験**など)は検証の困難さなどを理由に禁止されなかった。

2017年7月には、国連会議において**核兵器禁止条約**が採択された(2021年1月発効)。これは、普遍的な適用を志向するものとしては初めて、核兵器の開発、実験、製造、貯蔵、移譲、使用、使用の威嚇、配備、それら活動の援助・奨励・勧誘などを包括的に禁止する条約である。しかし、核兵器保有国や核同盟国がすべて(オランダを除く)条約交渉をボイコットする中で採択されたこの条約は、実効性の観点から疑問視されているだけでなく、核軍縮を求めるNPT再検討プロセスを形骸化させるとの懸念も持たれている。核同盟諸国は、核兵器の使用、使用の威嚇、それらの援助・奨励・勧誘の禁止が拡大抑止(核の傘)を含む核抑止政策と相容れないとして反対している。

(3) 生物・化学兵器

生物・化学兵器の「使用」に関しては、1925年の**ジュネーヴ・ガス議定書**で、戦争における使用が禁止されていたが、違反国に対する使用や非当事国に対する使用の権利を留保している当事国も少なくなく、直ちに軍縮につながることはなかった。

第2次大戦後、生物・化学兵器は、核兵器とともに**大量破壊兵器**(WMD)と総称され、核兵器に次ぐ重要な軍縮対象とみなされた。1968年のNPT成立後、生物・化学兵器に関する軍縮交渉が開始され、1972年には**生物兵器禁止条約**(BWC)が署名された。BWCは、生物・毒素兵器の開発・生産・貯蔵を全面的に禁止し(1条)、既存兵器については廃棄または平和目的への転用を義務づけている(2条)。当初、生物兵器は化学兵器と一括して軍縮交渉の対象とされていたが、生物兵器は軍事的有用性が乏しいので保有への動機が希薄との理由から、化学兵器とは切り離して先行的に禁止条約が作成された。同じ理由から、この条約には検証に関する特段の規定が置かれていない。しかし、1979年にソ連による条約違反の疑惑が生じたこと(**スベルドロフスク事件**[11])などを契機に検証の必要性が認識され、1995～2001年には検証議定書交渉が行われたが、米国における政権交替などのため合意するには至らなかった。

BWC9条においてその早期合意の必要性が規定されていた**化学兵器禁止条約**(CWC)は、BWCの成立から20年後の1993年にようやく署名されるに至った(1997年発効)。その直接の契機となったのは湾岸戦争であり、同戦争が改めて示した化学兵器の危険(米国を中心とする多国籍軍がイラクによる化学兵器の使用を懸念した)を背景に、米国が中心となって、厳格な検証措置を伴う化学兵器の禁止条約が作成された。CWCは、化学の発展をも考慮して、極めて

11　**スベルドロフスク事件**　1979年にソ連のスベルドロフスクで炭疽が集団発生し、炭疽菌による生物兵器製造が疑われた。真相は不明であるが、1992年にソ連のエリツィン大統領は生物兵器禁止条約違反の活動をすべて停止するよう命ずる大統領令を発している。

広範な化学物質を化学兵器として定義しており(2条1項)、そのように定義された化学兵器の開発・生産・貯蔵・移譲・使用の禁止(1条1項)と、その廃棄(1条2項)を規定する。これらの禁止は絶対的であり、留保も禁止された(22条)。他の締約国の領域内に**遺棄された化学兵器**については、遺棄国に主要な廃棄義務が負わされた(検証附属書4部(B)15項)。CWCは、化学兵器の生産施設の廃棄(1条4項)も規定するが、兵器生産施設の廃棄まで義務づける条約は、この種の条約としては前例がない。

CWCが注目されるのは、その検証制度においてである。化学兵器廃棄の検証はもちろんのこと、化学兵器が産業施設においても比較的容易に生産できることから、民生用の産業施設に対しても広範な検証措置(申告と査察)が実施されることになった(6条)。さらに、違反の疑惑に対しては、一締約国の要請があればほぼ自動的に実施される対象無制限で拒否権のない**申立査察**(**チャレンジ査察**)の制度が導入された(9条)。申立査察の実施例はまだないが、その機能次第では、極めて強力な検証制度として、違反抑止の効果が期待される。こうした検証措置は条約の設置した化学兵器禁止機関(OPCW)が実施する。

今世紀に入ると、それまで以上に安保理がWMDの拡散問題に積極的に関与し始めている。例えば、2001年の同時多発テロ事件後、テロリスト等の非国家主体によるWMDの取得・使用が懸念されたが、2004年にはその防止のための国内措置を諸国に義務づける安保理決議1540(2004)が採択された。これは安保理による国際立法としても注目されている(→2章5(4))。安保理はまた、2006年の北朝鮮の核実験につき平和に対する脅威を認定し、憲章7章の下で、これ以上核実験を実施しないよう要求(demand)する決議1718(2006)を採択した。2013年9月には、シリアの化学兵器を2014年6月末までに廃棄することを義務づける安保理決議2118(2013)が採択された。化学兵器をシリア国外に持ち出して廃棄することが想定されたため、CWCに定める移譲禁止との抵触を回避すべく国連憲章7章の下での「決定」の形がとられた。さらに2015年の決議2235(2015)は、シリアにおける化学兵器の使用者を特定するOPCW国連合同調査団(JIM)を設置し、シリア政府軍による使用などを認定している。

設　問

1. 戦争の違法化。(外専・平元)
2. 武力不行使原則は国内における武力行使にも適用されるのかについて、これまでの事例にも触れつつ、論じなさい。(外専・平 28)
3. 武力行使と武力攻撃の概念上の相違、および武力行使と武力攻撃のそれぞれの犠牲国が国際法上合法的にとりうる措置について、具体的な事例に言及しつつ論じなさい。(外専・平 23)
4. 自衛権の発動の要件および終了の時期。(司試・昭 60)
5. 国連の集団安全保障と自衛権。(司試・平 4)
6. 人道的干渉の国際法上の位置づけについて論じなさい。(外専・令元)
7. 国連の集団安全保障体制の特徴を国際連盟の集団安全保障体制と比較しつつ論じなさい。(外専・平 30)
8. 国連における実践に照らして、「平和に対する脅威」の概念について論じなさい。
9. 国際の平和と安全の維持の分野における国連総会の役割について論じなさい。
10. 国際連合の平和維持活動の特徴とその憲章上の根拠。(司試・平 5)
11. 安保理決議に基づく措置が既存の国際法上の義務に抵触する内容を含む場合、いかにしてその措置を国際法上正当化できるか、論じなさい。(国総・平 30 改)
12. 地下核実験の国際法上の評価について論じなさい。

【参考文献】

高橋通敏『安全保障序説』(有斐閣、1960)
大沼保昭『戦争責任論序説』(東京大学出版会、1975)
田岡良一『国際法上の自衛権(補訂版)』(勁草書房、1981)
香西茂『国連の平和維持活動』(有斐閣、1991)
藤田久一『国連法』(東京大学出版会、1998)
国際法学会編『日本と国際法の 100 年(10 巻)安全保障』(三省堂、2001)
森肇志『自衛権の基層』(東京大学出版会、2009)
村瀬信也編『国連安保理の機能変化』(東信堂、2009)
松井芳郎『武力行使禁止原則の歴史と現状』(日本評論社、2018)
浅田正彦「国際司法裁判所と自衛権」浅田正彦・加藤信行・酒井啓亘編『国際裁判と現代国際法の展開』(三省堂、2014)
Yoram Dinstein, *War, Aggression and Self-Defence*, 6th ed. (Cambridge UP, 2017)

Christine Gray, *International Law and the Use of Force*, 4th ed. (Oxford UP, 2018)
Tom Ruys and Olivier Corten (eds.), *The Use of Force in International Law* (Oxford UP, 2018)

第19章　武力紛争法

目　次

1. 現代の武力紛争法

(1) 武力紛争法の概念

武力紛争法とは、戦闘の方法や手段を規制し、戦争犠牲者を保護することを目的とする国際法規則の総称である。伝統的には**戦時国際法**(戦争法)と呼ばれ、19世紀半ば頃から大きな発展をとげてきた。

武力紛争法は、交戦国相互の関係を規律する**交戦法規**および交戦国とそれ以外の国家(中立国)との関係を規律する**中立法**からなる。交戦法規は、戦闘の方法・手段を規制する**ハーグ法**および戦争の犠牲者保護を目的とする**ジュネーヴ法**とに区別して理解されてきた。前者は1907年の「陸戦ノ法規慣例ニ関スル条約・規則」(以下、ハーグ陸戦条約・ハーグ陸戦規則)が中心となる。後者は1864年の第1回赤十字条約以来、1906年および1929年に改正追加され、1949年のジュネーヴ諸条約として結実した傷病兵保護条約、海上傷病難船者保護条約、捕虜条約、文民条約の4つの条約が中心である。ジュネーヴ諸条約は、1977年の2つの追加議定書(以下、第1追加議定書(APIとも略す)、第2追加議定書)により補完されている。ただし、例えば捕虜に関する規定は、捕虜条約以外にハーグ陸戦規則にも置かれている。また第1追加議定書はジュネーヴ法のみならず、ハーグ法の規定を含んでいる。かつてはジュネーヴ法のみを**国際人道法**(狭義)と呼ぶこともあったが、ハーグ法とジュネーヴ法とは、その人道的価値に差異があるとはいえず、両者を法的に区別する理由はないと考えられる。今日では、交戦法規全体を指して、あるいは武力紛争法全体を一般的に国際人道法と呼ぶこともある。

武力紛争法は、当事者が持つ暴力手段の全てを用いて対決している状況において遵守されねばならない法規範である。そのため、戦争の被害を最小限に止めるという人道的要請のみならず、軍事目的の達成を阻害しないという軍事的要請を反映していなければ、実効的な規則とはなりえない。ただし軍事的要請を考慮するとはいっても、「戦争の必要は戦争法に優位する」という「**戦数論**」が唱えるような法を越える緊急権を当事者に認めるのではない。武力紛争法の下では、人道的要請が軍事的要請を上回る場合には、当該兵器・行為は規制されなければならない。そもそも過剰な殺傷や破壊は、戦争目的を最小限の力で達成するという「精力集中」の原理に反し合理的ではない。また無用に敵国民の敵愾心をあおることは戦争を長引かせる可能性があり、軍事的要請の観点からも好ましくない。武力紛争法が機能しうるのは、人道的要請と軍事的要請が均衡しうる規則として発達してきたからである。

(2) 戦争違法化と武力紛争法

ところで武力紛争法が成立した時期には、戦争が違法化されておらず、国家の戦争の権利(**交戦権**)および交戦国間の法的対等が武力紛争法の前提であった。それでは、戦争の違法化は武力紛争法にどのような影響を及ぼしているのだろうか。例えば、違法に武力を行使する侵略国と、それに対して合法的に自衛権を行使する犠牲国とは武力紛争法の適用上区別されるのだろうか(**差別適用論**)。

この点に関して今日では、武力紛争法(*jus in bello*)は、武力行使そのものの禁止・規制(*jus ad bellum*)とは、保護法益を異にする別次元の規則と捉えられている。すなわち武力紛争法は、武力行使そのものの合法・違法、紛争当事者が掲げる正当化理由などにかかわらず、当事者間で完全に平等に適用されなければならない(**平等適用原則**)。このことは、1977 年の第 1 追加議定書前文において「ジュネーヴ諸条約及びこの議定書が、武力紛争の性質若しくは原因又は紛争当事者が掲げ若しくは紛争当事者に帰せられる理由に基づく不利な差別をすることなく、これらの文書によって保護されているすべての者について、すべての場合において完全に適用されなければならない」として確認されている。

現実問題として、いずれの国家が侵略国であるかの安保理等による有権的決定が、すべての武力紛争において行われているわけではない。また、そのような決定が行われる場合にも、武力紛争法が保護すべき戦争犠牲者は、侵略国・犠牲国の別を問わず存在しており、それらを区別し、例えば侵略国の兵士に捕虜資格を与えないとか、侵略国の文民に対しては無差別攻撃が許されるなどとするのは、人道的見地からきわめて不適当である。またそれが当該侵略国による報復を招く場合もあり、紛争当事国間では平等な武力紛争法の遵守が望ましいと考えられる。

武力紛争法の平等適用は、判例や国家実行によっても確かめることができる。1946 年のニュルンベルク裁判判決[判例 95A]では、一方で「平和に対する罪」(侵略行為)の成立を認めながら、武力紛争法の適用においてはドイツが侵略国であるという事実を考慮しなかった。また、国連安保理が平和の破壊を決定し、それに対抗する武力の行使を加盟国に認めた朝鮮戦争や湾岸戦争でも、紛争当事国は武力紛争法の平等な適用を認めている。

武力紛争法は、一方の主体が国連の指揮下にある軍隊であっても同様に平等適用される（1971年の万国国際法学会決議「国際連合軍が関与しうる敵対行為への武力紛争の人道的規則の適用条件」）。憲章上の国連軍が創設されたことはないが、加盟国が安保理によって武力行使を授権された例については先述の通りである。他方、平和維持活動に従事する国連軍については、国連や兵力提供国は一致して、武力紛争法そのものが適用されることを認めず、その「原則と精神」の尊重を約束するにとどまってきた。ただしそれは、国連自身が武力紛争法に関する条約の締約国ではないこと、また同意に基づく非強制的な平和維持活動において国連軍を武力紛争の当事者と想定できないことが理由である。国連事務総長は、国連の内部規則において、武力紛争の当事者となる場合には国連軍も武力紛争法（それが慣習法の規則であるのか、何らかの根拠で条約の規則に拘束されることになるのか詳細は不明である）を遵守すべきことを認めている（1999年の国連事務総長告示「国連部隊による国際人道法の遵守」）。

2. 武力紛争法の適用

(1) 武力紛争法の適用範囲

伝統的な国際法では、戦争は**戦争宣言**により開始されるとされていたので、戦争宣言を伴わない**事実上の戦争**においては戦時法が適用されないと解されるおそれがあった。しかし武力紛争法の適用により戦争の方法・手段を規制し、犠牲者を保護することは、戦争宣言の有無に拘わらず必要だと考えられる。そこで1949年のジュネーヴ諸条約は、「すべての宣言された戦争又はその他の**武力紛争**」（一方当事国が戦争状態の存在を承認しない場合を含む）に適用されることになった（共通2条1項）。また同条約は「締約国の領域の一部又は全部が占領されたすべての場合」に、当該占領が武力抵抗を受けない場合であっても適用される（同2項）。このような適用の条件は、ジュネーヴ諸条約のみならず、武力紛争法全般についてもあてはまるものとされ、今日では全ての武力紛争法が戦争状態の有無に拘わらず全ての武力紛争に適用される（武力紛争の定義については→本章2(3)）。

今日では、国家間紛争のみならず、「人民の自決の権利の行使として人民が植民地支配及び外国による占領並びに人種差別体制に対して戦う武力紛争」(**民族解放闘争**)もまた国際的武力紛争とみなされている(API 1条4項)。その場合、人民を代表する当局が、条約寄託者宛の一方的宣言によってジュネーヴ諸条約と第1追加議定書を適用すると約束することで、当該当局と議定書締約国の間の武力紛争にそれらが適用可能となる(同96条3項)。

武力紛争法に関する条約の締約国と非締約国との間の武力紛争においては、基本的に当該条約は適用されない。さらに、伝統的な戦時国際法の条約は「**総加入条項**」を含んでおり、交戦国の法的平等の観点から、交戦国に1ヵ国でも条約非締約国があれば、すべての交戦国について当該条約が適用されないことになっていた(ただし慣習法化した条約の規定については全ての交戦国の間に適用される)。例えば第1次大戦では、イタリアとトルコが締約国でなかったために、1907年のハーグ陸戦規則が適用できなかった。こうした状況は人道的に好ましくないため、総加入条項は1929年のジュネーヴ条約以来挿入されなくなっている。1949年ジュネーヴ諸条約では、紛争当事国の1つが締約国でない場合にも、その他の締約国相互間では条約の適用があり、更に、「締約国でない紛争当事国がこの条約の規定を受諾し、且つ、適用するときは」、その国との関係においても条約が適用されると規定している(共通2条3項)。

(2) 非国際的武力紛争に適用される規則

従来、内戦(**非国際的武力紛争**)は、政府と反逆者たる私人、または私人相互間の関係であって、**交戦団体承認**(→1章3(1))により内戦が国際的武力紛争とみなされて武力紛争法の適用対象となる場合を除くと、国内法の問題であると考えられてきた。しかしスペイン内戦以来の非国際的武力紛争における国家間紛争以上に悲惨な状況をふまえて、第2次大戦後は、武力紛争法の一部規則が非国際的武力紛争にも適用されることが認められた。ただし、国家主権の維持と領域の一体性保持の観点から、諸国家は適用されるべき規則の拡大には一貫して消極的であった。こうした動きの端緒となった1949年ジュネーヴ諸条約共通3条では、「国際的性質を有しない武力紛争」において、敵対行為に直接に参加しない者に対する最低限度の人道的保障が約束されたに過ぎなかった。1977 年の第 2 追加議定書では、人道的保護の規定が拡大されたが、適用対象となる紛争を、反乱団体が高度に組織化され一定領域を支配するに至ったものに限定しており、さらに戦闘の方法・手段に関わる交戦法規の規定は置かれなかった。その後、冷戦後の苛烈な民族紛争が内戦として行われた経験を踏まえて、より一層非国際的武力紛争に適用される武力紛争法の必要性が認識された。そこで、**旧ユーゴ国際刑事裁判所**(ICTY)および**ルワンダ国際刑事裁判所**(ICTR)では、タジッチ事件中間判決[1][判例 97]をはじめとする諸判例で、戦闘の方法・手段に関するものも含めて、国際的武力紛争に適用される規則の多くが、非国際的武力紛争にも適用可能な慣習法規則となっていると確認された。このような発展を反映して、**国際刑事裁判所**(ICC)規程は、非国際的武力紛争における戦争犯罪を広範に規定した(8 条 2 項(c) (e))。なお、非国際的武力紛争においては、国際法主体ではない「組織的武装集団」が紛争当事者となり、武力紛争法を遵守することが求められる。武装集団に対する武力紛争法の拘束力の根拠について、学説上、武装集団による領域支配、武力紛争法の国内法的効力、条約の第三者効(武装集団による受け入れ)、国際慣習法上の武力紛争法規則の非国家主体への適用、国家の同意を武装集団のそれと見なしうるという慣習法の存在など、様々な説が存在するが、いずれも定説とはなっていない。

(3) 武力紛争の定義

武力紛争法は、武力紛争が存在する場合に適用される。この武力紛争は、戦争状態とは異なり紛争当事国の主観的評価とは無関係な客観的概念であって、これにより武力紛争法の適用範囲を可能な限り広いものとしている点に意義がある。よって、1949 年のジュネーヴ諸条約では、紛争当事国の恣意

---

1 **タジッチ事件** ボスニアのセルビア人勢力の地方リーダーであるタジッチが、ジュネーヴ諸条約の重大な違反、戦争の法規慣例違反、人道に対する罪などの責任があるとして起訴された事件。ドイツで逮捕され裁判所に移送された。ICTYにおいて公判手続がとられた最初の事件だったこともあり、弁護側の様々な抗弁に答える中間判決が求められた。上訴裁判部は、安保理によるICTY設置の合憲性を確認したうえで、旧ユーゴ紛争が国際的側面と国内的側面の両面を有し、ジュネーヴ諸条約の重大な違反は国際的武力紛争にのみ適用可能だが、戦争の法規慣例違反および人道に対する犯罪は非国際的武力紛争にも適用可能だと決定した。

的な制限的解釈による逸脱をまねかないよう、条約中に武力紛争の定義を置かなかった。条約採択を主導した**赤十字国際委員会**(ICRC)の注釈によれば、「国家間紛争であって、軍隊が介入するもの全て」が国際的武力紛争であり、「その継続期間や破壊の規模は問わない」とされている。ICTYもタジッチ事件中間判決において「国家間において武力が用いられれば」いつでも武力紛争が存在すると述べている。

非国際的武力紛争についても、ジュネーヴ諸条約共通3条に定義はない。第2追加議定書1条1項は、同議定書の適用される紛争の定義であって、非国際的武力紛争の一般的定義とはいえない。しかし少なくとも、「暴動、独立の又は散発的な暴力行為その他これらに類する性質の行為等国内における騒乱及び緊張の事態」は武力紛争に当たらないと考えられる(第2追加議定書1条2項)。タジッチ事件中間判決では、「長期化した暴力行為(protracted armed violence)」(ここでは一定の「烈度」を有する暴力行為を意味すると考えられている)が組織化された武装集団と政府の間、または組織化された武装集団相互間に存在する場合に非国際的武力紛争が存在すると判断している。武力紛争法の幅広い適用を確保するため、非国際的な場合にも国際的な場合と同様に武力紛争の存在は広範に認められるべきであるが、その一方で領域国の主権に配慮して、武力紛争の定義に一定以上の烈度や組織性を求めたのである。ただし、領域国政府はその存在を稀にしか認めないけれども、非国際的武力紛争においても、武力紛争の存在が客観的に認められるべきものであることに変わりはない。

今日では、非国際的武力紛争が外国軍隊の介入により国際化することがしばしばみられる(**国際化された内戦**)。旧ユーゴのボスニア・ヘルツェゴビナ紛争に関して、ICTYは、「①他国が軍隊により当該紛争に介入するとき、または②国内的武力紛争の参加者が他国のために行動しているとき」に内戦が国際化すると述べている(タジッチ事件上訴裁判部本案判決[2][判例97])。問題になるのは②の「他国のために行動」することの意味である。ICTYは、内戦が国際化する条件と内戦当事者の行動が他国に帰属する条件を同一視したうえで、「軍事行動の一般的計画の調整または支援」といった外国による「全般的支配」

2　注1のタジッチ事件の本案に関する判決。

が内戦当事者に及んでいればよいと判示した(同判決)。国家責任法上の帰属条件としての「支配」の程度について、国際司法裁判所(ICJ)ジェノサイド条約適用事件本案判決(2007年)は、1986年のニカラグア事件本案判決[判例144]をふまえて、より厳格な「実効的支配」、すなわち個々の具体的行為に対する指示が必要であると述べたが、内戦国際化の条件として「全般的支配」基準が適用されることは否定しなかった。

なお、2001年9月1日の大規模同時多発テロ以降の「対テロ戦争」においては、国家がアルカイダや「イスラム国」(IS、ISIS、ISIL)などのような外国に所在する非国家主体と交戦する現象が目立っている。このような非国家主体と彼らが所在する領域国政府との支配従属関係が希薄である場合(例えばアフガニスタン・タリバン政権とアルカイダ)または両者が対立している場合(シリア・アサド政権と「イスラム国」)には、かかる越境的武力紛争は国際的(国家間)武力紛争とはみなされえず、武力紛争法の適用上は非国際的武力紛争として扱われるとの立場が有力である。

武力紛争が存在するならば、たとえ問題となる場所で実際に戦闘が行われていなくても、紛争当事国領域内全域(非国際的武力紛争の場合は紛争当事者の支配する領域全体)で武力紛争法が適用され、また問題となる具体的な時点で実際の戦闘が行われていなくても、平和条約の締結にいたるまでの期間(非国際的武力紛争の場合には紛争の平和的解決が得られるまでの期間)武力紛争法が適用される(タジッチ事件中間判決)。

3. 戦闘手段・方法の規制

(1) 基本原則

武力紛争において、紛争当事者が戦闘手段(兵器)や戦闘方法(兵器の使用方法)を選択する権利は無制限ではない(ハーグ陸戦規則22条、API 35条1項)。戦闘手段・方法の規制に関する一般原則として、ICJは①目標区別原則と、②不必要な苦痛の禁止原則の2つを挙げている(1996年核兵器使用の合法性事件勧告的意見[3][判例163])。①の**目標区別原則**によれば、戦闘方法の決定・実施

3 **核兵器使用の合法性事件勧告的意見** 反核NGOの働きかけをきっかけにして、国連総会が核兵器使用・威嚇の合法性に関する勧告的意見をICJに問うた事例。裁判所は、核兵器の使用・威

において、戦闘員と文民(非戦闘員)、軍事目標と民用物とは常に区別されなければならず、戦闘員・軍事目標のみが直接の攻撃対象とされうる(**軍事目標主義**)。またそのような区別ができない無差別攻撃や無差別な性格の戦闘手段の使用は禁止される。②の不必要な苦痛の禁止原則の下では、戦闘員に対しての過度の傷害や無用な苦痛をもたらすような戦闘方法・手段をとってはならないとされる。戦闘の方法・手段に関する最初の国際文書である1868年のサンクト・ペテルブルク宣言は、国家が求めうる唯一の正当な目的が「敵国軍隊の弱体化」であり、そのためには「できる限り多くの者の戦闘能力を奪えば足りる」ことを強調しているが、このような目的を達成するのに不要な戦闘方法や戦闘手段は、不必要な苦痛をもたらすものとして禁止される。第1追加議定書35条は、この2つの原則に加えて、③自然環境に対する「広範、長期的かつ深刻な損害」をもたらすことを目的とする、またはもたらすことが予想される戦闘の方法・手段を禁止している(3項)。今日では、どの程度の環境損害が禁止されるのか議論はあるが、自然環境の保護もまた軍事行動を規律する基本原則の一つである(API 55条)。

新兵器が開発される場合には、その兵器を特定的に規制する規則が事前に存在していることはほとんどないが、当該兵器は、少なくとも上記のような基本原則に合致している必要がある。そこで第1追加議定書36条は、新兵器開発取得にあたって、既存の国際法規則と合致しているかどうかを確認する義務を締約国に課している。

なお、今日では物理的破壊を必ずしも伴わない**サイバー戦**が実行されるようになり、その法的規制が課題となっている。いわゆる**タリン・マニュアル**などにみられるように、一般的には既存の武力紛争法による規制は可能であると考えられているが、デジタルデータが軍事目標(後述)を定義する上で「物」とみなしうるかなど、現実の適用にあたっては解釈上の難しい問題が残っている。また、最近では、その起動や攻撃決定プロセスにおいて人間の関与が限定的であるか、または存在しない(完全)自律型致死兵器システム(**LAWS**)が開発されつつある。それら兵器に関しては、技術的・軍事的観点

嚇は通常国際人道法の諸原則に違反するとしたが、国家存亡の危機に関わる自衛の極限状況においてまで違法であるのかどうか判断を下せないとした。

から、今後どの程度の自律性が実現するか不透明であるが、一般原則として、武力紛争法を含む国際法に服すべきこと、またその使用に関して「人間の責任」が維持されなければならないことが確認されている。

武力紛争法の条約上あるいは慣習法上の規則の発展は、新しい戦闘方法および手段の発展に対応しきれない場合がある。また諸国家の対立が激しく十分な規定が合意されない場合もある。そこで、適用される法規が存在しない場合にも、文民および戦闘員が、「確立された慣習、人道の諸原則及び公共の良心に由来する国際法の諸原則」による保護の下におかれるという、**マルテンス条項**がハーグ陸戦条約(前文)以来、第1追加議定書(1条2項)にいたるまでの各条約に含まれている。

(2) 戦闘手段の規制

戦闘手段(兵器)の規制に関して、まず上記のような一般原則が適用される。しかし基準の一般性ゆえに、特定の兵器が原則に合致するのか、あるいは不必要な苦痛をもたらす、または無差別的な非人道的兵器であるのかどうか、不明確な場合があり、しばしば評価が鋭く対立することもある。そこでそのような合法性に争いがある戦闘手段を規制する目的で、兵器を特定したアプローチがとられることが多い。

通常兵器については、このような特定的アプローチに基づいて、様々な条約が採択されている。順次列挙していくと、一定の炸裂性・爆発性・燃焼性の発射物の使用を禁止した1868年サンクト・ペテルブルク宣言、人体内で開展するダムダム弾を禁止した1899年のハーグ宣言(第3宣言、ダムダム弾禁止宣言)、1907年の「自動触発水雷ノ敷設ニ関スル条約」、1980年の特定通常兵器使用禁止制限条約の各議定書(検出不可能な破片を利用する兵器に関する議定書(議定書I)、地雷およびブービートラップに関する議定書(同II)、焼夷兵器に関する議定書(同III)、失明をもたらすレーザー兵器に関する議定書(同IV)、爆発性の戦争残存物に関する議定書(同V))、1997年の対人地雷禁止条約、2008年の「クラスター弾に関する条約」などがある。

大量破壊兵器(核兵器、生物兵器、化学兵器)では、特に生物兵器と化学兵器について、特定的な禁止が存在している(ハーグ陸戦規則23条イ号、1925年のジュネーヴ・ガス議定書、1972年の生物兵器禁止条約、1993年の化学兵器禁止条約)。しかしながら核兵器に関しては、地域的非核地帯条約(例えば、1967年のラテン・アメリカおよびカリブ海地域のトラテロルコ条約)で一定領域内での核兵器の所持、実験、使用などが禁止され、1968年の核不拡散条約により核兵器の保有が制限されるものの、世界規模で適用される条約において核兵器の使用を明確に禁止する規則は存在しない。1961年以来国連総会がたびたび核兵器使用の違法性を決議しているが、核抑止政策に依拠する核保有国はその合法性を根強く主張し、決議にも反対している。第1追加議定書が採択されたときにも、いくつかの核保有国が、核兵器への議定書不適用を留保するなど、核兵器に対して既存の武力紛争法規制が及び得ないと主張されたことさえある。1996年、ICJは国連総会からの諮問に答えて、核兵器使用の合法性事件勧告的意見[判例163]を出した。この勧告的意見において、ICJは、核兵器は目標区別原則や不必要な苦痛の禁止原則といった「国際人道法の原則」に一般的に合致しないと述べたが、同時に国家存亡がかかる自衛の極限状況においては核使用の合法・違法の判断を下せないとの但書きをつけた。この意見は、「一般的に合致しない」という表現と但書きの意味が不明確であると批判される。しかし核兵器もまた武力紛争法の規制に服すべきこと、および核兵器の想定されうる使用態様の多くが違法とみなされることが確認された点で、この勧告的意見には大きな意義があると考えられる。2017年に採択された**核兵器禁止条約**は、前文において、いかなる核兵器の使用も国際人道法の諸規則に反することを確認し、核兵器の使用または使用の威嚇のみならず、その開発、実験、製造、貯蔵、移譲などを包括的に禁止している(→18章5(2))なお日本の国内判例では、すでに1963年の広島・長崎原爆投下事件(下田事件・原爆判決)[4][判例161]において、広島と長崎への原爆投下が無差別攻撃であり違法な戦闘方法であったこと、原爆が不必要な苦痛をもたらす違法な戦闘手段であることが認定されている。

4　**広島・長崎原爆投下事件**　この事件は、当初米国を相手どった米国裁判所での訴訟として計画されたが実現できなかったため、平和条約において米国に対する日本国民の請求権を放棄した日本国を被告として民事訴訟が提起されたものである。

(3) 戦闘方法の規制

(a) 軍事目標主義

戦闘方法規制の中心となるのは目標区別原則である。目標区別原則の下、紛争当事者は、あらゆる場合において戦闘員・軍事目標と文民・民用物を区別しなければならない。その上で戦闘員・軍事目標のみが直接の攻撃目標とされうる(これを軍事目標主義という)。

かつては、占領を目指して接近する敵軍に対して抵抗する防守都市と、抵抗していない無防守都市を区別し、前者に対しては無差別攻撃が許され、後者についてのみ軍事目標主義が適用された(ハーグ陸戦規則25条、海軍砲撃条約1条)。しかし今日では、防守都市概念は否定され、軍事目標主義が単一の基準になったと考えられる。また都市に存在する複数の別々の軍事目標を区別せず都市全体を攻撃目標とみなすこと(目標区域爆撃)も明確に禁止されている(API 51条5項(a))。

軍事目標とは人については戦闘員および一定の条件を満たすその他の者(→本章3(3)(b)、4(1))であり、物については「その性質、位置、用途又は使用が軍事活動に効果的に資する物であってその全面的又は部分的な破壊、奪取又は無効化がその時点における状況において明確な軍事的利益をもたらすもの」(API 52条2項)とされる。軍事目標をこのような形で定義するまでには、軍民両用(dual-use)物の扱いをめぐって、議論が対立したこともあった。しかし、軍事目標を具体的に列挙する方式をとらず一般的定義をおくことで、軍用・民用という形式的分類ではなく、その物の性質を基準にして合法的攻撃目標を区別することになった。たとえば国民の士気を含む国家の戦争継続能力全般の破壊は、攻撃の効果としてもたらされうる軍事的利益が間接的で不明確であるため、そのような効果を狙い第2次大戦中広範に行われた都市への無差別戦略爆撃は、この定義の下では許されないことになる。

(b) 文民・民用物の攻撃および攻撃の影響からの保護

戦闘員に該当しない人は文民とされ、軍事目標以外の物は民用物とされ(API 50条1項、52条1項)、いずれも直接の攻撃から保護される。ただし戦闘員であっても、捕らえられた場合、投降の意思を示している場合、傷病により戦闘不能となっている場合には、戦闘外にあるものとみなされ、攻撃されてはならない（同41条）。また文民が「敵対行為に直接参加する」場合には攻撃からの保護を失う（同51条3項）。**文民の敵対行為への直接参加**とは何を意味するかについて論争が存在したが、ICRCは2009年に「国際人道法上の敵対行為への直接参加の概念に関する解釈指針」を発表し、文民による①紛争当事者の軍事行動・軍事能力に不利な影響を及ぼすか保護されるべき人・物に対する危害を及ぼす行為であり、②当該行為ともたらされる危害との間に直接的な因果関係があり、かつ③当該行為により一方当事者を支援し他方当事者を害することが明確に意図される場合に、敵対行為への直接参加に該当すると述べた。

紛争当事者は、軍事行動において文民および民用物に対していかなる死傷・損害も与えてはならないわけではない。軍事目標への攻撃の効果が文民・民用物に対して及ぶことは、**付随的損害**として許される場合がある。ただし、そのような巻き添えによる文民の死亡・傷害、民用物の損傷が、「予期される具体的かつ直接的な軍事的利益」と比較して過度になってはならない（API 51条5項(b)、57条2項(a)(iii)、(b)）。攻撃に際しては、付随的損害が過度なものとならないように不断の注意が払われなければならず、損害を防ぐための**予防措置**がとられなければならない。例えば、過度な損害が予想される場合には当該攻撃を中止すること、損害が相対的に小さい代替策がある場合にはそのような代替策をとること、あるいは可能な限り事前の警告を行うことなどが求められる（同57条）。

なお今日では第1追加議定書53条、1954年の文化財保護条約および1999年の文化財保護第2議定書により、**文化財**、歴史的建造物および芸術品などに対する攻撃も禁止され、そのような物を軍事的に利用することも禁止される。

(c) 禁止される攻撃方法

戦闘員および軍事目標に対する攻撃であっても、以下のような攻撃方法は禁止される。まず**背信行為**により敵を殺傷し捕らえることが禁止される（ハーグ陸戦規則 23 条ロ号、API 37 条 1 項)。背信行為とは、休戦旗(白旗)、中立国旗、国連旗、負傷者、文民などの法的保護を濫用し、それらに対する敵の法的信頼を悪用する行為である。そうした法的信頼を悪用するのではない偽装、囮(おとり)、虚偽情報の流布などは奇計と呼ばれ、法的に許容される(同規則 24 条、API 37 条 2 項)。

また戦闘の方法として文民を飢餓の状態に置くことは禁止されており、そのため食糧、農業地域、飲料水の施設および供給設備、かんがい設備など「文民たる住民の生存に不可欠な物」を攻撃し、利用できないようにすることは、目的のいかんを問わず禁止される(API 54 条)。

ダムや原子力発電所など危険な力を内蔵する工作物および施設に対する攻撃は、危険な力の放出により文民たる住民に重大な損失がもたらされるときは、それらが軍事目標である場合にも禁止される(同 56 条)。

図19-1　捕虜資格要件

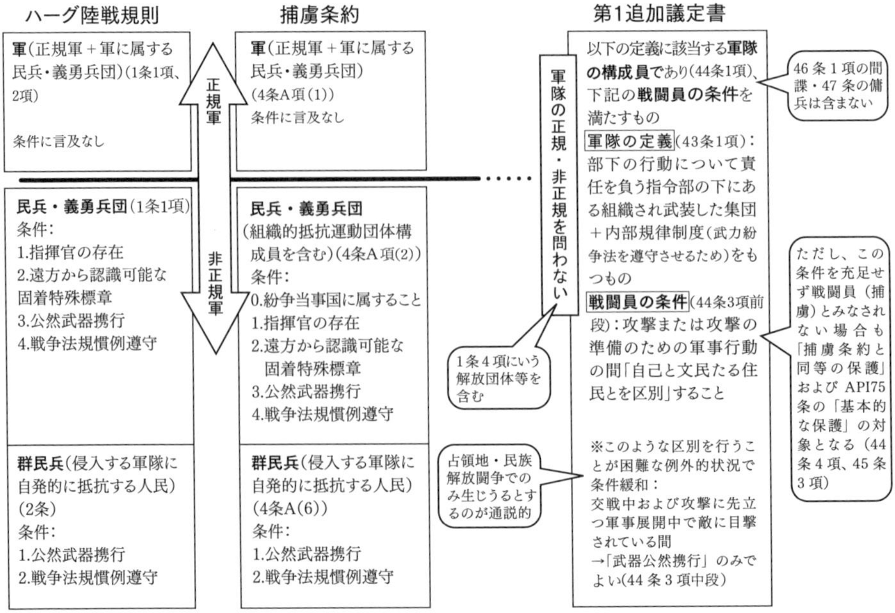

4. 武力紛争犠牲者の保護

(1) 戦闘員(捕虜)の資格と待遇

戦闘員は、敵対行為に直接参加する権利を有し(**戦闘員**[交戦者]**資格**)、捕らえられたときに捕虜となる権利(**捕虜資格**)を認められる。伝統的に戦闘員とは国家正規軍の構成員を意味すると考えられてきた。しかし交戦法規の法典化の過程では、十分な兵力を持たない中小国が、民兵や組織的抵抗運動(レジスタンス)に参加する市民など**非正規兵**にも戦闘員または捕虜の資格を認めるべきだと主張し、戦闘員資格の範囲が議論となってきた。その結果、ハーグ陸戦規則および1949年の捕虜条約では、一定の条件((a)部下について責任を負う指揮官の存在、(b)遠方から認識可能な標章の着用、(c)武器の公然携行、(d)戦争の法規および慣例(武力紛争法)の遵守)を満たす場合には、軍隊に属さない民兵や義勇兵にも捕虜(戦闘員)の資格を与えた(ハーグ陸戦規則1条1項、捕虜条約4条A(2))。

他方、第1追加議定書は正規軍と非正規軍に共通して適用される軍隊および戦闘員の定義を置いた。それによると「部下の行動について…責任を負う司令部の下にある組織され及び武装したすべての兵力、集団及び部隊[で]…、[武力紛争法等を]遵守させる内部規律に関する制度に従うもの」を軍隊と定義し(API 43条1項)、そのような軍隊の構成員が戦闘員であると定義された(同44条1項)。なお第1追加議定書では、文民保護のため戦闘員は軍事行動中に「自己と文民たる住民とを区別する義務」を負うとされ(同3項前段)、その義務を果たさない限り捕虜資格を失うとの規定を置いている(同4項)。こうした義務は、正規兵については当然の義務と考えられ、非正規兵についてもハーグ陸戦規則や捕虜条約において捕虜(戦闘員)とみなされる条件とされており、文民保護のため不可欠の義務であると考えられる。しかし民族解放闘争や占領地における**ゲリラ戦**を正当化しようとする一部の国の要求を受け容れて、第1追加議定書は、一定の条件でこの区別義務を緩和した(同3項中段)。このような制度は、文民保護を大きく阻害する可能性があり、先進国を中心に批判が多い(図19-1参照)。

戦闘員は捕らえられた場合には捕虜とされる。捕虜は、敵対行為そのものについての責任を負わない。「捕虜とされる前に行った行為」について刑事責任(戦争犯罪を含む)を問われる場合はあるが、その場合にも捕虜としての資格は失われない(捕虜条約85条)。捕虜は捕虜条約の規定により人道的に処遇されなければならない。捕虜の資格を有するかどうかに疑いがある場合には、その地位が「権限のある裁判所によって決定されるまで」は捕虜としての保護を享有する(同5条2項)。9.11の同時多発テロ以降、米国は、アフガニスタン等で拘束したタリバン兵やアルカイダ構成員が「捕虜資格を持たないことが明白」であるとして捕虜資格を否定し、かつ捕虜資格認定の手続を著しく制限した。しかし、そのような扱いは許されず、適正手続により捕虜でないことが証明されない限り捕虜として処遇されるべきであろう。

(2) 敵の権力内にある文民の保護

文民の中でも、特に敵国の権力内にある者については特別な保護が必要となる。1949年の文民条約は、紛争当事国または占領国の権力内にある者で当該当事国・占領国の国籍を持たないもの(ただし中立国および共同交戦国国民でその本国が通常の外交使節を常駐させている場合は除かれる)の保護を規定している。

紛争当事国領域にある外国人は、紛争開始時に紛争当事国の「国家的利益に反しない限り」、国外に退去する権利を有する(文民条約35条)。また第2次大戦時に交戦国においてしばしば見られたような「**敵性外国人**」の抑留や住居指定(例えば米国での日系人の抑留)は、抑留国の安全のため絶対に必要な場合にのみ許される(同42条)。

占領地域についてはハーグ陸戦規則3款と文民条約3編3部が広範な規定をおいている(これらをあわせて**占領法規**という)。占領は一定の領域が「事実上敵軍の権力内に」入ったときに成立する(ハーグ陸戦規則42条)。占領国は占領地の現行法令を尊重しつつ、現地の秩序を回復し確保する責任を負う(同43条)。ICJは2004年のパレスチナ占領地域における壁構築の法的効果勧告的意見[判例165]で、イスラエルのパレスチナ占領に占領法規が適用されることを認め、分離壁の建設がその規定の多くに違反していることを認めた。

上記のいずれの場合も被保護者たる文民は、身体、名誉、家族としての権利、信仰、風俗および習慣を尊重される権利を有し、常に人道的に待遇されなければならない(文民条約27条)。人質行為は禁止される(同34条)。第1追加議定書では、このような文民や捕虜を含めて「紛争当事者の権力内」にあるすべての者の最低限度の基本的保障を規定している(75条)。これは非人道的取扱いや人質行為の禁止や、適正手続の保障など、国際人権法の発展の影響を色濃く反映したものとなっている。なお、2006年の米国連邦最高裁ハムダン事件判決[5][判例164D]は、ジュネーヴ諸条約共通3条の規定が、いかなる性質の紛争にも適用される最低限度の人道的保障であることを認めた[判例164D](ニカラグア事件本案判決も同旨)。

5. 武力紛争法の履行確保

(1) 伝統的履行確保手段

武力紛争法は武力紛争という異常な状況に適用されるため、履行を確保することが特に難しい。そのため国際法の一般的な規則とは異なる特殊な方法が考えられてきた。

伝統的に武力紛争法の履行確保手段の中心となってきたのは、**戦時復仇**である。戦時復仇とは、敵国による武力紛争法違反を中止させ、遵守を促すことを目的として、自らも武力紛争法に違反する行為に訴えることをいう(→1章1(3)(b)、同(4))。武力紛争法には他に十分な履行確保手段がなく、戦時には国際法を無視して軍事的優位を保とうという誘惑が強い。そのため「復仇の恐怖」こそが交戦国に武力紛争法を遵守させてきたといわれる。しかしその反面、武力紛争下では、復仇の応酬により状況が悪化する危険性が高い。また戦時復仇として文民や捕虜のための人道的規則から逸脱する場合には、違反行為に責任のない被保護者を危険にさらすことになり非人道的である。そこでジュネーヴ諸条約や第1追加議定書では、条約が保護対象とする者への復仇や、文化財、文民たる住民の生存に不可欠な物などに対する復仇が禁止され、戦時復仇が大幅に制限されることになった。しかし戦時復仇が全面的に禁止されている訳ではなく、特に戦闘手段(兵器)の規制の面でその

5　**ハムダン事件**　アフガニスタンで2001年に拘束されたハムダン氏について、いわゆる軍事委員会(Military Commission)による当該個人の「罪」についての「審理」手続が、ジュネーヴ諸条約共通3条にいう「正規に構成された裁判所で文明国民が不可欠と認めるすべての裁判上の保障を与えるもの」ではなく、同条の違反だと認定された事例。

意義は依然として大きい。例えば1925年のジュネーヴ・ガス議定書では多くの国が毒ガス・生物兵器による復仇の権利を留保した。このような大量破壊兵器による復仇の威嚇は今日でも行われることがある(例えば1991年の湾岸戦争ではイラクによる化学兵器使用を抑止するために、核兵器による威嚇が用いられたとされる)。

交戦国の国内裁判による**戦争犯罪**の処罰(国内刑法、軍法、国内法化した国際法の規則に基づくもの)も、武力紛争法の重要な履行確保手段である。ただし、第2次大戦中に捕虜の戦争犯罪を裁いた日本の軍司法官が戦後に戦犯として訴追された例[6]や、ベトナム戦争時のカリー中尉の裁判(ミライ事件)[7]で明らかなように、交戦国による戦時の裁判は敵国兵士に不当に厳しいものとなる可能性があり、また自国兵士に対して十分に機能するとはいえない場合もあることに注意が必要である。

さらに武力紛争法違反に対する**損害賠償**も、武力紛争法の履行を確保する手段となりうる。ハーグ陸戦条約3条や第1追加議定書91条において、それぞれの条約の違反について、紛争当事国が「必要な場合に」(ハーグ陸戦条約では「損害アルトキハ」と翻訳されている)賠償を行う責任を定め、紛争当事国が「自国の軍隊に属する者が行ったすべての行為について責任を負う」ことを確認している。ここでいう損害賠償は、国家間において国家責任の追求(国際請求)として処理することが予定され、これらの規定により個人の請求権が認められたわけではないとされている。日本でも、いわゆる戦後補償との関連で、この規定に基づき被害者個人の請求権が認められるかどうか争われた事件(例えばオランダ元捕虜等損害賠償請求事件[8][判例167])において、この点が

---

6 **米軍機搭乗員処刑事件** 日本は米軍パイロットで捕虜となった者について無差別爆撃の責任を問い、軍律法廷で有罪とし処刑した。この裁判手続の不備を問われた日本の軍司法官や軍管区司令官らが戦後の米国による戦犯裁判(横浜裁判)において有罪判決を受けた。

7 **カリー中尉事件** カリー中尉は1968年のミライ事件(500名の文民が虐殺されたという)の責任者であったが、米軍はメディアの追及が始まるまで事件を隠蔽した。また軍法会議で有罪(終身刑)とされたカリーに恩赦が与えられるなどしたため、米国政府の対応は批判された。

8 **オランダ人元捕虜等損害賠償請求事件** 第2次大戦中に日本軍によりインドネシアで抑留されたオランダ人捕虜および民間人が、抑留中に受けた非人道的扱いがハーグ陸戦規則や1929年捕虜条約などに違反するとして、日本政府に対して賠償を求めた事例。原告はハーグ陸戦条約3条に基づいて国際人道法違反にかかる個人請求権を主張したが、東京地裁、同高裁、最高裁は、いずれもそのような主張を認めなかった。

認められた。武力紛争法の違反に関する損害賠償は、平和条約等における相互放棄または一括支払いによって処理されることが多い（→20章1（2））。戦時に被った個人の損害は、合同請求権委員会や補償委員会といった大規模請求処理手続の一環として考慮されることもある（近年でも、湾岸戦争後、またエリトリア・エチオピア戦争後にそのような手続がとられた）。ただし、武力紛争法違反被害者への賠償そのものは、2005年に国連総会で採択された「大規模国際人権・人道法違反犠牲者の救済と賠償の権利に関する基本原則指針」において、違反の防止および捜査ならびに被害者の平等かつ効果的な正義へのアクセスの確保とならんで、賠償を含む実効的な救済の義務が確認されるなど、その必要性が強調されている。ICC規程でも有罪判決を受けた者による被害者個人への賠償を予定している（75条、79条）。

(2) 新しい履行確保手段

こうした伝統的な履行確保手段に加えて、ジュネーヴ諸条約および追加議定書では新たな手段が整備されている。第1は**利益保護国制度**の充実である。伝統的に交戦国は、例えば敵国との交渉の仲介などを通じて自国の利益を代弁してもらうため、中立国を利益保護国として指定することが多かった。利益保護国は、交戦国に武力紛争法を遵守するよう働きかけることもでき、武力紛争法の履行確保手段となりうる。しかし、任命が困難である場合も少なくない。そこでジュネーヴ諸条約では、利益保護国制度が利用できない場合に、ICRCのような人道的団体を利益保護国の代わりに活用する方法が整備された（共通10条、文民条約のみ11条）。

第2は、第1追加議定書が創設した**国際事実調査委員会**である（90条）。この委員会は、ジュネーヴ諸条約および第1追加議定書の著しい違反の申立てがあった場合に、事実を調査し遵守回復を支援することを目的としている。しかし本委員会の権限は、第1追加議定書批准などの際に特別な宣言を行った締約国の間でのみ認められる（選択条項受諾宣言の方式）など限られており、これまでのところ武力紛争法の遵守促進に直接つながる成果を出すには至っていない。

第3に、最も注目される制度として、ジュネーヴ諸条約が導入した「**重**

大な違反行為」処罰制度がある。諸条約では、被保護者(傷病者、難船者、捕虜、文民)に対する殺人や拷問などの非人道的行為を「重大な違反行為」と規定し、そうした違反を行った者を有効に処罰するため必要な立法を行うことが約束された(例えば捕虜条約では129、130条)。また締約国は、重大な違反を行った疑いのある者を捜査する義務を負い、その国籍のいかんを問わず自国の裁判所で訴追しなければならない(他の締約国に訴追のため引き渡すこともできる)(いわゆる普遍的管轄権→13章2)。この義務は、第1追加議定書において、1949年のジュネーヴ諸条約が規定していなかった「ハーグ法」にかかる重大な違反にまで対象範囲が拡大された(85条)。また近年では、ICTYやICCにおいても、ジュネーヴ諸条約および追加議定書の重大な違反行為が管轄権行使の対象犯罪に含まれ(ICTY規程2条、ICC規程8条2項(a))、戦争犯罪の処罰は国際的にも担保され、重大な戦争犯罪が不処罰のまま放置されないための制度が構築されてきている(→13章3および4)。

6. 中立法

(1) 伝統的中立法

戦時に交戦国と戦争の局外にある第3国との関係を規律する中立法は、交戦国の利益と第3国の利益との均衡を図るため整備されてきた規則である。伝統的中立法によれば、第3国は共同交戦国として戦争に参加するのでない限り、中立の地位に立たなければならないとされてきた。

中立国は、黙認義務、避止義務、防止義務という3種の**中立義務**を交戦国に対して負うものとされる。第1の黙認義務とは、交戦国が戦時法に適合した措置を行った結果、中立国およびその国民に損害を与えたとしても、中立国としてはそれを黙認しなければならない義務である。中立国国民は戦時であっても交戦国との貿易を継続する権利を有するが、交戦国はそのような貿易が敵国の戦闘継続に資することがないように確保する権利を有する。そのような交戦権として、貿易制限のため海上通航への干渉行為(海上経済戦措置)が許される。中立国には、そのような措置が自国船舶や自国民の財産権を侵害する場合にも黙認しなければならない義務が課される。交戦国がとりうる海上経済戦措置としては、臨検捜索および捕獲審検による手続により、すべての敵国船とその船上の敵国貨物、ならびに**戦時禁制品**に該当するすべての中立国貨物および中立船上の敵国貨物を没収する「**海上捕獲**」、ならびに敵国沿岸の一定範囲への全ての船舶の出入りを実力で、すなわち臨検や侵破船への武力行使によって阻止する「**封鎖**」がある(1856年のパリ宣言、1909年のロンドン宣言)。

第2の避止義務は、中立国として交戦国の一方を支援することを慎む義務である。軍隊、軍需品および情報の提供など軍事的便益を与えることが全般的に禁止される。しかしこれは国家としての支援の禁止であって、中立国国民による行為まで禁止するものではない。

第3の防止義務は、自国領域が交戦国によって利用されることを防止する中立国の義務である。中立国が一方交戦国による領域の軍事的利用を防止しない、あるいはできない場合には、他方交戦国がこれを排除するため行動することが認められる。米国南北戦争時のアラバマ号事件[判例160]では、英国における南軍軍艦の建造が英国の中立義務違反にあたるとされた。例えば現在の日本でも、米国が武力紛争に従事し在日米軍基地がその攻撃拠点として利用されている場合には、防止義務違反が問題とされうる。なお避止義務と防止義務をあわせて公平義務ともいう。

(2) 中立法の動揺

このような中立法は、第1次大戦以降、大きく揺らいでいる。1つの要因は、第1次・第2次の両大戦において、中立法の著しい違反が見られたことである。両大戦において双方の交戦国が、広大な戦争水域を設定し商船への無警告攻撃を行った。こうした行為は、相手国の先行する違法行為に対する復仇として正当化されたが、あわせて国家経済の全てが戦争のために動員されるという「総力戦概念」により中立国貿易を可能な限りすべて阻止する必要があったこと、潜水艦などの新兵器は臨検措置を基盤とする伝統的な規則をそのまま履行できないことなども主張された。実際には両大戦とも有力な中立国が存在せず(参戦前の米国を除く)、中立国の利益を事実上無視できたことが、中立法からの逸脱が可能だったことの最も大きな理由であろう。

動揺のもう1つの要因は戦争違法化である。戦争の違法化により、交戦国による交戦権の行使を当然黙認するべきだという法的基盤が存在しなくなり、また侵略国・犠牲国を区別せず公平な態度で中立を維持するよう中立国に求めることが理論的に難しくなった。さらに国際連盟や国際連合の制裁措置に参加する国は、中立義務を遵守することは不可能となる(国際連合の場合、加盟国にとって制裁への参加は義務的であり、国連憲章103条により安保理の決定が中立義務に優越する)。したがって、戦争の違法化により中立法は廃止されるか、もしくは大きく変容を迫られるとの主張がなされている。

さらに近年の戦争・武力紛争では、共同交戦国とはならないが、中立義務も遵守しない第3国もみられるようになった。第2次大戦時には、参戦前の米国が「**非交戦状態**(non-belligerency)」を表明し、英国に対して武器を供与した例がある。今日では、第3国が紛争当事者の一方を支援し、あるいは自国領域を一方の軍事行動に利用させることがしばしばみられるが、こうした行為は、当事国の一方の軍事行動を合法とする当該第3国の一方的判断を前提としており、戦争違法化が中立法の履行に影響を及ぼしていることは明らかであろう。したがって、安保理の決定により制裁が行われる場合も、また行われない場合も、公平義務が従来通り履行されているとはいい難い。

ただし制裁が行われない場合、あるいは国連安保理による侵略国の決定がなされていない場合には、伝統的な中立法規の適用は不可能ではない。実際に、第2次大戦後のいくつかの武力紛争において海上経済戦が行われているが、諸国は、それが伝統的中立法にのっとって行われている限り問題とはしていないように思われる(黙認)。少なくとも海上経済戦が実施される限りは、紛争当事国と第3国の利益が不当に侵害されることのないよう、伝統的中立法の規則が適用されるべきである。1995年の**サンレモ・マニュアル**(「海上武力紛争に適用される国際法に関するサンレモ・マニュアル」)も、そのような趣旨ですべての海上経済戦に伝統的な中立法の規則が適用されるべきことを求めている。紛争の平和的解決の観点からみれば、第3国が武力紛争をエスカレートさせるような行為を慎むことが望ましい。また第3国は中立の地位を保つことによって、武力紛争に巻き込まれる可能性を低減できる。したがって、公平義務を含め、中立義務には今日でも十分に存在意義があると考えられる。

設　問

1. 武力行使の禁止と国際人道法の適用との関係について論じなさい。(外専・平19)
2. 非国際的武力紛争に適用される武力紛争の内容とその適用のための条件を、国際的武力紛争への適用の場合と比較しつつ論じなさい。(外専・平26)
3. いわゆる「サイバー戦」手段の武力紛争上の規制についてありうる論点を示し論じなさい。
4. 核兵器使用の合法性について武力紛争法上ありうる論点を示し論じなさい。
5. 武力紛争中に武力紛争に関連して自由を奪われる個人の国際法上の地位について場合分けをしながら論じなさい。
6. 国際人道法違反についての個人の処罰について論じなさい。(外専・平17)
7. 現代国際法における中立の地位と役割について述べよ。(外Ⅰ・平4)

【参考文献】

竹本正幸『国際人道法の再確認と発展』(東信堂、1996)

竹本正幸監訳『海上武力紛争法サンレモ・マニュアル解説書』(東信堂、1997)

藤田久一『国際人道法(新版・再増補)』(有信堂高文社、2003)

村瀬信也・真山全編『武力紛争の国際法』(東信堂、2005)

藤田久一『核に立ち向かう国際法』(法律文化社、2011)

中谷和弘・河野桂子・黒﨑将広『サイバー攻撃の国際法：タリン・マニュアル2.0の解説』(信山社、2018)

東澤靖『国際人道法講義』(東信堂、2021)

黒﨑将広ほか『防衛実務国際法』(弘文堂、2021)第10章

真山全「ジュネーヴ諸条約と追加議定書」国際法学会編『日本と国際法の100年(10巻)安全保障』(三省堂、2001)

B. Saul & D. Akande (eds.), *The Oxford Guide to International Humanitarian Law* (Oxford UP, 2020)

D. Fleck (ed.), *The Handbook of International Humanitarian Law*, 4th ed. (Oxford UP, 2021)

第20章　平和の回復

目　次

1. 戦争状態と平和の回復

(1) 伝統的国際法における国際法の二元的構造とその変容

伝統的な国際法の下においては、平時と戦時が截然と区別されており、一国の他国に対する戦争宣言(宣戦布告、開戦宣言)によって両国が戦争状態に入れば、それ以降は(現実の敵対行為の有無を問わず)両国間に**戦時国際法**が適用されることになり、また、敵対行為が終了し、**平和条約**が締結されることによって両国間に平和が回復すれば、再度**平時国際法**が適用されることになるとされていた。しかし、こうした単純な**二元的な法関係**はその後変容することになる。

それ以前においても事実としては散見されていたが、とりわけ20世紀に入って**戦争の違法化**が進むにつれて、違法の評価を必然的に含意することとなる戦争宣言は回避され、戦争宣言を行うことなく敵対行為が開始されることが多くなった。そして、戦時国際法(武力紛争法)の適用も、戦争宣言といった形式ではなく、敵対行為の発生といった客観的な事実を契機として開始されるようになる。第2次大戦後の1949年ジュネーヴ諸条約には、戦争その他の「武力紛争」の発生によってその適用が開始されることが明記された(共通2条。→19章2(1))。

他方、平和の回復については、必ずしも戦争違法化の直接の影響を受けることなく、戦争違法化の下においても平和条約の締結が行われている。第2次大戦後に多数の平和条約が締結された事実はそのことを示している。しかし、長期にわたって平和条約が締結されず、事実上休戦協定が平和条約にとって代わったと指摘される例もあり、例えば、イスラエルとアラブ諸国との間の中東戦争(の一部当事者間)や朝鮮戦争においては、それぞれの**休戦協定**の締結後に平和条約が締結されないままとなっている。

もっとも、休戦協定のまま長期が経過しても、平和条約がまったく不要となるわけではない。朝鮮半島では今なお平和条約締結(または終戦宣言発出)の提案が続いているし、中東においても、平和条約未締結国間の武力行使について、平和条約の未締結を理由として正当化する主張も見られる。こうして、戦争宣言の場合とは異なり、平和条約締結の意義は今日でも完全には失われていないということができよう。

(2) 平和条約とその内容

平和条約(講和条約)は、戦争状態の終了および戦争により生じた諸問題の解決を基礎とした交戦国間の通常の友好関係の回復を主目的とする条約である。その内容は個別の条約ごとに様々であり、一般化することは困難であるが、多くの平和条約に共通してみられる内容を列挙するならば次のようになる。

まず何よりも**戦争状態の終了**と平時の関係の回復である。この点についての規定を含まない平和条約は考え難い。1951年の対日平和条約1条は、「日本国と各連合国との間の戦争状態は……この条約が効力を生ずる日に終了する」と規定する。もっとも、戦争状態の終了が平和条約以外において行われることもないわけではなく、第2次大戦後、平和条約が締結されなかったドイツとの関係で英米仏伊ソ中など19ヵ国が、日本との関係で対日平和条約に参加しなかったインド・ビルマなどが、**戦争状態終了宣言**の形式を用いている。

第2に、**領土**の最終的な確定である(変動した領域に居住する住民の国籍の問題も扱われることがある)。戦争の結果として戦敗国が戦勝国に領土を割譲することは古くから行われており、第2次大戦においても、戦後における日本の領土の確定は最終的には平和条約において行われた。これに対して、戦時占領は戦時において一時的に存する現象として領土取得の権原とはならない。

第3に、賠償問題の処理である。戦争賠償の概念には歴史的な変遷があり、19世紀までは戦勝国が戦費と国民の受けた戦争損害に対して戦敗国に賠償を課するものであった。20世紀に入ると総力戦で戦争損害が大きくなり、第1次大戦後にドイツに課された賠償は、戦費賠償を放棄してもなお苛酷なものであり、第2次大戦の遠因ともなった。そうした経験から、第2次大戦後の平和条約では戦敗国の支払い能力の限度で賠償を課するという考え方がとられるようになった。

戦争の遂行中に交戦国とその国民の行った違法・不法行為については、ハーグ陸戦条約3条などにおいて武力紛争法違反に対する国の賠償責任が規定されており(→19章5(1))、その点を含め交戦国の双方が請求権を有することになるが、2012年のICJ「国家の裁判権免除」事件判決[1][判例26]も指摘するように、平和条約によってその双方が請求権を放棄する(または一括支払いを行う)という実行は、過去1世紀にわたり広く行われてきた(平和条約における「大赦(amnesty)」という)。これは、そうした違法・不法行為について、個別的な民事裁判上の請求権処理(大量となる可能性のある)に委ねたならば、平和友

1　**国家の裁判権免除事件**　第2次世界大戦中のドイツ軍による強制労働等について賠償請求を行った民事裁判において、イタリアの国内裁判所がドイツの主権免除を認めなかったことについて争われた事件。すべての個人犠牲者に完全な賠償を行うという強行規範の存在を否定する文脈で言及された。

好関係の回復という平和条約の目的達成の妨げになるとの考え方によるものである。

このほか平和条約には、戦争中に停止されていた条約の復活、外交関係の回復、占領の終了、軍隊の撤退、捕虜の身分の終了などに関して規定されることがある。

こうした内容を含む平和条約、とりわけ日本の締結した第2次大戦の平和条約は、いまなお国内の裁判においてもその解釈が争われることがある。以下では、裁判で争われることの多い請求権の問題を中心に、それらの平和条約その他の関連条約の主要規定を取り上げる。

2. 第2次世界大戦と対日平和条約

(1) 対日平和条約

日本の対英米宣戦布告(1941年12月8日)や中国国民政府による対日宣戦布告(同年12月9日)などによって開始されたアジア太平洋における第2次世界大戦は、1951年9月8日の**対日平和条約**(サンフランシスコ平和条約、1952年4月28日発効)その他の平和条約等によって法的に終結した。日本の降伏へと至る動きは少なくとも1943年まで遡ることができ、英米中3国は同年11月の**カイロ宣言**において、自国のためには利得も求めず、領土拡張の念も有しないとしたうえで、戦争の目的として、第1次大戦開始以後に日本が奪取・占領した太平洋の島のはく奪、満州・台湾・澎湖島などの中華民国への返還を掲げ、暴力・強欲により略取した他のすべての地域からの日本の駆逐にも言及した。

日本に降伏の条件を提示したのが1945年7月26日の英米中3国による**ポツダム宣言**である(当時中立のソ連は当初は加わらず、8月8日に対日参戦と同時に参加)。ポツダム宣言には、①日本国の戦争遂行能力の破砕までの占領(7項)、②カイロ宣言の条項の履行と日本国の主権の「本州、北海道、九州及四国並に吾等の決定する諸小島」への局限(8項)、③日本国軍隊の完全な武装解除(9項)、④戦争犯罪人の厳重な処罰(10項)、⑤全日本国軍隊の無条件降伏の宣言(13項)などの条件が規定されていた。日本は8月14日に同宣言を受諾した。ポツダム宣言の受諾は、9月2日の**降伏文書**(日本のほか9ヵ国署名)において確認され(1節)、その誠実な履行(6節)と、日本政府の統治権限の連合国最高司令官への従属(8節)が約束された。ポツダム宣言は一般に講和予備条項と理解され、降伏文書は広い意味での条約の一種と理解されている。もっとも、その文書の法的性格とは別に、領土問題の最終的な法的解決などは、あくまで平和条約の締結によって決せられるべきものである。

対日平和条約は、その1条において、「日本国と各連合国との間の**戦争状態**」は、日本国と当該連合国との間に条約が発効する日に終了すると規定する。領土に関しては、日本は2条において、**朝鮮の独立**を承認したほか、済州島・巨文島・鬱陵島を含む朝鮮、**台湾**・澎湖諸島、**千島列島**・南樺太、新南群島・西沙群島、太平洋諸島(委任統治)などに対するすべての権利・権原・請求権を放棄する一方で、3条において、南西諸島(琉球諸島・大東諸島など)・南方諸島(小笠原群島など)・沖ノ鳥島・南鳥島については、アメリカによる行政権・立法権・司法権の行使を認めつつ、自らの**残存主権**を維持した。

上記3条の地域については、1953年の奄美返還協定、1968年の小笠原返還協定および1971年の**沖縄返還協定**によって日本に施政権が返還された。現在も残る日本の領土問題の多くは上記2条の定めに関係するが、対日平和条約は25条において、この条約はこの条約の当事国(連合国)でない国に対して「いかなる権利、権原又は利益も与えるものではない」と規定しており、しかも係争国がいずれも対日平和条約の当事国でないこともあって、それら諸国は主として同条約以外の国際文書(ヤルタ協定(ロシア)、カイロ宣言(中国)など)に依拠して法的主張を行っている(→8章4)。

戦争賠償については、14条(a)項において、日本が賠償を支払うべきことおよび日本に充分な支払い能力がないことが承認されるとともに、原則として連合国に所在する日本国および日本国民の財産等(**在外資産**)については当該連合国に処分権を与えること、および日本軍の占領で損害を被った連合国については生産、沈船引揚げ等において日本人の役務を提供すること(**役務賠償**)によってこれを処理する旨が規定された。そのうえで14条(b)項において、こうした規定がない限り、連合国はすべての賠償請求権、戦争の遂行中に日本国・日本国民がとった行動から生じた連合国・連合国国民の他の**請求権を放棄**することが規定された。

日本側の請求権についても、19条(a)項において、日本は戦争から生じ、戦争状態が存在したためにとられた行動から生じた連合国・連合国国民に対する日本国・日本国民の請求権を放棄することが規定された。

なお、朝鮮、台湾など、戦争の結果日本の領土から分離されることとなった地域(**分離地域**)の財産・請求権の処理については、それらの地域が日本と戦争状態にあったわけではないので戦争賠償請求権を持ちえないため、別途、日本とそれらの地域の施政を行っている当局との間の**特別取極**の対象とすることが規定され(4条(a)項)、その後の交渉に委ねられることになった(→本章2(2))。ただし、朝鮮半島の38度線以南の地域を占領したアメリカ軍当局は、1945年の軍政令によってその地域にある日本の公私有の財産をすべて取得し、その後1948年の米韓協定によってそれらの日本財産を韓国政府に移転しており、対日平和条約4条(b)項は、日本がこうした処理を承認する旨を定めている。

(2) 対日平和条約と戦後補償裁判

以上のような内容を含む対日平和条約の規定との関係で、その後日本の国内裁判において戦後補償問題として争われたのは、主として14条(b)項および19条(a)項における(それぞれ連合国および日本国の)国民の請求権の放棄についてである。

戦後補償裁判には歴史的な変遷がみられる。1950年代〜1980年代の裁判では、主として日本国民が原告となって、日本が対日平和条約19条(a)項において連合国・連合国国民に対する日本国民の請求権を放棄したこと(あるいは14条(a)項2(I)で連合国に日本国民の在外資産の処分権を与えたこと)を取り上げ、国家賠償法1条(違法な公権力の行使)や憲法29条3項(公用収用)を根拠に国を相手に賠償・補償請求が提起された。これに対して国は、19条(a)項において放棄されたのは外交的保護権(→15章6(2))のみであって、被害者から加害者に対する個人の請求権は放棄されていないと主張し(**外交的保護権のみ放棄論**)、裁判所も多くがこれに沿った判決を下した。裁判所はまた、憲法に依拠した補償請求について、そうした戦争損害は国の存亡に係わる非常事態の下では国民の等しく受忍しなければならなかったところであり(**戦**

争被害受任論)、憲法の予想しないところであるとして退けた(カナダ在外資産補償請求事件[2]の1968年最高裁判決)。

1970年代〜1990年代の時期には、主として在日韓国人・台湾人の元軍人・軍属によって戦後補償裁判が提起された。前述のように、対日平和条約では**分離地域**にかかる財産・請求権については、対日平和条約4条(a)項において特別取極に委ねられていた。この点は、**朝鮮**との関係では1965年に日韓請求権協定に結実したが(→本章5(1))、同協定2条2項が協定は一定の条件の下(→本章5(2))在日韓国人等の財産・権利・利益に影響を及ぼさないとしていたため、彼らは、日本が日韓請求権協定の下で韓国に供与した資金を利用して韓国政府が実施した補償の対象から除外された。また**台湾**との関係では、日本側の在台湾資産が大きいため台湾側が交渉を先延ばしして、現在に至るも特別協定は締結されないままとなった。他方で日本においては、旧植民地出身者は特別取極の対象とされているとして、戦傷病者戦没者遺族等援護法(**援護法**)や**恩給法**の**戸籍条項**や**国籍条項**に基づき、彼らを年金等の支給の対象外とした。

こうしていずれにおいても対象外とされた在日韓国人や台湾人の旧軍人・軍属を中心に、援護法や恩給法の上記条項に関して憲法14条(法の下の平等)違反を主張する戦後補償裁判が国を相手に提起された。裁判所は、対日平和条約の特別取極に関する規定などに言及して立法当時における適用除外には合理的根拠があった(がその後は違憲の疑いがある)としつつ、戦争損害の補償は立法裁量の問題であると判示した。その後、いずれについても法律に基づき一定の**弔慰金**等の支給が行われている。

1990年代以降になると、連合国の国民による戦後賠償訴訟が提起され、対日平和条約14条(b)項などの解釈が争われた。その中で最も注目されるのが、**オランダ人元捕虜等損害賠償請求事件**[判例167]である。これは、第2次大戦中にオランダ領東インド(現インドネシア)において日本軍に抑留された捕虜・民間人がハーグ陸戦規則などの違反を理由に国を相手に損害賠償を求

2　**カナダ在外資産補償請求事件**　カナダに居住し1943年に帰国した原告らが、カナダにおいて所有していた財産が対日平和条約14条(a)項2(I)によりカナダ国によって処分されたが、この平和条約の規定における日本の行為は日本の連合国に対する賠償義務履行のために原告等国民の私有財産を充当したものであって、憲法29条3項の収用に該当し、補償すべきであると主張した。

めたものである。この裁判の控訴審において国(2001年の準備書面)は、14条(b)項は「連合国国民による国内法上の権利に基づく請求に応ずる法律上の義務が消滅したものとして、これを拒絶することができる」旨を定めたものであるとの主張を行い、それまでの主張を転換した。そして国会において、これは請求権そのものの消滅ではなく、請求に応ずる義務の消滅であるとして、権利はあるけれども救済はないとの説明が行われた(**救済なき権利論**)。いわば自然債務に対応する債権である。また以前の主張(外交的保護権のみ放棄論)との整合性については、以前の主張は、日本と連合国の請求権の問題は個人の請求権の問題を含めてすべて解決済みであるということを、一般国際法上の概念である外交的保護権の観点から述べたものである、との説明が行われた。東京高裁は、2001年10月の判決において、こうした国の主張をさらに一歩進めて、同項により「連合国国民の実体的請求権も消滅した」と判示した(**実体的請求権消滅論**)。この判決は2004年の上告棄却・上告不受理により確定した。

以上のように、対日平和条約の請求権放棄条項(14条(b)項および19条(a)項)における**国民の請求権の放棄**の解釈としては、①外交的保護権のみ放棄論、②救済なき権利論、③実体的請求権消滅論の3つが唱えられまたは判示されてきた。それらの実際上の効果における違いは次のようなものである。①**外交的保護権のみ放棄論**と②**救済なき権利論**では、国民の実体的請求権そのものを消滅させてはいないのであるから、国は平和条約における放棄につき、日本国民に対して(請求権を消滅させた場合の)補償義務を回避することができる。他方で、②**救済なき権利論**と③**実体的請求権消滅論**においては、外国人によるものであると日本国民によるものであるとを問わず、日本国は裁判による請求を拒絶することができる。その結果、②**救済なき権利論**においては、被害者からの賠償請求に応ずる義務も補償請求に応ずる義務も生じないということになる。なお、以上にいう請求権とはそれぞれの国における国内法上の請求権と理解されている。

3. 中国との平和回復

(1) 日華平和条約と日中共同声明

日本との戦争において最も大きな被害を受けたのは中国である。しかし、中国は対日平和条約に参加しなかった。それは中国に2つの政府(北京と台北)が存在し、そのいずれを講和会議に招請するかについて主要連合国(英米)の間で合意ができなかったからである。そこで対日平和条約には、日本が同条約の非署名国との間に、同条約と同様の内容の平和条約を締結することを想定した条項が置かれた(26条)。

(a) 日華平和条約

日本は中国の2つの政府のうち台北の中華民国政府を選択し、1952年4月に**日華平和条約**を締結した。同条約は基本的に対日平和条約にならった内容で、「日本国と中華民国との間の戦争状態」の終了(1条)、台湾・澎湖諸島、新南群島・西沙群島の放棄の承認(2条)、台湾・澎湖諸島との関連における財産・請求権の問題の特別取極による処理方針の確認(3条)のほか、別段の定めがある場合を除き、日本国と中華民国との間に戦争状態の存在の結果として生じた問題は、対日平和条約の「相当規定」に従って解決すると規定する(11条)。この条約には、**交換公文**が附属しており、同条約が中華民国に関しては「中華民国政府の支配下に現にあり、又は今後入るすべての領域に適用がある」旨が了解されている。

(b) 日中共同声明

大陸中国との関係の正常化は、1972年9月の日中国交正常化を待たなければならなかった。その際に署名された**日中共同声明**は、日本国と中華人民共和国との間の「不正常な状態」は共同声明発出の日に終了すると規定する(1項)とともに、中華人民共和国政府は「日本国に対する戦争賠償の請求を放棄することを宣言」した(5項)。この共同声明は条約ではなく政治的文書とされる。

共同声明の起草にあたっては、日華平和条約の存在が最大の対立点となった。日本政府が日華平和条約は責任ある政府の締結した条約として有効な条約であるとしたのに対して、中華人民共和国政府は、日華平和条約は当初から不法・無効な条約であるとの立場であった。こうした立場の違いを背景としつつ、基本的には日本側の考え方を反映する内容の共同声明が作成された。1項において「**不正常な状態**」の終了とされたのは、日中間の戦争状態は日華平和条約で終了しており、同じ国との間に2度平和条約を締結することは法的にあり得ないとする日本政府の考えを反映したものといえるし、5項との関係でも、「請求権」は日華平和条約で法的に放棄されており、法的でない表現として「**請求**」の語が日本政府により提案され、採用されたものである。

(2) 中国国民による戦後補償裁判

以上のように、中国との関係では、日華平和条約と日中共同声明という2つの関連文書が存在するだけでなく、そのそれぞれにおいても法的な難問が含まれていたため、中国関連の戦後補償裁判の判決は変遷した。その典型であり、その後の裁判にも決定的な影響を与えたのが、強制連行・強制労働につき中国国民が西松建設を相手に損害賠償を請求した**西松建設事件**[3]［判例169］である。

同事件に対する2002年の広島地裁判決は、ハーグ陸戦条約3条（ハーグ陸戦規則違反に対する交戦国の賠償責任）等は私人間の法律関係を規律せず、また不法行為については除斥期間の経過により、債務不履行（安全配慮義務違反）については時効により、損害賠償請求権が消滅したとして訴えを退けた。2004年の広島高裁判決は、地裁判決のうち、債務不履行につき時効の援用は権利濫用に当たるとしたうえで、日華平和条約は日本と中華民国との間の条約であり、中国国民に適用できるか疑問であるし、日中共同声明5項で放棄されたのは戦争賠償の請求のみであり、中国国民の請求権の放棄まで含まれてはいないとして、原判決を破棄して原告の請求を認容した。しかし2007年4月の最高裁判決は、日中共同声明の解釈について高裁判決を覆し、日中共同声明5項によって原告の請求権は裁判上訴求する権能を失ったと判示した

---

3 **西松建設事件** 第2次世界大戦中に西松建設により強制連行され、強制労働に従事させられたと主張する中国国民らが、国際法（強制労働条約、ハーグ陸戦規則など）違反、不法行為、債務不履行（安全配慮義務違反）に基づく損害賠償を求めた事件。

(救済なき権利論)。こうして最高裁は、個人の請求権の放棄の法的効果について国と同様の判断を下した。

なお、日本政府と最高裁とでは、日華平和条約と大陸中国との関係、日中共同声明における賠償放棄に関する考え方に相違がある。日本政府は、戦争状態の終了や戦争賠償・請求権のような国と国との間で最終的に解決すべき処分的な条項は、その性質上適用地域を限定することができないとして、大陸との関係においても、日華平和条約で賠償・請求権問題は処理済みとの立場である。日中共同声明5項については、日中間で日華平和条約の有効性について基本的立場の違いがあるが、交渉の結果同項の規定となったのであり、その結果は日華平和条約における処理と同じであるとする。

他方で最高裁は、西松判決において、日華平和条約につき、条約の附属交換公文に言及しつつ、大陸との関係については条約の将来の適用の可能性が示されたにすぎないともいえ、大陸に居住する中国国民に対して当然にその効力が及ぶということもできないとした。そのうえで、大陸中国との関係を規律する日中共同声明5項について、対日平和条約における賠償・請求権の取決めは他の平和条約においても従うべき枠組みを提供したものである(**サンフランシスコ平和条約の枠組み論**)ところ、日中共同声明も交渉の経緯からその枠組みとは異なる趣旨のものではなく、個人の請求権を含めて戦争中に生じたすべての請求権を放棄したもの、と判示した。この判決は、その後の中国関連の裁判においても確立した先例として踏襲されている。

4. ソ連／ロシアとの平和回復

ソ連は、**サンフランシスコ講和会議**に出席したが、提示された平和条約案に対して、満州・台湾への中華人民共和国の主権を認め、南樺太・千島へのソ連の主権を認めるなどの修正案を提出したものの、議事規則を盾に認められず、条約に署名しなかったため、日本との間に個別の平和条約を締結することが必要となった。その交渉は1954年に開始され、紆余曲折を経たのち1956年10月の**日ソ共同宣言**に結実した。この宣言は、日中共同声明とは異なり、国際法上の条約である。

交渉において最も大きな対立点となったのは領土問題である。交渉が長期に及んだのも、平和条約ではなく共同宣言となったのもこの問題のゆえである。共同宣言9項は、ソ連は「**歯舞群島**及び**色丹島**を日本国に引き渡すことに同意する」とし、ただし、現実の引渡しは「平和条約が締結された後」と規定している(→8章4(1))。その後、平和条約は今日に至るも締結されていない。このように日ソ共同宣言自体が、共同宣言は平和条約ではないことを前提とした規定を置いているが、その1項において戦争状態の終了を、2項で外交・領事関係の回復を規定しているなど、同宣言には領土問題の最終的解決以外の多くの平和条約関連事項が規定されている。

賠償・請求権問題は6項に規定され、ソ連が日本に対する賠償請求権を放棄する旨、および、日本とソ連が1945年8月9日以来の戦争の結果として生じたそれぞれの国、その団体および国民のそれぞれ他方の国、その団体および国民に対するすべての請求権を相互に放棄する旨を定めている。もっとも、日ソ間の戦争は1週間程度であり、しかも日本が宣戦したのではなく、ソ連の側が当時なお有効であった**日ソ中立条約**(1条で相互の領土保全・不可侵を約束)に違反する形で参戦したのであるから、戦争賠償の放棄は戦勝国としての形式上のものにすぎないともいえる。請求権についても、ソ連側の請求権の実体は非常に少ないとみられている。他方、日本側の請求権には、シベリア抑留者を含む戦後ソ連における日本人捕虜の強制労働(戦争法違反)の問題があるが、それらが放棄されたということになる。1993年東京高裁の**シベリア抑留捕虜補償請求事件**判決[4][判例166]は、この点について、日ソ共同宣言における放棄に対する補償を求めることは対日平和条約19条(a)項における放棄と同様、許されないとした。

財産については、日本国・日本国民が満州において保有していた多くの財産をソ連は「**戦利品**」として自国領内に移転した。その後、それらの財産は、1950年の中ソ同盟条約の附属議定書に基づいてソ連から中国に無償で譲渡されたようである。日本は、対日平和条約(14条(a)項2、21条)およびそれ

4　**シベリア抑留捕虜補償請求事件**　第2次世界大戦末期に対日参戦したソ連が、満州等において武装解除した日本軍兵士を捕虜としてシベリア等に輸送し、強制労働に従事させた。こうした元捕虜が捕虜条約66条および68条に定める自国民捕虜補償原則に基づき、国に対して補償を請求した事件。日ソ共同宣言との関連は、仮に原告がソ連の国内法上何らかの請求権を取得したと仮定した場合について述べたもの。

を準用する日華平和条約(11条)において、満州における日本財産を含む在中国日本財産の処分権を国家としての中国に与えることに同意したのであるから、最終的な結果に異議を申し立てる立場にはないが、ソ連の行為は、**私有財産尊重**に関する戦争法の原則(ハーグ陸戦規則46条など)に違反する疑いがある。

5. 日韓・日朝関係の正常化

(1) 日韓基本条約と関連協定

韓国は、第2次大戦中その臨時政府が日本に宣戦し、朝鮮人部隊が中国軍と共に日本と戦ったなどとして、サンフランシスコ講和会議への参加を希望したが、朝鮮は1910年の**韓国併合条約**によって日本の植民地となり、日本国の一部として日本と戦争状態にはなかったとして、会議に招請されなかった。他方で、朝鮮に一定の権利を与える必要性は認識されており、対日平和条約21条において、条約当事国でない朝鮮に対して、その独立(2条)、**特別取極**の締結(4条)などにかかる規定の利益を受ける権利を与えることが規定された。

日韓関係の正常化のための予備交渉は対日平和条約署名直後に開始されたが、韓国併合条約の有効性や在日韓国人の問題、財産・請求権問題などに関する主張の対立のため容易には合意に至らず、交渉開始から14年後の1965年6月になってようやく日韓基本条約、日韓法的地位協定、日韓請求権協定などが締結された。

日韓基本条約は、韓国併合条約等の旧条約について「もはや無効である」ことが確認される(2条)として、有効・無効のいずれにも解釈可能な玉虫色の表現が採用された。**日韓法的地位協定**では、一般の在日外国人の場合とは異なり、在日韓国人(終戦以前から継続して日本に居住している大韓民国国民およびその直系卑属)に対して、5年以内に申請を行うことを条件として一律に日本での永住権を与える(1条。協定永住者という)とともに、退去強制事由(→11章2(2))も限定した(3条)。

日韓請求権協定(日韓財産・請求権問題解決及び経済協力協定)は、1条において、韓国経済の発展のため日本による3億ドルの無償供与と2億ドルの有償

(低利)貸付けを定めるとともに、2条において、次のように両国の財産・請求権の放棄を定めた(1条と2条の関係は明らかでない)。

すなわち、日韓両国とその国民の「財産、権利及び利益」と両国およびその国民の相互の「請求権」に関する問題が(対日平和条約4条(a)に規定されたものを含め)「完全かつ最終的に解決されたことになることを確認する」とされ(2条1項)、またこれを受けて、それらの「財産、権利及び利益」に対する措置と「請求権」については、「いかなる主張もすることができない」ものとされた(2条3項)。ただし、前述(→本章2(2))のように、一定の条件(1947年8月15日[両国民間の通常の取引往来が可能となった時点とされる]から協定署名日までに日本に居住したことがある)に該当する**「在日韓国人」**の「財産、権利及び利益」は、以上の処理の対象外とされた(2条2項(a))。

これらの規定に関連して、日韓請求権協定の**合意議事録**で、**「財産、権利及び利益」**とは、「法律上の根拠に基づき財産的価値を認められるすべての種類の実体的権利」をいうことが了解され(2項(a))、また「財産、権利及び利益」と「請求権」の中には、**「韓国の対日請求要綱」**の範囲に属するすべての請求が含まれており、したがって同要綱に関しては「いかなる主張もなしえないこととなる」ことが確認された(2項(g))。同要綱には、朝鮮銀行を通じて搬出された地金と地銀の返還、日本政府の対朝鮮総督府債務の弁済、韓国から送金された金員の返還、日本国債、公債、被徴用韓人の未収金、補償金その他の請求権の弁済など8項目が列挙されていた。

以上の規定を受けて日韓それぞれにおいて国内措置がとられ、日本では1965年12月の**日韓請求権協定措置法**において、韓国および韓国国民の「財産、権利及び利益」は協定の署名日に「消滅した」ものとされた。韓国では1966年2月の請求権資金運用管理法や1971年1月の対日民間請求権申告法などにおいて、韓国国民が日本国に対して有する一定の民間請求権について、日本からの無償供与資金からの補償措置が実施された(請求権協定2条2項(a)に定める在日韓国人は対象外とされた)。

なお、慰安婦問題に関しては、2015年12月の日韓両外相共同記者発表において、同問題が「最終的かつ不可逆的に解決」することが確認された。

(2) 韓国人による戦後補償裁判

(a) 日本における裁判

前述の韓国人元軍人・軍属による援護法・恩給法関連の訴訟(→本章2(2))に加えて、1990年代以降、日韓請求権協定における請求権放棄条項そのものの解釈を含む訴訟が多数提起されるようになった。その中でも注目すべき事案が、40名の原告が提訴し、論点も多岐にわたったため一審判決まで10年を要した**アジア太平洋戦争韓国人犠牲者補償請求事件**[判例168]である。同事件において請求権協定との関係で問題となったのは、原告ら(元軍人・軍属・慰安婦)の**未払給与債権**や、不法行為・安全配慮義務違反に基づく**損害賠償債権**である。裁判所(東京高裁)は、2003年、それらは請求権協定2条にいう「財産、権利及び利益」に該当し、同条を受けた措置法によって消滅したと判示した(その後上告棄却。確定)。初期の判例ではこうした考え方が一貫してとられていた。

これに対して国は、異なる論理構成をとり、未払給与債権と損害賠償債権とを区別して、後者は請求権協定署名の時点で権利関係が明確でなかったので、合意議事録に照らして「財産、権利及び利益」ではなく「請求権」であって措置法の対象外であるとし、しかし協定の2条1項、3項の直接適用(→1章4(4)(b))により請求に応ずる法的義務が消滅した(救済なき権利論)との立場をとった。裁判所もその後の判決では国と同様の見解をとるようになっている。

両者の相違は、初期判決のように、損害賠償債権が「財産、権利及び利益」に該当するとした場合には、請求権協定2条2項(a)の規定から、**在日韓国人**は請求権協定および措置法による処理の例外としてその対象から外れることになる(したがって債権は消滅しない)が、国およびその後の判決のように、損害賠償債権が「請求権」に該当するとした場合には、2条2項(a)の規定からして、例外に該当せず、したがって2条3項によりいかなる主張もすることができなくなる、というところにある。

(b) 韓国における裁判

こうして日本の裁判所では救済が望めなくなった韓国人は、自国の裁判所において損害賠償請求の裁判を提起するようになった。三菱重工業と新日鐵住金にかかる2つの事件において、下級審では日本の確定判決の既判力や消滅時効などを理由に原告らの請求が棄却されたが、2012年5月の**大法院判決**は、①日本の判決の承認は韓国の善良な風俗その他の社会秩序に反し、②消滅時効の援用は権利濫用であり、③日韓請求権協定の対象に反人道的不法行為や植民地支配と直結した不法行為による損害賠償請求権が含まれているとはいえないなどとして、破棄差戻しした。そして2018年10月の**新日鐵住金事件**の差戻審大法院判決は、請求権協定につき、上記破棄差戻判決と類似の見地から、強制労働慰謝料請求権は協定の対象に含まれていないとして、原告らの請求を認容して被告に賠償支払を命じた(同年11月の三菱重工業事件差戻審大法院判決も同様)。

これに対して日本政府は、判決は日韓請求権協定2条に明らかに反し受け入れることができないとして、国際法違反の状態の是正を含め適切な措置を講ずるよう韓国に求めつつ、協定の紛争処理条項(3条)に基づいて**仲裁委員会**の設置を要請したが、韓国がこれに応じなかったことなどから、関係正常化以来最悪ともいわれる日韓関係の悪化へとつながった。

なお、慰安婦に関する訴訟において、ソウル中央地方法院が、2021年1月に被告である日本国の**裁判権からの免除**を否定する判決を下し、同年4月には免除を認める判決を下している(→5章6(5))。

(3) 北朝鮮との関係

日韓関係の正常化を行った**日韓基本条約**は、韓国政府を「[1948年の]**国連総会決議第195号**(Ⅲ)に明らかに示されているとおりの朝鮮にある唯一の合法的な政府」(3条)としており、同条約以外の関連協定も、1948年当時韓国政府が実効的な支配と管轄を及ぼしていた部分の朝鮮に関してのみ取り決めたということになる。こうして北朝鮮との関係は、財産・請求権にかかるものを含めて残された問題となっていた。

後者の関係は長期にわたって進展しなかったが、2002年9月、小泉純一郎首相が拉致問題解決などを目的に北朝鮮を訪問し、**日朝平壌宣言**に署名した。同宣言では、国交正常化交渉を再開することとしたほか(1項)、国交正常化交渉においては、無償資金協力、低金利借款供与などの**経済協力**について協議し、財産・請求権については、1945年8月15日以前の事由に基づく両国および両国民のすべての**財産・請求権の相互放棄**を基本原則に協議することなどを約した(2項)。しかし、その後、拉致問題の解決をめぐって両者が対立するとともに、北朝鮮の核開発問題が大きな障害となり、事態はまったく進展していない。

設　問

1. 平和条約の主要な目的と内容について論じなさい。
2. 対日平和条約(サンフランシスコ平和条約)における戦争賠償、財産、請求権の処理の枠組みについて論じなさい。
3. 日華平和条約と日中共同声明の関係について論じなさい。
4. 日ソ共同宣言の法的性格および平和条約との関係について論じなさい。
5. 日韓請求権協定における請求権処理について、同協定措置法にも言及しつつ論じなさい。
6. 日本の戦後補償裁判における国民の請求権放棄条項の解釈の変遷について論じなさい。

【参考文献】

立作太郎『戰時國際法論』(日本評論社、1944)
入江啓四郎『日本講和條約の研究』(板垣書店、1951)
毎日新聞社編『対日平和条約』(毎日新聞社、1952)
藤田久一ほか編『戦争と個人の権利』(日本評論社、1999)
松本俊一『日ソ国交回復秘録』(朝日新聞出版、2012)
浅田正彦『日中戦後賠償と国際法』(東信堂、2015)
国際法事例研究会『戦後賠償』(ミネルヴァ書房、2016)
「特集 日韓条約の総合的検討」『法律時報』37巻10号(1965)
萬歳寛之「日韓請求権協定と韓国徴用工判決」『論究ジュリスト』30号(2019)

事項索引

【ア行】

【サ行】

【タ行】

【ハ行】

【マ行】

【ヤ行】

【ラ行】

【ワ行】

条約・国際文書索引

【カ行】

【サ行】

【タ行】

【ナ行】

【ハ行】

【マ行】

【ヤ行】

【ラ行】

【ワ行】

判例・事例裁判所別索引

【常設的な国際裁判所——国際司法裁判所——訴訟事件】

【常設的な国際裁判所－国際司法裁判所－勧告的意見】

【常設的な国際裁判所－常設国際司法裁判所－訴訟事件】

【常設的な国際裁判所－常設国際司法裁判所－勧告的意見】

【常設的な国際裁判所－国際海洋法裁判所】

【常設的な国際裁判所－欧州人権裁判所】

【常設的な国際裁判所－欧州司法裁判所】

【仲裁裁判所－常設仲裁裁判所】

【仲裁裁判所－仲裁裁判所】

【仲裁裁判所－米国＝メキシコ一般請求委員会】

【仲裁裁判所－フランス＝メキシコ請求委員会】

【仲裁裁判所－イラン＝米国請求権裁判所】

【その他の国際裁判所－旧ユーゴ国際刑事裁判所】

【その他の国際裁判所－国際軍事裁判所】

【その他の国際的な機関－旧ユーゴ和平会議仲裁委員会】

【その他の国際的な機関－国際審査委員会】

【その他の国際的な機関－国際調停委員会】

【その他の国際的な機関－国連事務総長】

【その他の国際的な機関－国際連盟法律家委員会】

【その他の国際的な機関－自由権規約委員会】

【その他の国際的な機関－GATT1947およびWTO－小委員会】

【その他の国際的な機関－WTO－上級委員会】

【国内裁判所－日本－大審院】

【国内裁判所－日本－最高裁判所】

【国内裁判所－日本－高等裁判所】

【国内裁判所－日本－地方裁判所】

【国内裁判所－韓国－大法院】

【国内裁判所－韓国－地方法院】

【国内裁判所－米国－連邦最高裁判所】

判例・事例五十音順索引

【数字・欧字】

【ア行】

【カ行】

【サ行】

【タ行】

【ナ行】

【ハ行】

【マ行】

【ヤ行】

【ラ行】

［執筆者紹介］

浅田 正彦 ［編著者紹介参照］

柴田 明穂（しばた あきほ）（第２章、第９章）
現　　職：神戸大学大学院国際協力研究科教授
最終学歴：ニューヨーク大学法科大学院修士課程修了、京都大学大学院法学研究科博士後期課程中途退学
主要著作・論文："Good Faith," in L. Rajamani and J. Peel (eds.), *Oxford Handbook of International Environmental Law*, 2nd ed. (Oxford UP, 2021); *Emerging Legal Orders in the Arctic* (with L. Zou, N. Sellheim and M. Scopellti, Routledge, 2019)、『北極国際法秩序の展望』（稲垣治と共編、東信堂、2018年）

中野 徹也（なかの てつや）（第3章）
現　　職：関西大学法学部教授
最終学歴：関西大学大学院法学研究科博士後期課程単位修得退学
主要著作・論文：『竹島問題と国際法』(ハーベスト出版、2019年)、「条約法条約における『事情変更の原則』」（浅田正彦ほか編『現代国際法の潮流』東信堂、2020年）、"Loss of Title to Territory: The Implication of 'the Order Prohibiting Passage to Takeshima' in Light of International Law," Kansai Univ Rev. L. & Pol., No. 42, 2021.

王　志安（おう しあん）（第4章）
現　　職：駒澤大学法学部教授
最終学歴：京都大学大学院法学研究科博士後期課程修了（博士（法学））
主要著作・論文：『国際法における承認』（東信堂、1999年）、「国家形成と国際法の機能」（『国際法外交雑誌』102巻3号、2003年）、「国際法における領域主権」（『駒澤法学』14巻1号、2014年）

水島 朋則（みずしま とものり）（第5章）
現　　職：名古屋大学大学院法学研究科教授
最終学歴：京都大学大学院法学研究科博士後期課程修了（博士（法学））
主要著作・論文：『主権免除の国際法』（名古屋大学出版会、2012年）、「COVID-19損害賠償請求訴訟における主権免除について」（『国際法外交雑誌』120巻1・2号、2021年）、"The Significance of the Recent Enactment of Japan's Sovereign Immunity Act in the New Age of Globalization," in A. Byrnes et al.(eds.), *International Law in the New Age of Globalization*(Brill, 2013)

村上　正直(むらかみ まさなお)　(第6章、第11章、第12章)
現　　職：大阪大学大学院国際公共政策研究科教授
最終学歴：大阪大学大学院法学研究科博士後期課程単位修得退学。博士(国際公共政策)
主要著作・論文：『人種差別撤廃条約と日本』(日本評論社、2005年)、『国際人権法』(薬師寺公夫・小畑郁・坂元茂樹と共著、日本評論社、2006年)、「外国人の出入国と家族の保護」(神余隆博・星野俊也・戸崎洋史・佐渡紀子編『安全保障論』信山社、2015年)

黒神　直純(くろかみ なおずみ)　(第7章)
現　　職：岡山大学大学院社会文化科学研究科教授
最終学歴：神戸大学大学院法学研究科博士後期課程中途退学。博士(法学)
主要著作・論文：『国際公務員法の研究』(信山社、2006年)、『入門国際機構』(横田洋三監修、法律文化社、2016年)、「国際機構からの脱退に関する一考察」(『岡山大学法学会雑誌』70巻3・4号、2021年)

桐山　孝信(きりやま たかのぶ)　(第8章)
現　　職：大阪市立大学大学院法学研究科教授
最終学歴：京都大学大学院法学研究科博士後期課程単位取得退学。博士(法学)
主要著作・論文：『民主主義の国際法』(有斐閣、2001年)、「世界銀行における開発と人権の相克」(『国際法外交雑誌』102巻4号、2004年)、「国際法学におけるマイノリティ研究の過去と現在」(孝忠延夫編『差異と共同』関西大学出版部、2011年)

†田中　則夫(たなか のりお)　(第10章)
元龍谷大学法科大学院教授
最終学歴：龍谷大学大学院法学研究科博士課程中途退学
主要著作・論文：『現代国際法の思想と構造Ⅰ・Ⅱ』(松田竹男・薬師寺公夫・坂元茂樹と共編、東信堂、2012年)、『国際海洋法の現代的形成』(東信堂、2015年)

古谷　修一(ふるや しゅういち)　(第13章)
現　　職：早稲田大学法学学術院教授
最終学歴：早稲田大学大学院法学研究科博士後期課程単位取得退学
主要著作・論文：*Reparation for Victims of Armed Conflict* (with Cristián Correa and Clara Sandoval, Cambridge University Press, 2020)、"Reparation Mechanisms for Victims of Armed Conflict: Common and Basic Principles," in N.H.B. Jorgensen (ed.), *The International Criminal Responsibility of War's Funders and Profiteers* (Cambridge University Press, 2020)、"Waiver or Limitation of Possible Reparation Claims of Victims," *Zeitschrift für ausländisches öffentliches Recht und Völkerrecht*, Vol. 78, 2018.

平　　覚（たいら さとる）（第14章）
大阪市立大学名誉教授
最終学歴：早稲田大学大学院法学研究科博士後期課程単位取得退学
主要著作・論文：『国際経済法（第3版）』（中川淳司・清水章雄・間宮勇と共著、有斐閣、2019年）、「WTO 法と他の国際法の調和」（日本国際経済法学会編『国際経済法講座Ⅰ 通商・投資・競争』法律文化社、2012 年）、"Live with a Quiet but Uneasy Status Quo?," in H. Hohmann (ed.), *Agreeing and Implementing the Doha Round of the WTO*(Cambridge UP, 2008)

兼原 敦子（かねはら あつこ）（第15章）
現　　職：上智大学法学部教授
最終学歴：東京大学法学部卒業
主要著作・論文：「非国家実体の国際有害行為に対する国家責任法の対応」（岩澤雄司・森川幸一・森肇志・西村弓編『国際法のダイナミズム―小寺彰先生追悼論文集』有斐閣、2019年）、「国家責任条文第一部にみる法典化の方法論の批判的考察」（村瀬信也・鶴岡公二編『変革期の国際法委員会』信山社、2011年）、"Reassessment of the Act of the State in the Law of State Responsibility ," *Recueil des cours*, Vol. 399 (2019).

高村 ゆかり（たかむら ゆかり）（第16章）
現　　職：東京大学未来ビジョン研究センター教授
最終学歴：一橋大学大学院法学研究科博士後期課程単位取得退学
主要著作・論文：『環境規制の現代的展開』（大久保規子・赤渕芳宏・久保田泉と共編、法律文化社、2019年）、「国際環境法における予防原則の動態と機能」（『国際法外交雑誌』104巻3号、2005年）、"Release of radioactive substances into the sea and international law," in David D. Caron et al.(eds.), *The International Law of Disaster Relief* (Cambridge UP, 2014)

山形 英郎（やまがた ひでお）（第17章）
現　　職：名古屋大学大学院国際開発研究科教授
最終学歴：京都大学大学院法学研究科博士後期課程単位取得退学
主要著作・論文：「国際紛争解決システムにおける司法的解決の意義」（『世界法年報』13号、1993年）、"Self-Defence against the Terrorist Attacks on September 11, 2001," *Korea Review of International Studies*, Vol. 5, 2002.

新井　　京（あらい きょう）（第19章）
現　　職：同志社大学法学部教授
最終学歴：同志社大学大学院法学研究科博士後期課程中途退学
主要著作・論文："Criminalization of the Security Council," *Japanese Yearbook of International Law*, Vol.58, 2015、"Between *Consented* and *Un-Contested* Occupation," *Israel Law Review*, Vol.51, 2018.

［編著者紹介］

浅田 正彦（あさだ まさひこ）（第1章、第10章、第18章、第20章）
現　　職：同志社大学法学部教授
最終学歴：京都大学大学院法学研究科博士後期課程中途退学。博士（法学）
主要著作・論文：*Economic Sanctions in International Law and Practice* (editor, Routledge, 2020)、『日中戦後賠償と国際法』（東信堂、2015年）、"The OPCW's Arrangements for Missed Destruction Deadlines under the Chemical Weapons Convention," *American Journal of International Law*, Vol. 108, 2014.

国 際 法〔第５版〕　　〔検印省略〕

2011年 4月 1日　初　版　第１刷発行
2013年 4月15日　第２版　第１刷発行
2016年 4月15日　第３版　第１刷発行
2019年 4月15日　第４版　第１刷発行
2022年 3月25日　第５版　第１刷発行
2024年 6月20日　第５版　第３刷発行

※定価はカバーに表示してあります。

編著者©浅田正彦　発行者　下田勝司　　印刷・製本／中央精版印刷

東京都文京区向丘1-20-6　郵便振替00110-6-37828
〒113-0023　TEL（03）3818-5521　FAX（03）3818-5514

発行所
株式会社 東信堂

Published by TOSHINDO PUBLISHING CO., LTD
1-20-6, Mukougaoka, Bunkyo-ku, Tokyo, 113-0023, Japan
E-mail: tk203444@fsinet.or.jp　URL:http://www.toshindo-pub.com/

ISBN978-4-7989-1768-9　C3032　©ASADA, Masahiko

東信堂

ベーシック条約集〔二〇二三年版〕	編集代表 浅田正彦	二六〇〇円
ハンディ条約集〔第2版〕	編集代表 浅田正彦	一六〇〇円
国際法〔第5版〕	浅田正彦編著	三〇〇〇円
国際環境条約・資料集	編集 松井・富岡・田中・薬師寺・坂元・高村・西村	八六〇〇円
国際人権条約・宣言集〔第3版〕	編集 松井・薬師寺・坂元・小畑・徳川	三八〇〇円
国際機構条約・資料集〔第2版〕	編集代表 香西 茂 安藤仁介	三二〇〇円
判例国際法〔第3版〕	編集代表 薬師寺・坂元・浅田・酒井	三九〇〇円

国際法新講〔上〕〔下〕	田畑茂二郎	〔上〕二九〇〇円 〔下〕二七〇〇円
【坂元茂樹・薬師寺公夫両先生古稀記念論集】現代国際法の潮流Ⅰ・Ⅱ	編集 浅田・桐山・徳川・西村・樋口	各八四〇〇円
21世紀の国際法と海洋法の課題	編集 松井・富岡・坂元・薬師寺・桐山・西村	七八〇〇円
国際海洋法の現代的形成	田中則夫	六八〇〇円
在外邦人の保護・救出―朝鮮半島と台湾海峡有事への対応	武田康裕編著	四二〇〇円
国際海峡	坂元茂樹編著	四六〇〇円
条約法の理論と実際	坂元茂樹	四二〇〇円
国際機構法の研究	中村 道	八六〇〇円
グローバル化する世界と法の課題	編集 松井芳郎・木棚照一・薬師寺公夫・山形英郎	八二〇〇円
21世紀の国際機構：課題と展望	編集 安藤仁介・中村道・位田隆一	六八〇〇円
現代国際法の思想と構造Ⅰ―歴史、国家、機構、条約、人権	編集 松田竹男・田中則夫・薬師寺公夫・坂元茂樹	六二〇〇円
現代国際法の思想と構造Ⅱ―環境、海洋、刑事、紛争、展望	編集 松田竹男・田中則夫・薬師寺公夫・坂元茂樹	六八〇〇円
日中戦後賠償と国際法	浅田正彦	五二〇〇円
国際環境法の基本原則	松井芳郎	三八〇〇円
北極海のガバナンス	奥脇直也・城山英明 編著	三六〇〇円
北極国際法秩序の展望：科学・環境・海洋	稲垣 治・柴田明穂 編著	五八〇〇円
国際人道法講義	東澤 靖	二五〇〇円
国際規範としての人権法と人道法	篠原 梓	三二〇〇円
通常兵器軍縮論	福井康人	三六〇〇円
大量破壊兵器と国際法	阿部達也	五七〇〇円

国際法外交ブックレット

為替操作、政府系ファンド、途上国債務と国際法	中谷和弘	一〇〇〇円
イランの核問題と国際法	浅田正彦	一〇〇〇円

〒113-0023 東京都文京区向丘 1-20-6 TEL 03-3818-5521 FAX03-3818-5514 振替 00110-6-37828
Email tk203444@fsinet.or.jp URL:http://www.toshindo-pub.com/

※定価：表示価格（本体）＋税